入高速时代

庆祝中国共产党成立八十周年

青岛市人民政府主办
青岛市史志办公室编

2001

Qingdao Year Book

五洲传播出版社

2000年9月8～9日，中共中央政治局常委、全国政协主席李瑞环视察青岛。中共中央政治局委员、山东省委书记吴官正，省长李春亭，省政协主席韩喜凯，省委常委、市委书记张惠来等陪同视察。

视察海信集团

与青岛市党政领导合影

由国务院侨办、外经贸部、国务院发展研究中心、山东省政府联合主办，青岛市政府承办的“2000年世界华人论坛”于2000年9月20～21日在青举行。这是中国政府首次正式举行的世界性华人高层论坛，也是中国侨务史和青岛历史上规模最大、层次最高的大型国际交流活动。

论坛以“亲情·合作·发展”为宗旨，以“21世纪中国经济科技展望”为主题，并分“21世纪国际经济发展趋势及对中国经济影响与展望”、“21世纪国际科技发展趋势及对中国科技影响与展望”、“中国加入WTO对中国经济和华人经济的影响与展望”等3个专题。

来自26个国家和地区的200多位华人社会活动家、科学家、企业家，国内30多个省、市、自治区和中央有关部委的50多位省、部级领导和300多位知名企业家、经济科技专家出席论坛。

主会场

代表签名留念

欢迎招待会

恳谈会

2000年世界華人論壇
Forum of Overseas Chinese Worldwide 2000
主辦：
國務院僑務辦公室 對外貿易經濟合作部
國務院發展研究中心 山東省人民政府
承辦：青島市人民政府
中國加入WTO對中國經濟和
華人經濟的影響與展望

CEREMONY C

2000年世界华人论坛纪念 中国青岛

倾听专题会

参观雕塑园

世界华人雕塑园揭幕仪式

代表合影

2000年7月30～31日在青岛海天大酒店举行。论坛由国务院发展研究中心、国土资源部、国家环保总局、国家海洋局、中国科学技术协会、中国科学院、中国海洋学会和青岛市政府共同主办，青岛市政府调查研究室等单位承办。论坛主题：近海资源保护与可持续利用。

中共中央政治局委员、全国人大常委会副委员长姜春云为论坛发来贺信。全国人大常委会副委员长、中国科协主席周光召，国务院发展研究中心副主任、党组书记陈清泰，国土资源部副部长蒋承崧，国家环保总局副局长汪纪戎，国家海洋局局长王曙光，中国科学院副院长、北京大学校长许智宏，中国科学院副院长陈宜瑜，中共山东省委常委、青岛市委书记张惠来和中国科学院、工程院27位院士，联合国教科文组织、联合国环境规划署的官员，美国、韩国等国家的海洋专家，中国各沿海城市海洋科研单位及香港等地的代表共200多人参加了论坛。

全国人大常委会副委员长、中国科协主席周光召任论坛主席，山东省政协副主席、青岛海洋大学校长、中国工程院院士管华诗，国家海洋局第二海洋研究所名誉所长、联合国政府间海洋学委员会（IOC）主席、中国科学院院士苏纪兰任副主席。

论坛围绕主题举行了多次报告会，还举行了院士园桌会、论文交流会以及海洋新纪元特别对话电视直播等活动。论坛共收到国家有关部委的主题报告7篇，院士及国内外海洋专家论文41篇。

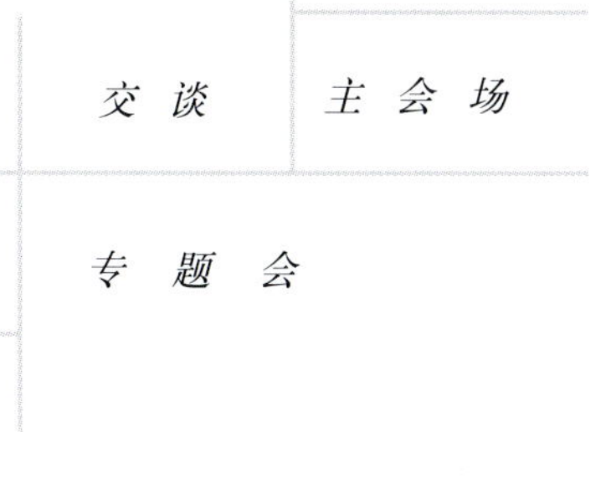

听 讲

主 会 场

交 谈

交 谈

联合国科教文组织驻华首席代表N · NOGUCHI作报告

专 题 会

听 讲

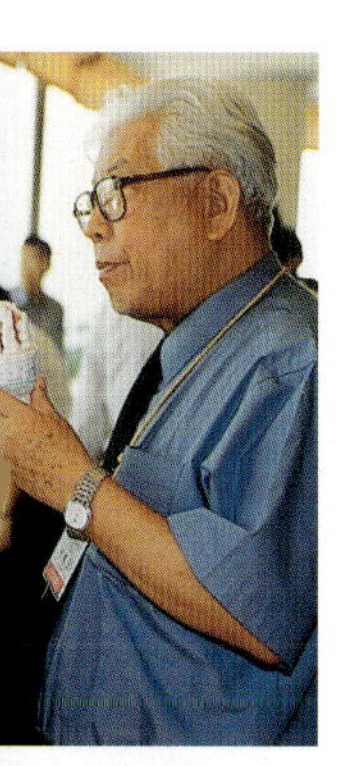

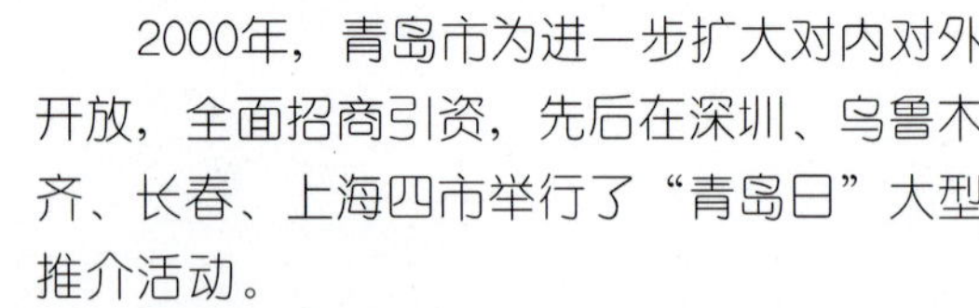

2000年，青岛市为进一步扩大对内对外开放，全面招商引资，先后在深圳、乌鲁木齐、长春、上海四市举行了“青岛日”大型推介活动。

下图为副省长、代理市长杜世成率团出席2000年12月20日在上海举行的以“21世纪的希望——青岛港”为题的“青岛日”青岛港招商推介会盛况。期间，杜世成一行在上海市有关领导陪同下考察了上海大众汽车公司、浦东张江高科园等。

杜世成致辞

主会场

听讲

参观张江高科技园区规划模型

杜世成与青岛港务局有关人员合影

青岛红星集团在贵州创办的红蝶钡业公司，帮助所在县脱掉了国家级贫困县的帽子。目前以该企业为核心的“贵州红星发展有限公司”已成为东部地区在西部大开发中首家上市公司。图为中央政治局委员、国务院副总理温家宝视察该公司，并称赞该公司为东西合作扶贫开发的典型。

青岛市对口支援工作掠影

市委常委、副市长邬立健在贵州贫困山区考察本市对口支援项目

市政协副主席李德珍等考察本市在菏泽市曹县建设的华佳商贸城工程

本市对口支援部门积极牵线搭桥，为受援地区招商引资，实现三方共同发展。图为向三峡宜昌引入的山东鲁能集团与当地昌耀公司举行项目合作签字仪式。

2000年6月，青啤西安公司收购陕西渭南啤酒公司，在西部大开发中拉开了青啤子公司“裂变”的序幕。

青岛啤酒集团抓住国家实施西部大开发的机遇，加快了在西部地区低成本扩张的步伐，兼并西安汉斯啤酒厂后成立的青啤西安公司迅速扩张，年产啤酒25万吨，将发展成西北地区最大的啤酒企业，成为东西结合、资产重组的范例。

青岛市对口支援工作掠影

青岛市对口支援工作掠影

青岛市对口支援工作掠影

青岛海尔集团率先参与西部大开发和对口支援。贵州海尔公司的产值、销售收入两年翻两番，成为遵义市经济发展的支柱企业。该集团新建的工业园将形成年产冰箱40万台的能力。

青岛海信集团在参与西部大开发和对口支援中发挥作用，1997年建立的贵阳海信公司带动了贵州十多家为电视机配套的元件、注塑、包装、运输等企业的生存与发展，海信电视在西南的销售量从第12位上升到第3位。上图为投资4.5亿元的贵阳海信工业园奠基仪式，该工业园2003年将形成年产100万台电视机、50万台空调和实现年产值72亿元、销售收入47亿元的规模，成为当地的经济龙头。

本市援建的西藏日喀则市市场、“青岛路”等一批经济“造血”项目和基础设施投入运营，增强了当地经济的发展后劲，使西藏第二大城市——日喀则焕发了新姿。

澳柯玛集团积极参加对三峡库区的支援与合作，组建了澳柯玛集团宜昌有限公司和客户服务中心。

2000年7月12～18日，第十七届中国青岛对外经济贸易洽谈会暨青岛国际电子家电博览会在山东国际会展中心举行。中共中央政治局委员、山东省委书记吴官正，山东省、青岛市党政领导李春亭、张惠来、杜世成、李殿魁、王家瑞等出席开幕式。

启动开幕典礼

开幕式

洽谈会现场

青岛市重点工程建设再展宏图

2000年，青岛市重点工程指挥部在市委、市政府的领导下，坚持“指挥、协调、服务、效率”的工作宗旨，负责指挥、协调、管理我市在建的国家、省、市级等20项重点工程。指挥部加大协调建设的力度，坚持以抓工程质量为工作重点，全面落实本年度青岛市重点工作目标中提出的相关建设任务，完成建设投资20.33亿元，保持了重点工程建设总体上质量、速度、效益稳中前进的良好发展势头，为我市的经济持续增长做出了应有的贡献。

青银高速公路丹山斜拉桥

同江至三亚高速公路栖莱段、青威公路、青银高速公路青岛段、20万吨级矿石兼用码头、蓝烟铁路复线、李村河污水处理厂二期、第一百盛商厦、火车站北区广场综合整治一期工程第一批重大基础设施项目如期建成，并投入使用。前湾港技改工程和青岛东西快速路工程开工建设。热网输配工程、地铁工程、海泊河流域综合治理工程、棘洪滩水库至黄岛引水工程、浮山新区建设工程、海泊河两岸改造工程、煤制气二期电热厂和管道燃气输配等续建工程顺利发展。同江至三亚高速公路莱西至两城段和铁路两侧剩余片冠县路与上海路交叉口至朝阳路口改造工程前期准备工作达到预期目标。2000年的重点建设在管理、速度、质量、安全各方面有了新的进展，并取得了丰硕的成果，对促进青岛市的经济发展和对外开放有着深远的意义，对改善城市环境和提高居民生活质量发挥了重要作用。

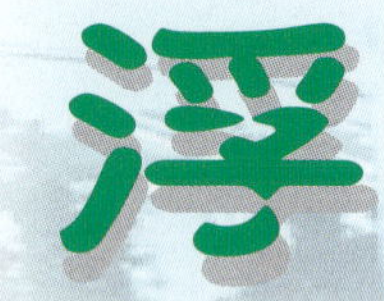

浮　山

市委书记张惠来(左二)现场听取新区工程建设情况汇报

小区一角

新  区

副省长、市长杜世成(左三)到浮山新区视察工作

中心广场

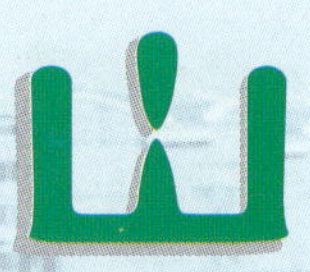

六小区网球场

新区夜景

生活即景

新　区

新区一角

环湖公园

市　　政

市委书记张惠来听取城市快速路工程规划汇报

城市快速路开工典礼

建 设

城市快速路配套项目——大学路跨线桥

工程开工整装待发的运输队

天山小

建设指挥部领导现场办公

建成后的住宅小区

区 建 设

住宅小区一角

小区绿化

小区体育配套设施

开拓腾飞中的青岛市

法人代表：高丽霞

该公司成立于1984年，是以房地产开发经营为主的国有中一型企业，具有四级房地产开发资质。主要经营房地产开发建设、海岸开发、填海造地、修筑码头、市政道路、桥梁建设及相应配套设施项目。隶属于青岛市城市建设综合开发总公司。1992年8月经市政府批准，成立青岛市重点工程后海岸滩建设指挥部。先后承接了环胶州湾高速公路（海域段）、青岛港中港东区改造工程、浮山新区三小区等住宅工程的开发建设，工程质量均达到省优和市优等级。

公司恪守“质量至上、用户第一、信誉为本”的经营原则，视用户为上帝，视质量和信誉为企业的生命，坚持经济效益、社会效益和环境效益的高度统一，坚持争创房地产名牌企业。

青岛港中港东区改造工程

地址：青岛市敦化路48号　　电话：(0532) 5085558　　传真：(0532) 5082781

岸滩建设开发公司

环海高速公路

建设的东部住宅工程

代建的住宅小区

承建的浮山后三小区工程

港口

有关领导视察港口建设工地

20万吨级矿石码头一角

20万吨级矿石码头堆场

建 设

前湾港三期工程施工现场

公 路 建 设

省委常委、市委书记张惠来(右二)等市领导视察公路建设

市人大常委会主任孙炳岳(左二)等市领导视察公路建设

青银高速公路(青即段)暨机场连接线通车典礼

流亭互通立交

编辑说明

一、《青岛年鉴》是青岛市人民政府主办的系统反映青岛市情况的大型综合性年刊，每年编辑出版一册。旨在逐年记述、反映上一年度青岛市的基本情况，为各级领导了解市情、实施科学决策，为各行各业、各有关部门、单位查询资料信息、推动事业发展，为国内外广大读者全面、系统、翔实地了解、研究、认识青岛提供服务。同时，也为编修地方史志储备资料。

二、《青岛年鉴》(2001)为本年鉴总第十四卷。全书共设15个栏目。1.市情综述；2.大事记；3.政治；4.经济；5.城建；6.口岸；7.社会各项事业；8.区市概况；9.旅游·风景名胜；10.节庆活动辑要；11.2000年世界华人论坛；12.人物；13.特载；14.统计资料；15.附录。本书正文反映的内容上限为2000年1月1日、下限为12月31日。

三、本年鉴文中提及的“五市”即青岛市所辖即墨、胶州、胶南、平度、莱西5个县级市；“七区”即市南、市北、四方、李沧、城阳、崂山、黄岛7个区；“市区”即“七区”；“市内四区”即市南、市北、四方、李沧4个区；“五市三区”即上述五市及城阳、崂山、黄岛3个区；“五市二区”即上述五市及崂山、黄岛2个区；“各市、区”或“12个市、区”(12个区、市)均指上述五市、七区。

四、为图文并茂地宣传青岛，服务于社会主义市场经济的发展和对外开放的需要，本年鉴选择本市和中央、省驻青部分单位刊登宣传彩页。

五、本年鉴由青岛市各市、区，市直各部门和单位，中央、省驻青有关单位及驻青部队撰(供)稿，并经各有关单位领导审查，青岛市史志办公室组织统编，青岛市人民政府审定。主要统计数字均以青岛市统计局资料为准，截止时间为2000年12月31日。

六、本年鉴是青岛市和中央、省驻青单位及驻青部队各级领导、广大作者和有关人士通力合作的结果，谨向他们表示敬意和感谢，并希望继续得到支持和帮助。疏漏、错误之处，热诚欢迎批评指正。

2001年6月

《青岛年鉴》(2001)

目 录

市情综述

大事记

政 治

中国人民政治协商会议青岛市委员会

中共青岛市纪律检查委员会(青岛市监察局)

民主党派

人民团体

法制

军事

经　　济

工业

农业

国内贸易

对外经济贸易

个体私营经济

经济监督管理

金融

城 建

城乡建设

交通·邮电

口 岸

概况

海关

出入境检验检疫

海事·船舶检验·外轮代理·船舶燃料供应

社会各项事业

区市概况

旅游·风景名胜

节庆活动辑要

2000 年世界华人论坛

人 物

特 载

统计资料

附 录

索 引

CONTENTS

Summary of Situation in Qingdao

Major Events

Politics

Qingdao Municipal Committee of Chinese People's Political Consultative Conference

CPC Qingdao Municipal Disciplinary Committee (Municipal Supervision Bureau)

Democratic Parties

People Organizations

Legal System

Military

Economy

Industries

Agriculture

Internal Trade

Foreign Economic Relations and Trade

Economics of Individual and Private Business

Supervision and Administration of Economy

Banking

City Construction

Urban and Rural Construction

Transportation, Post, and Telecommunications

Ports

General Situation

Customs

Frontier Inspection and Quarantine

Maritime Affairs, Ship Inspection, Foreign Ocean Shipping Agency, and Ship Fuel Supply

Tourism, Scenic Spots, and Historical Sites

Festivals

Overseas Chinese Forum

Personages

Special Publication

Statistical Data

Appendix

Index

彩 页 索 引

图片专辑（卷首）

彩插一：第48～49页

彩插二：第80～81页

彩插三：第96～97页

彩插四：第128～129页

彩插五：第144～145页

彩插六：第176～177页

彩插七：第208～209页

彩插八：第224～225页

市情综述

青岛概要

·历史沿革·

青岛地区昔称胶澳。1891年(清光绪十七年)清政府议决在胶澳设防,青岛由此建置。翌年,调登州镇总兵章高元率部移驻胶澳。1897年11月,德国以"巨野教案"为借口强占胶澳,并强迫清政府于1898年3月6日签订《胶澳租界条约》。从此,胶澳沦为殖民地,山东也划入了德国的势力范围。

第一次世界大战爆发后,1914年11月,日本取代德国侵占胶澳,进行军事殖民统治。第一次世界大战结束后,中国人民为收回青岛进行了英勇的斗争。1919年,由于青岛主权问题,引发了著名的"五四"运动,迫使日本于1922年2月4日同中国政府签订了《解决山东悬案条约》。同年12月10日,中国收回胶澳,开为商埠,设立胶澳商埠督办公署,直属北洋政府。其区域与德胶澳租界地相同。1929年4月,南京国民政府接管胶澳商埠,同年7月设青岛特别市。1930年改称青岛市。

1938年1月,日本再次侵占青岛。1945年9月,国民党政府在美国支持下接收青岛,仍为特别市。1949年6月2日,青岛解放。

青岛解放后,改属山东省省辖市。1981年被列为全国15个经济中心城市之一;1984年4月,被列为全国14个进一步对外开放的沿海港口城市之一;1986年10月15日,被国务院正式批准在国家计划中实行单列,赋予省一级经济管理权限;1994年2月,被列为全国15个副省级城市之一。

·地理位置及面积·

青岛市地处山东半岛南部,位于东经119°30′~121°00′、北纬35°35′~37°09′,东、南濒临黄海,东北与烟台市毗邻,西与潍坊市相连,西南与日照市接壤。全市总面积为10 654平方公里,其中市区(市南、市北、四方、李沧、崂山、城阳、黄岛七区)为1 102平方公里,所辖胶州、即墨、平度、胶南、莱西等五市为9 552平方公里。

·人口简况·

2000年底,全市共有706.65万人,比上年增长0.52%。其中,市区234.60万人,增长1.15%;五市472.05万人,增长0.22%。全年出生人口7.31万人,出生率10.38‰;死亡4.95万人,死亡率7.02‰;净增人口2.37万人,自然增长率3.36‰。

青岛市除汉族外,有满、回、朝鲜、壮、蒙古、土家、苗、锡伯、高山、维吾尔、瑶、白、藏、仫佬、畲、布依、纳西、侗、达斡尔、彝、水、怒、俄罗斯、傣、毛难、鄂伦春、傈僳、佤、哈尼、鄂温克、土、拉祜、普米、撒拉、景颇、羌、黎、门巴族等38个少数民族。2000年底,全市38个少数民族总人数占全市总人口的0.14%。

·行政区划·

建国以来,青岛市行政区划变动较大。1949年底为市南区、市北区、台西区、台东区、四沧区、李村区、浮山区。1951年6月,胶州专区的崂山办事处划归青岛市领导(管理郊区);8月,撤销四沧区、浮山区,设立四方区、沧口区。1953年6月,崂山郊区办事处更名为崂山郊区人民政府。1958年底,昌潍专区的胶县、胶南县及莱阳专区的即墨县划归青岛市。1961年5月,即墨、胶南、胶县划出;10月,以原崂山郊区的行政区域增设崂山县,归青岛市。1962年12月,台西区撤销,其辖区分别并入市南、市北区。1978年11月,烟台地区的即墨县,昌潍地区的胶县、胶南县又划归青岛市;新设立青岛市黄岛区,其辖区包括由胶南县划出的黄岛、薛家岛、辛安3个公社。1983年8月,烟台地区的莱西县、潍坊地区的平度县划归青岛市。1987年4月,胶县撤销,设立胶州市(县级);1988年11月,撤销崂山县,设立崂山区;1989年7月,撤销平度县和即墨县,设立平度市(县级)和即墨市(县级);1990年12月,撤销胶南县和莱西县,设立胶南市

(县级)和莱西市(县级)。1994年上半年,市区行政区划作重大调整,在市辖区总数不变的前提下,将台东区、市北区及四方区吴家村街道办事处、错埠岭街道办事处整建制合并,设立新的市北区;将崂山区作大的调整,一部分设立新崂山区,一部分设立城阳区,一部分与沧口区合并设立李沧区。此次市区行政区划调整后,区级建制为:市南区、市北区、四方区、李沧区、崂山区、城阳区、黄岛区。2000年底,辖市南、市北、四方、李沧、崂山、城阳、黄岛等7个区和即墨、胶州、胶南、平度、莱西等5个县级市。

·自然环境·

地质地貌　青岛为海滨丘陵城市,地势东高西低,南北两侧隆起,中间低陷,其中山地约占全市总面积的15.5%,丘陵占25.1%,平原占37.7%,洼地占21.7%。全市海岸分为岬湾相间的山基岩岸、山地港湾泥质粉砂岸及基岩砂砾质海岸等3种基本类型。浅海海底则有水下浅滩、现代水下三角洲及海冲蚀平原等。

青岛所处大地构造位置为新华夏隆起带次级构造单元——胶南隆起区东北缘和胶莱凹陷区中南部。区内缺失整个古生界地层及部分中生界地层,但白垩系青山组火山岩层发育充分,在本市出露十分广泛。岩浆岩以元古代胶南期月季山式片麻状花岗岩及中生代燕山晚期的艾山式花岗闪长岩和崂山式花岗岩为主。市区全部坐落于该类花岗岩之上,建筑地基条件优良。本区构造以断裂构造为主。自第三纪以来,区内以整体性较稳定的断块隆起为主,上升幅度一般不大。

山脉　全市大体有3个山系。东南是崂山山脉,山势陡峻,主峰海拔1132.7米。从崂顶向北绵延至青岛市区。北部为大泽山(海拔736.7米,平度境内诸山及莱西部分山峰均属之)。南部为大珠山(海拔486.4米)、小珠山(海拔724.9米)、铁橛山(海拔595.1米)等组成的胶南山群。市区的山岭有浮山(海拔384米)、太平山(海拔150米)、青岛山(海拔128.5米)、信号山(海拔99米)、伏龙山(海拔86米)、贮水山(海拔80.6米)等。

河流　全市共有大小河流224条,均为季风区雨源型,多为独立入海的山溪性小河。流域面积在100平方公里以上的较大河流33条,按照水系分为大沽河、北胶莱河以及沿海诸河流三大水系。

大沽河水系包括主流及其支流,主要支流有小沽河、五沽河、流浩河和南胶莱河。大沽河是全市最大的河流,发源于招远市阜山,由北向南流入青岛境,经莱西、平度、即墨、胶州和城阳,至胶州南码头村入海。干流全长179.9公里,流域面积6131.3平方公里(含南胶莱河流域1500平方公里),是胶东半岛最大水系。大沽河多年平均径流量为6.61亿立方米。该河20世纪70年代前,径流季节性较强,夏季洪水暴涨,常年有水。70年代后期除汛期外,中、下游已断流。

北胶莱河水系包括主流北胶莱河及诸支流,在青岛境内的主要支流有泽河、龙王河、现河和白沙河,总流域面积1914.0平方公里。北胶莱河发源于平度市万家镇姚家村分水岭北麓,沿平度市与昌邑市边界北去,于平度市新河镇大苗家村出境流入莱州湾。干流全长100公里,流域面积3978.6平方公里。该河多年平均径流量为2.53亿立方米,多年平均含沙量为0.24公斤/立方米。

沿海诸河系指独流入海的河流,较大者有白沙河、墨水河、王戈庄河、白马河、吉利河、周疃河、洋河等。

海域　全市海岸线(含所属海岛岸线)总长为862.64公里,其中大陆岸线730.64公里,占山东省岸线的1/4强。海岸线曲折,岬湾相间,面积大于0.5平方公里的海湾,自北而南分布着丁字湾、栲栳湾、盐水湾(又称横门湾)、崂山湾(又称北湾)、小岛湾、王哥庄湾、青山湾、腰岛湾、太清宫口、流清河湾、崂山口、沙子口湾、麦岛湾、浮山湾、太平湾、汇泉湾、前海湾(又称栈桥湾)、胶州湾、唐岛湾、灵山湾、利根湾和古镇口、斋堂湾、董家口湾、沐官岛湾等;胶州湾内又有海西湾(包括小叉湾、薛家岛湾)、黄岛前湾、阴岛湾、女姑口、沧口湾等32个海湾。

青岛市原有海岛70个。1987年,把斋堂前岛和斋堂后岛以人工连接为斋堂岛。现有海岛69个。其中,小青岛、小麦岛、团岛、团岛鼻、黄岛和吉岛是人工陆连岛,只有63个岛四面环海。69个海岛总面积为21.2平方公里,岸线总长132公里。这些海岛绝大多数距离大陆不超过20公里,最远的千里岩岛,距陆约64公里。在这69个海岛中,只有10个海岛有固定居民。

潮汐　青岛属正规半日潮港,每个太阴日(24时48分)有两次高潮和两次低潮。潮差为1.9～3.5米,大潮差发生于朔或望(上弦或下弦)日后2～3天。8月份潮位比1月份潮位一般高出0.5米。青岛验潮站1950～1956年观测的平均潮位被命名为"黄海平均海水面",其高度在青岛观象山国家水准原点下72.289米。中国自1957年起,大陆国土的地物高程即以此为零点起算。

气候　青岛地处北温带季风区域,属温带季风气候。市区由于海洋环境的直接调节,受来自洋面上的东南季风及海流、水团的影响,故又具有显著的海洋性气候特点。空气湿润,雨量充沛,温度适中,四季分明。春季气温回升缓慢,较内陆迟1个月;夏季湿热多雨,但无酷暑;秋季天高气爽,降水少,蒸发强;冬季风大温低,持续时间较长。据1898年以来百余年气象资料查考,市区年平均气温12.2℃,极端高气温37.4℃(1997年7月27日),极端低气温-16.4℃(1931年1月10日)。全年8月份最热,平均气温25.1℃;1月份最冷,平均气温-1.2℃。日最高气温高于30℃的日数,年平均为11.4天;日最低气温低于-5℃的日数,年平均为22天。降水量年平均为775.6毫米,春、夏、秋、冬四季雨量分别占全年降水量的14%、57%、22%、7%。年降水量最多为1272.7毫米(1911年),最少仅308.2毫米(1981年),降水的年变率为62%。年平均降雪日数只有10天。年平均气压为1008.6毫巴。年平均风速为5.3米/秒,以南东风为主导风向。年平均相对湿度为73%,7月份最高,为89%;12月份最低,为68%。青岛海雾多频,年平均浓雾51.3天、轻雾108.2天。

土壤　按全国第二次土壤普查土地分类系统,青岛市土壤主要有棕壤、砂姜黑土、潮土、褐土、盐土等5个土类。全市棕壤面积49.37万公顷,占土壤总面积的59.8%,是全市分布最广、面积最大的土壤类型,主要分布在山地丘陵及山前平原,土壤发育程度受地形部位影响,由高到低依次分为棕壤性土、棕壤、潮棕壤三个土属,棕壤性土因地形部位高,坡度大,土层薄,侵蚀重,肥力低,多为林、牧业用。棕壤和潮棕壤是青岛市主要粮食经济作物种植土壤。全市砂姜黑土面积17.69万公顷,占土壤总面积的

21.42%。主要分布在莱西南部、平度西南部、即墨西北部、胶州北部浅平洼地上。该类土壤土层深厚,土质偏粘,表土轻壤至重壤,物理性状较差,水气热状况不够协调,速效养分低。全市潮土面积14.49万公顷,占土壤总面积的17.55%。主要分布在大沽河、五沽河、胶莱河下游的沿河平地。因距河道远近不同,土壤质地、土体构型差异较大。近海地带常受海盐影响形成盐化潮土,土壤肥力和利用方向差异较大。全市褐土面积6333.33公顷,占土壤总面积的0.77%。零星分布在平度、莱西、胶南的石灰岩残丘中上部。全市盐土面积3666.67公顷,占土壤总面积的0.44%,分布在各滨海低地和滨海滩地。

·自然资源·

2000年底,全市共有耕地54.62万公顷,沿海滩涂3.8万公顷。青岛海区港湾众多,岸线曲折,滩涂广阔,水质肥沃,是多种水生物繁衍生息的场所,具有较高的经济价值和开发利用潜力。胶州湾、崂山湾及丁字湾口水域营养盐含量很高,补充源充足,异样菌量比大陆架区或大洋区高出数倍乃至数千倍,水中有机物含量较高。尤其是胶州湾一带泥沙底质岸段,是发展贝类、藻类养殖的优良海区。该海区的浮游生物、底栖生物、经济无脊椎动物、潮间带藻类等资源也很丰富。

青岛地区矿藏多为非金属矿。截止1996年,已发现各类矿产44种,已被开发利用的有27种。优势矿产资源有石墨、饰材花岗岩、饰材大理岩、矿泉水、透辉岩、金、滑石、沸石岩。潜在优势矿产资源有重晶石、白云岩、膨润土、钾长石、石英岩、珍珠岩、莹石、地热。石墨、金、透辉岩主要分布在平度市和莱西市;饰材花岗岩主要分布在崂山区、平度市、胶南市;饰材大理岩主要分布在平度市;矿泉水在青岛市辖区内均有分布,主要集中在城阳区、崂山区及市内四区和即墨市;滑石主要分布在平度市;沸石岩、珍珠岩、膨润土主要分布在莱西市、胶州市、即墨市和城阳区;重晶石、莹石主要分布在胶州市、即墨市、平度市和胶南市;地热资源主要分布在即墨市。

青岛的风能资源非常丰富。据测定有效风能密度为240.3瓦/平方米,有效风能年平均时间达6485小时。光能资源也较好,全年太阳辐射总量为120千卡/平方厘米,年平均日照时数为2550.7小时,日照百分率达58%。

青岛地区有各种生物1400种,其中动物近400种,植物1000余种。

(市史志办)

2000年青岛市机构设置

一、中共青岛市委员会

(一)工作机构

办公厅

组织部

宣传部

统一战线工作部

政法委员会(青岛市社会治安综合治理委员会与其合署)

政策研究室

台湾工作办公室(挂青岛市人民政府台湾事务办公室牌子)

(二)派出工作机构

市直机关工作委员会

工交工作委员会(与青岛市经济委员会合署)

建设工作委员会(与青岛市建设委员会合署)

财贸工作委员会(与青岛市财贸委员会合署)

对外开放工作委员会

农村工作委员会(与青岛市人民政府农业办公室合署)

经济技术开发区工作委员会(与中共青岛市黄岛区委一个机构两块牌子)

高科技工业园工作委员会(与中共青岛市崂山区委一个机构两块牌子)

(三)部门管理机构

中共青岛市委、青岛市人民政府信访局(由中共青岛市委办公厅、青岛市人民政府办公厅管理,以中共青岛市委办公厅管理为主)

中共青岛市委老干部局(由中共青岛市委组织部管理)

二、青岛市人大常委会

办公厅

法制工作室

财政经济工作室

教育科学文化卫生工作室

城乡建设环境保护工作室

人事代表工作室

农村经济工作室

民族侨务外事工作室

内务司法工作室

三、青岛市人民政府

(一)工作机构

办公厅

青岛市计划委员会

青岛市经济委员会(中共青岛市委工交工作委员会与其合署)

青岛市经济体制改革委员会

青岛市对外经济贸易委员会

青岛市教育委员会

青岛市科学技术委员会

青岛市公安局

青岛市国家安全局

青岛市监察局(与中共青岛市纪律检查委员会机关合署)

青岛市民政局

青岛市司法局

青岛市财政局

青岛市人事局(青岛市机构编制委员会办公室与其合署)

青岛市劳动和社会保障局

青岛市建设委员会(挂青岛市城市管理委员会办公室牌子;中共青岛市委建设工作委员会与其合署)

青岛市园林环卫管理局

青岛市房产管理局

青岛市公用事业管理局

青岛市市政工程管理局
青岛市交通局
青岛市农业局
青岛市水利局
青岛市林业局
青岛市海洋与水产局
青岛市畜牧局
青岛市财贸委员会(青岛市国内贸易局与其一个机构两块牌子;中共青岛市委财贸工作委员会与其合署)
青岛市粮食局
青岛市文化局
青岛市广播电视局
青岛市卫生局(挂青岛市中医管理局牌子)
青岛市体育运动委员会
青岛市计划生育委员会
青岛市审计局
青岛市统计局
青岛市技术监督局
青岛市乡镇企业管理局
青岛市环境保护局
青岛市土地管理局(青岛市规划局与其一个机构两块牌子)
青岛市民族宗教事务局
青岛市旅游局
青岛市人民政府外事办公室
青岛市人民政府侨务办公室
青岛市人民政府口岸办公室
青岛市国有资产管理局

(二)市政府派出工作机构

青岛经济技术开发区管理委员会(与青岛市黄岛区人民政府一个机构两块牌子)
青岛高科技工业园管理委员会(与青岛市崂山区人民政府一个机构两块牌子)
青岛市人民政府驻北京办事处
青岛市人民政府驻上海办事处
青岛市人民政府驻广州办事处
青岛市人民政府驻深圳办事处

(三)部门管理机构

青岛市人民政府调查研究室(由青岛市人民政府办公厅管理;青岛市发展研究中心与其合署)
青岛市人民政府农业办公室(中共青岛市委农村工作委员会与其合署;由青岛市人民政府办公厅管理)
青岛市人民政府法制局(由青岛市人民政府办公厅管理)
青岛市人民防空委员会办公室(由青岛市人民政府办公厅管理)
青岛市物价局(由青岛市计划委员会管理)
青岛市地质矿产局(由青岛市计划委员会管理)
青岛市农业机械管理局(由青岛市农业局管理)

四、政协青岛市委员会

办公厅
经济科学技术委员会工作办公室
提案委员会工作办公室
学习宣传委员会工作办公室
祖国统一联谊委员会工作办公室
文史资料研究委员会工作办公室
社会政法委员会工作办公室
教育卫生委员会工作办公室

五、中共青岛市纪律检查委员会(青岛市监察局与其机关合署)

六、青岛市中级人民法院

七、青岛市人民检察院

八、民主党派

中国国民党革命委员会青岛市委员会
中国民主同盟青岛市委员会
中国民主建国会青岛市委员会
中国民主促进会青岛市委员会
中国农工民主党青岛市委员会
中国致公党青岛市委员会
九三学社青岛市委员会

九、各人民团体

青岛市总工会
共青团青岛市委员会
青岛市妇女联合会
青岛市文学艺术界联合会
青岛市科学技术协会
青岛市归国华侨联合会
青岛市工商业联合会(青岛市民间商会)
青岛市残疾人联合会
青岛市社会科学界联合会

十、市直事业单位

中共青岛市委党校
青岛市档案馆(由中共青岛市委办公厅领导;挂青岛市档案局牌子)
青岛日报社
中共青岛市委党史研究室
青岛市社会科学院(青岛市社会科学联合会与其合署)
青岛市史志办公室
青岛出版社(挂青岛市新闻出版局、青岛市版权局牌子)
青岛市城市建设综合开发总公司
青岛市人民政府经济技术协作办公室
青岛市对口支援领导小组办公室
青岛市人民政府机关事务管理局
中国国际贸易促进委员会青岛市分会(挂中国国际商会青岛商会牌子)
青岛教育学院
青岛广播电视大学
青岛市职工大学
青岛市电子货币网络中心
青岛市仲裁委员会办公室
崂山风景区管理委员会

国民经济和社会发展概况

“九五”期间,本市有效地遏制了通货膨胀,成功地克服了亚洲金融危机和国内需求不足的影响,国民经济保持了良好的发展势态,增长方式初步实现了由粗放型向集约型的转变,增长速度逐年加快,年均经济增长达到12.3%,圆满完成了第九个五年计划确定的主要目标。2000年,全市国内生产总值达到1151.2亿元,增长15.2%。其中,第一产业增加值为139.88亿元,增长6.5%;第二产业增加值为560.32亿元,增长17.1%;第三产业增加值为451亿元,增长15.2%。三次产业比例由“八五”末的17.2:46.9:35.9调整为“九五”末的12.1:48.7:39.2。

农村经济

“九五”期间,本市农村经济发展迅速,农业综合生产能力继续增强,结构不断优化,经济作物比重有较大提高,农业增加值年均增长5%。2000年,全市粮食、水产品、肉类、蛋类、奶类产量分别达到278.05万吨、126.53万吨、60.35万吨、37.4万吨和23万吨;全市肉、蛋、奶、水产品的人均占有量分别达到85.5公斤、53公斤、32.6公斤和179.4公斤;油料、蔬菜等经济作物播种面积所占比重上升到41%。全市乡镇工业企业总产值1280亿元;五市和城阳区总计完成国内生产总值626亿元,增长19.2%,占全市的比重达54.5%。

工业经济

“九五”期间,工业持续快速增长,新兴工业园区发展迅速,工业布局调整成效明显,产业升级步伐加快,重点培植壮大了以新型家电、电子和信息为主导的优势行业,形成了以名牌企业为支柱的工业体系,5年累计全市限额以上工业总产值年均增长18.5%。2000年,限额以上工业总产值达到1400.5亿元,工业增加值达到366.1亿元;企业的经营状况明显改善,限额以上工业企业产销率达到98.5%,实现利税116亿元;大企业、大集团成为工业经济发展的重要支撑力量,大中型工业企业完成增加值占全市限额以上工业的79.2%;高新技术产业快速发展,限额以上工业企业实现高新产品产值412亿元,占工业总产值的29.4%。

对外经济贸易

“九五”期间,全市外贸出口年均增长18.8%,2000年全市外贸出口额达到61.14亿美元,增长37.3%。利用外资稳定增长,5年累计实际利用外资49亿美元,占对外开放以来的60%;2000年实际利用外资12.8亿美元,增长34.5%;外资质量不断提高,跨国公司来青投资增多,截止2000年末,实有注册登记的外商投资企业3965家,世界500强前来投资的公司达到40户。对内招商方面,自1998年以来,已引进外地来青投资项目1685个,合同内资136.4亿元,实际到位资金92.1亿元。

财税金融

“九五”期间,地方财政收入保持较大幅度增长,年均增速达到22.1%。2000年,全市完成地方财政收入80亿元,增长17.6%。全市金融系统存款余额达到1073亿元,比年初增加156.6亿元,其中居民储蓄存款535.3亿元,增加37.5亿元;贷款余额965.6亿元,比年初增加166.6亿元;居民消费信贷迅速增长,年末消费信贷余额70.1亿元,比年初增加56亿元。

国企改革和市场经济体制建设

“九五”期间,全市共有60家国有大中型企业建立了现代企业制度,共组织6家企业成功地上市。中小企业特别是各市、区企业已全面进行了改制。养老、医疗、失业、工伤、生育保险和住房制度等配套改革不断完善,财税、金融、计划、物价、投资等宏观经济管理体制改革继续深入,政府职能转变进一步加快。市场体系基本形成,商品、人力资源等市场日趋完善,金融、信息、技术等市场日趋活跃。个体私营经济迅速发展,对繁荣城乡经济、扩大就业发挥了重要的作用。

城市基础设施建设

“九五”期间,累计完成全社会固定资产投资1262亿元,2000年投资规模达到321亿元。重点加大了城市东部开发和旧城改造力度,集中力量建设了一批基础设施项目。东海路工程、香港路改造、“五四”广场建设、青岛发电厂扩建工程、前湾港二期工程、李村河等污水处理厂、前海截污工程、煤制气二期工程、海泊河综合整治一期工程和城市环境综合整治工程等重点项目的完成,大大改善了城市面貌和城市基础设施条件。到2000年末,港口吞吐能力超过1亿吨,发电设备总容量达153万千瓦,城市原水日供水能力达到100万立方米。全市环境污染和生态破坏加剧的趋势得到有效控制,环境质量特别是城市环境空气质量明显改善。本市继1997年被授予“全国卫生城市”称号之后,2000年又被授予“国家环境保护模范城市”称号。

人民生活

“九五”期间,全市城市居民人均可支配收入和农民人均纯收入分别年均增长8.3%和10.3%,到2000年,城市居民人均可支配收入达到8016元,农民人均纯收入达到3637元。城镇登记失业率控制在3%左右。居民消费结构显著改善,生活质量进一步提高。加大了老城区改造和小区开发力度,棚户区改造任务全部完成,共安置棚户区居民2.3万户,提前实现了“不把棚户区带入21世纪”的目标;建成经济实用住房456万平方米,建成了一批居住条件较好的居民住宅小区。城区居民人均住房使用面积约达到14.5平方米,比“八五”末增加2.9平方米;人均绿地面积8.5平方米,比“八五”末增加3.7平方米。

社会事业

“九五”期间,本市社会事业获得较快发展,相继建成了文化博览中心、青岛第二中学新校、疾病控制中心、体育中心、广播电视中心等一批标志性社会事业项目。科技开发成绩显著,共取得科技成果3000多项。教育事业迅速发展,多层次教育体系日益完善;到2000年,高等院校在校生达到3.8万人,比1995年增加1.3万人,高等教育毛入选率达14%,高中阶段教育普及率达到82.8%,适龄儿童入学率达到100%。人口自然增长率控制在3.36‰以下。

存在的主要问题

“九五”期间,本市国民经济和社会发展存在的主要问题是:经济结构层次不高,高新技术产业规模和高附加值产品比重较小,第三产业比重偏低;经济整体素质和竞争能力不强;体制和机制仍然是制约经济发展的突出因素;重点区域的作用没有发挥出来;城市化水平不高;就业压力增大;人才机制不够完善;社会主义精神文明建设和民主法制建设需要进一步加强。

(刘元池)

改 革

·国有企业改革·

企业改革

2000年，确定初步建立现代企业制度的市属国有大中型企业22户。其中，工交系统12户，财贸系统、建设系统、外经贸系统共10户。至年末，进行部分改制的1户，整体改制为股份有限公司或有限责任公司的21户。

全年有48户国有大中型企业改制为公司制。其中，股份有限公司14户，累计152户，股本总额65.97亿股；市属工交、建设、财贸企业改制为有限责任公司65户，累计303户。全市中小企业已累计改制5 167户。其中，12区市企业4 777户，基本完成改制；市属工交、城建、财贸等系统企业394户，已改制384户。在改制工作中，重点推进了产权制度改革，全市产权制度改革累计4 635户，占改制企业的89%。其中，市属中小企业达到70.2%。

年内，出台了《青岛市公司董事会工作细则》、《青岛市公司监事会工作细则》、《青岛市公司经理工作细则》，明确细化了董事会、监事会和经理层的职责和工作规范，为规范经营层行为，完善公司法人治理结构打下了基础。大部分企业对照上述三个细则进行了初步规范，规模较大的公司制企业大都实行了董事长和总经理分设，对总经理实行聘任制，制订了董事会和经理层的议事规则和工作程序。

对上年度13户企业经营者年薪制试点企业进行了年薪兑现。扩大了企业经营者年薪制试点企业，新增15户市属国有或国有控股企业进行试点。出台实施了《关于企业实行股权激励的试行意见》和《关于企业实行技术要素参与收益分配的试行意见》。

企业上市

青岛碱业股份公司吸收合并2户权证企业，于2月17日公开发行9000万A股，3月9日在上交所上市，募集资金3.4亿元，成为年内第一股；澳柯玛股份公司于12月13日公开发行9000万A股，12月29日在上交所上市，募集资金8.19亿元，成为20世纪最后一股。本市上市公司累计达到8户，累计募集资金52.6亿元。海尔电冰箱股份公司增发新股1亿股，实际融资18亿元。青啤股份公司增发1亿股，计划融资8～9亿元；海信电器股份公司实施10配6，计划融资9.65亿元；双星鞋业股份公司实施10配3，计划融资1.2亿元，均获得中国证监会批准。国货股份公司和东方股份公司部分国家股转让，均签订转让协议。积极培育了上市资源，筛选出30多家企业作为主板、二板和境外上市备选企业。

·人事制度改革·

国家公务员管理

对全市公务员队伍整体状况进行调查，形成了《青岛市国家公务员队伍结构状况比较研究》，对本市公务员队伍做出评估，提出了“十五”期间结构调整、素质提高的目标与措施。完成了《完善我市公务员制度对策性研究》，提出了下一步完善公务员制度、建设高素质专业化公务员队伍的基本思路和方法途径。制定了《青岛市国家公务员和机关工作者试用期管理试行意见》，规定试用期内公务员的人事档案存放人才交流服务机构，实行人事代理，试用期满考核不合格的，通过人才市场自主择业。出台了《青岛市国家公务员和机关工作者任职回避和公务回避实施细则》、《青岛市国家公务员和机关工作者职位轮换（轮岗）实施细则》；公务员领导职务竞争上岗和公务员轮岗已经制度化，处级职位凡有空缺，全部竞争上岗；全年符合条件的公务员轮岗面达到30%。配合全市党政机构改革工作，研究制定了《青岛市市级党政机构改革人员定岗的意见》。落实《青岛市年度考核结果使用试行办法》，将年终一次性奖金与考核结果挂钩，促进考核工作的落实。规范行政奖励表彰，出台了《青岛市行政奖励表彰试行规定》。

事业单位改革

加大社会中介机构（律师事务所、会计师事务所等）的脱钩改革力度，收回1 900多个事业编。按照市属科研机构改革实施意见和责任分工，完成了科研机构的转企改制工作。推进事业单位人事制度改革试点工作，以国家有关改革意见为指导，重点对卫生和教育系统事业单位进行调研，会同市政府办公厅对当前改革中遇到的主要问题及对策进行研究和探讨，起草了《关于我市事业单位人事制度改革的框架意见》。在卫生、教育系统全面推行专业技术职务评聘分开、竞争上岗，有643人落聘、120人低聘。选择教育、卫生、民政系统和机关事务管理局等单位，进行事业单位分配制度改革试点，收到良好效果。其中，卫生系统的改革受到国家卫生部肯定，并在青岛召开现场会予以推广。

·卫生事业改革·

（详见第191页）

·住房制度改革·

（详见第145页）

（刘玉梅　吕绪国）

对 外 开 放

·主要工作举措·

加强对外开放战略研究

2000年1月,省委、省政府在青召开全省实施经济国际化战略工作会议。2月25日,市委、市政府召开了贯彻会议及全市进一步扩大对外开放研讨会,具体研究全市对外开放的整体战略举措。按照省委、省政府的要求,市委、市政府确定,到2005年本市要实现"三个目标"(当年实际利用外资25亿美元,出口100亿美元,高新技术产品产值占限额以上工业总产值的40~50%),并在"十五"期间加快建设设区域性贸易中心、金融中心、信息中心、高新技术产业中心和北方国际航运中心等"五个中心",率先基本实现现代化,向建设社会主义现代化国际城市迈进。根据市委、市政府的部署,全市各部门从思想观念、领导方式、工作指导、政策措施等方面加大了工作力度,创出了许多好的思路、政策和办法,形成了全市上下都来关注开放、为开放服务的氛围,掀起了全市对外开放的新一轮高潮。

按照实现"三个目标"、建设"五个中心"的要求,组织有关部门和5个专家组进行了专门研究,明确了工作重点和各部门的目标责任。由分管市长牵头,组织全市各系统学习WTO知识,并组织有关部门和部分专家学者,对加入WTO对本市经济发展和政府管理可能带来的影响进行了专题研究,为应对WTO提前做好准备。

强化专业招商

研究世界知名跨国公司的投资偏好和投资动态,把吸引跨国公司世界500强、大项目作为招商引资的战略重点,出台了《关于引进世界500强等著名跨国公司投资的奖励办法》和《全市外经贸责任目标考核奖励实施办法》,建立了引进世界500强目标责任制,调动了全市各级、各部门的招商积极性。建立了以市招商促进局为首的全市各级专业招商队伍,强化激励约束,实行绩效挂钩。以西部大开发为契机,充分利用本市港口优势,通过与西部地区的通关协作,把对内开放与对外开放有机地结合起来。

加强投资环境建设

在硬件建设方面,按照收缩战线、滚动发展的原则,加快项目向园区集中,提高园区规划配套水平。部分先进园区在税收分配、指标考核等方面都探索出了一整套先进、科学的考核奖励办法,极大地调动了各级、各部门特别是落后地区的招商引资积极性。以十大工业园建设为载体,结合市内企业退城进乡,加快工业利用外资步伐,形成了工业对外开放的新框架。在软件建设方面,继续坚持和完善市长与外商投资企业会面制度,加强对外商投诉、求助的处理和反馈,为在青投资企业营造良好的发展环境。

加强宣传推介

年内,本市共在北京、上海、深圳等8个城市开展了"青岛日"宣传推介活动,加强了对外国公司驻华机构的宣传力度。成功地举办了2000年世界华人论坛,增强了海外华人对青岛的了解,提高了其在青投资的信心。

(庄建蓉)

·重大项目招商引资·

概　况

2000年,青岛市共批准总投资1000万美元以上的项目79个,合同外资额120.74亿美元,分别占全市利用外资总数的7%和47.8%。

前10位外资项目

青岛前湾集装箱码头有限公司项目　在青岛经济技术开发区。中方投资者为青岛港务局,外方投资者为铁行港口(东亚)有限公司,总投资为17675万美元。从事集装箱及其他货物的装卸作业,国内外集装箱中转、堆存、保管、拆装箱、修洗箱、运输、仓储及其他相关业务。

青岛联成石化有限公司项目　在胶南市经济技术开发区。为外商独资项目。系美国K·J·爱尔巴公司独资项目,总投资为3000万美元。从事生产和销售高等级道路沥青。

青岛华威风力发电有限公司项目　在青岛高科技工业园。中方投资者为青岛高科技东亿实业有限公司,外方投资者为德国博斯集团公司,总投资为2990万美元。从事风力发电的建设及其经营业务。

青岛狄摩赛铁道设备有限公司项目　在青岛高科技工业园。中方投资者为青岛欧特美交通设备有限公司,外方投资者为西班牙狄摩赛系统工程及工业技术有限公司,总投资为2990万美元。从事铁路工业领域客车内装设备的设计、工程实施、组装、生产、试验、调试、管理、售后服务、技术培训和咨询服务。

青岛泽文建材有限公司项目　在青岛经济技术开发区。系台湾万祺股份有限公司独资项目,总投资为2988万美元。从事生产加工马口铁。

中策摩根基础开发(青岛)有限公司项目　在青岛保税区。中方投资者为青岛中策投资咨询有限公司,外方投资者为摩根环球加合大集团,总投资为2982万美元。从事业主码头开发。

青岛科恩生物环保产业有限公司项目　在即墨市经济开发区。中方投资者为即墨经济开发区开发总公司,外方投资者为香港速邦集团,总投资为2980万美元。从事生产、开发并销售生物环保系列产品。

海尔CCT(青岛)通讯有限公司项目　在青岛高科技工业园。中方投资者为青岛海尔投资发展有限公司,外方投资者为CCT科技集团有限公司,总投资为2980万美元。从事生产、销售及维修通讯产品,研究开发新产品。

青岛盈泰海洋世界有限公司项目 在青岛高科技工业园。中方投资者为青岛海洋公园开发建设指挥部，外方投资者为盈泰资产管理（亚洲）有限公司，总投资为2980万美元。从事主入口会场区、海洋世界景区、欢乐海洋景区、航海活动区、海洋健身区、海洋度假游览区的娱乐设施经营及配套。

青岛海景置业有限公司项目 在青岛高科技工业园。外方投资者为汕融（香港）地产发展有限公司，总投资为2980万美元。从事在度假区0.67公顷地内建设经营公寓、写字楼和商品房。

（市外经贸委）

·国家级对外开放先导区·

青岛高科技工业园

高新技术产业 围绕"科技创新年"这一中心任务，以高新技术产业化为方向，积极建设创新体制、市场化运作机制，营造创业环境。青岛海洋生物产业园、高新技术出口基地已正式挂牌启动；成立了青岛生命科学院，首期引进8个生物科学项目；青岛软件园（二期）、海大科技园、浪潮软件产业基地、镁合金研发基地等项目已初步达成建设协议。引进天力克生物技术研究所等研发机构12家，累计达到38家。投资3000多万元的北京大学学术中心建设顺利实施，青岛海洋大学科技园、镁合金研发基地完成开工建设准备。青岛软件园二期工程吸引了中创软件、东大阿尔派、浪潮软件等软件企业入园发展。国际电子商务大学等大专院校落户园区。高新技术产业规模进一步壮大。新引进外资高科技项目40个，创业中心新入住创业企业32家。为完善科技"孵化"器网络，出台了《青岛高科园科技创业中心孵化企业管理办法》，引进"孵化"企业32家，新认定高新技术企业18家，使总数达到100家。园区高新技术企业销售收入完成175亿元，增长19%。

外向型经济 全年批准外资项目70个，合同利用外资3.7亿美元，实际利用外资2.5亿美元，分别增长60.9%和47.1%。项目引进呈现出投资规模大、科技含量高的特点，引进了海尔CCT（青岛）通讯有限公司、朗讯手机基站、浪潮青岛软件研发基地、永宝镭射有限公司等项目。加大第三产业和基础设施项目招商工作力度，引进了普尔斯马特超市、海景大酒店、高尔夫游艇俱乐部、赤岛开发、国家远洋考察基地和沙子口水产批发市场等项目。出口创汇完成4.5亿元，增长45.2%。经国家科技部和外经贸部批准，设立了高新技术产品出口基地，并完成发展规划。

（焦相鹏）

青岛经济技术开发区

招商引资 "九五"期间，累计合同利用外资15.5亿美元，实际利用外资11亿美元，分别是"八五"的1.6倍和3倍；引进1000万美元以上的外资大项目58个，其中过亿美元的大项目3个、世界500强企业15家。2000年出口创汇6.45亿美元，是1995年的1.7倍。对外劳务输出发展迅速，企业境外投资实现突破。对内招商引资的步伐加快。海尔、海信、颐中、国风、北海船厂等企业相继入区设立工业园；宝钢、中储股份等国内大企业也相继入驻；澳柯玛、轻骑、双星等驻区企业的规模迅速扩大，成为对外进行经济技术合作的重要载体。

支柱产业和高新技术产业发展 "九五"期间，全区企业技术创新项目累计列入市级以上科技计划137项、国家级科技计划26项，取得市级以上科技成果26项。新发展高新技术企业41家，累计达到48家。高新技术产品产值占全区工业总产值的比重达到39.3%。

"十五"展望 全区将积极实施经济国际化、大项目、高科技、城市化、港区联动"五大发展战略"，努力实现外向型经济、现代工业、城市形象、个体私营经济"四个新突破"，为2010年基本建成以现代港口、先进工业、国际贸易、旅游度假为主要特色的功能完善、文明法制的社会主义现代化国际新城区奠定坚实基础。"十五"时期，全区主要经济指标安排为：国内生产总值年均增长28%，地方财政收入年均增长15%，外贸出口总额年均增长18%，到2005年分别达到300亿元、12亿元、15亿美元；科技对经济增长的贡献率达到50%左右，高新技术产品产值占工业总产值的比例达到50%以上；个体私营经济实现的增加值占GDP的比例达到25～30%；税收占全区地方财政收入的比例达到15%左右；城市人口达到19.5万人，占总人口的比例达到65%，建成区面积扩大到54平方公里。实际利用外资累计达到15亿美元。

（吴 锋）

青岛保税区

主要经济技术指标 "九五"期间，完成基础设施投资2亿多元，区内完成"七通一平"。2000年，共批准项目249个，其中"三资"项目54个，合同利用外资1.22亿美元，实际利用外资6016万美元，利用内资4.2亿元；实现工业总产值10.5亿元；进出口总值2.8亿美元，其中进口1.5亿美元、出口1.3亿美元；财政收入达到3268万元。重点抓大项目引进，体现出"速度快、资产优"的特点，引进了美国朗讯等几家世界500强企业，同时数十家跨国大公司及国内著名大企业也正在办理或洽谈入驻。青岛市拟将在二板上市的国人科技、高校软控2家企业落户保税区。

区域建设 以树立新形象为切入点，努力营造与国际惯例接轨的投资环境。全面进行环境整治，对区内道路两侧及重点地段进行了高标准的绿化、硬化、亮化；年底正式启用保税区新大门。以港区联动为着力点，推进港区功能对接。年内，市政府已批准保税区建设发展用地向前湾港对接的方案，面积由2.5平方公里调整至3.8平方公里，区域由"O"型转向"U"型，从而更加符合国际惯例。保税区管委与青岛港务局就在前湾港区内开发建设保税区B区的意见达成共识，组建了由保税区与青岛港务局、青岛海关等单位共同参加的"港区联动领导小组"，统一指挥港区对接工作；保税区成立了港区联动办公室，负责对接工作的实施，有关B区的选址定位工作也在加紧进行，力争2001年"五一"前实施初步对接。

（张先锋）

·省级对外开放先导区·

青岛环海经济技术开发区

位于城阳区内，总规划面积6.69平方公里。青岛市政府已将其列入环胶州湾经济聚集带的启动区域。累计已落户外商投资企业63家，其中世界500强企业3家。已形成了以电子、机械、食品、制药为主体的产业体系。累计合同利用外资1.5亿美元,实际利用外资1.0亿美元。2000年引进项目12个,实际利用外资1816万美元。

(王绪伟)

山东省即墨经济开发区

2000年9月,该区和潮海街道办事处合并,设立了中共山东省即墨经济开发区潮海街道办事处委员会。辖村庄30个,人口5.08万人,辖区面积27.2平方公里。

对区内所有单位、经济实体实行封闭式管理,"一个窗口"对外、"一条龙"服务、"扎口式"收费。2000年,全面实施了"四园两区两街"的整体开发战略,形成了"区中区"、"区中园"、"区外园"的全面开发模式,成为带动全市对外开放快速发展的新"龙头"。全年新增固定资产2.48亿元,基础设施投入7000万元,区内"七通一平"拓展到5.8平方公里。全年引进内外资项目64个,投资额14.2亿元,实际到位资金2.7亿元。其中,引进外资项目13个,合同利用外资6460万美元,实际利用外资1560万美元,实际利用横联资金6544万元。出口创汇1602万元,实现财政收入1010万元。

2000年,在全省48个国家级、省级开发区主要经济排行榜上,由1998年的第二十四名跻身前四名,实现了超常规、大跨步、跳跃式发展。

(张潇玲 王兆纯 张方鹏)

胶州市经济技术开发区

与胶州市云溪街道办事处合署办公。规划面积9.7平方公里,起步区3平方公里,全区总控制面积30平方公里。已有5平方公里区域实现"五通一平"。截止2000年底,共批准进区项目130个,合同利用外资2.5亿美元,实际利用外资1.69亿美元,累计出口创汇7.5亿美元。2000年,批准外资项目14个,合同利用外资4491万美元,实际利用外资2595万美元,完成出口创汇1.75亿美元。中韩合资企业青岛中集集装箱制造有限公司、青岛中集冷藏箱制造有限公司,韩国独资企业青岛昌新鞋业有限制造公司均位于该区。2000年,海尔集团在该区征地53.33公顷,投资10亿元,开始动工兴建海尔配件基地。

(李进玉 高 巍 韩 伟)

胶南市经济技术开发区

该区西靠胶南老市区,东临胶州湾,南濒黄海,204国道、泰薛公路横贯境内。全区面积40平方公里,人口3.5万。2000年,引进外资项目10个,实际利用外资2100万美元;引进内资项目32个,实际到位内资8000万元;全区累计已有内资项目120个,外资项目64个,项目总投资3.8亿美元。外资企业工业总值15亿元,出口创汇8000万美元,安排劳动就业6000人,其中泸河集团胶南分公司年销售收入达到1.5亿元、利润1000万元。

投资3.5亿元,修筑道路16条,建成35千伏和110千伏变电站3座,铺设通讯电缆23.7公里,开通国际、国内程控电话5000部。日供水能力达到5万吨,并投资1200万元建成日处理污水6万吨的大型污水处理厂1座。

连续3年获"青岛市文明单位"、"山东省先进开发区"等称号。

(胡 英)

平度市经济技术开发区

位于平度市城区东缘,总体规划面积10.18平方公里。累计投入基础设施建设资金1.4亿多元,已开发起步区3.8平方公里。全区日供水能力5万吨,日供电能力2万千伏安,供热能力20吨/小时,日排污能力2万吨,程控电话交换容量1万门。正在进行"六纵八横"道路网建设,构筑整体开发框架。

建立健全了银行、医院、市场、住宅、餐饮娱乐等服务设施,设立了公安、工商、税务、司法、环保、电力等市直部门驻区分支机构,建成了开发区实验幼儿园、中小学校、实验高级中学和职业学校。

累计批准进区项目126个,合同投资额23.4亿元,其中利用外资项目60个、合同利用外资1.98亿美元、实际利用外资1.05亿美元。2000年,实现工业增加值3.10亿元,实现各项税收4043万元,财政收入2064万元,出口创汇1.04亿美元。

计划到2005年全面完成10.18平方公里的开发建设,投产项目达到200个,项目总投资完成40亿元,年实现工业产值40亿元,利税2.5亿元,出口创汇2亿美元,区财政收入1亿元。

(王彬堂)

莱西市经济技术开发区

该区位于莱西城区东南部,烟青一级公路、龙水公路、蓝烟铁路穿境而过。总面积10.28平方公里。辖7个村庄、4个居委会;总人口1.8万人,其中农业人口9109人。

截止2000年底,共修筑硬化道路56条,总长度3.6万米;已开通3000门程控电话,日供水能力达到1万吨,建有35千伏变电站1座,区内邮电、供水、银行、医院、学校、幼儿园以及公安、工商、税务等服务机构齐全;建有保税仓库、批发市场、农贸市场与购物中心;已兴办外资企业56家,合同利用外资8100万美元,实际利用外资6500万美元。

(傅建族)

党的建设和社会主义精神文明建设

·党的建设·

2000年,全市党建工作以学习"三个代表"重要思想、深化"三讲"教育为重点,全面加强党的思想政治建设、干部队伍建设、党风廉政建设和党的基层组织建设。

思想政治建设

组织各级领导干部深入学习中共中央总书记江泽民"三个代表"重要思想和

重要讲话精神，学习经济、科技、管理、法律、金融等方面知识。市委常委举办了3次专题读书班，市委中心组集体学习5次，举办报告会3次。坚持“一个中心、三个着眼于”，联系思想和工作实际，努力解决事关全市改革和发展的重大问题。认真搞好市级领导班子和市直部门“三讲”教育“回头看”，以及区(市)和第三批市直单位“三讲”教育，狠抓整改方案的落实。加强领导班子和干部队伍建设，加强党风廉政建设，解决群众反映强烈的问题等方面取得明显成效。

干部队伍建设

规范和完善公开选拔领导干部的办法，在全市公开选拔了55名40岁以下的副局级领导干部，其中5名具有博士学位。制定了市级党政机关处级以下人员选配实行竞争上岗的意见。120多名企业经营者通过竞争上岗走上领导岗位。研究提出了不胜任现职领导干部的认定标准与调整办法。强化对领导干部的任期经济责任审计等监督措施。

党风廉政建设

层层落实党风廉政建设责任制，建立党风廉政建设报告会、党政主要领导廉政述职评议、廉政谈话等制度。利用胡长清、成克杰等典型案例深入开展警示教育。严格落实中纪委“几个不准”，清理领导干部超标准住房。加大查办案件力度，严惩腐败分子。突出抓好政府采购、建立有形建筑市场、落实收支两条线规定等工作。对重点部门和行业进行政风、行风评议，加大纠正医药购销中的不正之风、减轻企业和农民负担、清理公路和中小学乱收费现象的工作力度。

基层组织建设

推行农村党支部书记选拔任用制度改革，制定了《村党支部和村委会工作规范》，深入开展“双创”活动和整顿后进村工作，对列入全市整顿范围的42个后进村建立档案。探索新形势下发挥企业党组织政治核心作用的方法和途径，加强企业党建工作。加强新经济组织和新型社会组织党建工作，对具备条件的社团建立党组织提出了明确要求。下发了《关于加强城市社区党的建设工作的意见》，调整社区党建工作的领导体制、街道党工委职能和机构设置，强化了街道党工委在社区建设中的组织指导和协调职能。

机关作风建设

在各区、市开展了“爱民、为民、富民、安民”教育活动。解决群众反映强烈的文山会海、乱办班等问题。强化了领导干部深入基层抓典型、抓落实工作。围绕党在农村各项政策的落实、农村基层组织建设、农村思想政治工作等问题，组成专题小组，深入乡镇村调研，分析情况，提出问题，统一研究解决，有力地促进了面上工作的开展。

(市委政研室)

“三讲”教育

年内，分别对12个区、市的领导班子及其副处以上领导干部和第三批市直单位领导班子及其副处以上干部进行了“三讲”集中教育。

第三批市直单位“三讲”教育在7～9月间进行。共有19个单位的778名副处以上干部参加了教育活动。主要在总结第一、二批市直单位“三讲”教育工作经验的基础上，按思想发动、自我剖析、交流思想、整改巩固四个步骤进行。

12个区、市“三讲”教育在2～5月间进行。共有118个领导班子的853名副处以上干部参加，主要按前期准备和思想发动、理论学习、征求意见、思想剖析、民主生活会、民主评议和民主测评、整改等步骤开展。期间，市委“三讲”办先后4次组织召开工作会议，制定下发了34份指导性文件，对每个阶段的工作提前作出安排部署。在集中“三讲”教育告一段落后，各区、市普遍集中10天左右时间进行了“回头看”。在此基础上，市委召开了由省委联络组成员、巡视组组长，各区、市委分管书记和“三讲”办负责同志参加的巩固“三讲”教育成果座谈会，总结了“三讲”教育的经验。

(市委“三讲”办)

·社会主义精神文明建设·

市民文明素质教育

年初，市文明委制定下发了《关于加强市民素质教育实施意见》，以“文明——从我做起”为主题，注重把道德教育与道德实践紧密结合起来。新闻媒体把市民文明素质教育作为全年精神文明建设宣传报道的重点，开辟宣传栏目，集中进行宣传教育的动态报道和专题报道，形成了强大的宣传教育合力。各市、区，市直各单位都结合各自实际，组织开展各种形式的宣传教育活动，把市民素质教育的内容融于群众性精神文明建设活动中，引导市民广泛参与。

深入开展马克思主义唯物论、无神论教育。市文明办、市科协联合举办了“崇尚科学文明，反对愚昧迷信”大型巡回展览，形象生动地宣传科学真理，普及科学知识，揭批“法轮功”等歪理邪说和各种伪科学，全市各界5万余人参观了展览。各市、区都结合各自实际情况，普遍开展了各种形式的宣传教育活动，形成了崇尚科学文明、反对愚昧迷信的良好氛围。

三大创建活动

文明社区创建 根据中央文明办的部署，市文明委于3月初下达了《关于开展“倡导文明新风，共建美好家园”活动的实施方案》。围绕年内1/3的街道、小区、居委会达到文明创建标准的要求，组织开展了文明素质教育、科技知识、便民服务、文化活动、优美环境、治安管理进社区等“六进社区”活动，把居民群众日常生活的需求，纳入社区建设轨道，组织群众积极参与社区建设，增强了区居民“社区是我家、建设靠大家”的意识，使创建文明城市的重心向社区街道、居民小区、楼院家庭延伸，形成了创建文明社区的良好氛围。市南区、四方区被国家民政部确定为“全国社区建设示范区”。9月，在“全国创建文明社区工作座谈会”上，本市作为全省唯一的代表作了题为《坚持“五位一体”建设文明社区》的经验交流；团中央在本市召开了“全国创建青年文明社区现场推进会”，平度市在会上作了专题发言。10月，省文明委在本市召开了全省精神文明建设工作会议，重点推广了本市创建文明社区工作的经验。为贯彻“全国创建文明社区工作座谈会”精神，起草了《关于加强文明社区建设和思想政治工作的若干意见》，并于9月28日召开了“全市社区精神文明建设暨思想政治工作会议”，推动创建文明社区工作深入开展。

文明行业创建 全市各行业以“创服务名牌，树青岛形象”为主题，结合各自行业实际，开展创建文明行业活动。特别是在与群众生活密切相关的19个“窗口”行业中，以培养职业道德、提高职业技术、端正行业风气为主要内容，落实“为您服务、向您承诺、请您监督、让您满意”的服务要求，推动创建文明行业工作的创新。

文明村镇创建　各市、区把创建文明村镇活动同农村的镇村环境整治、基层民主政治建设和社会治安综合治理结合起来，以镇村环境集中整治为突破口，按照“路、树、街、水、室、栏、家”七方面，提出了工作目标和综合整治方案，集中治理镇村环境，使农村环境面貌有了较大改观。

基础性创建活动

文明单位创建　各市区、各工委普遍把创建文明单位作为加强基层精神文明建设的基础性工作，加强对创建活动的指导，开展了各种形式的创建活动，进一步完善创建、管理、评选机制。截止年底，全市共有省级文明单位114个，市级文明单位标兵596个，市级文明单位2441个。

军警民共建活动　全市军地双方坚持“突出思想共建，双向奉献，共同发展”的方针，把思想道德和文化建设作为共建内容，把密切军政军民关系、促进社会生产力发展和提高部队战斗力、培养和造就“四有”新人作为开展共建活动的出发点和落脚点，促进了两个文明建设的发展。年内，本市第四次蝉联全国“双拥模范城”称号。在全市创建文明城市工作会议上，市委、市政府和驻青部队领导机关命名表彰了118个军警民共建标兵单位和339个军警民共建先进单位。

实施名牌战略

在创建文明社区工作中，总结并推广了市南区八大峡街道办事处、市北区登北居委会、四方区水清沟街道办事处、李沧区东山居委会、崂山区中韩街道办事处等9个创建典型。在创建文明行业中，推出了市国税局、市地税局、市工商局、市民政局、市中级人民法院、市检察院等6个创建文明行业先进行业和10个创建文明行业先进部门；总结推广了“海尔真诚到永远”、“情满旅途”、“海之情列车”、“98111服务热线”、“公交张锋”、“海滨小金”等6个服务名牌。

通过大力实施精神文明建设名牌战略，涌现出一批全国和全省的文明示范典型。市交通系统被评为山东省交通系统首批文明行业；青岛电业局获国家“一流供电企业”和“全国电力双文明单位”称号；市中级人民法院被授予首批“全国优秀法院”称号；崂山风景区获“全国文明风景区示范点”称号；东方贸易大厦、利群商厦被命名为全国“百城万店无假货示范店”；青岛流亭机场被评为全国文明机场。

年内，本市被国家环保总局命名为“国家环境保护模范城”；连续4年保持“国家卫生城市称号”；再获无偿献血先进城市奖，通过了首批中国优秀旅游城市复合检查。

精神文明建设宣传

围绕全市精神文明建设的重大活动，各新闻媒体发挥舆论导向作用，引导市民广泛参与。为配合“文明——从我做起”宣传教育活动和创建国家环保模范城市等中心工作，《青岛日报》、《青岛晚报》、《青岛生活导报》分别以“文明——从我做起”、“创环保模范城，共建美好家园”、“倡导文明新风，做文明市民”、“岛上小议”、“图片曝光”等专栏和形式，青岛电视台、青岛人民广播电台分别利用“青岛新闻”、“新闻时空”、“今日”、“市民热线”、“交通热线”等栏目，进行全方位地宣传报道，做到了报纸天天有消息、广播天天有声音、电视天天有影像，形成了创建文明城市的良好舆论氛围。

年内，中央、山东省新闻媒体，宣传本市精神文明建设内容的报道近百次(篇)。1月11日，中央电视台“新闻联播”节目报道了本市特别是市北区加强市民文明素质教育的情况；11月底，在中央文明办组织拍摄的大型纪实性电视专题片《伟大的创造——创建文明城市巡礼》中，报道了青岛市公用事业“98111”热线为民服务和创建文明城市“金点子”征集活动情况，对本市精神文明建设工作成果给予充分肯定和推广。

（市文明办）

大 事 记

政 治

1月1日

全市各界代表2500多人汇集市级机关办公楼前举行升国旗仪式。12日,《青岛日报》刊登本市天津路20号居民李罡睿一家的公开信——《倾吐一个心愿:天天挂国旗》,随即在全市各界引起强烈共鸣,掀起天天挂国旗热潮。

1月12日

在北京召开的全国双拥模范城(县)命名表彰大会上,本市连续第四次获"全国双拥模范城"称号。28日,市委、市政府召开全市争创双拥模范城再动员大会。

1月12~13日

市人大常委会召开第十四次会议。(详见第41页)

1月14日

山东省新年春节拥军优属慰问团青岛分团成立,市长王家瑞任分团长。

△山东陆军预备役高炮师党委一届四次全体(扩大)会议召开。

1月17日

市十二届人民政府举行第四次全体(扩大)会议。(详见第44页)

△山东省新年春节拥军优属慰问团青岛分团开始走访慰问驻青部队。

△青岛政务信息公众网入选"中国优秀网站"。

1月18~19日

山东副省长林廷生率山东省新年春节拥军优属慰问团慰问驻青部队官兵。

1月20~21日

市政协常委会召开第十次会议。(详见第55页)

1月25日

市政府与驻青部队举行军地联席办公会议。市长王家瑞作重要讲话。

1月28日

全市党风廉政建设和反腐败工作会议召开。

2月1日

市人大常委会举行第十五次会议,会议通过:任命刘建华为市政府副市长;接受张先平、闵祥超辞去市政府副市长职务的请求。

2月2日

市委、市政府在黄海饭店举行2000年迎春茶话会,省委常委、市委书记张惠来致辞,向全市各界人士祝贺新春。

2月3日

省委常委、市委书记张惠来先后走访慰问一汽集团青岛汽车厂、海尔集团、颐中集团、青岛啤酒集团的干部职工。

2月4日(农历大年除夕)

省委常委、市委书记张惠来向全市各界致题为《迈入新世纪,创造新辉煌》的春节祝辞;市委副书记徐长聚、张旭升,副市长于冲、宗和、杨军等分头走访慰问节日期间坚守岗位的各行各业干部职工。

2月5日(农历正月初一)

市党政领导张惠来、孙炳岳、胡延森等分8路冒雪慰问一线企业职工和公安干警。

2月5~6日

省委常委、市委书记张惠来分别到即墨、莱西、平度、胶州等地,走访慰问农村干部群众。

2月11日

省委常委、市委书记张惠来到青岛警备区某通信连慰问官兵。

2月14日

驻青省人大代表、省政协委员赴济南参加分别将于2月16~22日和15~20日举行的山东省九届人大三次会议和省政协八届三次会议。

2月15日

市精神文明建设委员会召开全委会,确定年内工作要点。

2月18日

全市宣传思想暨精神文明建设工作会议召开。

2月23日

市政协常委会召开第十一次会议。(详见第55页)

2月24～28日

市政协九届三次会议召开。28日,增选徐世甫、闵祥超为市政协副主席。

2月24～29日

市十二届人大三次会议召开。29日,增补程友新、张先平为市人大常委会副主任。(详见第41页)

2月26日

市政协常委会召开第十二次会议。(详见第55页)

2月29日

驻青全国政协委员、人大代表赴京参加将分别于3月3日、5日开幕的全国政协九届三次会议和九届全国人大三次会议。

3月2日

全市市、区"三讲"教育动员会召开。省委常委、市委书记张惠来作重要讲话。

3月7日

山东省援藏、援疆干部先进事迹报告团在青作报告。

3月8～10日

省委常委、市委书记张惠来在胶州调研,并作"三讲"教育动员讲话。

3月11日

本市11个市、区(胶州除外)"三讲"教育动员大会同时举行。

3月13～15日

中央纪委副书记傅杰在青考察党风廉政建设。

3月18日

《青岛日报》消息:市政府拨款100万元,帮助驻青部队建立10所科技拥军学校。

3月22～23日

市人大常委会召开第十六次会议。(详见第42页)

3月24日

全市"双学双比"、"巾帼建功"活动十年成果展示暨表彰大会召开。

4月20日

市政协常委会召开第十四次会议。(详见第55页)

4月26日

本市新当选的全国劳模周厚健等15人赴京参加全国劳模和先进工作者表彰大会。

△省、市公安干警和武警部队联手抓获5名盗窃大量枪支、子弹潜逃在青的犯罪嫌疑人。此案是建国以来山东省内遇到的第一起特大涉枪刑事案件。6月24日,公安部,山东省委、省政府,青岛市委、市政府在青岛市人民会堂举行庆功表彰大会,山东省公安厅缉捕"4.26"特大盗枪犯罪嫌疑人指挥部和青岛市公安局被公安部记集体一等功。

4月27日

全市庆祝"五一"国际劳动节暨表彰劳动模范大会在市人民会堂举行。370名市劳模、55名"省富民兴鲁劳动奖章"获得者和8个"省富民兴鲁劳动奖状"获得集体受到表彰。

5月11日

本市公安机关破获山东省内有史以来最大的一起贩卖假币案,3名犯罪嫌疑人付顺好、张永刚、廖锡明全部落网,15万元假美金全部缴获。

5月15日

姜志光事迹报告会在市级机关会议中心举行。姜志光,青岛红星化工集团有限公司董事长、党委书记,自1992年起,带领职工在重庆、贵州等资源地建厂,使企业走出困境,并成为青岛市乃至全国开发西部的先行者。6月19日,市委、市政府作出《关于开展向姜志光同志学习活动的决定》。

5月18～19日

市人大常委会召开第十七次会议。(详见第42页)

5月23～24日

民盟八届中央常委会十次会议在青举行。全国人大常委会副委员长、民盟中央主席丁石孙主持会议并讲话。

6月2日

《青岛日报》刊登题为《人民永远记着她忙碌的身影——追忆水清沟第十居委会主任陈秀英》的文章,在全市引起轰动。11月15日,市委、市政府召开陈秀英事迹报告会,并追记陈秀英二等功。

6月3日

市精神文明建设委员会召开全委扩大会议,专题部署在全市开展为期2个月的"文明——从我做起"宣传教育活动实施意见。

6月6～8日

市人大常委会召开第十八次会议。(详见第42页)

6月15日

全市军队转业干部安置工作会议召开。本市年内接收军转干部1293人,其中师职8人、团职210人。

6月27～28日

民建中央经济委员会"十五"规划研讨会在青召开。民建中央常委、经济委员会主任、经济学教授萧灼基,民建中央常委、民建山东省主委墨文川,青岛市副市长杨军等出席会议。6月27日下午,萧灼基在市级机关会议中心为青岛党政机关500余人作了题为《全球经济一体化及其对策》的报告。

7月3～9日

市人大常委会组织市人大代表开展"联系群众、体察民情、反映民意"活动,500余名市人大代表和部分省人大代表参加活动,共联系群众5000余人,收到群众意见1000余条。

7月4日

中央电视台“东方时空”和“焦点访谈”栏目先后对青岛市少数娱乐场所存在的黄赌毒问题进行了报道。市委、市政府高度重视，在7、8、9三个月进行了专项治理，有关涉案人员受到应有处罚。8月9日，市十二届人大常委会第二十次会议免去万国忠市公安局局长职务。

7月11日

本市第三批市直单位领导班子和领导干部“三讲”教育动员大会在市人民会堂举行。

△市政府举行表彰欢迎会，表彰归青的第二批赴黔志愿者王成喜等11人。

7月13～14日

市政协常委会召开第十五次会议。(详见第55页)

7月14～16日

全国干部人事制度改革经验交流会在青举行。中共中央政治局候补委员、书记处书记、中央组织部部长曾庆红出席会议并讲话。

7月15～16日

全国总工会副主席倪豪梅在青调研工会工作。

7月20～22日

市人大常委会召开第十九次会议。(详见第42页)

7月20～23日

致公党十一届中央常委会在青举行。全国政协副主席、致公党中央主席罗豪才和中共山东省委副书记陈建国出席会议。致公党中央副主席郑守仪、王宋大、吴明熹、杜宜瑾、俞云波，山东省政协副主席、中共山东省委统战部部长王久祜，中共青岛市委副书记黄学军等出席会议。

7月22日

经市十二届人大常委会第十九次会议审议通过，每年6月2日为青岛市18岁成人节。

7月22～23日

中共青岛市委八届三次全委(扩大)会议召开。(详见第31页)

7月23日

《青岛日报》消息：市委、市政府制订《关于引进优秀人才来青工作的办法》和《关于引进留学人员来青工作的若干规定》，从住房、户口、职位、工资等诸方面规定了优惠措施。

7月26日

全市行政审批制度改革工作会议召开，确定取消本市行政审批项目490余项，占审批项目总数的35%以上。

8月6～7日

中国驻英国大使马振岗在青考察。

8月8日

市党政主要领导陪同中共中央政治局常委、全国政协主席李瑞环在本市视察 (魏善章/摄)

市十二届人民政府举行第五次全体(扩大)会议。(详见第44页)

8月9日

市人大常委会召开第二十次会议。(详见第43页)

9月8～9日

中共中央政治局常委、全国政协主席李瑞环在青考察部分企业。中共中央政治局委员、山东省委书记吴官正,省长李春亭,省政协主席韩喜凯,省委常委、市委书记张惠来等陪同考察。

9月9～11日

全国"青年文明社区"创建工作暨社区团建现场推进会在青举行。

9月12日

市委、市政府和驻青部队机关在市人民会堂举行军地形势报告会。省委常委、市委书记张惠来主持会议;市长王家瑞、北海舰队政委陈先锋分别作经济形势、军事形势报告。

9月19～22日

市人大常委会召开第二十一次会议。(详见第43页)

9月20～21日

2000年世界华人论坛在本市举行。(详见第246页)

9月29日

司法部部长高昌礼来青调研。

△市政府授予青岛荣花边有限公司董事长土井一郎"青岛市荣誉市民"称号和青岛东晖音乐有限公司董事长周国明等15位外国友人、港澳台同胞第三届"琴岛奖"。

10月1日

《青岛市信访公开承诺试行办法》开始实施,该《办法》规定信访承办单位与信访人签订《信访公开承诺书》,规范双方权利和义务。

10月9～10日

市政协常委会召开第十六次会议。(详见第55页)

10月10日

本市面向社会公开选拔50名40岁以下副局级领导干部工作开始。(详见第33页)

10月19日

市十二届人大常委会第二十二次会议决定,接受王家瑞辞去市政府市长的请求;任命杜世成为市政府副市长,并代理市长职务。

10月24日

本市举行纪念中国人民志愿军抗美援朝50周年座谈会。

11月4日

市人事局组织本市70多家用人单位在西安市举行"青岛日"人才招聘、推介洽谈会。

△山东陆军预备役高炮师在崂山区某靶场举行反空袭演习。

11月7～8日

中共青岛市委八届四次全委(扩大)会议举行。(详见第31页)

11月14日

中国侨联主席、党组书记林兆枢来青调研侨联工作。

11月14～17日

市人大常委会召开第二十三次会议。(详见第43页)

11月16～17日

副省长、代理市长杜世成在胶南、胶州、平度、莱西四市调研。

11月18日

副省长、代理市长杜世成在市南区调研。

11月21～22日

山东省精神文明建设工作座谈会在青举行。

11月22～24日

山东省委副书记、省文明委主任吴爱英在青考察精神文明建设。

12月14日

青岛市维护军人军属合法权益工作图片展览在市级机关会议中心开展。

12月19日

全市政协工作会议召开。

12月22～24日

共青团青岛市第十四次代表大会召开。

12月27日

市委副书记徐长聚、市人大常委会副主任王国等分别率团慰问驻青部队官兵。

12月28日

全市民兵预备役工作会议召开。

经　济

1月4～5日

市长王家瑞先后在青岛经济技术开发区、青岛保税区、青岛高科技工业园调研对外开放工作。

1月4～9日

省委常委、市委书记张惠来率团考察深圳、东莞、广州等地的对外开放、高新技术产业和经济结构调整等工作。

1月17日

市外商投资综合服务中心由青岛世

贸中心迁址丰合大厦。

△《青岛日报》消息：市政府下发通知，要求加强引进世界500强企业来青投资工作，力争3年内达到引进100家以上。

1月21～23日

山东省实施经济国际化战略会议在青举行。中共中央政治局委员、山东省委书记吴官正，省长李春亭出席并作重要讲话。

2月5日(农历正月初一)

本市最大的室内农贸市场——乐陵路商场开业。

2月19日

本市公开选聘市企业发展投资公司副总经理等，开始全面推行企业领导竞争上岗。

△青岛港务局与英国铁行集团合资兴建前湾二期集装箱码头项目签约。该项目属山东省内最大的基础设施合资项目。

2月21日

全市企业培训工作召开，旨在培养面向21世纪的高水平企业管理人才。

2月23日

《青岛日报》消息：本市被列为"全国电子商务试点城市"。

2月25日

市委、市政府召开贯彻落实全省实施经济国际化战略工作会议及全市进一步扩大对外开放研讨会。省委常委、市委书记张惠来在会上强调，实施经济国际化是青岛发展的第一位大事。

△本市批准首家个人独资企业——市民李玉慧从市北工商分局领到"青岛市市北区天华制线厂"营业执照。

2月26日

全国国有企业改革和发展专题讨论会在青举行。

3月7日

市政府举行与外商会面会，就青岛招商引资工作听取意见和建议。

3月9日

本市在日本设立青岛经贸促进中心。

△青岛碱业股份有限公司A股股票在上海证券交易所成功上市。

3月10日

《青岛日报》消息：市政府向全市发布《青岛市2000年经济体制改革实施意见》。

3月17～20日

副市长周嘉宾率团赴上海、苏州、无锡、昆山等地，调研对外开放工作。

3月18～25日

市委副书记徐长聚率本市党政代表团在贵州省考察对口扶贫等工作。

副市长宗和(中)出席青岛啤酒朝日饮品有限公司签字等仪式 (市政府调研室供稿)

3月20～26日

省委常委、市委书记张惠来率团赴浙江温州、台州、宁波、绍兴等市考察改革开放、结构调整和技术创新等。

3月21日

澳柯玛集团与北京海华公司联手在清华大学举办DIVB机顶盒大型演示会。市长王家瑞出席演示会。

△全市农业综合开发、农业精品工程暨农村经济信息化建设工作会议召开。

3月22日

海尔集团与中国科技大学签订全面技术合作协议。

3月28日

合肥海尔工业园在安徽合肥经济技术开发区奠基。

3月30日

海尔集团董事局主席张瑞敏应邀在中共中央党校为300余名在校博士生、硕士生和全国厅局级干部培训班学员作企业发展战略报告。

4月1日

世界500强企业之一的德国麦德龙集团与本市四方区丰华农工商公司合资兴办的青岛麦德龙仓储有限公司成立。

4月5日

青岛市招商促进局成立。6月27日，该局开始面向海内外广招兼职招商人员，并确定招商奖励额度。

4月6日

全市个体私营经济工作会议召开，确定本市今后几年个体私营经济发展的目标。

4月7～10日

省委常委、市委书记张惠来率团在西安市考察高新技术产业开发区、经济技术开发区等，并参加了东西部合作暨投资贸易洽谈会。

4月19日

青岛电度表厂职工集体购买企业整体产权，成立青岛电度表厂股份合作公司，属全市首家由国有大中型企业改成的股份合作制企业。

4月22日

全国乡镇企业结构调整工作会在青召开。

4月23日

山东省副省长陈延明在青考察抗旱情况，并察看了青岛经济技术开发区和胶州市的高效农业园区。

省委常委、市委书记张惠来(右二)视察海信集团

4月24日～8月18日

青岛啤酒集团先后兼并徐州汇福集团公司啤酒厂、河北廊坊啤酒厂；承债收购江苏渭南啤酒厂，收购辽宁鞍山迈威有限公司；出资1.5亿元收购丹麦嘉士伯(上海)啤酒有限公司75%股权；出资2250万元收购美国亚洲公司在北京五星双合盛啤酒公司和北京二环啤酒公司全部股权，分别为63%和54%。

4月25日

全市国内经济合作工作会议召开，强调抓住机遇，抢先参与西部开发。

4月28～29日

市长王家瑞、副市长周嘉宾率代表团在深圳举办"青岛日"推介会。

4月29日

青岛海关—乌鲁木齐海关直通式转关运输监管签字仪式暨青岛港推介会在乌鲁木齐举行。省委常委、市委书记张惠来出席。

5月1～7日

受国家首次实行"五一"放7天长假制影响，本市成为假日旅游热点城市之一。期间，全市共接待海内外游客80万人次，旅游业总收入约7.1亿元。

5月9日

青岛经济技术开发区奖励引进外资或内资项目的引荐人薛洪森、逄育文、黄大华等3人，分别奖予人民币20万元、2.45万元、1.5万元。

5月10日

市政府表彰1999年为本市经济和社会发展作出突出贡献的50家外商投资企业。

5月12日

全市企业改革管理与扭亏工作会议召开。强调要确保完成国有企业三年内改革与脱困目标，下决心不把工厂制带入21世纪。

5月13日

中国人民大学教授方生、北京大学经济学院副院长刘伟、清华大学经济学院教授魏杰等国内著名专家来青举行"走出去"开放战略研讨会，研讨中国企业走向世界的发展战略。

5月18日

本市召开新疆环境说明会。副市长宗和就本市参与西部暨新疆开发提出具体意见。

△招商银行青岛支行正式开业。

△在原青岛市医药总公司基础上组建的科、工、贸一体化大型企业集团——青岛国风集团有限公司正式成立。

5月19日

由青岛市电子商务公司设址的中国北方航贸网开通。

5月26日

中国东方资产管理公司青岛办事处成立。其职能是接收、管理和处理中国银行山东省分行剥离出来的不良资产，帮助省内近千家相关国有企业摆脱困境。

6月14日

国家审计署审计长李金华先后考察了胶南市审计局、海尔集团、青岛市审计局等单位。

6月28日

海尔青岛经济技术开发区国际工业园动工。

△经中国人民银行批准，青岛市农村信用合作社联合社成立。

△青岛港集装箱吞吐量突破100万标准箱，居上海、深圳海港之后，为全国第三。

7月8日

海尔(胶州)国际工业园在胶州经济技术开发区破土动工。

7月12～18日

中国青岛对外经济贸易洽谈会暨青岛国际电子家电博览会在山东国际会展中心举行。(详见第113页)

7月14日

英国驻华使馆在香格里拉饭店举办

"英国日"活动。英国驻华大使高德年、南安普敦商会主席盖斯特等出席。

7月20日

青岛经诸城、莱芜、泰安到济南的密集波分光传输系统开通。这是山东省首条超大容量通信大动脉。

7月26日

中国建设银行与海尔集团公司联合建成全国性海尔销售结算网络。

7月29日

海信信息产业园在青岛经济技术开发区奠基。

7月29日~8月2日

全国政协副主席陈锦华率全国政协常委代表团一行12人,在青考察"十五"期间产业结构调整问题。

8月2日

海尔集团在中国企业中第一个加入世界设计组织——该组织向其颁发成员证书。

8月7日

日本东芝电子亚洲有限公司青岛办事处在青成立。

8月9日

国务院三峡工程建设委员会移民开发局局长漆林率对口支援调研组来青调研。

8月11~13日

全国欧美同学会访青团一行20余位专家在青专题调研究本市经济建设和社会发展。

8月18日

华泰财产保险股份有限公司青岛分公司成立。

8月25日

市政府在吉林长春市举行"青岛日"推介会。市长王家瑞向与会来宾介绍本市情况。

8月27~30日

青岛国际食品饮料加工设备博览会在山东省国际会展中心举行。

9月1~3日

21世纪企业发展战略国际论坛在青举行。

9月1~4日

全国政协副主席经叔平来青参加21世纪企业发展战略国际论坛,并在市委中心组(扩大)理论学习报告会上作发展公有制经济专题报告。

9月7~9日

2000年青岛新技术新成果交易会山东省国际贸易中心举行。

9月8~10日

2000年中国青岛农业科技博览会在平度江北农业技术市场举行。

9月11日

副省长、代理市长杜世成(中)率团在沪举行"青岛日"活动。(市政府调研室供稿)

全市启动民间投资促进经济发展工作座谈会召开。市长王家瑞要求全市各级干部和经营者要激活民间资本市场,促进县域经济。

9月22~25日

2000年青岛信息技术暨电子商务展示会在山东省国际展览中心举行。

9月23日

国风生物海洋药物工业园在青岛经济技术开发区奠基,标志着国风药业公司海洋药物、生物工程研究开发和生产的开始。

9月28日

省委常委、市委书记张惠来先后视察海博民俗食街、南山小吃街、云宵路美食街、旺海广场美食城等大众餐饮市场的建设及经营情况。

10月1日

省委常委、市委书记张惠来先后到青岛美好巾被股份有限公司、青岛交运零担运输有限公司、青岛双桃精细化工有限公司、金海制药公司、青岛港务局、青岛发电厂等企业调研改革脱困情况,并看望企业干部职工。

10月10日

副市长周嘉宾率有关人员在崂山区政府出席市长与外商会面会,现场解决青岛朗讯科技设备有限公司等外资企业遇到的困难。12日,青岛朗讯科技设备有限公司新中心一期扩建工程落成。

10月13日

大韩贸易投资振兴公社青岛代表处(韩国贸易馆)在青岛高科技工业园韩中商务中心开馆。

10月20日

新加坡创新龙源智讯工业园在即墨经济开发区奠基。

10月22日

红领服饰发展有限公司青岛本部在

香港路48号揭幕。

10月23日

副省长、代理市长杜世成在海天大酒店会见来访的中国进出口银行行长羊子林一行。

10月29日

全市加快农村经济结构调整促进财政增收和农民增收工作座谈会在胶州举行。

10月29~31日

澳柯玛集团2001年全球贸易洽谈会在青举行。

11月6日

世界500强企业之一——日本三菱综合材料公司青岛事务所在香格里拉大饭店开业。

11月15~16日

美国通用电气公司来青寻求家电产业合作伙伴,并在香格里拉大饭店举行电气家电零部件展示洽谈会。

11月15~17日

青岛市农业新品种、新产品展示、展评会在即墨举行。

12月4日

青岛石油化工厂整体无偿划转中国石化集团。

12月9日

青岛国际税收研究会成立。

12月10日

国内首台无线遥控机车在四方机车车辆厂通过验收,填补了国内该领域空白。

12月10~11日

全市经济工作会议召开,传达中央和省经济工作会议精神,部署全市2001年经济工作。

12月18日

青岛啤酒(台州)有限公司在浙江台州挂牌成立。

12月19日

全市计划会议召开,初步确定本市2001年经济增长率为12%。

12月20日

市政府第二次在上海举行"青岛日"推介活动。副省长、代理市长杜世成出席。

12月21日

市政府公布2000年度19种"青岛名牌"产品名单。至此,"青岛名牌"产品已达100种。

12月26日

海尔集团实现全球营业额406亿元。

12月29日

澳柯玛股票在上海股票交易所上市。

友 好 往 来

1月13日

副市长臧爱民在海天大酒店会见日本女子观光团一行66人。

1月27日

省委常委、市委书记张惠来会见韩国驻青总领事馆总领事全䕬洙。

1月27日~2月9日

市长王家瑞率团访问埃及、摩洛哥、赞比亚等非洲三国。

1月28日

省委常委、市委书记张惠来分别会见韩国高和集团社长朴熊绪一行、加拿大政府暨经贸代表团一行。

2月15日

副市长杨军在海天大酒店会见日本著名建筑家、东京艺术大学教授六角龟文一行。

2月18日

市长王家瑞在海景花园大酒店会见英国铁行集团公司董事会董事、铁行澳大利亚集团公司董事长兼总裁理查德·汉一行。

2月20日

市长王家瑞在海景花园大酒店会见爱沙尼亚副外长海尔姆一行。

2月24日

市长王家瑞会见即将离任的韩国驻青领事馆第三任总领事全䕬洙。

2月26日

省委常委、市委书记张惠来会见美国义通通讯有限公司总裁林麦可。

2月28日

市长王家瑞会见台湾福聚股份有限公司总经理陶伟一行。

3月6日

省委常委、市委书记张惠来在香格里拉大饭店会见美国朗讯科技公司交换系统部总裁弗兰克·第阿麦罗一行。

3月7日

副市长宗和在海情大酒店会见德国保赫曼集团副总裁黑默尔。

3月10日

市人大常委会主任孙炳岳在海景花园大酒店会见哈萨克斯坦对外政策协会主席热根·卡利雷夫妇一行。

3月14日

市委常委、副市长邹立健会见来访

的委内瑞拉驻华大使何塞琳·恩里克斯一行。

3月15日

新任韩国驻青总领事馆总领事琴秉穆到市级机关办公楼拜会省委常委、市委书记张惠来。

3月16日

省委常委、市委书记张惠来在府新大厦会见美国安捷伦科技有限公司总裁兼首席执行官奈德·巴豪尔特一行。

3月21日

副市长刘建华在府新大厦会见德国巴伐利亚州代表团一行。

3月22日

副市长刘建华在海天大酒店会见英国机场集团主席吉尔·汤普逊爵士一行。

3月26日

市人大常委会主任孙炳岳在海天大酒店会见英国议会英中小组代表团一行。

3月28日

省委常委、市委书记张惠来在海天大酒店会见韩国新湖集团董事长李淳国,东洋集团董事、亚星刹那总公司董事长宋在国,罗仁精密株式会社社长严正亢一行。

3月31日～4月1日

孟加拉国海军参谋长塔赫少将访青。(详见第74页)

4月1日

省委常委、市委书记张惠来在海天大酒店会见沙特阿拉伯安立捷集团总裁穆罕默德·贾米尔和日本丰田公司海外服务部副部长取访直树。

4月4日

《青岛日报》消息:青岛驻英国经贸代表处在英国南安普敦市成立。

4月6日

欧盟14国驻华使节团访青,参观了海尔集团、崂山、青岛港等。

△应市政府邀请,德国法兰克福市副市长、城市规划专家马丁·温茨博士访青。

4月11日

市政协主席胡延森分别在丽晶大酒店、府新大厦会见日本和歌山县—山东省友好都市协会访问团一行、美国关岛大学校长耐德道格一行。

4月13～15日

新加坡总理吴作栋率部分新加坡企业代表访青。(详见第50页)

△福建省委副书记石兆彬、福建省副省长丘广钟率该省党政考察团一行34人来青考察。

△山东省省长李春亭在青就本市城市建设和环保工作进行调研。期间,分别会见新加坡总理吴作栋及福建省党政考察团一行。

4月21日

市人大常委会主任孙炳岳在香格里拉大饭店会见德国巴伐利亚州议长约翰·波姆一行。

△市政协主席胡延森在府新大厦会见美国DIGG股份有限公司副总裁、欧美金融专家泰德一行。

4月25日

省委常委、市委书记张惠来在香格里拉大饭店会见美国朗讯科技公司副董事长本·沃维一行。

4月26～28日

越南岘港市委副书记、人民会议主席潘如林率团访青。

4月28日

市委副书记徐长聚在海天大酒店会见来青参加2000年青岛国际眼科学术研讨会的国际著名眼科专家H.E.Kaufmuan教授和Tay-lor教授。

4月28～29日

韩国海军参谋总长李秀勇上将访青。(详见第74页)

5月4日

市委常委、副市长邹立健在海景花园大酒店会见来访的非洲外交官代表团一行17人。

5月5～7日

丹麦王国食品、农业和渔业部部长丽特·布瑞格率团访青。期间,于5日参加了"丹麦—山东青岛日"活动、中丹食品、农业和渔业经贸洽谈会开幕式等。

5月7～11日

加拿大海军太平洋舰队司令麦克米兰少将率舰访青。(详见第74页)

5月10号

美国国防大学化森博士一行16人访青。

5月13日

省委常委、市委书记张惠来在香格里拉大饭店会见来访的丹麦A.P.摩勒集团总裁杰斯·苏德伯格一行。

5月14日

白俄罗斯《人民报》主编米·维·希曼斯基率白俄罗斯新闻代表团访青。

5月15日

2000年青岛市外国专家咨询会议在丽晶大酒店举行。意大利梅洛尼集团总裁梅洛尼、英国半岛东方航运港口公司亚洲和南美洲地区总裁罗杰·戴维斯、日本菱光仓库株式会社社长平松由纪夫等应邀出席。

5月17～25日

省委常委、市委书记张惠来率青岛经贸代表团分别考察、访问韩国、日本。23日,张惠来一行在日本东京日中友好会馆举行了青岛市招聘人才说明会;会后参加了"日本青岛经济贸易促进中心"揭牌仪式。

5月24～25日

巴基斯坦海军参谋长米尔扎上将访青(详见第74页)

5月29日

新加坡龙置地集团董事会主席兼总裁白振华、新加坡创新科技有限公司主席兼总裁沈望傅一行来青考察投资事宜。10月20日,新国坡创新龙源智讯工业园在即墨经济开发区奠基。

6月1～2日

日本北九州市副市长山下建治率该市友好之船“东方维纳斯号”访青，随行市民362人。

6月3日

泰国海南会馆永远名誉理事长、泰国欧兰集团董事长欧宗清率泰国华人企业家工商考察团访青。

6月11日

市长王家瑞在香格里拉大饭店会见来青探亲、祭祖的台湾海基会名誉董事长孙运璇。

6月17日

省委常委、市委书记张惠来在香格里拉大饭店会见来访的前韩国总统金泳三夫妇一行。

6月17～22日

乌拉圭驻华大使阿尔瓦罗·阿尔瓦雷斯率拉美地区驻华使节团访青。（详见第51页）

6月18日

省委常委、市委书记张惠来在香格里拉大饭店会见来访的韩国前总统卢泰愚夫妇一行。（详见第51页）

6月19日

市委副书记黄学军在府新大厦会见回青探亲、观光的台湾知名人士孙震、卢毓钧。

6月21日

日本参谋长联席会议主席滕绳佑尔上将访青。（详见第74页）

6月27～28日

毛里塔尼亚民主社会共和党总书记穆罕默德·哈桑率该党代表团访青。

7月1日

古巴中部军区司令金塔斯中将访青。

7月2日

省委常委、市委书记张惠来在海天大酒店会见来青考察的全国政协委员、山东省政府经济顾问、香港烟草集团总裁、香港泛华投资集团董事长何柱国一行。

△南非共产党中央政治局委员萨姆森·曼塔谢率该党高级干部代表团一行11人访青。

7月11日

日本下关港说明会在海天大酒店举行。下关市市长江岛洁出席说明会。

△阿联酋驻华大使朱马·拉希德·贾西姆一行访青。

7月12～13日

印尼海军参谋长苏吉普上将一行8人访青。（详见第74页）

7月14日

省委常委、市委书记张惠来在海天大酒店会见来访的加纳共和国副总统约翰·伊文斯·阿塔·米尔斯一行。

7月17日

阜康加拿大公司副总裁克里金森一行访青，旨在推动加拿大政府可持续发展示范城市项目在青进展等事宜。

7月23～24日

中国驻乌拉圭新任大使霍淑珍来青考察山东同拉美国家的经贸交流和合作状况。

7月24日

塞拉利昂国防部副部长诺曼访青。

（详见第74页）

8月2～5日

美国海军太平洋舰队司令法戈上将率舰访青（详见第74页）

8月3～5日

以世界旅游组织专家艾瑞克·彼得森为组长的中外旅游专家组在青考察。

8月14日

天津市市长李盛霖率该市代表团一行20余人来青考察。

8月16～20日

英国海军“纽卡瑟尔”号导弹驱逐舰访青。（详见第75页）

8月20日～10月12日

海军北海舰队参谋长吕芳秋率舰艇编队赴美国和加拿大访问。（详见第75页）

8月25日

省委常委、市委书记张惠来在海天大酒店会见应邀来青参加第十届青岛国际啤酒节的驻华使节团一行。

副市长周嘉宾会见文熹甲　（市政府调研室供稿）

△副市长周嘉宾会见来访的韩国大邱市市长文熹甲一行。

8月28日

市长王家瑞会见加拿大鲍尔公司总裁兼首席执行官安德烈·德马雷一行。

8月31～9月1日

德国巴伐利亚州科学研究艺术部部长蔡特迈耶、德国汉斯·赛德尔基金会国际交流与合作所所长盖博特博士一行访青。

9月5～7日

奥地利维也纳市议长玛丽亚·汉佩尔—福克斯率维也纳约翰·施特劳斯交响乐团应邀访青演出。

9月6日

省委常委、市委书记张惠来在海景花园大酒店会见台湾省新竹科学工业园区科学同业公会总干事曹典章一行。

9月7～8日

以中国驻毛里塔尼亚大使仓友衡为团长的驻外使节考察团一行在青考察。

9月15日

广东省委副书记、广州市委书记黄华华率广州市党政代表团来青考察。

10月3～17日

市长王家瑞率团访问英国、德国、意大利等三国。

10月10日

乌拉圭外交部副部长吉列尔莫·巴列斯就乌拉圭首都蒙地维的亚与本市结好事宜访青。

10月11～12日

赞比亚共和国总统弗雷德里克·奇卢巴一行访青。

10月12～13日

美国著名学者约翰·奈斯比特和台湾汎宇电子商务股份有限公司董事长李宗悌一行来青就该公司在青岛高科技工业园建世界电子商务学院事宜进行磋商并签订协议。13日，青岛高科技工业园管委会聘请奈斯比特、李宗悌等为经济顾问。

10月12～14日

2000年海内外华人友好商会交流会在黄海饭店举行。来自海内外的华商代表200多人与会。

10月18～19日

台湾中华开发工业银行总经理胡定吾一行在青考察投资情况。

10月25～26日

韩国仁川广域市市长崔箕善率代表团一行21人访青。

12月12日

副省长、代理市长杜世成在八大关宾馆会见来青考察的香港怡和(中国)有限公司总裁亚当·威廉姆斯一行。

12月23日

青岛市中外友人联欢晚会在香格里拉大饭店举行。市党政领导张惠来、杜世成、孙炳岳、胡延森、周嘉宾等出席。

12月27日

副省长、代理市长杜世成在市级机关会议中心会见中国留日同学总会回国服务团一行。

城市建设与管理

1月4日

市委副书记徐长聚与各区、市主要负责人签订2000年社会治安综合治理责任书。

1月13日

市政协主席胡延森率部分市政协委员视察本市城市管理综合执法工作。

△市长王家瑞视察海泊河改造工程，强调要加强市区中北部改造建设。

1月14日

市长王家瑞分别在市南区、市北区调研城区管理和建设工作。

1月15日

本市青海路水淹片改造工程竣工和居民回迁仪式举行。市长王家瑞向回迁居民发放钥匙。

1月23日

全市排“两优”解“三难”工作总结表彰暨全市危破陋住房维修改造动员大会召开，提出用3年时间对全市危破陋住房进行大规模维修改造。

1月28日

市政府举行新闻发布会，公布2000年市政府在城乡建设和改善人民生活方面重点要办好的12件实事。

2月13日

全市消防工作会议召开。市委、市政府授予市公安消防支队“岛城消防卫士”称号。

2月22日

青岛电业局举行实施“彩虹工程”、加强电力行业行风建设新闻发布会，作出“您只需要一个电话，其余的工作由我们做”的承诺。

2月23日

市政府召开动员大会，正式启动市政府确定年内办好的12件实事之一的“解水忧工程”。

2月26日

本市开始实施交通管理“畅通工程”。

3月11日

团市委等部门在大沽河即墨市移风店段，举行创建青岛市青少年保护母亲河生态工程誓师大会暨工程纪念标志揭幕仪式。

3月12日

省委常委、市委书记张惠来等市党政领导与2 000余名干部群众及部队官兵，到崂山区金家岭南坡义务植树。

3月18日

全市创建国家环保模范城大会在市人民会堂举行，传达本市创建国家环保模范城市实施方案。

△市政府邀请国内知名专家学者，举行"以港兴市"战略研讨会。

3月21日

建设部在青召开"改善技术装备、提高政府工程质量监督水平现场会"，向全国推广本市建筑工程质量全程监控模式——"一四一质量监督工程"。

3月24日

民航青岛站庆祝流亭机场获"全国文明机场"称号。

3月27日

青岛市住宅发展中心挂牌成立。该中心隶属市房产局，主要承担筹资为本市中低收入家庭开发建设经济实用房和廉租房任务。

3月30日

《青岛日报》消息：即墨市空气自动监测站投入使用，标志着青岛市建成国内第一个能够覆盖全市的空气自动监测网络。

4月1日

青银高速公路(青岛段)环境工程开工。该工程路段总长23.6公里，绿化面积2.58平方公里。

4月6日

浮山新区开发建设指挥部举行浮山新区规划方案征集发布会，面向全国征集建设方案。

4月12日

青(岛)银(川)高速公路夏庄立交至流亭立交连接线和流亭立交桥改造工程开工。

4月19日

全市淘汰燃煤锅炉工作会议召开，决定年内淘汰燃煤锅炉800台。

4月20日

栈桥公园开始实行封闭式管理。

△市政府举行新闻发布会，公布《青岛市创建环保达标"十、百、千"活动实施方案》等创建国家环保模范城市八大专项工作方案。

△全市重点工业污染源达标排放工作会议召开，确定全市工业污染源排放必须于6月30日前达标。

4月25日

本市第一条穿山隧道——浮山隧道工程建设研讨会召开。

4月27～28日

市对外友协和德国科隆环境经济学院等单位共同主办的首届中国青岛生态与环保产业国际论坛大会在海天大酒店举行。

5月1日

全国首座专业性、学术性雕塑艺术馆——青岛雕塑艺术馆正式开馆。该馆总规划面积为8公顷，总投资4000余万元。

五四广场鸟瞰 （隋以进/摄）

5月10日

国家城市供水水质监测网青岛监测站在广饶路129号市自来水集团水质监测中心挂牌运行，标志着本市城市供水水质监测纳入全国监测网络。

5月10～14日

全国政协副主席周铁农率全国政协考察团在青考察社区建设。

6月5～8日

2000年中国青岛环保博览会在山东国际贸易博览展览中心举行。

6月8日

市十二届人大常委会第十八次会议通过了《青岛市城市房屋拆迁管理条例》。30日，山东省九届人大常委会第十五次会议批准通过该《条例》自8月1日起施行。

6月9日

市委、市政府发出《关于加快小城镇建设推进农村城市化进程的决定》，提出了本市小城镇建设发展目标和工作步骤等。

6月12日

全市社区建设工作会议召开。民政部部长多吉才让专程来青出席会议并作重要讲话。

6月16日

本市正式确定20项2000年国家、省、市重点工程，其中将开工建设3项、续建8项、年底前竣工投产9项。

△青岛—韩国釜山空中航线正式开通。这是青岛与韩国的第二条空中航线，也是青岛的第八条国际空中航线。

△即墨市大众液化气公司一辆载有5吨液化气的槽车在向储罐卸气时罐底液相管断裂，造成高压液化气猛烈外喷。该市公安消防中队接警后，中队长张彬迅速率21名干部战士前往排险，并最终堵漏成功。7月21日，即墨市为此召开庆功表彰大会，山东省公安厅为该中队记集体二等功。

6月25日

威海路步行街一期工程竣工启用。

6月28～29日

国土资源部部长鹿心社在青出席“消化闲置土地、推进土地集约利用”座谈会，并考察了本市城市规划和土地管理工作。

7月1日

本市公共交通车票全面提价，最低票价1元人民币(学生除外)；并取消本式月票，推行IC卡乘车。

7月28日

国家地震安全性评定委员会在青举行专家审查会，原则通过了《青岛海湾大桥工程场地地震安全性评价报告》。

8月10～12日

山东省政府“一控双达标”(主要污染源控制、环境功能区达标、工业污染源达标排放)考核组在青进行了考核验收，认为本市达到了国家环境保护模范城市要求。

8月15日

全市推进农村城市化工作现场会在胶南举行。

8月16日

《青岛海湾大桥交通经济研究报告》完成评审。报告预测：大桥日通过量至2010年可达8万辆，至2025年可达12～14万辆。

8月23～27日

本市通过了国家环境保护模范城市考核验收组在青进行的考核验收。

9月6日

2000年青岛海上安全搜救综合演习举行，旨在检验青岛海上救援和防油污力量的反应能力。

9月9日

《青岛崂山风景名胜区海岸带规划》通过专家评审。该《规划》海岸线东起崂山区晓望河西至胶南市琅琊台，总长231.15公里；总面积151.91平方公里。

9月25日

中国—加拿大合作城市风貌保护示范项目工作会议在市南区政府召开，确定正式启动中山路东北侧工程改造项目。11月24日，中加合作青岛可持续发展(历史街区保护)示范项目协议签署。

9月28日

青岛高科技工业园世纪广场景观立交桥竣工。该桥是国内首座景观立交桥，由中国建筑科学研究院建筑设计院设计，南北跨度46米，投资1800万元。

9月30日

青岛—曼谷旅游包机航线开通。

10月9日

乳山至即墨一级公路(原青威路)全线竣工通车。

10月16日

《青岛海湾大桥工程地质勘察报告》(工程可行性研究阶段)正式通过有关专家评审。

10月26日

本市城市快速路聊城路至上清路段工程正式动工。

11月6日

全国首家消防博物馆——青岛消防博物馆开馆。9日起，该馆正式对社会免费开放。

11月8日

青岛市国家环境保护模范城市命名暨总结表彰大会举行。国家环保总局正式授予本市“国家环境保护模范城市”称号。

11月11日

国道主干线青岛至银川公路青岛至即墨段主体工程全线贯通。

11月17日

市人大常委会第二十三次会议通过了《青岛市全民义务植树条例》。该《条例》规定，本市18岁以上适龄公民每年应义务植树3～5棵。

12月28日

青岛流亭国际机场扩建工程奠基。预计投资11.9亿元、工期28个月。

社会事业

1月8日

市直机关工委、市总工会联合发起“向岛城困难职工献爱心”活动;至26日,全市90个单位及个人捐款达96.56万元。

1月10日

全国第一家复杂性科学研究所在青岛大学成立。

△全市“文化、科技、卫生三下乡”活动启动仪式暨1996~1999年度“三下乡”活动总结表彰大会在平度市店子镇举行。

1月13日

全市1999年“十大文化新闻”评出。

1月17日

市教委发出通知,对义务教育阶段学生减负作出详细规定。

△在驻青的山东省机械进出口公司1999年度表彰大会上,副省长杜世成为该公司职工史永平颁发“全国无偿献血金杯”和证书。

1月18日

晚,市委宣传部、青岛电视台举办“对话特别节目”,市长王家瑞等直接通过电视与新闻记者、市民代表,就青岛的发展和社会热点问题进行对话和交流。

1月21日

在全市第六批省级专业技术拔尖人才座谈会上,本市决定为驻青单位省级专业技术拔尖人才每月增加地方政府特殊津贴100元,并将驻青单位的专家纳入全市拔尖人才的选拔、管理和服务范围。

1月26日

市总工会开通困难职工救助电话热线。

2月16日

在全国文化工作先进表彰会上,本市李沧区获“全国文化先进区”称号;诗人纪宇获“全国文化先进工作者”称号。

2月18日

在全省计划生育和环境保护工作电视会议上,本市获人口和计划生育目标责任考核一等奖。

2月23日

全市机关事业单位失业保险工作会议召开,确定机关事业单位全部纳入失业保险范围。

2月26日

全市计划生育和环境保护工作会议召开,确定年内本市总人口控制在706万以内。

2月28日

市民间组织管理局正式挂牌。

3月1日

市档案馆开始为市民和企事业单位寄存档案。

3月3日

市委、市政府表彰11位在研制开发和推广应用科技成果中作出突出贡献的科技人员,每人奖励15万元。

3月13日

青岛科技咨询业协会挂牌成立。

3月18日

李沧区下王埠村东山发生火灾,现场4名少年1死3伤。

3月22~24日

由青岛大学和德国拜罗依特大学共同主办的“异域文化特征与中德在科学、经济领域中的合作伙伴关系”学术研讨会在青举行。

3月25~27日

国家体育总局局长伍绍祖在青参加全国武术工作会议。26日,伍绍祖听取了本市作的申办2008年奥运会帆船比赛情况汇报。

4月8日

上午10时许,崂山区沙子口街道办事处大石村附近发生山林火灾;至9日上午9时许,大火完全扑灭。火灾过火面积约3.47公顷;动用救火军民3 000多人。9月,崂山区法院判处肇事人李升先有期徒刑1年,赔偿经济损失4.81万元。

4月18日

本市第一个国际性海洋科学研究机构——国际海洋科学技术研究中心在坐落于青岛高科技工业园的国家海洋局海洋一所成立。

5月14日

市妇联、市文化局等单位联合在五四广场表彰18位青岛市优秀母亲,庆祝母亲节。

5月23日

海信集团投资支持西部儿童环保教育工程启动仪式在兰州市宁卧庄小学举行。

5月25~6月3日

2000年山东青岛“国际微笑行动”在青岛市立医院举行。由香港王氏国际集团副主席王华湘出资,国际微笑行动医疗队专家给208名儿童唇腭裂患者免费实施了手术。

5月25~26日

山东副省长邵桂芳出席“国际微笑行动”开诊仪式,视察了本市卫生工作,并在市人民会堂参观了青岛市幼儿庆“六一”素质教育成果展。

5月26日

副市长臧爱民在香格里拉大饭店会见来青讲学和考察的美国病毒学专家、诺贝尔生理学/医学奖获得者盖狄赛克和中国工程院院士洪涛一行。

5月31日

本市庆祝“六一”儿童节暨小学三好学生表彰大会在市级机关会议中心举行。

6月14日

本市召开实施“巾帼社区服务工程”动员大会，旨在帮助下岗女工特别是大龄女工在社区服务中实现再就业。

6月16日

著名生物学家、中国科学院院士吴旻就与青岛高科技工业园组建“青岛国际创新生物谷”及“生命科学研究院”事宜来青考察。

6月18日

首次在中国举办的“世界杯”国际标准舞大赛暨中国·青岛2000“华东国贸杯”国际标准舞国际大赛在市体育馆举行决赛。

6月26日

本市举办题为“珍爱生命，拒绝毒品”的大型禁毒展览。

6月29日

青岛市地震监测中心正式启用。

7月6日

本市举办“文明——从我做起”电视对话直播节目。

7月8～15日

2000年青岛(市南)海之情旅游节举行。

7月11日

第二届中国青岛海洋节中心会场暨2000青岛之夏大型艺术灯会在中山公园开幕。

7月12～31日

第二届中国青岛海洋节举行。(详见第244页)。

7月15～17日

崂山特种邮票首发式暨'97～'99全国最佳集邮品展销会在市文化博览中心举行，国家邮政局局长刘立清出席。

7月15～25日

由市文明办、市科协联合主办的“崇尚科学文明，反对迷信愚昧”大型科普展在青岛国际新闻中心举行。

7月16日

科技日报社青岛记者站在青成立。

7月23日～8月5日

青岛海洋大学举行暑假大学生生存体验活动。8名该校学生及3名都来顺实业有限公司员工，在南京体验了于无援状态下设法生存的甘苦。

7月24日

教育部部长陈至立视察青岛海洋大学、青岛大学、青岛第二中学、青岛高级职业学校等学校。

7月25日

本市举行丰富的文化艺术活动。图为少年儿童踊跃参加“海之情”活动。(隋以进/摄)

位于本市山东路171号的山东海洋人才市场开业。

7月26日

青岛教育发展研究会成立。

7月28日

由中科院海洋所和日本东京大学共同组建的中日海洋腐蚀环境共同研究中心在中科院海洋所成立。。

8月1日

全国人大常委会副委员长、中国科协主席周光召在市级机关会议中心,作以发展高科技、实现产业化为主题的科技报告。

8月1～3日

国家杰出青年科学基金化学专业评审会在青举行。有7人获这项基金(3年内每人将获40万元科研经费)。

8月13日

省委常委、市委书记张惠来等到五四广场、海琴广场等露天广场,同群众一起观看夏夜广场文艺、电影演出,并慰问了演出人员。

8月14～15日

由青岛日报社和市文化局联合策划、市京剧团复排的大型现代京剧《智取威虎山》在市人民会堂连续上演,广受好评。

8月19日

青岛第九中学举行百年校庆。该校原名礼贤书院,始建于1900年,是中国教育史上最早的中学之一。

8月25日

青岛市科技风险投资公司成立。该公司注册资金1亿元,主要承担为高新技术项目提供贷款担保、为企业提供融资咨询服务等业务。

8月26日

山东青岛育才中学正式揭牌。因原青岛第二中学的高中部迁往青岛高科技工业园,其初中部经改制后留在原址并定为现名。

8月26日～9月10日

第十届青岛国际啤酒节举行。(详见第243页)

9月5日

国务委员、国务院秘书长王忠禹来青视察计划生育工作。

9月7日

市长王家瑞等分别到青岛建筑工程学院、青岛大学、青岛第二中学看望慰问教师,并倾听老师意见,解决实际困难。

9月8日

青岛市庆祝第十六个教师节及表彰大会在市级机关会议中心举行。

△青岛旅游学校举行"国家级中等职业学校"揭牌仪式。

9月15日～10月31日

本市举办第三届农民电影节。

9月19日

青岛籍运动员李淑芳、杨劭琦在第二十七届奥运会上分获女子柔道63公斤级银牌和女子重剑团体铜牌。

9月30日

市急救中心迁(扩)建工程在浮山后新区劲松三路南端奠基。

10月1～3日

团市委和青岛日报社倡议组织全市各界干部、群众3000多人组成志愿向导服务队,在火车站、长途站、栈桥、五四广场等景点为来青游客服务。

载誉归来的奥运银牌获得者李淑芳(左四)受到热烈欢迎 (隋以进/摄)

9月9～15日

第九届青岛国际沙滩节在第一海水浴场举行。

9月10日

青岛新世纪学校(嘉峪关小学分校)举行落成与开学典礼。该校由青岛华青发展有限公司出资1300万元与嘉峪关小学合办。

9月13日

由国家体育总局等单位联合举办的2000年"中华炎黄圣火"传递活动在青举行。此前,火炬已传经北京、天津、河北等20个省(市)近百座城市。

10月5日

省委常委、市委书记张惠来视察本市假日文化活动和新建文化场所。

10月9日

《老年生活报》并入青岛日报社。该报创刊于1993年7月1日,原由省老龄委主管、青岛市老龄委承办。

10月15日

青岛海洋生物工程产业园在青岛高科技工业园正式成立。

10月17日

青岛高级职业学校举行"中国职业学校(中专)国家级重点"、"山东省普通中等专业学校省部级重点”、“山东省普通中等专业学校十佳学校”揭牌仪式。

10月24～25日

国际帆船联合会副主席大卫·凯勒特一行在青对本市举办奥运会帆船比赛的条件进行考察。此前，本市被确定为北京申办2008年奥运会的帆船比赛分赛场。

10月21日

全市首届农民运动会在弘诚体育场举行。

10月31日～11月1日

全国电子游戏专项治理检查组在青检查，充分肯定了本市对该项工作的管理成效。

11月1～10日

第五次全国人口普查登记工作举行。本市近4万名人口普查员和指导员在全市范围进行普查工作。

11月1日～12月31日

市委政法委、市教委等14家单位在市少儿活动中心共同举办“托起明天的太阳”——青岛市预防青少年违法犯罪大型图片展。

11月6日

市政府与西北农林科技大学签订共同建立青岛出口创汇农业基地协议。

11月8日

中央、省驻青新闻单位及本市各新闻单位记者庆祝中华人民共和国第一个记者节。

11月10～12日

山东省建设山东文化大省战略研讨会在青召开。

11月15日

副省长、代理市长杜世成在青岛海洋大学、青岛大学调研。

11月20日

历时3年的市区中小学取暖工程竣工。副省长、代理市长杜世成出席在青岛第二十五中学举行的竣工暨点火仪式。

11月22日

青岛职业技术学院正式揭牌。该院以原市职工大学为基础组建，位于青岛经济技术开发区。

12月1日

2000年本市重点扶持文艺作品签约仪式在青岛国际新闻中心举行。共签约作品34部，扶持资金40万元。

12月2日

“春雨——第二回当代青年雕塑家邀请展(青岛展)”在青岛雕塑艺术馆展出。来自全国63位青年雕塑家的72件作品参展。

△市节庆办、市体委和青岛数码港科技有限公司联合发起“青岛祝福——2008奥运中国10万市民申奥签名活动”。

12月11～16日

市卫生监督人员对市内四区大米经销商进行抽查，查出掺加人工色素及甜蜜素的绿色“竹香米”。

12月16日

青岛高级专家协会成立。该协会下设14个分会，首批会员300名。

12月25日

电影《幸福时光》首映式暨导演张艺谋、女主角董洁与观众见面会在青岛日报社阳光大厅举行。

12月31日

《青岛日报》公布2000年青岛十大新闻。

政　治

中共青岛市委员会

·2000年工作要点(节选)·

根据中央和省委的部署,全市工作总的要求是:以党的十五大精神总揽全局,深入贯彻落实党的十五届三中、四中全会精神,认真贯彻落实中央关于推动改革与发展的一系列政策措施和维护稳定的工作部署,突出抓好国有企业改革和发展、经济结构调整、对外开放、技术创新和扩大内需。着力调整农业和农村经济结构,加快县域经济发展,千方百计增加农民收入。把国有企业改革作为中心环节,加快建立现代企业制度,确保实现"三年两个目标"。继续贯彻落实积极的财政政策,加强基础设施建设,加快技术创新,努力扩大消费。提高开放水平,千方百计扩大出口,积极有效地利用外资,保持国民经济持续快速健康发展。完善社会保障体系,进一步改善人民生活。全面加强社会主义精神文明建设、民主法制建设和党的建设,加强思想政治工作,促进社会全面进步,以优异成绩迎接新世纪。

一、加快推进经济结构调整

结构调整的基本思路是,县域经济加快发展,第二产业提高水平,第三产业增加比重。

稳定党在农村的基本政策,深化农村改革,保护和调动农民的积极性。以市场为导向,以农民增收为出发点和落脚点,加大农业和农村经济结构调整力度。按照"统一规划,合理布局,综合开发,配套建设"的要求,加快县城和重点镇建设,拓宽融资渠道,改革户籍制度,落实扶持政策,抓好28处重点小城镇建设,提高农村城市化水平。加强农田水利基本建设和农业综合开发能力。落实财政困难乡镇三年脱困责任制,搞好农村扶贫工作。农村各市、区的国内生产总值、农民收入、财政收入等主要经济指标在全省位次进一步前移。

坚持有进有退、有所为有所不为的方针,大胆探索公有制的多种有效实现形式,加快国有经济的布局调整和国有企业的战略重组。

实施"五个一批",把结构调整落实到项目、企业和产品上。

大力发展商贸、餐饮、交通运输、邮电通信、教育、旅游、房地产、金融等行业,加快发展信息咨询、会展、社区服务和中介服务等新兴行业,拓宽第三产业发展领域,加快第三产业发展步伐,力争第三产业占GDP的比重提高一个百分点以上。

调整和完善所有制结构。把发展个体私营经济放在更加重要的位置,认真落实鼓励个体私营经济发展的"二十七条"政策,引导个体私营经济参与国有企业布局调整和结构升级,推动个体私营经济上规模、上水平。

二、打好国有企业改革和脱困攻坚战

加快建立现代企业制度。

打好国有企业脱困攻坚战。确保全市地方国有大中型企业亏损面降到20%,力争在18%以内。

三、千方百计扩大出口和积极有效地利用外资,不断提高对外开放水平

进一步加强与国外大公司的经济技术合作,争取更多的跨国公司来青落户。努力办好现有外商投资企业,争取更多的增资和配套项目。调整出口商品结构,努力增加高科技含量、高附加值、高退税率产品的出口比重。支持企业到境外投资,带动产品出口。以国际会展、旅游、港口服务为重点,积极发展服务贸易。

经济技术开发区、保税区和高新技术产业开发区,要进一步加大工作力度,增强龙头带动作用。推进港区联动,实现优势互补。

加强对招商引资工作的组织协调,改革招商方式,建立责任制,加大激励措施,高度重视以商招商,提高合同履约率、外资到位率和企业开工率。

坚持对外对内开放紧密结合。落实"低门槛"政策,组织多

种形式的对内招商活动,努力实现对内开放新的突破。

四、努力扩大投资和消费需求

抓住中央实行积极财政政策的机遇,集中力量加快重点基础设施项目建设。

深化投融资体制改革,千方百计筹集建设资金。进一步培植上市企业,加强上市企业经营管理,增强融资功能。

高度重视增加消费对拉动经济增长的巨大作用,努力培植新的消费热点。大力发展个人住房、汽车、教育和耐用消费品信贷。

五、加快实施科教兴市战略

构建以企业为中心的技术创新体系。

利用高新技术改造传统产业。

放手办好高新技术产业开发区。

进一步深化教育体制改革,优化教育结构。

加强人才队伍建设。

六、面向新世纪大力加强党的建设

深入搞好"三讲"教育。巩固市级和市直领导班子及领导干部"三讲"教育整改成果。要认真搞好整改,把思想上的收获切实转化到实际工作中去,把存在的突出问题进一步解决好,使各方面的工作都有明显进步和提高。切实搞好市区领导班子和领导干部的"三讲"教育,切实解决党性党风方面存在的突出问题。把"三讲"教育与领导干部的考核、考察和使用结合起来。用制度将"三讲"教育的成功经验和有效做法固定下来,使之经常化、制度化,常讲常新,常讲常深。

切实加强理论学习。坚持"一个中心、三个着眼于",组织广大党员干部深入学习邓小平理论、党的十五大精神和江泽民总书记一系列重要讲话精神,学习现代经济知识、科技、金融、法律知识,在健全和坚持制度上下功夫,在检查和考核学习效果上下功夫,在运用理论解决实际问题上下功夫。

加强领导班子和干部队伍建设。切实增强政治意识和大局观念,坚定不移地与以江泽民同志为核心的党中央保持高度一致,坚定不移地贯彻中央和省委的决策和工作部署。

加强党的基层组织建设。加强和改进国有企业党建工作。加强农村精神文明建设、民主法制建设和干部队伍建设,搞好农村社会治安综合治理,保持农村稳定。

加强党风廉政建设,深入开展反腐败斗争。继续坚持党中央确定的反腐败领导体制和工作机制,落实党风廉政建设责任制,进一步严格责任考核和责任追究。认真落实领导干部廉洁自律规定。

转变干部作风,密切党群干群关系。坚持把改善人民生活、维护群众利益作为一切工作的出发点和落脚点,真心实意为群众办实事、办好事。改进工作方法,减少不必要的会议和应酬,深入基层,深入实际,把主要精力放到狠抓落实和推动工作上。坚持亲自动手调查研究,亲自动手抓典型,亲自动手解决热点难点问题。

加强党对工会、共青团、妇联等群众团体的领导,鼓励和支持群团组织依照法律和各自章程独立自主地开展工作,为实现青岛更高水平发展贡献力量。

七、切实加强思想政治领域的工作

结合实际,认真学习,深入贯彻中央和省委关于加强和改进思想政治工作的意见,在加强和改进思想政治工作方面有新的突破和进展。要认真研究新形势下思想政治工作的特点和规律,积极开辟新途径,探索新办法,创造新经验,增强思想政治工作的针对性和实效性,更好地为改革开放和发展提供精神动力和思想保证。

坚持"两手抓、两手都要硬"。坚持不懈地用邓小平理论和江泽民同志重要讲话教育全体党员干部群众。建立思想政治工作"一岗双责"责任制,加强对思想政治工作的领导。

深入开展以"讲文明、树新风"为主要内容的精神文明创建活动,继续开展"三优一做"和"八不"行为规范教育,提高市民文明素质和城市文明程度。广泛开展创建文明社区、文明行业、文明村镇、文明家庭、军警民共建等群众性精神文明创建活动,加快建立和完善精神文明建设的长效机制。搞好双拥工作。继续加强城市环境综合整治。加强环境保护,创建国家环境保护模范城市。继续实施精品工程。继续深入开展扫黄打非斗争。

推进民主法制建设。坚持和完善人民代表大会制度和共产党领导的多党合作和政治协商制度。坚持依法治市,加强地方立法工作。发挥政协组织政治协商、民主监督、参政议政重要作用。加强同民主党派、工商联和无党派人士的合作共事。巩固发展爱国统一战线,做好民族、宗教、对台、侨务工作。加强对老干部的教育管理和服务。

八、认真做好稳定工作

高度重视做好维护稳定的工作。积极妥善处理人民内部矛盾。切实做好就业和再就业工作。

加快完善社会保障体系。

坚持防范和化解金融风险的各项制度。

重视做好信访工作,及时发现和解决苗头性、倾向性问题,防止矛盾激化。预防和妥善处理各种群体性和突发性事件。认真贯彻党的民族、宗教政策,维护民族团结,依法保障正常的宗教活动。严密防范和依法坚决打击境内外敌对势力的各种阴谋破坏活动。要进一步解决和处理好"法轮功"问题。加强社团管理。认真落实社会治安综合治理的各项措施,深入开展基层创安活动。始终保持严打声威,坚决打击各类严重刑事犯罪,查处黄赌毒等社会丑恶现象。深入开展打击经济犯罪工作。切实加强政法干部队伍建设,提高政法队伍的整体素质。

全市各级党委、政府和各部门、各单位,要按照市委的工作部署和要求,将各项目标任务层层分解,实行严格的目标责任制,确保各项工作落到实处。

市委要求,在新的一年里,全市广大党员干部群众,更加紧密地团结在以江泽民同志为核心的党中央周围,在省委的领导下,按照江泽民总书记提出的"认清形势,明确任务;抓住机遇,开拓进取;坚定信心,团结奋斗"的总要求,进一步增强紧迫感和责任感,始终保持良好的精神状态,团结全市人民,调动一切积极因素,卓有成效地完成今年的各项目标任务,把改革开放和现代化建设事业胜利推向新世纪。

·全委会议·

第三次会议(扩大)

7月22～23日在市级机关会议中心举行。总结了2000年上半年经济运行情况,部署下半年经济工作,并提出本市加快城市化进程的若干意见。省委常委、市委书记张惠来主持会议,并就加快经济发展和加快城市化进程问题作重要讲话。

关于加快经济发展问题,张惠来指出,要着重抓好以下工作:狠抓四大战略的推进和落实,要切实促进非公有制经济健康发展,重点培植一批民营科技企业、外向型企业和重点骨干企业,为青岛经济发展增添后劲。进一步抓好国有企业改革和发展,推进规范的公司制改革,促进企业投资主体多元化,深化企业劳动、人事、分配制度改革,探索有效的国有资产管理运营方式,建设高素质的企业管理干部队伍,加快企业的技术进步,不断提高企业的管理水平。进一步加快区、市经济发展。崂山、黄岛两区要充分发挥自身优势,不断增强创新的优势;市南、市北、四方、李沧四区要找准发展重点和工作着力点,把经济建设搞上去;五市和城阳区要突出发展高效农业和第三产业,提高开放水平,促进民营企业健康快速发展,实施好小城镇大战略,抓好经济园区建设。继续贯彻扩大内需的各项政策,采取有力措施加快第三产业发展。营造良好的发展环境,要综合推进环境建设。严厉打击各类犯罪活动,坚决铲除“黄赌毒”。加强领导干部和领导机关的作风建设,加强干部管理和反腐倡廉工作,从源头上预防和治理腐败。

关于加快城市化进程问题,张惠来指出,要坚持面向未来、面向现代化、面向经济国际化,把加快城市化进程与推进经济市场化、工业化、国际化紧密结合起来。主要路子:加快崂山、黄岛、李沧、城阳四区城市化进程,真正建成现代化新城区,提高城市规划设计管理水平,加强基础设施建设;调整优化经济结构,增强创新能力,强化集聚和辐射作用;增强城市现代化素质;发挥在全省城市化、对外开放和经济社会发展的龙头作用,形成东部沿海地区重要的港口城市,成为区域性航运中心、金融中心、贸易中心、信息中心和高新技术产业中心,建设现代化国际城市;加快发展即墨、莱西、平度、胶州、胶南5个中等城市;大力发展小城镇,把16个中心镇建成小城市。

市委副书记、市长王家瑞在会上分析了上半年全市经济运行情况,并对下半年经济工作作出了安排意见。

第四次会议(扩大)

11月7～8日在市级机关会议中心举行。学习贯彻党的十五届五中全会精神和中共中央总书记江泽民、国务院总理朱镕基重要讲话及山东省委七届五次全会精神,讨论并通过了《中共青岛市委关于贯彻落实党的十五届五中全会精神,制定“十五”计划的意见》。

省委常委、市委书记张惠来主持会议,并作重要讲话。他指出,一定要坚持以经济建设为中心,以发展为主题,把加快发展作为根本任务放在各项工作的首位,千方百计保持经济较快的增长速度,确保“十五”奋斗目标的实现。以经济结构战略性调整为主线,加快实施经济国际化战略,提高开放水平,以开放促调整促发展;大力发展高新技术产业;加快城市化进程;进一步调整和完善所有制结构,促进个体私营等非公有制经济健康快速发展;大力推进农业和农村经济结构调整,加快县域经济发展,千方百计促进农民增收和财政增收;加快发展服务业,增加第三产业在国民经济中的比重;进一步改善基础设施和生态环境。要办好高新区、开发区和保税区。突出扩大和推进全方位、多层次、宽领域的对外开放,强化招商引资工作;突出科技进步和创新。把提高人民群众生活水平作为根本出发点,解决好群众“急、难、愁”问题,扩大就业,增加居民收入,建立健全社会保障制度,发展社会公益事业,建设文明社区,千方百计多为群众谋利益。要把用好人才、吸引和培养人才作为重大战略任务切实抓好,全面实施“科教兴市”战略,加快人才队伍建设,用战略的眼光和气魄,多做识才、用才、留才、聚才的工作。

张惠来还就如何按照“三个代表”的要求加强党的建设,提出了具体要求。

(市委办公厅)

·政策研究工作·

2000年,市委政策研究室共完成各类文稿488篇。其中,代市委、市政府起草文件27份,市级以上会议文件18份,《决策研究》32篇,《情况反映》53篇,各类专题汇报47篇,领导讲话134篇,报市委、市政府领导的呈阅件5篇,领导署名文章14篇,向中央、省及外地市领导的情况汇报稿12篇,上级刊物稿件3篇。

战略性问题研究　制定本市“十五”计划的意见完成了《中共青岛市委关于贯彻落实党的十五届五中全会精神,制定“十五”计划的意见》的起草任务。在此过程中,结合青岛实际反复调研论证,听取了有关综合部门和各方面专家的意见建议,多次征求市级领导班子和各民主党派的意见,先后对该《意见》进行了5次大的修改。

农业和农村结构调整对策研究　组织力量深入农村,在认真分析制约本市农村产业结构调整因素的基础上,立足于农业和农村经济的长远发展,结合青岛农村工作的特点和优势,研究提出了本市进行农业和农村经济结构调整的方向、目标和具体措施。共完成系列调查报告6篇,市委领导均予以重要批示,并转发有关部门、区(市)和乡镇。代市委起草了《关于加快农业和农村经济结构战略性调整的意见》(青发[2000]20号)。

推进本市城市化进程研究　召开了有关部门、区(市)、乡镇以及专家等不同类型的座谈会。从生产力布局、产业结构和城市功能完善等方面入手,分析制约本市城市化进程的突出问题,提出建立科学合理的城镇体系,加强城市规划和布局、投融资体制、户籍管理、土地管理等方面的发展思路和加快推进城市化进程的对策建议。代市委、市政府起草了《关于加快小城镇建设推进农村城市化进程的若干意见》(青发[2000]12号)和《关于加快城市化进程的若干意见》(青发[2000]16号)2份文件及7篇相关文稿。

重点问题研究

实施经济国际化战略,应对加入WTO的对策研究　拟定了调研提纲和思路框架,进行调查研究,围绕本市吸引跨国公司投资、加快重点开放区域发展、调整优化外经外贸结构、提高对外开放水平、推进国际化进程等关键性问题,先后到20多个有关部门征求意见,形成相关材料10篇。

国企改革与发展对策研究　多次到企业了解情况，并积极学习其他城市的成功经验，形成了12篇调查报告，提出了确保实现“三年两个目标”（用三年左右的时间使大多数国有大中型亏损企业摆脱困境，力争到20世纪末在大多数国有大中型企业建立现代企业制度）、推进国有企业股权多元化、建立规范的法人治理结构、强化激励约束机制、加快企业脱困等一系列政策建议。

社区建设研究　借鉴国内先进城市特别是国外的成功做法，针对存在的问题，提出了构建与市场经济和现代化国际城市相适应的城市社会结构和管理体制、街道办事处体制改革、在居委会层面构建新型社区、加强城市基层基础工作的意见建议。形成了2篇研究报告；代市委、市政府起草了《关于进一步推进社区建设加强城市基层基础工作的若干意见》（青发[2000]15号）。

高新技术产业发展研究　根据市委要求，进一步深入调查，提出了加强政府宏观调控、构建城市创新体系、增强企业技术创新主题地位的思路对策。形成了市委、市政府《关于进一步加快高新技术产业发展的意见》（青发[2000]21号）等2份文件和4篇相关材料。

热点难点问题研究

大沽河水源污染问题研究　反复进行深入调查，与有关部门和单位以及专家进行研讨，完成了《解决大沽河水源地污染问题刻不容缓》的调查报告，提出了治理意见，市委、市政府领导同志作了重要批示，有关部门在此基础上形成了治理方案。

企业融资问题研究　中小企业、个体私营企业和高新技术企业贷款难、担保难问题是加快发展的制约因素，而本市投资公司规模小、实力弱，难以起到投资大财团的作用。通过调查分析并考察上海、深圳等先进城市的经验，提出了改革本市投资公司管理体制、投资方式，强化担保资金的市场化运作，加快债权清理步伐，实行政企分开等建议，市政府领导作了批示。

基层稳定工作研究　经多次到国有改制企业、个体私营企业、社区等对党建工作进行调研，形成了这3个层面的系列调查报告，有针对性地提出了加强基层党建工作的意见和建议，市委主要领导同志和分管领导同志作了重要批示。针对形式主义、文山会海，以及收费办班、升级达标、评比表彰过多过滥等基层反应强烈的问题，进行了调研，分别进行了问卷、座谈会和实地调查，深入剖析问题及其根源，提出了切实可行的改进意见。形成了市委办公厅、市政府办公厅《关于严格控制举办各类收费培训班的通知》（青办发[2000]17号）。

党刊资料编辑工作

全年共编撰各类稿件230篇，出刊《青岛通讯》12期；编辑《动态》24期、《报纸要点摘编》24期，其中24件所载稿件被市委、市政府领导同志作了批示；编辑《报刊资料目录索引》6期；编发《上海信息专报》116期，其中13期被市委主要领导同志作了批示。

（政研室）

·组织工作·

思想政治建设

按照中央和省、市委统一部署，在总结借鉴第一、二批市直单位“三讲”教育的基础上，重点在各区市、第三批市直单位137个领导班子和1 631余名副处以上干部中，开展了“三讲”教育。同时，组织市级和第一、二批“三讲”教育市直单位进行了整改“回头看”。领导班子和领导干部思想政治素质明显提高，创造和积累了一些在新形势下加强党的建设，特别是领导干部队伍思想政治建设的新经验。

干部教育培训

领导干部、中青年干部政治理论培训　共选派21名领导干部赴中央党校和省委党校进修学习；在市委党校举办了市管领导干部进修班和市管领导干部、企业领导人员党风廉政建设培训班各1期，中青年干部培训班2期，青年干部培训班1期，乡镇党政主要领导干部培训班3期。领导干部参加了在北京举办的著名经济学家论坛暨2000年现代经济管理高级研修班，进行市场经济必备知识与技能培训；举办了市管领导干部加快对外开放研讨班、新世纪创新论坛研讨班、WTO基本规则培训班等，培训干部近800人；加强了干部计算机和法律知识培训考核工作。

年轻干部境外培训　2月，组织首批年轻干部到美国伊利诺斯大学进行了为期3个月的工商管理和公共事务管理知识培训；组织了31名党政领导干部和大中型企业经营管理者赴香港理工大学进行了服务贸易管理专题知识培训。

领导干部学历再教育　在办好上海财经大学、南开大学高级营销管理本科班的同时，选调了16名年龄在35岁以下、本科学历的年轻干部报考了省委党校的研究生。

市管党政领导班子建设

结合机构改革，研究提出了《关于结合机构改革优化市管党政领导班子结构的工作建议》，并组织起草了《加强党政领导班子建设和领导干部调整的意见建议》（讨论稿），为机构改革做了充分准备。对部分年轻干部和符合交流规定的本地籍、生长地及在同一职位任职时间较长的区、市党政领导干部进行了交流，并对五市三区的党政领导班子进行了调整充实。

国有企业领导人员队伍建设

采取“六位一体”的考核办法，对全市30多家市直企业领导班子和300余名领导干部进行了全面考核。在此基础上，先后调整充实了18个市直企业领导班子，调整干部71人。进一步规范了国有资产监督人员管理工作。制定下发了《关于建立青岛市国有资产监督工作组织机构和报告处理机制的意见》，面向社会公开选聘了第三批26名国有资产监督人员，向国风集团、市机械总公司等20多家市直企业派出了55名专职监事会主席、财务总监和审计特派员。

为适用企业经营管理人才评价推荐工作的需要，在青岛政务公众网上建立了“经理市场”网页，并与上海等地的人才评价机构联合发起成立了“东方经理人网”。还研制开发了“企业高级经营管理人才素质综合测评系统”，对青啤、颐中等单位的60多名企业经营管理者进行了素质测评，先后为地铁公司、橡胶集团等单位推荐了20余名高级经营管理者人选。

加强了对企业经营者的激励约束机制。会同市体改委等单位，研究出台了在本市国有（集体）企业实行年薪制、股权激励的试行意见等文件。年内，13户试点企业全部兑现了年薪制，有3户正在进行期股期权的试点工作。

高层次、拔尖人才队伍建设

组织筹建了青岛市高级专家协会，开通了“科技与人才”网站，并有重点地组织专家为本市的重点项目进行了咨询、论证和技术研制开发。同时，组织开展了出版《中国·青岛21世纪发展建议书》的征集稿件活动。全年对“青岛市高层次专业人才库”的1300名高层次专业人才1999年度取得的成果进行了跟踪登记和补充登记。研究出台了《青岛市专业技术拔尖人才选拔管理工作办法》和《关于引进各类优秀人才来青工作的规定》，修改完善了《青岛市奖励贡献突出人才奖励办法》并召开了青岛市第五批贡献突出人才表彰大会。

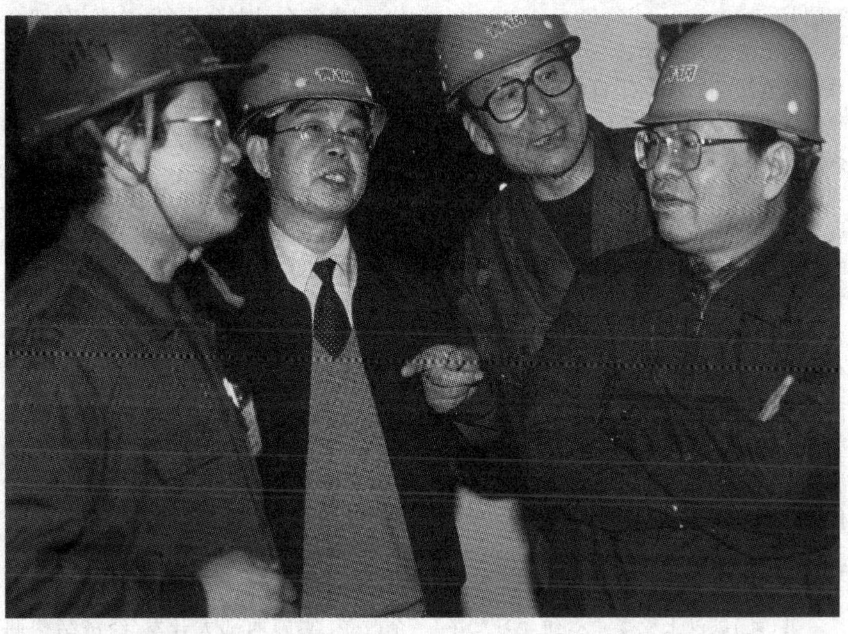

市委常委、宣传部部长王永生(左二)视察青钢　(市委宣传部供稿)

公开选拔领导干部工作

7月份，中组部在青召开全国干部人事制度改革经验交流会，对本市干部人事制度改革工作给予了肯定。为深入贯彻会议精神，落实《深化干部人事制度改革纲要》，修改完善了《关于进一步深化干部人事制度改革的意见》，对1986年以来公开选拔领导干部工作进行了系统总结与研究，并组织编写了《公开选拔党政领导干部工作资料选编与业务指导》一书。在此基础上，市公开选拔工作领导小组于10月10日发布了《青岛市公开选拔部分副局级领导干部简章》，计划面向社会选拔40岁以下的副局级领导干部50名。10月12～15日，进行了报名工作，共有1093人报名，其中具博士学位者83人、硕士学位者136人；29日组织报考人员进行了笔试。11月12日，对从笔试中选拔出的234人进行了面试。2001年1月31日、2月6日，市委、市政府分别发文任命了55名(其中具博士学位的5名)同志的副局级领导职务。

优秀年轻干部培养选拔工作

结合贯彻落实全国和全省培养选拔年轻干部座谈会精神，按照《1998～2003年全市市管党政领导班子建设规划》的要求，起草了关于进一步加快市管领导班子年轻化进程、加快年轻干部培养选拔工作、在部分市区和市直单位配备领导助理、关于公开选拔部分局级领导职位人选和公开选拔年轻干部挂职锻炼等多项实施意见(初稿)。全年共选拔了11名优秀选调生充实到了市直机关，选拔了14名32岁以下、担任副科级以上职务的同志任区、市长助理。

干部监督管理

围绕《党政领导干部选拔任用工作暂行条例》颁发5周年，加强了对该《条例》的学习宣传，并重点对20个基层单位的贯彻执行情况进行了检查。加强领导干部任期经济责任审计工作，组织成立了领导干部任期经济责任审计工作小组，建立了审计工作档案，将审计结果报告存入干部本人考察档案，为选好、用准干部提供了依据。

全年共接待来访108人次，受理群众来信846件次。其中，中组部、省组部转信200件次，市级领导机关批转来信171件次，全部及时进行了处理。12月，组织召开了全市干部监督工作会议，对全市干部监督工作进行了全面部署。

年内，会同市人事局制定下发了《青岛市国家公务员和机关工作者职位轮换实施细则》、《青岛市国家公务员和机关工作者任职回避和公务回避实施细则》、《青岛市国家公务员和机关工作者试用期管理试行意见》等文件，强化了参照管理的制度建设。从市建委、市委农工委和卫生系统中选拔了4名技术干部进藏工作。还接待安置了8名四川来青挂职的干部。

基层党组织建设

农村基层组织建设　组织开展了“双创”活动和整顿后进村工作，对42个列入青岛市整顿的后进村建立了档案。推进农村党支部书记选拔任用制度改革，制定下发了《关于推行农村党支部书记选拔任用制度改革的意见》。召开了全市农村基层组织建设研讨会，总结了“莱西会议”以来全市农村基层组织建设工作的经验，研究提出了新形势下加强农村党建工作的新思路、新对策。研究部署了全市农村“三个代表”重要思想学习教育活动。

企业党建工作　召开了国有企业党组织建设座谈会，探讨新形势下如何发挥好政治核心作用，重点对兼并破产、停产、关闭企业党建状况进行了调查，对国有大中型企业党组织建设状况进行了摸底，并建立了档案。制定下发了《关于加强新经济组织新型社会组织党建工作的意见》，撰写了《关于青岛市非公有制经济组织及股份合作制企业党建工作情况的调查报告》。

街道、社区和民间基层组织建设　制定下发了《关于加强城市社区党的建设工作的意见》，将街道办事处党的委员会全部改建为街道党的工作委员会，强化了街道党工委在社区建设中的领导核心作用。省委专门在青召开了全省街道、社区党建工作会议，推广了本市及四方、市南、市北社区党建工作的先进经

验。制定下发了《关于进一步加强民间组织党建工作的意见》,在具备条件的民间组织中全部建立了党组织。

党员队伍建设 指导基层党组织开展了“创先争优”和民主评议党员活动,对市区和市直单位上报的140个先进基层党组织、95名优秀共产党员和64名优秀党务工作者进行了审查和表彰。对本市2200名党员思想状况进行了调查,并形成了《全市党员思想状况的调查报告》等3份调查报告。制定下发了《关于企事业单位退休职工党员、下岗退养职工党员党组织关系转移到居住地党组织的实施办法(试行)》。抓了极少数执迷不悟的党员“法轮功”练习者的思想教育转化工作。

(杨善星)

·宣传工作·

思想政治工作

加强组织领导 年初,市委制定下发了《关于加强和改进思想政治工作的实施意见》;成立了市委思想政治工作领导小组;建立了思想政治工作三项制度,即:市委思想政治工作联席会议制度、副市级以上党政领导干部思想政治工作联系点制度和全市思想政治工作调研督查制度。领导小组先后召开3次联席会议。并于10月中旬组成17个调研督导组,对全市的思想政治工作进行了调研、督导。市委常委围绕加强和改进思想政治工作先后2次开展专题调研,撰写了调研报告,并汇编成册。

典型宣传 全年分3批,在全市集中推出了21个思想政治工作先进典型,重点开展了向青岛红星化工集团有限责任公司董事长、党委书记姜志光,济南小鸭集团党委书记李淑敏,青岛市四方区水清沟街道办事处第十居委会党支部书记、主任陈秀英和青岛港务局等先进典型学习的活动。其中,青岛港务局典型经验被中央电视台、中央人民广播电台、《人民日报》、新华社、《光明日报》、《工人日报》、《经济日报》等新闻媒体集中宣传;姜志光典型事迹在全省推广;海尔集团工作经验在山东省思想政治工作会议上作了介绍。

“致富思源,富而思进”教育 市委制定下发了《关于在全市深入开展“致富思源、富而思进”教育活动的意见》,并成立了领导小组;在崂山区召开了全市动员大会暨现场会。市委宣传部、市档案局等部门联合举办了《世纪之路——青岛百年回顾展》。

农村思想政治工作 广泛开展了社会主义思想和民主法制集中教育。其经验在山东省现场会上作了发言交流。

社区思想政治工作 开展了“文明——从我做起”活动。以“讲道德、树新风、爱社区、做奉献”为主题,组织了“我说身边的好人好事”、“我说身边的文明闪光点”以及查不文明现象、论不文明形象的危害、改不文明言行的“查、论、改”等群众自我教育系列活动。召开了“全市社区精神文明建设暨思想政治工作会议”,部署开展“倡导文明新风,共建美好家园”活动。

企业思想政治工作 开展企业文化系列教育活动。成立了青岛市企业文化建设咨询指导组;编印下发了《企业文化探索》一书,宣传推广海尔、海信、青啤、双星、澳柯玛企业文化建设的经验。开展“一岗双责”责任制试点工作。青岛发电厂党校11月份被中宣部确定为全国基层党校联系点。

学校思想政治工作 组织开展青少年读书教育活动和大学生暑期社会实践活动,获全国读书教育组织特等奖。市委宣传部和《半月谈》杂志社联合出版的《人是一片风景》一书,被中央电视台宣传推广。

理论学习

县(处)级以上党委中心组学习 举办了3期市委常委读书会、3期市委理论学习报告会。市委中心组学习的典型经验在中宣部《党建》杂志第9期上刊登,并被中组部、中宣部编入《党委中心组学习经验选编》一书,中共山东省委干部理论学习委员会也以文件形式转发。市委宣传部会同市委组织部研究制定了《关于对市管党政领导班子成员理论学习考核试点工作的意见》,并在市南区委和市工商局党委进行了试点。市管党政领导干部述学、评学、考学制度逐步完善和落实。制定下发了《关于对2000年市管党政领导干部理论学习进行考试的通知》,组织进行了理论学习考试。

党员干部理论普及工作 组织开展“党员素质工程”教育活动暨知识竞赛,全市20多万名党员参加了答卷;组织了“让党性在改革开放实践中闪光”征文活动。全年先后为市区、市直有关部门举行干部理论教育辅导报告80余场次。年内,市委宣传部、市委讲师团主办的《当代青岛》被山东省新闻出版局批准为省级内部报刊资料,被全国城市宣传刊物研究会评为“全国城市宣传刊物十佳刊物”。

社科研究和规划 成立青岛市社科规划和精品创作理论项目、社科重点项目评审专家组,制定了社科项目管理办法。研究确定了2001年“精品工程”理论作品选题7项;取得“五个一工程”重点理论选题1项,并得到山东省委宣传部的资助;取得了国家社科基金项目3项。举办了全市社科理论界学习“三个代表”座谈会,围绕江泽民总书记“四个如何认识”的重要思想,组织发表了一系列理论宣传文章。

新闻宣传

宏观管理与调控 坚持和完善新闻宏观管理体制和工作机制,继续严格落实各项制度,建立了违纪警告、新闻发布等制度。改革新闻阅评工作,调整和充实了阅评力量,强化了审读、审听、审看工作。设立了新闻监督电话,发挥了社会监督的作用。

重点新闻宣传 组织开展了思想政治工作典型、市民文明素质教育、精神文明创建、“致富思源,富而思进”教育、“三个代表”重要思想、纪念抗美援朝50周年等方面的新闻宣传;开展了以深化国企改革、实施西部大开发、经济结构调整、实施经济国际化战略、发展高新技术产业、科技创新、发展个体私营经济、加快城市化进程、加入WTO、回顾“九五”成就和展望“十五”目标等为重点的经济宣传。

新闻发稿量 年内,中央主要新闻媒体共刊发、播出正面宣传本市的稿件1039篇(条),比上年(下同)增长9.4%。其中,《人民日报》发稿190余篇、新华社播发通稿500余篇、《光明日报》发稿24篇、《经济日报》发稿65篇、中央人民广播电台播发报道120余条、中央电视台播发报道140余条;头版头条、头题报道和重头稿件、深度报道86篇,增长3%。全年在中央人民广播电台用稿数量居全国副省级城市首位;在中央电视台用稿

数量名列全国副省级城市前茅。本市制作的电视专题片《走向国际化的海尔》获中国新闻奖一等奖。

“扫黄打非”工作　全市共收缴各类非法出版物32万余件,进一步净化了出版物市场。在山东省“扫黄打非”工作会议上,本市“扫黄打非”领导小组办公室介绍了经验,并被评为山东省“扫黄打非”工作先进集体。

文化工作

精品创作　设立本市“精品工程”奖,制定了2001年申报全国“五个一工程”和山东省“精品工程”总体规划和具体任务目标。举办了2000年市重点扶持文艺作品签约仪式,对34部作品进行签约,并分别拨付专款重点扶持。组织举办了本市剧作家代路作品研讨会。本市京剧院创作演出的现代儿童京剧《生死峡谷》在全国儿童剧展演中获优秀演出奖。

群众性文化活动　继续组织开展迎新春“个十百千万”、“樱之春”音乐舞蹈周、“青岛之夏”艺术节、“金秋十月”合唱周等四季文化活动。广场文艺演出达500多场,其中“欢乐假日——广场文化系列主题活动”演出369场,观众达530多万人次;露天影院全年放映130多场,观众达40多万人次。其主要经验被中宣部、山东省委宣传部分别在全国、全省推广。文化、科技、卫生“三下乡”在平度市组织召开了全市农村电影工作现场会。于9月15日～11月3日,举办了本市第三届农民电影节,共放映电影10 369场,观众达550万人次。举办科技知识讲座198场。

文化娱乐场所管理　共查扣、没收、销毁不同机型、机种的游戏机1 200余台。经重新审核登记,本市的电子游戏经营场所保留40家左右,压缩比例在50%以上。在全国、省娱乐服务场所和电子游戏经营场所专项治理检查验收中得到肯定和好评。

文化阵地建设　继续组织开展争创社会文化先进市、区活动。11月,举行本市社区文化先进典型现场会暨基层文化先进表彰会,命名表彰了市“先进社区文化单位”、“先进文化大院”和第二批青岛市“十佳文化广场”和“书香家庭”;年内,建设山东文化大省战略研讨会在本市召开,与会代表对本市的文化设施建设及有关情况给予了好评。

对外宣传

围绕2000年中国青岛对外贸易洽谈会、第二届中国青岛海洋节、第十届青岛国际啤酒节、2000年世界华人论坛等四大节会活动,周密安排,全方位地组织开展了对外宣传。7月12日,在第二届中国青岛海洋节开幕之际,与山东电视台联合推出了“瞩目青岛——青岛12小时特别节目”,开创了山东省重大活动对外宣传的先例。中央电视台、香港凤凰卫视台等海内外媒体播发青岛形象宣传片,扩大了本市的对外影响。据不完全统计,全年对海外发稿3600余篇(幅),增长10%。组织召开了本市网络对外宣传工作协调会议。“青岛之窗”国际互联网站在四大节会期间,点击率由日常的8000次上升到1万次。《中央对外宣传通讯》、《新华社对外宣传参考》和《山东省外宣要讯》分别介绍了本市四大节会期间利用互联网扩大对外宣传的经验。组织制作、播出了大型电视系列专题片《崂山》;召开首届澳门—青岛电视节,进一步扩大了对外影响。

(陆修茂)

·统战工作·

民主党派、工商联工作

2000年,市委统战部结合民主党派、工商联领导班子届中调整和思想政治工作,协助其搞好自身建设。举办了民主党派、工商联负责人读书班;坚持与各民主党派负责人经常性的谈心活动;协商制定了民主党派、工商联领导干部定期学习制度;贯彻全国、全省民主党派工作会议精神,与各民主党派市委和市工商联协商形成了2002年换届前领导班子届中调整意见,对40名各民主党派、工商联后备干部进行了全面考察,形成了各民主党派领导班子届中调整方案;组织召开了民主党派领导班子和基层组织建设座谈会;部署开展了民主党派后备干部的推荐工作;组织3批共10名民主党派干部到政府部门挂职锻炼;协助市委组织召开民主党派、工商联负责人座谈会2次,情况通报会6次;协助各民主党派、工商联开展了6个专题的联合调研活动;协调组织市政府有关部门与民主党派、工商联开展对口联系活动20次;协助市检察院、市监察局聘请民主党派和无党派人士担任特约检察员、监察员19名。

年内,本市7个民主党派新发展成员164人,总数达3793人,基层组织198个;市工商联新发展会员600名,总数达8098人,基层组织154个。

党外人士培养、安排工作

2000年,在政治安排方面,完成了市政协九届三次会议副主席、常委和委员的增补工作,增补副主席2名、常委8名、委员12名;做好市政协四次会议人选调整的前期考察工作;协助市侨联对领导班子换届人选进行了考察;协助市工商联对非公有制经济代表人士进行了考察;部署开展了无党派代表人士培养选拔情况的调研活动,建立了298人的后备人选名单。会同市委组织部起草了关于公开招聘党外领导干部的实施意见;完成了对私营企业主在党政机关任职情况和党外副处级以上干部情况的调查。在统战培训方面,制发了《2001年全市统一战线培训工作要点》;举办各类培训班15期,培训党内外干部450人次,其中首次举办了市、区和市直单位党委分管书记统战工作研讨班,并安排了2名干部到境外培训。

经济及海外统战工作

举办了工商联会长、党组书记培训班;推动非公有制经济人士深入开展“致富思源、富而思进”的活动,支持其投身光彩事业,做好非公有制经济代表人士的思想政治工作;组织市、区工商联负责人和非公有制代表人士赴贵州安顺地区进行扶贫考察,援建了12个地面卫星接收站和1所光彩小学;安排2名民营企业家参加了北京国际研讨会和科技周活动;会同市工商联召开了光彩事业表彰会,对67名先进个人、25个先进集体进行了表彰;协助市工商联做好2000年海内外华人友好商会交流会的接待工作,接待与会人员200人,其中海外华人友好社团人员50人;召开了海外联谊会四届三次常务理事扩大会,增补会长、副会长、理事共9人;加强与海内外人士和社团的联系,积极对外招商引资,引进了世界500强企业之一的法国拉发基博思集团彩瓦生产等一批合作项目;做好来青台胞的接待和服务工作，全年共接待来青港澳台同胞30余批、200余人；协调处理港澳台同胞反映问题和纠纷30件；协调解决在青台胞的住房、上学和再就业等问题23件；组织3个出访团组赴港澳台交流、考察。

统战部门自身建设

加强组织建设。统一协调全市统战系统培训工作，推行处级干部统一任免备案制度、公示制度和竞争上岗制度以及区(市)统战部门"一个机构，几块牌子"的模式。开展调研工作。6月至11月，组织开展了统战工作大调研活动，形成了一批调研成果。其中，《关于我市统一战线工作的调研报告》，得到省委常委、市委书记张惠来的批示；5个专题调研宣传成果分别被省委统战部评为二等奖、优秀奖和特别奖，并获全省统战理论调研宣传精品工程评选活动优秀组织奖。先后召开了全市统战宣传思想工作会议、《青岛日报》"统一战线"专栏开办一周年座谈会；市委统战部的统战信息工作获全国统战信息工作三等奖、山东省统战信息工作一等奖。

全年处理统战信访45件，处结41件，接访30人；提出了关于起义投诚、错划右派人员和原工商业者受株连子女工龄计算、为60年代精减下放的原工商业者提高生活补助标准以及解决在青归侨医药费拖欠问题的处理意见。

(市委统战部)

·机关党建·

思想建设

2000年，市直机关的理论学习重点突出，中心组学习抓得紧，学习方法创新，学风明显改进。市直机关工委围绕学习贯彻"三个代表"的重要思想、党的十五届五中全会精神，举行了各种类型的座谈会、培训班和大型报告会；撰写下发了4期宣讲材料，总结推广了一批思想政治工作的典型经验，召开了市直机关党建工作经验交流会。市直机关各单位把贯彻落实中央和省、市委思想政治工作会议精神作为重要任务来抓，思想政治工作责任制、思想动态分析制、重大情况报告制等三项制度得到较好执行；把解决干部职工的思想问题与解决实际问题结合起来，为干部职工解决实际问题2290余件次。

组织建设

市直机关已有60多个单位建立了机关党建工作责任制；贯彻落实《党章》、《党内政治生活的若干准则》，进一步规范党内政治生活；加强机关党组织自身建设和党的基层基础建设，发挥战斗堡垒作用，特别是在揭批"法轮功"等重大政治斗争和落实维护社会政治稳定的各项任务中发挥了重要作用。

市直机关工委运用"三讲"教育的成功经验，不断总结推出一些先进典型，注意加强对机关各级党组织分类指导和党务干部队伍建设；首次举行了市直机关离退休党支部书记培训班。年内，党建工作突出的先进单位主要有市纪委机关、市法院、市经委、市人事局、市工商局等，一大批市直机关的党组织和党务工作者受到表彰。

机关党建工作的加强，推动了各单位业务工作上水平、争一流，有55个单位申报全国、全省优秀工作成果173项。

作风建设

市直机关广泛开展了"机关作风建设年"活动。各单位普遍制定了活动安排意见，按要求进行了"三讲"教育回头看、民主评议党员、"四民"(爱民、为民、富民、安民)教育和警示教育、建章立制等专题教育和专题活动。市直机关工委加强对活动的组织指导和督查落实，全面推行了《市直机关党内谈话提醒制度》，编发了《市直机关近几年违纪违法案件情况分析通报》，开展了警示教育论文评选。通过开展该项活动，提高了机关党员干部的工作水平和服务质量，加强了机关管理和党员干部队伍建设。

精神文明建设

年内，市直机关精神文明创建活动围绕"讲文明、树新风"这一主题，突出"创三优，做人民好公仆(机关工作者)"和"送党情、办实事、解民忧"及"争创标兵处室"三大重点，目标明确，责任清楚，载体落实，考核严密。市直机关扶贫帮困总金额达980余万元，其中干部职工捐款240余万元；向贫困地区和灾区捐赠衣物5.3万余件。

机关群众组织工作

各级机关工会组织开展了扶贫帮困送温暖活动；发动群众开展了提"创新建议"活动，有些建议产生了良好的社会效果和经济效果；组织机关干部职工1500余人参加了青岛市海洋节"横渡汇泉湾"等活动，举行了市直机关广播操比赛和市直机关第十九届运动会。首次对机关群众性文体活动先进单位进行了表彰奖励。机关团组织开展了"新世纪读书活动"和"青年文明号"、"青年志愿者"等活动。机关各级妇女组织和广大妇女干部继续开展"巾帼建功"和"创建五好文明家庭"等活动，并首次在全市广大妇女干部中开展了"争当'廉内助'，树立好家风"活动。

(市直机关工委)

·老干部工作·

截止2000年底，全市共有离休干部13320人，其中老红军20人(均不含中央、省驻青单位)。

落实老干部政治待遇工作

组织老干部学习邓小平理论、党的十五届五中全会精神；定期向老干部通报情况、走访慰问，组织参观考察、参加会议、阅读文件，开展多种形式的思想政治工作。建立每季度1次的形势报告会制度，先后邀请市领导、有关部门负责人作科教兴国、国际形势、姜志光事迹、全市有关情况报告等。组织老干部观看《保尔.柯察金》和《生死抉择》等影片。召开了全市老干部思想政治工作理论研讨暨经验交流会，交流理论研讨文章35篇；总结了青岛八棉有限公司、胶南市委老干局、城阳区环保局等6个单位加强老干部思想政治工作的经验。中央组织部老干部局在《情况交流》上先后转发《抓住一个重心，利用三个支点，青岛老干部思想政治工作新举措》、《胶州市做老干部思想政治工作坚持"五个结合"》等2篇经验介绍材料。论文《老干部思想政治工作创新初探》获山东省老干部工作理论研讨优秀论文一等奖。举办老干部党支部书记培训班2期，宣讲、培训做好新形势下的老干部思想政治工作、当好老干部党支部书记等内容。全市873个离退休老干部党支部(党总支)大多数组织健全，思想政治工作活跃。编辑老干部学习材料45万字，下发基层。

落实老干部生活待遇工作

重点抓好老干部医疗费清欠工作。重点督查存在拖欠问题的单位；对确无能力解决的破产、停产等企业，争取市财政部门、保险机构支持，年内共为困难企业的536名离休干部解决医疗费661万元。协助有关部门搞好实施离休干部医疗费保障机制的宣传和人员培训。健全老干部医疗保健服务制度。配合卫生部门对重点保健对象进行巡诊；为2名离休干部办理了享受副部（省）级医疗待遇的申报工作。全面落实离休干部乘车、游览、挂号免费优待办法，共制发优待卡19000多个。春节前，走访慰问36名老红军及7名没有固定收入的老红军遗属；为154位生活特别困难的离休干部发放了春节补助费；为全市老红军、厅局级以上的离休干部发放了春节生活补贴。全年共处理老干部的信访293件次、469人次，处结率为97.27%。为老红军、老干部协调解决了住房困难、子女重新就业和法律纠纷等方面的问题。

关心教育下一代工作

全市共建立关心下一代组织4000多个，形成了四级网络，6万多名老同志从事关心教育下一代工作。青岛市和即墨市的关心下一代工作委员会，以及市老领导王今吾和莱西市离休干部庄晓田，分别被中国关心下一代工作委员会评为全国先进单位和先进个人。3月15日，召开全市关心教育下一代工作会议；12月18日，召开全市关心下一代工作先进集体、先进个人总结表彰大会，80个先进集体、168名先进个人受到表彰。组织老干部对广大青少年进行爱国主义和革命传统教育，全年共作报告300余场次。依托市老干部活动中心，成立"两代人"书友社，截止年底已发展成员300多人。举办了"回顾百年历史，展望新世纪"读书夏令营，140多名优秀学生参加。

老年教育工作

全市已建各级老年大学（学校）587所；学员达3.6万人，占全市60岁以上老年人口的3.6%，高于全国和山东省平均水平。召开了全市老年教育理论研讨会，成立了老年教育研究小组。12月，全市老年教育工作表彰大会召开，表彰了优秀、先进老年大学（学校）28所，先进工作者和优秀教师62名。年底，本市被评为山东省老年教育工作先进集体，并在全省老年教育"双先"表彰会上作了经验介绍。9月19日，国务委员司马义·艾买提视察了市老年大学，并题词勉励。

老干部文体娱乐活动

全年老同志有6万多人次到老干部活动中心参加各项活动。先后举办了全市第六届台球比赛、庆祝建党79周年卡拉OK演唱比赛、交谊舞比赛、建国51周年文艺汇演、第九届老干部书画展、第三届老干部金婚庆典以及老干部"岁月情怀"摄影展等活动。增加了老干部活动场所，成立了市老干部文体艺术协会和书画研究会。每2个月在市老干部活动中心为老干部义务放映电影1场。市老干部合唱团参加了青岛市庆祝建国51周年"歌颂祖国"大型晚会现场直播演出；艺术团多次参加假日广场演出，并6次深入部队、大专院校、企业和农村，慰问解放军官兵、教师、工人和农民。

年内，市老干部台球队获山东省第一届台球比赛团体第1名；市老干部合唱团获青岛市第三届"金秋十月"合唱周优秀合唱团奖；市老干部艺术团时装表演队获青岛市"海之情"发达杯时装大赛金奖；市老干部艺术团交谊舞队获全国"群星杯"舞蹈大赛青岛赛区一等奖。市老干部活动中心进行了改造装修，被评为二星级涉外旅游宾馆。

（王树奇）

·信访工作·

2000年，全市县级以上党政机关受理群众来信来访比上年（下同）下降9.9%；市委、市政府受理群众来信来访下降20.9%；中央、省受理本市群众写信上访下降2.6%。在全国1996～2000年度信访工作总结表彰中，本市被评为全国信访工作先进单位。全年评出青岛市信访工作先进单位60个、先进个人100名，山东省信访工作先进单位3个、先进个人6名。市委、市政府为市委、市政府信访局记集体三等功。

落实信访工作领导责任制

市委、市政府在年初的市委工作要点中对信访工作做了重点部署。年内，共召开2次全市信访工作会议和4次信访工作联席会议，研究部署工作任务。市党政主要领导曾先后80多次对信访工作作出重要指示和批示，阅批和处理群众来信来访687件。市委、市政府的分管领导经常指导信访工作，并协调处理重大疑难信访问题。各级党委、政府建立健全信访工作领导小组，完善"一岗双责"责任制，强化了监督约束机制和责任追究制度。年内，各级党政领导阅批群众来信13658件，接待来访3631起，协调处理信访问题1780多次。各级党委、政府还从机构设置、人员配备以及财力、物力上加强信访部门的工作力量，推动了全市信访工作的开展。

本市书画艺术家举行上网发布会暨为"希望工程"捐赠作品仪式 （隋以进/摄）

开展“三访”案件集中整治活动

市委、市政府利用4、5、6三个月的时间，集中领导，集中力量，集中时间，重点开展“三访”（集体上访、越级上访、重复上访，下同）案件集中整治活动。市委、市政府专门下发集中整治方案，各级各部门成立了工作班子，参加包案的县级领导达300多名，成立督查小组480多个，深入基层有针对性地集中整治，排查出一大批“三访”案件，最终处结率达91.4%，结服率达66.9%，30多名上访老户问题得到了彻底解决，有效地遏制了“三访”案件攀升的势头，稳定了全市的信访形势。

抓好依法信访工作

加大对国务院《信访条例》等信访法规的宣传力度，增强群众依法信访和受理机关依法行政的意识。共印发《信访法规手册》10万多份、信访宣传材料40余万张。搞好信访依法分流工作，使大量涉法问题通过法律途径得到及时解决。开展了公检法司信访联合接访；在县级以上信访部门推行信访工作与“148”法律服务专线联合处访运作机制；建立司法信访调解机制和法律顾问制度；制定信访与行政复议机构协作制度，对200多名行政复议联络员进行培训并持证上岗。

推行信访公开承诺和排查调处

年内，全市上下层层建立了信访案件排查调处工作机制，做到时间、内容、方法、上报四统一。实行重大信访信息网络报送制度，分级对口调处了大量信访问题和隐患，使95%以上的不安定因素化解在萌芽状态；实行潜在不安定因素台帐管理和重大信访问题提报，使90%以上重大信访案件得到及时妥善处理，90%以上的上访老户稳定在当地。制定《青岛市信访公开承诺试行办法》，与群众签订信访协议书6028份，出具答复意见书2895份。强化对初信初访和联名信的处理，建立信访联系人、办信首问责任人和倒查工作制度，一次处结率达98%以上。开展走访、回访和“送温暖”活动，先后走访慰问群众200多人次，解决久拖不决的信访案件40多起。出台了《关于维护市委市政府办公楼信访秩序的意见》。

做好重点时期的信访稳定工作

年内，全市各级信访部门高度重视做好重点时期的信访工作，确保了重大活动期间本市无一人进京、到省和到会场上访滋事、闹事。在与“法轮功”邪教组织的斗争中，各级信访部门和广大信访干部积极协助公安等部门查找、劝阻、遣返、教育“法轮功”分子，并及时收集编发信息，为领导决策服务。

加强基层基础工作

加强基层信访工作的机制创新，初步建立一套信访稳定工作的长效机制。进一步完善对各级党委、政府信访工作目标管理考核办法，增加了领导责任、案件处理质量和逐级上访的内容。加大对各级信访部门的考核，调动了基层抓好信访工作的责任心和积极性。全市开展信访“三无”达标活动，87%的乡镇和街道办事处达标。总结推广了以“三个代表”的思想指导推动信访工作、市委工交工委“双稳工程”（保企业稳定、职工队伍稳定）、即墨市信访与民调工作结合、黄岛区农村党员轮流与群众座谈制度、崂山区信访部门与“148”法律服务专线联动等好的经验和做法，并在全省、全国得到宣传推广。

（吴述臻）

·政务信息化建设·

计算机网络保障与建设

保证网络（金宏网）畅通 2000年，市委、市政府计算机中心（下称市计算机中心）把保证全市机关计算机网络（金宏网）畅通作为首要任务，采取新增5台服务器、改善远程拨号接入系统、对市级机关办公楼部分有问题的网络线路进行改造等措施，提高了网络的稳定性和可靠性。全年网络畅通率达到99.9%。

加强网络扩充建设 顺利完成了与国务院办公厅的网络互联；为市人大常委会新租用办公楼进行了综合布线；敷设了市计算机中心至市档案局的光缆；为市级机关和有关单位新增金宏网工作站29个。各市、区和市直有关部门也加快了本地网和内部网的建设。截止年底，全市金宏网的装机总数达1500多台，覆盖面包括12个区、市和全部市直单位，覆盖点涉及全部乡镇和大部分街道办事处，成为全国城市党政机关中规模最大、覆盖面最广、利用率最高的计算机通信网络。

网上信息资源开发利用

领导信息查询系统升级 年初，正式停用沿用4年的“UOAS通用办公自动化领导查询系统”，开通“青岛市宏观决策和办公信息服务网（领导专用版）”，实现了领导信息查询与Internet技术接轨，完成了信息资源网与办公业务系统的集成，大大提高了信息资源管理、开发、利用的效率和质量。截止年底，该网站信息资源已积累30多种、3亿多汉字，其中2000年信息更新量达3000多万字。

政务信息公众网改版和扩容 4月，青岛政务信息公众网进行了改版，使网站信息分类更合理，形式更新颖。之后，加大信息资源开发力度，增加了15个大类、100多个子类、2000多万字的信息资源，使网站的信息资源总量达到46个大类、310多个子类、5000多万字、3000多幅图片，基本形成了政府服务于公众的比较完整的信息资源框架体系。并在此基础上采用RealNetworkers技术，实现了网上电视直播和视频点播功能，完成了政府网站的重大技术和服务创新。

建设“中国政府信息资源网－青岛网站” 根据国务院办公厅的试点要求和统一的数据标准，在全国政府系统专网上建成并开通了“中国政府信息资源网—青岛网站”，并指导五市两区按同样标准建设了各自的网站，待在全国专网上发布后，本市将成为全国政府专网上第一个所辖县级城市全部建站的副省级城市。

建设“青岛市宏观决策和办公信息服务网（部门专用版）” 组织建设了“青岛市宏观决策和办公信息服务网（部门专用版）”，为市直各部门领导提供网上信息服务。

“金宏电子政务系统”升级应用

系统升级 3～4月，计算机中心组织成立了“金宏电子政务系统”开发组，集中封闭1个月对该系统进行升级改造，实现了该系统向LotusDomino/NotesR5的移植，集成了手写笔等多项先进技术，增加和完善了功能，提高了性能，进一步巩固了该系统在全国的领先地位。

系统推广应用　派出专人协助省委办公厅利用系统建成了全省党委计算机信息网络系统,完成了17个市(地)、70多个县(市、区)和50多个省直部门的安装调试和人员培训工作。通过金宏网直接将国务院办公厅第二代电子邮件系统联到了市政府办公厅有关处室,实现了这些处室与国办及全国各省、市政府的直接公文和信息交换。协助市政府办公厅全面实现了议案办理、市长电话事项办理、下级请示、报告上报和内部办文过程网络化、无纸化。帮助市计委、市经委、山东陆军预备役高炮师等单位建设了内部网络,并全面安装调试了该系统。帮助市南区、市北区、崂山区启用该系统的多个应用子系统。帮助胶州、莱西、即墨三市和黄岛区、市教委、市国家安全局完成了该系统的全面升级。经过与浪潮集团青岛计算机有限公司的共同努力,该系统已经在全国30多个市(地)、县推广应用。

推进政府上网工程

年内,协助市财委、市政府法制局、市畜牧局、市招商局、市国内招商办、市劳动和社会保障局、平度市、胶州市、市北区等十几个单位建立或完善了公众网站,使本市的政府类国际互联网站达30多个。配合全市重大节庆的宣传,完善了"青岛啤酒节"和"青岛海洋节"网站,策划建设了"世界华人论坛"网站。协助建设了"市人大常委会"网站、市委办公厅"新世纪读书园地"网站。

计算机应用技术培训

对培训教室、设备分别进行了改造、升级。编写了《金宏多媒体办公决策服务系统领导使用说明书》。全年共组织培训6次,培训300多人。包括全省党委系统网络技术培训、市人大常委会领导干部计算机基础培训、市委办公厅干部计算机技术高级培训、市直单位文秘人员网络上报公文技术培训、山东陆军预备役高炮师干部计算机基础知识培训和各市、区人大常委会文秘人员计算机基础知识培训等。

2000年重要活动和成果

1月,"青岛政务信息公众网"在全国首次国际互联网站评选活动中,获政府与组织类"中国优秀网站"称号。2月,本市在全国百城政府上网推进大会上作信息化建设工作经验介绍,并代表100多个城市与中国电信集团公司签订了政府上网合作协议。11月,市计算机中心在OA'2000办公自动化国际研讨会作"金宏电子政务系统"专题报告,该政务系统并在评选出的12个向全国推荐的办公自动化应用系统中列第3名;同月,"金宏电子政务系统"参加了"全国国际城市信息化建设与管理技术展览会",受到视察展览的中共中央政治局常委尉建行的高度评价。12月,在全国政府系统办公自动化工作会议上,本市被国务院办公厅确定为与会的唯一作大会交流的副省级城市。

（市委市政府计算机中心）

·保密工作·

加强保密工作领导

年内,召开了全市保密工作会议、保密工作协作组会议,贯彻落实中央保密委员会第三次会议、全国保密局局长会议、全省保密工作会议精神和中央、省委领导批示。在全市范围内进一步抓好保密工作领导责任制的落实。各级保密委员会做到了既议事、又决策,经常分析保密形势,提出指导意见,并加强了对保密工作的督促检查;各级领导进一步明确保密工作职责,党政主要领导负总责,分管保密工作的领导、分管业务工作的领导分级负责;各单位在研究部署业务工作的同时,研究部署与之相关的保密工作,业务工作管到哪一级,保密工作就管到哪一级。开展了1999年度保密工作先进单位和先进保密工作者评选表彰活动,表彰奖励全市保密工作先进单位44个、先进保密工作者60人。

保密法制宣传教育

2000年是"三五"保密普法工作的最后一年。市委保密委员会下发了《关于对青岛市"三五"保密法制宣传教育情况进行检查验收的通知》和《关于对青岛市"三五"保密法制宣传教育情况进行统计调查的通知》,对检查验收工作进行总体安排和细致的调查统计。全市各市、区和市直单位按照通知要求,以保密协作组为单位,进行了自查、互查工作,并上报《"三五"保密法制宣传教育工作检查验收评定表》。至5月底,本市顺利通过了山东省"三五"保密普法检查组的检查验收,共产生山东省"三五"保密普法先进单位2个、先进保密局1个、先进工作者4人,市保密局被评为组织工作先进单位。

年内,市委保密办应邀对各级党校、干校培训班讲授保密课7次,培训干部360多人次;为市直单位进行保密教育培训20次,培训保密干部和重点涉密人员1 080人次。

保密理论研讨和经验交流

市委保密委员会下发了《关于开展保密调研和理论研讨活动的通知》。全市各单位积极开展保密工作调查研究,并结合实际撰写保密工作论文。5月份,本市推荐报送的有关保密工作的论文在山东省"兖矿杯"经济科技保密工作优秀论文征集、评奖活动中获提名奖。市保密局圆满完成了2000年度《保密工作》杂志的通联发行工作,被评为全国《保密工作》通联发行工作先进单位;全年编发6期《青岛保密工作》。

保密工作管理

规范确定密级工作　加强了对确定密级工作的指导、监督和检查,建立健全了审定国家秘密、工作秘密及界定密级制度,切实解决密与非密界限把握不准、密级确定宽严不当和密级调整不及时等问题,做到该保密的坚决保住,不该保密的坚决放开,逐步实现了对国家秘密的动态管理。重点抓了市直机关和区、市确定国家秘密和工作秘密的工作。

强化保密管理　根据《关于重新审批、确定国家秘密载体定点复制单位的通知》(鲁保发[1999]12号)要求,对本市执行《印刷、复印等行业复制国家秘密载体暂行管理办法》的情况进行了检查,重新审查确定了11个印刷、复印厂(所)为本市定点复制国家秘密载体单位,并发放《国家秘密载体定点复制单位许可证》。对市招生考试办公室保密室进行了检查验收。

经济、科技保密工作　继续抓好《关于加强经济科技保密工作的意见》的贯彻落实,严格执行《经济工作中国家秘密及其密级具体范围的规定》和《科学技术保密管理规定》,加强对经济、科技领域

国家秘密事项的管理。完善本市行业和单位保密管理制度,管住管好工作秘密、商业秘密和传统工艺秘诀,防止国有无形资产流失。市委保密办对有关单位的送审材料进行了保密审查和密级鉴定;编印下发了《2000 年山东省经济科技保密工作会议典型材料选编》及《保密工作文件选编》。

保密技术工作

从技术检查和技术防范两个方面开展保密技术工作,加大保密设备投入,会同有关部门对保密要害部门(部位)进行保密技术检测。重点对计算机信息系统的保密管理进行了专题研究,起草了《青岛市计算机信息系统保密管理暂行规定》和《青岛市涉密计算机信息系统审批暂行办法》。市委保密办与有关单位联合举办了“信息网络安全形势报告会”,邀请国内知名专家作专题报告。继续抓好内部网、涉密网与公众网实行物理隔离工作,坚持“谁上网谁负责”的原则,指导和协助有关部门切实加强对计算机信息系统的保密管理和技术防范工作。

(解立波)

·党校教育·

干部培训

2000 年,市委党校共举办各类主体班次 22 期,培训各级领导干部 1 885 人。其中,举办了新任市管领导干部党风廉政建设培训班、市管领导干部进修班、邓小平统战理论专题研讨班、乡镇党委书记培训班、乡镇领导干部岗位培训班、小城镇建设研讨班、青年干部培训班、优秀团干部培训班、中青年干部培训班、国家公务员任职培训班。围绕市委中心工作,与市有关部门联合举办了工会干部班、市(区)长助理岗前培训班、企业领导人员党风廉政培训班、新世纪创新论坛专题讲习班;为适应加入 WTO 的需要,举办了市管领导干部实施经济国际化战略问题研讨班,WTO 基本规则培训班,组织了 WTO 与中国学术报告会。与城阳区流亭镇联合举办了“社会主义民主法制教育培训班”。

从严治考,办好各类学历班次。在全市党校系统招生考试中,处理违纪考生 119 人;在 8 000 名考生中,发现雷同试卷 10 份,在全省各地市党校中比例最低。年内,全市党校系统共录取新学员 6 476人,是年度招生人数最多的一年;在校学员 14 948 人。其中,市委党校录取 1 487人,年底在校学员3 125人,是历年在校人数较多的一年,也是全省党校系统办学规模最大的党校之一。

教学改革

教学内容 开设了“国有经济布局调整和企业战略改组”、“按生产要素分配问题研究”等十几个新专题,形成了“社会主义现代化建设重大问题研讨”教学单元;新开设了“当代社会思潮”、“当代世界经济”等 8 个新专题;按照江泽民总书记“三个代表”的重要论述,开设了有关专题,向各个班次学员进行宣讲。

教学方法 加大了案例教学的份量,在各类培训班次开设了“五星啤酒——一个合资企业怎么了”、“青岛啤酒的金字塔战略”、“领导魅力大家谈”、“如何调动这位干部的积极性”等案例;邀请日本大妻女子大学教授渡边博士来校为学员作“WTO 与中国”、“中国的产业政策与 WTO 规则”等专题报告;组织进修班学员到西安、延安等地考察,写出调查报告 5 篇;组织学员到延安、井冈山等地接受革命传统教育,到山东省北墅监狱参观,接受警示教育。

教学管理 实行了教学协调会议和主体班次部分专题课竞争上课制度;在中青年干部培训班学员的社会调研、撰写毕业论文阶段实行了导师制;对中青年干部培训班和优秀团干部班、青年干部班实行了半封闭式培训管理。

师资管理 加强青年教师的培养,制定了学历进修计划;选送 7 名年轻教师脱产读研究生班;组织了青年教师课堂教学观摩教学活动;聘请 15 名领导干部、专家、教授担任兼职教授。10 月,在青岛市公开选拔副局级领导干部工作中,该校第 18 期和 19 期中青班共有 14 人通过了面试,进入了组织考察圈。

科研工作

全年共承担国家社科基金项目 2 项。承担国家级课题数量在全国 15 个副省级城市党校中位居第二,在全省 17 个市地党校中名列第一;在青岛市高校、社科研究部门中名列第一。承担市级社科规划课题 6 项。其中,市级精品工程资助项目 2 项;市重点研究课题 2 项;承担市软科学课题 2 项。争取科研经费 11.5 万元,在全市所有申报单位中名列第一。超额完成全年市级资助科研课题 4 项。受市有关部门的委托,独立或参与承担重大问题调研项目 20 余项,其中直接进入市委、市政府决策的 6 项。参与市委、市政府及一些大企业组织的论证会、调研会 30 余人次。配合全市的“三讲”教育、揭批“法轮功”斗争、经济建设、改革开放、法制教育等工作,承担了大量的宣讲任务,在社会各界作学术报告 200 余场。校刊《学报》被山东省新闻出版局、期刊学会评为全省优秀期刊二等奖。发表论文、调研报告 137 篇,超额完成 11 篇。其中,在省级以上报刊发表论文 75 篇,超额完成 15 篇。出版学术著作及教材 5 部。获市社科优秀成果奖 12 项;全国党校系统优秀成果奖 3 项;全省党校系统优秀科研成果奖 3 项,有奖征文及调研成果奖 5 项,超额完成省级以上奖励 7 项。2 人入选山东省首批理论人才“百人工程”,共有 4 人分别入选市首批“百千万”第三层次学术带头人、入选青岛市专业技术拔尖人才、享受国务院特殊津贴、被评为青岛市劳动模范。

校园建设

投资 60 万元,完成了卫星远程教学系统 A 级站建设工作,具备了与中央党校远程教学的双向传输功能。完成了梅苑楼和宁德康乐中心的验收工作,并投入使用。搞好三期绿化工程,共植树 800 多株,挖土石方 3 万立方米;平整绿化用地 4 300 平方米。做好办公大楼的亮化工作,共购置射投光灯 27 盏,铺设电缆 500 米。

年内,继续保持了市级“精神文明标兵单位”称号,被省委宣传部、省档案局授予全省理论教育先进单位、档案管理省二级先进单位。

(王青海)

·党史资料征编工作·

贯彻领导指示、会议精神

3 月初,市委召开全市党史工作会议,贯彻落实中共中央总书记江泽民给中央党史研究室的重要指示信和胡锦涛、曾庆红等中央领导及省委领导的重要讲话精神。会上,市委副书记黄学军作重要讲话。会后,全市各级党史部门制定了贯彻落实意见,部分部门还拟定了3年或5年工作规划,并积极开展了工作。12月下旬,市委召开全市党史研究室主任会议,贯彻全国、全省党史工作会议精神,总结全市党史工作会议以来的工作,检查迎接建党80周年的各项纪念活动和工作情况。

党史征编研究

完成《中共青岛地方史》上卷征求意见稿的编写工作。已发给近百位老同志征求意见。全书约30万字,收编了自1923年青岛地方党组织成立前后,至1949年新中国成立期间,青岛党组织的发展及其领导下的各项工作的历史状况。与市档案馆合作完成了《中共青岛党史图志》的征编工作。共征集1923～2000年间有关照片约2500余幅,选用300多幅。完成了由省委党史研究室牵头组织编写的《中共胶东地方史》第一编的资料征集和撰稿工作。完成了《社会主义时期青岛党史大事记》的征编和出版发行,全书66万字。完成了《新时期青岛农村变革》一书的资料征集和汇稿工作,已征集、汇总稿件71篇、文献资料50篇,共约40万字;照片70余幅。完成了《历史与思考》第一辑的征求意见稿,收编建国后曾任青岛市级党政主要领导和任重要领导职务的老同志的工作回忆录5篇,约20万字。《中共青岛市组织史资料》续编工作进展顺利,续编时限已到1993年年底。

党史为现实服务

市委党史研究室与市委组织部、即墨市有关部门协作完成了四集电视片《周浩然》的拍摄工作。期间,先后到北京、郑州、延吉、上海、临沂、栖霞等地,访问20余人,撰写脚本2万余字。为纪念抗美援朝胜利50周年,《青岛党史》出刊纪念抗美援朝胜利50周年专辑;在《青岛日报》发表对曾参与指挥抗美援朝战争的老将军洪学智的专访;编辑出版了《青岛党史人物简介》第一辑,全书9万余字,共收编了29位建国前的历任青岛地方党组织负责人的简介;第二辑已征编稿件近30篇。完成了《名人与青岛》系列丛书的第一集《中共名人与青岛》的编辑送审工作。该书共12万余字,内容涉及18位中共名人。《青岛党史》还先后编发了《纪念邓恩铭诞辰100周年》专辑和“三讲”、“三个代表”、“三个有利于”等专栏,突出宣传重大事件和活动。筹备召开了《纪念邓恩铭百年诞辰座谈会》。完成了全市党史学会会员年审工作,登记会员82名;发动会员撰写党史党建论文10余篇,向山东省和华东六省市的党史党建研讨会推荐论文7篇,《青岛党史》刊发论文5篇。为中央党史研究室组编的《人民英雄大典》编写条目68条,约3万字;为《山东党史人物大辞典》编写人物条目120条,3万余字。

党史资料征集与管理

市委党史研究室向全市曾任副市级以上领导职务的老同志发函征集人物照片资料,截止年底共征集照片近2 000张。其中,王今吾、张心语分别提供工作照片近千幅和近百幅。加强了资料的微机化管理,提高资料的检索率和利用率,保证资料保存和使用的安全性。为支持《中共胶东地方史》的编写工作,市委党史研究室还向威海、潍坊、烟台等市提供资料10余万字;为山东、吉林两省共同举办的“共产党人百年回首展”提供照片60余幅,文字资料约6 000字;为中央文献研究室、广电总局联合拍摄的电视片《开端》和省委宣传部、省委党史研究室、省广电局联合拍摄的电视片《齐鲁共产党人》提供资料10余万字、照片100余幅、原始音像资料带2盘。

（张丁龙）

青岛市人民代表大会

·市十二届人大三次会议·

2月24～29日举行,其中预备会议1天,正式会议5天。会议应到代表529人,请假28人,实到501人。会议听取并审议了市长王家瑞作的《政府工作报告》、市计划委员会主任王国胜作的《关于青岛市1999年国民经济和社会发展计划执行情况与2000年国民经济和社会发展计划(草案)的报告》、市财政局局长邢厚仁作的《关于青岛市1999年财政预算执行情况和2000年财政预算(草案)的报告》和市人大常委会主任孙炳岳作的《青岛市人民代表大会常务委员会工作报告》、市中级人民法院院长任群先作的《青岛市中级人民法院工作报告》、市人民检察院检察长姜永生作的《青岛市人民检察院工作报告》。

会议分组审议并通过了上述报告和选举办法草案;市人大有关专门委员会审查了计划和财政预算及代表所提出的议案。

会议补选程友新、张先平为市人大常委会副主任,补选刘学胜为市人大常委会委员。会议期间,代表提出议案33件,建议、批评和意见590件。

·常委会会议·

年内,市人大常委会举行了第十四至二十三次会议,听取和审议工作报告10项,制定地方性法规7件,修改法规2件;依法任免国家机关工作人员35人次,审议决定了重大事项。

第十四次会议

1月12～13日举行。听取了市人大常委会代表资格审查委员会副主任委员傅桂先作的关于补选6名市人大代表资格的审查报告,市人大教科文卫委员会副主任委员马根作的关于“尽快修复并开放康有为故居”的议案办理情况报告,市人大城建环保委员会副主任委员刘培基作的关于“对青岛崂山风景名胜区滨海岸线加强保护并严格控制建设”的议案办理情况的报告。表决通过了市人大常委会2000年工作要点,市人大常委会向市十二届人代大会第三次会议的工作报告稿，召开市十二届人代大会第三次会议的决定，市十二届人代大会第三次会议议程(草案)，市十二届人代大会第三次会议主席团和秘书长名单(草案)，市十二届人代大会第三次会议列席范围及列席人员名单，关于补选的6名市人大代表资格的审查报告，市十二届人代大会第二次会议1、2号议案办理情况的报告。确认补选的刘学胜、崔锡柱、刘泳、张若飞、于风华、李丰庆等6名代表的代表资格有效。

第十五次会议

2月1日举行。听取了副市长邹立健受市长王家瑞委托作的关于人事任免事项的说明，市检察院检察长姜永生关于人事任免事项的说明，市人大常委会代表资格审查委员会副主任委员傅桂先关于补选的2名市人大代表资格的审查报告。

会议确认补选的张先平、杨宝琴2名代表的代表资格有效。会议决定：任命刘建华为青岛市人民政府副市长、江线贤为青岛市民族宗教事务局局长；接受张先平、闵祥超辞去青岛市人民政府副市长职务请求；免去王法廷的青岛市民族宗教事务局局长职务；免去赵春光青岛市人民检察院副检察长、检察委员会委员职务；批准任命王大展为李沧区人民检察院检察长，批准成原琨辞去城阳区人民检察院检察长职务。

第十六次会议

3月22～23日举行。听取了全国人大代表、市人大常委会副主任王新春传达九届全国人民代表大会第三次会议精神，市劳动和社会保障局副局长曹振作的关于《青岛市劳动用工管理条例(草案)》的说明，市环保局局长高岩作的关于《青岛市环境噪声管理规定修正案(草案)》的说明，市计划委员会副主任张亚东作的关于本市2000年城市建设项目及资金安排情况的报告，副市长杨军受市长王家瑞委托作的关于人事任免事项的说明，市人民检察院检察长姜永生、青岛海事法院院长王延义作的关于人事任免事项的说明。

表决通过了《关于修改〈青岛市环境噪声管理规定〉的规定》。会议决定：任命刘学胜为青岛市人民代表大会财政经济委员会委员；任命邹伟为青岛市广播电视局局长，免去姜作杰的青岛市广播电视局局长职务；任命张镇平为青岛市人民检察院副检察长，任命李勇为青岛海事法院副院长、审判委员会委员。

第十七次会议

5月18～19日举行。听取并审议了市人大内务司法委员会副主任委员娄继祥作的关于《青岛市劳动用工管理条例(草案)》审议结果的报告、市房产局局长张敬吉作的关于《青岛市城市房屋拆迁管理条例(修订草案)》的说明、市教委副主任杜小悌作的关于《青岛市教育督导条例(草案)》的说明。

表决通过了《青岛市劳动用工管理条例(修改草案)》。

第十八次会议

6月6～8日举行。听取并审议了副市长于冲作的关于增加农民收入和减轻农民负担工作情况的报告、市人大城建环保委员会委员张昆先作的关于《青岛市城市房屋拆迁管理条例(修订草案)》审议结果的报告、市财政局局长邢厚仁作的关于1999年市级财政决算(草案)的报告、市人大财经委员会副主任委员凌邗江作的关于1999年市级财政决算的审查报告、市审计局局长许金銮作的关于1999年度市本级财政预算执行和其他财政收支情况的审计工作报告、市检察院副检察长王立源作的人事任免事项说明。

表决通过了《青岛市城市房屋拆迁管理条例》(修订稿)；批准了青岛市1999年市级财政决算的决议；会议决定：免去1名政府工作人员职务，任命青岛市人民检察院工作人员11名。

第十九次会议

7月20～22日举行。听取并审议了市人大常委会教科文卫委员会副主任委员管凤亭作的关于《青岛市教育督导条例(草案)》修改情况审议结果的报告、市民政局局长刘光享作的关于《青岛市地名管理办法(草案)》的说明、市规划局副局长迟耀庚作的关于《青岛市城市规划条例(草案)》的说明、市人大内务司法委员会副主任委员娄继祥作的关于提请审议设立青岛市18岁成人节议案的说明、市人大常委会秘书长钱善本作的关于授权法制工作室对地方性法规草案负责统一审议的决定(草案)的说明、市人大常委会法制工作室主任谭舜哲作的关于改进地方性法规审议程序的意见(草案)的说明、市计委主任王国胜作的关于青岛市2000年上半年国民经济和社会发展计划执行情况的报告、市财政局局长邢厚仁作的关于青岛市2000年上半年财政预算执行情况的报告、市房产管理局局长张敬吉作的关于本市房改工作情况的报告。表决通过了《青岛市教育督导条例》、关于设立青岛市18岁成人节的决定、关于授权法制工作室对地方性法

市人大常委会主任孙炳岳(左一)会见德国巴伐利亚州议长约翰·波姆一行(隋以进/摄)

规草案负责统一审议的决定、关于改进地方性法规审议程序的意见以及人事任免事项。

第二十次会议

8月9日举行。听取了副市长邹立健作的人事任免事项的说明。会议决定:任命魏景瑞为青岛市公安局局长,免去万国忠的青岛市公安局局长职务;任命李乃胜为青岛市科学技术委员会主任,免去姜华山的青岛市科学技术委员会主任职务。

第二十一次会议

9月19～22日举行。听取并审议了市人大常委会法制工作室副主任田柔刚作的关于《青岛市地名管理办法(草案)》审议结果的报告,市人大常委会法制工作室主任谭舜哲作的关于《青岛市城市规划条例(草案)》修改情况的报告,市政府副秘书长、市建设委员会主任罗永明作的关于《青岛市村镇规划建设管理办法(草案)》的说明,市林业局局长杨广昌作的关于《青岛市全民义务植树条例(草案)》的说明,市农业局局长曲修珂作的关于贯彻实施农业技术推广法情况的报告,市民族宗教事务局局长江线贤作的关于本市宗教工作情况的报告,市政府外事办公室副主任李北林作的关于授予土井一郎为青岛市荣誉市民称号议案的说明。表决通过了《青岛市地名管理办法》;表决通过了关于授予土井一郎为青岛市荣誉市民称号的议案;表决通过了有关人事任免事项。

第二十二次会议

10月19日举行。听取了市长王家瑞作的关于提请任命杜世成为青岛市人民政府副市长的说明和关于辞去青岛市人民政府市长职务的说明,听取了市人大常委会主任孙炳岳代表市人大常委会主任会议作的关于提议杜世成为代理市长的说明。会议决定接受王家瑞辞去青岛市人民政府市长职务的请求,任命杜世成为青岛市人民政府副市长,并决定杜世成为代理市长。

第二十三次会议

11月14～17日举行。听取了副市长马论业作的关于全市教育改革情况的报告、市人大常委会法制工作室主任谭舜哲作的关于《青岛市城市规划条例(草案修改一稿)》审议结果的报告和关于《青岛市地方立法条例(草案)》的说明、市人大常委会法制工作室副主任田柔刚作的关于《青岛市村镇规划管理条例(草案)》审议结果的报告和关于《青岛市全民义务植树条例(草案)》审议结果的报告、市人大内务司法委员会副主任委员冯维田作的关于《青岛市执法责任制工作条例(草案)》的说明、市政府秘书长姜俊山作的关于市政府办理代表建议情况的说明、市规划局副局长迟耀庚作的关于《青岛崂山风景名胜区滨海岸线控制性详细规划》方案的说明。还听取了人事任免事项的说明。

表决通过了《青岛市城市规划条例》、《青岛市村镇规划条例》和《青岛市全民义务植树条例》;表决通过了人事任免事项。

·市人大常委会重要活动·

1月4日,市人大常委会组织全市人大代表开始进行市十二届人代大会第三次会议前的视察工作。

1月27日,市人大常委会主任孙炳岳、副主任王新春走访慰问本市特困企业、特困村。

2月28～29日,市人大常委会主任孙炳岳到莱西市调查农民增收减负的情况。

2月29日,驻青全国人大代表王新春、曾呈奎、相建海、刘新国、张志岷、翁维权、王义锡到济南集中赴京参加九届全国人大三次会议。

3月10日,市人大常委会主任孙炳岳会见来访的哈萨克斯坦对外政策协会主席热根·卡利乌雷一行。

3月25～27日,英国议会英中小组代表团一行12人来访。26日,市人大常委会主任孙炳岳会见并宴请代表团一行。市人大常委会副主任王新春参加会见并陪同代表团在青活动。

4月21日,德国巴伐利亚州议会议长约翰·波姆一行4人在山东省人大常委会秘书长王懿诚陪同下访青,市人大常委会主任孙炳岳会见并宴请约翰·波姆一行。

4月22日,市人大常委会在市级机关会议中心召开学习〈立法法〉报告会,全国人大常委会法制工作委员会副主任张春生作题为《关于学习立法法的几个问题》的专题报告。

4月26日,越南岘港市人民会议议长潘如林一行11人拜会市人大常委会。市人大常委会主任孙炳岳、秘书长钱善本会见并宴请潘如林一行。

4月28日,青岛市地方立法研究会在市人大常委会机关举行《中华人民共和国立法法》学习座谈会。

5月9～12日,市人大常委会主任孙炳岳陪同全国人大常委会委员毛达如、于汉卿一行到即墨、莱西两市调查贯彻实施《乡镇企业法》情况。

5月22～24日,市人大常委会副主任王新春陪同山东省人大常委会副主任李文全在青视察国有企业改革情况。

6月1日,市人大常委会主任孙炳岳,副主任程友新、李乃胜,秘书长钱善本等听取了市体委关于第一海水浴场、体育场的改建工作情况汇报。

6月21日,市人大常委会组织召开全市12个区、市人大人事代表工作联席会议。

6月29日～30日,市人大常委会召开全市人大农村经济工作座谈会。

7月1～2日,澳大利亚维多利亚州议会干事长肯·史密斯率该州议会代表团一行14人访青。市人大常委会副主任殷康生会见并宴请代表团一行。

7月3～9日,市人大常委会组织市人大代表开展主题为"联系群众、体察民情、反映民意"的活动周。全市500余名省、市人大代表参加活动,共联系群众5000余人,收到群众反映的问题和提出的意见1000余条。

7月6～27日,市人大常委会主任孙炳岳,副主任程友新、朱庆兰、张先平、李乃胜等分别检查贯彻落实《代表法》及山东省人大常委会制定的实施办法执行的情况。

7月17～19日,市人大常委会副主任张先平率有关人员到淄博市参加"省暨济南、青岛、淄博三市学习贯彻《立法法》座谈会",并作了题为《学习贯彻立法法,努力把地方立法工作推向一个新阶段》的发言。

7月23日,市委办公厅和市人大常委会办公厅联合召开纪念市人大常委会设立20周年座谈会,市委书记张惠来、市人大常委会主任孙炳岳、市长王家瑞等出席座谈会并作重要讲话。市人大常委会编纂出版画册——《光辉的历程》和《青岛市人民代表大会志》。

7月29～30日，乌克兰最高苏维埃秘书长克瓦利一行10人访青。市人大常委会秘书长钱善本会见并宴请代表团一行。

8月8～10日，市人大常委会召开全市人大财经工作座谈会。

8月15日，市人大常委会主任孙炳岳、副主任王国出席全市实施《预防未成年人犯罪法》座谈会，孙炳岳在会上对本市贯彻落实《预防未成年人犯罪法》的工作给予肯定，并对今后的任务提出了具体要求。

9月4日，市人大常委会主任孙炳岳会见来访的奥地利维也纳市市长玛丽亚·汉佩尔－福克斯女士一行。

9月6日，市人大常委会召开评议市中级人民法院工作动员大会。

9月14日，市人大常委会主任孙炳岳，副主任程友新、张先平、李乃胜等听取了市物价局关于本市房屋拆迁各类区商品房价位、经济适用房价位论证情况的汇报。

9月18～19日，市人大常委会主任孙炳岳分别会见来青参加"2000年世界华人论坛"的泰国泰万盛冷冻食品(大众)有限公司集团董事长陈汉士、马来西亚凯业集团董事长李深静、巴西植物油公司董事长林训明。

9月22～23日，全国人大教科文卫委员会主任委员朱开轩率全国人大《中华人民共和国防震减灾法》执法调研组，在山东省副省长陈抗甫、国家地震局局长陈章立等陪同下，对本市进行了执法调研。市人大常委会副主任程友新参加了座谈会，并陪同执法调研活动。

9月22～24日，山东省人大常委会副主任王渭田率检查组来青检查指导立法工作，并征求对部分法规条例的修改意见。市人大常委会副主任张先平陪同调研并向检查组汇报了本市地方立法工作情况。

9月26日，市人大常委会召开全市乡镇人大工作会议。

9月29日，市人大常委会主任孙炳岳，副主任朱庆兰、李乃胜，秘书长钱善本，听取市政府关于地铁工程进展情况汇报。

10月18日，市人大常委会主任孙炳岳查询全国人大常委会信访局转交的关于珠海龙颐投资有限公司信访案件，并提出处理意见。

10月24～25日，市人大常委会主任孙炳岳到即墨市、崂山区调查本市贯彻实施《中华人民共和国野生动物保护法》情况。

10月26日，市人大内务司法委员会评议法院工作大会召开，市人大常委会主任孙炳岳，副主任张先平、王国，秘书长钱善本出席会议。会议听取了评议工作调查组关于法院工作调查情况的报告和市中院院长任群先的工作汇报。

10月31日～11月9日，市人大常委会主任孙炳岳，副主任程友新、朱庆兰、李乃胜、张正斌、殷康生、王新春、王国，秘书长钱善本，分别到市南、市北、四方、城阳、崂山、黄岛、李沧、莱西、胶州等区、市联系代表，听取代表意见和建议。

11月6～8日，市人大常委会副主任辛毓明陪同全国人大常委会副委员长成思危一行在青进行《职业教育法》执行情况调研。

11月22～24日，市人大常委会党组举办党组中心组(扩大)集中理论学习班。期间，听取了市计委关于起草制定本市"十五"计划的有关情况汇报。

11月27～29日，全国人大常委会副秘书长姜云宝一行在青调研并召开座谈会，听取对全国人大常委会工作报告起草等工作的意见和建议，市人大常委会主任孙炳岳、部分市人大常委会组成人员及部分驻青全国人大代表参加了有关座谈会。

11月30日，市人大常委会主任孙炳岳，副主任程友新、李乃胜、辛毓明先后视察了即将通车的青银高速公路和修复后开放不久的康有为故居。

12月1日，青岛市地方立法研究会召开年会。市人大常委会主任孙炳岳，副主任张先平、殷康生出席。同日，市人大常委会副主任程友新率有关人员赴潍坊市就人大宣传和理论研究工作进行学习调研。

12月11～15日，驻青全国人大代表王新春、曾呈奎、相建海、谢立信、杨绵绵、周厚健、纪玉君、王义锡、邵峰晶、刘新国、张志岷、张蓉在青进行视察活动。市人大常委会副主任朱庆兰陪同视察。

12月22日，市人大工作理论研究会召开会议，围绕人代大会中的审议、简报、议案及服务等项工作中存在的问题，进行研讨并提出改进意见和建议。

(陈秀良)

青岛市人民政府

·市政府政务会议·

市政府全体会议

1月17日，市十二届人民政府举行第四次全体(扩大)会议。讨论市政府拟提交市十二届人民代表大会第三次会议审议的《政府工作报告(讨论稿)》；市长王家瑞就政府工作作重要讲话。

8月8日，市十二届人民政府举行第五次全体(扩大)会议。总结分析上半年经济工作运行情况，研究部署下半年全市经济工作；市长王家瑞就政府工作作重要讲话。

市政府常务会议

第一次常务会议　1月7日举行。听取了《关于市政府1999年在城乡建设和改善人民生活方面重点办好的12件实事完成情况和2000年实事初选项目的汇报》；讨论并审议了市长王家瑞拟在市十二届人民代表大会第三次会议上作的《政府工作报告(讨论稿)》。确定由市政府调研室将该报告(讨论稿)整理完善后，提交市十二届人民政府第四次全体(扩大)会议讨论。

第二次常务会议　2月29日举行。听取并研究了《青岛市第十二届人大三次会议代表议案、建议和市政协九届三次会议提案情况及办理意见的汇报》、《市人大代表、政协委员对政府工作的意见和建议情况的汇报》、《关于全国、全省人事工作会议精神及我市贯彻意见》和《关于海信集团公司、澳柯玛集团总公司改制情况的汇报》；原则通过了《关于2000年全市性会议提报情况的汇报》、《关于组建市药品监督管理机构实施方案》、《青岛市城市交通管理"畅通工程"实施方案》、《关于严厉查处道路交通违章行为的通告(草案)》、《青岛市停车场管理办法(草案)》；通过了《关于郑明新同志所犯错误的处分决定(讨论稿)》。

第三次常务会议　3月17日举行。原则通过了《青岛市环境噪声管理规定修正案(草案)》、《青岛市劳动用工管理条例(草案)》、《青岛市盐业管理规定(草案)》、《市政府2000年行政立法送审计划(规章部分)草案》和《青岛市人民政府行政复议工作规则(草案)》；审议并研究了《关于调整2000年公有住房租金标准的意见》、《关于调整2000年公有住房出售成本价和折扣政策及计价办法的意见》和《关于东西快速路建设房屋拆迁工作中适用法规政策的建议》；听取了《关于对海湾大桥引桥和接线工程预留区域控制用地和规划的报告》。

第四次常务会议　4月2日举行。审议通过了《青岛市防雷减灾管理规定(草案)》；原则通过了《青岛市环胶州湾经济带发展规划(2000～2015)》、《关于加快推进住宅产业现代化，提高住宅质量的实施意见(讨论稿)》和《关于大力发展个体私营经济的意见(讨论稿)》；听取了《关于目前森林防火工作情况的汇报》。

第五次常务会议　4月30日举行。原则通过了《青岛市外经贸责任目标考核奖励实施办法(讨论稿)》、《关于引进"世界500强"企业和知名跨国公司投资的奖励办法(讨论稿)》、《关于贯彻山东省政府〈关于调整和完善盐业经营管理体制的通知〉的实施意见》、《青岛市教育督导条例(草案)》、《青岛市房屋拆迁管理条例修订案(草案)》、《青岛市市政工程建设拆迁办法(草案)》、《青岛市高新技术产品认定管理办法(草案)》和《关于市区新建道路命名和部分道路、公园更名的汇报意见》；听取了全国、全省水利工作会议精神及本市贯彻落实意见和全省第五次人口普查工作会议情况汇报。

第六次常务会议　5月29日举行。市政府领导集体学习了《中华人民共和国合同法》和《中华人民共和国建设质量管理条例》。

第七次常务会议　6月5日举行。原则通过了《中共青岛市委、青岛市人民政府〈关于参与西部大开发的工作意见〉(送审稿)》、《关于调整公共交通票价方案》、《青岛市机动车维修及配件销售行业管理规定(草案)》和《青岛市道路交通事故处理暂行规定(草案)》；听取了《青岛市2000年度市级表彰奖励项目审核备案情况汇报》和《关于行政审批制度改革的情况汇报》。

第八次常务会议　6月14日举行。原则通过了《关于深化土地使用制度改革加强土地市场管理的意见(送审稿)》、《关于土地储备制度有关政策的汇报》、《青岛市集成电路(IC)卡应用发展规划(送审稿)》和《青岛市集成电路卡应用管理试行办法(草案)》；听取了《关于缴纳新增建设用地土地使用费有关情况的汇报》和《关于进一步完善我市粮食流通体制改革粮油储备制度有关建议的汇报》。

第九次常务会议　6月23日举行。原则通过了《关于建立和完善工资指导线制度深化企业工资决定机制改革的汇报(送审稿)》、《关于企业实行股份激励的试行意见》、《关于企业实行技术要素参与收益分配的试行意见》和《青岛市黄金工业行业管理办法(草案)》；听取了《关于调整第一海水浴场收费标准的汇报》和《关于将石油化工厂列为市直企业管理有关建议的汇报》。

第十次常务会议　7月14日举行。原则通过了《青岛市城市规划条例(草案送审稿)》、《青岛市地名管理办法(草案送审稿)》和《青岛市贫困家庭子女就学费用保障办法(草案)》；听取了《关于流亭机场扩建前期准备工作情况的汇报》和《关于全省退役士兵安置工作会议精神的贯彻意见》。

第十一次常务会议　8月17日举行。听取了《关于我市旅游工作情况的汇报》；原则通过了《关于贯彻实施〈青岛市城市房屋拆迁管理条例〉有关问题的通知》、《青岛市禁止非法占用城市道路等公共场地从事经营活动的规定(草案)》、《青岛市信息化建设管理暂行规定(草案)》、《青岛市国有企业产权变动档案管理办法(草案)》和关于调整出租汽车货运运价、中小学学杂费和市内四区托幼园所收费标准的情况汇报。

第十二次常务会议　9月12日举行。听取了《关于加快浮山新区统一开发建设的决定(送审稿)》、《关于接受三峡工程库区外迁移民来青安置工作有关情况的汇报》和《全省抗旱救灾暨秋种会议精神及我市贯彻意见》；原则通过了《青岛市城市快速轨道交通线网规划(送审稿)》、《青岛市村镇规划管理条例(草案)》、《青岛市全民义务植树条例(草案)》、《青岛市军事设施保护办法(草案)》、《青岛市行政奖励表彰规定(草案)》和《关于为联防队员张玉国同志记二等功的决定》。

第十三次常务会议　11月15日举行。原则通过了《青岛崂山风景名胜区滨海岸线总体规划》和《关于调整客运出租车运价方案的汇报》；听取了《关于全国城市供水节水与水污染防治工作会议和我市贯彻意见的汇报》、《关于山东省城市化工作会议精神及我市贯彻意见的汇报》和《关于成立中小企业指导委员会的意见》。

第十四次常务会议　12月4日举行。专题讨论并原则通过了《青岛市市内四区分区规划(送审稿)》，确定由市规划部门尽快调整修改后，提交市长办公会议研究；研究并通过了有关人事任免的事项。

第十五次常务会议　12月14日举行。听取了《关于农村税费改革情况的汇报》和《关于组建海信电子产业股份有限公司并实施股权激励试点的汇报》；讨论并原则通过了《关于开展严厉打击制售假冒伪劣商品违法犯罪活动联合行动的实施意见(送审稿)》、《关于积极支持驻青部队搞好后勤保障社会化改革的意见(送审稿)》、《青岛市个人住房置业贷款担保暂行办法(草案)》、《青岛市职业介绍管理规定(草案)》和《青岛市城市二次供水管理办法(草案)》。

市长办公会议

第一次市长办公会议　1月24日举行。原则通过了《关于推动积压商品住宅限价销售的通知》，确定由副市长杨军牵头，再作深入研究修改后，由市政府批转执行;听取了《关于住宅工程楼(屋面)板采用现浇混凝土结构的意见》,确定由市政府授权建设主管部门以通知的形式发文实施;通过了《关于1999年市级财政预算执行情况和2000年财政预算安排意见》;研究并通过了有关人事任免的事项。

第二次市长办公会议 3月13日举行。听取了《关于山东国际会展中心建设、经营管理和青洽会筹备工作的意见》和《关于青岛北海船厂搬迁项目海域征用使用金情况的建议》,确定将市政府在青岛北海船舶有限公司所拥有的1 140万元股本金,委托市海洋与水产局和黄岛区作为共同出资人,各持50%。

第三次市长办公会议 4月1日举行。听取了《关于企业"退二进三"遗留问题的情况汇报》、《关于图书馆二期扩建项目方案调整的汇报》、《关于在青岛五十八中开办新疆高中班的实施方案》、《关于青岛海湾大桥桥位方案的汇报》和《全省市政府、行署秘书长座谈会的情况汇报》;各位市长通报了近期工作情况。

第四次市长办公会议 4月30日举行。听取了《关于全省接收安置三峡库区农村外迁移民工作会议的情况汇报》,确定该项工作前期由副市长邹立健负责,具体工作由涉及的分管领导负责;听取了《关于地铁项目有关情况的汇报》,确定本着积极推进的原则,继续认真做好地铁项目的投融资方案和论证报批工作;听取了《关于全市2000年中小学招生工作意见的汇报》、《关于我市债转股工作有关问题的情况汇报》、《关于建立大公岛海洋岛屿生态系统自然保护区的情况报告》;讨论了《关于城市居民住宅实行一户一表的通告(草案)》;各位市长通报了近期工作情况。

第五次市长办公会议 5月7日举行。讨论了本市深化国有企业改革有关配套政策问题;听取了《关于进一步做好下岗职工分流安置工作和理顺企业职工劳动关系的意见》、《关于在我市国企改制中实施土地资产变现用于国企增资和职工分流安置的意见》和《关于企业改制过程中降低有关收费的意见》;原则通过了《关于企业实行股份激励的试行意见》和《关于企业实行技术要素参与受益分配的试行意见》。

第六次市长办公会议 6月6日举行。听取了《关于调整青岛保税区建设用地边界问题的情况汇报》、《关于我市医疗保险制度改革工作进展情况的汇报》;原则通过了《青岛市国家公务员医疗补助暂行办法(草案)》;听取了《关于第一体育场改建及第一海水浴场改造项目的情况汇报》、《关于贯彻青委[2000]134号文件有关问题的意见》和《关于对干部职工公有住房面积核定的意见》和《全国、全省粮食生产和流通工作会议情况及我市的贯彻意见》。

第七次市长办公会议 6月15日举行。听取了《关于我市2000年新增加市财力投资项目有关情况的汇报》、《关于公交营运线路招标工作情况的汇报》;研究了《关于对二轻部分离退休干部和资产经营公司原行政机关人员退休工资福利待遇问题的处理意见》;听取了《关于建立我市农业高新技术风险投资公司有关情况的汇报》以及《2000年青洽会和2000年"世界华人论坛"筹备工作情况的汇报》。

第八次市长办公会议 7月25日举行。听取了《关于市长公开电话工作有关情况的汇报》、《关于对企业职工上访反映问题的解决意见及建议》、《关于实行中小企业担保资金会员制有关情况的汇报》、《关于取消特困居民"粮油优惠券"的建议》、《关于调整托幼收费标准的情况汇报》和《关于2000年海洋科技与经济发展国际论坛筹备情况的汇报》。

第九次市长办公会议 8月10日举行。听取了《关于调整城市快速路延安路段工程的情况汇报》、《关于成立青岛市科技风险投资公司的情况汇报》、《关于我市部分老年人乘坐市内公交车适当优惠的汇报》和《关于我行增资扩股,化解地方金融风险的情况汇报》;原则通过了《关于全省安全生产工作会议精神和我市的贯彻意见》和《关于全国城镇职工基本医疗保险制度和医药卫生体制改革工作会议的情况汇报及我市贯彻意见》;市长王家瑞和有关副市长通报了近期工作情况。

第十次市长办公会议 11月3日举行。各位分管副市长、市长助理分别通报了前段工作情况、存在的问题和下步工作打算;代理市长杜世成就明年工作和今后一个时期本市的发展、改革和建设等问题作了部署和要求。会议要求各位分管领导围绕会议提出的关于发展、改革、财政、城市建设和管理等问题,尽快与分管部门研究具体工作措施和下步发展思路,酝酿成熟后分头提交市长办公会议专题研究;研究并通过了有关人事任免事项。

第十一次市长办公会议 11月9日举行。听取了《关于部分人大代表建议和政协提案难点问题办理情况的汇报》、《关于彻底解决农村拖欠教师工资问题的建议》、《关于制定大沽河水源地污染防治工作方案有关情况的汇报》、《关于全国相对集中行政处罚权试点工作座谈会的汇报提纲》、《关于组建青岛海珊服装服饰集团和黄海橡胶集团的意见》和《关于青岛雕塑艺术馆实行全封闭管理的意见》;要求由市规划部门牵头,就雕塑艺术馆是否实行全封闭管理,以及其他各类馆的规划建设问题,作进一步调研后,提出意见。

第十二次市长办公会议 12月4日举行。听取了《关于青岛市2001年国民经济和社会发展计划安排及财力投资项目初步安排意见的汇报(讨论稿)》,确定由市计委、建委、财政局根据会议提出的意见,进一步做好平衡,争取用最少的钱办最好的事;听取了《关于青岛流亭机场扩建工程有关情况的汇报》和《关于我市企业实行经营者年薪制试点情况的汇报》,分别确定由市空港指挥部将变更后的设计方案及有关情况、市体改委将年薪制试点情况向市委书记张惠来报告。

第十三次市长办公会议 12月28日举行。听取了《关于2001年市政府在城乡建设和改善人民生活方面重点要办的实事项目提报情况的汇报》、《关于全国政府系统秘书长办公厅主任会议情况汇报》、《关于全国政府系统〈国家行政机关公文处理办法〉学习班精神和贯彻意见的汇报》、《关于东部商业步行街建设情况的汇报》、《关于创办青岛市人民政府公报的意见》、《关于对我市高等教育管理体制和结构进行调整的汇报提纲》和《关于青岛市专家公寓急需解决问题的情况汇报》;研究通过了有关人事任免事项。

(刘承林)

·重点办好的12件实事·

2000年市政府在城乡建设和改善人民生活方面确定重点办好12件实事。

第一件:淘汰10吨以下燃煤锅炉

500台,改善城市空气质量;完成前海一线(浮山湾段)的截污工程,改善前海一线的环境质量(责任单位:市环保局、市建委、市市政工程局;分工领导:刘建华、杨军)。

完成情况:1.全年共淘汰燃煤锅炉960台,超额完成了任务。2.前海一线截污工程共整治污染源211处,敷设污水管道约15公里,清理暗渠淤泥6.3万立方米。该汇水区域沿岸海水脏、臭、浊的现象得到明显治理,沿岸海水水质明显好转。

第二件:维修改造的市内四区127处、190栋、3.97万平方米的危险房屋,改善部分居民的居住条件(责任单位:市房管局、市规划局、有关区政府;分工领导:杨军)。

完成情况:全年市内四区共维修改造危险房屋142处、254栋、15万平方米,超额完成目标任务。

第三件:市区新增供热面积100万平方米;新增专线车200辆,调整和新辟公交线路8条(责任单位:市公用事业局;分工领导:杨军)。

完成情况:1.市区新增供热面积316.5万平方米,超额完成目标任务。其中,市热电集团新增供热面积126.5万平方米,社会其他供热单位新增供热面积190万平方米。2.新增专线车570辆,新开辟公交线路18条,调整公交线路22条,超额完成目标任务。

第四件:开工建设市急救中心,进一步便利群众急诊就医(责任单位:市卫生局;分工领导:臧爱民)。

完成情况:市急救中心规划定点于浮山后新区,已于9月30日开工建设。

第五件:新建20处乡镇集中供水工程,解决100个村人畜吃水困难问题(责任单位:市水利局;分工领导:于冲)。

完成情况:新建了20处乡镇集中供水工程,完成了解决100个村人畜吃水困难的目标。

第六件:建成市老年人公寓和市老年人活动中心;建设1处市级老年人室外体育健身活动场所;市内四区各建1处老年人室外体育健身活动场所(责任单位:市民政局、市老龄办、市规划局、市内四区政府;分工领导:刘建华、臧爱民、杨军)。

完成情况:1.市老年人公寓工程前期因法律纠纷延误了开工时间;工程开工后,因2个楼座基础塌陷,增加了施工难度。截止年底,计划建设的4座楼主体工程已基本完工。2.市老年人活动中心建于市社区服务中心大厦之中,工程主体已经完工。3.市级老年人室外体育健身活动场所建于刘家峡路以西空地,占地面积约3300平方米,已于11月30日完工。4.市内四区各建了1处老年人室外体育健身活动场所:市南区建于八大峡公园北侧;市北区建于延安路游乐园内;四方区建于嘉兴路18号;李沧区建于沧口体育场北侧。

第七件:扩建仙家寨水厂,增强市区供水能力;更换、改造815处自来水管道,解决部分居民用水难问题(责任单位:市公用事业局;分工领导:杨军)。

完成情况:1.仙家寨水厂土建工程基本完成,部分设备开始安装;完成了大沽河原水渠道防渗加固工程、渠首原水联络管工程和设备、材料、自动化控制系统招标工作,完成了计划指标。2.完成了1655处自来水管道的更换改造,解决了10.8万户居民吃水难问题,超额完成目标任务。

第八件:开工建设东西快速路(聊城路至上清路段),进一步缓解市区交通压力(责任单位:市建委、市市政工程局、市重点工程指挥部;分工领导:杨军)。

完成情况:在进行充分论证和广泛征求国内外专家意见的基础上,将原方案进行了部分调整,如将延安路原高架桥方案改为拓宽改造。东西快速路建设莱芜一路—登州路段工程,已于10月26日正式开工。

第九件:建设八大峡、燕儿岛公园,扩大市区绿地面积(责任单位:市建委、市园林环卫局;分工领导:杨军)。

完成情况:1.八大峡公园共完成绿化面积3万平方米,种植乔木500余株、灌木10万余株,已成为面积近7万平方米,集娱乐、观赏、休闲于一体的大型绿地广场。2.燕儿岛公园在清理周边环境的基础上,拆除违章建筑6000平方米,平整场地7000平方米,栽植乔木、灌木1600余株,整修游园道路1000平方米。

第十件:改造完善10个山头公园设施,满足群众休闲、游览需要(责任单位:市建委、市园林环卫局、有关区政府;分工领导:刘建华)。

完成情况:经过整治,先后拆除园内违章、临时建筑30余处,清除积存垃圾上百吨,新建休闲广场86个,新建道路3.4万平方米,整治绿化面积43.6万平方米,增设装饰、照明路灯532盏,初步完善了公园内上下水、供电以及园林景点设施,使市内山头公园面貌明显改观。

第十一件:开工改造第一海水浴场,建造旅游精品工程;开工改建第一体育场,增加体育运动场所(责任单位:市体委、市规划局;分工领导:臧爱民、杨军)。

完成情况:1.考虑到第一海水浴场的改造要与其周边大环境相协调,规划设计方案将作较大调整。为慎重起见,市政府决定,开工改造第一海水浴场项目暂缓进行。2.第一体育场改建工程已经开始,已完成地基挖掘工作。

第十二件:建设青岛职业技术学院二期工程,发展本市高等职业技术教育(责任单位:市教委;分工领导:马论业)。

完成情况:青岛职业技术学院二期工程已全面竣工。完成了学生公寓、第二学生食堂建设,对综合教学楼内的24个实验教室进行了改造。

（杨　平）

·政务调研工作·

2000年,市政府调研室起草、审修市政府领导讲话676篇,约360万字;完成调研报告89篇(市领导批示率达到81%);承办了“2000年海洋科技与经济发展国际论坛”,使其成为青岛市节庆活动的重要亮点;完成了市科委立项的《提高青岛城市竞争力研究》和《关于青岛城乡道路交通建设与管理一体化研究》两个软科学研究项目。编著的《强市战略——21世纪初青岛经济发展的十大问题》一书获2000年青岛市社会科学优秀成果一等奖;《青岛市创建海洋科技产业城的战略构想》获山东省政府系统调研成果一等奖;《“十五”期间促进青岛文化繁荣与发展的建议》获青岛市党政群机关优秀工作成果三等奖。

综合文字

全年完成《政府工作报告》等各类综合文稿258篇,约120万字。根据市领导安排,参加了全市国有企业改革促进组和“2000年世界华人论坛”的筹备组织等工作,负责起草了市领导参加全省经济国际化、城市化、高新技术产业化、农业产业化和民营经济等一系列重要会议的讲话稿以及全市性会议的领导讲话稿。加强对全市经济运行分析,坚持每季度组织有关部门分析经济运行情况,预测发展趋势,着重研究存在的突出问题,有针对性地提出意见和建议,由市政府领导向市委常委会作专题汇报,及时为市委、市政府决策提供服务。

调查研究

围绕"十五"目标任务开展超前性、战略性研究 认真总结"九五"经验,以提高城市竞争力为主题,组织开展了17个专题的课题研究。从青岛的比较优势出发,超前提出了今后5年的发展思路、主要目标和对策建议。这17个专题有14个是调研室独立完成的。其中,《"十五"期间促进青岛文化繁荣与发展的建议》、《"十五"期间实施公司上市战略的思考与对策》、《"十五"期间加快发展青岛口岸经济的对策建议》、《"十五"期间加快个体私营经济发展的建议》、《"十五"期间推进城市化进程的思路与建议》等,市委、市政府领导都作了重要批示;有些内容被纳入《市委贯彻十五届五中全会建议》,对于编制全市的"十五"规划和有关部门制定"十五"计划起到了重要作用。

国企改革攻坚及脱困、经济国际化等事关青岛发展大局的重要问题调研 国有企业改革方面,完成了《加快国有企业改革和发展的步伐》、《关于民营经济参与国企改革的调查》、《加快国有资本退出,进一步深化国有工业中小企业改革的建议》等调研报告;对外开放方面,针对中国即将加入WTO,完成了《加入WTO对我市畜牧业的影响分析及对策》、《加入WTO对我市金融业影响的调查》、《应对WTO,进一步加快青岛保税区发展的建议》,以及《进一步做好吸引跨国公司投资的建议》等。

跨世纪农村面临的新问题调研 先后开展了园区建设、沿河开发、沿海开发、山区开发以及农村税费改革等调研活动,形成了《关于我市农村基础设施建设情况的调查与建议》、《建设大沽河农副产品出口试验区的建议》、《加快水产品开发,进一步拉动沿海乡镇经济发展的建议》、《关于农村土地使用权流转有关问题的调查》、《加快推进城市化进程的思路与建议》等调研报告。

城市建设和管理的热点、难点、焦点问题调研 完成了《关于我市公有住房使用权上市情况的调查报告》、《促进住宅业发展及扩大住宅消费的对策研究》、《关于推动我市综合执法深入发展的分析与建议》、《我市物业管理问题的对策建议》、《关于加强城市污水回用工作的几点建议》、《城建融资和加强房地产管理的建议》等调研报告。

资料信息服务

为市委、市政府领导和有关部门提供国家最新政策,介绍全国各地加快发展的先进经验、主要政策措施。全年共编辑出刊《参阅件》37期,为市委、市政府领导提供了大量的报刊参阅资料。同时利用资料优势,加强经济比较研究,借鉴吸收外地的一些政策措施。编发的《关于进一步做好今年经济工作的几点建议》、《去年以来我国外经贸出台的主要政策措施》、《"世界500强"与青岛》、《1999年18个副省级以上城市经济运行状况及特点》、《当前国家宏观经济政策走势探析》、《新经济对青岛经济发展的影响与对策》、《上海信息产业发展目标、重点及对策》、《2000年全球500大公司排名对我国企业的启示》等文章,得到市委、市政府领导的重视。

(市政府调查研究室)

·政务信息工作·

工作成果

全年合计编报信息1 191期、7 709条次。其中,编辑发行《每日信息》312期、《参阅信息》246期、《每日信息特报》161期;上报国务院办公厅、山东省政府办公厅信息各236期。市委、市政府领导批示信息541条次,其中《每日信息》、《每日信息特报》171条次,《参阅信息》370条次。向国务院办公厅共享信息网络报送政务信息955条次,被《政务信息选刊》、《综合专报》采用47条次,居国务院办公厅直报点第1位,受到国务院办公厅通报表彰;向山东省政府办公厅报送信息957条次,被《山东政务信息》、《昨日要情》采用123条次,综合得分167分,首次居全省17个市地第1位。市政府办公厅被省政府办公厅评为1998~2000年政务信息工作先进单位。全年共接受政务信息调研任务4次、38项调研内容,全部按时完成。

主要工作措施

做好紧急重大信息的报送工作 市政府办公厅发出《关于进一步加强政府系统值班和信息报送工作的通知》、《关于紧急重大情况报告的具体内容和标准的通知》,对各市区、各部门和各单位紧急重大信息的报送工作提出了具体要求。还通过"金宏网"办公系统、信息人员培训等形式对信息网络单位报送紧急重大信息工作进行业务指导。同时,加强对紧急重大信息的接收工作,明确专人负责,要求8小时内必须坚守机房,不得擅离岗位,违者将按规定进行处理。

政务信息喜忧兼报 在每季度发送的政务信息要点中或在不定期的政务信息催报中,主动向有关网络单位索要一些各级领导关心的问题性信息。依靠税务、工商等对国有企业经济运行情况比较了解的执法监督部门,提取一些具体的问题性信息。把在执法监督部门建立的5个直报点扩充到10个,并加强了对信息报送的指导。对上报的问题性信息,除因保密原因须在《每日信息特报》上刊登的之外,其他都上《每日信息》,作为对信息直报点的鼓励。

解决政务信息报送总体不平衡问题 主要表现在以往政务信息报送工作,12个区、市政府报送的多,市政府各部门报送的少。年内,为解决这个问题,采取了三项措施:1.用下发政务信息要点的方式,指导有关部门有针对性地报送信息;2.实行政务信息月通报制度,对不按规定报送信息的部门进行点名批评;3.对报送信息较差的后10名单位,以市政府办公厅名义函促其一把手重视和支持政务信息工作。通过实施这三项措施,市政府各部门的政务信息报送工作明显改观,信息报送的"死角"大量减少,报送的信息几乎涵盖了全部政府工作。

(市政府办公厅信息处)

·政务督查工作·

工作概况

2000年,市政府政务督查室共协助组织市政府全体(扩大)会议、市政府常务会议、市长办公会议等30余次,编发《会议纪要》28期;在本市各新闻单位刊

青岛市无线电管理委员会

深入基层研究解决技术难题

开展水上无线电台站核查

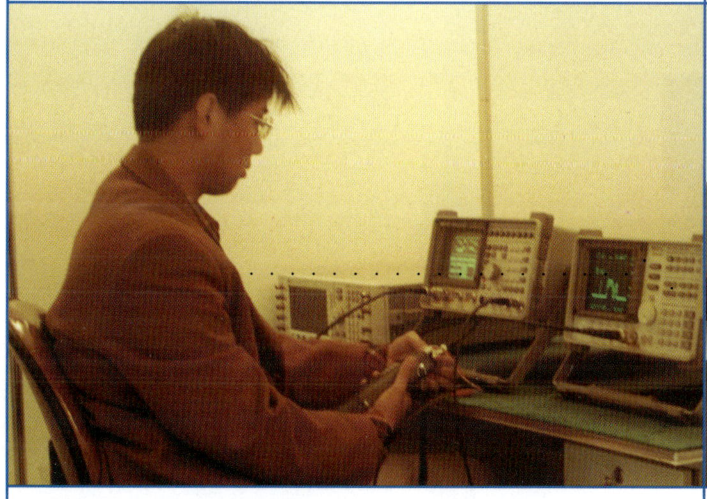

进行无线电通信设备技术测试

建立健全市无线电台站管理数据库

地址：青岛市武定路26号
邮编：266011
电话：（0532）2834459
传真：（0532）2834459

青岛市工商

省委常委、市委书记张惠来视察"12315"消费者投诉举报中心

局长贾丹深入私营企业了解吸纳下岗职工再就业情况

局长贾丹参加"3.15"国际消费者权益日宣传活动

狠抓行风建设、树立良好工商管理队伍形象

行政管理局

局长贾丹为青岛市“百城万店无假货”活动示范店授牌

工商执法人员正在某服装市场进行执法检查

工商执法人员正在查处假冒农资

青岛市人民防空
青岛市人民政府

2000年济南军区人民防空会议在青岛隆重召开。右上图为市人防委副主任、市人防办主任刘东海陪同济南军区司令员陈炳德中将视察本市人防工程建设；右下图为山东省省长李春亭在会议上讲话；左图为中共山东省委常委、青岛市委书记张惠来陪同济南军区副司令员裴怀亮中将视察本市人防工程建设；下图为大会会场。

地址：青岛市龙江路22号
邮编：266003
电话：(0532) 2865001
传真：(0532) 2865339

空委员会办公室
人民防空办公室

山东省人民防空工作会议在青举行，副省长杜世成在会上讲话。

青岛市人民防空委员会召开纪念人民防空建设50周年座谈会

在2000年11月于北京召开的第四次全国人民防空会议上，国家国防动员委员会授予青岛市等32座人防重点城市为"人民防空先进城市"光荣称号。

2000年，青岛市人民政府防空办公室被评为山东省人防组织指挥、宣传、行政执法、工程建设和政策性收费先进单位。

2000年8月，青岛市人防工程龙山地下商业街被市政府命名为商业专业特色街——龙山地下服饰街。

前进中的青岛市

国家税务总局局长金人庆在青岛市基层局视察

成立于1994年8月23日，现有干部2200余人，担负着全市10万多个纳税户的营业税等13个税种的征管工作。该局成立以来，以人为本，依法治税，全力服从、服务于经济发展大局，圆满完成了各项税收任务。税收收入持续高速增长，为青岛发展提供强大财力支持。1995～2000年，累计组织各项收入228亿元，其中税收收入221亿元；各项收入增长2.8倍，年均收入6.47亿元，年均递增25%。2000年，组织各项收入52.69亿元，组织税收收入50.92亿元，双双突破50亿元大关，在全国15个副省级城市中的位次，由1995年的第9位上升并保持为2000年的第4位。占青岛市财政收入的比重由1995年的59.9%，上升到2000年的65.85%，确保了在市财政收入中的支柱地位。

不断深化征管改革，建立和完善新的征管体制。率先建立新型税收征管模式，积极探索和实行分税种、专业化、覆盖式税收管理机制，得到了总局、省局领导的肯定。近年来，连续两年荣获“省级文明单位”称号；14个基层单位均获“青岛市文明单位标兵”称号。获得“青岛市突出贡献单位”、“青岛市创建文明行业工作先进行业”荣誉称号，是全国税务系统惟一获得国家级、省级、市级“文明示范点”的单位。

国家税务总局副局长程法光在青岛市地税局视察并题词：任重道远。

团结奋进、开拓创新的青岛市地税局领导班子

地方税务局

“111”工程是地税集服务、执法、监管为一体的独特“品牌”。图为“整装待发”的“111”服务车。

宽敞明亮的办税服务厅，现代化的办公设备，完善的“全程化一条龙规范服务”制度，为纳税人提供了文明、高效、优质、规范、热情的服务。

深入持久、形式多样的宣传活动，提高了公民的纳税意识，为促进经济发展创造了良好的税收环境。

建立起三级信息化网络，推广计算机应用。

局办公楼

丰富多彩的文体活动大大活跃了干部的文娱生活

欢迎拨打地税热线——1600111

地址：青岛市东海路18号
邮编：266071
电话：(0532) 3870231
传真：(0532) 3870265

青岛市地方税

分局党委成员：党委书记、局长张式运（中）、副局长梁景昆（左二）、副局长李淑香（右二）、副局长邢玉纪（右）、纪委书记薛志宏（左）

局长张式运耐心解答纳税人的咨询

该分局组建于1994年9月，主要负责对地处本市政治、经济、文化和旅游中心的市南区辖区内近1.6万户金融保险、邮电通信、铁路、外贸、房地产、旅游、饮食服务、商业、工业等行业的国有、集体、涉外、私营及个体工商业户的地方税的征收管理工作。

近年来，该分局在青岛市地税局的正确领导下，坚持以人为本，依法治税，加强管理，从严治队，在组织收入和队伍建设两个方面取得了双丰收。2000年，共组织各项收入15.04亿元，首次突破15亿元大关，同比增长12.43%。其中，市级收入完成12.67亿元，占青岛市地税系统市本级收入的44.25%。2000年，该分局分别被授予青岛市“精神文明单位标兵”、青岛市“公仆杯”竞赛先进集体、青岛市“地税系统先进集体”、山东省“巾帼文明服务岗”、青岛市“知识服务标兵单位”、青岛市“青年文明号”等诸多荣誉称号；在青岛市组织的行风测评和“万家企业评行风”活动中，分别获市地税系统综合得分第1名和青岛市市南区第1名。

地址：青岛市福州路52号
邮编：266071
电话：(0532) 5769511
传真：(0532) 5769510

分局办公大楼

务局第一分局

该分局荣获“巾帼建功文明服务岗”称号的征收科工作人员正在认真地为纳税人服务

宽敞明亮的办税服务大厅

该分局积极开展税法宣传活动

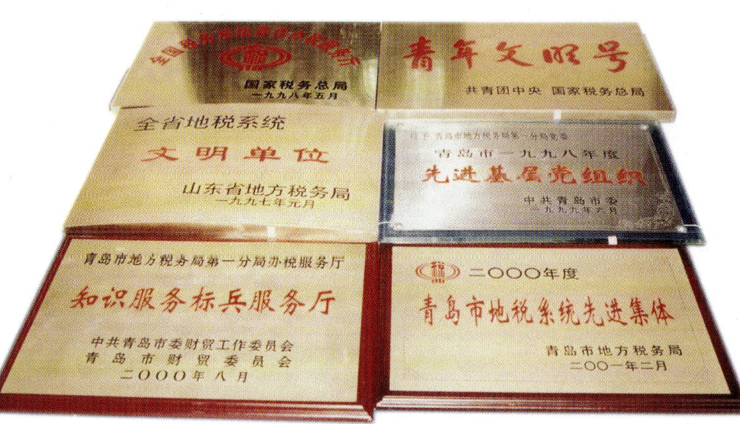

获得的部分荣誉

第十一届青岛
国际啤酒节
The 11th QINGDAO
INTERNATIONAL BEER FESTIVAL
第十一届青岛国际啤酒节将于2001年8月18日至9月2日在青岛石老人国家旅游度假区举行。本届啤酒节由国家旅游局、国家轻工业局、国家国内贸易局、中国国际贸易促进委员会、中国国际商会、中国人民对外友好协会、国务院侨务办公室、人民日报社和青岛市人民政府共同主办。本届啤酒节将突出国际庆典特色，营造新世纪大旅游、大节庆氛围，集中展示青岛市城市建设和经济发展的崭新成就。
第十一届青岛国际啤酒节将举行开幕式、文艺晚会、啤酒品饮、艺术巡游、文体娱乐、文化博览、经贸洽谈、纪念品展销、闭幕式晚会等活动。届时，沐浴在新世纪曙光中的石老人国家旅游度假区将成为美好与欢乐的海洋。充满激情与狂欢色彩的国际啤酒城；细沙铺道、风景如画的石老人海水浴场；如烟如云的崂山风景区如磁石般的吸引着八方来宾。
来吧，秀美的山海景色热切期盼着您的光临！
来吧，让我们畅饮甘醇的美酒！
来吧，让我们尽享世纪狂欢！
热忱欢迎您参加第十一届青岛国际啤酒节！
品饮百家啤酒 参与下
第十一届青岛国际啤酒
开幕式
青岛市啤酒节办公室
QINGDAO MUNICIPAL BEER FESTIVAL OFFICE
地址：中国青岛石老人国家旅游度假区国际啤酒城
ADDRESS:QINGDAO INT'L Beer City,Qingdao ShiLaoren Tourist Resort, China
电话(Tel):86-532-8899019 8893990
传真(Fax):86-532-8893990
电子信箱(E-mail):qdbfo@public.qd.sd.cn
网址：beerfestival.chinaqingdao.net
邮编(P.C):266101

开幕式 Opening Ceremony

气势恢宏、场面壮观的第十一届青岛国际啤酒节开幕式将于2001年8月举行。盛大开幕式上将有**升节旗、奏节歌、市长致辞、开启第一桶啤酒和艺术彩车巡游**等活动。届时飞扬的花束、腾空的彩球和一张张欢乐的笑脸将营造出欢乐、祥和的节日气氛。

艺术巡游 Colorful Floats Parade

艺术巡游是啤酒节最具**狂欢色彩**和**浪漫情调**的活动，由老爷车、礼仪小姐、步行艺术方队组成。节日期间，巡游队伍将成为啤酒城内一道**亮丽的移动风景线**

文艺演出 Performances

万众欢腾的16个夜晚，在**国际啤酒城**内外**中外著名演艺人员**的精彩表演以及市民的自娱自乐节目，将使暮色中的岛城更加美丽、迷人。

啤酒品饮 Sampling and Drinking

广场品酒区、啤酒乐园、啤酒海鲜街、休闲草坪品酒区及青岛啤酒宫构成了国际啤酒城的饮酒场所，您可以品饮到**不同口味和风格**的国内外啤酒；**啤酒海鲜街**则是您在品酒的同时大快朵颐的地方；如果您想在充满花香、酒香的国际啤酒城中小憩，请到**休闲草坪品酒区**；而在青岛啤酒宫，您感受到的是啤酒节最为**炽热的饮酒氛围**。

文体娱乐 Activties

啤酒节期间，国际啤酒城内各场馆将举行**饮酒大赛、摄影大赛、体育竞技、小型舞台表演、儿童娱乐、挑战基尼斯**及其他**丰富多彩、引人入胜**的文体娱乐活动。

共铸蓝色辉煌

岛海洋节

AL QINGDAO CHINA

主　　办

青岛市人民政府

时　　间

2001年7月14日－22日

活动内容

一、开幕式及文艺晚会

二、2001年中国海洋科技博览会

暨海洋科技与经济发展国际论坛

三、体育赛事系列活动

四、文化系列活动

五、海洋科普系列活动

六、海滨旅游系列活动

七、海洋美食与购物活动

八、闭幕式

青岛

市委副书记徐长聚，市委常委、政法委书记魏景瑞与市公安局领导陪同公安部副部长牟新生视察青岛市“110”指挥中心。

2000年，该局以确保社会政治稳定、治安稳定和队伍稳定为目标，以加强侦查破案、推进基层基础工作为主线，以建设高素质的公安队伍为根本，团结进取，真抓实干，较好地完成了全年的公安保卫任务，为保障全市的改革开放和经济建设健康发展发挥了积极作用。

地址：青岛市湖北路29号
邮编：266001

2000年1月1日凌晨，市领导慰问战斗在一线的值勤民警。

“110”民警着新式警服执行勤务

全国特级优秀民警张爱华深入社区了解社情

市公安局

2000年4月29日，在中央、省和市委、市政府的正确领导下，在公安部、省公安厅的直接指挥下，在山东武警总队的大力协同下，青岛市公安机关缜密组织，措施得力，广大公安干警、武警官兵机智勇敢，骁勇善战，经过20个小时惊心动魄的围捕，于30日凌晨4时整，不费一枪一弹，一举将从外省流窜来青的一伙特大盗枪犯罪分子擒获，5名犯罪嫌疑人全部落入法网，缴获枪支、子弹一宗，参战人员和周边群众无一伤亡。受到公安部和省、市委和市政府的隆重表彰，青岛市公安局荣记集体一等功，参战的15个单位和98名民警受到表彰和奖励。

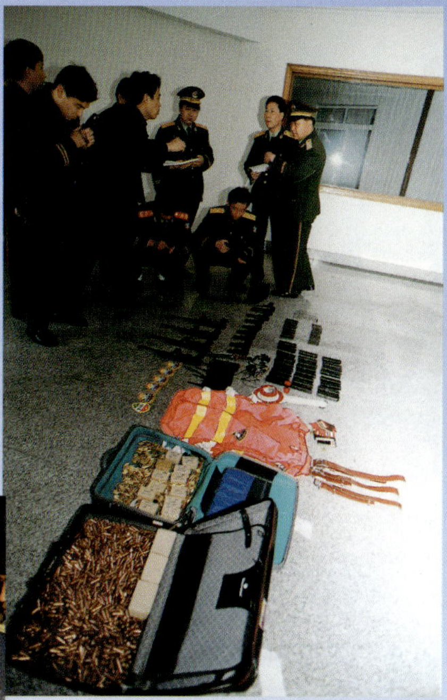

右上图为缴获的枪支弹药，下图为战前准备。

在全国“打拐”专项斗争中，青岛与新疆警方在青联合解救出11名被拐卖的妇女和儿童。图为被解救的妇女与民警相拥话别。

青岛市公安局

开拓进取、团结务实的领导班子

该支队有一个开拓进取、团结务实的领导班子，有一支素质比较高的干警队伍，在2000年全国实施交通管理“畅通工程”中，在35个大城市中荣获二等管理水平第2名（一等管理空缺）。在纪念江总书记为济南交警题词5周年阅警活动中，青岛交警被评为最佳阅警方队第1名。一年来，该支队加大交通管理力度，围绕先后出台的3部政府规章，严厉惩处交通违章，公开、公平、公正处理交通事故，并使交通事故责任认定更加具体化、规范化；设置一批高规格的交通设施，交通信号灯已达160多处，多相位、倒计时显示的信号灯已广泛应用，交通标志牌增加到4000多面，在全市150所学校门前安装了触摸式人行横道灯，建43处港湾式车站，渠化路口17处，本市交通设施已走在全国前列；广泛开展交通安全宣传，提高全民交通安全意识，印发300多万份宣传材料，让群众掌握交通常识；车辆、驾驶员管理加大服务意识，车辆挂牌微机选号、微机成像系统已达国内领先水平；交通指挥中心大楼主体竣工，2001年，一个集8个指挥系统、大屏幕显示的现代化交通指挥中心将展现在岛城人民面前。

香港路交通秩序井然

交通警察支队

阅警方队

确保小朋友行路安全

香港路鸟瞰

青岛市市北区人民检察院

山东省优秀检察官、“人民满意的政法干警”、青岛市廉洁勤政好干部：于铭先检察长

该院是1994年青岛市市区区划调整后新组建的。建院以来，尤其是1997年新的领导班子组建以后，坚持建一流班子，带一流队伍，创一流业绩，按照“整体工作创一流，单项工作争第一”的工作思路，提出了“年年迈大步，年年上台阶，力争三年实现创建全国模范检察院”的奋斗目标，取得了骄人的业绩。先后被山东省人民检察院记一等功两次、被最高人民检察院记集体一等功，荣获全国检察机关“模范检察院”、“人民满意的检察院”、“文明接待室”和山东省“职业道德先进集体”等荣誉称号。

全国检察机关
模范检察院
中华人民共和国最高人民检察院
二〇〇一年二月

文明接待室
中华人民共和国最高人民检察院

地址：青岛市滨县路38号
邮编：266021
电话：（0532）3848136
传真：（0532）3848137

2001年工作思路：巩固、完善、创新、提高

参加全国检察机关表彰会载誉归来的于铭先检察长受到了干警们的热烈欢迎

以人为本强素质。干警们正在进行业务考试。

青岛市四方区人民检察院

在青岛这座洋溢着现代化气息的城市中，活跃着一支特别能战斗、“拒腐蚀、永不沾”的劲旅铁军——四方区人民检察院。

近年来，该院高举邓小平理论的伟大旗帜，坚持党的基本路线、方针政策不动摇，深入开展反腐败斗争，积极参加“严打”斗争，不断加强诉讼监督，严格执法，热情服务，树形象，争一流，全方位加强基层院建设，为维护社会稳定，保障全区经济发展做出了应有贡献。先后荣获青岛市文明单位、市廉洁勤政先进单位、市检察系统先进单位、市职业道德先进单位、市精神文明标兵单位、山东省人民检察院首批“五好”检察院、省政法系统“创人民满意活动”先进单位等荣誉称号，荣立集体三等功、二等功各一次。

院党组一班人在研究工作

一九九九年度检察机关基层建设
五好检察院
山东省人民检察院
二〇〇〇年一月

全省政法系统创人民满意活动
先进单位
中共山东省委政法委员会
一九九九年十二月

一九九九年度
检察系统先进集体
青岛市人民检察院
二〇〇〇年一月

一九九九年度全市政法调研工
先进单位
中共青岛市委政法委员会
2000年3月

全省检察机关
集体二等功
山东省人民检察院
二〇〇一年二月

近年来获得的部分荣誉

四方区区级机关庆七一迎回归演唱会

全院干警参加区机关“庆七一”演唱会

青岛市黄岛区人民检察院

院党组书记、检察长：王金龙

该院干警大专以上学历已达97%，本科以上学历达到70%，居全市检察系统首位；干警平均年龄34岁，为全市检察系统最低。近年来，该院先后荣获山东省“五好”检察院、市级人民满意的先进单位（集体）、市级精神文明单位等荣誉称号。进入2001年，结合检察长届中调整，院党组立足现实，高起点定位，高标准要求，确立了“整体工作上台阶，单项工作争一流”的目标要求，向着更高的目标大踏步迈进。

该院建立了《岗位目标责任分解》制度，层层签定岗位目标责任书。图为在2001年工作部署动员大会上，检察长王金龙与副检察长签定岗位目标责任书。

该院经常组织干警深入驻区各单位走访调研，倾听群众呼声。图为该院副检察长曲文波深入澳柯玛集团走访调研。

该院精心制作了各类宣传牌，并经常组织干警走上街头或深入基层单位宣传“检务公开”。图为该院在街头进行职务犯罪图片展览。

地址：青岛经济技术开发区长江路中段
邮编：266555
电话：（0532）6988301
传真：（0532）6988303

2001年初，该院建成并投入使用了全市一流的办公大楼。该办公楼完全按自动化、现代化、信息化办公的要求，对侦查、公诉、检察技术等硬件设施进行了规划和配置，推进了科技强检进程。

青岛市城阳区人民检察院

该院是1994年青岛市市区区划调整后组建的新院，现设13个职能部门，干警53人，其中党员39人。建院以来，在上级党委和检察机关的领导下，全院干警发扬团结拼搏、艰苦创业、真抓实干、无私奉献的精神，认真履行检察职能，为维护国家法律的正确统一实施、促进全区的改革开放和社会稳定做出了贡献。连年被评为青岛市文明单位、青岛市人民满意先进集体。因各项工作成绩显著，被山东省人民检察院命名为2000年度“五好”检察院。该院党、群团体连年被评为先进单位，十余个科室多次受到市、区的表彰，200余人次受到省、市、区的嘉奖。

地址：青岛市城阳区正阳路195号
邮编：266109
电话：（0532）7868161

党组书记：李存基

巾帼文明示范岗

党组一班人

预防职务犯罪

莱西市人民法院

党组书记、院长：程显章

新世纪伊始，该院提出了“建一流班子，带一流队伍，做一流工作，创一流业绩，努力树立人民法院和法官良好形象”的工作思路，并强调要以“人民满意”为标准，锐意进取，不断开创法院工作新局面。

地址：莱西市水集威海东路57号
邮编：266600
电话：(0532) 8483797
传真：(0532) 8465645

近年来，该院在狠抓以审判为中心的各项工作的同时，加大了法庭建设的力度，使法院的基层基础建设上了新台阶。图为下属的城区法庭。

发稿件40余篇(次);承办上级和市委、市政府领导批示件527件,办结率为99.5%;承办市政府常务会议、市长办公会议确定需要督办的事项90项,全部按期办结,办结率100%。创刊了《青岛政务公开简报》,转发有关部门和单位开展政务公开的经验和做法。

建立督查工作新机制

会同市委督查室围绕落实重点工作目标,大力推进督查工作创新,把原来的一事一督,变为把重大事项、重点工作纳入目标管理,实现了由小督查向大督查的转变,建立了督查工作与目标管理相结合、与考核评比相结合的督查工作新机制,做到有目标、有督查、有考核、奖惩兑现,确保了各项重点工作目标的全面完成。

做好中央、省驻青单位联系工作

进一步密切与驻青单位的联系,加大为驻青单位办实事的力度,努力为驻青单位排忧解难。建立与驻青单位的信息交流制度,发挥驻青单位的职能优势,为本市的改革开放、经济建设作贡献。年内,驻青单位提供有参考价值的信息20余件。编发《驻青单位信息简报》6期,其中领导作出批示并被采用的4期。

(王明军)

·市长公开电话·

强化服务职能

2000年,市长公开电话办公室共受理群众和基层单位来话4.7万件(次),比上年(下同)增加2.1万件(次),已答复和处理4.6万件(次),总办复率为98%。编发《市长公开电话》专报72期,受理来信182封,现场处理和召开协调会议60多次,办理市委、市政府领导批示427件(次)。

1月13日,召开市长公开电话网络单位会议;1月18日,参加市政府举办的"市长与市民对话"特别节目,受理市民来话206个;8月31日,召开全市市长公开电话工作会议,市长王家瑞作重要讲话;9月25日,正式启用国家信息产业部提供的"12345"市长公开电话号码,市南、市北、胶南、城阳等区市也陆续启用局号加"12345"的公开电话号码。

加强"110"社会联动工作

1月10日,全市"110"报警服务社会联动工作会议在即墨召开,市政府与37个网络单位的负责人签定目标责任书,并对市南区政府等12个先进单位进行通报表扬。6月,制定实施了《青岛市"110"报警服务社会联动工作考评细则》(试行),建立健全工作考核制度。各联动单位在维护社会稳定、为民排忧解难、处理突发事件等方面发挥了作用。有关单位还结合本地区、本部门工作特点,探索创立便民利民的名牌服务,进一步提高了本市"110"社会联动工作的知名度。

为外资企业提高服务质量

全年共受理外商投诉353件,已办结342件,办结率为97%;召开"市长与外商会面会"12次;编发《外商投诉专报》40期。2月24日,召开了全市外商投诉网络单位工作会议。5月,制定实施了《青岛市加强外商投资软环境建设责任制》。健全和完善市长与外商会面会、月通报、信息反馈、外商意见征询、重大外商投诉领导负责制等工作制度,并加强与网络单位的配合与协调,为外资企业提供优质服务。

发挥网上"市长信箱"优势

利用网上"市长信箱"信息量大、辐射面广的优势,做好信息的搜集、综合和分析工作,及时向领导呈报。全年共受理来自国内外的各类电子邮件2340件。其中,已办结2293件;市政府领导批示158件,已办结156件,办结率99%。

查办新闻曝光问题

全年共处理新闻曝光问题234件,其中以"新闻曝光转办通知单"形式转有关单位办理98件,并已全部办结;编发《新闻单位曝光情况》专报68期。

(龙凤格)

·无线电管理·

无线电台站核查

根据国家、山东省无线电管理委员会统一部署,本市自1999年7月至2000年6月开展了无线电台站核查工作。市无线电管理委员会下发了《关于开展无线电台站核查工作的通知》,具体部署核查范围、内容、要求和完成时限。已按计划完成了雷达、微波、广播电视、短波固定台、卫星地球站和无线寻呼台站的全部核查任务,建立了资料齐全、数据准确的无线电台站数据库,提高了电磁兼容分析的正确性和可靠性。

水上无线电台站核查登记

加强水上VHF甚高频无线电台站的管理。市无线电管理委员会与山东海事局联合下发了《关于水上甚高频无线电台站核查工作的通知》,对青岛港域内的无线电台站进行了核查登记。12月,在设台单位自查基础上,按照国家技术标准对50多个单位、70余部设备进行了技术测试,对不合格的设备实行强制报废。通过核查,基本上摸清了本市水上无线电台站的设置情况,重新确认了设台单位使用的频率,制定了加强水上无线电通信管理的规定,使通信秩序得到明显改观。

无线电频率协调和技术服务

开展经常性的无线电监听监测和监督检查工作,定期对重点频率进行随机监测,及时查处非法信号。1月7日,排除了青岛港域内水上国际遇险呼救频率干扰,确保了青岛海岸电台与各船舶通信联络;黄岛区利用现有测试仪器查处了旅游局的频率干扰。各(市)区加大了对大功率无绳电话的查处力度,收缴大功率无绳电话30余部,拆除天线40余付,保障了青岛航空通信安全。

对青岛吉通公司、青岛联通移动公司等单位的100余座微波通信网进行了技术验收,为43个证券公司建立健全了卫星地球站技术资料档案;协调省无线电管理委员会对青岛电业220万千伏电路进行了电磁环境测试,配合省无线电管理委员会、济南军区无线电管理委员会对青岛测控站与市广播电视局的微波频率进行了协调,彻底解决了青岛测控站航天测控的无线电干扰问题。安装了国家无线电管理委员会新版无线电管理系统,完善了频率管理数据库。年内,接待无线电技术咨询单位60多个、350余人次,完成"金桥工程"1项,协助青岛发电厂等单位建立了7个通信网,维修设备2000余部。

(张建强)

·人民防空工作·

工作概况

工程建设　全年新敷设通信电缆1.5公里，更新通信电缆4.7公里。市人防办2000门程控交换机实现了技术版本升级，从BC3.0升到BC10.0；新装电话175部，移机30部。完成土石方开挖54100立方米，浇注混凝土4105立方米，喷射混凝土2183立方米，挂网喷浆11.34立方米，打锚杆20090根，砌混土块墙500立方米。报建防空地下室12处，新增面积达17568平方米。组织编制了百盛商厦至前海栈桥（代号9912）工程的可行性研究论证报告，并通过了专家评审。

行政执法　贯彻《人民防空法》，依法重点检查了17家建设单位的结建防空地下室情况，申请法院强制执行4起违法案件，其中有2起已经结案，挽回经济损失83.8万元。完成了《青岛市实施〈人民防空法〉细则》的起草工作。

组织指挥　组建了工程抢险抢修队、医疗救护队、防化防疫队、交通运输队、通信队、消防队、治安队等7支人防专业队。建立了全市人防系统（包括七区人防机构）计算机广域网络，实现了网上资源共享。11月14日，成功地组织了全市范围的防空警报试鸣。

宣传教育　全面开展纪念人民防空建设50周年宣传活动，设立宣传点7处，发放宣传材料2万张，悬挂宣传条幅300幅。全年在市级以上报刊、杂志上发表稿件50篇，电视报道10余次，电台播发10余次。在全市初级中学普及开展民防知识教育，重新修订了《民防知识》教材。

获“全国人防先进城市”称号

11月6～8日，第四次全国人民防空会议在北京召开。中共中央总书记江泽民、国务院总理朱镕基接见了会议全体代表并作重要讲话。会上，青岛市被授予“全国人防先进城市”称号；省委常委、市委书记张惠来被授予“全国人防先进工作者”称号。

“九五”期间平战结合工作成果

全市增加平战结合面积4.2万平方米，已开办各类经营项目200多个，累计创产值（营业额）11.60亿元，实现利润1.33亿元，上缴税金3868万元，人防部门自身创收5422万元，安置就业人员4000多名。

（晋　军）

·史志与年鉴工作·

工作成果

2000年，市史志办公室再次被评为山东省史志工作先进单位和山东省年鉴工作先进单位，有2名同志被评为山东省史志工作先进个人并分别记二等功、三等功，另有2名同志被评为山东省年鉴工作优秀编辑。《青岛市志·旅游志》获第十四次青岛市社会科学优秀成果三等奖、《青岛概况》获优秀奖；“青岛市情资料库”被推荐为市直机关优秀成果；《青岛年鉴》（2000卷）获本年度青岛市对外传播宣传品二等奖；《青岛市志》（全套66卷）被推荐为青岛市精品工程。

全办基本实现了办公自动化。投入20余万元配置了大容量的计算机服务器，建成了内部局域网，实现了工作程序规范化、信息传输网络化、编辑加工无纸化，大大提高了编辑工作质量和效率。

全面代理策划、编辑、设计、出版了纪念市人大常委会设立20周年——《前进的历程》、纪念市总工会成立50周年——《我们共同走过》两部画册及青岛钢铁集团《青钢年鉴》、市政府调研室《学习与思考》两部书刊。

完成了《青岛市志》32卷分志、4部县志向市情资料库的录入上网工作。交流、购买志书和年鉴近600册，扩大了地方志馆的藏书量。

首届地方志编修进入收尾阶段

全年完成了《青岛市志》粮食志、沿革区划志、大事记、物资志、建材工业志、一轻工业志、电子仪表工业志、化学工业志、商业志等9卷分志约230万字的编辑加工、评议、终审和校对出版任务。至年底，《青岛市志》66卷分志已完成61卷出版任务。《青岛市志·人口志》已完成终审稿；《青岛市志·人物志》在组织难度大的情况下，已完成初稿。其他3部分志待报批出版。为适应整部志书的需要，市史志办在《青岛市志》已有规模的基础上，又新增了一部《青岛世纪图志》、一部反映修志历史的《方志志》和《青岛市志总目录》。同时，还启动了《青岛市志》纪念册的编辑工作。《青岛简志》和《青岛之最》以及内部教材《修志要揽》已基本完成初稿。完成了向中国地方志指导小组提报的《方志提要》约70万字的编辑、审改工作。配合续修志培训工作的需要，编辑印发了供内部使用的《史志业务手册》和两期业务指导性资料《青岛志鉴》。

续（编）地方志工作开始启动

根据国务院办公厅《关于进一步加强地方志编纂工作的通知》和省政府办公厅《关于续修新地方志有关问题的通知》精神，市史志办在充分调研，听取各界意见，并以城阳区为试点单位，取得经验的基础上，报请市政府办公厅于2000年7月17日下发了《关于续修地方志有关问题的通知》，并下发了《关于〈青岛市志〉续修工作的方案》和《关于市、区志续（编）修工作的意见》两个文件。

年鉴工作

完成了《青岛年鉴》（2000）约90多万字的组稿、编辑、出版任务。出版周期继续保持全国、全省的前列地位。首次编辑出版了《青岛年鉴》世纪版（1988～2000）电子光盘，填补了本市志鉴类产品电子读物的空白。完成了《中国年鉴》、《中国城市年鉴》、《山东年鉴》青岛市部分的供稿任务。

《青岛卫生年鉴》、《青岛铁路分局年鉴》、《青岛统计年鉴》、《四方机车车辆厂年鉴》、《颐中集团年鉴》、《青岛自来水集团年鉴》（内部发行）等部门、行业年鉴，也于年内顺利编辑出版。

（史　鉴）

·外　　事·

外宾来访

2000年，青岛市共接待来自70个国家的友好访问团组216批、1756人次。其中，国家元首（政府首脑）级团组4个；副元首（政府首脑）级团组3个；部长级团组35个。

4月13～15日，新加坡总理吴作栋一行79人在中国驻新加坡大使陈宝鎏陪同下访青。山东省省长李春亭、副省长杜世成,青岛市市长王家瑞、副市长周嘉宾到机场迎接。13日下午,吴作栋等出席了"山东—青岛—新加坡经贸旅游情况说明会"。4月15日,吴作栋一行离青前往上海访问。

10月11～12日,赞比亚共和国总统弗雷德里克·奇卢巴一行53人,在中国驻赞比亚大使彭克玉陪同下访青。山东省副省长、青岛市委副书记杜世成,青岛市副市长周嘉宾前往机场迎接。期间,奇卢巴总统一行游览小青岛公园和音乐广场,先后参观了青岛国棉六厂和海尔集团。

6月17日,韩国前总统金泳三夫妇一行20人访青。省委常委、市委书记张惠来会见了金泳三夫妇一行,市委常委、副市长邹立健及韩国驻青总领事琴秉穆参加会见。

6月18日,韩国前总统卢泰愚夫妇一行22人访青。省委常委、市委书记张惠来会见了卢泰愚夫妇一行。中国人民外交学会副会长金桂华夫妇,青岛市副市长杨军及韩国驻青总领事琴秉穆会见时在座。

外国驻华使节和我外交人士来访

年内,共有31个外国驻华、驻外大使访青。分别是:加拿大驻华大使贝祥、英国驻华大使高德年、德国驻华大使于倍寿、南非驻华大使戴克瑞、韩国驻华大使洪淳瑛、新加坡驻华大使陈燮荣、西班牙驻华大使欧亨尼奥·布雷戈拉特、葡萄牙驻华大使佩德罗·卡塔里诺、丹麦王国驻华大使白慕申、爱尔兰驻华大使康德伦、意大利驻华大使保罗·布鲁尼、比利时驻华大使马利国、卢森堡驻华大使舒梅、巴西驻华大使欧罗－普雷托、墨西哥驻华大使塞西利奥·加尔萨·利蒙、古巴驻华大使阿尔韦托·罗·阿鲁菲、赞比亚驻华大使姆维尼亚·卢瓦图拉、委内瑞拉驻华大使何塞琳·恩里克斯、尼日利亚驻华大使奥·阿德萨金、哥伦比亚驻华大使克鲁宾·隆多尼奥、希腊驻华大使塞奥法诺普洛斯、保加利亚驻华大使查内夫、乌拉圭驻华大使阿尔瓦罗·阿尔瓦雷斯、秘鲁驻华大使萨纳布里亚·石川、毛里塔尼亚驻华大使阿卜杜拉希·马尔德·阿卜迪、阿联酋驻华大使朱马·拉希德·贾西姆、马达加斯加驻联合国大使扎费拉、利比里亚驻联合国大使威廉·森、毛里求斯外交部孔扎尔大使、沙特阿拉伯驻华临时代办巴马古斯、圭亚那驻华临时代办鲍思福。

有19位中国驻外大使访青。分别是:驻美国大使李肇星、驻英国大使马振岗、驻法国大使吴建民、驻新加坡大使陈宝鎏、外交部非洲司王建邦大使、驻乌拉圭大使霍淑珍、驻委内瑞拉大使王珍、驻沙特新任大使吴思科及原大使郑达庸、驻毛里塔尼亚大使仓友衡、驻肯尼亚大使安永玉、驻赞比亚大使彭克玉、驻津巴布韦大使侯清儒、驻刚果(布)大使曲阜君、驻白俄罗斯大使吴筱秋、驻冰岛大使王荣华、驻几内亚大使许孟水、驻圭亚那大使吴正龙、驻卡塔尔大使周秀华。

因公出国管理和出访情况

年内,修订了《青岛市因公出国(境)管理规定》。全年共审批青岛市非经贸因公出国(境)团组623批、2 174人次;审批因公赴港澳团组192批、538人次;审批青岛地区(中央、省驻青单位)因公出国护照2 630批、7 697人次;办理出国(境)证明167份、325人次;办理赴港澳通行证641人次;办理途经香港证明336人次;代办签证2 056批、7 354人次。全年压缩不符合要求出访团组11个。

5月17～25日,省委常委、市委书记张惠来率青岛市代表团对日本、韩国进行友好访问。期间,拜会了青岛的友好城市日本下关市政府和韩国大邱广域市政府,了解两国对青岛地区经济贸易发展趋势;还访问了伊藤忠、东芝、山口银行、大韩贸易投资、SK集团、高合集团等重要企业机构。并在日本东京日中友好会馆举行了青岛市人才招聘会,向近30名留日博士、硕士介绍青岛市的经济发展状况以及吸引人才的重点领域、优惠政策。

1月27日～2月9日,市长王家瑞率团访问埃及、摩洛哥、赞比亚等非洲三国。期间,拜会了三国政府及有关部门负责人,视察了本市在埃及、摩洛哥、赞比亚的经济合作项目和进出口贸易商社,考察了非洲国家的政治制度、法律环境、市场要素、经济结构及发展前景。

10月3～17日,市长王家瑞率团访问英国、德国、意大利三国。期间,与德国汉堡市签署青岛—汉堡两城市经济友好合作意向书,并与三国的50多家企业(其中世界500强企业19家)就双方感兴趣的合作项目广泛交换了意见。

外国记者来访

年内,青岛市共邀请和接待来青访问的美、加、英、日、德、法、新加坡等16个国家的记者141名。其中,著名新闻机构包括:美国《纽约时报》、美联社、《新闻周刊》、《华盛顿邮报》、《远东经济评论》;英国路透社;法国法新社;德国《法兰克福评论报》、《焦点周刊》;日本NHK、朝日放送;新加坡《海峡时报》、《联合早报》等。来访的外国记者采访海尔集团21次,采访青啤集团17次。

7月11～14日,美国《纽约时报》、加拿大《多伦多星报》、新加坡《联合早报》驻港记者应邀来青采访"2000年中国青岛对外经济贸易洽谈会"。

1月19日,《今日美国》发表题为《青岛啤酒进军世界大酒吧》的文章;7月20日《纽约时报》发表记者马克·兰德勒题为《中国酿造,世界惊羡——青岛啤酒击败"入侵者"》的文章;7月21日,《国际先驱论坛报》发表记者马克·兰德勒题为《中国啤酒必定打败"入侵者"——青岛啤酒无惧WTO巨变》的文章;7月23日,《纽约时报》发表记者马克·兰德勒撰文《很难想象,海尔逃脱了价格战》;7月23日,《多伦多星报》发表记者马丁·科恩题为《解民族之渴——百年青啤在世界大市场击败外国竞争者》的文章;8月25日,《联合早报》发表记者李惠玲题为《彭作义带领青岛啤酒攀上高峰》的文章;9月22日,《联合早报》发表记者李惠玲题为《张瑞敏打响海尔品牌》的文章。

外国专家工作

全年青岛市共办理《外国专家证》194本,其中文教类60本、经济类134本;办理《外国专家确认件》112份,其中文教类46份、经济类56份。外国专家档案实现微机化管理。

5月15日,举办了以"实施经济国际化战略——青岛21世纪展望"为题的"2000年外国专家咨询会"。市长王家瑞,市委副书记张旭升,市人大常委会副主任殷康生,副市长于冲、臧爱民、刘建华,市政协副主席毕于岩等出席了会议。副市长周嘉宾主持会议。来自美国、英国、日本、意大利等国家的7位外国专家和大企业总裁就全球一体化对青岛的港口发展、企业全球化战略、实施经济国际化战略所需的环境和条件、全球物流业界的新动向、中国加入WTO对外商投资的影响、青岛如何发展旅游业以及电子商务和网络对企业发展带来的机遇等问题,提出了建议和意见。

9月29日,市政府举行第三届“琴岛奖”颁奖大会,为青岛经济发展和社会进步做出突出贡献的15位外国友人、华人华侨和港澳台同胞获此奖,其中青岛荣花边有限公司董事长土井一郎还被授予“青岛市荣誉市民”称号。市长王家瑞向获奖者颁奖并致词。自1998年以来,共有64名海外朋友获青岛市政府颁发的“琴岛奖”。

为丰富在青外国人业余文体生活,本市于10月14日、12月23日分别举办了“2000年青岛市中外友人保龄球比赛”和“中外友人喜迎新世纪联欢晚会”。

外事为经济、社会发展服务

1月26～29日,青岛市组织举办了“青岛—加拿大可持续发展科技研讨会”。加拿大政府有关官员、企业总裁和青岛市经济、规划、环保、林业等部门参加了洽谈,并就“青岛传统风貌规划和维护”项目签署备忘录。年内,中山路老城区风貌保护项目已经启动,将于2001年正式动工。

3月6日,青岛市举办了“日本秋田县经贸洽谈会”。日本秋田县政府、企业人员30多人和本市60多人参加洽谈会,就港口交流和木材出口等项目进行了洽谈,达成合作意向6项。

4月13～14日,青岛市举办了“新加坡旅游说明会”和“山东—青岛—新加坡经贸旅游情况洽谈会”,33家新加坡企业与山东省、青岛市174个单位进行了洽谈,现场达成合作意向100多项。

4月27日,青岛市举办了“2000年中国青岛生态与环保产业国际论坛”。来自德国、巴西的两位环保领域诺贝尔特别奖获得者和国内50多位环保专家、100多位企业代表参加了会议。

5月5日,在中国与丹麦建交50周年之际,青岛市与丹麦驻华大使馆联合在青举办了“青岛—丹麦日”。丹麦农业、渔业和畜牧业部长、驻华大使应邀参加开幕式。丹麦21家企业和行业协会、中方220多家单位和企业参加洽谈和交流,现场达成合作意向13个。

7月14日,青岛市同英国驻华大使馆及友好城市南安普敦市联合在青举办“英国日”,中外经贸界人士250余人参加活动。

(姜海颖)

·侨　务·

创意策划申办承办世界华人论坛

2000年初,市侨办提出在世纪之交举办“2000年世界华人论坛”的创意策划,被列入全国侨务工作计划。经国务院批准,此次“论坛”于9月20～21日在青举行。这是中国政府首次正式举行的世界性华人高层论坛,也是中国侨务和青岛历史上规模最大、层次最高的大型国际交流活动。(详见第246页)

对外合作交流

推动高层涉侨对外交往　组团出访北美、欧洲、东南亚和港澳地区,引介国际知名人士和跨国公司大企业家与市领导会见,洽谈合作交流。积极发展与重点社团的友好关系。市海外交流协会已与荷兰荷中商会、美国美中经贸科技促进总会等13个海外重点社团结为姊妹会;与香港中华总商会、澳门中华总商会等社会影响大、经济实力强的重点社团,建立了友好关系;与海外60多个国家和地区的200多个重点社团开展了合作交流。组织了本市与海外100余个知名财团、社团和知名人士互致千年贺电活动,在海内外产生良好影响。组织参与重大活动。组织参与了上海中西企业投资研讨及展览会,北京国庆招待会,深圳、上海“青岛日”等高层次涉外、经贸活动。在青洽会上设立了“侨港商馆”,联络45家侨港外资企业进馆布展;联络德国电子专家团、美国E—S公司考察团、香港企业家考察团等8个团组近百名海外和港澳客商组团来青进行经贸科技合作交流,超额完成了青洽会展位招租和设立“侨港商馆”的任务,获“突出贡献奖”。会同有关部门,举行了第三届“琴岛奖”评选表彰活动。经市侨办推荐,市政府批准,累计有15位海外华侨华人和港澳同胞获“琴岛奖”,有2位被聘为青岛市经济顾问,有100位被授予“青岛市友好使者”称号。

引荐侨港外商来青投资合作　2000年,市侨办大力开发海外关系,联络引荐28个海外重点财团与青岛开展经贸科技合作交流,超额180%完成全年计划目标;引进合同利用外资8 309万美元,实际利用外资2 126万美元,分别超额177%和136%,完成了市政府下达的年度利用外资目标。全市已批准华侨、华人和港澳同胞投资企业4 000余家,成为全市直接利用外资项目的主体。

开展“春晖行动”　1月,市侨办在全国侨务系统率先提出并组织开展了引进海外华人智力的“春晖行动”。全年引进经济科技专家170余位,促进科技经贸合作项目70余项。

为侨服务

加强涉侨法规、制度建设　市侨办提出了对《保护法》和《实施办法》的修改意见,细化了《保护法》有关规定;制定印发《关于做好下岗归侨侨眷职工工作的通知》等文件;出台了《为侨服务承诺制度》等,完善了涉侨政务公开制度和侨务信访工作制度等。

开展专项执法检查　围绕侨房拆迁、安置归侨侨眷下岗职工再就业等问题,市侨办会同市人大常委会、市政协有关部门,先后对部分区市和市直单位进行了侨务执法专项检查。查处侵侨案件4起,受理归侨侨眷来信来访233件次,处结率达98%,办理“三侨”子女适当照顾升学加分47人次,办理退休归侨生活困难补助50余人次。全市为归侨侨眷办实事800多件。

开展社区为侨服务规范化活动　制定下发了《青岛市社区为侨服务示范区标准》,推广市南区社区为侨服务规范化的做法,把为侨服务纳入全市社区服务的总体规划,完善了为侨服务功能。

(王　欣)

·涉台事务·

对台经贸

2000年,全市共接待台湾来青进行经贸交流团组43批、322人次,其中接待台湾“润泰”、“裕隆”、“中日”、“光宝”以及台湾中华开发工业银行等台湾大财团、大企业37批、187人次;组织本市赴台经贸考察团组10批、67人。全年批准台资项目91个,总投资额2.29亿美元,合同台资2.05亿美元,分别比上年(下同)增长72%、51%和58%。全市累计批准台资项目1164个,总投资18.57亿美元,合同台资14亿美元。

加大对台招商引资工作力度,制定出台了《市台办鼓励招商奖励办法》、《关于做好引进台湾百大企业及上市公司工作的意见》、《关于加强对重点台资企业联系的意见》等一系列政策性措施,充实了《对台招商项目库》,编制了《台湾百家企业集团名录》。

"青洽会"期间,成功地举办了"青台经贸交流研讨会"和"鲁台农业研讨会",设立了台资企业产品展示馆;达成多项合作意向,协议台资额达1.3亿美元,其中市台办直接促成台商与本市达成合作意向9个,协议台资3500多万美元。

青台交往交流

全年全市共接待台胞25147人次,增长10.2%,其中工商经济界人士11100人次,占来青台胞总数的44.1%。台胞来青交流29批、516人次;本市应邀赴台团组26批、122人,其中自主组团赴台16批、109人。

主动邀请和接待了台湾原行政院长孙运璇、原国防部长孙震等台湾上层人士18批、147人次来访。

全年安置定居台胞53人。继续强化台商投诉网络和台胞求助服务网络的作用,帮助台胞解决实际困难。市台商投诉协调处理中心共受理台商投诉案件44件,办结43件,结案率达到97.7%;市台湾同胞投资企业协会共受理台商求助65项,举办税务、海关等专题知识讲座6次。在"叙亲情,送温暖"活动中,全市各级台办共向生活困难的台胞台属赠送救助款65274元,救助困难台胞台属200户。在"五个一"(促进1项交流、传递1条信息、贡献1个计策、引进1个项目、推销1种产品)活动中,广大台属共向在台亲属寄发宣传材料14382件,提供信息673条,促成投资项目17个,牵线搭桥200次,推销产品45种。

对台宣传

年内,通过中央和省级以上涉台涉外新闻媒体刊发稿件108篇(幅),协助中央级电视台、广播电台制作专题片12集。邀请、接待了3批台湾记者来青采访,在台湾媒体刊发稿件30篇(幅)。向台湾多家媒体供稿16篇,协助台湾媒体完成了大型纪录片《大陆名城之旅·青岛》的拍摄。进一步加强了《青岛台湾事务在线》国际互联网站的建设,在主页上增添了切合实际、更具吸引力的内容,在对台招商引资、宣传青岛工作中发挥了积极作用。

涉台教育

全年全市共编发《涉台教育材料》600余份、《台情内部参考》600余份,翻录台情录象片40余盘,安排举行台湾形势报告、讲座40余场(次)。在全市青少年中开展"祖国宝岛台湾在我心中"教育活动,搜集优秀案例,完成了《青岛市中小学生涉台教育活动集锦》初稿,中央电视台第四套节目专程来青采访涉台教育活动情况,专题录制、播出了《种树,从春天开始》节目。

5月,中共中央台办、国务院台办发表《一个中国的原则与台湾问题》白皮书后,全市立即以此为重要教材,广泛深入地开展对党员干部的涉台教育。

10月,在市直机关70多个单位、300余名共青团干部中开展了涉台知识答卷活动,进一步拓展了涉台教育领域。中共青岛市委党校、青岛市社会主义学院等都坚持开设涉台教育课,强化对党员干部的涉台教育。

(苏　彦)

·经协工作·

对外地驻青机构管理

2000年,驻青机构由1994年的300余家发展到1006家。年内,为外地驻青机构办理社会劳动保险41家、代码证40余家、财产保险9家,接听服务热线数十次;为22名驻青机构工作人员办理了外地人青的常住户口。配合山东省经协办编写的《驻鲁机构概览》(青岛卷)已发行。年底,在驻青机构中评选表彰了"十大投资企业"、"十优驻青机构"、"十佳驻青单位"。

区域经济合作

开拓新疆市场　年内,全面拓展与以新疆地区为主的西部省区的经济合作。合作内容以组织双边、多边地区、企业投资联合开发项目为主;合作区域由乌鲁木齐发展到喀什、伊梨、博洲等地市,并同周边中亚五国进行经贸往来。协助青岛建设集团承揽了乌鲁木齐"成功购物广场"建设项目,系本市在新疆地区承揽的最大工程建设项目。该工程计划投资3.5亿元人民币,年内工程进展顺利,已完成投资额2000万元。市经协办驻新疆办事处积极协调新疆啤酒集团与青岛啤酒集团进行合作,双方有望达成合作。

加大招商引资力度　年内,市经协办先后参与接待新疆9个地区的各级代表团以及河南、陕西、浙江、广东、四川、黑龙江省经贸考察团等18批团组;承办各种洽谈会5次;邀请外地客商23家。"青洽会"期间,协助有关企业组织召开了新疆棉纺织品新闻发布会,塔城地区项目推介会,湛江、南京等代表团项目新闻发布会;组织了市政府赴新疆考察团项目座谈会;与市工商联联合召开了全市部分私营企业赴西部开发座谈会等。

扩大合作领域　市经协办积极协调驻青机构青岛工程技术研究所(又称"719所")、青岛高科技工业园天然气新技术开发公司到新疆阿克苏地区、库尔勒地区进行项目考察,初步达成合作协议;联络新疆屯河集团来本市红岛工业园考察投资设立番茄酱出口分装厂项目已有较大进展;组织有关设备生产厂家在青岛北海船厂召开了项目、设备论证会;向青岛昌华集团、广源发集团等多家企业介绍西部情况和客户,积极拓展市场空间,其中薛家岛水产养殖项目已进入深层次洽谈中。

企业管理培训

年内,市经协办培训中心完成对驻青机构176名财会人员的基础调查和148名财会人员会计证年审工作,并组织驻青机构70名财会人员参加了全国会计知识"金蝶杯"大赛活动;3月,与东北财经大学联合举办的金融专业硕士研究生课程班正式开学。

(刘文娟)

对口支援和参与·西部大开发工作·

概　况

2000年,组织完成了中央和山东省交给本市的对口支援任务,并结合本市经济结构调整实际,引导本市企业等经济组织进入西部和受援地区参与对口支援进行经济合作。截止年底,签订经济合作开发项目50余个,已启动20余个,既扩大了本市的经济发展空间,又盘活了当地的存量资产,拉动了当地产业的发展。

对口支援

支援西藏　全年投入援藏资金900余万元,兴办项目33个。帮助发展城郊型、乡镇经济,整治市容道路,加强基层政权建设。帮助遭受特大洪灾的日喀则市人民恢复生产、重建家园。解决了制约日喀则市经济和社会发展的许多薄弱环节,使该市多项工作名列西藏自治区前茅。

支援宜昌县　全年援助资金200余万元,重点帮助安置三峡工程移民,发展各类安置移民的项目10个。援建了宜昌(青岛)高效农业示范试验园,并无偿提供13.33公顷优质葡萄。海尔集团在宜昌生产吸排油烟机项目已达到年产20万台的能力;澳柯玛集团与宜昌合作生产的太阳能热水器已投产;青岛华原饮品有限公司投资300万元在宜昌兴办分公司。双方政府在青成功地举办了集风情展示、商品展销和经贸洽谈为一体的"三峡风情展",签订各类经济协议、合同16项,实现了通过三产拉动其他产业发展的目标。本市各区、市援助了一些有关移民教育、幼儿保育和专业技术培训等公益项目。

帮扶贵州　投入项目、贷款贴息资金1400余万元,利用当地配套资金近1亿元,兴办项目30余个。海尔集团在遵义建设冰箱等家电基地;海信集团在贵阳建设工业园,并新上30万台大屏幕彩电项目;红星集团正在贵州上市股票,并利用当地资源开拓海内外市场;本市的双星集团、青啤集团、澳柯玛集团、青岛建设集团、青岛港务局、宏达塑胶总公司等企业和部门也参与了合作。向安顺、铜仁两地区每个县援建1个"温饱试点村"项目目标已经完成。市政府投资援建高效农业示范园和特种水产、特种畜牧养殖基地各1处。举办农村干部村务管理、农业技术和企业厂长经理经营管理培训班,培训60余人。救助安顺、铜仁两地区失学女童2000名;本市第三批青年志愿者和首批对口支教的青年教师已赴安顺、铜仁两地区工作。

帮扶菏泽、曹县　全年本市财政和企业投入项目资金、贷款贴息资金6450万元。其中,在曹县投入1000余万元,在菏泽其他县市投资5450万元,共兴办经济项目40多个。在曹县,帮助建设特种淡水鱼养殖示范基地,引入多类进口鱼种;本市各区市帮助结对乡镇发展特种种植、养殖示范园10个,其中李沧区投资建设的万亩桑园已见成效,年收入2000万元;青岛华佳公司投资470万元建设华佳(曹县)商贸城;市交通局投资250万元建设(曹县)琴岛汽车站;市教育系统资助70万元,帮助完善"普九"教育;市卫生系统援助130万元,帮助培训医务人员,提供医疗器械。在菏泽,青啤集团与菏泽合作的6万吨啤酒项目实现利税2363万元;青岛益佳集团投资938万元建设的罐头生产项目,盘活当地资产3000万元;青岛六合集团投资3000万元新上饲料项目,投产之后产值将达到3.6亿元。

参与西部开发

本市结合实际,提出了参与西部大开发的重点领域,明确了市直各单位、各部门参与西部大开发工作的职责。省委常委、市委书记张惠来及市委、市人大常委会、市政府、市政协10多位领导,多次分头率领代表团赴西部,就各经济领域的合作进行考察。企业签订合作开发项目50余项,启动的合作开发资金近15亿元。青岛建设集团在乌鲁木齐承揽了标的额3.5亿元的"成功购物广场"工程,在贵阳市设立了办事处。青岛海关、青岛港务局等分别与新疆、贵州等省、自治区的有关部门达成"海铁联运直通式运输"协议,为西部地区提供便捷的对外开放窗口,也为青岛以港兴市和建设北方航运中心开辟了新的途径。

(周培强)

·机关事务管理·

接待服务

2000年,市机关事务管理局接待党和国家领导人21人次,接待省部级领导780人次、厅局级领导2850人次;接待夏季来青疗养的省级老领导10人次,达114天次。圆满完成了市人大会议、市政协会议、2000年世界华人论坛、全国干部人事制度改革会议、民盟八届十次中常委会等100多次重要会议的接待服务工作。此外,局属各接待单位还接待了市党政机关安排的全国各地来青考察、学习、走访的大量零散客人。

年内,完成扩建、改造青岛八大关宾馆4栋接待楼工程。该工程被市委立项为本市2000年重点工程项目,工程竣工后将大大提高八大关宾馆的接待能力。

后勤服务保障

改善和加强市级机关安全保卫工作。年内,突出强化人身安全防卫,健全和完善财物安全防卫,发展提高防卫技术;实行"三个结合",即季节性重点检查和经常性检查相结合、专业人员抽查与群众性自查自防相结合、重点目标要害部位的检查与全方位普查相结合,在市级机关办公楼大院内建立起有效的安全防范网络。及时发现和妥善处置了各种不安全隐患和突出严重事件,确保了市级机关的正常工作秩序。年内,市级机关服务中心保安部被青岛市公安局记三等功。

强化服务管理。在会议服务方面,进一步量化、细化各项服务标准,强化服务质量管理和培训,提高了服务水平。卫生保洁实行对重点部位进行不间断走动式检查,彻底清除卫生死角。午餐服务做到伙食标准范围内精工细做,科学调剂,合理搭配,增加饭菜花色品种。市级机关办公楼大院环境保持绿化美化,动力设备保持安全高效运转。

对外经营

年内,市机关事务管理局与所属单位签订工作责任书,制订各单位经济指标和详细的目标考核办法及评分标准,对经济指标层层分解,责任到人;对完成经济指标的单位领导和职工进行奖励,对完不成经济指标的单位领导给予处罚。改革内部分配办法,实行单位经营毛利确定工资总额,激发职工的劳动热情。加大公关促销力度,实行一把手负总责,专业部门与全员公关促销相结合,提高了客房出租率和餐饮上座率,增加了营业收入。全年超额完成确定的经济计划指标。

(贾东明　谷岩青)

中国人民政治协商会议青岛市委员会

·九届委员会第三次会议·

2月24～28日在黄海饭店举行。出席会议的委员526人。省委常委、市委书记张惠来到会并作重要讲话。

会议听取并审议了市政协主席胡延森作的政协第九届青岛市委员会常务委员会工作报告和市政协副主席毕于岩作的政协第九届青岛市委员会提案委员会工作报告;增选徐世甫、闵祥超为政协第九届青岛市委员会副主席,王天林等8人为常务委员;讨论并通过了政协第九届青岛市委员会第三次会议政治决议。

与会人员列席了市十二届人大三次会议,听取并讨论了政府工作报告及其他有关报告,并围绕政府工作报告和青岛市国民经济与社会发展、国企改革、科技创新等内容进行了大会发言和专题讨论。

市政协主席胡延森,副主席李德珍、翁维权、梁有新、周广福等分别主持了本次会议。

·常委会会议·

第十次会议

1月20～21日举行。听取了市政协秘书长王心泰关于政协第九届青岛市委员会第三次会议筹备情况的汇报;听取并讨论了副市长马论业作的关于《政府工作报告》起草情况的几点说明和市人民检察院、市中级人民法院工作报告(征求意见稿);讨论通过了政协青岛市委员会2000年工作要点(讨论稿);审议通过了政协第九届青岛市委员会常务委员会工作报告和提案委员会工作报告(讨论稿),并确定报告人。还通过了市政协九届三次会议有关事项;协商通过了增补政协第九届青岛市委员会委员名单(草案)和增选政协第九届青岛市委员会常务委员候选人名单(草案)及人事任免事项。市政协主席胡延森、副主席李德珍分别主持会议。

第十一次会议

2月23日举行。协商通过了增补政协第九届青岛市委员会委员名单和增选政协第九届青岛市委员会副主席、常务委员候选人名单(草案);协商并通过了人事任免事项。市政协主席胡延森主持了会议。

第十二次会议

2月26日晚举行。听取了简报组组长王思建汇报各组讨论情况;审议通过了市政协九届三次会议政治决议(草案);协商并通过了总监票人、监票人名单(草案),商定总计票人、计票人名单。市政协主席胡延森主持了会议。

第十三次会议

2月27日举行。听取了各组对审议会议政治决议(草案)、选举办法(草案)和协商增选政协第九届青岛市委员会副主席、常务委员候选人名单(草案)情况的汇报。市政协主席胡延森主持会议。

第十四次会议

4月20日举行。传达了全国政协九届三次会议精神(书面);听取了《关于我国加入WTO后的形势及对策研究的报告》和《关于抓住西部开发机遇,推动我市经济的快速发展的报告》;协商通过了关于增补市政协人口资源环境委员会副主任名单。市政协主席胡延森作了重要讲话。

第十五次会议

7月13～14日举行。传达学习了全国政协九届十次常委会会议和山东省政协八届十一次常委会会议精神(书面);听取了市委常委、副市长邹立健作的上半年经济运行情况及下半年主要工作的通报,市政协副主席徐世甫作的市政协2000年上半年工作情况和下半年工作意见的报告,市中级人民法院院长任群先作的市中级人民法院关于执行工作的情况报告,市政协经济委员会副主任、经济工作办公室主任郑淑锦作的政协青岛市委员会常务委员会《关于推进我市农业产业结构调整的建议案》的说明。就如何抓住西部开发机遇,促进本市经济发展进行了专题讨论。

通过了《关于推进我市农业产业结构调整的建议案》,并作为常委会会议《建议案》报市委。还通过关于增补闵祥超为市政协港澳台侨和外事委员会主任名单。市政协主席胡延森,副主席李德珍、周迪颐分别主持会议。

第十六次会议

10月9～10日举行。传达学习了山东省政协纪念中共中央总书记江泽民关于政协工作重要讲话发表1周年座谈会暨八届十二次常委会会议精神(书面);听取了市经委副主任王帆汇报国有企业改革与脱困情况和市建委主任罗永明汇报建委系统工作情况;通过了新修订的《中国人民政治协商会议青岛市委员会提案工作条例》。市政协主席胡延森、副主席刘斌宗分别主持会议。

·主要工作与重要活动·

工作概况

2000年,市政协共组织专题协商会议30余次,召开报告会、情况通报会、研讨会、论证会60余次,调研和视察活动110余次,形成建议案、调查和视察报告44份;政协委员共提出提案771件,确定立案739件,立案率为95.85%,年内已办结731件,占立案提案的98.9%,委员满意和基本满意率为98%。反映社情民意近300条,编辑出版文史资料200多万字。

履行职能

年内,围绕国有企业改革、西部大开发、科技创新、个体私营经济、城市建设与管理、旅游产业、海洋开发与利用、农村经济发展等，开展调查研究和视察活动，形成调查、视察报告和建议案30余份。其中，《关于我市农业产业结构调整的建议案》所提出的20条建议被市政府分解成14项具体任务，落实到各责任单位；《关于我市积极参与西部大开发，推动经济快速发展的建议案》所提意见、建议被市委、市政府有关部门采纳；《关于加快海洋生物基因研究开发步伐的建议案》受到有关部门重视；《关于加快我市科技创新与高新技术产业化的建议》、《关于加快我市旅游业发展的建议案》、《关于加强生态环境建设，促进经济社会可持续发展几个问题的建议案》、《关于我市小城镇建设的调查报告》、《关于尽快扩建青岛市产品质量监督检验所的建议》等，为市委、市政府决策提供了重要参考依据。市政协常委会会议就"参与西部大开发，振兴青岛经济"、"关于国有企业改革与发展"等战略性课题，进行专题讨论，形成了2份建议报告和20余万字的论文材料，受到有关方面的重视。

围绕全市的工作重点和人民群众关心的问题进行调查研究。会同致公党、九三学社市委会对大沽河水源污染问题进行跟踪调研，对沿河城区污水排放，特别是污水处理厂出水去向问题提出了治理建议，市长办公会议作了专题研究。市、区两级政协联合组成6个调查组，调查研究社区思想政治工作，提出了《关于我市社区思想政治工作的调查报告》，得到市委、市政府领导重视，及时安排有关部门研究落实。《关于对我市预防未成年人犯罪工作情况的调查报告》、《关于进一步推动我市老年教育事业发展的建议案》、《关于综合治理张村河的建议案》、《关于尽快在我市恢复工读学校建议案》、《关于对我市私营企业推行集体合同制度工作情况的视察报告》、《关于对我市穆斯林有关设施建设问题的建议》等，也都引起了市委、市政府的重视。

为发挥民主监督作用，组织4个专门工作委员会，历时2个月，通过视察、召开座谈会、走访、问卷调查等形式，广泛听取意见，对市建设系统的工作进行了全面评议。

对外联谊与党派、团体合作

加强同港澳地区的青岛市政协委员和港澳台同胞、海外侨胞的联系。通过"三胞"联谊组织邀请港澳台和海外朋友，参加青岛大型节庆和经贸活动，积极宣传本市改革开放的形势和各项方针政策，促进经济、文化交流和合作；召开了"促进祖国统一海外联谊研讨会"，促进祖国和平统一。支持民主党派、工商联和有关人民团体参与重大问题的协商与监督，在政协组织中发挥重要作用。为确定市政协工作目标任务，及时同各民主党派、工商联、有关团体和各区、市政协进行协商，就共同关心的问题进行联合调研和视察。通过走访和举办委员接待日等形式，倾听委员的意见，关心委员的学习和生活，使委员有更多的机会发表意见和建议，反映所联系的各界群众的愿望和要求，促进社会各界的联系与团结。

政协工作规范化、制度化建设

年初，中共青岛市委下发《关于进一步加强政协工作规范化、制度化建设的若干意见》（青发［2000］2号），提出了对有关部门的工作进行民主评议、颁发委员视察证、召开"议政会"、市党政领导接待委员等新举措。年内，市政协办公厅和各专委会加强了与市委、市政府有关部门的配合；市政协与市政府多次召开秘书长联席会议，商讨政协履行职能的实施意见；市政府调查研究室还专门作出了配合市政协进行调研的有关规定，并提出了全年进行联合调研的题目。9月，市委、市政府、市政协领导带队，联合对全市各区、市政协工作规范化、制度化建设情况进行了全面检查，并联合下发文件，通报各区、市党委、政府及有关部门。修订了《政协青岛市委员会提案工作条例》，召开了提案工作理论研讨会，并会同市人大常委会、市政府就全市提案办理工作进行检查、视察，使提案办理工作更趋完善和规范。

宣传工作与文史资料征集

年内，市政协办公厅与新闻单位合作，在青岛电视台和青岛人民广播电台分别举办了"委员论坛"（全年共播出26期）、"提案追踪"（全年播出50期）专题节目，探讨社会热点、难点问题，宣传党和政府方针政策。编辑出版了《青岛历史文化名人传略》、《文史资料撷英》等史料丛书。

重要活动

2月29日，第三届青岛市政协之友联谊会第三次会员大会在黄海饭店召开，市政协主席胡延森到会并作了重要讲话。

3月15～20日，市政协主席胡延森应邀出席在济南举行的山东省政协八届三次会议。

市政协主席胡延森（左二）视察本市公用事业　（市政协办公厅供稿）

3月3～11日，市政协主席、全国政协委员胡延森等出席在北京举行的全国政协九届三次会议。

4月11日，市政协主席胡延森在府新大厦会见来访的美国关岛大学校长耐德道格。

4月11日，市政协主席胡延森在丽晶大酒店会见日本和歌山县—山东省友好都市协会访问团一行。市政协副主席闵祥超、秘书长王心泰会见时在座。

4月24～27日，市政协主席胡延森、副主席张纪良率青岛市个体私营经济考察团，赴温州、台州考察个体私营经济发展情况，并形成《关于温州、台州个体私营经济考察报告》。

5月9～12日，全国政协副主席周铁农率全国政协委员视察团对本市社区建设工作进行视察。市政协主席胡延森，副主席周迪颐、杨作升，秘书长王心泰陪同视察。

5月17～18日，市政协副主席李德珍率部分经济界委员赴菏泽地区曹县考察对口帮扶政策和经济合作项目。

5月19日～6月8日，市政协副主席李德珍和市政府对口支援办公室负责人率市政协经济委员会部分政协委员和企业负责人，赴西安、甘肃、新疆、成都、云南、贵州等地考察西部开发情况。

6月2～4日，应全国政协港澳台侨委员会邀请，以泰国海南会馆永远名誉理事长、泰国欧兰集团董事长欧宗清为团长的泰国华人企业家工商考察团一行20人访青。市政协主席胡延森，副主席闵祥超，秘书长王心泰会见考察团一行。

6月13～15日，市政协党组成员李宝芳等3人赴荣成、烟台学习考察技术开发与科技成果转化情况。

6月21～24日，市政协主席胡延森应邀出席在北京举行的全国政协九届十次常委会会议。

7月1～2日，全国政协副主席万国权来青出席青岛第十七中学“致明班”毕业典礼活动。市政协主席胡延森陪同在青活动。

7月10～13日，全国政协副主席杨汝岱应邀出席2000年青岛对外经济贸易洽谈会和青岛海洋节开幕仪式。市政协主席胡延森、副主席刘斌宗等陪同在青活动。

7月20～25日，全国政协副主席罗豪才出席在青召开的致公党中央常委会议。市政协主席胡延森、副主席翁维权陪同在青活动。

7月29日～8月2日，全国政协副主席陈锦华率全国政协常委视察团，视察本市“十五”期间产业结构调整情况。市政协主席胡延森、副主席李德珍陪同视察。

7月31日～8月4日，市政协举办第三期全市政协主席、秘书长读书班。期间，组织赴潍坊、淄博学习考察。

8月10～21日，市政协主席胡延森参加了驻鲁的全国政协委员赴新疆调研活动。

8月14日，应全国政协和全国台湾研究会邀请，以台湾立法院国会助理、工会常务理事、立法委员叶宪修，国会助理钟年文为团长的台湾公职人员助理2000年大陆参观团一行25人访青。市政协主席胡延森会见并宴请参观团一行。

8月14～16日，山东省政协提案工作理论研讨会议在青召开，省政协副主席崔惟琳在会上作重要讲话；市政协副主席毕于岩出席会议，市政协提案委员会副主任、提案办公室主任宋修亭在会上作了题为《关于把握层次类型发挥提案的最大效能》的发言。

8月29日，市政协第二届“三胞”海外联谊会第一次会议在黄海饭店召开。选举许善义为会长，郭存忠、徐宝芝、李诺先、康宝驹为副会长，孙建英为秘书长。市政协主席胡延森、副主席闵祥超分别在会上讲话。

9月10～13日，北方七省、市（北京、天津、河南、河北、山西、内蒙、山东）政协工作研讨会在青召开。市政协主席胡延森应邀出席。

9月18～20日，市政协副主席刘斌宗出席在上海市举行的华东六省一市第八次政协工作座谈会，并作了题为《提高认识，不断探索，努力做好新形势下的民主监督工作》的发言。

9月19日，市政协主席胡延森出席在济南召开的山东省政协纪念江泽民总书记在庆祝人民政协成立50周年大会上讲话发表1周年座谈会。

9月20～21日，市政协主席胡延森应邀出席在济南举行的山东省政协八届十二次常委会会议。

9月26～28日，市政协副主席闵祥超出席在昆明召开的全国十四城市政协工作联谊会暨政府经济技术协作会第十五届年会，并作了题为《坚持两大主题，加强“两化”建设，切实做好新时期的人民政协工作》的发言。

10月16～18日，市政协主席胡延森应邀出席在北京举行的全国政协九届十一次常委会会议。

10月17～19日，市政协副主席毕于岩，提案委员会副主任、提案工作办公室主任宋修亭出席了在武汉召开的全国计划单列城市政协提案理论研讨会，并提交了题为《浅谈把协商讨论作为民主监督的主要形式在提案工作的实践意义》的文章。

10月18～29日，市政协主席胡延森率团出访西班牙、葡萄牙两国，并就西班牙迈斯顿集团公司在青建立欧洲工业园等项目进行了洽谈。途经香港时，看望了驻香港的青岛市政协委员。

11月30日，全市政协提案工作理论研讨会召开。市政协副主席毕于岩主持会议并作重点发言。

11月28日～12月14日，市政协主席胡延森，副主席周广福、张纪良，秘书长王心泰率驻青省政协委员赴德州视察个体私营经济发展情况。

12月1～14日，市政协委员“知情视察”全面开始，共分5个视察团，先后对教育、城市规划、环保、市政、侨务、台湾事务等工作进行了视察。

12月26～28日，市政协主席胡延森应邀出席在济南举行的山东省政协八届十三次常委会会议。

12月26～28日，市政协副主席闵祥超，港澳台侨和外事办公室副主任于大伟，出席在北京召开的全国政协港澳台侨工作交流会，并分别在会上发言。

（王　青）

中共青岛市纪律检查委员会(青岛市监察局)

·纪检监察工作概况·

领导干部廉洁自律工作

年内,对全市281名正局级以上领导干部配偶、子女的从业情况进行了摸底、登记、核查。对用公款为领导干部住宅配备电脑和支付上网费用的情况进行了清理和纠正。对“不准领导干部的配偶、子女利用领导干部的职权和职务上的影响收受礼金、有价证券和贵重物品”等规定的落实情况加强了监督检查。据统计,全市县处级以上领导干部上交礼品、礼金价值79.9万元。对部分领导干部超标住房和利用住房制度改革之机以权谋私等问题,按有关规定进行了处理。在党政机关中开展了清退借用小汽车工作,对不符合规定的68部小汽车全部予以退还。修订规范了公款出国(境)管理办法,实行了领导干部出国(境)管理责任制。制定了领导干部外出报告制度,加强了对工作时间以外活动的监督。

查办案件工作

全市纪检监察机关共立查各类违纪案件809起,比上年上升2.7%,结案778起,结案率96.2%。给予726人党政纪处分,其中304人受到撤销党内职务以上处分、34人行政降级以上处分。在受处分的党员干部中,县处级以上干部57人,乡科级干部57人。自3月开始,市纪委会同市检察院、市中级法院、市公安局、市审计局、市财委、市国税局、市商业总公司等单位,对“青岛百货集团公司”非正常亏损问题进行了全面调查剖析,对有关人员失职渎职、盲目决策、恶意经营、以权谋私等问题进行了严肃查处,共处理违法违纪人员34人,其中移送司法机关追究刑事责任的11人。通过查办案件,挽回经济损失1.03亿元。

年内,在全国纪检监察系统首家实行对署实名信访举报案件快查快结、限期答复制度,得到了中央纪委、省纪委和市委主要领导的肯定,新华社、《人民日报》、《法制日报》及中央、省、市电视台等均对此作了报道。运用“两规”措施查办案件工作、实行查办案件目标管理试点工作,分别被中央纪委、省纪委向全国、全省推广。案件审理工作得到中纪委肯定。11月,中央纪委、监察部在青岛召开案件审理工作研讨会议,市纪委作了分析疑难申诉案例的发言。

纠正部门和行业不正之风

纠正医药购销不正之风 先后对2733家医药生产、经营企业和医疗单位进行了检查,取缔和处理705家违法经营药品业户,没收、查封和销毁了一批假药劣药,开展了药品集中招标采购试点工作。本市医药购销纠风工作,得到中央纪委、省纪委的肯定,国务院纠风办、省政府纠风办分别推广了青岛市的做法;药品集中采购和公开招标采购制度被新华社、《人民日报》等中央、省、市媒体作了报道。

减轻农民负担 认真落实农民负担预决算、监督卡、专项审计等制度,加强了对村提留乡统筹提取使用和各种税费征收情况的监督检查,各项减轻农民负担政策得到较好落实。

减轻企业负担 对50余个行政事业性收费重点单位的费用征收及票据管理进行了清查,查处了一批超标收费、违规收费问题,取消了27项收费项目,累计减轻企业负担5.1亿元。

纠正其他行业不正之风 围绕实现全国首批公路无“三乱”的目标,开展了创建“绿色通道”、“平安大道”和文明样板路等活动,巩固了治理公路“三乱”的成果。对上百所中小学的收费情况进行了专项检查,对发现的问题及时地进行了纠正。

行风评议 组织社会各界48000余人对12个纠风重点单位和行业进行了行风评议,组织560个企业、9000余名职工对9个政府部门进行了政风评议,系全省首创,得到了省纠风办的肯定,《中国监察》也作了专题报道;按照省里的部署积极组织开展了“万家企业评行风”活动,促进部门和行业作风进一步好转。

从源头防治腐败

收支两条线工作 全市行政事业性收费和罚没收入全部实行了“收支两条线”,市级实现了票款分离,12个市、区也达到了中央提出的6条标准。本市此项工作的做法和经验,被新华社作了报道,在全国收支两条线工作会议上作了发言。《关于对违反行政事业性收费和罚没收入“收支两条线”管理规定行为的党政纪处分暂行规定》,得到中央纪委的肯定,《中国纪检监察报》作了专题介绍。

有形建筑市场工作 本市有形建筑市场不断完善,应招标和应公开招标的工程全部实行了招标和公开招标,得到建设部、监察部联合调研组的肯定,《中国纪检监察报》、《中华建筑报》、《青岛日报》、新华网专电介绍了有关情况。市级有形建筑市场的招标率、应公开招标工程公开招标率连续2年达到了100%,在全国大中城市中居一流水平。在全国率先实施了投标人资格预审制度,率先开展了建设监理、建筑消防工程的招标投标,全国建设工程项目执法办公室、省建设工程项目执法监察办公室分别推广了青岛市的经验。

政府采购工作 制定了相应的制度规定,加强了对采购行为的规范和监管。各市、区和市直单位相继实行的不同形式的会计委派制度得到稳步推行,市级机关试行的工资统一支付试点工作进展顺利。

党政机关与所办经济实体脱钩工作 各市、区的清理任务基本完成,市直机关已脱钩75%。军队、武警部队和政法机关不再从事经商办企业活动的收尾工作顺利完成。

经济责任审计 对50名市直单位和企业的主要负责人进行了经济责任审计,强化了对领导干部的经济监督。市政府出台了《青岛市行政审批制度改革

实施方案》,为下步改革奠定了基础。

推行政务公开 村务公开、厂务公开、政务公开工作不断深化,逐步走上规范化路子。省厂务公开协调小组2次向全省推广青岛市厂务公开工作经验,市纪委总结的3个厂务公开典型在全省厂务公开专题会议上作了介绍。政务公开工作的情况被省监察厅转发介绍。

执法监察

对社会保障资金和国债资金的管理、使用情况进行了专项检查。其中,涉及社会保障资金4.4亿元,涉及国债资金7.9亿元,对违规的资金按规定进行了处理。对国债执法监察工作得到国家审计署的肯定。对粮食流通体制改革的政策执行情况进行了检查,查处粮食市场违法案件583件。加大了建设工程项目执法监察力度,查纠了一批违规违章工程和施工企业,有关做法得到省建设工程项目执法监察办公室的推广。全市两级监察机关执法监察共立项27个,涉及单位5912个、资金17.4亿元,清出违规、违纪和使用不当资金3249.9万元,挽回经济损失7181万元。

企业党风廉政建设

在全市国有企业中广泛开展了以"青岛百货集团公司"非正常亏损调查剖析为主要内容的警示教育,对68名大型国有集体企业主要领导人员集中进行了廉政培训。对中央提出的企业领导人员"五条规定"的落实情况开展了监督检查,对30个市直大型企业领导人员的经营行为和廉洁自律情况进行了全面考核,制定了加强企业领导人员廉洁自律、对企业经营管理者进行监督、治理困扰企业发展问题的制度规定,进一步促进了企业的改革与发展。

党风廉政宣传教育

在全市党员干部中深入开展了以胡长清、成克杰等重大典型案例为主要内容的警示教育活动,认真学习《邓小平论党员领导干部廉洁自律》等教材,组织观看了《生死抉择》电影和《胡长清案件警示录》等电教片,还采取举办培训班、交流会、展览会、报告会、上党课等形式,增强党风廉政教育的实效。坚持对新任市管干部的党风廉政培训,强化党性党纪观念。本市在全省纪检监察宣传教育工作会议上作了党风廉政宣传教育工作经验交流发言;市纪委、市监察局被评为全省纪检监察新闻宣传先进单位。

党风廉政建设责任制

坚持把实行党风廉政建设责任制、落实"一岗双责",作为推进党风廉政建设和反腐败斗争的重要措施。制定了年度反腐败工作实施意见,细化分工,明确责任,进行了统一部署;实行了党风廉政报告会、廉政述职评议和廉政谈话等制度,加强了督促检查;落实党风廉政建设责任制,坚持把党风廉政工作纳入经济和业务工作总体目标进行统一考核,并把考核结果作为年度奖惩和干部使用的重要依据;加大了责任追究的力度,先后对20名干部追究了责任。有关制度和经验,被中央纪委、监察部向全国推广。

纪检监察信息工作

全年共编发《青岛纪检监察信息》135期,《情况交流》22期;专报中央纪委、省纪委信息306期,被采用110多条,其中中央纪委《反腐败简报》采用并直接送中央政治局常委3条,专报信息被采用量居全省第一。年内,市纪委、市监察局被中央纪委、监察部评为全国纪检监察信息工作优秀信息点,被山东省纪委评为信息工作先进单位。

·重要会议与活动·

重要会议

1月27日,市纪委召开第二次全体会议。

1月28日,全市党风廉政建设和反腐败工作会议召开。传达贯彻中共中央总书记江泽民讲话和中央纪委四次全会、省纪委第三次全会精神,部署2000年工作,表彰廉洁勤政先进典型。

4月5日,全市党风廉政建设报告会召开。根据"青办发[2000]4号"文件精神,原则上每季度召开1次报告会,每次由3~4个单位进行报告,由与会人员当场对报告单位进行评议,评议结果作为考核、任用干部的重要依据。

4月6日,全市纪检监察法规工作会议召开。

5月7日,全市纪检监察宣传教育工作会议召开。

5月19日,全市建设工程项目执法监察工作暨有形建筑市场建设工作座谈会召开。

7月18~20日,中央纪委内部刊物发行工作会议在青召开。中央纪委副秘书长、办公厅主任金道铭,山东省委常委、省纪委书记赵春兰参加会议。

8月3日,全市纪检监察工作座谈会暨查办案件工作表彰会召开。传达华东地区纪检监察工作座谈会和全省市地纪委书记座谈会精神,表彰办案先进典型。

8月11日,全市企业效能监察工作座谈会召开。

9月6日,市区会计委派工作座谈会召开。

10月8日,全市警示教育工作通报会召开。

11月9日,青岛市监察局聘请第四批特邀监察员会议召开。

11月17日,中央纪委案件审理工作会议在青召开。中央纪委审计室主任王和民、山东省纪委常委薛玉振参加会议。

重要活动

1月10~15日,市委常委、市纪委书记崔锡柱参加中央纪委在北京召开的中央纪委第四次全体会议。

1月23~26日,市委常委、市纪委书记崔锡柱,市纪委副书记、市监察局局长王珍宝参加山东省纪委在济南召开的省纪委第三次全体会议。

2月29日~3月4日,市纪委举办市管领导干部党风廉政建设培训班。

3月13~15日,中央纪委副书记傅杰来青检查工作。

4月18日,市委常委、市纪委书记崔锡柱随中央纪委代表团参加在荷兰召开的国际反腐败研讨会。

5月21~24日,市纪委副书记王熙耀在潍坊参加全省纪检监察机关查办案件工作会议,并作题为《运用"两规"措施有效突破案件》的发言。

7月4日,市纪委副书记、市监察局局长王珍宝参加山东省委在济南召开的全省干部队伍建设工作座谈会。

7月26~28日,市监察局举办全市监察局长学习班。

8月29日,市纪委副书记王熙耀参加在长春市参加全国副省级城市纪检监察工作研讨会,并作题为《论集体访的形成及对策》的发言。

9月17日，市纪委副书记、市监察局局长王珍宝在合肥市参加全国省、区、市纪检监察信息工作座谈会。

9月27～28日，俄罗斯监察总署署长利索夫一行7人由中央纪委副秘书长、办公厅主任金道铭陪同访青。

9月28日，中宣部教育局副局长柳丁率中央和山东省警示教育检查组，由省纪委常委张天民陪同来青检查。

10月28日，监察部副部长左连壁率全国厂务公开调研检查组一行5人，由省总工会副主席陈维义陪同来青检查。

10月30日，中央纪委执法室主任杨伟民率中央纪委、监察部调研组来青调研有形建筑市场工作。

11月13日～12月2日，市委常委、市纪委书记崔锡柱，市纪委副书记、市监察局局长王珍宝对有关市、区党政主要领导进行廉政谈话。

12月24～28日，市委常委、市纪委书记崔锡柱在上海参加华东地区纪检监察工作座谈会，并作题为《用好“两规”措施有效突破案件》的发言。

（吕新藻）

民 主 党 派

中国国民党革命委员会青岛市委员会

组织建设

2000年，发展新党员9人，平均年龄40岁，均为大专以上文化程度，并具中高级职称。其中，研究生2人，大学本科4人。年初，顺利完成了12个基层组织的换届工作，选出支部委员44人。其中，新当选委员21人，大专以上学历35人，中上层人士32人。委员平均年龄50.5岁。开展形式多样的思想教育活动。按照民革省委的有关部署，组织全体民革党员认真学习江泽民总书记“三个代表”的思想，学习中共中央关于加强思想政治工作的决定和民革中央副主席周铁农关于加强民革党员思想政治工作的重要讲话；组织开展山东民革50周年党史、党章知识竞赛活动。

参政议政

认真履行参政党职能 在市政协九届三次会议上，民革届别政协委员向大会提交提案119件。其中，《建立儿童医疗保险制度，完善社会医疗保障体系》被评为大会精品提案。由民革市委会起草、以民革山东省委名义提出的提案《关于黄河断流和水沙剧减引起的黄河口资源环境的严重破坏问题及对策措施建议》，受到省政府领导和有关部门的好评。年内，各支部围绕本市热点、难点问题上报的社情民意、“一人一案”计114件。18名民革党员被市有关部门聘任为特邀监察员、检查员、廉政监督员等。

做好促进祖国统一工作 4月，组织本市全体民革党员听取来青视察工作的民革中央副主席李赣骝关于海峡两岸关系的报告。民革市委祖国统一委员会坚持开展“话统一日”活动，深入批驳“台独”分子分裂祖国的罪恶行径。民革市委会邀请市台办、市委统战部、市黄埔同学会、市台联及部分台属举行了中秋联谊会。

参与精神文明建设 民革市委会所属青岛中山书画研究会先后为北海舰队航空兵某部、青岛警备区等单位举行拥军笔会。国庆期间，举行庆祝建国51周年笔会，并与市北区国画院共同举办国庆画展。举办各种联谊会7次。

公益活动

青岛中山学校先后与青岛启迪微软培训学校、交通部电视中专合作办学，开展了高、中级计算机及网络培训和客运管理中等专业学历教育。年内，与有关单位合作培训中、高级计算机应用技术人员及网络技术人员110人次，2年制中专在校生57人。

（萧观庭）

中国民主同盟青岛市委员会

组织建设

全年发展新盟员20人，平均年龄41.6岁。其中，8人有高级职称，2人有硕士研究生学历。至年底，全市共有63个基层盟组织，盟员1 285人。3月31日，民盟黄岛区总支委员会成立。年内，4个基层组织换届改选。4月，选派2名基层组织负责人到市政府部门挂职。11月，推荐12名基层组织负责人到市社会主义学院脱产培训1周。

4月，在民盟中央召开的学习邓小平理论经验交流会上，民盟市委会组织撰写的《以邓小平理论为指导，认真做好民主党派工作》的论文，作为山东省唯一的代表文章，参加了大会交流；8月，举办了为期2天的新盟员暨基层骨干学习班；10月，组织民盟市委会机关工作人员赴湖南、贵州、广东等地，学习考察当地民盟组织的先进经验。全年出刊《青岛盟讯》4期，共印刷5 600册。

参政议政

年内，民盟市委会主要领导人参加市级重要协商会、座谈会及情况通报会13次；参加对口联系单位召开的通报会、座谈会、课题立项、技术方案论证会等30余次。对本市的改革开放、城市建设、科技教育发展、党风廉政建设等方面提出意见和建议，受到市有关领导的重视和好评。青岛市“十五”计划（讨论稿）下发后，民盟市委会主要负责同志广泛征求盟员意见，向中共市委、市政府提出了许多建议，均被采纳。民盟市委会参政议政领导小组先后召开工作会议2次，根据其成员的专业特长，选定了5个课题，分头进行调研。全市有26名盟员担任市、区级特约监察员、廉政询问员、检查员、审计员和教育督导员。

在市政协九届三次会议上，民盟市委会提交提案4份，盟内市政协委员提交个人或联名提案90件。盟内人大代表、政协委员在市级以上“两会”期间，共提交议案、提案、建议121件。

公益活动

继续办好山东师范大学夜大学青岛分校，学校设立了中文、英语、法律、美术、财会等专业。年内，在校生616人，其中本科生255人；毕业306人，其中本科生81人；招收新生197人。举办了中老年书画培训班，招生45人，学制2年。

6月27日和9月26日，组织医学专家分赴即墨市普东镇和崂山区王哥庄街道办事处晓望村为农民义诊，共接诊200余人。教师节前夕，组织医学专家为全市盟员教师义诊。

响应全国妇联倡议，全市20多个基层组织的盟员参加“爱心奉献西部，捐建集雨水窖”活动，共捐人民币5 080元。11月2日，民盟市委妇委会12名委员，赴即墨市鳌山卫镇白庙乡青岗岭小学，开展“扶贫捐资助学”活动，每人捐款100元。国庆期间，民盟美术研究会先后举办了4次大型笔会。

年内，全市盟员中有40余人次获得各种奖励；11人次参加了国际学术交流活动；发表论文60余篇，出版教材、画册、专著等30余册。

（林晓华）

中国民主建国会·青岛市委员会·

组织建设

2000年，全市会员总数765人，平均年龄55.7岁。其中，新发展会员38人，平均年龄36.4岁，学历全部大专以上(其中研究生7人)；全国政协委员1人、省政协委员3人、市政协委员26人、区政协委员48人；省人大代表1人、市人大代表7人、区人大代表3人；市级特邀监察员和检察员14人、区级13人。年内，对基层组织进行了调整，现有总支6个、支部49个；1个总支被评为民建全国先进集体、3个总支被评为省先进集体、6名会员被评为民建山东省优秀会员，38名会员被推荐参加中共青岛市委统战部举办的民主党派后备干部培训班。

参政议政

在市十二届人大三次会议和市政协九届三次会议上，本会政协委员、人大代表共提交提案、议案84件，其中政协提案65件、人大议案19件。市委会提交集体组织政协提案4件，均得到市政府办公厅答复，其中《关于加强基础测绘工作案》还在市政协会上作了大会发言；《关于我市物业管理存在的问题和对策》和年内与民革市委联合调研的《对我市半截子工程的建议》提案，分别被青岛电视台、青岛人民广播电台作为专题进行采访、播放，并被市联合提案办公室评为一等奖。

全年共举行“议政日”活动6次，编写《议政简报》7期，提出建议100多项。其中，7期《议政简报》都得到市政府领导和有关部门的批示和落实。《青岛民建》年内出刊6期。

年内，完成了7个专项调研并形成调研报告。其中，《关于民建参与西部大开发的思考》参加了民建中央在上海召开的“华东六省一市东西部联动发展研讨会”和市政协“支援西部专题讨论会”并作大会发言；《努力提高我省城市空气质量，为实施经济国际化、战略化服务》和《黄河下游的根本问题及治理建议》均在省政协会上提交；与民进市委、中共青岛市委统战部进行联合调研，形成了《我市大型零售百货商场存在的问题与对策》和《民建企业家思想状况问卷调查》。

公益活动

组织会员为西部“集雨窑”工程捐款1万余元。组织8家会员企业参加了省民建组织的赴菏泽考察活动。举办了国庆座谈会、庆祝民建成立55周年暨“集雨窑”献爱心活动、纪念马绪涛主委逝世5周年座谈会等。民建市委会共有5所学校，在校生160人；全年共培训8 351人次，其中在《新会计法》和职称、上岗证等方面培训650人次，成人高考辅导班85人次。

（高树青）

中国民主促进会·青岛市委员会·

组织建设

2000年，全市发展新会员16名，其中5人有高级职称、5人有研究生学历，平均年龄37岁，代表性人士比例增加。全市会员人数329人，平均年龄55岁，会员队伍结构有一定改善。

参政议政

在市人大、市政协会议期间，提报提案、建议76件，全部立案，比上年多8件，增长58%。其中，党派提案《把握教育的战略地位，构建教育的创新体系》和委员提案《关于加强农业职业教育案》被评为优秀提案。在市政协九届三次会议上，《让全社会都来贯彻〈预防未成年人犯罪法〉》的大会发言和《建立工读学校》的建议已被中共青岛市委、市政府采纳；党派提案《关于加强量化分析加入WTO对我市行业企业影响程度的建议》经分管市长批示采纳。

日常提案9件，反映社情民意91件，调研报告3份。与致公党联合调研形成的报告《加快推进我市“走出去”到境外投资办厂》被市委统战部评为联合调研二等奖。全年共发表关于民主监督的理论文章4篇；各专委会共活动14次，写出调研报告2份，提案7份；在《青岛日报》“统一战线专栏”发表文章10篇，受到市委统战部表扬；发布《青岛民进信息》20期；出刊《青岛民进》共4期，开辟了“会员论坛”专栏。

全年接待来信来访46人次，解决了8件会员反映较重要的问题；接待了来自11个省、直辖市84人次来青考察学习人员。

公益活动

各专委会组织发动全体会员参加“尊师重教一元钱活动”、“在青岛地区建青岛林活动”、“手拉手情系老区活动”、“献爱心资助西部建筑雨水窖活动”、“对口支援贵州铜仁活动”，全年捐款4 359元、微机2台、衣物被褥100余件。

（董晨枝）

中国农工民主党·青岛市委员会·

组织建设

全年发展新党员21名。青岛卫生学校和青岛疗养院支部完成换届工作。秘书长以上领导参加省、市社会主义学院举办的学习班、读书班2期，参加考察、调研11次，组织后备干部参加培训、学习3次。

参政议政

年内，重点开展社会保障体系完善、农村卫生改革、老年教育、住房二级市场开发等课题调研。同时做好委员提案、建议的组织工作。在年内召开的市政协常委会、各工作委员会等会议上，分别作了《农工党如何参与西部大开发》、《以中医药为纽带加强海外联谊促进祖国统一》、《加快国有企业改革的几点建议》等大会发言。在市政协九届三次会议上，共提交组织提案10份、委员提案28件。其中，《将结核病防治纳入民心工程》提案，得到中共青岛市委、市政府高度重视，《人民政协报》、青岛电视台、《青岛日报》等予以报道。在市十二届人大三次会议上，提交建议16件。

理论宣传

年内，在中央、省、市新闻媒体发表稿件多篇，其中《人民政协报》2篇、《前进论坛》1篇、《齐鲁前进》3篇、《青岛日报》10篇；被青岛电视台新闻报道2次、“委员论坛”专题报道3次，青岛人民广播电台报道2次。编辑出版了庆祝农工党成立70周年精装本专题纪念册；出刊《青岛农工》4期。

公益活动

年内，共组织义诊6次，诊治病人或接受咨询千余人次。其中，为社会福利院老人查体、赴革命老区沂水义诊、为胶州外商和机关干部义诊，都产生了较好的社会效益。组织学术讲座3次，听众人数350人次。支持国家“春蕾工程”，继续向贵州遵义地区20名贫困女童提供了援助。

（鲜　燕）

·中国致公党青岛市委员会·

2000年，全市发展新党员6名。其中，港澳台侨眷属4人，5人有高级职称。全市有4个基层支部，党员126人。9月22日，致公党青岛市委会召开纪念中国致公党成立75周年座谈会。

参政议政

年内，市人大、政协“两会”期间，市委会和本党籍各级人大代表、政协委员共提出提案、议案84件(其中与其他党派市委会联合提出3件)，比上年增长31%。其中，全国人大会议5件，全国政协会议4件；省政协会议5件；市人大会议15件，市政协会议42件。

市委会主委翁维权在九届全国人大三次会议提出了5项立法议案，其中《关于制定〈华侨在国内合法权益保护法〉的议案》、《关于修改〈野生动物保护法〉的议案》、《关于制定〈普及科学知识法〉的议案》已立案。

市委会领衔调研的《关于优化我市投资软环境》的调研成果获本年度党派联合调研一等奖。在12月召开的市人大常委会、市政府、市政协联合表彰会上，市委会《关于对外开放工作建设案》、《关于高度重视海外“新移民”和归国留学生工作案》和党员马波《关于把特色鲜明的高科园带入21世纪案》等3个提案被评为青岛市1998～1999年度优秀政协提案。

全年市委会负责人共参加中共青岛市委、市政府相关会议和与市政府相关职能部门对口会议共100余次，向中共青岛市委、市政协提交了《关于西部大开发的几点思考》等书面意见和建议。市委会领衔与民盟市委会、市侨联、市留学人员服务中心联合开展“进一步做好归国留学人员工作”课题的调研，并形成调查报告。

海外联谊

全年共接待海外人士400余人次；引进外资项目4个，引进外资6000余万美元；党员出国探亲及参加经贸和学术活动10人次。

9月，致公党中央副主席、市委会名誉主委郑守仪参加致公党中央代表团赴菲律宾、泰国进行外事活动；10月，市委会副主委古堂秀随致公党山东省委访问团赴菲律宾，参加菲律宾洪门致公党成立100周年的纪念活动和世界洪门恳亲大会。

在市政协海外联谊工作研讨会上，市委会作了题为《认清形势，开拓新路子，努力开创海外统战工作新局面》的书面发言。

维侨工作

年内，市委会组织全市党员讨论了《中华人民共和国归侨侨眷保护法(征求意见稿)》，提出了不少修改意见；市委会负责人参加了市人大法制委员会征求《中华人民共和国归侨侨眷保护法(征求意见稿)》修改意见的座谈会，并提出了修改意见。市委会主委翁维权于10月参加全国人大对江西、湖南的侨务立法调研，12月参加全国人大对黑龙江省侨务执法的检查。

（张　冰）

·九三学社青岛市委员会·

组织建设

2000年，全市发展社员27名，平均年龄36.7岁，全部具有高、中级职称。社员总数达601名，平均年龄53.27岁。其中，486人有高级职称，占总人数的80.9%；女社员175名，占总人数的29.1%；66人担任各级人大代表、政协委员，8人次被聘为本市各级特邀监察员、监督员和廉政询问员；社员中中共党员35人、院士3人、39人享受国务院特殊津贴。

完成了基层组织现状调研工作。制定了《关于机关办公会议事规则》、《关于信访工作的规定》、《关于机关干部联络基层委员会工作的规定》等规章制度。成立了参政议政工作专门委员会。年内，对四方、市北等基层委员会进行了调整。举办基层组织负责人暨新社员学习班1期，集中学习社章社史，60余名学员参加。加强后备干部培养，推荐8名社员参加市社会主义学院培训学习。组织了“纪念中国人民解放军建军73周年拥军笔会”。召开了“庆祝九三学社成立55周年暨基层组织工作交流会”，300余名社员参加。

参政议政

年内，共提报提(议)案71件，内容涉及经济建设、科技、教育、农业、环境保护及人民群众生活，其中市委会组织提案10件。市政协九届三次会议期间，市委会提报了《纵横发展，丰富内涵——关于我市旅游业“留钱”问题案》、《关于解决我市市南区东部小学生爆满问题案》、《关于对保护大沽河水源地进行联合视察案》等7个提案；与民盟市委会联合提报了《关于创建国家环保模范城案》、《关于推进青岛物业管理良性发展案》；与致公党市委会、民革市委会联合提报了《关于优化我市投资软环境案》。这些提案引起市政府领导的高度重视，《人民政协报》、《青岛日报》、《半岛都市报》等新闻媒体也予以报道。在市人大常委会、市政府、市政协联合表彰的1998～1999年度38件优秀提（议）案中，本社市委会组织提案及社员个人提案占8件。

年内，市委会领导参加政协视察、情况通报会、对口联系座谈会及外事活动近百次。举办多次参政议政工作会议。与致公党市委会、市工商联联合进行本市“加快对外开放步伐，拓宽招商引资渠道”的调研；与民盟市委会联合进行“青岛沿岸及其邻近海域环境资源的调研与评估”的调研。组织涉海专家进行调研，并参加社省委召开的支持威海海洋产业座谈会，对沿海经济开发亟待解决问题作了宏观论证。开展了针对“抓住西部大开发机遇，促进青岛经济和社会发展”的专题讨论。

理论研究与学术交流

全年有社员百余人次到国外讲学或参加国际学术交流和技术合作；有200余人在省部级以上刊物上发表论文；近300人获省（部）市级各类奖项；有10人被省部级以上刊物宣传报道。全年出刊《青岛九三》4期。

（刘宝霞）

人 民 团 体

·青岛市总工会·

全市工会概况

全市共有基层以上工会376个，基层工会3768个。其中，机关事业单位工会1315个，国有企业工会684个，集体企业工会691个，股份合作制企业工会170个，国有独资、国有控股公司工会136个，有限责任公司工会90个，股份有限公司工会53个，私营企业工会184个，港澳台企业工会86个，外商投资企业工会248个，中外合资、合作企业工会102个，其他企业工会9个。已建工会单位职工98.06万人，其中会员87.15万人。

组建新建企业工会

年初，对新建企业进行调查摸底和基本情况综合分析，对存在的突出问题进行排查，制定了解决的对策；成立了新建企业组建工会工作协调领导机构，建立了协调工作制度；12个市、区中有8个以党委名义下发了文件或召开新建企业工会组建工作会议，在全市基本形成了党委领导、政府支持、工会运作、各方配合的工作格局。5月，市总工会与市政协联合对全市私营企业工会工作进行了视察。通过制定组建规划、总结推广先进的组建经验、实行重点突破和整体推进有机结合、建立健全区域性、行业性新建企业工会联合会等方法，基本形成全市上下贯通的适应新建企业工会工作发展要求的工会组织领导体制和工作网络。年内，全市新建私营企业工会4358家，新建外资企业工会536家，累计已建立私营企业工会6189家，外商投资企业工会2047家，建会率分别为86%和97%，超额完成了年初下达的工作目标。

出台职代会评议企业领导意见

4月，市纪委、市委组织部、市总工会联合下发《关于职工代表大会民主评议企业领导人员的实施意见》（青组[2000]16号）。该文件规定：对国有企业职工代表大会民主评议企业领导人工作每年进行1次，既要评议企业领导班子的整体情况，又要评议领导班子成员个人表现；评议结果的反馈与运用由党委统一领导，评议结果应报送干部主管部门，并作为厂务公开的重要内容予以公开；领导班子和领导人员应根据反馈意见制定整改措施，适时向职工代表大会报告，并适当向全体职工公开；职工代表民主评议结果，作为干部使用任免、表彰奖励以及晋级的重要依据之一。

建立外资企业劳动关系协调机制

7月，由市总工会、市劳动和社会保障局等有关方面负责人组成青岛市外商投资企业劳动关系三方协调机制协调小组，办公室设在市总工会外商投资企业工会联合会。该协调小组负责调查了解外商投资企业劳动关系存在的问题、对外商投资企业工会干部及职工进行劳动法律法规政策的教育培训、向外商宣传有关劳动政策法规和提供咨询服务并督促企业贯彻落实协调处理劳资纠纷等。协调小组每年召开1～2次例会，必要时随时召开。协调小组办公室负责日常工作，定期组织有关人员对劳动关系状况进行调研，发现问题，及时协商解决。

建立对特困职工“知、报、帮”制度

8月，市总工会下发文件，要求全市各级工会建立健全特困职工保障工作制度，即“四必知、五必报、六必帮”，当好“第一知情人”、“第一报告人”、“第一帮助人”。“四必知”，即必知生活状况、思想状况、致困原因、意见和呼声；“五必报”，即必报政策不落实情况、重大思想动态、重大生活困难、突发事件、重大信访事件；“六必帮”，即必帮低于居民最低生活保障标准以下、患重大疾病自负医疗费过重、遭遇重大灾害造成生活困难、有求职愿望、子女考取大专院校、脱贫能力差的特困职工。这一经验分别在全国总工会、省总工会有关会议上作了介绍。

开展经济技术创新工程

在全市职工中广泛开展了“学科技竞赛”、“重点工程项目立功竞赛”等劳动竞赛，合理化建议、技术革新、技术协作和技术攻关活动；首次在职工中开展了“计算机知识应用与普及”大赛，全市8万余名职工参赛。全市共评选表彰在劳动竞赛中做出优异成绩的先进单位112个，先进个人110名。与市劳动竞赛委员会、市经委联合下发了《关于开展“安康杯”竞赛的意见》，全市共20个系统的128家国有、7家非国有企业参赛，参赛

职工达20余万人,被全国总工会和国家经贸委授予"优秀组织单位"称号。组织开展了劳模评选工作,推荐全国劳模15人,省"富民兴鲁"劳动奖章55个、奖状8个,评选市级劳动模范370人,并于4月27日召开表彰大会。

庆祝市总工会成立50周年

3月3日,各市、区、局(公司)、市直基层党政工负责人、老工会工作者、先模人物代表2000余人集会,庆祝市总工会成立50周年。市领导孙炳岳、黄学军、张若飞、辛毓明,省、市老领导郑干、阎同科、张成堂以及市委、市政府有关部门负责人,各主要社会团体负责人出席会议。市委副书记黄学军,市人大常委会副主任、市总工会主席辛毓明分别在会上讲话。省总工会副主席张召盈专程来青参加大会,并代表省总工会致词。中华全国总工会及省内外部分兄弟城市工会发来贺词、贺电。

(杨守廉　孙慧玲)

·共青团青岛市委员会·

工作概况

2000年,全市团的各项事业取得了较大发展。在全省年终共青团工作综合考核中,本市再次名列全省第一,团市委再次获"山东省红旗团委"称号。全年全市获"青岛市五四红旗团委"称号20个,获"山东省五四红旗团委标兵"称号1个,获"山东省五四红旗团委"称号4个;累计培训团干部1100多名;发展团员6万多名。

市青联开展献计献策和各种公益活动;加强与港、澳、台地区青年的交流,接待了"香港中文大学学生会代表团"、"香港西贡崇真教会中学代表团"等青年代表团;组织本市青年代表出访了美国、日本、加拿大等国家,并接待了日本北海道日中青少年交流协会等多个外国青年团体访青。

市学联组织实施了大中专学生志愿者暑期科技、文化、卫生"三下乡",大学生志愿者科技、教育、文化"三进巷","大学生暑期机关挂职锻炼营"以及"我为市长提建议"等活动,本市被评为"山东省大中专学生社会实践活动先进单位"。

市委副书记黄学军(前排右一)看望正在参加"中国青年志愿者服务日"活动的志愿者　(团市委供稿)

开展18岁成人仪式教育活动。在清明节前夕,与市教委联合组织了全市成人宣誓仪式。团市委提交市十二届人大常委会第十九次会议审议的《关于设立"青岛市十八岁成人节"的议案》获得顺利通过,将每年6月2日(青岛解放日)定为本市"18岁成人节"。年内,本市获"全国18岁成人仪式教育活动优秀组织奖"。

市少工委在全市统一推行了《青岛市少先队雏鹰争章手册》;组织本市28所学校与贵州地区学校结成了"手拉手"对子,向本市对口支援地曹县捐赠了价值180余万元的图书;举办了"畅想新世纪"想象画大赛、"少年世纪论坛"、"展望新世纪主题设计大赛"等"创新杯"活动;组织了青岛市首届海洋节夏令营。市少工委被评为全国争获雏鹰奖章"消防章"先进单位、全国"创新杯"我们爱科学知识竞赛优秀组织单位和青岛市关心下一代工作先进单位。

市团校扩大办学规模,加强团的理论研究和团干部培训等工作,全年培训团干部1073人。市少年宫全年吸引青少年参加活动和培训人数达2万多人次。团中央青岛青少年活动营地发挥自身优势,组织开展青少年素质拓展活动,全年接待全国各地青少年5万多人次。

团市委出台了《青岛市优秀青年人才举荐选拔管理暂行办法》,并组织专项调查,设计了青岛市优秀青年人才管理系统,建立了优秀青年人才举荐选拔管理机制,全市有9116名青年人才进入储备库;制定了"青少网"管理办法和运行规则,为青年人才举荐、青年科技成果发布建立了专门网页,筹划建立了青年联合会中英文网站。各级团组织也纷纷建立自己的网站。

青少年思想政治工作

各级团组织认真贯彻《在新时期加强和改进青少年思想政治工作的意见》,通过召开全市青年学习邓小平理论经验交流会等多种形式,组织广大团员青年深入学习邓小平理论、"三个代表"等重要思想,利用元旦、"五四"、"十一"等重大节庆日,集中开展了扶贫帮困社会公益服务、纪念五四运动81周年、迎接新世纪大联欢等青少年思想教育活动。在全市掀起"学习保尔精神,做新世纪优秀共青团员"的热潮,发起了"新世纪青年形象大讨论"。继续实施青少年新世纪读书计划,全年推出新世纪读书计划优秀图书115册,同时推出了青少年新世纪读书计划精品书架,在"青少网"上增设了网上书屋。

为经济工作服务

企事业单位团组织围绕机构改革和建立现代企业制度,开展"创新创效"活动。团市委召开了"创新创效"活动表彰暨现场推进会。继续深化争创青年文明号和争当青年岗位能手活动,组织开展了"百城万店无假货——青年文明号促销创效活动"、创建"青年文明号线路"和"青年文明号景区"、"青年文明号社区结对承诺服务”等活动。继续组织开展了青年岗位能手兴质量、导师带徒、全市职工技能竞赛和建筑行业青工技术比武等活动,并推进下岗青工再就业行动。

农村团组织实施“青年科技星火工程”。各市、区团委和青年星火带头人积极领办科技推广项目。4月,召开了全市团的农村经济工作会议暨创建共青团农业科技示范园现场会,命名表彰了14处共青团农业科技示范园。全市确定了100名青年星火带头人后备人选,建立了市级青年星火带头人人才库。举办了农村青年学习农业实用新技术大赛和农村青工技能比武等活动,组织农村青年科技讲师团送科技下乡60余次。完成了绿化大沽河二期工程215.33公顷造林的任务。

青年精神文明建设

“青年文明社区”创建　团市委联合市委组织部下发了《关于在社区建设中加强党建带团建工作的意见》,市内四区所有街道办事处全部改制建立了社区团工委,59个街道办事处设立了社区少工委,81个居委会和功能小区成立了团支部,社区青少年组织体系初步形成。组织开展“让流失团员回家工程”,找回流失团员8000多名。开展了“青年文明社区”大家乐、青年志愿者社区服务、“雏鹰争戴社区章”等活动。实施“千校百万”外来务工青年培训计划,联合市建委在建筑工地设立了首批7所培训夜校,培训外来务工青年2.3万人次。7月,团市委组织召开了全市深化创建“青年文明社区”工作现场会,表彰了本市首批星级青年文明社区。9月,全国“青年文明社区”创建工作暨社区团建现场推进会在青召开,推广了本市“青年文明社区”创建工作的先进经验。团市委被团中央授予全国创建青年文明社区工作优秀组织奖,被市委、市政府授予“社区建设先进单位”称号。

青年志愿者行动　以“春驻岛城”为主题,继续开展“一助一”长期结对救助活动。全年共组织“献艺社区”、“为你挡风雨”、“知识服务进社区”等周日志愿行动48期。围绕社会热点、难点问题,集中开展了“3·5中国青年志愿者服务日”、“走进阳光”便民服务、“世纪之年——爱鸟护鸟南北行”、“志愿向导”等公益服务活动。继续组织实施赴黔扶贫接力计划,顺利完成了第二批和第三批青年志愿者的交接工作。在啤酒节、华人论坛等全市大型活动期间,积极组织青年志愿者参与服务。年内,市青年志愿者协会获“全国百优志愿服务集体”称号。开展的“走进阳光”、“志愿向导”2项青年志愿者活动被评为本市精神文明10件好事之一。

青少年维权工作　在全国率先实行了“优秀青少年维权岗”管理试行办法,逐步建立起青少年维权联动机制,已创建全国、省及市级“优秀青少年维权岗”33个。建立了未成年人保护基金,开通了未成年人法律援助热线和青少年维权专线,发放《预防未成年人犯罪法》法律单行本1万册,联合有关部门组织了“让未成年人远离‘三厅一台’”等活动。开展青少年自护教育,免费向全市小学生发放了10万册《青少年自护小手册》,建立了一批青少年自护教育基地。

希望工程　全年本市希望工程共筹集资金342.8万元,开工建设希望小学10所,捐建爱心电脑室、爱心图书室各10个、爱心电教室16个,资助贫困中小学生320名。

共青团青岛市第十四次代表大会

12月21～24日在府新大厦举行。省委常委、市委书记张惠来,市委副书记徐长聚、黄学军,市人大常委会主任孙炳岳、市政协主席胡延森等市领导及驻青部队首长出席开幕式,全市各方面的近600名共青团代表参加了会议。会议总结了过去5年本市的共青团工作,研究部署了新世纪第一个5年的工作任务;选举产生了新一届共青团青岛市委员会,刘慧晏当选书记。

捐建西部“青岛林”活动

4月17日,《青岛日报》刊发曾在青海省支边25年、现在崂山地税局任职的张玉琴同志的倡议书——倡议人人为我国西部地区捐助“一点绿”,营造一片“青岛林”,帮助治沙防沙。当日,团市委、青岛日报社、市希望工程办公室联合发起了“人人捐出一点绿,共建西部青岛林”活动。截止10月底,共筹集社会捐款40余万元。8月初,团市委、青岛日报社、市希望工程办公室会同市林业局的有关专家组成“青岛林”选址考察团,赴青海省进行了实地考察,将“青岛林”林址选定在龙羊峡库区三坝台。10月29日,青岛市与青海省有关部门在青签订协议,确定本市将于2001～2002年间分期将社会专项捐款40余万元捐给龙羊峡库区,计划造林200公顷。“青岛林”建设工程已被确定为团中央“保护母亲河行动”重点项目之一,并被评为年内青岛市“精神文明十件好事”之一。

（王　洵）

·青岛市妇女联合会·

巾帼科技致富工程

2000年,市妇联以提高农村妇女科技文化素质为目标,在全市开展了聘任乡镇妇联科技副主席工作。全市148个有农业行政村的乡镇全部聘任了妇联科技副主席,60%以上的村聘任了妇代会科技副主任。通过选聘专职农业技术人员、领办乡镇农业科技示范基地的女干部、“双学双比”竞赛活动女能手和女农民技术员担任乡镇妇联科技副主席,开通“巾帼科技致富服务热线”,举办妇女干部脱贫致富培训班等形式,对10万余名农村妇女进行了直接、具体的实用技术培训、咨询和现场服务,帮助指导1万多名妇女成为科技致富能手。在多种形式的“巾帼科技致富”竞赛活动中,创办“三八龙头项目”352个、“三八科技示范基地”487处、“三八绿色工程”401个,成立妇女技术协会、研究会127个,取得绿色证书、农民技术职称的妇女分别为12492名、6082名。

巾帼社区服务工程

1月,市妇联与市有关部门联合制定下发了《实施“巾帼社区服务工程”,推动社区建设和下岗女工再就业工作的意见》,在市、区、街、居设立了各级巾帼社区服务工程领导小组,成立了巾帼社区服务中心、站、点,开通了“巾帼家政社区服务热线”,建立了巾帼社区服务网络。全市已兴办巾帼社区服务实体907个,涌现出“巾帼社区服务示范点”107个。全年共培训下岗女工3057人次,帮助1353名下岗女工实现再就业。市妇联被市委、市政府表彰为实施再就业工程先进单位和社区建设先进单位。

家庭文明工程

年内,开展了建立“四支队伍”活动,

在村(居)以妇代会成员为骨干,成立文艺宣传队、健身队、信息员队、志愿者队伍等形式的“巾帼文明队”5 390支;开展了美德宣传、公益活动、读书活动、文化娱乐、访谈活动“五进家”活动;组织编写《青岛市治家格言读本》,在全市倡导“为父母献一份孝心,为夫妻献一份温情,为邻里献一份爱心,为社会献一份责任”;对“美在家庭”三年活动的情况进行了全面检查验收,评选表彰10户“十佳文明家庭”和48户“书香家庭”,有9户家庭被评为“齐鲁百佳环保家庭”、1户家庭被评为“全国科技读书示范户”;市妇联组织访谈了100户困难家庭,并组织五好文明家庭与困难家庭结对帮扶,积极协调有关部门为妇女群众解决实际问题;与青岛教育学院联合成立“妇女心理咨询服务中心”,开设咨询热线,为近200名妇女提供了咨询服务。

维护妇女儿童合法权益

市妇联提出了有关预防和制止家庭暴力的对策建议,并先后多次与有关部门进行协商、论证。4月,市社会治安综合治理委员会制定下发了《关于预防和制止家庭暴力的意见》。市中级人民法院和市公安局也分别下发了《关于加强家庭暴力犯罪案件审理和预防工作的通知》、《关于制止与预防家庭暴力案件的通知》。部分市、区妇联还与公安部门联合成立了“打击家庭暴力援助联络中心”,做到“110”警民联动,保证了家庭暴力案件的及时有效解决。

在社会化维权工作中,建立“148”妇女维权工作联动体系,深化家庭暴力致伤鉴定中心、妇女陪审员和妇女法律援助联络等工作,为118名妇女进行了伤痕鉴定,225名妇女陪审员参加104起案件庭审,为1 224名妇女提供了法律援助和帮助。2月,市妇联承办了中国—澳大利亚维护妇女权益问题研讨会。9月,开展了农转非妇女生活状况和权益问题等调查研究。先后下发了妇女维权工作、普法工作、信访工作目标考核标准。对全市185名专兼职妇女维权干部进行了法律和专业知识的培训。

市、区(市)两级妇联全年共受理信访案件1 573件,已处理1 565件,处结率为99.5%,复信率100%。

纲要规划终期监测评估

2000年是实现《青岛妇女发展纲要》和《青岛市儿童少年事业发展规划》“九五”目标的最后一年。年内,市妇联先后3次召开妇女儿童工作委员会工作会议,制定了监测评估方案,成立了终期监测评估工作领导小组、专家评估组和监测统计组,对有关人员进行了培训。加强工作督查和执法检查,对各区(市)、各单位完成纲要规划目标情况进行督促检查。在自查、复查的基础上,形成了本市《妇女纲要》和《儿童规划》终期监测评估报告。

针对《妇女纲要》实施中的热点、难点问题,市妇联相继开展了县处级女干部退休年龄及思想状况、女干部需求情况等调查研究,向党委和政府提出了有关意见和建议。两次对农村妇女进“两委”工作进行督促检查,使农村妇女进“两委”的比例提高到85%以上;协调市卫生局改进农村基层妇幼卫生技术,使孕产妇死亡率由1999年的34.69/10万降到13.19/10万。

在落实《儿童规划》目标工作中,重点开展了普及碘盐,农村改水、改厕等工作。开展了家庭教育“争先创优”和第二届“岛城新苗”评选活动,表彰了150个家教工作先进单位和个人、60名“岛城新苗”,有1名幼儿被评为“十佳齐鲁新苗”。市妇联获“山东省家庭教育工作先进集体”称号。继续实施“春蕾计划”,年内共筹资28.86万元,结对资助了896名贫困女童。5月,本市被命名为“全国儿童工作先进市标兵”,成为全省唯一获此称号的城市。

社区妇女组织建设

市妇联研究制定了《关于进一步加强本市城市社区妇女组织建设的实施意见》,由市委办公厅以“青办发[2000]19号”文件予以转发,把社区妇女组织建设纳入社区党建总体规划,明确了社区妇女组织的机构设置和干部职级待遇。

巾帼爱心奉献

11～12月,市妇联在全市开展了“爱心奉献西部·捐建集雨水窖”募捐活动,募集资金176.2万元。本市在全国“情系西部·共享母爱”世纪爱心行动中被授予“爱心城市”称号,14个单位获“助西爱心集体”称号。

妇联队伍建设

全市妇联系统继续开展评先创优工作。建立了机关和事业单位人力资源库。制定下发《市妇联系统2000年培训计划》,举办了第九期女干部培训班。推出了“三八”纪念活动和“双学双比”、“巾帼建功”两大活动10年成果展示等活动。开展了新时期妇女理论和妇女问题的研究,组织了“新世纪、新跨越妇联工作好建议”征集活动。市妇联获“山东省妇联系统信息工作先进集体”称号。

(王军战)

·青岛市工商业联合会·

组织建设

2000年,新发展会员600余名,一批股份制和私营企业大户成为本会的新生力量。11月,与市委统战部联合举办后备人选培训班,提高代表人士的政治素质。组织力量考察登记本会执委班子及老会员队伍,并调查统计会员中的人大代表和政协委员情况,建立了161名代表人士数据库。

年内,对要换届的区、市工商联进行了具体指导,帮助李沧、黄岛、崂山三区工商联完成换届。全年新组建乡镇(街道)商会、同业公会21个。平度市工商联依托基层商会开展非公有制企业党建工作,建立了21个基层商会党支部。

参政议政

组织力量调查研究私营企业党建工作和代表人士思想政治工作。会同九三学社、致公党市委会,联合调研本市的招商引资情况,调研报告和情况反映先后3次在青岛日报社编辑的《内部情况》上发表。在2000年市、区(市)两级人大、政协会议上,本会界别的代表和委员共撰写提案、建议270件,其中被评为“优秀提案奖”的2件。本会负责人在市政协全委会上关于“经济结构调整”和常委会上关于“西部大开发”的发言,受到市领导的重视和好评。本会对本市发展个体私营经济“27条”政策的落实情况进行了调查汇总,并提出修改建议。各级组织负责人积极参加党委、政府及对口联系部门的情况通报会、征求意见会和重大问题的协商讨论,积极参加各项视察、检查活动,发挥参政议政和民主监督作用。

会员服务

开展经贸交流。年内,组织会员企

业代表团先后访问了美国和韩国,在韩国举办了筹建"青岛——仁川(韩国)中小企业产品展示交流中心"说明会,随团企业与外商达成一批合作意向。招商引资工作取得突破性进展,会员企业合同利用外资达1 300万美元,吸引内资达1.4亿元。共组织600多家(次)会员企业,参加了英国、德国、荷兰、日本、香港等国家和地区在青举办的投资环境推介会和经贸洽谈活动,并在会员企业中开展了网上贸易试点。在"青洽会"上,本会组织38家会员企业参加经贸洽谈,达成贸易和投资合作意向107个,贸易成交金额近2亿元,受到市政府表彰。组织14家会员企业参加了首届中国民营企业交易会。本会及有关部门与中国太平洋学会联合,在北京举办了"青岛——中国民营企业家恳谈会",签订了在青建设"中国民营企业家创业园"的合作协议书。10月,成功地举办了"海内外华人友好商会交流会",到会海内外客商200多人,其中包括美国洛杉矶华商商会、加拿大亚太工商联合会、澳大利亚澳中工商会等知名华商社团及国内商会的代表。

促进中小企业发展。本会联合有关部门成立青岛市中小企业服务中心,在全市构筑起社会化服务网络。邀请专家学者举行科技成果推广会,共向会员企业推荐实用科技成果1000多项,受到会员欢迎。还与技术监督部门积极配合,在30多家会员企业中开展了ISO9000质量体系认证工作;经本会推荐,青岛金王集团有限公司等4家企业和青岛中能集团董事长乔伟光等6人,分别被评为青岛质量先进集体和个人。积极落实与农行青岛市分行"业务合作协议"精神,办理20多个申贷项目,共为会员企业协调融资达1.85亿元。

帮助会员企业参与国企改革,安置下岗职工。青岛华龙包装有限公司出资1 000多万元兼并胶州造纸厂,现已扭亏为盈;青岛乐好制衣有限公司投资1 030万元,买断青岛第六布鞋厂,并安置下岗职工70多人,使会员企业实现了低成本、跨地区发展。

信息咨询服务与培训。初步建立起三级信息网络体系,自办的《商会信息》全年编发各类信息3 000多条。邀请中国人民大学来青开设工商管理硕士(MBA)课程进修班,已培训会员50多名。还根据会员需求举办了"新会计法则"、"企业现代化管理及互联网应用"等短训班,培训会员1 200多名。

会员企业宣传。年内,在各类新闻媒体上宣传优秀会员20多家,为企业树立了良好的社会形象。

"双思"教育

在会员中开展了"致富思源、富而思进"教育活动。4月,与市政协、市工商局联合组织本市百强私营企业代表,赴浙江温州、台州等先进地区考察学习,激发了企业家"二次创业"的热情。胶州市、四方区、市北区等工商联在教育活动中扩大教育覆盖面,提高了活动影响力,会员仅向教育事业捐款物即折合人民币150多万元。

"光彩"事业

全市会员向贵州安顺、铜仁地区捐款25万元,支援当地的卫星电视建设。本会与市北区工商联联合筹资4.5万元,帮助对口扶贫村建起"光彩苗圃基地"。组织会员企业赴新疆等西部省区考察投资环境,其中青岛麦迪绅集团有限公司等7家企业,先后投资5 000万元参与西部大开发。结对助学、扶危济困等公益活动蓬勃发展,各项捐款物折合1 092万元。青岛国泰集团设立的"国泰教育基金",已累计颁发奖金达39.3万元;青岛都来顺实业有限公司向青岛海洋大学和青岛建工学院各捐赠100万元的特困生奖励基金。会员新结成助学对子290人。

(冷家英)

法　　制

·政法工作概况·

维护社会政治稳定

严格落实维护稳定领导责任制,制定了《关于加强矛盾纠纷排查调处和做好信访工作的意见》,多次组织开展影响稳定问题排查工作,修订、完善了处置突发事件、重大事故预案。加强隐蔽战线斗争,抵制和粉碎了敌对势力的各种渗透破坏活动。深化同"法轮功"等邪教组织的斗争,查处多起非法宗教、邪教活动。依法及时妥善处理由人民内部矛盾引发的各种不稳定因素,确保了全国、省市"两会"、世界华人论坛、青岛国际啤酒节、青岛海洋节等重大活动的安全,圆满完成三级以上警卫任务百余批次。

"严打"斗争

把"破大案、打团伙、追逃犯"作为重点,先后多次组织开展全市性"严打"专项治理行动,成功地侦破一系列重大刑事案件,受到公安部和省、市委的表彰奖励。公安机关打击处理各类违法犯罪、检察机关批捕率、审判机关一审刑事案件审结率均比上年有提高。全市表彰奖励见义勇为先进个人101名。"110"网络建设得到加强,提高了接处警能力,抓获了一批现行违法犯罪嫌疑人。

社会治安综合治理

解决当前影响农村稳定的突出问题,多次组织开展治安整治和专项治理活动,并对市郊五市三区调解中心规范化建设进行综合检查验收。构筑维护城区治安防线,对市内四区居民违规防盗护栏进行专项整治,整改率达到99.3%。对单位内部进行不间断安全防范检查,督促整改不安全因素,共查究领导人、责任人211名,对发生重大案件的108个单位行使了一票否决权。深化法制教育,推进依法治市进程,举办了预防青少年违法犯罪图片展,新建安置基地29个,刑释解教人员安置率达93.9%。狠抓治安整治工作,登记各类暂住人口36.73万人,暂住人口登记率达到96.6%,函查率达到100%。

服务经济建设

制定下发了《关于认真贯彻党的十五届四中全会精神,更好地服务国有企业改革和发展的意见》及一系列措施和规定,并采取召开例会、个案协调、案件监督等多种形式,加强对打击经济犯罪工作的指导。公安机关立案查办了一批经济案件,查结率达89.9%,累计为企业挽回直接经济损失3619万元。检察机关立查经济领域犯罪案件和渎职犯罪案件比上年有较大增长。审判机关受理各类经济纠纷案件,结案标的额53.8亿元。司法行政机关举办现代企业法律培训班5期,培训企事业单位负责人700余名,并组织力量对世界500强在青投资企业的法律环境进行专题调研,提出相应法律建议。

政法队伍建设

制定下发了《关于进一步加强政法干部队伍建设的意见》,市政法各部门也分别结合各自实际,研究制定了具体实施意见。加强政法部门领导班子建设,对政法干警进行轮训。在全市政法系统总结推广了市北区人民检察院和特级民警张爱华、全省优秀公诉人闫成山的先进事迹。在全市基层政法部门组织开展查处违法违纪干警专项治理活动。继续深入开展"争创人民满意的政法干警(单位)"活动,表彰"创满意"先进单位30个、先进个人60名。

(王政旭)

·政府法制工作·

行政立法

共组织起草、审修地方性法规草案8件,并按立法程序提请市人大常委会审议通过;组织起草、审修政府规章草案27件,由市政府发布实施。审修其他规范性文件14件,办理国家法律、法规征求意见稿5件。进行了市政府"十五"时期行政立法规划的调研、编制和立法项目的提报等工作。根据《中华人民共和国立法法》规定,进一步规范了制定规章的行为,确定从2000年7月1日开始,凡政府规章必须以政府令的形式发布。提出了建立《青岛市人民政府公报》的意见,已经市政府批准,决定于2001年实行。

行政执法监督

对市直48个执法部门上年度贯彻实施《行政处罚法》和《行政复议法》以及行政执法责任目标完成情况分组进行了互查、互评和考核,并对检查考核结果进行了通报。对12个市、区和部分市直部门贯彻实施《行政处罚法》的情况进行了重点抽查,提出整改意见累计160余条。

加强对行政执法人员、听证主持人及其证件的管理。完善了全市行政执法人员档案管理制度,加强行政执法证件的动态管理。年内,新发、补发、换发、注销证件280个;对370名新增听证主持人进行了培训、发证。对持证执法情况加强监督,对有关违法行为进行了纠正,对执法违法人员进行了查处,暂扣执法证件9个。

做好日常监督工作。全年共受理市、区政府和市政府各部门备案的规范性文件120件,重大行政处罚132件,执法情况报告42件,发出行政执法统计通报4期,受理公民、法人和其他组织对执法问题的投诉12件。

建立执法监督的新制度。草拟了《青岛市行政执法投诉办法》,并会同市人大常委会有关工作部门起草了《青岛市执法责任制工作条例》。

行政复议应诉

年内,市政府正式受理行政复议申请92件,决定不予受理行政复议申请4件,审结复议案件69件。其中,对原具体行政行为维持的43件、撤销的10件、变更的3件、确认违法的1件、责令履行法定职责的2件、当事人撤回申请10件;决定行政赔偿的4件,赔偿金额人民币2251元。办理市政府作为被申请人的行政复议案件1件(省政府决定维持),办理市政府的行政应诉案件1件(法院已中止审理),办理民事应诉案件5件。各市、区政府和市政府各部门全年共依法受理行政复议申请500余件。

为提高复议工作效率和质量,制定了《青岛市人民政府行政复议工作规则》。与市委、市政府信访局联合制定了《青岛市行政复议机构与信访机构工作协作规定》,建立了法制机构与信访机构的行政复议协作制度,并在各级信访机构设立了137名行政复议联络员。制发了全市通用的行政复议法律文书格式。推进全市行政复议工作,先后召开半年及全年的行政复议案件分析报告会,组织了1次行政复议法实施情况检查活动和1次法律文书规范化情况检查活动。加强与市检察院日常联系,并召开了行政机关与人民法院的第六次联席会议。

行政审批制度改革

会同市编办起草了行政审批制度改革的实施意见,市政府各部门也都普遍制定了改革方案。7月,市政府召开全市行政审批制度改革工作会议,部署行政审批制度改革,提出了取消35%审批事项的目标。至年底,已确认行政审批事项1700余项,初步确认调减审批事项近50%。相对集中行政处罚权试点工作、本市的城市管理综合执法试点工作已取得较大成绩。7月,在国务院法制办公室召开的全国相对集中行政处罚权试点工作座谈会上,副市长刘建华代表青岛市政府作了典型发言。会后,市政府印发了《关于进一步做好相对集中行政处罚权试点工作的通知》。根据市长办公会议要求,完成了召开全市相对集中行政处罚权试点工作会议的筹备工作。

政府法制宣传、培训和理论研究

举办学习《最高人民法院关于执行〈中华人民共和国行政诉讼法〉若干问题的解释》的培训班1期、听证主持人培训班2期和全市行政复议联络员培训班1期。组织了依法行政理论研讨会,征集论文43篇。协助省政府法制办在青召开了首次全国行政复议协作会。年内共编发《青岛政府法制》20期,发稿近百篇。完成了省、市法规规章汇编的发行工作,发行汇编2800余册。

(市政府法制局)

·仲　裁·

工作概况

青岛仲裁委共有派出机构44个,仲裁联络员1169名。全年共受理各类仲裁案件239起,比上年增长24%,涉及争议标的额1.89亿元。当日立案率达到98%以上;结案218起,结案标的为1.02

亿元，结案率为91%。9月，青岛仲裁委被山东省政府达到授予"全省先进仲裁委"称号。

仲裁法律制度推行

根据"国发〔1999〕50号"文件和"保监发〔1999〕147号"文件精神，在全市保险系统推行仲裁法律制度，全面规范保险合同仲裁条款。先后在市保险同业公会设立了办事处，在全市保险系统选聘了仲裁员、专家咨询委员会委员、仲裁联络员、仲裁监督员，举办了10期仲裁法律培训班，会同全市各保险公司对各类保险合同依法予以规范。全市保险合同仲裁条款签定率已达到80%以上。

3月，国务院法制办在本市召开全国保险仲裁工作现场会，推广本市在保险系统推行仲裁法律制度的工作经验。各省、自治区、直辖市政府法制部门，各直辖市、计划单列市、省会所在地仲裁委，以及国家各保险公司和省、市保险分公司、保险同业公会的代表参加了会议。11月，国务院法制办在湖南长沙召开的全国推行仲裁法律制度现场会上，再一次肯定了青岛市推行仲裁法律制度所取得的成绩。

仲裁宣传

提高全社会的仲裁法律意识。年内，分别组织有关专家、学者和仲裁工作人员组成"仲裁法律知识宣讲团"，深入本市保险系统、开发区、各大企业集团，为2万余人次进行了仲裁法律知识的宣讲，普及仲裁法律知识。积极参与市工商局、市建委等系统组织的各类培训，宣传《仲裁法》，讲授仲裁法律知识，先后培训各界人士1200多名。通过新闻媒体，专题宣传仲裁与"入世"、运用仲裁手段解决合同纠纷、解决房屋买卖纠纷等。充分发挥内部宣传刊物和互联网站的作用，定期编发《青岛仲裁通讯》、《仲裁简报》，定期收集、整理、发布仲裁工作动态，扩大仲裁工作的社会影响。

仲裁网络建设

全年在保险系统、建委系统和其他企事业单位发展仲裁联络员340余名，使仲裁网络建设更趋完善。年内，派出机构和仲裁联络员共建议立案34起，标的额7700余万元，占全年受案总标的额的41%。

仲裁业务建设

坚持和完善《青岛仲裁委员会公正办案十项公开制度》；修订和完善仲裁办案制度，制定了《仲裁案件当事人举证规则》、《关于审理保险合同纠纷案件的几点措施》、《青岛仲裁委员会委托鉴定办法》等仲裁办案制度。根据本市仲裁工作发展的需要，分别在保险系统、高等院校的专家学者中增聘仲裁员31名，全市仲裁员达233名；修改《青岛仲裁委员会仲裁员管理办法》，增加了对仲裁庭、仲裁员的办案监督和对仲裁员违法违纪办案的处理等内容；对新增聘的仲裁员，进行了仲裁员职业道德、仲裁法律业务知识、合同法等方面内容的培训；通过召开座谈会、征求当事人意见、案件回访等多种形式，强化办案纪律，加大办案监督力度。全年无错案和超审限案件，无因自身原因被法院撤销和不予执行的案件。

与国际通行仲裁制度接轨

贯彻落实中央、省、市经济工作会议，省、市经济国际化战略工作会议和高新技术产业化会议精神，结合仲裁工作实际，制定了具体的实施意见。3月，山东省政府法制办在《政府法制工作信息》上刊发了青岛仲裁委贯彻全省经济国际化战略工作会议精神的工作情况。通过完善涉外仲裁程序，聘请有关专家讲授WTO知识，购置有关声像资料组织学习，加强与国内外仲裁机构的联系等多种形式，吸取先进仲裁机构的工作经验，积累涉外仲裁工作经验。

（牟海戈）

·公　安·

打击刑事犯罪

坚决贯彻"严打"方针，以暴力、有组织等严重刑事犯罪为重点，组织了"春季严打"、"打拐"、"打击车匪路霸"、"打击流窜犯罪"和"打黑除恶"等专项斗争。年内，共破获各类现行案件近9000起，逮捕、劳教违法犯罪嫌疑人4600余名，缴获赃款物折计人民币2.3亿元。

加强刑侦基础建设，破案攻坚能力明显增强。破获了王强系列强奸杀人案件，程金国抢劫杀害出租车司机系列案件和崔明政系列强奸杀人案件等一批重大疑难案件；在侦破"4.26"特大盗枪案件中，未发一枪一弹，捕获5名吉林籍犯罪嫌疑人，受到公安部和省、市委表彰，市公安局被公安部荣记集体一等功。

进一步规范经济案件办案程序和责任制度，侦办经济案件近500起，涉案金额达3.4亿元，挽回经济损失近9000万元。指导金融系统积极防范和化解金融风险，破获承兑汇票诈骗案件20余起，避免经济损失5500余万元。适时组织力量对国有企业周边秩序进行治理整顿，为国有企业改革和发展创造良好的治安环境。

副市长刘建华（左一）参加"畅通工程"宣传活动并看望公安干警　（市府调研室供稿）

查处“法轮功”邪教组织非法活动

全市各级公安机关及时查处“法轮功”非法活动，查缴法轮功宣传品；积极配合有关部门做好对法轮功顽固分子的教育转化工作。年内，查处公开练功、聚会和印制、张贴、散发宣传品等非法活动数十起，依法打击处理了一批法轮功违法人员。

维护治安局势稳定

按照“城区抓防范、农村抓整治”的思路，把打击、防范、管理、控制有机结合起来。加强责任区刑警中队建设，全市有13个刑警中队达到公安部规定的优秀中队标准，1个中队达到全国模范中队标准。加强刑事犯罪资料建设，网上查档破案工作走在全国前列。加强社区治安防范工作。市内四区组建了看楼护院小组4326个11498人，楼院看护率达96%；住宅防盗门安装率达94%；整治、拆除不规范防盗护栏6.5万余个。

调整市区“110”巡逻警车和治安亭、报警点的布局，形成点、线、面结合，机动巡逻与固定守护结合的防控网络。进一步推动“110”向农村、向海上延伸，黄岛、崂山海上“110”报警服务系统投入运行，弥补了海上治安防控上的空白。年内，全市“110”接处警35.8万余次，抓获违法犯罪嫌疑人近6000名。

公安行政与法制建设

落实《青岛市暂住人口工作责任制度》，加强暂住人口管理。年内，全市登记暂住人口58万余人，办理暂住证47万余个，登记率、办证率均为96%；从中查获各类犯罪嫌疑人和违法人员3000余名，破获刑事案件1000余起。落实由责任区民警任组长、居(村)委会主任和治保主任等参加的帮教力量，加强对违法犯罪劣迹人员的教育管理。年内，监外执行犯重新犯罪率为2.4%。

开展对各类公共场所和旅游景区的安全检查和整顿工作。针对公共娱乐服务场所存在的“黄、赌、毒”等社会丑恶现象，组织开展全国统一部署的专项治理行动，先后出动警力6万余人次，开展全市性治安检查6次、区域性检查上百次。全年共查处“黄、赌、毒”案件2000多起，查获案件成员5600余名。加大对枪支、爆炸物品的管理力度，查缴非法枪支1000多支、炸药近1.5万公斤、雷管2000多枚。

圆满完成90余批次警卫任务，确保在青举办的114场次大型文体、经贸活动顺利进行。

简化出入境审批手续，对外商、外国专家及技术人员在办理居留证、签证等方面提供方便。落实市政府关于给企业、学校、医院等单位引进的科技专业人才、管理人才及其家属落户的优惠政策，促进人口合理有序流动和人才交流。

研究出台了《青岛市公安局小城镇户口管理办法》，引导农村富余劳动力合理有序地向城镇转移，推动城市化进程。

实施“畅通工程”和创建“平安大道”活动，持续开展专项治理整顿，加强对违章的查纠力度，城乡交通秩序有了较大改观。加快港湾式车站、触摸式信号灯和各类交通标志牌建设步伐，建立了集“122”现场处置与医疗急救、清障排除于一体的交通事故社会联动体系，市区道路保持畅通，管理水平在全国35个实施“畅通工程”的城市中居第2名。

年内，由消防局、护林防火指挥部和市直升机公司联建的青岛航空消防站投入使用，推动全市消防工作向多功能、立体化方向发展。11月6日，全国首家消防博物馆——青岛消防博物馆正式开馆。年内全市火灾造成的经济损失数和死亡人数分别比上年下降近23%和55%，杜绝了恶性火灾事故。

加强公安法制建设，进一步落实执法监督、错案追究等责任制度，起草并颁布实施了《青岛市人民政府关于严厉查处道路交通违章行为的通告》、《青岛市停车场管理办法》、《青岛市道路交通事故处理规定》等规章。年内，批捕率和移送起诉率列全省前茅，公安行政复议案件比上年同期下降近11%。

公安队伍建设

组织各分、市局开展了“三项教育”(全心全意为人民服务的宗旨教育，实事求是的思想路线教育和严格、公正、文明执法的法制教育)活动。通过集中学习教育、查摆剖析、整改建制三个阶段，使绝大多数民警受到深刻的教育，有314名民警经民主评议离岗培训。集中时间、集中地点，分层次对民警进行全员业务培训，先后举办培训班28期，培训4298人，圆满完成了两年内对全体民警轮训一遍的任务。

改进和完善干部人事管理制度。组织了18个处、科级领导职位的竞争上岗，对12个分、市局和部分局直单位的32名领导干部进行了岗位交流。

全面实行警务公开，自觉接受人民群众和社会舆论的监督。全年受理群众投诉200余起，全部办结答复投诉群众；查处民警违法违纪案件22起、31人，有14人受到党纪处分，30人受到行政处分，杜绝了刑讯逼供致残、致死案件。

年内，集数据、语音、图像于一体的三级网络系统一期工程建成并投入使用，完成视频会议系统的安装、调试任务；自行研制的室内枪弹发射提取系统及指纹自动化识别系统等，分别通过了部、厅和市级鉴定。“122”交通指挥中心大楼开工建设。政法公寓二期工程竣工并交付使用。全市公安机关10月1日起全部换发“99”式警服执行勤务。

(邱伟泉)

·检　察·

查办职务犯罪

年内，全市检察机关共立查贪污贿赂等职务犯罪案件190件，比上年(下同)上升3.8%。其中，贪污案76件、受贿案47件、挪用公款案67件；大案要案118件，占立案总数的62.1%，上升49.4%。立查渎职犯罪案件30件，是上年的3.3倍。其中，非法拘禁案2件、刑讯逼供案2件、徇私枉法案4件、玩忽职守案16件、滥用职权案7件；大要案21件，占立案数的70%，是上年的10.5倍。

打击严重刑事犯罪

年内，共受理公安机关提请批准逮捕4207人，其中批准逮捕3832人，批捕数上升4.6%；受理移送审查起诉案件3829件、5631人，其中提起公诉3454件、4975人，提起公诉数上升8.4%。全市检察机关还认真落实检察环节的综合治理工作，努力消除社会不稳定因素。共受理来信来访4376件次，处理集体访130件次。坚持依法接访，做耐心细致的工作，使重复访比例下降55%。

执法监督工作

全年共要求公安机关说明不立案理

由247件，通知公安机关立案50件，公安机关已立案226件；对不构成犯罪或不符合逮捕、起诉条件的，作出不捕决定319人、不诉决定117人、追捕追诉122人；对认为确有错误的刑事判决、裁定，提出抗诉6件；对侦查活动、刑事审判、监管改造活动中的违法情况提出纠正意见19件；审查减刑、假释、保外就医裁定决定2648人次，建议收监执行176人，已全部执行收监；受理各类民事行政申诉案件729件，立案489件，抗诉119件，提请抗诉320件，建议提请抗诉218件，裁定再审86件，已开庭94件，改判39件，调解纠正14件；立案复查刑事案件52件，依法纠正5件；受理各类检验鉴定4404件，已办结4378件，纠正有关部门鉴定46件，出具各类文书材料926份。

预防犯罪工作

年内，积极寻找从源头上遏制和减少贪污贿赂、渎职犯罪的有效对策，在惩治腐败的同时，不断拓宽预防职务犯罪的有效途径。与金融、建筑、粮食、税务、医药等行业的60多家单位签定预防职务犯罪协议，建立了职务犯罪预防联系点；同16家国有企业召开了预防国有企业职务犯罪理论研讨会；制定了《关于进一步加强预防犯罪工作的意见》，市委主要领导、分管领导作重要批示并给予好评；结合典型案例进行法制宣传教育，深入企业、机关巡回举办1998年以来反贪污贿赂工作成果展。全年共提出检察建议、帮助制定防范措施分别为214份、936条，举办法制讲座163次，回访发案单位186个。

检察队伍建设

全市检察机关开展了“三讲”教育、专项治理、警示教育等系列活动。先后制定了《关于对主诉(办)检察官实行办案监督的暂行办法》、《关于对检察干警执法活动实施监督的暂行办法》、《一案三卡实施细则》、《关于对检察干警八小时以外教育管理监督办法》等一系列规章制度。干部培养使用引入竞争机制，实行中层干部竞争上岗、末位警戒制度和周工作讲评制度。加强干部的教育培训，共组织各类培训班16期，培训干警1200余人次，对所有业务部门的一线干警轮训1遍。针对执法中遇到的热点、难点问题，开展调查研究，撰写论文1215篇，出论文集19部(期)，其中被国家、省级刊物采用167篇。年内，全市检察系统被评为青岛市“创建文明行业先进行业”，市检察院被评为青岛市“文明标兵单位”，全市有11个基层检察院达到“五好”目标，提前1年完成了高检院下达的“五好”达标任务。

(沈明才)

·审　　判·

2000年，全市两级法院共受理各类案件94295件，审结97726件，结案率为103.6%(含旧存，下同)，结案诉讼标的额达119.04亿元。全年共审理再审案件863件，改判166件；审理抗诉案件127件，改判14件。

刑事审判

全市法院共审结一审刑事案件3928件，在判决发生法律效力的4591名犯罪分子中，判处5年以上有期徒刑和无期徒刑及死刑的748人。

严厉打击严重危害社会治安的杀人、抢劫、强奸、绑架、故意伤害等暴力犯罪和带有黑社会性质的团伙犯罪。依法从严惩处贪污、贿赂、挪用公款、走私等经济犯罪和职务犯罪。共审结此类案件142件，判处刑罚102人。

严惩毒品犯罪分子，审结毒品犯罪案件72件，判处毒品犯罪分子86人，其中判处10年以上有期徒刑、无期徒刑和死刑的14人。参与社会治安综合治理，利用新闻媒体和公开宣判等形式，进行法制宣传，在中央、省、市新闻媒体发表各类稿件3112篇，召开公判大会20多场次，旁听群众达8万多人。

经济审判

全年共受理一审经济纠纷案件16421件，审结17793件，结案率为108.4%。为国家挽回经济损失10多亿元。重点抓好深化国有企业改革、完善市场要素和对外开放中出现的经济纠纷案件的审理；审结了一批涉及面广、当事人众多、社会影响大的群体性纠纷案件；多次召开大中型企业负责人座谈会，在全市开展了“双百”调研活动，走访100多家企业和100多个村庄，广泛征求意见和建议，以更好地发挥经济审判的职能作用。

民事审判

全年共受理一审民事案件34748件，审结35595件，结案率为102.4%。重点抓涉及群众切身利益的婚姻家庭、继承、房地产、债务等案件的审理。其中，审结婚姻家庭案件10775件，占民事案件总数的30.3%；债务案件17250件，占民事案件总数的48.5%；房地产案件1840件，占民事案件总数的5.2%。两级法院都在立案庭设立了“涉军案件法庭”，公正高效地审理涉军案件。7月，山东省军区和省高级人民法院在青召开现场会，对青岛警备区和市中级人民法院法律拥军工作进行了表彰。青岛市军地联手进行法律拥军的工作做法曾进京进行汇报展览，最高人民法院、解放军总政治部联合下发文件，在全国进行推广。注重审理好精神损害赔偿、涉外劳资纠纷、知识产权等新类型民事案件，促进社会稳定。

行政审判

全年受理一审行政案件777件，审结760件，结案率为97.8%。其中，判决维持具体行政行为的325件，占结案数的42.8%；判决撤消或变更具体行政行为的91件，占结案数的12%；移送及其他处理的344件，占结案数的45.2%。办理非诉讼行政执行案件2455件。

执行工作

全年共受理执行案件32428件，执结31033件，结案率为95.7%，结案标的额达48.1亿元，结案率和结案标的额在全省法院中名列第一。解决案件超审限问题，专题部署清理积案工作。截止10月底，全市法院上报各类积案15883件，已全部清理办结。

法院队伍建设

为提高干警业务素质。与山东大学合办“大专升本科班”，与北京大学联办民法研究生课程班。截止年底，全市法院干警具有法律专科以上学历者已占总人数的95.2%。与全国知名法学专家学者合作，举办各种讲座、培训班、研讨会，促进干警业务水平的提高。

市中级人民法院党组坚持每月一次廉政建设状况分析会，每季度向全院干警通报廉政建设情况；与12个基层法院院长及中院各庭室负责人签订廉政责任书,实行“一岗双责”。年内,全市法院系统4名负责人因咎检讨了责任,将3名严重违法违纪的干警交由纪检、检察部门处理。建立了副局级以上干部廉政档案,设立了举报中心。

改革审判工作,推进审判长和独任审判员选任制,解决了审判权行政化运行、审判人员层次不清、权力与责任不相统一的问题,促使分管院长和庭长走上审判第一线。改革审判运行机制,推行程序公开公正,实行统一立案,建立排期开庭制度;实行案件繁简分流,设立庭前程序制度;实行规范开庭,落实公开审判制度;实行诉辩式审判,建立新的庭审制度。制订了《违法审判责任追究的操作规程》,明确了违法审判责任追究原则及处理程序,并直接与奖惩和岗位目标责任制挂钩。年内,全市两级法院对41名错案责任人追究了责任。市中级人民法院还分别成立了由资深法官组成的民事、经济2个督导组,抽查法官所办结的案件,从实体法运用、诉讼程序操作等方面进行事后监督。

年内,全市法院系统有134名干警立功,1人被最高人民法院授予“全国人民满意的好法官”称号。

(刘雅莉)

·司法行政·

工作成果

2000年,市司法局建立健全信息工作制度,编发信息190篇、专刊30篇,其中被部级采用12篇、省级采用42篇、市级采用40篇;共完成调研论文279篇,被省、市(局)刊物、会议上采用119篇。

全系统全部成立了行政复议委员会,全年受理复议案件14件,处结11件;行政应诉7件,全部审结。市司法局被评为全市信访工作文明接待室、全市纪检监察信访工作先进单位;北墅监狱、琴岛律师所被评为省级文明单位;市司法局、市公证处被评为青岛市文明单位标兵;德衡律师所被司法部评为规范化文明律师所。全系统有215个单位和896人获得部、省、市表彰奖励。青岛律函辅导站被山东省省律函总站授予招生助学一等奖,被全国师函中心评为全国先进辅导站。

12月13日,青岛正源司法鉴定事务所成立,是山东省第一个面向社会服务的司法鉴定机构。

监狱管理

实行狱务公开,进行规范化管理。对在押罪犯开展法制、文化、技术教育和劳动教育;对解除劳教、刑满释放人员,进行半年的法律法规、预防重新犯罪、就业指导和婚姻家庭教育。设立狱内法庭,组织全体罪犯收看市中级人民法院公开审理的案件,促进罪犯服从改造和服从管理。开办了微机应用、家电、烹饪等各类技能培训班,使服刑人员回归社会有谋生技能,有153人获得职业技术证书,161人获得初、高级技术证书。

青岛监狱、北墅监狱开展“监管安全年”活动,制定逐级安全工作目标责任书,加强了重点部位、重点人员监管控制,严厉打击违纪违规人员。青岛监狱投资500多万元,改造了监管设施、监室、狱墙,安装了闭路电视监控系统。

劳动教养管理

市劳教所连续4年10个月保持场所安全稳定。对劳教人员开展法制、思想道德、技能等多项教育及心理咨询和矫治;注意思想分析、动态调研和跟踪考察。增加劳教场所物防、技防,排除不安全隐患,保证场所的安全。通过技能培训,有64人获得农业科技培训合格证书,35人获得全国统一技术等级证书。加强对“法轮功”类劳教人员的管理和教育转化。

安置帮教

市南区、市北区、城阳区、即墨市、胶南市相继制定了《安置帮教工作实施细则》、《安置帮教工作制度规范》、《关于与监狱、劳教所联合建立帮教制度意见》等规范性文件,对刑满释放和解除劳教人员登记造册输入电脑,实现区(市)、街(乡镇)、居(家、村)三级网络微机化管理。市北、李沧、黄岛、崂山、莱西、平度、胶州、胶南等地重新违法犯罪率为零。10月,在城阳区召开了全市司法行政安置帮教工作现场会,5名刑释解教人员作了典型报告。各区、市与青岛监狱、北墅监狱、市劳教所签订联合帮教协议,以各种形式开展为服刑人员“送乡情、送亲情、送温暖、送知识、送教育”活动。全市有安置帮教基地96个,年内刑满释放889人、解除劳教277人,安置1015人。

人民调解

建立人民调解、民事调解、行政调解相结合的调解机制。年初,全省基层科(处)长工作会议上召开,即墨市人民调解的工作经验得到省司法厅的肯定和推广。全市148个乡镇全部建立了调解中心。市司法局分别召开了全市加强基层司法行政工作、正确处理人民内部矛盾理论研讨会和司法行政工作进社区工作座谈会。人民调解工作逐步渗透到社区服务领域。9月30日,司法部部长高昌礼视察了市南区江苏路街道办事处,对司法行政参与社区依法治理、搞好社区法律服务给予充分肯定。

全年共调处民间纠纷18501件,成功率98.3%;防止“民转刑”案件136起(涉及313人);防止纠纷引起自杀事件19起(涉及20人);制止械斗41起、上访82起。

普法教育和依法治理

年内,重点加强各级领导干部、经济管理人员、青少年普法教育。在7个区、市举办副处级以上党政领导干部法律专业学历教育班5期,培训1267人;举办全市国有大中型企业负责人及有关人员法律知识培训班78期,培训6700人;召开全市青少年法制教育工作会议,推广市北区青少年法制教育工作方法。

对130个依法治理典型示范单位进行检查督导,组织全市近400万人参加“三五”普法依法治理知识答卷活动。12个区、市依托党校、电大、职校建立了固定的普法教育阵地,有121个乡镇、3854个村(居)建立起规范化宣传一条街或法制学校。

加强依法治市理论研究,草拟了《青岛市依法治市条例》,12个区、市也相继制定出台了普法依法治理规范性文件。3月、4月分别召开了青岛市全民普法依法治理工作领导小组会议和青岛市普法依法治理工作会议,通过了《青岛市“三五”普法依法治理考核验收实施意见》和《青岛市“三五”普法依法治理考核验收标准》。全市共组织61个验收组,对全市186个单位进行“三五”普法依法治理考核验收。8月,山东省“三五”普法依法治理工作检查验收组来青检查验收,对本市“三五”普法工作给予充分肯定。

律师管理

年初，市司法局召开加强律师所建设会议。市律师协会召开三届三次理事会，确定了2000年工作要点。加大律师职业道德、执业纪律的监督力度，市律师协会建立维护律师合法权益委员会、民商事业务委员会、涉外业务委员会等。市律师协会刑事诉讼业务委员会召开第一次会议，审议通过了《刑事诉讼业务工作规则》、《案件研讨收费办法》、《律师从事刑诉业务“十不准”规范》，公布了刑事诉讼委员会组成人员及新增刑诉委员会监督员名单。

年内，对“世界500强”在青投资的33家企业进行法律服务情况调研，为市委、市政府招商引资提出建设性法律意见，为国企改革提供法律意见。

省司法厅和市司法局采取普遍审查和重点抽查的办法，对全市律师事务所进行了检查，有76家律师所和1123名律师通过年检注册。其中，新审批登记1家、新审批执业律师167名。组织了2000年度青岛地区全国律师资格考试，3061人报考，录取350人。琴岛律师事务所在全国律师事务所中首家获得英国UKAS认证机构颁发的ISO9002国际质量体系认证。9月底，对全市25个国资律师事务所的人员编制、资产、人员安置等状况进行调查和脱钩改制部署。

年内，律师为2508家单位担任常年法律顾问，增长23%；办理法律服务事项139017件，其中刑事案件1755件、民事案件5571件、经济案件6603件、行政案件291件、非诉讼法律业务5251件，涉及标的81.3亿元。评出7个专业的拔尖人才律师12名。

公证工作

年内，在全市推行主办公证员负责制和要素式公证书格式改革。经山东省司法厅批准，市第二公证处作为全省第一家由事业编制进行合作制改革试点单位，于4月20日召开合作制创立大会。市公证员协会召开房地产公证理论研讨会，讨论商品房预售合同、赠与合同、房屋拆迁公证审查中的法律问题。组织对全市108名注册公证员进行业务考试；组织进行全市公证质量检查，抽查公证卷宗671件，其中合格600件。

全年共办理公证120849件。其中，经济类公证28191件，民事类公证61086件，涉外类公证29918件，涉台类公证1431件，为当事人避免和挽回经济损失达到2050万元。

基层法律服务

年内，召开了全市基层法律服务工作现场会，总结推广胶州市司法局基层法律服务管理体制改革经验。市基层法律工作者协会成立并举行第一届会议；组织了全市基层法律服务所、基层法律工作者年检注册工作，共有204个法律服务所、1197名法律工作者通过年检、注册。全年办理法律服务业务86360件，其中协办公证25812件、诉讼代理9726件、非诉讼代理4912件、担任法律顾问3320家，避免经济损失3.56亿元。

法律援助与“148”法律服务专线

全市法律援助机构与“148”法律服务专线合署办公。各区、市制定了法律援助与“148”法律服务专线办理涉法信访案件实施办法，与信访局联合处理解决涉法信访案件。

年内，加拿大刑法改革与刑事政策国际中心董事马尔罗尼教授和杨成博士，参观了青岛市和崂山区“148”法律服务专线值班室。市法律援助中心被评为青岛市“社会治安综合治理先进单位”、“政法系统争创全国一流工作先进单位”，并被山东省司法厅评为“全省人民满意的司法行政单位”。全年办理法律援助案件634件，法律咨询5694人次；“148”受理来话27047件，法律咨询25844件，移交有关部门处理3968件，处理信访案件及苗头1046起，避免“民转刑”案件391起。

司法行政队伍建设

组织了市司法局机关4名处级领导职务和2所监狱、市劳教所241名处级领导职务竞争上岗，261名非领导职务评议上岗。开展了“比过去，看现在，思源头”讨论和有关参观考察活动。对监狱、劳教所、法律服务单位的执法执纪等方面进行了专项治理。组织政治理论、法律法规、业务知识培训4期、16批次，5328人次参加了培训。

纪念市司法行政恢复重建20周年

11月19日，市司法局召开青岛市司法行政恢复重建20周年纪念会。会上，市政府对10名20年来在司法行政工作中做出突出贡献的同志记个人二等功；市人事局、市司法局对20个单位、100名个人授予“全市司法行政系统先进单位”和“先进个人”称号，并为40名个人记三等功；市司法局对9名担任过副局级以上领导职务的离退休老干部授予荣誉奖牌，对做出突出贡献的15个集体单位和41名个人给予了通报表彰。

（刘卫华）

·案例选登·

刘同信贪污、巨额财产来源不明案

被告人刘同信，男，1957年10月25日生，汉族，出生地青岛市，文化程度大专，系青岛市城阳区粮食局局长，捕前住青岛市李沧区南崂路1066号内302户。

青岛市中级人民法院一审查明：1995年3月至1997年8月期间，被告人刘同信利用其担任青岛市城阳区粮食局局长的职务之便，以购买1000吨储备粮为由，在未实际购进储备粮情况下，指使该局财务科副科长范某某、第八面粉厂仓储科科长张某某等利用倒帐、搞假发票入帐平帐，搞假入库单冲帐平库等手段，以购小麦储备粮为名，分五次将支付给所谓供粮单位“青岛中栋开发公司”的人民币189.536万元，分别假借他人名义私存。其中，人民币51万元系城阳区财政局拨给区粮食局的仓储费和利息补贴；人民币40万元，原系区粮食局拨给局属建筑公司准备征地建办公楼的工程预付款，被刘同信私自挪用给个体户万某某等进行营利活动后，又以购买储备粮为名私存；余款98.536万元人民币系区粮食局公款，亦被刘同信以购买储备粮名义私存。后在区财政局领导检查储备粮的情况下，被告人刘同信指使范某某带领检查组查看区粮食局代市粮食局存放的粮食，欺骗检查组，以掩盖没有购买1000吨储备粮的事实。1997年8月，被告人刘同信伪造假名“王海军”，用上述非法占有以外的公款人民币4.16万余元，购买商品房1套。

综上，被告人刘同信共计私存占有赃款、赃物价值人民币193.696万余元。案发后，从被告人刘同信处追缴财物价值人民币259.6万余元，扣除上述被其非法占有的赃款、赃物价值人民币193.696万余元及刘同信的收入差人民币5904元、受亲属赠款人民币5万元、为孙某某购房余款人民币1.8万元、收回的下拨流动资金10万元、小金库款人民币15.3万余元,尚有人民币33.2万元,被告人刘同信无法说明来源。

一审审理认为,被告人刘同信身为国家工作人员,利用职务之便贪污公款,数额特别巨大,情节特别严重,并有巨额财产明显超过合法收入,无法说明财产来源,分别构成贪污罪、巨额财产来源不明罪,应依法从严惩处,且应数罪并罚。鉴于案发后赃款、赃物均被追回,依法可不立即执行死刑。据此,依法判处被告人刘同信死刑,缓期二年执行,剥夺政治权利终身,并处没收财产人民币1 000元;其财产差额部分人民币33.2万元予以追缴。

一审宣判后,刘同信不服,提出上诉。山东省高级人民法院二审审查后,裁定驳回上诉,维持原判。

王强强奸、抢劫、故意伤害案

被告人王强,男,1975年2月8日生于青岛市,汉族,文化程度小学,捕前住青岛市四方区嘉善路24号10号楼4单元602户,无业,1992年3月6日因犯抢劫罪被原青岛市台东区人民法院判处有期徒刑五年,1995年10月15日被减刑释放。

青岛市中级人民法院一审查明:1997年12月至2000年1月期间,被告人王强在夜间以强奸为目的,先后窜至本市市南区金湖小区、市北区标山路、四方区重庆路等地,尾随12名妇女,至其居住地楼梯口等处,采取用手掐脖子,用纱巾、绳子勒其颈部等暴力手段,先致被害妇女昏迷,后实施强奸犯罪。共强奸作案12起,将3名妇女强奸,对9名妇女实施强奸未遂,并在实施强奸犯罪过程中致3人死亡,1人轻伤;被告人王强实施强奸犯罪后,抢劫9名妇女的金首饰、手机、传呼机等物品,共价值人民币6000余元,并致4人轻伤。

一审审理认为,被告人王强采取暴力手段,强奸妇女多人多次,并致3名妇女死亡、1名妇女轻伤,构成强奸罪,情节恶劣,后果特别严重,严重侵犯了妇女的人身权利,扰乱了社会治安秩序,危害极大,且系累犯,依法必须严惩。被告人王强还在实施强奸犯罪后,抢劫被害妇女财物,构成抢劫罪;该还故意伤害妇女,致多人轻伤,构成故意伤害罪。对其所犯强奸罪、抢劫罪、故意伤害罪依法应予并罚。据此,依法判处王强死刑,剥夺政治权利终身,并处没收全部财产。

一审审判后,王强不服,提出上诉。山东省高级人民法院二审审查后,裁定驳回上诉,维持原判。2000年7月28日,王强被执行死刑。

(刘雅莉)

军　　事

·海军北海舰队·

友好往来

3月31日~4月1日,孟加拉海军参谋长塔赫少将一行8人,在我海军装备部副部长王小闯夫妇陪同下来青参观访问。舰队司令员张定发夫妇到机场迎送,并陪同参观了舰队舰艇部队和海军潜艇学院。期间,张定发司令员在舰队机关会见了塔赫少将。

4月28~29日,韩国海军参谋总长李秀勇上将夫妇一行10人,在我海军装备部副部长李新南夫妇陪同下,由北京抵青参观访问。舰队司令员张定发夫妇前往机场迎送,并陪同参观了舰队舰艇部队和潜艇学院。期间,张定发司令员在舰队机关会见了李秀勇上将。

5月7~11日,加拿大海军太平洋舰队司令麦克米兰少将率"阿尔冈金人"号导弹驱逐舰和"温尼伯"号导弹护卫舰来青访问,随舰来访官兵515人。北海舰队司令员张定发、参谋长吕芳秋,总参外办美大局副局长汤怀光,青岛市副市长周嘉宾,青岛警备区副司令员姚春阳以及加拿大驻华大使贝祥夫妇、驻华武官叶汉思上校等使馆人员到码头迎送。期间,麦克米兰少将和贝祥大使等拜会了张定发司令员和青岛市市长王家瑞;加方官兵参观了舰队舰艇部队、海军潜艇学院、海军博物馆和青岛第二啤酒有限公司和海尔集团;12年前被来访加舰水兵救起的本市落水女青年吴丽英携丈夫和5岁的女儿登舰拜访麦克米兰少将。

5月10日,美国国防大学华森博士率校官班一行16人来青访问。

5月24~25日,巴基斯坦海军参谋长米尔扎上将和夫人一行6人在海军装备部副部长陶景顺夫妇陪同下,由北京抵青参观访问。舰队副司令员丁桂阁到机场迎送,并陪同参观了舰队舰艇部队、海军潜艇学院。期间,丁桂阁副司令员在舰队机关会见了米尔扎上将。

6月21日,日本参谋长联席会议主席滕绳佑尔上将一行5人,在总参外办主任詹懋海陪同下,来青参观访问。舰队参谋长吕芳秋到码头迎接并陪同参观了舰队舰艇部队。

7月1日,古巴中部军区司令金塔斯中将率古巴军事友好参观团一行9人来青参观访问。

7月12~13日,印尼海军参谋长苏吉普上将一行8人在我海军航空兵部队副司令员张永义陪同下,由北京抵青参观访问。舰队司令员张定发到机场迎送并陪同参观了舰队舰艇部队,并在舰队机关与苏吉普上将进行了会谈。

7月24日,塞拉利昂国防部副部长诺曼一行4人来青,并参观了舰队舰艇部队。

8月2~5日,美国海军太平洋舰队司令法戈上将率"钱斯洛斯卫尔"号导弹巡洋舰来青访问,随舰来访官兵387人。这是美海军第八次访华、第五次访青。北海舰队副司令员丁桂阁、参谋长吕芳秋,总参外办美大局副局长汤怀光,青岛警备区副司令员王洪德,青岛市副市长宗和,美国驻华海军武官孔百里上校等在码头迎送。期间,法戈上将拜会了舰队丁桂阁副司令员和青岛市市长王家瑞;参观了舰队舰艇部队、海军潜艇学院,海军博物馆和青岛第二啤酒有限公司。

8月16～20日,英国海军"纽卡瑟尔"号导弹驱逐舰在舰长佩尔森中校率领下,来青访问,随舰来访官兵254人。这是英海军第二次访青。舰队副参谋长杜希平以及英国驻华临时代办考克斯、国防武官柯国栋等出席欢迎仪式。期间,佩尔森舰长分别拜会了舰队副司令员丁桂阁和青岛市副市长周嘉宾;英舰官兵参观了舰队舰艇部队、海军博物馆和青岛第二啤酒有限公司。

8月20日～10月11日,经中央军委批准,舰队参谋长吕芳秋率由"青岛"号导弹驱逐舰和"太仓"号综合补给舰组成的海军舰艇编队共470名官兵,访问了美国夏威夷珍珠港、西雅图埃夫里特港、加拿大维多利亚埃斯奎莫尔特港。期间,吕芳秋等先后拜会了美太平洋舰队司令法戈上将、加拿大太平洋海上部队司令巴克少将等十几位美、加高级军政官员;组织部队对外交往18批;先后6次对外开放舰艇,接待各国团体、各界人士、华侨及当地公众约8万多人次参观,发放了2万余册宣传画页;先后3次举行甲板招待会和小型宴会,同时播放、展出青岛优美风光录相片和名牌产品;在青岛舰举行了授予1988年在青抢救落水女青年吴丽英的加拿大水兵泰尼恩"青岛友谊奖"仪式,当地新闻媒体作了大量报道。

拥政爱民

支援地方建设。参加青岛市创建国家卫生城市、优秀旅游城市和环境保护模范城市等活动。驻青部队利用元旦、春节、"五一"、"八一"、"十一"等重大节日,先后出动官兵3 500余人次,为群众做好事10万余件;组织官兵植树6 000余株,组织官兵义务献血6 870人次。

开展国防教育,搞好职工、民兵和学生军训。配合市教委、市国防教育委员会、市中学生管理委员会共同举办青岛市中学生军校迈向新世纪暨2000年军训成果汇报大会。海军博物馆与青岛市十几所中小学签订了共建文明协议书,定期免费接待中小学生进行国防教育和爱国主义教育。全年被县级以上表彰的双拥共建先进单位达170多个。

参加抢险救灾,开展扶贫、助残活动。年内,舰队各部队参加抢险救灾147次,出动官兵14 029人次、车辆555台次,抢救遇险群众537人次,抢运物资9 334吨。4月8日,青岛崂山北九水地区发生大面积山林火灾,舰队立即派出1 500多名官兵、车辆40余台赶赴现场参与了一整夜的灭火行动;11月15日,出动船只营救在海上漂泊了8小时的"鲁牟养4483"号渔船,抢救船上遇险群众4名。11月份,舰队各部队为西部地区"希望工程"捐款177.46万元。

(柳本才)

·91286部队·

支援重点工程建设

2000年,该部队工程建筑处负责承担青岛流亭国际机场停机坪扩建和跑道延长工程建设,合同工期为75天,扩建总面积约19 935平方米。为了不影响民航航班正常飞行,要求在夜间0时至凌晨6时施工。该处工程技术人员组织施工58天,使工程顺利竣工,经民航质监部门验收,定为优良工程。

抢险救灾

4月9日晚,崂山发生山林大火。该部队出动官兵500余名参与2个灭火行动。6月23日,青岛市委某部门领导,在赴山东海阳途中突发车祸,有2人伤势严重。该部队紧急派出直升机飞赴事故现场,及时地将伤员送回青岛抢救。

保障民用航空事业

年内,主要参与保障了陆航米-17飞机为八一电影制片厂和安阳运-5、青直米-8机为山东电视台和青岛电视台承担的"'飞跃齐鲁'、'空中看青岛'"大型电视剧在青岛地区的航拍,以及哈尔滨飞龙公司运-12海监飞行、济南二联集团田横岛度假村旅游飞行、济南郭店运-5在颐中体育场跳伞飞行、QD-2000海上搜救演习飞行、青岛发达商厦夜间机降消防演练飞行等,共计312架次240小时29分。保障青岛市气象局人工增雨、消雹炮射累计49小时,缓解了青岛市的旱情和雹灾的影响。

拥政爱民

年内,91286部队驻胶州部队先后派出官兵450余人,出动车辆40余台次,参加胶州市"艾山风景区"和"农村电话网络工程"建设,义务铺设电缆30余公里,安装电话400余部;教师节期间,拨款2万元为驻地小学购买电脑等教学用具。驻团岛部队投资3万元为共建学校整修教室12间,粉刷墙壁1 600余平方米,购置教学及文体器材8套,改善了学校的教学条件。该部队向贵州贫困地区捐赠衣物、被装总计8 968件;为青岛市军训中学生1.5万余名,部队有6人被青岛市国防教育委员会评为2000年度中学生军训优秀教官。

(焦　宾)

·海军潜艇学院·

教学科研

2000年,完成了60多个专业、120多个班次的教学任务,总授课量7万余学时。95个教学班、2 000余名学员毕业;96级办公自动化专业、自动控制专业100名地方委培生毕业,其中参加全国英语等级考试获得六级证书的有14人、获得四级证书的82人。完成了孟加拉、缅甸军队15名留学生的水下爆破技术和潜水救捞技术的培训任务。

及时充实新装备、新技术、新战法、新理论教学内容。加强实验实作,组织了48个教学班、1 400余名学员进行航海实习、潜水实习和到部队进行专业实习。2000级副艇长班学员结合出国访问,在往返航渡中进行航海实习。学员旅防险救生教研室担当水下脱险技能训练任务,已累计训练21万人次无事故,创水下脱险训练安全世界纪录,年内被记集体三等功1次,并被评为海军学习成才先进单位。

年内,有5门课程获海军优秀课程奖,其中一等奖1门、二等奖4门;5项教学成果被海军推荐为军队级优秀教学成果一、二、三等奖。深化教学改革,对本科生进行"五年双学位教育",并已在潜艇指挥专业班试点;研究生实行"本硕连读",已有4名学员进入连读实验班。年内,国务院学位委员会又批准该院新增"军事运筹学"、"导航制导与控制"2个学科硕士点。加强师资队伍建设,引进博士生、硕士生13人;有18人、50人分别到地方高校攻读博士、硕士。构建"院校、部队教育训练一体化新体系",并与北海舰队某潜艇部队开展试点,加大核潜艇人员训练力度,加派了教员到潜艇部队讲解新装备理论等。增强教学物资保障建设,完成了多媒体语音室和计算机网络教室等建设;投资数百万元生产添置实验设备和图书资料。编写和出版教材31种,其中全军重点教材1种、海军重点教材4种。

年内,有9项成果获军队级科技进步奖,其中一等奖1项、三等奖6项、四等奖2项;举办学术报告会22次,举行与俄罗斯专家座谈讨论1次;撰写学术论文430余篇,其中,发表交流376篇,22篇获海军以上学术论文等级奖;出版《潜艇学术研究》6期;生产技术设备320多台套,为部队作战训练提供了急需的技术设备。

拥政爱民

全院官兵和家属向西部贫困地区"希望工程"捐款9.8万余元;向贵州贫困地区捐衣服、文具3562件;继续向延安"希望工程"捐款1.8万元。完成担负青岛市17所中学、11750名学生和青岛市8个单位、2000多名新职工的军训任务。出动车辆20台、人员1000多人次参加青岛市金家湾、北岭山等处植树活动,栽树600余棵。"八一"前夕,学院召开了军民共建经验交流会。学院有5个单位被评为1999～2000年度青岛市军民共建标兵单位。

外军来访

年内,以孟加拉国海军少将阿布·赫塔尔、韩国海军大将李秀勇、加拿大海军少将麦克米兰、巴基斯坦海军上将米扎尔、美国海军上将法戈等为首的10个外国海军代表团共177人次先后来院参观访问。

(吴善生)

海军航空技术·学院青岛分院·

庆祝建院50周年

10月28日～11月3日,分院举行了建院50周年系列庆祝活动,主要活动有建院50周年庆典和庆祝表彰大会、文艺晚会以及军队院校创新教育报告会、教学科研成果展览、历届优秀毕业生报告会等。

拥政爱民

年内,先后派遣1200余名官兵参加驻地植树活动,义务植树6000余株。组织9000人次参加了李村河清淤、楼山公园卫生大扫除等公益活动,出动车辆30余台次,清理垃圾40多车。

年内,又与2个单位结为共建单位,累计共建结对单位27个。与共建单位开展了"手拉手、献爱心、同成长"活动、党(团)员思想交流和互帮互助活动。分院学员旅1队被青岛市推荐参加山东省军民共建标兵单位评比;分院政治部政治理论教研室和学员旅4队、6队、9队等4个单位被评为青岛市军民共建先进单位;5人被评为青岛市精神文明先进个人。

全年向贫困地区捐款1700余元,捐衣、被2897件,向"希望工程"捐款7.47万余元,为青岛市太原路小学捐助3000元。参与青岛市社区建设工作,对辖区内的家委会进行投资改造,为其添置了必要设施,配齐了工作人员,完善了管理制度;筹建了永平路3号甲家委会,修建了升平路家委会办公室;发动干部战士到社区义务劳动,相继清理了永平路3号甲和升平路61号院内的垃圾死角。

(航 院)

·青岛警备区·

争创"军事训练一级师"

年初,青岛警备区党委下发了《关于开展争创"军事训练一级师"活动的决定》。加强训练设施建设,建成了区、团机关局域网和分布交互式作战指挥训练模拟系统。加强新"四会"(会运用高科技知识进行讲解、会操作新武器装备、会运用高科技手段组织训练、会作新时期训练中的思想政治工作)教练员的培养,有3个新"四会"教学课目和1个战法研究课目被军区评为优秀新"四会"教学课目,6名教练员受到济南军区和山东省军区通报表彰。组织了区、团首长机关带通信工具现地演习,参加了山东省军区导调的实兵检验性演习。在济南军区组织的军事训练一级师考核中,青岛警备区取得了第1名的成绩,被解放军总参谋部批准为"军事训练一级师"。

民兵预备役建设

抓好民兵预备役工作改革创新,青岛警备区被济南军区评为民兵预备役工作先进单位。搞好国防教育,组织青岛市万名干部国防知识考试。民兵带头参加两个文明建设成效明显。城阳区、黄岛区、崂山区人武部被评为山东省民兵"带建"工作先进单位,胶南市人武部政治委员李文军被评为山东省民兵"带建"

市委常委、青岛警备区政委王学文(前排右一)陪同市领导参观军人维权图片展 (卢军/摄)

工作先进个人。

加强以民兵高炮分队训练为重点的军事训练。组织民兵高炮分队成建制集中训练和实弹射击考核的做法和经验，得到解放军总参谋部肯定和推广，并在全国民兵预备役高炮(部)分队建设座谈会上作了介绍。4808工厂民兵团等被命名表彰为山东省第三批民兵预备役部队精神文明建设示范点。

完善武器仓库基础设施建设，青岛警备区被解放军总装备部评为民兵武器装备管理工作先进单位；城阳区、即墨市人武部被济南军区评为民兵武器装备管理工作先进单位。全区实现了民兵武器装备管理第十八个安全年。

召开了全市国防动员委员会第二次会议，研究部署了国防动员工作。

涉军维权工作

青岛警备区和青岛市中级人民法院共同建立了具有青岛特色的维护军人、军属合法权益工作新机制，并于3月在青召开了维护军人军属合法权益表彰大会。7月，山东省军区和山东省高级人民法院在青联合召开维护军人军属合法权益工作现场会。8月，山东省军区和山东省高级人民法院联合组成工作组进京汇报展出青岛维护军人军属合法权益工作成果，并在鲁、豫两省进行巡回展出，受到最高人民法院领导、解放军总政治部首长的肯定和官兵的欢迎，中央电视台、《人民日报》、《解放军报》等媒体多次进行宣传报道。

全年接待部队及军人、军属投诉1026人次，处理涉军纠纷325件；受理各类案件213件，已结案209件，挽回经济损失上千万元，有效地维护了部队和军人、军属的合法权益。

拥政爱民

年内，海防某团等18个单位和24名个人分别被山东省军区，青岛市委、市政府评为精神文明先进单位和先进个人。共向地方派出校外辅导员133名，为地方上国防教育课50余场次，军训大中学生5650人，义务献血600余人次。出动人员6700人次、车辆309台次支持地方经济建设；共参加抢险救灾19次，抢救遇险群众378人，抢运各种物资279吨。5月，崂山山林失火，组织700余名官兵参与灭火。向贵州贫困地区捐款10余万元、捐物4030多件。

（王伯勤　齐广秀）

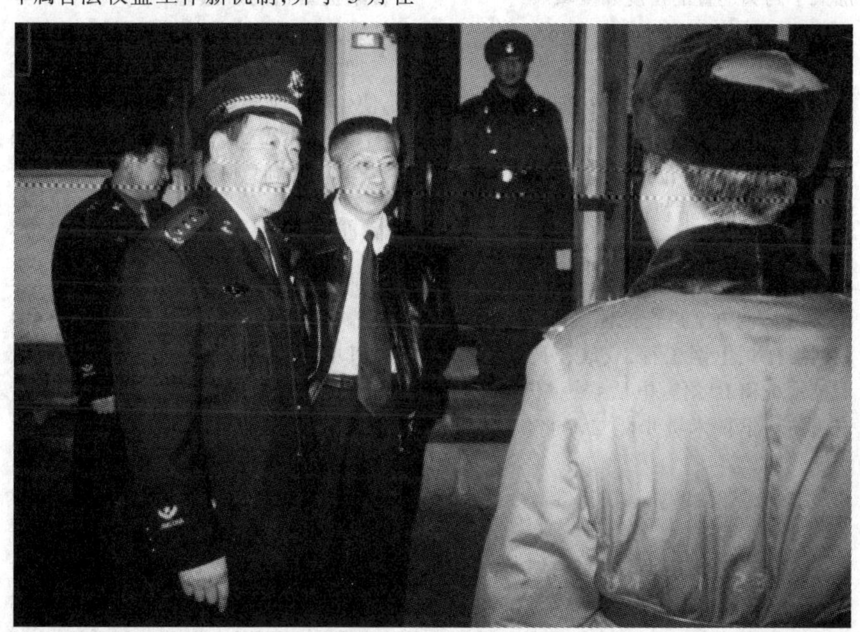

春节前夕，市委常委、政法委书记魏景瑞(前左)看望值勤武警战士。(市委政法委供稿)

·武警青岛市支队·

重大事项

2000年组织实施警卫、押解、货币押运等重大临时性勤务和青岛海洋节、国际啤酒节、甲A足球联赛等安全保卫任务共153次，投入兵力8113人次，动用车辆1308台次。多次出动兵力扑救山火，救护山林66公顷余。

1月25日，即墨市中队6名官兵配合即墨市公安局，成功地处置了一起持枪劫持人质抢劫案件，抓获犯罪嫌疑人，缴获自制手枪1支、匕首1把。

3月6日，城阳区中队出动10名官兵，协助城阳区公安分局，成功抓捕了以张雪亮为首的带黑社会性质的犯罪团伙的5名嫌疑人。

4月9日，副支队长毛允华、副政委尹长明、副参谋长高景良带领三大队150名官兵，参加了崂山森林大火的扑救。

4月29日，支队长高光武、政委刘华林带领150名官兵，按照山东省公安厅、省武警总队和青岛市委、市政府、市公安局统一部署，配合公安干警处置“4.26”盗枪案。最终，没费一枪一弹，成功地捕获了吉林省延边市5名盗枪逃案犯，缴获“七九”式冲锋枪6支、“五四”式手枪3支、“六四”式手枪6支、各类子弹3030发及其他物品。山东省委、省政府给武警青岛支队记集体一等功，武警总部党委给三大队记集体一等功。

5月5日，支队召开共青团第一次代表大会，选举产生新一届支队团委。

6月24日，武警总部副司令员朱曙光和山东省委常委、政法委书记、省公安厅厅长高新亭来支队视察工作。

9月25日，武警总部副司令员王福中在武警山东总队政委杨家杰、副参谋长李昭文陪同下来支队检查指导工作。

思想建设

年内，在基层党支部和机关附属单位中广泛开展“三讲”教育；在党员干部中先后开展了党纪条规学习和警示教育；制定了《关于官兵对外交往的规定》，增强了党员干部自律意识。基层部队以俱乐部为阵地，以官兵生活为素材，广泛开展兵写兵、兵演兵和大唱《军人道德组歌》等文艺活动；“八一”期间，举行了演唱比赛。重视和加强宣传报道工作，在省级以上报刊上稿100余篇。

生产基地建设

有选择地引进种植了十几种高科技种养品种；各中队积极发展庭院经济和养殖业，搞盆栽蔬菜，造冬暖大棚，建绿色长廊。全年共生产蔬菜6.5万余公斤、粮食1.3万余公斤，猪羊存栏分别达到200余头(只)，比上年增收27%。

拥政爱民

组织官兵参加青岛市环境卫生整治、创建文明城市、植树造林、普法教育、扶残助残等公益活动。与38个共建单位开展共建社会主义精神文明活动，建立了2所少年武警学校，军训学生2000余人。支队机关和8个基层单位被青岛市评为双拥共建标兵、先进单位。

开展“三共”活动

5月份，青岛市政府召开“三共”（军民共建、共管、共保安全）活动工作会议，学习贯彻山东省“三共”活动工作会议精神，对上半年活动情况进行总结。6月25～31日，青岛市政府副秘书长王振业带领由市政府督查室、青岛市公安局、武警青岛市支队分管领导和市“三共”活动办公室有关人员参加的检查小组，对7个区、市的看守所及青岛北墅监狱、市公安局监管支队、人民银行青岛市中心支行与支队基层中队开展“三共”活动的情况进行了全面检查。9月中旬，青岛市副市长刘建华主持召开青岛市“三共”活动领导小组扩大会议，听取检查情况汇报，部署下步活动意见。

（刘玉新）

·青岛边防检查站·

工作概况

2000年共检查进出港中外籍船舶7118艘次，检查进出港中外籍船员140023人次，检查出入境旅客57267人次，发现和处理违反出入境管理法律法规人员28起、50人次，创历史最好成绩。年内，被公安部出入境管理局评为全国口岸业务规范化执勤先进单位，被山东省口岸领导小组评为共建文明口岸先进单位、共建文明口岸结对先进集体；站长李乐民被山东省口岸领导小组评为共建文明口岸先进个人。

边防检查

改革传统检查方式，对入境的船舶，抵港前为其办理预检手续，抵港后再办理正式检查手续。已办理预检手续的船舶，到港后即可上下作业人员、装卸物品。各类手续办理做到迅速、准确、及时，口岸通关速度大大加快。加大反偷渡工作力度，充分发挥港口规范化执勤的优势，形成船舶监护和船体检查相结合、港口巡查和重点船舶抽查相结合、群防群治和重点人员控制相结合的立体监控网络，对有偷渡、走私或其他不法活动嫌疑的重点船舶坚持船体检查，严厉打击了偷渡犯罪，全年共查获偷渡案件15起、42人次。

规范执法服务

出台了《改善口岸通关环境措施》、《船厂执勤点执勤管理规定》、《船厂执勤点勤务制度》等具体措施，同时坚持每季度向口岸13家业务单位的义务监督员发放测评表，有效地促进了规范化执勤制度的落实。建立和完善码头监护巡查制度，出台了《码头巡查监护工作规范》，加大了码头巡查的密度和区域。

设施建设

坚持“科技兴站”战略，加大硬件投入和软件的完善，与上级下发的《边防检查信息管理系统》结成一体，构成了计算机网络，实现了站机关、基层中队、青岛口岸联合检查检验办公室和客运旅检现场的计算机联网，还对宽频带ATM网、IP多媒体网方案进行论证实施。完成了站网络视频上网工程，安装了码头远程监控系统和IP语言电话系统，获得了公安边防科学技术进步奖二等奖（一等奖空缺）。

（李振忠）

·青岛机场边防检查站·

工作概况

2000年共检查出入境飞机3862架次，比上年（下同）增长3.1%；检查出入境人员共516397人次（建站10年来，出入境人员首次突破50万），增长19%；查出和处理各种出入境手续不符365人次，处理违规违法227起、341人。

圆满完成了韩国前总统卢泰愚、金泳三，美国太平洋舰队司令法戈上将，美国朗讯交换机集团总裁弗兰克·迪爱麦罗，台湾战略顾问李桢林上将等近20名重要客人的边防检查任务。并对参加“2000年世界华人论坛”、“2000青岛外国专家咨询会议”、2000年青岛国际啤酒节以及“2000山东·青岛国际微笑行动”等6个团体的代表和成员办理出入境边防检查手续并给予礼遇。

年内，被山东省口岸领导小组和山东省精神文明建设委员会评为共建文明口岸先进单位；被青岛市政府评为共建社会主义精神文明先进单位、“拥政爱民”先进单位；被青岛市委、市政府和驻青部队领导机关评为军（警）民共建社会主义精神文明标兵单位；被山东省边防总队评为“无违纪、无案件、无事故”先进单位和“边防工作”先进单位。

7月，顺利搬入了位于青岛市区的新办公楼，在新办公楼建立起全省边防单位首家机要机房屏蔽室，并实现了新办公楼到执勤现场之间的微机联网。

加大对“菜篮子”工程的领导与投入，使生产基地建设逐步走向正规。6月29日，在山东省边防部队“菜篮子”工程现场会上，受到总队领导及与会者好评。

反偷渡和查控工作

加大反偷渡和查控工作力度，全年破获偷渡案件42起，抓获偷引渡分子94人。其中，9月24日，同福建省边防总队“9.15”专案组联合破获一起43人的特大偷渡案，此案被列入2000年全国十大反偷渡案之一。

全年共查获边控对象27人，为历年之最。其中，1月8日查获1名“法轮功”骨干分子，并做了妥善处理；1月16日查获青岛市地税局交控的1名偷税韩国人，成为全国范围内查获的第一起外国人偷税漏税案，中央电视台“东方时空”栏目对此进行了专题报道；还查获多起税务部门交控的偷漏税人员，中央电视台在“国脉卫士——中国税务稽查纪实”专题节目中进行了报道。

（武　民）

经　　济

工　　业

·概　　况·

截止2000年末，全市国有及年销售收入500万元以上非国有工业企业1504个。其中，按企业归属分，中央企业18个，省属企业7个，市地属企业260个，县区属企业208个，乡属企业211个，其他(包括城镇工业)800个；按经济类型分，国有企业179个，集体企业226个，股份制企业328个，股份合作制企业91个，外商及港澳台投资企业593个，其他经济类型企业87个。全市限额以上工业企业全部从业人员平均人数68万人，其中国有企业12.3万人；总资产1470.4亿元，其中固定资产净值平均余额516.7亿元、流动资产平均余额705.2亿元。国有企业总资产413亿元，其中固定资产净值平均余额155亿元、流动资产平均余额181.2亿元。

生产情况

全市国有及年销售收入500万元以上非国有工业企业完成工业增加值362.6亿元，比上年(下同)增长21.4%；完成工业总产值1400.5亿元，增长26.1%，创历史最好水平。国有工业完成工业总产值359.7亿元，增长43.5%，高于全市平均增幅17.4个百分点，拉动全市工业产值增长11.1个百分点；累计产销率达100.15%，高于全市产销率1.65个百分点。集体企业完成312.3亿元，增长20.7%。外商及港澳台商投资企业完成307.3亿元，增长17.4%。股份合作企业完成31.3亿元，增长26.9%。股份制企业完成212.4亿元，增长22.8%。国有、集体、外商及港澳台商投资工业所占比重为29:25.2:24.8。

轻、重工业协调发展。轻工业增速呈逐步加快趋势，完成产值856.9亿元，增长25.2%。重工业继续保持较快的发展速度，完成产值503.3亿元，增长28%。海尔等十大企业集团全年完成工业总产值636亿元，增长30.3%，占全市比重达38.9%，拉动全市增长17.6个百分点。

产销衔接与经济效益

全市限额以上工业企业实现销售收入1407.7亿元，增长21.4%；完成出口交货值397.1亿元，占全市现价销售产值的28.8%，增长25.6%，高于上年增幅16.7个百分点。出口增量占销售产值增量的31.7%，拉动销售产值增长7.2个百分点。全年累计产销率达到98.5%，与上年同期持平。实现利税116亿元，增长31%，其中实现利润49.4亿元，增长42.2%；利税、利润增幅分别高于工业增加值增幅9.6和20.8个百分点。经济效益综合指数为119.87，提高11.7。

企业改制重组

纳入省、市两级三年改制目标的13户国有大中型骨干企业已全部完成改制。全市累计设立股份有限公司142户、有限责任公司257户，中小企业累计改制4849户。全市市属企业中已改制232户，改制面达90.3%。市属106户国有大中型企业中，已有92户进行改制，改制面达86.8%。企业组织结构调整加快，成立了青岛黄海橡胶集团和青岛海珊服装服饰集团，促进了资产盘活和优化配置。

企业扭亏脱困

限额以上工业企业亏损面为23.4%，下降1.8个百分点；亏损企业亏损额为8.2亿元，下降33.6%。全市地方国有及国有控股大中型工业企业亏损面为12.4%，列入国家6599户重点脱困范围的59户国有及国有控股大中型企业脱困面达到83%，完成了省、市下达的目标任务。列入国家债转股计划的7户企业全部与金融资产管理公司签订了协议，转股金额25亿元。有65户国有中小企业从一般性竞争领域退出。列入2000年全国第2批破产计划的9户军转企业已进入破产程序，一批资不抵债的困难企业将列入国家第3批破产计划，冲销的呆坏帐准备金达2.2亿元。

结构调整

全市工交企业完成技改投资94.6亿元，增长20.6%。年初确定的36个投资额在1亿元以上的重点技术改造项目进展顺利，共完成投资23亿元。其中，青钢集团的3号高炉技改、海尔集团的无氟数字商用空调、海王纸业集团高档牛皮箱板纸等10个项目竣工投产；海信集团的年产50万台MMTV项目、大屏幕背投彩电项目和橡胶集团的年产270万套子午轮胎等16个项目已开工实施；青啤集团的啤酒发酵中心等10个项目完成前期准备工作。全市共争取国家重点技术改造项目(简称国债项目)16个，总投资47亿元，申请银行贷款32.9亿元。

企业利用外资嫁接改造

合同利用外资4.4亿美元，实际利用外资3.4亿美元，分别增长49.4%和70.8%。自营出口创汇额完成11.3亿美元，增长55%；机电产品出口16.17亿美元，增长59.2%，高于全市外贸出口平均增幅22个百分点。

工业园区建设

根据重点技改项目和产业结构调整规划，重点抓好海尔信息、海信信息、国风药业、服装、橡胶、纺织等10大工业园，年内已全部开工建设。

技术创新

全市新产品完成现价产值373.5亿元，增长43.2%，占全市比重为26.7%，提高1个百分点；高新技术产品完成现价产值412.4亿元，增长27.4%，拉动全市增长7.8个百分点，占全市比重为29.5%，提高3个百分点。

加强技术中心建设，全市共建立市级以上企业技术中心66家，其中国家级7家、省级14家。组织3户和9户企业的技术中心分别申报国家级、省级技术中心；认定市级企业技术中心24户。

研究选择出一批行业和企业技术中心向中小企业开放。有7个项目列入国家重点技术创新项目计划，45项新产品列入国家重点新产品试产计划。全年累计完成新产品、新技术项目1257项。其中，达到或接近国际水平的有254项，填补国内空白的有174项，达到国内先进水平的有724项。

全年共签订产学研合作合同192项，完成产学研合作项目90项。名牌战略的实施向纵深发展。80个产品列入名牌培育计划，“青岛名牌”产品总数达到100个。又有40多家企业通过了ISO9000质量体系认证。

(侯方敬　王伟光)

·纺织工业·

系统概况

2000年，市纺织总公司实现利润3665万元，为考核指标的87.68%；工业增加值完成70.02亿元，比考核指标提高11.46%；产品销售收入完成26.99亿元，为考核指标的108%；合同利用外资完成529.74万美元，为考核指标的132.43%；实际利用外资完成208万美元，为考核指标的104%；自营出口创汇完成1.73亿美元，为考核指标的101.76%，比上年(下同)增长25%；资产

海尔工业园俯瞰　(隋以进/摄)

青岛纺织机械厂

青岛纺织机械厂始建于1920年，是中国纺织机械行业大型骨干企业，具有悠久的自主开发、生产纺织产品的历史和现代精良的铸造、机械、钣金生产装备及先进的工艺与检测技术。工厂占地40公顷，有3000余名职工和600余名高中级技术人员。

主要生产"青锋"牌系列产品，有全流程开清梳联合机，适应不同纤维原料的FA系列梳理设备、ESPERO自动络筒机、非织造布成套设备、纺织专用电动机系列产品、格拉夫金属针布系列及采用PLC可编程序控制器、变频器控制的电器设备等。产品具有国内领先水平或世界水平。

产品已装备国内85%的纺织厂，并出口到世界30多个国家和地区，企业享有良好的信誉。

地址：青岛市四流南路22号
邮编：266042
电话：(0532)4892720 4858017
传真：(0532)4857541
法人代表：宫恩晴
电子信箱：qtmw@qd-pub

清梳联——FA009自动抓棉机

ESPERO型自动络筒机

该厂主要产品之一
——非纺织造布成套设备

青岛啤酒集团有限公司

TSINGTAO

青島啤酒

该公司是国家特大型企业集团，始建于1903年，是我国历史最悠久的啤酒生产企业，其生产的的青岛牌啤酒是国际市场上最具知名度的中国品牌，多次荣获国际金奖，并获首批“中国十大驰名商标”称号。

1993年6月，青岛啤酒股份有限公司成立，并于同年在香港和上海成功发行上市了H股和A股股票。1997年4月，青岛啤酒集团有限公司成立。截止到2000年底，青啤公司已拥有40多个啤酒生产企业，生产能力超过300万吨，居国内同行业首位。

青啤公司的发展目标是：要充分发挥品牌、技术、管理等优势，以民族资本为主体，以弘扬民族工业为旗帜，实行高起点发展、低成本扩张，整合民族工业力量，尽快扩大规模经济，提高核心竞争力，努力把青啤公司建成具有超强实力的国际化大啤酒集团。

地址：青岛市香港中路五四广场青啤大厦
邮编：266071
电话：(0532) 5711119，5711991
传真：(0532) 5714719
网址 www.tsingtaobeer.com.cn
电子信箱 info@tsingtao.com.cn
法人代表：李桂荣

青岛啤酒集团有限公司

2000年9月8日，中共中央政治局常委、全国政协主席李瑞环一行到青啤公司视察工作。

2000年11月14日，青啤公司应邀参加了在德国纽伦堡举行的“第二十六届世界啤酒工业高级研讨会”，总经理彭作义在会上作了主题演讲，在与会代表中引起了强烈反响。这是中国啤酒企业第一次应邀出席该会议并发言。

2000年5月27日，山东省省长李春亭视察青岛啤酒（菏泽）有限公司。

2000年4月7日，山东省委常委、青岛市委书记张惠来视察青岛啤酒（西安）有限公司。

2000年8月9日，青啤公司收购嘉士伯上海啤酒厂的签字仪式在上海金茂大厦举行。

2000年8月18日，青啤公司收购北京五星、三环啤酒厂的签字仪式在北京长城饭店举行。

颐中烟草（集

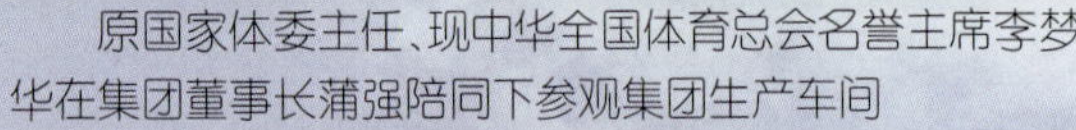

原国家体委主任、现中华全国体育总会名誉主席李梦华在集团董事长蒲强陪同下参观集团生产车间

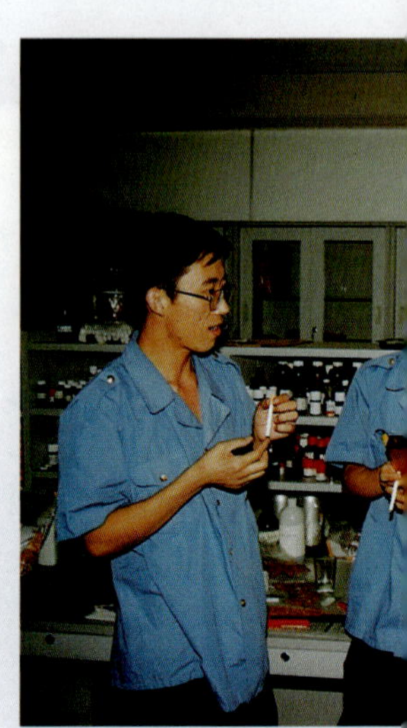

颐中集团CIMS工程验收及鉴定会

颐中假日酒店开业庆典

团）有限公司

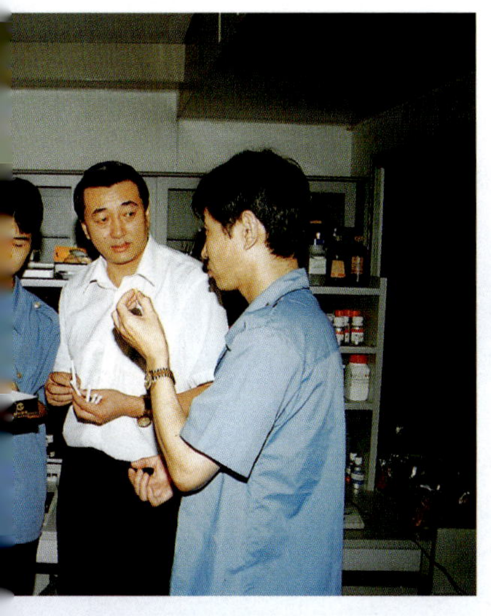

颐中集团总裁刘青文在青岛烟草技术中心产品开发室询问新产品开发情况

先进的包装设备，整洁的工作环境。

地址：青岛市华阳路20号
邮编：266021
电话：（0532）3817777
传真：（0532）3834769
电子信箱 jtbgs@mail.etsong.com
董事长：蒲 强
总裁：刘青文

国内一流水平的卷烟成品立体仓库

颐中海牛队征战甲A足球联赛

规范有序的商场，精干的销售队伍。

励精图治　规范管理
开拓求新　争创一流

团结务实的局（公司）领导班子

青岛市烟草专卖局作为全市的烟草专卖管理机构，对辖区内烟草专卖品的生产、购销、储运、进出口等行为，依法履行烟草专卖管理职责。山东青岛烟草有限公司主要负责青岛地区的省内外卷烟、进口卷烟的经营及烟叶收购、销售等。

2000年，市烟草专卖局共查处涉烟案件20289起（其中万元以上案件191起），同比（下同）增长75%；查扣非法卷烟12066件，案值达2400万元；卷烟市场净化率达85%以上；山东青岛烟草有限公司共拥有卷烟批发网点80个、80多部卷烟送货车辆，销区内卷烟经销户达3万余户，全年共完成卷烟销量17.15万箱，增长4.8%；种植烟叶2133公顷，共收购烟叶6.47万担；卷烟、烟叶实现销售收入12.11亿元，增长43.8%；实现利税7473万元，其中利润5133万元，增长69.1%。2000年，经济效益居全省17个卷烟流通企业第1位，列青岛市商品流通30强企业之首。该局（公司）被评为1999～2000年度青岛市精神文明单位。

局(公司)党委书记、总经理：王永昌

文明单位

中共青岛市委
青岛市人民政府

二000年度

青岛市商品流通30强企

青岛市财贸委员

“3.15“消费者权益日期间，局领导带领管理人员向市民宣传烟草专卖常识。

青岛市烟草专卖局
山东青岛烟草有限公司

局领导为“信得过卷烟零售户”授牌

该局管理人员正在认真进行烟草专卖检查

卷烟送货服务车行遍岛城大街小巷

公司下设的卷烟批发商场

地址：青岛市华阳路20号
邮编：266021
电话：(0532) 3803141
传真：(0532) 3847232
电子信箱：qdycb123@public.qd.sd.cn

中国第一汽车集

法定代表人、厂长：徐衍男

该厂是中国第一汽车集团公司全资子公司、国家大一型企业和青岛市重点发展的十大企业集团之一。

1995年，该厂开始大批量生产解放牌平头柴油载货汽车系列产品，至今已累计生产近10万辆；1996年产销量双双突破1万辆大关，产品已进入国际市场；1997年产量、销量同比增长3.3%、6.8%，并在国家技术监督局进行的全国中卡质量检测中荣获第2名，同年通过ISO9001国际质量体系认证；1998年产量、销量同比增长33%、32.6%；1999年产量、销量同比增长33.3%、31.8%；2000年生产汽车3万辆，销售3万辆，销售收入38.5亿元，同比增长50%、51.82%、55%，创造出了连续多年持续高速增长和跨跃式发展的辉煌业绩。

该厂是平头车品种系列最全的厂家之一，中、重型平头车系列产品有普通载货汽车系列、牵引车系列、自卸车系列、厢式运输车系列和双排座车系列。载重量为4吨、5吨、6吨、7吨、8吨、9吨、13吨等多个吨位；货箱长度有5.4米至9.6米共6种；驾驶室有FK（标准型）、FM（加宽型）、FR（双排座）和高顶驾驶室等；可选装国内外多种规格的优质发动机，满足用户的不同需要。

在新的世纪，该厂将按照一汽集团公司的统一部署，始终不渝地奉行“以第一的质量造名牌汽车，把第一的服务送广大用户”的质量方针和“永不满足守业，不断以新创业”的新世纪发展理念，生产优质汽车，造福天下用户！

厂址：青岛市娄山路2号
邮编：266043
电话：（0532）4913561 4913574
传真：（0532）4913564 4816687

团青岛汽车厂

解放牌新款厢式运输车

解放牌牵引车系列

解放牌厢式运输车

解放牌 9 吨柴油载货汽车系列

解放牌 5 吨柴油载货汽车系列

青岛钢铁控股

董事长、党委书记：王玉科

该控股集团公司是国家大型企业，青岛市十大企业集团之一。2000 年底该公司通过了ISO9002国际标准质量体系认证复评换证。主要产品有线材、热轧螺纹钢筋、圆钢、冷轧高强度带肋钢筋及焊网、小型冷轧带钢、冷弯型钢、小断面连铸方坯、冶金焦碳及其他焦化产品等，其中气体保护焊丝用钢盘条、低碳钢无扭控冷轧热盘条，荣获省市名牌产品称号，产品享誉市场、畅销国内外。

青岛钢铁控股集团有限公司成立并挂牌，标志着青钢的改革与发展迈上了一个新的台阶。全体干部职工在董事长、党委书记王玉科的带领下，以改制为契机，以建立强势企业为目标，继续发扬“求新、求异、求变”的精神，舍命以赴，勇往直前，生产经营始终保持强劲的发展势头，使青钢向强势企业挺进迈出了坚实的一步。2000年共生产铁100.6万吨，钢100.1万吨，钢材91.33万吨，钢铁主业实现销售收入19.5亿元，利税总额1.46亿元，利润总额3831万元。

青钢新景区现代雕塑群一瞥

集团有限公司

2000年12月29日，青岛市副市长宗和（前右一）与董事长王玉科（前左一）共同为青钢高速线材轧机技术改造工程奠基揭幕。

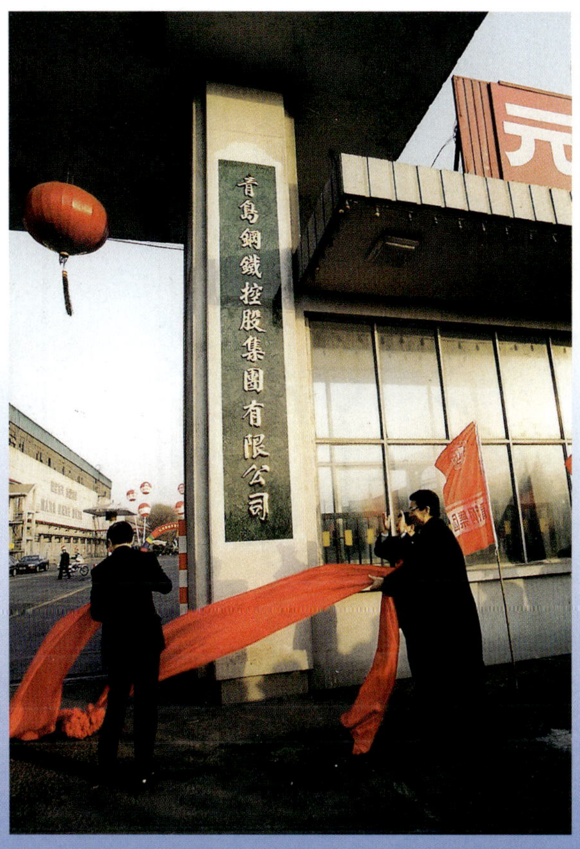

青岛钢铁控股集团有限公司正式挂牌揭幕

地址：青岛市遵义路5号
邮编：266043
电话：(0532) 4816761
传真：(0532) 4816857
法人代表：王玉科

φ5.5~φ13mm热轧圆盘条

正在生产的半连轧棒材生产线

四方机车车辆厂

依靠科技創新為
人民造優質客車
江澤民
二〇〇〇年十月十六日

中共中央总书记、国家主席江泽民为该厂建厂100周年题词

中共中央政治局常委、国务院副总理李岚清，全国人大常委会副委员长王光英，香港特别行政区行政长官董建华参观该厂制造的中国第一列双层健康快车。

该厂是中国重要的现代化铁路机、客车开发生产基地和出口基地。自1989年起，已连续10年被列入中国500家最大工业企业和中国240家最具实力的工业企业之一；拥有总资产23亿元，年生产能力为机车150台、客车1000辆、动车组20列。

该厂始建于1900年。新中国成立后，先后研制成功了中国第一台蒸汽机车、第一台液力传动内燃机车、第一列双层客车、第一批出口机客车、第一列25.5米空调客车、第一台公务动车、第一台东风4E大功率重载重联内燃机车、第一批快速客车、第一列单层双层健康快车、第一台无线电遥控内燃机车等。迄今为止，已设计制造了60多个品种的机车、200多个品种的客车和3个动车组系列，机车车辆产品已出口到十几个国家和地区。

该厂将以用户的需求为己任，以其雄厚的技术、装备和产品开发队伍及先进的科学管理，根据不同需要，设计制造各种普通与高级铁路客车及各种内燃机车、动车、城市轨道车辆和地铁车辆等。

SIFANG LOCOMOTIVE AND ROLLING STOCK WORKS

2000年10月28日，该厂隆重举行建厂100周年庆典。中共山东省委常委、青岛市委书记张惠来，青岛市副市长宗和，以及铁道部、中车公司、青岛市有关部门领导出席庆典致贺。

该厂隆重举行中国首台交流传动内燃机车竣工剪彩仪式

地址：青岛市杭州路16号
邮编：266031
电话：(0532) 3718168　3711500
传真：(0532) 3716656
Web Add: www.cqsf.com.cn
E-Mail: info@cqsf.com.cn

2000年4月27日，该厂隆重举行出口斯里兰卡动车组交付剪彩仪式，青岛市副市长刘建华出席仪式并剪彩。

该厂研制的“晋龙”号液力传动内燃动车组

该厂隆重举行中国首台无线电遥控内燃机车竣工剪彩仪式

中国人民解放军第四八零

厂长阮全生在该厂2000年度总结表彰大会上讲话

该厂始建于1898年，迄今已有百年历史，是海军青岛地区装备保障体系中的大型骨干企业。多年来，该厂加大科技投入，深化技术创新，紧紧把握机遇，成功实施了以海军第二代主战舰艇新装备修理与制造为重点的新装备技术保障工作；新装备备件研制工作取得新进展，一批新型装备如板翅式冷却器等已试制成功，并投入使用。因该厂新装备修理研制工作成绩斐然，多次被海军、舰队和基地授予“新装备集训、技术保障先进集体”等荣誉称号，在海军新装备技术保障战线上走出了一条新路。

地址：青岛市菏泽三路5号
邮编：266001
电话：（0532）2618816
传真：（0532）2617785
E–mail: qdqianjin@publil.qd.sd.Cn
法人代表、厂长：阮全生

该厂工人正在修理某新型高速齿轮箱

该厂新建的具有国内先进水平的热交换实验室

八工厂（青岛前进船厂）

该厂研制的部分新装备备件

该厂制造的新船正在下水

青岛前哨精

公司总经理姜金学（右二）陪同青岛市副市长宗和（左二）参观前哨朗普公司

该公司是直属中国航空工业第二集团公司的国家大（二）型企业、山东省技术进步先进企业、国家一级计量单位；1993年通过ISO9001质量体系认证，同年被批准拥有自营进出口权。

公司的“宇航”牌气动工具已拥有气钻、气扳机、气砂轮、气螺刀、铆钉枪等十几个系列、160多个品种，其中有2项产品获国家优质产品称号，7项产品获省、部优质产品称号。1999年，公司又推出了液压脉冲气扳机等，在国内率先实现了小型气动工具的更新换代。

公司在国内率先开发的量仪产品，采用

地址：青岛市洛阳路11号
电话：（0532）4852028
电挂：5116

質量體係認證證書

NO：93—001

青島前哨精密机械公司：

你單位的質量體係，按照 ISO 9001 標準認證合格，特頒發此證書，有效期三年。

产品范围：气动工具
三坐标测量机
花岗石精密量仪

航空質量認證中心
Aviation Quality Certification Center of People's Republic of China

一九九三年十一月廿四日

公司获得的部分荣誉

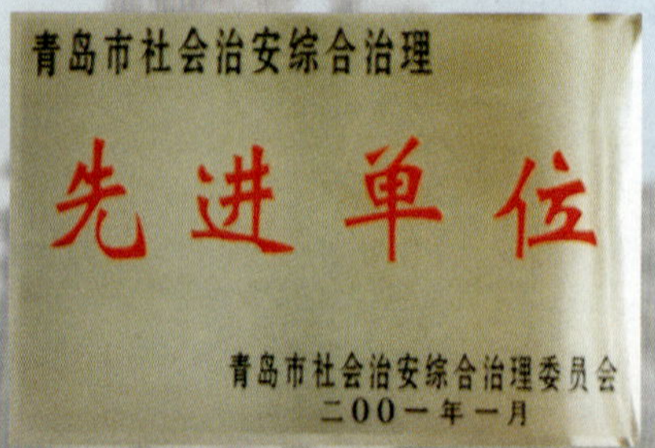

青岛市社会治安综合治理

先进单位

青岛市社会治安综合治理委员会
二〇〇一年一月

连续 FOR 十年 10 YEARS

重合同守信用企业

CONTRACT-STRESSING AND PROMISE-KEEPING ENTERPRISES

青岛市工商行政管理局

QINGDAO BUSINESS EXECUTIVE MANAGEMENT BUREAU

密机械公司

国内质地最优的"济南青"花岗石为原料，现有8个系列40多个品种。还可以按照用户的不同要求加工生产各种测量机械底座、横梁、导轨、立柱及印刷线路版钻、铣床、雕刻机等多种机床的花岗石底座、工作台和其它花岗石配套件。公司近期开发的新产品——花岗石底座偏摆仪精度可达到5‰，已被国家列为替代进口产品。

全液压坑内钻机为1989年国家级重大新产品，为目前各采矿行业现代化的探矿设备和替代进口的唯一机型。

公司总经理姜金学（右一）正在与外商洽谈业务

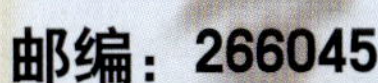

邮编：266045

传真：（0532）4855181　4855619

http://www.qianshao.com

公司生产的部分产品

青岛宇宙集装箱工程有限公司

董事长、总经理：魏铭礼

团结拼搏 开拓进取
[illegible][illegible][illegible]然 争创一流
青岛宇宙集装箱公司 [illegible]学精神 丙子年秋 铭礼书

该公司是由青岛造船厂、山东外运公司和德国集装箱工程有限公司合资兴建的现代化国际标准集装箱生产企业。注册投资700万美元，总投资1810万美元，年生产能力为标准钢质干货集装箱4万TEU，成为青岛市集装箱制造业的基地。所生产的集装箱分别销往美国、德国、法国、丹麦、韩国、日本、香港等国家和地区，建立起一套销售和售后服务的网络系统。

该公司将“产品质量无可挑剔”作为产品的最高质量目标，建立了一套完整高效的质量保证体系，并于1999年12月通过了ISO9002质量体系认证。先后被评为全国优秀包装企业、山东省最佳外商投资企业、青岛市金鼎企业和十强企业。

ISO 9000 CERTIFICATE OF COMPLIANCE

QINGDAO UNIVERSAL CONTAINER ENG. CO., LTD.

ISO 9002: 1994

MANUFACTURE AND REPAIR OF DRY CONTAINERS AND STEEL STRUCTURES

公司获得美国船级社认证公司颁发的ISO9002证书

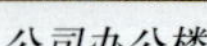
公司办公楼

公司获得的荣誉

1996年9月，新加坡内阁资政李光耀（前中），在省市领导及该公司总经理魏铭礼（前左二）陪同下参观考察该公司。

对板自动电焊机

CAD工作站

公司产品模型

钢板预处理生产线

地址：青岛市四川路25号甲　　邮编：266002　　电话：(0532) 2622343
传真：(0532)2627324　　E-mail：quic@public.qd.sd.cn

山东宏达国际货运有限公司 SHA

Shandong Hongda International Shipping CO., Ltd. was permitted to be the 1st class international shipping agency enterprise by the Foreign Trade and Economic Cooperation of P.R.C. It achieved the ISO9002 International Quality Certificate in 2000. The main business scope of the enterprise is the inbound and outbound cargo of the container transportation, air transportation and international multi-mode transportation. Meantime, it can do the business of the cargo agency and cargo operation, stuffing and unstuffing the container, port connection, storage, inland transportation, Customs clearance, insurance, chartering vessel, import distributions and Customs -bonded warehouse, etc.

Shandong Hongda International Shipping CO., Ltd. is now the sole cargo agent and passenger transport agent of Orient Ferry Ltd. who's managing the Ferry of "Utopia 3" between Qingdao and Shimonoshiki; it is also the cargo agent of Namsung Shipping, Zimline, China shipping, Sinotrans Container Line, S.I.T.C., Lloyd Triestino, COSCO, P&O NEDLLOYD, MSC, Cheng Lie Navigation etc. We can operate all the cargo from Qingdao to the other ports of the world.

Shandong Hongda International Shipping CO., Ltd will supply the excellent service for all the clients based on the managing purpose of "High-efficiency, High-accuration, honesty and advance" and the shipping policy of "safety, convenience, in time, accuration, economization". Shandong Hongda International Shipping CO., Ltd. will try the best to be one of the 1st class of the international shipping agency companies in the world. Shandong hongda also sincerely hope to create the prosperous future with the friends all over the world.

货场一角

地址：青岛市保定路18号
邮编：266001
电话：(0532) 2830833 2800330 2802772
传真：(0532) 2800990
E-mail:shisc@public.qd.sd.cn

诚信 高效 务

DONG HONGDA INTERNATIONAL SHIPPING CO.,LTD.

总经理：柏喜顺

公司领导班子全体成员

规范化服务

公司承办订舱、配载、提货、保险等业务。

山东宏达国际货运有限公司是经中华人民共和国外经贸部批准的国家一级货运代理企业，2000年通过ISO9002国际质量认证，主要从事各类进出口货物的海运、空运快递、国际多式联运等国际运输代理业务。承办货运代理和与其相关的各类进出口货物的揽货、租船订舱、保险、港口交接、代储、代存、代运、拆装箱、中转、进口分拨、保税、报关报验、加拿大移民搬家等服务。现作为日本奥林汽船所属"理想之国"3号客货班轮的货运和客运代理；韩国南星、ZIM、中海、箱运公司、COSCO、正利、P&O NEDLLOYD、MSC、海丰公司、意大利邮船等船公司的货运代理，可接转世界各港口的进出口货物。

山东宏达国际货运有限公司将遵循"诚信、高效、务实、进取"的企业经营宗旨及"安全、方便、及时、准确、节省"的运输方针，全方位塑造企业形象。

实 进取

青岛纺联集团一棉有限公司

总经理、党委书记：王厚增

该公司由原青岛第一棉纺织厂改制而成，国有大（一）型企业。现有资产总额4.1亿元，在职职工3201人。年产棉纱8000吨、棉布4500万米；年销售收入2.2亿元人民币，其中出口创汇1100万美元。拥有“两纱两布”自营进出口权和纺织品进出口公司，是青岛纺织品出口的大户之一。产品远销欧、亚、美、非等30多个国家和地区，产品质量在国际和国内市场处于领先水平。

该公司与韩国合资的青岛韩一纺织有限公司，拥有1.5万枚毛精纺锭，年产4700吨毛型腈纶纱线，年销售收入9000万元，创汇1000万美元。

公司愿以优质新颖的产品、热情周到的服务，赢得国内外广大用户永久的信赖。

合资企业的生产车间一角

日本村田络筒机

厂址：青岛市海岸路2号

邮编：266031

电话：（0532）3720700

传真：（0532）3720635

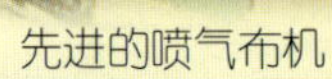

先进的喷气布机

负债率完成59.66%,比考核指标降低0.34个百分点;技改投资完成15178万元,为考核指标的101.2%;国有资产保值增值率完成104.39%,比考核指标提高3.49个百分点;净资产收益率完成2.67%,比考核指标提高1.06个百分点;成本费用利润率完成2.85%,比考核指标提高1.04个百分点;两项资金占用9.75亿元,比考核指标降低2.48%;出口交货值完成15.72亿元,增长11.55%。

全年完成主要产品产量:纱50286吨、布14834万米、印染布2766万米、针织品折用纱线量12708吨、针棉织品用化纤长丝156吨、呢绒93万米、毛毯131万条、毛巾1078万条、服装4975万件、纺机纺器专用设备952吨(含配件)。

结构调整

市纺织总公司以压锭为契机,全面调整产业结构和产品结构。棉纺锭由1995年(下同)的48.8万枚压减到2000年(下同)的31.8万枚,产品的初加工比例由6:4提高到4:6,职工总数由67695人减到50023人。截止年底,累计有8户企业改制为股份有限公司,23户企业改制为有限责任公司;产权出售企业5户;撤销合并企业17户;破产企业7户,整体建制划出企业11户,改制面达到91.4%。初步形成以现代企业制度为框架,以最终产品为龙头,以名牌产品为主导的新格局。

拓展发展空间

拓展国内发展空间。6月,市纺织总公司与新疆精河县达成2项合资协议:1.组建精河县天润纺织有限责任公司,总规模5万纱锭,市纺织总公司以设备投入为股本。2.合资组建精河县针织企业,形成年产90万件针织棉毛内衣的生产规模。上述项目一期工程投资175万元,市纺织总公司控股51%,精河县以厂房、附属设施、配套制衣设备为投资,占总股本的49%。

拓展国际空间。与赞比亚合资建立的穆隆古希纺织有限公司,已形成年产2000吨原棉、1800吨棉纱、1300万米坯布、1500米花布、120万打服装的生产能力;为赞比亚提供了1600多个就业岗位,给当地政府交纳各种税金307万美元,归还中国新增贷款利息250万美元;拉动了中国的机电、化工和纺织专用器材的出口。11月28日,市纺织总公司与柬埔寨曼哈顿纺织服装有限公司合资建立曼哈顿青岛纺织有限公司签订补充协议(前期协议上年5月签订),市纺织总公司以原青岛国棉九厂压减的一万枚纱锭、80台布机作为投资,占总股本的37%参股经营。该合资公司已进入正常运行阶段。

新产品、新成果

开发的"蜡防印花布"、"针织印花布"、"涤丝棉大提花装饰品"、"高密度缎档剪绒浴巾",以及为海尔配套的"流量开关、磁化器装置"、"双面多功能圆纬机"等高附加值、高技术含量的新产品65项。被列为国家、市级新产品计划项目52项,鉴定科研成果18项。其中,"弹力毛巾"、"QGE20C型多功能提花圆纬机"、"208型高速罗纹机"、"原白涤棉交织方格布"等9项产品达到国内领先水平;"天丝莱卡弹力纱"、"人棉条绸"等2项产品达到国际先进水平。

"清梳纯棉宽幅电子提花装饰布"、"棉与人棉纬编针织物印花布"、"多喷嘴异型筘"获山东省科技进步奖;"天晓布生产技术的研究与开发"、"近台操作床上球管X射线防护装置的研究"、"精梳棉工业滤布"、"棉与人棉纬编针织物印花产品"、"全毛防缩特殊整处理"获市科技进步奖。"天丝织物染整新技术的开发及应用"项目得到国家经贸委创新项目的拨款支持,"新型纤维材料的应用研究开发科技攻关"项目得到市科委拨款支持。有8个高新技术产业化项目得到市经委、市财政资金支持。青岛海珊制服有限公司、青岛产业纺织有限公司已通过青岛市高新技术企业认定初审。

青岛纺织工业园落户城阳

11月17日,列入青岛市十大工业园之一的青岛纺织工业园在城阳区举行开工建设仪式。该工业园是青岛纺织"十五"发展的重点项目,规划占地60公顷,其中自用地33.67公顷、招商用地26.33公顷。一期项目投资2亿元人民币,建立具有亚洲先进水平的青岛市染纱及针织与梭织织物的加工中心,计划2001年底竣工,建成后将形成年产色纱2000吨、高档针织面料4000吨、针织服装1000万件的生产能力。二期项目计划投资6亿元人民币,重点发展针织、棉织、服装等。

组建青岛海珊服装服饰集团

11月29日,以青岛海珊服装服饰集团有限责任公司为核心,以青岛海珊集团公司、青岛美好巾被股份有限公司、青岛鑫天集团有限公司、青岛奥帆集团有限公司(含金坛毛毯公司、青岛装饰布总厂、青岛第三毛巾厂)、青岛服装公司、青岛隆兴纺织服装有限公司、青岛第四棉纺织厂、青岛第一染织厂等为紧密层企业,组建青岛海珊服装服饰集团。该集团为市直企业,受托运营和管理集团内的国有和集体资产。

(曾繁铭)

青岛中泰集团有限责任公司

至2000年末,所属企业11家,总资产12亿元;职工2745人,其中专业技术人员307人。全年实现产品销售收入5.50亿元,比上年(下同)增长11.83%;实现工业增加值1.14亿元,增长6.23%;自营出口额151万美元,增长20.80%;实现利润960万元,增长75.18%。年内主要产品产量:涤纶长丝1.5万吨,锦纶民用长丝1万吨,氨纶包覆纱600吨,化纤丝绸3500万米。

资本运营　青岛中泰化纤实业总公司被市政府推荐为7家债转股企业之一,被列入国家经贸委全国601户推荐的债转股企业名单,通过了华融、长城、东方资产管理公司的独立评审,并正式签署债转股协议(转股总金额为3.54亿元,其中华融1.94亿元、东方1.28亿元、长城0.32亿元)。经国务院审查通过,"国经贸产业[2000]1086号"文件批复同意该公司为青岛市首批实施债转股企业。该公司经征得华融、长城、东方资产管理公司原则同意,与北京宏大投资有限公司、深圳新纶工程设计公司等单位就跨地区资产重组达成共识,确定了发起设立多元持股的股份公司的基本思路。由青岛第二针织厂职工出资,组建了股份合作制企业——青岛宝卡丝针织厂,并由青岛宝卡丝针织厂按评估后净资产,收购了青岛青怡针织有限公司的中方股权。对青岛第二针织厂实施了停产整顿并采取了相应的资产保全措施。争取市政府政策支持,将青岛第二针织厂列为全市"困难企业利用设备变现置换职工劳动关系”的两家试点企业之一。青岛化纤装饰装潢公司、青岛中泰运输公司和青岛中泰工程有限责任公司的国有资本已全部实现退出。

技术改造与技术创新 青岛中泰化纤丝绸有限责任公司2000万米染整涂层项目已经实施。首期工程经轴染色项目已于5月正式投产，整体项目已先后完成了可研报批、土地征用、水电增容、环保评估、贷款担保、工程设计、厂房改造和部分设备订货等工作，总投资1400万元的技改贷款中的500万元已于年底到位。

完成了缝纫线用涤纶长丝嫁接改造项目，填补了国内空白。研制开发了涤纶多重复合变形纤维和锦纶多重复合变形纤维等17个新产品，其中11个通过了鉴定，新产品产值率达到25%以上。青岛中达化纤有限公司进入了青岛市“高新技术企业”的行列。

（牟 英）

青岛市丝绸公司

2000年，全系统共有农工商企业12户，其中县级丝绸公司4户、工业企业4户、商业企业3户、劳务性企业1户；共有职工2284人，固定资产1.4亿元。

全年完成工业总产值3612.7万元，比上年(下同)增长24.26%；生产各类丝织品178.2万米，增长19.27%；生产、出口丝绸服装50.91万件，增长79.70%；出口绸缎142.95万米，增长15.36%；两项资金占用2601.7万元，降低6.69%。全系统亏损额533.2万元，减亏306.5万元，有5户企业扭亏为盈。

全市共有桑园6666.67公顷，其中年内新建2135公顷；全年放养蚕种110680张，增长33.9%；生产蚕茧316.58万公斤，增长17.5%；平均收购单价为18.01元/公斤，提高3.09元/公斤，为历年最高；全年蚕农收入5701.6万元，增长45.2%。平度市达到了山东省蚕茧生产基地县标准，胶南市达到了重点县面积标准。

茧丝与蚕茧收购市场管理。年初，针对平度市多年来一直存在的管理体制不顺、蚕茧收购市场较乱的问题，省、市丝绸公司与平度市委、市政府经多次协商，达成共识，于春茧收购前对平度市丝绸公司和平度市银河丝绸集团公司实施了合署办公，使平度市蚕茧收购较好地执行了国家定价，周边地区的蚕茧收购市场趋于稳定。

蚕茧生产组织体系建设。莱西市丝绸公司经过两年的探索，与日庄镇政府共同制订章程、共同投资组建的全省第一家农桑合作社，使广大蚕农与丝绸公司形成了长期紧密合作的利益共同体和新型的“公司＋农户”的经济联合，促进了蚕茧生产的发展。合作社成立后，日庄镇的桑园面积由建社初期的20公顷发展到106.67公顷，蚕茧产量由4200公斤增加到2万公斤，社员数量由27名扩大到173名。

下岗职工基本生活保障和再就业工作。全系统工业企业累计下岗职工1338人。年内筹集下岗职工保障费用709.7万元，其中省拨427.5万元、市拨282.2万元，全部用于发放下岗职工基本生活费和上缴各项统筹，使下岗职工的基本生活得到了保障。青岛第二丝织厂成立的泰龙劳务服务有限公司，年内又安置下岗职工85人。

（薛瑞明）

·轻工业·

概 况

全市轻工行业生产主要涉及18个门类。全年销售收入500万元以上企业659家，实现销售收入694亿元，比上年(下同)增长22.5%；完成工业增加值159亿元，增长19%。其中，系统内完成销售收入387.6亿元，增长28.8%；完成工业增加值85亿元，增长20.7%。系统内独立核算全部国有和年销售收入500万元及以上非国有工业企业(含各区、市轻工业，下同)69个，其中一轻工业37个、二轻工业32个。按企业性质分，国有企业16个，集体企业11个，股份制企业20个，有限责任公司7个，外商投资企业11个，港澳台投资企业4个；按企业规模分，特大型企业2个，大型企业23个，中型企业22个，小型企业22个。

全系统共有固定资产净值92.6亿元，增长35.2%。年末流动资产平均为164.1亿元，增长13.6%。完成销售收入387.6亿元，增长28.8%。其中，一轻工业完成72.1亿元，增长27.4%；二轻工业完成315.5亿元，增长29.1%。实现利税总额30.4亿元，增长34.5%。其中，一轻工业实现11.0亿元，增长52.8%；二轻工业实现19.4亿元，增长32.0%。实现利润10.9亿元。其中，一轻工业实现2.6亿元，增长30.0%；二轻工业实现8.3亿元，增长12.2%。完成现价工业总产值388.1亿元，增长29.8%。完成工业增加值85.0亿元，增长20.7%。完成出口交货值42.4亿元，增长68.9%。

企业转制改制

各轻工企业通过转制改制，不断完善企业经营机制。青岛益青印刷包装股份有限公司、源龙实业总公司、天丰造纸有限公司、益青机械有限公司、益青药用胶囊有限公司和青岛晶华玻璃厂下属的计算机公司、酒业有限公司等15户国有和公有制企业通过职工集体买断企业产权，使国有资产有序地退出竞争性行业。二轻系统累计被职工买断的企业22户、破产企业7户、转为民营企业16户；除关闭停产企业外，其他均改制为有限责任公司。

行业规划

年内，市轻工行业管理办公室完成了《青岛市轻工行业“十五”发展规划》编制工作，并通过了论证。该《规划》重点提出了发展壮大新型家电、食品饮料两大主导产业，重点改造印刷包装、塑料制品、皮革制鞋三大传统产业的总体思路。制定了《青岛市轻工行业工业布局规划方案》，不具有行业优势、污染大、效益低的产品将逐步退出，而具有发展前途的行业和产品将得到提升和发展。制定了《青岛葡萄酒工业园区化建设规划方案》，形成统一规划、定牌生产、合理布局的种植基地，以尽快形成区域优势。

技术改造

全年下达技术改造项目56个，完成投资额9.96亿元，竣工投产项目35个。其中，海尔集团完成4.14亿元，澳柯玛完成1.82亿元，青岛啤酒集团完成7151万元。完成的技改项目可年生产医用冰柜20万台、肥皂9万吨、牛皮箱板纸10万吨、苹果酒1000吨、智能电子模块180万套、矿泉水10万吨、啤酒瓶3万吨、FD脱水菜500吨。

青岛食品股份有限公司实施长远发展战略，在城阳区购地8.67公顷筹建新型食品工业园,一期工程第一条8000吨饼干生产线于7月安装完毕,8月正式投入生产,钙奶饼干的产量由1.7万吨增加到2.5万吨;二期工程的8000吨饼干生产线已经开始安装调试,预计2001年8月份投入生产,主要生产系列化饼干。

青岛晶华玻璃厂投资1800万元,引进美国八组双滴料制瓶机和503型供料机,采用26项新技术,成功地改造了67平方米轻量啤酒瓶玻璃窑炉,生产出高质量的轻量化啤酒瓶。

青岛宏达塑胶总公司根据市场需求,新上PS板材和大口径管材生产线2条;投资1.2亿元建设年产10万吨彩塑彩色钢板生产线,成为公司新的经济增长点。

技术进步和技术创新

建立以技术中心为核心的技术开发体系。年内,轻工行业又有5家企业建立了技术中心,其中青岛食品股份有限公司建立的技术中心通过了市级技术中心认定。

全年完成新产品开发502项。其中,达到国际先进水平的375项,填补国内空白的38项;青岛啤酒股份有限公司的"啤酒稳定性、保鲜及抗老化研究"等14个项目被评为市级科技进步奖;青岛大洋食品集团公司的"全天然果蔬营养片"等18个项目被列为国家级新产品试制计划;青岛晶华玻璃厂的"宝石蓝系列玻璃瓶"等31个项目分别被列为市科技发展计划和市重点技术创新项目计划。

加强与科研院校的产学研合作。全年企业与科研院校签定新技术新成果15项,达成意向8项。青岛宏达塑胶总公司的共挤复合板材等7项产品被评为青岛市名牌产品。

行业管理

2月,全市轻工行业工作会议召开,传达了全国轻工业工作会议精神,确定2000年工作任务。根据国家轻工局《化妆品产品质量许可证管理办法》,对行业内化妆品生产企业进行了检查。市室内装饰行业管理办公室加强了对室内装饰企业和市场的监督管理,出台了《青岛市室内装饰行业管理规定(试行)》;3月,成立了青岛市室内装饰质量投诉站,全年共接待咨询投诉客户1000多人次,受理解决18起;创办了刊物《青岛室内装饰》;完成了室内装饰企业资质年检291户,报批企业资质36户。在国家轻工局、中国室内装饰协会举办的"第三届室内设计大展"上,青岛工艺美术学校和雅托装饰有限公司的2件作品获银奖,另有3件作品获优秀奖。

(迟官尧)

青岛市二轻总公司

完成市政府下达的责任目标　2000年工业总产值完成11亿元,比上年(下同)增长12.5%;工业增加值完成3亿元,增长14.3%;销售收入完成10亿元,增长10.1%;产销率达到97%;两项资金占用控制在6.5亿元,不超过销售收入的增长幅度;限额以上企业亏损956万元,比市下达的2000万元限亏指标减亏1044万元,减亏幅度为52%,比上年同期3490万元的亏损额减亏2534万元,减亏幅度为72.6%;列入考核的总公司直属工业企业实现利润总额823万元,保值增值考核企业的保值增值率达到102%。

8月下旬,举办了2000年青岛市旅游品、工艺品展销会,集中展示了二轻系统的特色旅游商品。青岛牌贝雕工艺品,田园牌草制工艺品,天鹅牌经编制品等9大类、50多个系列近万个花色品种参展。

企业改革　突出抓好国有公有资本从一般竞争性领域退出工作。孚德、木工机械、润丰等8户企业全面完成改制任务,19户企业已经进入改制程序。6户企业停产关闭,1户企业依法进入破产程序。对宏达塑胶总公司进行了调整,将几个困难企业剥离出去,把房地产改造资金注入新开发的彩钢板、彩塑钢板等项目中,推进了技术创新,增强了企业发展后劲。对金孚集团进行分立重组,将孚德鞋业总公司从集团中分立出来,改制后组建孚德鞋业有限公司;把华羚金羊、联大金羊、君太金羊组建为金羊鞋业集团有限公司。

支柱行业发展　重点发展塑料、皮革、工艺、家具4个支柱行业,培育10户年销售收入5000万元以上的优势骨干企业,其中过亿元的5户、5000万元以上的5户,已成为二轻系统的龙头企业,对全系统工业生产起到了积极的拉动作用。宏达塑胶总公司利润实现390万元,销售收入超过2亿元;宜发家私公司利润过千万元;沙发厂销售收入突破亿元;工艺美术集团、孚德、木工机械、中通实业等公司销售收入均以两位数的速度增长。截止11月末,这10户企业共完成产值9.1亿元,占全系统的89.2%;完成销售收入8.2亿元,占全系统的90.1%。

技术改造　全年共有在建技改项目10项,计划总投资1.7亿元,当年完成投资5960万元,超计划20%;进入实施阶段技改项目10个,其中7个重点项目计划总投资1.2亿元。新批技改利用外资2项,合同利用外资510.8万美元,实际利用外资165万美元,超计划20%。合资(合作)企业出口创汇2490万美元,超计划38%,自营进出口企业产品出口260万美元,超计划30%。

企业管理　主要抓好资产、资金、成本三项管理。上半年先后出台了《二轻总公司资产管理暂行办法》、《二轻总公司所属企业资产处置办法》,对人、财、物的管理制定了较为规范的程序。明确市二轻总公司与企业之间资产管理的权利和职责,对企业资产经营、决策行为实施有效的管理和监督,做到资产出资人、出资人代表、出资人管理三到位。建立由审计部门、资产监管特派员、财务总监三位一体的监管体系,对企业各类财务收支计划的执行情况及重大经营决策进行管理监督,有效防止企业资产的流失。制定下发了《二轻总公司企业经营者规模效益工资管理办法》。各企业结合实际,参照这个办法制定出企业内部效益工资奖惩兑现管理办法。

扭亏工作　将扭亏减亏工作目标分解到企业,落实到基层,将亏损企业主要经营者列为扭亏脱困目标的第一责任人,把企业经营者的工资与企业的规模效益挂钩,把企业经营者的风险抵押金和责任目标挂钩,签定了目标责任书。工艺美术集团、中通实业总公司都率先实现当年扭亏为盈。

(李洪泽)

·啤酒工业·

青岛啤酒集团有限公司

2000年,青岛啤酒集团有限公司(下称青啤公司)被评为中国十大最具影响力的企业;总经理彭作义入选"2000年中国经济年度人物";在2000年中国最有价值品牌价值评估中,青岛啤酒品牌价值为59.45亿元,居国内同行业榜首;青啤公司的一系列扩张举措引起了国内外业内人士和新闻媒体的关注;年底,青啤公司总经理彭作义代表中国啤酒企业第一次应邀参加了在德国举行的"第二十六届世界啤酒工业高级研讨会",并在会上作了主题演讲。

全年集团公司啤酒产量186.2万吨,比上年(下同)增长73.7%;销量184.5万吨,增长75.1%;销售收入39.8亿元,增长61.2%;利税总额8.3亿元,增长45.3%;工业总产值(不变价)23亿元,增长45.8%;工业增加值11.4亿元,增长37.5%;出口创汇1927万美元,增长4.4%。

发展扩张

2000年,青啤公司继续实施"高起点发展,低成本扩张"战略。收购兼并了廊坊、徐州、鞍山、上海、北京等地的14家啤酒厂,增加生产能力100多万吨,增加资产24亿元(评估后)。其中,对北京五星、三环啤酒厂和嘉士伯上海啤酒厂的收购,引起了国内外业内人士和新闻媒体的广泛关注。截止年底,青啤公司的啤酒生产企业已达到42个,生产能力超过300万吨。在集团范围内对27个子公司共实施了30多个技术改造和扩建项目,增加生产能力40多万吨。青啤西安公司收购了陕西渭南啤酒厂和汉中啤酒厂,拉开子公司购并扩张的序幕。

由于历史原因,青啤公司上市7年来一直未从证券市场融资。6月,中国证监会出台了关于增发A股的暂行办法后,青啤公司正式启动了增发A股的工作,并于12月底通过了证监会对增发A股的预审核。4月底,青啤公司还完成了H股回购的审批手续,使公司具备了随时根据H股股价走势进行回购的条件。

市场营销

青啤公司推行销售"直供模式",打破一个省设立一个分公司的格局,不断增加分公司的数量并鼓励分公司设立办事处,将网络向下延伸。已在全国各地建立了49个分公司,分公司又下设办事处,初步形成了覆盖全国的市场网络。开始采用先进的计算机网络技术,对销售中的物流、资金流和信息流进行系统改造。成立了"物流推进小组",对项目进行攻关、实验和培训。从2001年1月1日起,销售公司总部、青岛公司和潍坊公司正式"上线"运转。完成了全年的进出口任务,出口创汇和出口量均有所增长。

企业管理

实行全面预算管理,规范会计基础,加强了对子公司的财务监督和管理。坚持"旬生产计划、周生产安排"以及每周召开产销协调会的计划调度模式,保证生产与销售衔接,并使库存得到较好的控制。建立科学的评价考核体系,开展各项考核工作,顺利通过了DNV的两次年度审核。

加强对子公司的管理。公司派出了贯彻青岛啤酒管理模式、质量工艺提高、贯彻ISO9000标准3个工作小组,对子公司进行整顿和改造。贯彻青岛啤酒管理模式小组,先后到21个子公司推行贯彻青啤管理模式;质量工艺提高小组,对子公司进行工艺指导和审核,规范质量管理,并协助三水、珠海、上海等基础较好的子公司成功地试生产青岛啤酒;贯彻ISO9000标准小组,帮促子公司建立质量保证体系,实现管理的规范化和标准化。年内,有10多家子公司递交了建立质量体系的正式书面申请,其中深圳青岛啤酒朝日有限公司、青岛啤酒(菏泽)有限公司当年通过了认证,使通过认证的子公司总数达到9家。

年内,青啤公司获得"中国企业最佳形象AAA级"、"全国质量效益型先进企业"、"山东省质量管理先进企业"等荣誉称号。

产品质量与科研开发

坚持每月召开1次质量分析会,保证产品质量的稳定。加强对青岛啤酒工艺技术的管理,尤其是强化了对关键工艺变更的控制,全年无一重大质量事故发生。开发上市新品种50余个,并先后对30多个品种的包装物进行了不同程度的更新,采用柔性版印刷、防锈瓶盖等新材料和新技术,解决了部分困扰产品包装质量的难题。加强科研开发力度,提高整体技术水平。全年完成和正在进行的课题中包括国家级技术创新项目6项、公司级课题5项、生产应用技术3项,各项课题进展顺利。其中"啤酒风味物质图谱技术的应用研究"已通过国家经贸委组织的鉴定验收,项目达到国际先进水平,并填补了国内啤酒行业空白。在新产品开发方面,完善了菠萝啤酒、草莓啤酒、养心啤酒、富钙啤酒等特色啤酒工艺;制定了全麦芽啤酒工艺,并积极开发小麦啤酒,增加新产品储备。

实施事业部制

为防范快速扩张产生的失控风险,青啤公司开始优化组织结构和运行机制,实行分权管理的事业部制,缩短管理链。事业部按区域划分,代表公司行使管理权力,已成立了华南、华东、淮海、鲁中、北方等5个事业部。初步形成了总公司是战略决策中心、资本运作中心、投资管理中心和企业文化中心,事业部是利润中心、区域管理中心,子公司是质量中心、成本控制中心的三层管理架构。

(王 凯)

·卷烟工业·

颐中烟草(集团)有限公司

2000年,卷烟产量完成148.1万箱;工业总产值完成29.23亿元;利税总额实现23.51亿元;一、二级站产品质量抽检合格率100%;多元化经营实现销售收入10.27亿元。

市场营销

以市场为导向,加强信息搜集、反馈和处理工作,适时调整营销战略;与销区公司紧密结合,运用多种合作方式,形成新的工商利益共同体。建立了生产经营调度例会制度,按照"以销定产、以销促产"的原则指导、组织生产,保持了合理库存。

海外市场拓展取得新进展。全年向美国出口"大前门"、"双马"卷烟各400件;向新西兰、罗马尼亚、越南、贝劳等国分别出口了卷烟、烟丝、白肋叶片等产品;"壹枝笔"、"泰山"卷烟各200件首次进入中国免税总店、涉外口岸免税商场;与俄罗斯合资的带料加工项目颐中—BGC有限公司已正式开工生产,拓宽了企业发展空间。

科研开发

年内,集团公司技术中心继被认定为国家级技术中心后,又通过了国家经贸委专家组的评审考核。加强基础研究，在烟叶配方模块组合、烟叶醇化研究及卷烟配方的科学化方面做了大量基础性工作，科研实力不断提高。积极采用新工艺、新技术、新材料，全面开展降焦和降耗工程。技术中心承担的两个国家局低焦油课题项目已进入尾声。强化新产品开发，成功地开发出东岳“泰山”、醇香“红金”、“双马（银）”、极品“绿牡丹”、保健“东方”、新“青州”、“白莲”等新产品，更好地适应了市场需求，扩大了市场占有率。

企业管理

健全和完善质量保证体系。菏泽、烟台两厂顺利通过了中国质量管理协会质量保证中心的质量体系复评，青岛、青州、滕州烟厂及颐中（青岛）实业有限公司也相继通过了中国质量管理协会的监督检查。

加强各项基础管理工作。各单位狠抓包括质量管理、设备管理、现场管理和安全管理在内的综合管理，积极推行购销比价管理、目标费用控制、经济责任制考核、效能监察等先进的管理方式方法，不断强化节约挖潜、增收节支工作，降低了企业各项成本费用。滕州烟厂从“建比控管”四个环节入手，初步建成了独具特色的购销比价管理体系。菏泽烟厂继续深入推行五步螺旋管理模式和TNPM活动，设备运行质量进一步提高。

多元经营

加快多元化经营项目工程进度，各多元化经营单位基本完成了工程建设任务，部分单位已实现了试生产或开业经营。颐中假日酒店已顺利开业；颐中汽车的厢式轿卡和两厢轿车已通过国家规定的40项强制性检验和3万公里可靠性试验，并实现了小批量生产；颐中体育中心成功地承办了全国足球甲A联赛青岛赛区的比赛、青岛国际啤酒节开幕式及闭幕式演出等大型赛事和活动；颐中（青岛）实业有限公司以技术和管理创新为手段，不断优化产业、产权和产品结构，全年实现销售收入3.7亿元，实现利润3089万元，企业的竞争实力和发展后劲不断增强。

（刘书章）

·电子工业·

概　况

2000年，列入青岛市电子行业管理统计的企业单位42个，其中国营企业11个、集体企业8个、外商投资企业23个（其中独资企业14个）。全行业年末职工人数5.8万人，其中工程技术人员9300人。资产总计149亿元，资产负债率57.3%。

完成工业总产值（不变价）689亿元，比上年（下同）增长47%；出口交货值57亿元，增长52%；实现销售收入459亿元，增长27%；完成工业增加值81亿元，增长20%；实现利税25亿元，增长32%；实现利润12亿元，增长20%。工业总产值、销售收入、利润分别占青岛市国有及年产品销售收入500万元以上非国有工业经济的46%、32.6%和24%，各项主要指标居山东省电子行业首位。

主要电子整机产品增长较快。全年生产彩电379万台，增长33%，占全国彩电生产总量10%，比上年提高1.9个百分点。其中，海信集团270万台，增长31.5%；海尔集团109万台，增长37%。程控交换机401万线，增长18.6%；计算机29万台（海信集团17万台、海尔集团12万台），增长95.9%；电话机59万部，增长107%；手机20.6万部。

企业集团各项经济指标保持较高增长。海信、海尔、澳柯玛三大集团电子产品产值合计626亿元、销售收入合计426亿元、利税总额23亿元，分别占全行业电子产品产值的91%、销售收入的93%、利税总额的92%。

外商投资企业经济效益保持较好水平。青岛朗讯科技通信设备有限公司、青岛三美电机有限公司、青岛星电电子有限公司、青岛升元电子有限公司、青岛三莹电子有限公司、青岛松下电子部品（保税区）有限公司、青岛菱电科王电子有限公司等7户企业销售收入均过亿元，升元、三莹、松下部品、菱电科王有限公司生产与经济效益指标的增长都达到50%以上。

亏损企业亏损额明显下降。亏损大户仍集中在国有、集体企业，亏损额2940万元，比上年减少24.5%。

新产品鉴定与开发

全年完成新产品鉴定72项，其中达到国际先进水平的34项。全行业新产品率达到72%。争取到国家及青岛市各项技术开发拨款460万元。海信集团研制的逆工程系统，包括了层折数字化三维测量仪、激光线扫描测量仪、电路板在线检测仪，应用了自动化、层析、数字、材料、激光等多学科为一体的高科技，缩短了产品开发周期，降低了开发成本，其技术居国际先进水平。青岛瑞普电器公司（原青岛无线电三厂）研制生产的新型雷达，顺利通过专家评审鉴定。青岛半导体研究所开发生产的8种新型专用集成电路，成功地应用在国防重点工程和航天工程上，获得国家航天工业总公司和解放军总装备部嘉奖。青岛长城通信设备厂研制开发的JPX251型总配线架和新型的光纤配线架是通信行业的换代产品，被列为国家重点新产品，得到拨款30万元。青岛长虹环保工程公司（原青岛无线电四厂）用半年时间研制开发新型、简便、实用的BOD智能生物检测仪，检测时间由5天缩短到30分钟。

行业管理

市电子行业管理办公室编制完成了《青岛市电子信息产业“十五”发展规划》，获市委工交工委、市经委优秀创新成果二等奖；编制完成了《青岛市电子信息产业工业布局调整方案》，提出了“三园两区”（青岛市电子信息产业工业园，黄岛电子产品出口加工园，青岛市软件工业园；城阳韩国、台湾电子产品加工区，特殊工艺电子产品加工区）的工业布局，辐射全市，带动其他产业优化和升级。编写了《青岛市电子行业利用高新技术改造传统产业发展思路》。

加强产学研合作，组织企业参加青岛市“双新会”、全国展销会活动与全国高校、科研单位的项目洽谈，共签订合同11项，合同金额85万元，是历年最多的一次。

组织专家进行青岛市科学技术进步奖评审推荐工作。有13项电子新产品获青岛市科技进步奖，其中一等奖1项、二等奖6项、三等奖6项。审查并推荐上报信息产业部电子发展基金项目。其中，海信集团的“数字标准清晰度电视”项目获批准，全行业首次争取到信息产业部电子发展基金拨款200万元；审查并推荐朗讯科技通信设备有限公司的CDMA移动通信基站项目和海信集团的CDMA移动通信手机项目，上报信息产业部；为兴仓青岛电子有限公司(韩国独资企业)办理了追加投资100万美元、调整企业章程、变更营业执照等手续。做好全国电子信息百强企业和百家电子三资企业申报推荐工作。海信集团在第十四届2000年电子百强企业排序中居第8位，三美电机公司在2000年百家全国电子信息产业规模最大三资企业排序中为42名。

开展全市电子信息产业系列初级职称评审和高级职称资格评审推荐工作。经省、市主管部门批准，346人获高级职称、114人获中级职称、12人获初级职称。对行业信息统计和经济运行进行监控，每月向各级领导提供行业经济运行的动态情况和分析资料，定期整理编制全国同行业排序资料。完成了2001年青岛市电子行业经济计划和2001年军工电子产品计划的编制衔接任务。进行了集团公司、重点三资企业的整机产品和彩电、计算机、程控交换机、手机等产品的计划衔接工作。

(王恩花)

·家电工业·

海尔集团

2000年末，职工人数17810人，其中科技干部4398人、管理干部1727人、工人11685人。全年产品包括69大门类、10800多个品种，产品批量出口到欧美、中东、东南亚等世界十大经济区域共160个国家和地区。全年实现全球营业额406亿元，比上年(下同)增长51%；出口创汇2.8亿美元，增长103%。主导产品电冰箱、冷柜、空调器、洗衣机等均居全国同类产品市场份额第1位。空调已实现50%出口海外。

2000年主要产品完成情况

产品	单位	完成	比上年增长
电冰箱	万台	305.3	17.6%
空调器	万台	210.1	10.5%
洗衣机	万台	306.2	30.1%
电冰柜	万台	72.7	36.7%
热水器	万台	60.9	30.7%
电视机	万台	109.3	37%
微波炉	万台	36.1	219.5%
计算机	万台	11.7	

欧盟三国买断海尔空调5条生产线　4月，德国、法国、意大利的海外经销商买断海尔空调5条生产线，专门用于向欧洲出口的MRV智能网络家庭变频中央空调、无氟空调。5条生产线上生产出的空调器将全部销往德、法、意3国。根据欧洲经销商的要求，海尔将这5条出口生产线分别冠以"德国线"、"法国线"、"意大利线"，并据3国经销商的不同要求组织生产。

美国人认同海尔品牌　1999年4月30日，海尔集团在美国破土动工建设海尔工业园，到2000年3月27日，由美国海尔人制造的第一台冰箱下线，创造了令美国人惊讶的海尔速度。该工业园的投产，进一步提高了海尔品牌在美国的知名度，增强了美国消费者对海尔品牌的认同感。

成为全球最佳营运公司　5月19日，由美国科尔尼管理顾问公司、《财富》杂志集团等参与评选的"全球最佳营运公司"颁奖仪式在美国纽约进行。全球候选企业170多家，最终入选16家，海尔集团成为亚太地区唯一入选企业，并同时因海尔冰箱股份有限公司优质的产品质量获特别奖——"质量奖"。

加入世界设计组织　8月，海尔集团成为中国唯一加入世界设计组织的企业，标志着中国的工业设计正在向国际化水平迈进。世界设计组织总部设在西班牙，其宗旨在于保护人类生存的环境，创造美好舒适的生活，并推动世界工业设计的发展。在海尔集团加入世界设计组织颁证仪式上，海尔网络家电系列产品，金王子系列电冰箱、"美高美"系列彩电、MRV系列空调、小小神童系列洗衣机、智能系列计算机等6个产品获"世界设计组织成员海尔优秀特别奖"。

张瑞敏登上洛桑讲台　10月7日，海尔集团首席执行官张瑞敏应邀在世界著名学府瑞士洛桑管理学院校友会上演讲。此前海尔在管理上的创新成果《海尔建立市场链》已经进入洛桑管理学院教学案例，并进入欧洲管理学院案例库。

合肥海尔工业园开园　12月16日，合肥海尔工业园开园，标志着海尔集团在中西部地区又拥有了一处全国最大的B2B生产基地，使海尔集团在全球已建成的工业园达到7个。该园坐落于合肥国家级经济技术开发区，同年3月8日破土动工，占地53.33公顷，园中的数字彩电、空调、洗衣机以及模具和精密加工等项目已分别于11月建成投产。该园的建成，将使海尔集团的生产能力提高了20%。

(谢经昌)

市委常委、市纪委书记崔锡柱(右四)视察海尔集团　(市纪委办公厅供稿)

海信集团

2000年，完成了年初确定的经营目标和8件大事，实现销售收入134.7亿元，利润2.86亿元，分别比上年(下同)增长26%和24%。

三大产业架构初步成型，主导产业业绩显著　电视机在全国出现行业性亏损和负增长的情况下，销售收入增长

20.8%，增幅居全国同行业之首；空调公司销售收入增长79.90%，高于全国同行业16.19%的增幅，成为行业前几位的知名品牌；信息产业步入良性发展阶段，计算机公司收入增长71.91%，软件公司在正式运作的第二个年度就全面完成经营计划；房地产公司已显现出规模效益，模具公司完成经营目标，实业公司经营业绩明显提高。

资金运作状况良好　集团整体财务风险控制能力加强。年内，保证子公司正常经营活动资金需求，降低资金成本，提高了企业的效益。到年底，被集团列入重点考核存货周转的5个子公司存货周转速度平均提高10%；在销售收入大幅增长的情况下，应收款项的资金占用反而比上年同期下降了16.7%；外部贷款规模基本没有增长，资产负债率保持在57%。

产权体制改革　集团层面的产权改革方案已得到市政府批准，子公司改制也有实质性进展，期权及员工持股已经在软件、数码科技、先进制造技术等公司全面推行并实施。与境外达成风险投资协议，第一期资金已投入到软件公司，为集团海外上市创造了条件。

战略调整　在组织机构的设置上，将战略管理与日常经营管理分开，设置战略发展部，将战略管理提升到企业发展的重要位置，解决了企业短期利益和长远发展的矛盾。全面制定了集团2001～2005年发展战略规划，确立了未来5年发展思路，并在各子公司和有关部门进行了分解，使企业的发展更加具有方向性和前瞻性。根据集团发展3C产业的战略规划和经营现状，在音像领域妥善顺利地进行了战略性退出，适时进入移动通信、网络安全设备领域，3C架构得到充实。

重大技改项目　1999年，海信集团确定了"两园一厦"的产业布局和规划，到2000年底，海信大厦主体已经封顶，信息产业园一期已按计划完成主体工程，家电产业园的技改项目已经完成。股份公司的融资配股等工作也已完成。

人力资源开发　及时调整人力资源开发与管理体系。由人力资源部牵头成立人力资源开发体系工作小组，从规划、招聘、培训、遴选、考核、薪酬、员工关系、信息系统、系统维护等9个方面建立了一个系统的人力资源开发体系。着重调整了分配体系和员工考核体系，实行以鼓励发挥个人能量为目的的薪酬制度，并于12月正式实施。

市委常委、秘书长孔心田(右三)视察海信集团　(市委办公厅供稿)

技术创新　下半年，集团对技术创新体系进行重大调整，技术中心负责集团重点项目和周期相对较长的产品的开发，将离市场较近、研制周期相对较短的产品开发划入子公司，形成了灵活高效的技术开发体系。

市场营销　年初，新VI成功地进行了转换，全国品牌形象得到统一，市场营销机构整合力度加大，用户服务工作质量全面提升；工薪变频、防火墙、胶片电视等新产品的重点宣传活动收到了较好的市场和品牌效果；抓住中宣部、国家经贸委把海信集团作为国企改革创新的典型进行宣传报道的契机，提升海信集团的形象知名度。

(柳孝东)

澳柯玛集团

2000年，实现工业总产值50亿元，工业增加值6.3亿元，销售收入30亿元，利税1.5亿元，分别比上年(下同)增长50%、40%、50%、10%。

确定"十五"期间发展规划　集团力争到"十五"末建设成为固定资产超100亿元、销售收入达230亿元、利税过15亿元的现代化跨国大型企业，并形成以智能家电产业、高科技产业、金融投资产业、房地产业为"四大支柱"的产业发展格局。

高科技项目与产品投资开发　3月末，集团申报的锂离子电池项目、货币自动识别系统项目双双列入国家经贸委的"双高一优"项目，货币自动识别系统还被列为国债贴息项目，并有3个高科技项目获得国家有关部委颁发的科技补贴款项；4月末，集团投资3 000万元，在北京合资成立澳柯玛视美乐信息技术有限公司，12月中旬代表中国视听设备最先进水平的高科技产品——澳视多媒体投影机正式投放市场，该产品技术已进入世界先进行列；12月16日，以高亮度发光二极管外延芯片为主导产品的高科技企业——澳龙光电科技股份有限公司正式创立，开始进入光电科技领域；锂离子电池项目、网络安全系统、自动化仪表等高科技项目均进入实施阶段。新开发的6大门类、17大系列、65种规格型号的产品，先后在3月2日、5月21日、12月22日三次通过了由国内专家组成的产品技术鉴定小组的鉴定，其技术指标分别达到了国际领先水平或国际先进水平。

市场营销　国内市场销售额增长48%。冰柜连续七年蝉联国内同行业产销量第1名；空调器销售额突破15亿元，增长272%；电热水器、太阳能热水器、电冰箱、洗衣机、电脑等主要产品销量大幅度增长。国外市场销售量增长108%，达到1 200万美元，其中电冰柜、展示柜、果汁饮料机、空调器等出口增长迅速。集团销售公司等企业通过OEM经营方式，开发出十几大系列100多种

规格型号的小家电产品，填补了集团在小家电方面的空缺。澳柯玛股份公司通过网上招标，与GE公司签订了18万台冰柜出口美国的合同，实现了与世界500强企业建立全球战略伙伴关系的第一步目标。

资本经营　有形资产从年初的31.6亿元发展到年末的43.7亿元，增长40%。除了澳柯玛股份公司A股成功上市外，还完成青岛经济技术开发区新技术总公司的资产划转重组，并成立澳柯玛新技术发展有限责任公司；顺利收购美得视有效资产，并组建起澳柯玛国际电工有限公司；通过资本运营分别在湖北宜昌、北京密云、山东潍坊等地合资合作开发太阳能项目，并成立了澳柯玛太阳能成套设备有限公司；成功地合资控股原青岛出口包装厂，并组建了澳柯玛大龙出口商品包装有限公司；通过投资合资等方式先后成立了北京澳柯玛视美乐信息技术有限公司、青岛澳龙光电科技股份有限公司等一批高科技企业。

澳柯玛股份公司A股上市发行　该公司A股上市发行申请于11月24日获中国证监会发行审核委员会全票核准通过，12月13日在上海证券交易所以高科技板块股票上网发行，并于12月29日正式挂牌上市交易，成为中国证券市场在世纪之交承上启下之际发行的一支高科技股票，对澳柯玛集团的发展具有里程碑意义。本次上市发行的流通股为9000万股，每股发行价为9.10元，为企业融集发展资金8亿多元。

现代企业制度改革　上半年，集团总公司完成了改制为有限责任公司的工作，实现了董事会、经营层改制分设，并构建起以股东大会为最高权力机构、董事会为最高决策机构、经营层为经营决策实施机构、监事会为监督约束机构的法人治理框架。集团所属多家企业也基本实现了现代企业制度下的规范化运作，大部分企业顺利实现了全年的各项经营指标。集团在管理职能方面展开了大范围的改革与整顿工作，全面调整管理结构，通过减员增效，定岗定员，进一步提升集团的管理职能与工作效率；按产业产品定性组织了9大事业部，使之管理更加规范；推行了下属企业会计委派制度，理顺资产管理关系，降低经营风险；将行政、物业等后勤服务机构实现了社会化经营；将期股奖励机制引入集团及下属各企业，形成良好的企业激励约束机制。

党建与精神文明建设　开展基层党组织建设，先后建立健全下属企业基层党组织13个。整顿基层工会组织，进一步完善了工会三级管理制度，先后建立健全基层工会组织12个，工会会员从年初的4898人发展到6455人。先后成功地组织举办了“挑战者杯”劳动竞赛，“当代大学生榜样、新世纪青年楷模”先进事迹报告会，“澳柯玛杯”职工足球赛及文艺汇演等职工文化宣传活动。向部队、学校、农村捐赠《半月谈》杂志；帮助对口帮扶单位张家屯镇建立工厂，帮助脱贫致富；积极参与西部大开发，在三峡坝区建立工厂。先后在北京、青岛等地召开了6次新闻发布会，在中央、省、市新闻媒体发布新闻宣传稿件近千篇次。澳柯玛女子足球队在中国足协举办的2000年全国女子足球青年锦标赛上夺得亚军，是本市开展女子足球运动以来的最好成绩。

（黎　权）

·化学橡胶工业·

凯联(集团)系统

主要经济指标　2000年，工业总产值(1990年不变价)75.06亿元，比上年(下同)增长25.18%；产品销售收入98.13亿元，增长39.7%；工业增加值23.81亿元，增长32.88%；产品产销率99.39%，提高0.67个百分点；实现利税总额9.81亿元，增长37.25%，其中利润2.32亿元，增长12.36%。

主要产品产量　原油加工量199.46万吨，增长92.83%；纯碱56.19万吨，增长4.70%；烧碱8.45万吨，增长12.16%；染料9306吨，增长18.31%；碳酸钡10.59万吨，增长11.96%；碳酸锶6.21万吨，增长36.38%；硅胶1.71万吨，增长31.03%；合成氨28.55万吨，下降4.73%；化肥总量(折100%)28.40万吨，增长8.83%；农药总量(折100%)3748吨，下降16.12%；轮胎222.80万条，增长8.34%；运输带490.24万平方米，增长22.09%。

市场营销　开展营销体系达标、营销方式创新、盘活资金“两清”三大活动。碱业公司通过实施“1+1”营销策略，对纯碱销售和货款回收采取灵活措施，不仅实现产销率100%，及时收回当期货款，而且有效地使老货款得到清欠。碱业公司双收农药分公司实行“遍地开花，重点突破”营销策略，在合理调整原有市场的同时，重点主攻空白区，提高了产品销量和市场占有率。红星化工公司提出“市场竞争不进则亡”的经营理念，用质量、价格、品牌等优势和良好售后服务，确保市场占有率，全年实现销售收入9.32亿元，增长48.36%。海晶化工集团有限公司、海洋化工有限公司、泡花碱厂、城阳化工厂、广源发集团公司、恒昌集团公司等企业销售收入分别增长62.94%、15.35%、19.62%、17.94%、57.99%和70.89%。

出口创汇　全年自营出口企业完成出口额1.08亿美元，完成全年计划的142%，超额完成市政府下达的7600万美元的指标，增长20%。外商投资企业完成出口额2696万美元，增长50%。全系统出口创汇合计1.35亿美元。

科技创新

集团公司利用国家有关政策，积极争取国家和青岛市的财政支持。在已有2个项目列入国家财政债券项目的基础上，又积极争取到3个产品被列入国家经贸委重点新产品试产计划，并给予拨款支持；有5个项目被列入市重点技术改造项目，完成技术改造投资2.5亿元。开发生产适销对路、技术含量较高的新产品51项，其中20项达到国际水平、9项填补国内空白，新产品产值达到1.01亿元。

企业改制与扭亏脱困

各权属企业对所属企业采取产股权转让、出售、期股买断、非国有资产投入、债转股等形式加大企业改制力度，逐步建立有效的激励约束机制。根据市政府的部署，做好部分国有中小企业资本退出工作。青岛泡花碱厂在改制过程中逐步实现国有经济退出，非国有经济成分已占到30%。抓好扭亏脱困工作，对亏损企业和困难企业扭亏脱困采取一厂一策、综合治理措施。至年末，实行停产整顿的企业有青岛农药厂；1户企业未划转资产；应改制的18户企业有15户已完成改制，3户正在改制。

（岳　泰）

青岛石油化工厂

生产经营 2000年,价格持续大幅攀升,国内成品油价格调整滞后,原油加工成本大幅度提高的情况下,及时调整加工负荷,加强管理,稳定生产,做好产销衔接,保持了生产经营持续稳定增长。今年共加工原油120.36万吨,比上年(下同)提高16.36%。生产汽煤柴油69.79万吨,增长23.73%。其中,汽油产量24.30万吨,增长114.06%;柴油产量41.82万吨,增长31.24%;柴汽比为1.72,提高0.27。

全年完成工业增加值3.36亿元,实现销售收入26.04亿元,利税总额2.41亿元,原油加工量、销售收入、税金总额、工业增加值等指标均达到历史最好水平。上半年由于缺少原料,新建重催装置停运,下半年又因改炼进口原油,使装置运行效率受到影响,通过抓好各装置的生产协调,及时调整产品生产方案,各生产装置达到安全平稳运行,全面实现了安全工作总目标,轻伤、火灾事故为零。

资产重组 年内,按照国务院文件规定的地方炼化企业按所处地域分别划转中国石化、石油两大集团公司的要求,在市政府的统一部署下,开展了企业划转工作。12月4日,市政府和中国石化集团公司正式签署"青岛石油化工厂划转交接协议"和"划转交接备忘录"。

技改工程 该厂300万吨/年炼油配套完善技改工程是青岛市重点技改项目。年内,组织实施了60万吨/年柴油加氢精制装置、常减压装置配套、输油管线改造等3个主要技改项目,抓好工程施工的各项管理工作,在施工质量、施工进度、节约投资及安全文明施工等方面圆满完成了各项任务。

企业改革 年内,继续实行企业内退制度,到年底已有671人离岗退养,全年可减少人工工资等费用约350万元。将经贸公司、液化气公司、劳动服务公司等经济实体推向市场,实行自负盈亏。从下半年开始,已逐步把检修及日常维修、生活服务、医疗卫生、汽车运输等部门剥离出去,分别筹建独立核算的经济实体,模拟市场运作,分流人员600多人。对全厂机构设置、中层干部的配备进行了调整。开展全员定岗定员工作,实行考试考核、竞争上岗、末位淘汰的办法,建立起一个良性循环的竞争机制。

(周立川)

黄海橡胶集团有限责任公司

2000年,集团公司共有职工10 198人;固定资产原值20.32亿元。全年完成工业总产值20亿元,比上年(下同)增长18.37%;实现销售收入19.71亿元,增长36.06%;工业增加值4.78亿元,增长3.52%;利润总额完成5 368万元,增长8.77%;利税总额2.80亿元,增长29.09%;出口创汇2 989.45万美元,增长8.83%;出口交货值3.68亿元。其中,集团公司本部年负债率为55.19%,降低15.39%;实现保值增值率175.77%,增长36.42%;实现所有者权益17.73亿元,增长75.77%。职工收入同步增长,全员劳动生产率达到5.79万元/人·年,增长5.10%。

市场开拓 全年调整产品结构50余次。其中,把市场需求量大的9.00-20以上大规格轮胎比重由58%提高到64%;安排新产品生产10个规格,新增加产值1.1亿元。研制开发了具有国际国内先进水平的新产品、新技术69项。其中,国家级新产品7项,新产品产值率达到50%以上,轮胎子午化率达到60%。加快全钢胎生产节奏,扩大高附加值、高效益的产品。炼胶中心母炼胶的转移基本完成,为环保达标、生产结构调整和产品质量提高及市场竞争力的增强创造了条件。

转机建制 按照现代企业制度要求,组建了青岛黄海橡胶股份有限公司,实现了规范化运作,为股票上市创造了条件。对非生产性单位实行与主业分离,按市场化形式运作,理顺关系,形成自主经营、自负盈亏经营机制。

为发挥品牌优势,以资产为纽带,组建母子公司体系。年底,以青岛橡胶(集团)有限责任公司为主体,成立青岛黄海橡胶集团有限责任公司,为市直属企业。以此为核心企业,以青岛胶带(集团)有限责任公司、青岛同泰有限责任公司、青岛双蝶集团股份有限公司、青岛橡胶制品有限责任公司、青岛橡胶机械厂、青岛钢丝绳厂、青岛橡胶工业供销总公司、青岛橡胶工业研究所、青岛橡胶工业设计院、青岛橡胶机械联合公司、青岛前卫碳黑化工厂(原9732工厂)等11个企事业单位作为紧密层企业,组建为青岛黄海橡胶集团。

分配制度与人事制度改革 实施"生产系统内部分配办法",使目标成本与工资收入直接挂钩考核,实行了二次分配,加大了活工资比例。在生产分厂、经营实体中推行厂长(经理)年薪制,责权利统一,将经营者收入与其工作业绩、责任风险挂钩。

建立优胜劣汰、能进能出的用工制度,完善下岗、培训、再上岗制度,对待岗人员实行培训后的"双向选择,择优录取",做到了减员增效,实现了增人不增资、减人不减资的动态用工。

干部的选拔运用,在面向社会公开招聘的同时,在公司内部推行竞争上岗,并建立了后备干部人才库。年内,已有18名年轻干部走上处级干部岗位,43名年轻干部担任科级干部。

橡胶工业园建设 位于城阳区金岭工业园内的橡胶工业园是青岛市十大工业园之一。该园规划面积133万平方米,初步规划建设12个橡胶工业项目,包括现代化子午线轮胎生产线、高附加值橡胶制品、乳胶制品、橡胶机械和模具等。园内作为青岛市环境治理重点项目的炼胶中心一期工程已达产,形成了年产5.5万吨混炼胶的生产能力,不仅满足了集团公司生产的需要,还从根本上解决了炭黑污染治理问题,实现了经济效益和环境效益"双赢";国家重点国债贴息项目暨青岛市最大的工业投资项目——总投资16亿元的270万套轮胎产品结构调整技术改造项目,已通过国家评审和国务院批准,并正式开工建设。

(曲卫星)

双星集团公司

2000年,实现产品销售收入24亿元,利税总额8 356万元,利润总额4 031万元,出口创汇3 622万美元。被评为"2000年全国用户满意企业"。总裁汪海获2000年全国十大"中华管理英才"称号,被国际杰出人士网络中心授予"世界杰出人士"称号;参加了"2000年中国西部论坛"和上海"加入WTO与企业战略研讨会",并发表演讲;成为入选电视片《共和国外交风云》的唯一一位中国大陆企业家。

1月,组建青岛双星集团有限责任公司,是市直国有独资公司,受市政府委托运营国有资产,并承担授权范围内国有资产的保值增值任务。该公司对其权属子公司行使出资人的权利，将受托范围内的国有企业单位进行公司制改造，在产权关系上形成了母子公司体制。双星西南经营区以连锁店为突破口，使经营体制由国有国营向民有民营转变，带动了全集团的深化改革。

2月，北京无形资产开发研究中心在人民大会堂对双星品牌和企业家自身价值举行新闻发布会，双星品牌价值50.5亿元，继续保持中国鞋业第一品牌地位。

双星集团制鞋车间一角　（隋以进/摄）

年内，双星股份公司经过中国证监会批准，实施增资扩股，募集资金1.2亿元人民币；双星集团检测中心被认定为国家轻工业皮革、鞋类检测中心；双星羽毛球鞋通过国家认证，双星空调鞋被评为国家级新产品；橡塑共混、MD—EVA回收利用项目通过专家鉴定，达到国际先进水平。

年内，由人民日报社主办的“报告文学《布尔什维克的思想者》暨双星市场理论研讨会”在北京召开，研讨会认为双星股份公司的市场理论对国有企业的深化改革具有指导意义。

（孙蔚澎）

·机械·冶金工业·

概　况

2000年，全市机械工业系统统计口径内独立核算工业企业172个（各直属、区市属机械工业企业按原58个企业统计）。按性质分：国有企业60个，集体企业71个，股份制企业16个，中外合资企业18个，港澳台投资企业7个；按规模分：大型一档企业3个、二档企业14个，中型企业56个，小型企业99个。系统内独立核算企业职工116282人。其中，属市机械行业管理办公室统计范围（以下反映的内容均指此范围）的企业58个，职工48030人，其中工程技术人员5658人。

全年全系统完成工业总产值104.22亿元，比上年（下同）增长43.73%。各经济类型工业总产值完成情况为：国有企业65.53亿元，集体企业14.23亿元，股份合作企业3.58亿元，国营与集体联营企业0.25亿元，有限责任公司1.46亿元，集体股份有限公司1.81亿元，外商投资企业17.37亿元。其中，大中型企业完成工业总产值89.7亿元，增长39.22%；实现利税总额9.2亿元，增长65%，其中实现利润4.88亿元，增长211.59%；实现工业增加值29亿元，增长94.48%亿元。盈利超过千万元的企业有8个；亏损企业14个，亏损面占24.14%，亏损额超过100万元的企业11个。万元产值综合能耗降低24%，节约标准煤8398吨，节约电645万千瓦小时。

全年经济运行呈现4个特点：1.生产增势强劲，工业总产值、销售收入与效益大幅度增长，高于全国、全省、全市的平均水平；2.骨干企业、合资企业发展较快，经济效益有了很大提高，对机械行业经济发展起到了强劲拉动作用；3.产品出口出现大幅回升，全系统完成出口交货值13.3亿元，增长57.82%；4.通过对企业实施重组、破产、下岗职工进中心等有效措施，淘汰、停产、关闭了一批没有发展前途的企业，在一定程度上缓解了企业的困难局面，增强了企业的活力。

市场及销售

年内，市机械行业管理办公室分别组织企业多次参加国家、山东省、青岛市举办的各种类型产品订货会、展销会和产、学、研研讨会。组织允春、前哨、电度表厂等企业的名优产品在青岛市第十届“双新”（新技术、新成果）大会上参展，共签订协议和意向21项。组织部分企业赴新疆进行市场考察。捷能公司、散热器公司、整流器总厂、变压器公司等企业在新疆已建立了不同形式的营销处并开展工作。加强全系统营销工作，全年实现销售收入102.1亿元，增长41.17%；产销率99.46%，增长5.07个百分点。其中，10个企业销售收入超亿元，出口创汇8961.5万美元；3个企业超百万元。

科技成果及新产品

年内，编制了《青岛市机械行业科技发展“十五”规划及2015年发展设想》，确定了2001～2015年科技发展思路、目标、措施，并明确了重点开发的产品和限制淘汰落后的产品。还编制了机械行业《应用高新技术改造传统产业实施意见》和《新材料发展规划》。

全年开发新产品185项。其中，有78项新产品列入青岛市技术创新重点项目，占全市总数的1/6；9项新产品列入国家经贸委2000年重点新产品试产计划；28种产品达到国内外同类产品的先进水平。全系统有20家企业与大专院校、科研所进行合作，共签订技改合作项目20项，已完成12项，有2项产品获“省优秀新产品”称号。青特牌特种汽车及零部件、宇航牌三坐标测量机获“青岛名牌”称号，全系统累计有“青岛名牌”10个。全系统有省级技术开发中心7家、市级技术开发中心12家，占全市技术中心总数的1/4；高新技术企业28家。其中，年内被评为市级技术中心的企业有前哨朗普公司、金大地机械有限公司、磐石容器制造有限公司、青义锅炉有限公司；青岛电缆厂、青岛电度表厂、允春机械有限公司、山东宏发集团青岛烟草机械公司、汉河电缆公司、锅炉金属结构集团公司、华光交联电缆公司等8家企业被评为高新技术企业。

对外合作与技改

加快重大项目的洽谈步伐。瑞普公司雷达合作生产项目已与以色列IAI公司进行了洽谈,并达成了合作意向;青岛专用汽车制造厂与美国GE公司驻青办事处已就来料加工项目达成协议。先后组织相关企业参加与外商面对面的交流活动。其中,与丹麦种子农机代表团、韩国机械及汽车零部件代表团、德国巴伐利亚州环保设备代表团等进行了多次实质性交流洽谈加速对外投资。允春机械有限公司正在越南组建喷水织布机组装厂和织布厂。全系统累计建立中外合资企业18个,已有14个投入生产,年内实现销售额13.19亿元,增长35.46%,出口创汇8961.5万美元。全年安排技改项目15项,完成投资额2.03亿元。

行业管理

编制了《青岛市机械行业产业结构2000年实施意见》,并明确突出发展电气机械电力设备和载货汽车等重点产品;编制了《青岛市机械工业布局调整方案》。完成了《青岛市机械行业"十五"规划》编制工作。该《规划》确定,"十五"期间全市机械行业将以现有重点产品、骨干企业为基础,发展机车车辆、汽车及零部件、船舶制造及修理、基础机械、动力设备及电器装置5大主导产品,培育环保设备、加工中心和数控设备2个系列产品。

(机械行业办)

四方机车车辆厂

生产经营　2000年,完成新造机车83台,比上年(下同)增加18台;新造客车567辆,增加145辆;新造动车组15组,增加6组;修理客车201辆,增加80辆;机车车辆配件销售1.62亿元,增加1.23亿元;货款回笼15.4亿元,综合货款回笼率为78.3%。全年实现销售收入17.02亿元,增加6.32亿元,超额完成了年初预计的13.7亿元的目标;实现利润1710万元,增加456万元;净资产回报率为1.46%,增长50.52%;年人均产值99299元/人·年,增长46.22%;百元收入人工成本13.9元,下降12.19%。

企业改革　工厂的公司制改造工作进程过半。按照《公司法》的要求,通过多种形式,对9家厂办小企业完成了改制,并初步建立起了法人治理结构。以7个驻外营业部和海外营业部为重要组成部分的营销网络日趋完善,市场信息反馈系统日渐畅通;项目制和零库存管理进入了规划和论证阶段;《采购计划审批制度》等监控管理制度也陆续出台;以工厂办公自动化系统建设为切入点的信息化工作已进入实质性阶段,电子化的新型信息传递系统开始运转。

战略实施　产业结构调整。多方筹集资金7055万元,对转向架、钢结构两条线、客车总装工艺、客车修理、交流传动机车试验台等项目进行了重点投入。市场开发和市场营销。在双层客车、邮政车、干线客车换装转向架、动车组等产品市场的开发力度和营销方式上有所突破;全年共承揽市场机车12台,客车248辆。产品开发。全年共研制并生产了20个品种客车、3种类型的转向架以及无线遥控机车等新产品;高速客车、200公里/小时无摇枕转向架、交流传动内燃动车组、动力分散交流电动车组等新产品正在开发和试验当中;研制的动车组也正在向系列化方向发展。人力资源开发。继续抓好人才队伍建设,着重进行了人力资源的合理优化和配置工作,通过疏通人员"出口"、拓宽培训渠道、强化竞争上岗、实施岗位淘汰、坚持收入倾斜等措施,使工厂的人力资源结构进一步趋向合理。年内有30名科技人员受到重奖。

内部管理　质量管理。继续加强质量管理体系建设,产品过程质量和实物质量得到有效控制。全年机、客车一次交验合格率分别为95.89%和96.89%,质量损失率为0.60%,产品监督抽查合格率为100%。财务管理。在完善结算体系、加强费用控制、细化成本核算、创新工作程序、强化制度管理、配合企业改制、实施《会计法》等方面取得了较大进展。安全环保。在提高管理标准、整治作业环境、改善劳动条件、消除事故隐患方面做了大量工作。年内,拆除危房1.2万平方米;查出各类隐患1200余项,整改1180项;投资200万元,修建职工休息室40余间;事故件数下降50%,安全生产态势良好,连续11年实现安全生产年。通过改变工厂的能源结构、加大污染项目的改造投入、加强污染源管理和治理,使各类污染源全部达标排放,各类指标大大低于青岛市的规定。

(王学让)

青岛纺织机械厂

经营概况　2000年,全厂实现销售收入5.90亿元,其中青岛宏大纺织机械有限责任公司(下称宏大公司)4.30亿元、其他各公司1.60亿元;实现利润2719万元,其中宏大公司2687万元、其他各公司32万元;完成出口交货值3596万元。主要产品产量完成情况:梳棉机2824台,比上年(下同)增长199%;清梳联生产线36条线,增长300%;全自动络筒机137台,增长191%;纺织专用电机13964千瓦,增长228%;金属针布4496套,增长74%;电气开关箱3365面,增长231%;合格铸件6367吨,增长105%。

企业改革　2000年,对1999年组建的12个有限责任公司进一步完善法人治理结构,加强经营管理,各公司均取得近几年最好成绩。原亏损最严重的铸造公司,完成销售收入3175万元,实现利润100万元,实现了扭亏为盈。实施MRPII工程,建成覆盖全厂的局域网,主干网达4.5公里,节点数100多个。改革分配制度,将工资收入的40%作为固定部分,60%作为考核部分,根据工作情况进行考核;一线工人实行计件工资制,管理人员实行年薪制。调整梳棉机生产组织,使梳棉机产量从每月100多台,提高到每月300多台。

新产品开发　2000年9月,具有高效、短流程特色的开清梳联合机通过了国家纺织工业局组织的科技成果鉴定,认为该产品处于国内领先水平,达到国际九十年代中期同类产品的先进水平。完成了FA232型新型高产梳棉机的研制工作,其机电一体化程度居国际先进水平,在10月举行的北京国际纺机展中,受到国内外同行和用户的关注和好评。承担了中纺机集团重点新产品开发项目——细络联的研制工作,已完成全套图纸设计共1800余张,并进入样机试制阶段。该设备在国内尚属空白,是纺织工业向无人化发展的关键设备之一。完成无纺布生产线3条,均已装配到用户的生产线上。

质量管理　年内,通过了中国质量管理协会审核组ISO9001质量体系复审;主要产品主要项目合格率96.4%,全装一次交验合格率98.8%;青锋牌梳棉机、自动络筒机获"青岛名牌"产品称号;全厂注册QC小组29个,其中质量部QC小组获省纺织系统优秀奖、机械厂QC小组获青岛市优秀奖。9月,在全厂开展了以"质量立厂之本,品牌决定一切"为主题的质量月活动,提出质量改进建议104项,当月完成35项。

市场营销 梳棉机国内市场占有率约40%;清梳联国内市场占有率约36%;自动络筒机国内市场占有率47%。4月份获得自营进出口权,完成进出口总值1323万美元。加强售后服务,举办清梳联、FA201B梳棉机用户培训班,共培训20多家用户的机械、电气人员207人次。6个驻外办事处全部实现盈利。参加了第七届北京国际纺织展览会,越南、印尼国际纺机展览会,以及南京、浙江、广东等纺机展览会,增强了企业知名度。

(阎世国)

中国第一汽车集团青岛汽车厂

生产经营 2000年,生产解放牌平头柴油载货汽车3万辆,比上年(下同)增长50%(其中最高月产量达3000辆);实现工业总产值38.14亿元,增长53.14%;销售汽车30364辆,增长51.82%;实现销售收入38.5亿元,增长55%;实现利润3.2亿元,增长115.4%;利税总额4.83亿元,增长70.8%。该厂已成为中国第三大中、重型平头车生产厂家。

新产品开发 加大科技投入和新产品开发力度,采用系列平台化开发战略和计算机三维设计等高科技手段,整体提升产品设计与工装设计水平。全年共开发了"五吨王"系列、九吨双桥系列、13吨双桥车、不同风格的厢式车和高顶驾驶室平头车等69个新车型,满足用户的需求。"五吨王"系列车匹配了增压中冷发动机,达到了环保排放要求;全内饰驾驶室,提高了驾驶舒适性。中、重型平头车已累计160余个品种,形成了系列宽、品种多、配置强的产品结构。产品有普通载货汽车、自卸车、牵引车、厢式运输车、半挂车和双排座车等多个系列,成为全国中、重型平头车品种最全、系列最多的生产厂家。有4吨、5吨、6吨、7吨、8吨、9吨、13吨等不同吨位;货箱长度从5.4到9.6米;驾驶室有FK(标准型)、FM(加宽型)、FR(双排座)和高顶驾驶室平头车等。发动机可选装160匹马力至230匹马力的大柴、锡柴等国内外优质发动机。

质量工作 年内,通过了ISO9001质量保证体系的年度监督审核;在中国汽车工程协会、中国名牌商品协会、中国调查统计事务所联合主办的"2000年度中国市场名牌汽车(产品)'品牌·质量·服务'专项调查"活动中,该厂生产的解放牌载货汽车产品的知名度、服务满意度、质量美誉度、品质价格比等指标名列前茅,被列为同行业十大品牌。

上海浦东一汽青岛专用车厂 积极实施战略性调整,年生产能力为5000辆专用车的上海浦东一汽青岛专用车厂已开始启动生产,并形成小批量试生产改装车能力,形成了青岛与浦东两大生产基地、普通载货车和专用车并重发展的格局。

(韩 滨)

青岛北海船厂

2000年,实现工业总产值2.88亿元(不变价),比上年(下同)增长23.6%;实现销售收入2.96亿元,出口创汇2949万美元,增长29.62%。

修船业 全年修船共完工110艘,其中外轮79艘,实现修船产值17868万元,增长48.71%,扭转了连续几年修船亏损局面。新开拓德国、柬埔寨、瑞典、伊朗、巴基斯坦修船市场,船东满意率、信任度大幅度上升,市场情况日益好转。

造船业 全年造船完工13艘/45961吨。主要以工程船舶和钢结构建造市场为主,积极扩大出口日本驳船市场,并同时完成了为国内厂家建造的2艘技术含量较高的LPG液化石油气驳船建造任务。年内,造船分厂通过了ISO9002质量体系认证和复审,并转换造船模式,走工序加工专业化道路。

救生艇、缉私艇生产 全年完成各类型号救生艇160艘、救助艇25艘、缉私艇8艘。其中,为国家海关总署承造的艇载9.8米缉私摩托艇,于10月通过国家级专家组的技术性能指标评审,首批缉私艇于11月通过检验出厂。新开发的BH-5A全封闭救生艇继通过美国海岸警卫队(USCG)原型试验认证后,已取得了LR、NK、DNV、ABS等7大国际权威船级社的认可证书。

非船生产 新组建的船机分厂研制、开发玻璃钢救生艇的配套产品——吊艇架,实现当年建厂、当年研制、产品当年打入国际市场。已开发出平台式、倒臂式、抛落式等多种型号吊艇架产品,并获得美国USCG、日本NK和中国船级社型式认可。年内,销售吊艇架15套、专用艇机6台,产品进入美国、尼日利亚、荷兰、俄罗斯和韩国。

企业改革 年内组建了船机分厂和技术中心;对中层干部进行了全面考核,5名不称职票超过1/3的中层干部被免职或解聘;对厂内投资企业进行了整顿和治理,建立健全了厂投资企业管理办法和考核办法;公开招聘了技术中心各岗位和机关部分人员。

成本管理 管理费可控费用部分下降了5.62%,万元产值综合能耗下降11.54%,工程外包费节约15%以上。企业为加快修船技术改造而增加的国家开发银行和工商银行2亿多元贷款中的1.89亿元贷款的债转股方案获得批准,自4月起停止计收利息,大幅度减少了财务费用支出。

重大项目建设 稳步推进海西湾修造船基地——青岛北海船厂新修造船厂地的建设。年内,完成土石方102万立方米;东围堰工程已经完工,基槽、港池已完成30万立方米;作为总体工程进度标志之一的码头混凝土箱体的预制已完成19件,可铺设码头200米,约占总预制量的1/3。

(林建平)

四八零八工厂(青岛前进船厂)

生产经营 全年实现工业总产值、产品销售收入、利润总额分别比上年增长34.1%、11.7%和36.2%。坚持"军品第一"的宗旨,把保证部队海上战斗力放在首位,完成了青岛舰坞修、"长征二号"艇坞修等任务,派员随舰参加了青岛舰、太仓舰出访美国、加拿大两国的技术保障。加大设施投入,充实技术力量,进行舰船家具规范化治理。采用计算机辅助设计,使舰船金属家具产品质量大大提高,为工厂开辟了新的经济增长点。参与民船修理市场竞争,并承揽到工厂恢复造船以来的首条民船建造业务。外轮修理方面,在俄罗斯、韩国等外轮修理市场建立了良好的声誉。

企业管理 进一步精简管辅人员,共精简77人,使企业内部运转速度加快,工作效率提高。修订并实施以"目标成本管理法”为主，费用归口管理为辅的新的经济责任制。对生产车间实行“目标成本管理法”，考核目标成本完成情况，对职能处室实行管理工作目标和责任费用指标相结合的量化考核办法，使职工的成本意识、为生产一线服务和保障意识明显加强。

（王洪旭　刘文海）

青岛前哨精密机械公司

2000年，完成产品销售收入6034.7万元，比上年（下同）增长25.21%（其中国内销售收入完成2230万元，增长12.7%）；完成实收货款6207.3万元，增长20.64%；完成利润总额120.2万元，增长110.2万元；完成出口交付额436.9万美元，增长24.61%。完成工业总产值6236.9万元，增长15.31%。完成气动工具12.09万台、出口气动工具零件60.73万件、量仪现价产值1934.8万元、新品试制13项，分别增长24.9%、14.8%、51.8%、24.9%。通过了中国航空工业第二集团公司的“三五”普法验收；被授予青岛市“文明单位标兵”等称号；“宇航”品牌仍继续保持“青岛名牌”称号。

资本运营　对产品以市场售价进行分解倒推、测算，制定了内部价格体系，逐步推行利润考核。完善经济责任制，改进考核指标体系。把各单位经济责任指标由原以产值产量指标为主改为以利润效益指标为主，使经济责任考核内容进一步清晰，提高了对各单位工作的指导性。组织实施了“115工程”，即“降低采购成本100万元，降低生产成本、期间费用100万元，争取国家优惠政策500万元。”到年底，完成采购成本节约额107万元，生产成本和期间费用节约额95万元，争取国家各类补贴达到了预期目标。

产品开发　完成2BL12、AH600、PG150D、PG200D、CP864、Z131－3等12个产品的试制鉴定，充实和完善了公司的产品系列。

企业管理　修改和制定了档案管理制度，健全档案门类，丰富室藏档案，开展档案现代化管理，通过了档案管理“国家二级”预检。调控一、二线人员比例，使公司生产人员与非生产人员的比例构成得到明显改善。对在岗职工和退养、下岗人员分别实施了增加工资，按期完成职工和离退休人员医疗保险社会化转轨工作。全年实现了安全生产，杜绝了重伤以上人身事故的发生，轻伤频率为4‰。设备管理消灭了重大设备事故，主要设备完好率达到97.42%。

（刘长青）

青岛钢铁集团公司

主要经济技术指标　2000年是青钢跨入第二个发展里程碑（2000～2002年）的第一年。全年共生产铁100.6万吨，钢100.1万吨，钢材91.33万吨；钢铁主业实现销售收入19.5亿元，利税总额1.46亿元，利润总额3831万元；实现产销率、货款回收率为100%，流动资金周转次数为1.27次。全年40项主要经济技术指标有15项进入全国冶金企业前5名；铁、钢、钢材平均成本比上年（下同）分别降低10.28%、15.37%、10.98%。

技术创新　3月15日，召开了青钢首次科技大会，全面部署了科技创新工作的方案和措施，决定对技术创新工作进行立项管理，充分发挥科技人员技术创新的积极性和创造性。全年共完成课题43项，新开发了弹簧扁钢、HRB400热轧带肋钢筋、按日本标准要求的硬线系列产品6个、拉丝用钢盘条等高效新产品，产量45.36万吨，增加11.1万吨，创历史最好水平。高效产品品种率占钢材总量的49.67%，提高9.02个百分点；实现销售利润2.1亿元，提高1.1亿元。低碳钢无扭控冷热轧盘条、气体保护焊焊丝用盘条保持了“山东省名牌”和“青岛名牌”称号；对焊接用盘条申报“山东省名牌”产品和“山东省产品质量奖”。12月，公司对作出突出贡献的人员和相关单位进行了重奖。

12月21日，市委副书记徐长聚（前排左二）视察青钢　（隋以进/摄）

技术改造　对第二线材厂的加热炉进行改造，燃料由重油全部改用高炉煤气，每年节约重油11000吨，可节约资金1500多万元。对第一炼钢厂转炉烟尘系统进行改造，共投资2400万元，使转炉烟气含尘量达到国家排放标准要求，减少了大气污染，并为转炉煤气回收打下了基础；实现了除尘余热蒸气回收，提高了水的重复利用率，收到了较好的经济效益和社会效益。年产35万吨的新高速线材轧机项目于12月29日奠基，投资1.98亿元，计划2001年建成投产。

市场营销　搞好销售网络建设，形成直供、直销、代理三分天下的销售格局。在原有45个代理销售点联营联销点的基础上，又发展直销点26个，加大了直销力度。加快公司制改革，建立了3个直销公司、3个仓储销售中转库，形成了大市场、大营销网络格局。以市场为导向，完善销售、开发与生产一条龙生产经营体系，及时调整产品结构。全年实现销售品种率50.8%，平均月销售钢材7.6万吨，产销率101.2%，货款回笼率100%以上。为增加非钢收入，开展“以贸促贸”活动，共经营物资6000吨，创利40余万元。

企业改制工作与资本运营　成立了青岛钢铁控股集团有限公司和青岛钢铁有限公司，组成了董事会，任命了董事长、董事，制定了公司章程。成立了股份制领导小组,研究制定了资本运营实施方案,促进了股份制改造和股票早日上市工作。全年实现债转股3.08亿元,其中国家开发银行债转股2.1亿元、工商银行青岛市分行债转股9800万元;全年节约利息1900万元,企业资产负债率得到明显下降。

(盛贤正)

黄金工业

2000年,全市黄金系统共有矿山企业7个,分布在平度、莱西两市,年平均职工人数2994人;固定资产原值1.93亿元,净值1.46亿元;黄金矿山企业日采选能力1437吨,已形成采、选、冶配套完整的黄金工业体系。

全年生产黄金6.6万两,是国家指令性计划的148%,比上年(下同)增长6%,其中成品金完成60369两,是国家指令性计划的147%,增长6%;完成工业总产值1.54亿元,增长5%;完成销售收入1.44亿元,减少1%;完成工业增加值6319.8万元,减少7%;实现利润1500万元,增长7%。

治理整顿　9月初,成立了由黄金、地矿、公安部门参加的黄金生产秩序清理领导小组,联合下发《关于搞好治理整顿黄金生产秩序的通知》,召开了全市治理整顿黄金生产秩序现场会,制止滥采乱挖黄金资源的不法行为。从9月下旬开始,用1个月的时间,集中开展治理整顿,共清理非法采金点20处,破获盗窃矿石案件64起,收缴高品位矿石65吨。

行业管理　7月11日,市政府下发《青岛市黄金工业行业管理办法》(青政发[2000]109号),对黄金矿产开采、选冶和矿产品销售都作了明确规定。

技术改造与地质勘探　年内,全系统共投入技术改造资金1200万元,完成平度市旧店金矿(原平度市石桥金矿)选矿厂技术改造,使该矿选矿能力由过去的200吨/日提高到350吨/日;完成了平度市大庄子金矿缓倾斜矿体采矿后的充填改造项目。全年投入地质勘探资金1400万元,完成探矿工程量3万米,探获黄金金属量4100公斤。

(刘　兵)

·电力工业·

电力供应业

2000年,全市社会总用电量超过106.8亿千瓦时,比上年(下同)增长14.2%;售电量88.42亿千瓦时,增长13.74%,其中工业用电量71亿千瓦时,增长15%;城乡人民生活用电量16亿千瓦时,增长4.8%;电网最高负荷159.7万千瓦,线损率5.19%,下降0.1个百分点;配电可靠率RS1、RS3均为99.96%;综合电压合格率达到99.34%,其中A类达到99.8%。

加快城乡电网建设　新建变电站8座,新增主变容量956.5兆伏安,改建35千伏13座。城区变电站全部达到"N-1"准则要求,基本实现35千伏变电站进线电源来自不同的220千伏变电站;改造无人值守变电站11座,城区公用变电站全部实现无人值守。新增220千伏线路5条,改造110千伏线路12千米,新建和改建35千伏线路35千米;新出10千伏线路95条,10千伏供电半径不超过2千米;整修650个低压台区,整修低压线路1230千米,50万户居民生活用电质量得到改善;新增10千伏电缆线路145千米;城区新增"手拉手"线路90条,10千伏线路手拉手率达到100%。在浮山后、台西、浮东3个区域建成了在国内领先水平的配网自动化系统,实现了该区域多电源供电、故障自动切除;加快"一户一表工程",完成一户一表32.4万户;建成500千伏崂山变电站,青岛市电压等级由原200千伏提升为500千伏,使青岛电网成为在国内外具先进水平的地区电网。

安全生产　在全局范围内开展安全性评价工作,实施安全措施标准化、安全设施规范化,重点加强了"两网"建设与改造过程中的安全管理,实现了全年安全生产的目标。

营销管理　加强电费回收。当年电费回收100%,陈欠电费回收2648.2万元。打击社会窃电。查处违法窃电589件,追补电量146.6万千瓦时,追缴电费192.03万元。开展营业普查。在市区配网分线普查、配网线损率分线统计,各项经济技术指标管理水平明显提高。发展多种产业。房地产、建安业、工业、商贸、设计、修验等行业经济效益又有新的增长,多种经营销售收入6.5亿元,实现利润5908万元。

行风建设　组织实施"彩虹工程",该局成立客户关系委员会,专门设立客户事务办公室,开通客户代表室服务热线,开展了全社会声势浩大的宣传活动,发放"彩虹条"5万份,发放宣传品260万余份,受理各种用电服务业务6万余次。在全市服务行业年终评选中获第1名。创一流活动成效明显,通过了国家电力公司一流供电企业考评验收并被授予"一流供电管理企业"称号。

(刘　钢)

青岛发电厂

生产经营　2000年,完成发电量40.85亿千瓦时,比计划超发2.15亿千瓦时;供电煤耗339克/千瓦时,比年计划降低5克/千瓦时,在全省同类机组中名列前茅;厂用电率5.52%,比年计划下降0.30%;实现了零事故目标,到年末全厂连续安全生产855天,创造了扩建以来的最好成绩。在全国火电大机组竞赛中,两台30万千瓦机组分获一、二等奖。向青岛市热网供热143万百万千焦。实现利润1.22亿元,比上年增长66.40%;全年还本付息完成7.1亿元,上缴税金2.28亿元,名列青岛市企业纳税榜前列。被国家电力公司命名为一流火力发电厂;被山东省总工会授予"富民兴鲁"劳动奖状;被评为山东电力2000年度先进企业;被青岛市委授予"思想政治工作先进单位"称号。

供热改造　加快供热改造步伐。10月25日,第2台1.2万千瓦背压式供热机组开工建设,预计2001年3月投产,届时向青岛市热网供热量将达到250吨/小时,成为青岛市最大的热电联产企业,可部分解决四方、市北两区的工业用汽和居民取暖用汽,最大供热半径为3.5公里。

科技进步　进一步完善管理信息系统(MIS),开发了"青岛发电厂综合查询系统";与鲁能信通公司等单位联合研制了"发电厂运行管理系统",实现了无纸化办公。自行研制"竞价上网决策支持系统",参加了山东电力集团公司竞价上网在线运行,并在机组分散控制系统(DCS)上成功安装了"竞价上网负荷跟踪控制程序",提高了机组自动控制水平,适应了"网厂分开、竞价上网"形势需要。对灰浆泵、冲灰水泵电机进行了变频技术改造,全年节约厂用电247万千瓦时。

联合青岛海洋大学等单位在13号炉进行了海水白泥脱硫项目试验，该项成果已通过专家评审，并向省政府申报科技发明一等奖。实业公司下属的三能公司与清华大学联合研制的ADM—SN双能多道煤灰仪，被国家科委、财政部列为科技型中小企业技术创新基金立项项目，并获无偿拨款80万元。

环境保护　烟尘、废气、废水、固态废弃物均实现达标排放。燃用煤炭的含硫量已低于0.7%，达到了市环保局要求。积极开展30万千瓦机组的烟尘海水脱硫研讨工作，项目可研报告得到山东电力集团公司认可。5月18日，投资1600万元、年产10万立方米的加气混凝土切块砖项目一期工程已建成投产，该项技术填补了青岛市建材行业的空白；投资200万元的粉煤灰分选项目纳入了生产管理。这两个项目每年可以利用粉煤灰16万吨，既减少了污染，又节约了土地资源。

（邱忠生　王宏图）

·盐　　业·

概　　况

2000年，生产原盐44.2万吨、精制盐5.12万吨、加碘精盐2.05万吨，出口精盐2828吨，产品销售收入9190万元；工业增加值5259万元，工业总产值8738万元，利润484万元；原盐优一级品率100%，精制盐优一级品率100%。

食盐专营　会同市有关部门，抓了国家消除碘缺乏病阶段目标评估的准备工作和部分市区合格碘盐普及率试点工作。加大食盐销售力度，全面落实食盐销售计划。全年销售食盐4.18万吨，增长42%，完成年计划的116%，销盐计划完成率居全省各地市第四名，碘盐合格率100%。

盐政稽查　加大盐政稽查工作力度，开展了严厉打击涉盐违法行为统一行动月和盐业白日打假行动。对各市(区)盐业市场的难点和重点，采取集中人力、物力联合打击。全市全年共查处盐业违法案件2712起，查处率100%；没收私盐和假冒食盐2424吨，罚款45万元；受理盐业违法举报案件397起，查处率100%；捣毁制假窝点48个，查获假冒小包装袋5.8万个、防伪标志3.1万枚，没收13台热和机等制假工具。

理顺体制

为理顺青岛地区盐业行政管理和食盐专营工作体制，根据山东省、青岛市政府关于调整和完善盐业经营管理体制的通知精神，先后对莱西市、胶州市、黄岛区、即墨市、胶南市和平度市的盐务管理办公室及其所属单位的人员和资产进行了上收划转，实现了青岛市盐务管理办公室对各市、区级盐务管理办公室的垂直领导和直接管理。

（宋瑞福）

·医药行业·

概　　况

2000年，全市医药工业总产值13.19亿元，比上年(下同)增长13.45%；医药工业销售收入10.16亿元；医药工业增加值完成4.57亿元，增长40.2%；商业总销售完成17.32亿元，增长28.63%；药品零售完成3.01亿元，增长49.1%。盈利企业继续保持增长。益青公司药业销售收入增长55.8%，海尔药业销售收入增长42%，黄海制药销售收入增长35.2%，双鲸药业销售收入增长23%，金峰制药销售收入增长20.2%，国风药业销售收入增长9%。外资企业中，除安捷伦公司因总部结构调整而出口下降外，华钟制药、泰东制药、保赫曼器材等企业均保持发展势头。

完成了对医药行业1300名医用商品营业员和中药购销员培训考核，98%考核合格取得上岗证书。全年评聘确认各系列职称75名，待评聘48名，组织了511名人员参加各类职称晋级考试。

组建青岛市药品监督管理局

按照国务院关于各地政府要以医药管理部门为主，将分散的药品监督管理职能集中，在地方政府机构改革前完成药品监督管理机构的组建工作的要求，2000年3月14日、16日，市编委、市政府分别下发了《关于青岛市药品监督管理局机构编制问题的通知》(青编字[2000]1号)和《青岛市人民政府关于组建青岛市药品监督管理局的通知》(青政发[2000]55号)，撤销市医药行业管理办公室，组建了市药品监督管理局(下称市药监局)；将原市医药行业管理办公室、市卫生局药政管理的职能、人员归并，市卫生局所属的青岛市药品检验所整建制划归市药监局领导。5月16日，市药监局完成职能归并和人员集中，正式对外办公，独立承担起对全市药品研究、生产、流通、使用全过程进行行政监督和技术监督的职能。

市药监局挂牌后，向市政府提出了《关于变更我市药品监督管理的法律、行政法规主体的紧急请示》；6月2日，市政府法制局下发《对〈关于变更我市药品监督管理的法律、行政法规热潮主体的紧急请示〉的复函》(青法函[2000]2号)明确规定：自青岛市药品监督管理局挂牌之日起，本市药品监督管理执法主体由卫生行政部门或原医药生产经营主管部门变更为药品监督管理局。

市场监督

制定下发了《2000年纠正医药购销中不正之风工作的实施意见》、《在全市开展药品市场大检查的通知》等一系列关于加强药品市场管理的文件；对药品流通秩序、乡镇医疗机构进药渠道、计生药具店、药品广告、游医药贩、医疗机构性病门诊等六个重点方面进行清理整顿。年内，联合有关部门进行了3次集中大检查，受检生产、经营单位120多个，查处违法违规行为20多处；与计生部门协商确定了对计生药具站及个体诊所的改进意见；对药品广告的监督管理进一步加强。对全市医疗机构的“性病门诊”进行了检查，依法查处了性病门诊药房的不法行为。按照国家药监局《关于进一步做好取缔药品集贸市场工作的通知》和省药监局《关于立即开展全省药品质量大检查，严厉打击制售假劣药品行为的紧急通知》的要求，对辖区药品生产、经营和使用重点单位进行了督导检查。根据群众的举报，与有关部门联合，依法分别取缔了莱西、平度非法生产、倒卖假药窝点，没收非法生产、倒卖药品价值400余万元。

加强医疗器械的监督管理。全年为68家生产企业换发了生产企业许可证，为292家经营企业换发了经营企业许可证。8家企业通过了ISO9000系列质量体系认证，16家企业通过质量体系考核。20家经营企业获得营业许可。有23个产品取得了产品注册证，41个产品进行了重新注册。

年内,在市场监督中,抽验药品887批次,检出不合格药品24批次;全市药品质量抽查合格率达98.92%以上。工业企业国家质量抽查331个批次,合格率100%;商业企业共抽查1056个批次,合格率98.58%。全年未发生重大质量事故。有2种药品采用国际标准。处理群众各类举报近100次;依法查处无证药品经营点21个,取缔游医药贩45人次,规范超范围经营药品的计生药具店49家。没收药品3988种次,没收违法所得和罚款50余万元。

青岛市药品检验所充分发挥技术检验和进口药品口岸检验所的作用,全年共完成检品3709件,其中进口检品990件。根据国家药监局和中检所的要求,对全省流通领域的进口药品质量进行了一次全面监督检查,共检1001批进口药品。完成了大量的药品质量标准的制定和起草工作。

实施药品分类管理

市药监局在崂山药店、宏仁堂药店、广东大药房、中山药店4个基础较好的药店进行药品分类管理试点。5月,市药监局联合市卫生、劳动保障、工商等部门在五四广场举行了"青岛市药品分类管理宣传"活动;10月,组织了30多家零售药店负责人参加了国家药监局组织的培训。同时,通过电视、电台、报纸等媒体进行深入宣传。

药品零售管理

加快药品零售业的发展,激活零售市场,保证药品供应安全、及时、方便,同时也为医疗保险制度改革提供必要和有力的保障。6月,制定了青岛市《开办药品经营(零售)企业条件(暂行)》,并审核、审批了50多家零售药店。在零售市场引入竞争机制,促进了药品零售业的发展。全市最大的药品零售企业——"国风大药房连锁公司",年内新增营业面积5000多平方米,并成为全国第1批药品零售跨省连锁试点企业之一。年内,全市药品零售额完成3亿元,比上年增长49%,净增1亿元。

药品流通体制改革

制定全市医药流通领域改革调整的思路,加快全市药品流通发展。加强药品招标集中采购管理,严格药品招标代理机构资格的认定和监督管理。制定了《青岛市药品招标代理机构资格认定及监督管理办法》,对招标机构主体、评标标准、招标操作、监督管理等做出明确规定,规范药品招标采购行为。

药品生产经营企业换发证照

按照国家、省药监局的要求,从11月开始,市药监局对全市医药生产、经营企业,医疗机构进行换发证照的布署;对全市重点医药工商企业进行换证初审。推动企业GMP、GSP认证工作。海尔药业有限公司的五个剂型、国风药业的固体制剂车间、金峰制药的输液车间已通过国家局的GMP认证;双龙制药的非无菌原料药(蚓激酶)、口服固体制剂,金海制药的大容量注射剂、粉针剂,华阳制药的粉针剂,海尔第三制药厂的粉针剂已顺利通过国家局GMP达标复查,即将取得药品GMP证书。青岛健联药店、胶东大药房、长春堂药店积极准备申报GSP认证工作。

开展了医院制剂许可证的换发工作,对22家医疗机构制剂室进行初审。进一步加强了对麻醉药品的管理,实行严格的审查和登记制度,防止滥用。制定下发了《关于进一步加强医疗机构药品采购使用监督管理的通知》,对医疗机构药品的采购、使用作出了明确的规定,进一步加强了对药品使用中重要环节的监督管理。

制定"十五"及2010年行业规划

经过近半年的调研、研讨、论证,于5月完成了《青岛市医药行业"十五"规划及2010年发展规划》编制工作。"十五"期间,全行业力争达到产值50亿元(年均递增27.2%)、工业增加值15亿元(年均递增24.6%)、出口交货值10亿元(年均递增14.87%)、商业总销售30亿元(年均递增14.8%)、工商利税6亿元(年均递增24.6%),把医药行业发展成为全市支柱产业之一。在结构调整方面要重点突出地区优势,发展以海洋药物、生物工程技术制药为主导的高新技术产品。

(刘　凯)

·乡镇企业·

概　　况

2000年,全市乡镇企业共有147720个,比上年(下同)增加13456个;乡镇企业职工1192973人,增加82326人,约占全市农村劳动力的49%;乡镇企业完成总产值1280亿元,增长21.9%;增加值356.8亿元,增长24.3%,占全市国内生产总值的31%;营业收入1235亿元,增长23.4%;利税总额94.2亿元,增长19%;职工工资总额62.3亿元,增长7.6%。乡镇工业总产值978亿元,增长20.9%;增加值275.1亿元,增长23.1%,约占全市工业增加值的55%。

市委常委、农工委书记于风华(右二)到企业调研　(市委办公厅供稿)

青岛顺德塑料机械有限公司

QINGDAO SHUNDE PLASTIC MACHINE CO., LTD

塑料管材生产线系列：PP-R管材生产线，发泡管生产线，大口径PE保温管生产线，硅芯管生产线，涂塑软管生产线，PVC双管生产线。

塑料型材、板材生产线系列：塑料土工格栅生产线，木粉发泡仿木板材生产线，塑料波纹板生产线，ABS、PP板材生产线，塑料异型材生产线。

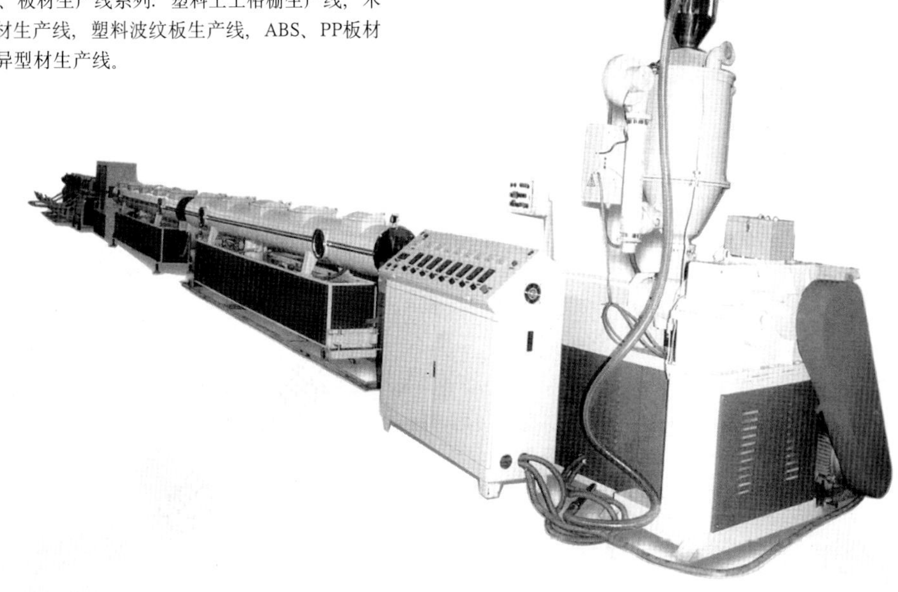

三型无规共聚PP-R管材管件

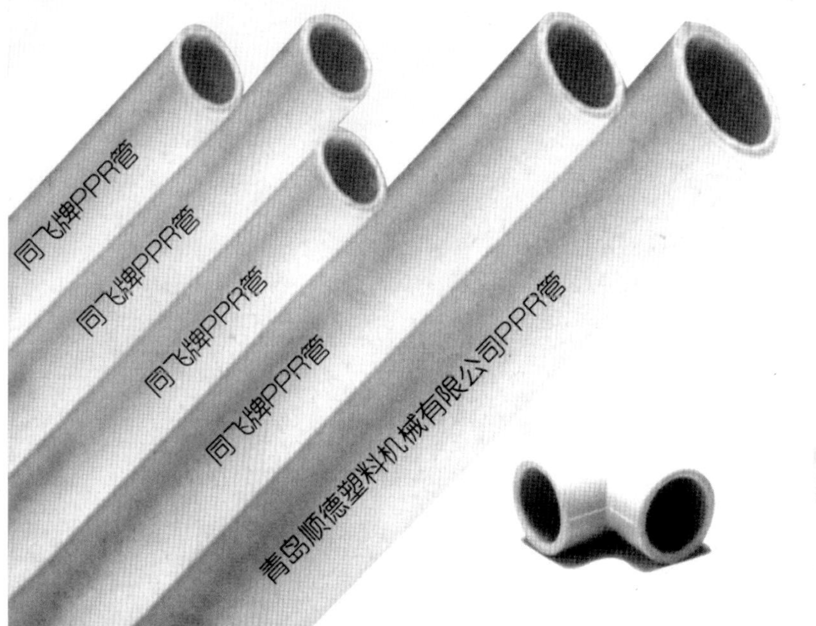

地址：山东省胶州市西湖公园南侧
邮编：266300
电话：(0532)7285708
传真：(0532)7285047
Http://www.shunde-qd.com
E-mail:qdsdsjgs@public.qd..sd.cn

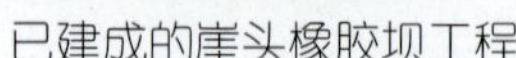
已建成的崖头橡胶坝工程

已建成的岔河橡胶坝工程

大沽河堤防工程

已建成的移风拦河闸工程

正在施工中的险工护砌工程

青岛市大沽河管理处

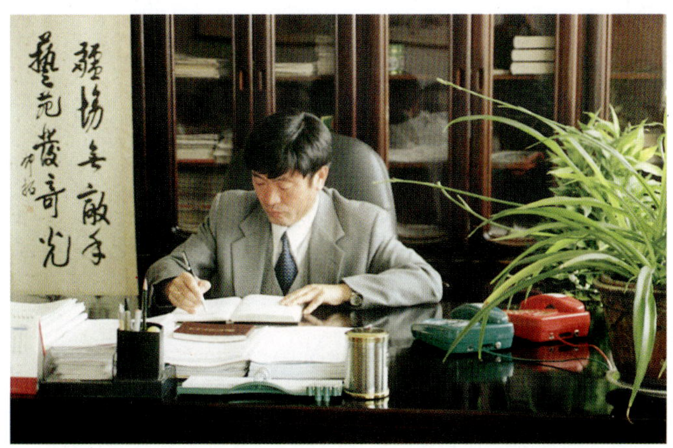

该处处长于佳明带领全处人员努力工作，使河道管理三年大变样，走在全省的前列，2000年省水利厅召开现场会，向全省推广大沽河统一管理的经验。

青岛市水利局局长滕胜叶带领工程技术人员现场研究河道治理方案

大沽河是胶东地区最大的河流，流域面积6131平方公里，其中本市流域面积4500平方公里，是本市重要的水源地。大沽河保护着两岸20多个乡镇、50多万人口、2000多个企业和铁路、公路、通信、供水等重要设施的安全。多年来，市委、市政府高度重视大沽河的综合治理，经过连续几年治理，目前已建成拦河闸5座，完成护险工程25公里，裁滩8公里，大坝灌浆150公里，完成下游长4公里、深13米的地下截渗墙，极大地提高了河道的行洪能力，初步达到了20年一遇的防洪标准。大沽河管理处成立以后，对河道进行一体化管理，河务秩序有了根本性好转。

地址：即墨市蓝村镇驻地
邮编：266232
电话：(0532) 2591966
传真：(0532) 2593966

沿河群众正在进行退堤工程

青岛大华农产有限公司

该公司是由台湾富华集团于1994年9月经国家批准在青岛市注册登记成立的外商独资企业。自日本引进优质的果苗，并聘请日本的高级农艺师，长期在此指导培植和养护，我们秉持着对管理的完美要求，对品质的执着追求，以50年的长期经营理念，迈出坚定的步伐，在200公顷的土地上，不断培育和改进我们的产品，并自建冷库、选果分级包装场等一系列作业设备。经过几年的艰辛努力，如今我们开始有了自己生产的红富士苹果和二十世纪梨、丰水梨……奉献给大家，我们的品质足以媲美日本长野县和青森县的产品，但我们不以此为满足，我们对品质的要求，始终坚持“没有最好，只有更好”这一原则，精益求精，实事求是，生产出更为上乘的产品，是大华公司的经营宗旨。

我们竭诚欢迎各界先进莅临大华农业公司参观指导。

地址：平度市蓼蓝镇双柳树村大华路1号

邮编：266732　电话：(0532)2302700　2301329　传真：(0532) 2302686　E-mail:dahua@qd-public.sd.cninfo.net

青岛学人科技文化发展有限公司

成立于1999年2月2日，隶属于欧美同学会。主要从事文化活动策划、文化经济信息咨询交流服务、图片资料编辑、技术开发新科技产品推广及贸易。公司自成立以来，先后与水利部、新华社合作，成功地举办了由江泽民总书记亲自题名的'98抗洪救灾大型图片展，制作了经济信息网络图、进行音乐广场的环保和整体文化宣传活动，为青岛的改革开放和经济建设作出了应有的贡献。

公司总经理顾少进携全体员工愿与各届朋友真诚合作，为岛城的两个文明建设尽心尽力、再创辉煌。

地址：青岛市沂水路11号

邮编：266001

电话：(0532)2888766

传真：(0532)2888677

公司总经理顾少进（左）在向市纪委书记崔锡柱（中）、市政协副主席周迪颐（右）介绍公司情况

中央及市有关领导出席由公司举办的'98抗洪救灾大型图片展

青岛竞业集团公司

公司领导班子全体成员

该公司是1998年在原“青岛市李沧区商业总公司”的基础上组建成立的大型国有控股企业集团。拥有18个成员单位，100余处机构网点，5000余名职工，总资产达8.6亿元，年经营规模10亿元。其中崂百集团、华易地产等6个成员单位进入山东省内贸系统百强企业行列，2个成员单位进入全国商业百强企业行列，公司连续6年在全省贸易系统经济效益统计排序中居县、区级前列。先后荣获“山东省十强商业”、“山东省商业经济效益先进单位”和“山东省贸易系统先进单位”等荣誉称号。

集团成员单位之一——崂山百货大楼商场一角

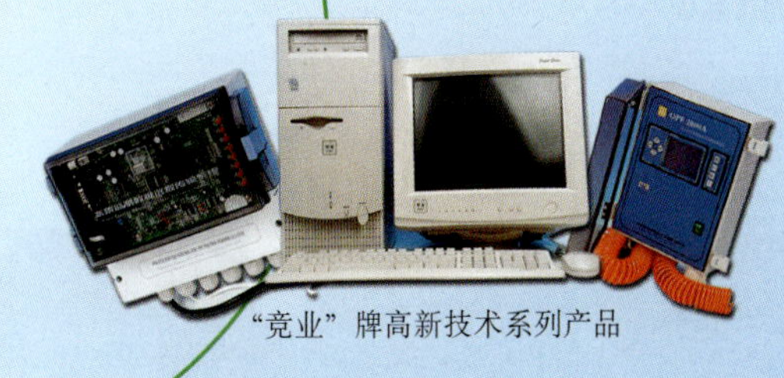
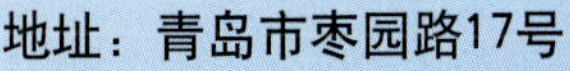
“竞业”牌高新技术系列产品

华易地产示范小区

地址：青岛市枣园路17号
邮编：266100
电话：(0532)7896106
传真：(0532)7897706
E-mail:lssyzgs@public.qd.sd.cn
党委书记、总经理：李宁

PARKSON 百盛

——21世纪购物新天地

青岛第一百盛有限公司是由青岛第一百货商店和马来西亚金狮集团合资并经国务院批准的大型中外合资零售企业。青岛百盛依托集团连锁优势，不断进取，三年时间就发展成为山东省著名的商业零售企业。由青岛百盛投资7.8亿元建设的百盛商业大厦，高54层，座落在青岛市繁华的商业中心，集购物、办公、居住、餐饮、娱乐、旅游观光为一体，是山东省著名的五A智能大厦。

地址：青岛市中山路44～60号

邮编：266001

服务热线：（0532）2021085

青岛海城建筑装潢材料批发市场

总经理：戴义成

该市场占地面积3.6万多平方米，建筑面积1.7万平方米，营业摊位600多个，仓库12个，从业人员1600多人。主要经营建筑装潢材料、五金化工、灯具等批发零售商品，达20多个门类、2万多个品种，是目前青岛市最大的综合性室内批发市场，来自全国20多个地区的成千商客云集于此，年商品交易额达5亿多元。被评为青岛市规范化管理达标市场、市场建设先进单位和安全单位。

市场将以更完善的服务，创造更加辉煌的业绩。

地址：青岛市敦化路95号
邮编：266034
电话：(0532) 5846868　5879741（总机）

市场布艺店

市场西大门

市场一角

青岛粮油进出口接运公司

该公司始建于1979年，系主营国家进出口粮油物资中转业务，并集仓储、加工、运输、租赁、文化市场、宾馆于一体的国有大型二档企业，拥有1.84亿斤的中央直属大型现代化的国家粮食储备库和配套齐全的铁路专用线等设施；为发展多元经济，还投资创建了良友大酒店和青岛市首家文化市场。公司曾荣获全国进口粮食工作先进单位，并连续荣获省、市粮食财贸系统经济效益最佳企业、文明单位等称号。

为扩大对外招商引资，本公司所属青岛市重庆南路146号场地（占地面积为1.3公顷）和青岛市城阳区棘洪滩镇的公司储备库10公顷空地均待开发，该公司真诚欢迎广大中外客商前来投资、合资、合作，共同开发项目。

现代化的中央直属国家大型粮食储备库

地址：青岛市宝山路5号
邮编：266011
电话：(0532) 2825275
传真：(0532) 2825275
法人代表：仲济凯

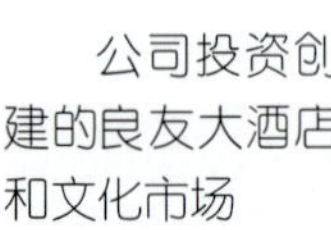
公司投资创建的良友大酒店和文化市场

青岛森淼实业有限公司

该公司是以现代生物技术的研究与开发为主业，集高技术产业开发、国际国内贸易、生产、服务于一体的高科技公司。

公司主要从事医药生物技术的产业开发。开发的项目有：转基因山羊乳腺生物反应器及其药物蛋白；从事海洋生物技术的产业开发。开发的项目有：从国外引进的可以工厂化生产的高营养环保型单细胞藻饵料，用于防治虾体白斑病，提高养殖虾成活率的药物白斑克。

公司在崂山北宅拥有6000多平方米的转基因动物实验基地，并建成了200平方米（包括细胞培养、显微操作和胚胎移植等项目）的实验室。现有科技人员15人，其中博士5人、硕士3人、研究员2人及国内外客座研究员5人。

公司将致力于现代生物技术的产业化开发与应用。不断的开发市场声急需的生物产品，使生物技术与产品不断地得到广泛应用。

董事长兼总经理：袁三平

中诚实验设备　生物实验室

转基山羊养殖基地

地址：青岛市龙江路38号
邮编：266003
电话：(0532)2798719　2793345
传真：(0532)2791867
E-mail:sales@samuels-intl.com
service@samuels-intl.com

青岛新兴集团公司

董事长：陈仕禄

海泊岸畔商贾聚
岛城新兴数风流

该公司占地面积40公顷，注册资金3818万元，固定资产超亿元；有下属18家中型企业组成，是集工业、商贸、宾馆、旅游、餐饮、娱乐、体育健身、房地产开发等为一体的综合性大型企业。

青岛新兴体育馆和新兴网球俱乐部是由本企业全体职工集资兴建的大型体育场馆。其中新兴体育馆建筑面积1万平方米，内设山东省内最大的保龄球场——基塔迷及羽毛球馆、乒乓球馆和青岛市第一家飞镖俱乐部；新兴网球俱乐部有网球场地6块，配有专职教练和陪练，室内网球场也即将竣工；新兴网球学校即将招生开课。新兴体育产业将以新的经营理念跨入新世纪。

山东省内最大的保龄球馆——基塔迷

青岛新兴网球俱乐部网球场

地址：青岛市台柳路6号
邮编：266033
电话：(0532) 5824156　5083846
董事长：陈仕禄
总经理：陈　琦

青岛星火纺机纺织集团股份有限公司

董事长、总裁：

副 总 裁：李景贵
总 经 理：李智扬
副总经理：田新典 刘洪全
王倩云 徐 峰

始建于1970年(前身是青岛胶南第四纺织机械厂)，1989年成立星火集团，现已发展为以生产纺织机械、装饰贴面板等产品为主的跨行业综合性集团，中国500家最大机械工业企业之一，国家二级企业。现拥有紧密层企业12家，职工1500多人，总资产3.18亿元，产品销往全国各地。其中青岛引春机械有限公司已发展成为目前国内最大的无梭织机生产厂家，年产喷水织机等产品可达7000台。星火工业园占地500亩，园内拥有现代化的厂房及有利的优惠政策和税收政策，可合资、合作和对外租赁。真诚的欢迎国内外客商来此投资建厂。

地址：胶南市王台镇
邮编：266425
电话：(0532)3131059 3131576
传真：(0532)3133960 3131060
http:www.chinaxinghuo.com
E—mail:qdxfjigs@public.qd.sd.cn

YCJA-190型喷气织机

获得的部分荣誉

公司办公楼

星火集团海滨工业园（效果图）

一流火力发电厂

国家电力公司

山东省富民兴鲁劳动奖状

先进单位

山东省总工会
2000年4月

思想政治工作

先进单位

中共青岛市委
青岛市人民政府
二〇〇〇年八月

青岛发电厂鸟瞰

地址：青岛市兴隆一路6号
邮编：266031
电话：(0532)3722112
传真：(0532)3725195
法人代表：王文琦

青岛发电厂

市委书记张惠来在厂长王文琦的陪同下视察该厂

加气混凝土砖项目填补了青岛市建材行业空白

300MW发电机组主控室

青岛海洋化工有限公司
青岛东岳泡花碱有限公司

青岛海洋化工有限公司总经理
青岛东岳泡花碱有限公司总经理：成群善

市委书记张惠来等市领导到该单位视察

青岛海洋化工有限公司是亚洲最大、国际知名的硅胶、硅溶胶系列产品生产企业，年产硅胶、硅溶胶产品4万吨。年销售收入为2.5亿元，年出口创汇1500万美元，被确定为国家大型企业、青岛市高新技术企业。

该公司成立于1999年3月，其前身是成立于1961年的青岛海洋化工厂和成立于1993年的青岛海洋化工集团公司。总资产3.2亿元，工程技术人员260人，是我国硅胶工业技术发源地。公司已有35年产品出口历史，是我国最早和出口量最大的硅胶、硅溶胶和硅酸盐生产制造商。公司于1993年荣获自营进出口权，设有省级企业技术中心，1996年在全国同行业中率先通过了ISO9002国际质量体系认证。海洋牌硅胶自1980年起连续三届荣获国家质量金奖，获省名牌产品称号。

地址：中国·青岛市沔阳路7号　邮编：266041
电话：(0532) 4633243　传真：(0532) 4613367
http://WWW.haiyangchem.com.cn
E—mail:info@haiyangchem.com
总经理：成群善

青岛东岳泡花碱有限公司,(原青岛泡花碱厂)是全国最大的硅酸钠生产企业。主要生产硅酸钠、硅酸钾、硅酸钾钠等产品，其中硅酸钠年生产能力达40万吨，硅酸钾钠2万吨，偏硅酸钠2万吨，年销售收入1.5亿元，出口创汇500万美元。

该公司享有自营进出口权，产品销往东南亚和欧美等20个国家和地区，并在同行业中率先通过了ISO9002质量体系认证。企业发展前景广阔。

地址：中国·青岛市兴国路25号
邮编：266041
电话：(0532) 4633381　4632514
传真：(0532) 4632094
E—mail:business@qssf.com
总经理：成群善

乡镇企业拥有总资产571.8亿元,增长12.79%。

外经外贸

全市新批准乡镇外商投资项目719个,合同外资11.4亿美元,实际利用外资4.8亿美元,分别增长72.5%、94%和60%,是本市乡镇企业对外开放以来利用外资最多的一年;合同外资超过500万美元的项目有77个,超过千万美元的项目有22个。乡镇企业出口交货值152亿元,增长26.9%,其中直接出口额126亿元,占出口总值的82.5%;出口产品类别主要有食品类、服装类、工艺品类、机械类、轻工类等;出口交货值超过亿元的企业有11家,青岛万德集团达到10.1亿元。

个体私营经济

全市乡镇个体私营企业143 345个,增加14 834个;个体私营企业职工835 359人,增加150 984人。全市乡镇个体私营企业完成总产值825亿元,完成增加值234亿元,分别增长36%和39.7%,分别占全市乡镇企业总数的64.4%和65.6%;完成利税总额58亿元,实交税金14亿元,分别增长34.5%和44.3%,分别占全市乡镇企业总数的61.6%和53.5%;完成出口交货值61亿元,增长60.5%,占全市乡镇企业出口额的40.1%,正进实业集团、佳元水产集团进入全市乡镇企业出口前10强。全市乡镇个体私营企业拥有资产总额272亿元,增长68.5亿元。

乡镇工业园区建设

制定和完善了村级工业园区规划。在探索多元化投融资渠道方面取得了实质性进展,许多乡镇相继采取了以土地换设施、企业包片开发、土地拍卖等融资方式。设立了重点小城镇建设专项资金,并将工业园区纳入专项资金的扶持范围。即墨市城南、胶州市营海、莱西市望城和青岛市市南区、城阳区流亭等工业园区被农业部评为全国示范工业园区。年内,全市乡镇工业园区完成基础设施建设投资4.8亿元,新引进"三资"项目180个,合同外资5.2亿美元,实际利用外资总额达到2.2亿美元,合同外资占全市乡镇"三资"项目总数的45.6%。截止年末,累计引进"三资"项目766个,合同外资20.6亿美元,实际利用外资总额达到9.8亿美元。

培植重点骨干企业

年内,选择了20家重点骨干企业进行扶持培植。与金融部门合作,签订了银企合作协议,争取在技改、新产品开发等方面给予资金支持,有18家企业获得了银行贷款。对重点骨干企业存在的"三乱"现象进行了清理。对14家农副产品加工出口"龙头"企业给予了专项资金支持。年内,重点骨干企业出现了近几年少有的发展形势,营业收入过亿元的企业达到了50家,其中过5亿元的6家、过10亿元的2家。

产权制度改革

年内,乡镇企业改制的核心是加快对改制难度较大的大型镇、村办企业的改制步伐和建立新机制。对大型镇办企业积极实行公司制改造,组建股份有限公司;对村办企业重点是解决企业改制后村级集体经济组织的利益问题。进一步完善了67家大型企业的法人治理结构,技术创新引起高度重视,部分企业对知识、技术、管理等重要生产要素参与分配进行了积极探索。全市乡镇企业改制工作基本完成,已实行股份制的企业有1 273家,股份合作制企业有3 680家,其他企业均实行了租赁、拍卖等形式的改制。

科技进步

年内,加强了对高新技术企业的报批和管理。新批准乡镇高新技术企业23家、企业技术中心5家,通过ISO9000认证的企业45家;加强了乡镇企业的技术职称评定,新评高级经济师、高级工程师106人,工程师、会计经济师576人;有2家企业获得全国优秀设备管理单位奖,有23家企业获省级设备管理二级标准企业。

(刘祝三)

农　业

·概　况·

主要经济技术指标

2000年,农村五市一区完成国内生产总值625.76亿元,比上年(下同)增长19.2%,比全市平均增长幅度高4个百分点,总量占全市的54.4%;实现地方财政收入20.71亿元,增长29.6%,城阳、胶南、胶州3个区、市增幅超过30%;全市农民人均收入3 637元,增长6.5%。

农业产业结构调整

不断优化农产品品种品质结构,加快发展畜牧、水产、蔬菜、林果、花卉五大优势产业,加大农业农村产业结构调整力度。全年粮经作物播种面积比由上年的6.5:3.5调整到6:4;畜牧、水产两业占农业总产值的比重提高了4.1个百分点,肉蛋奶总产量分别达到60.35万吨、37.4万吨和23.01万吨,分别增长10.8%、5.1%和23.2%;水产品总产量126.53万吨,增长9.0%。农村二、三产业快速发展,占国内生产总值的比重提高4.5个百分点,新吸纳富余劳动力10万多人。个体私营企业上缴税金增长30%以上,胶南、即墨、莱西3个市增幅超过50%。新发展高新技术企业19家,增长40%,总数达到67家。

招商引资

全市农村通过发展创汇型农业基地和龙头企业,开拓国内、国外两个市场,使外向型经济在市郊社会总产值中所占的比重已达到40%以上。五市一区合同利用外资16.2亿美元、实际利用外资6.81亿美元,分别增长69.4%和36%,分别占全市的60.2%和53.1%;城阳、胶南、胶州、即墨、莱西5市、区实际利用外资均超过1亿美元;实际引进内资31亿元,增长2.6倍;出口创汇33.5亿美元,增长34.8%。其中,农业合同利用外资超过1亿美元,实际利用外资5464美元,出口创汇8亿美元,分别增长11%、3.59%和37.2%;农村外贸出口依存度已达到44.8%.

农业园区及小城镇建设

全年高标准、高起点建设了9处市级重点农业园区,各类农业园区发展到81处,规划总面积达到82.7平方公里,其中胶南王台、莱西万福、平度蓼兰、即墨移风店、胶州李哥庄、城阳上马等一批农业园区达到省内一流水平。扩建新建了79处工业园区,新增商用和标准厂房面积207万平方米,胶州湾工业园、胶南海滨工业园、即墨服装工业园和胶南隐珠、胶州北关、即墨城南、平度南村、莱西李权庄、城阳青大等一批乡镇工业园呈现出强劲的发展势头。平度、莱西、即墨、胶州、胶南和城阳6市、区驻地和重点小城镇建设步伐全面加快,建成区面积增加37平方公里,城镇人口16.68万人,城市化水平提高2.5个百分点。胶州李哥庄,平度同和、南村,胶南隐珠、王台,城阳棘洪滩等一批重点小城镇建设水平有新的提高。

农村各项社会事业

年内,全市各部门、各行业积极为农村提供各种服务,有力地促进和保证了农村社会的协调发展。农村各市、区全面完成了市政府确定的工作目标任务,其中有4个市、区经济发展的七项指标达到突出贡献单位标准。农村信息化工作取得突破性发展,全市利用青岛农经网取得的经济效益累计1.3亿元,帮助农民增收9000余万元;利用网络信息达成的合资、合作项目56个,合同利用资金1.5亿元。

存在的主要困难和问题

1.农村经济深层次的结构性矛盾仍然突出,农民增收和财政增收的形势不容乐观;2.农产品附加值低,农业产业化经营水平亟待提高;3.第二、三产业发展还不够快,城乡二元结构不尽合理,严重影响农村经济和社会的发展。

(窦翠萍)

本市农村大力推广大棚种植,极大地丰富了市民的"菜篮子"。(隋以进/摄)

·种 植 业·

概 况

粮食　2000年,全市粮食作物播种面积45.06万公顷,比上年(下同)减少5.54万公顷,下降10.95%;总产量278.05万吨,减少55.06万吨,下降16.53%。其中,夏粮播种面积22.45万公顷,减少32.69万公顷,下降8.85%,总产135.34万吨,减少14.782万吨,下降9.85%;秋粮播种面积22.62万公顷,减少3.36万公顷,下降12.94%,总产142.7万吨,减少40.29万吨,下降22.02%。从作物划分,小麦单产402公斤,减少4公斤,下降1.01%,总产135.34万吨,减少14.78万吨,下降9.85%;玉米单产量450公斤,减少51公斤,减少10.12%,总产116.96万吨,减少33.02万吨,减少22.02%;大豆单产177公斤,减少30公斤,减少14.33%,总产7.67万吨,下降2.02万吨,减少20.85%;地瓜单产548公斤,增加5公斤,增长0.92%,总产15.42万吨,减少4.87万吨,下降4%。

经济作物　全市花生播种面积11.95万公顷,增加8500公顷,增长7.63%;单产298公斤,减少46公斤,下降13.38%;总产量53.42万吨,减少3.87万吨,下降6.76%。棉花播种面积1673.33公顷,减少1786.67公顷,下降51.64%;单产83公斤,增加12公斤;总产量2100吨,减少1600吨,下降43.24%。

果茶　全市果园总面积达到5.44万公顷。其中,苹果园2153.33公顷,占果园总面积的比重由上年的61.2%下降到59.5%;果品总产量65.16万吨,增加4.48万吨,增长7.38%。全市新建果园面积5933.33公顷。其中,葡萄3000公顷,桃1200公顷,梨800公顷,苹果400公顷,草霉266.67公顷,杏200公顷,樱桃66.67公顷。果树劣种改造2666.67公顷。新建苹果无公害生产基地200公顷,推广苹果套袋9.1亿个。

全市茶园总面积达到2686.67公顷,总产量333吨,其中新建茶园558.33公顷。在青岛市第二届优质绿茶评比暨包装展示会上,共有41只绿茶、8只保健茶及近200套茶叶包装参加了展示,对选送的82只茶叶样品进行了品评,共评出了特等茶7种、一等茶16种、二等茶18种。

病虫害防治和植物检疫

2000年为全市农作物病、虫、草、鼠害中等发生年,发生总面积229.78万公顷次,防治面积236.38万公顷次。全市共办理国外引种审批41批次,接受省植保站委托监测37批次。实施调运检疫2753批次。其中,种子525批次,153万公斤;苗木181批次,166万株;检疫应施检疫植物产品2047批次,1373万公斤。实施产地检疫2万公顷次,签证合格种子1.1亿公斤,苗木252万株。开展小麦腥黑穗、苹果绵蚜、美洲斑潜蝇等检疫调查13.8万公顷次。开展农药市场检查18次,抽查农药品种5587种,查处违法农药品种857种。全年印发病虫情报82期、2800多份。

农村能源

全市新建秸杆气化示范工程9处,新建“四位一体”(沼气池、养猪、大棚、种植)生态能源大棚321个;推广农村户用沼气池640个,太阳能热水器2万平方米,微型风力发电机组13台、3.1千瓦,省柴节煤炉灶1.85万户。1997年列入国家有关八部委“九五”农村能源综合建设市(县)的即墨市,所建的21个综合建设项目已全部通过国家专家组的鉴定验收。全市建成43处能了解本市基本农田保护区和农产品质量现状的市控点和国控点。全市共有9家企业、16种产品获得绿色食品认证。城阳区建设全国生态农业示范区(县)工作已启动。

平衡施肥

全年全市共实施平衡施肥技术面积35.33万公顷,推广秸秆还田面积33.33万公顷,推广商品有机肥施用面积6.67万公顷,各种叶面肥施用面积21.33万公顷。开展高吸水旱作小麦上的应用研究,建立示范基地153.33公顷,推广应用面积1.78万公顷。制定《青岛市耕地土壤监测实施方案》,建设了一批长期定位耕地监测点,完善全市土壤监测网络,对全市耕地实施系统、全面的质量监控和培肥改良。

农村经营管理

年内,全市农民实际承担“三提五统”总额4.61亿元,减少3388万元;农民人均负担96元,占1999年人均纯收入的2.6%,占1996年人均纯收入的3.73%。其中,五市农民人均负担103元,占1996年人均纯收入的4.1%。全市农民负担卡发放到户率达到98%以上。五市三区需进行土地延包的村5727个,其中已完成延包任务的5305个、已签订土地承包合同的5270个、已发放土地使用权证书的5207个。农村全面推行财务公开制度。全市90%以上的村成立了民主理财小组,健全了民主理财制度;95%以上的村普遍设立了“公开栏”、“公开墙”和“意见箱”,坚持定期公开财务收支情况。

农业科技教育

全市共实施重点农业科技推广项目20项,农业丰收计划项目36项,其中全国农牧渔业丰收计划项目5项、青岛市农业丰收计划项目31项。组织申报全国农牧渔业丰收计划项目5项,农业部“863”计划项目1项;组织申报市农业重大工程项目3项,市农业丰收计划项目118项,市科技计划项目36项,科技进步奖17项,部、省、市农业丰收奖38项。制定了《无公害蔬菜生产基地标准》、《无公害蔬菜田农药合理使用规范》、《无公害蔬菜农药残留及有毒有害物质限量》等三个标准(规范)。培训绿证学员13500多人,使全市绿证持有人数达到108400人,组织农业技术培训班10期,培训农技人员1200人次。组织20多个单位、80多名农业专家和业务人员,分赴五市和城阳区,开展了6次大规模的送科技下乡活动。向农民发放宣传材料37万份、科技书籍1.4万本;推广农作物蔬菜良种1.8万公斤;优质化肥10多吨、农药9000多公斤;接受农民科技咨询6.8万人次。

外经外贸

市农业局组织申报国家公派公费出国留学工作,已有5人获得国外留学资格,资助资金30万元。组团参加了2000年国际食品博览会、第九届国际园艺技术展览会、2000年高杨世界花卉博览会、全市农业引智产品博览会、第二届国际果蔬博览会,并获农业引智产品博览会第1名、果蔬博览会优秀奖。签订农产品进出口合同7000万元,合资合作项目意向3个。办理了10个团组、36人赴世界8个国家进行经贸和技术交流的出国手续。接待国外团组9批、32人。完成农业引进推广项目立项1个,国外培训立项1个。引进国外专家进行技术咨询和指导9次,共有600多人次的技术人员接受了培训。

农业新技术新成果引进与推广

全年共引进专、特、优、稀新品种200多个,建立了以各县域为中心的平度优质专用小麦、即墨特色甘薯、莱西豆类、胶州旱稻、胶南高效小杂粮、城阳特用玉米等各具特色的6处引繁基地。推广优质高产粮油作物10.72万公顷,其中小麦2.33万公顷,玉米5万公顷,花生3.39万公顷。推广设施蔬菜高效栽培4133.33公顷。在“青岛市新品种、新成果展评会”上,展出农产品140多个品种。其中,烟农15号小麦、黑小麦1号等11个粮油菜品种获得金奖,苑青牌加工系列糯玉米、黑小麦系列加工产品获名优品牌。《青岛市6.8万公顷玉米地膜覆盖及配套增产技术推广》获农业部丰收计划二等奖。《小麦高产650公斤配套技术研究与示范》获青岛市科委科技进步一等奖。

良种引进繁育及管理

从国内外引进小麦、玉米、花生、瓜菜等新品种300多份;安排小麦、玉米、花生、地瓜和大白菜等新品种区域实验和生产试验221组;办理《农作物杂交种生产许可证》5份,《自育、自繁种子生产许可证》2份,其他农作物生产许可证148份;吊销《农作物种子经营许可证》4个,缓检2个,责令停止经营活动的16个,查获伪劣玉米杂交种子3.8万公斤。对自繁和外地调入的玉米、小麦、蔬菜、瓜菜等作物种子进行了自检和复检,共

入,龙头企业迅速崛起,带动了畜牧业产业化经营向更高水平、更大规模发展。青岛雀巢有限公司、青岛奶业总公司、青岛开开加食品有限公司、青岛妙士生物工程公司等奶类加工龙头企业带动全市鲜奶加工10万吨;青岛正大有限公司、青岛九联集团、山东华丽食品公司等肉鸡加工龙头企业加工肉鸡5000多万只;青岛万福集团、青岛九联集团、青岛希杰食品有限公司、青岛波尼亚食品有限公司等企业,生猪加工能力达到200万头。全市畜产品加工总量达到50万吨,畜产品加工产值与畜牧业总产值之比可达0.5:1。产业化经营体系带动农户5万多户,全市畜牧业增加值的65%来自产业化经营体系。

示范园区建设

扶持建设一批高新技术、良种现代化、优质高效畜牧业、创汇畜牧业、生态畜牧业、工厂化养殖等方面的现代化示范园区。重点扶持建设了万福畜产品出口创汇、九联无药残肉鸡出口创汇、正大肉鸡出口创汇、胶南加拿大优质肉牛胚胎移植、莱西波尔山羊胚胎移植、崂山兴旺养殖公司现代化养鸡、恒生源生态畜牧业、胶南华青建安集团特色养殖、莱西优质牧草种植、胶州营海高效畜牧业等10个示范园区(基地)。其中,万福畜产品出口创汇示范园区通过了由院士和国内知名专家组成的高层专家论证,是国内较大的产业化示范园区之一,已建成1个1000头规模的祖代种猪场(全省最大、现代化程度较高),2个3000头规模的现代化父母代种猪场,1个年出栏10万头的工厂化商品猪场,年产优质饲料22万吨的2个饲料加工厂,1个年加工生猪72万头的现代化加工厂;营海高效畜牧业示范园区规划占地1.5平方公里,投资1000多万元进行了基础设施配套,园区内已经建成良种繁育、特色畜禽养殖、机械化奶牛基地等4个项目,总投资6000多万元、年屠宰加工50万头生猪的外资项目已经签约。以市奶业总公司为依托,建设了近郊高效奶牛产业化示范园区,已投资3000多万元,建设了国内一流水平的千头规模的现代化养牛示范场,并带动发展3000头规模的奶牛基地。

畜牧业科技创新

突出良种革命和高新技术开发应用。鼓励支持有实力的龙头企业瞄准国际市场需求,引进国际先进水平的优良畜禽品种20多个,进行示范和推广。其中,万福集团的英国康贝尔父母代种猪场已达5000头规模,九联集团的美国迪卡父母代种猪场已达4000头规模。开发应用畜牧业高新技术,在胚胎移植育种技术上取得了突破。胶南黄山镇引进加拿大高非牛、红安格斯牛胚胎200个进行胚胎移植,成功率达到48%,正在建设优质肉牛产业化基地;莱西波尔山羊繁育中心应用胚胎移植技术成功繁育波尔山羊200只,成为全省第二大波尔山羊良种繁育基地。市畜研所承担的市级畜禽良种繁育中心建设项目,已投入200多万元进行基础设施完善配套;奶牛胚胎移植产业化项目已经启动,从加拿大引进200个高产奶牛的胚胎进行胚胎移植,将以国外优质肉牛、奶牛、肉羊的胚胎移植为重点,逐步建立具有国内一流水平、高效率、高效益转化高新技术的推广、示范基地。

外向型畜牧业

引进香港总投资420万美元的生物饲料添加剂项目已经投产,是具有国际先进水平的高新技术项目;引进日本富士公司的调理食品加工项目,一期工程已到位600万美元;韩国海外农业开发公司独资建设的肉牛养加销一体化项目已经启动,一期工程总投资1200万美元,建设占地6.67公顷的饲料加工厂、6.67公顷的肉牛加工厂、5个1000头规模的育肥场,年养殖、加工肉牛3.6万头,是全省最大的肉牛加工项目,该公司投资260万美元的乡村俱乐部项目也已签约;引进国内最大的畜牧企业——中牧集团参与“大证券”战略,投资3000万元参与万通证券公司的增资扩股。全市肉鸡出口突破2万吨,增长50%;猪肉产品出口8000吨,增长30%以上;肉羊已经开始试出口台湾。

国家无规定动物疫病区建设

青岛市下辖的五个县级市和城阳区、崂山区、黄岛区都已经纳入了国家无规定动物疫病区建设规划。按照实施方案和建设规划,积极落实配套资金,无疫区建设保持了较快的进度和较高的质量。加强市、县、乡三级的动物防检和市、县两级的动物防疫监督及市级兽药管理的基础设施建设,进一步完善全市动物疫病诊断测报体系、动物疫病防制冷链体系、动物防疫监督体系和兽药监察体系;按照无疫区要求,全面加强防疫、检疫、疫病监测,重点疫病计划免疫和强制免疫密度、动物产地检疫率、定点屠宰场(点)屠宰检疫率都达到项目标准,并完成了重点动物疫病的普查和监测;加大兽医执法人员业务培训力度,技术人员业务技能基本达到中等专业技术水平;抓好基层防检体系建设,年内新完成了40处乡镇站的建设任务,使达到无疫区要求的乡镇站达113处,实现全市乡镇兽医站80%建设达标。

(李红兵)

·林　业·

概　况

2000年,全市共完成造林4500公顷,更新造林333公顷,疏林补植2520公顷,封山育林18200公顷,中幼林抚育26000公顷,改建完善农田林网23267公顷,四旁植树435万株,林业育苗1247公顷。争取国家债券500万元、贴息贷款2500万元,重点发展林木种苗、建设沿海防护林、扶持林业产业发展。

年内,市人大常委会审议通过了《青岛市全民义务植树条例》,规定本市18岁以上的公民每人每年应植树3~5棵或完成相当于2个工日的绿化劳动,为加速大环境绿化提供了法律保障。市政府先后5次召开有关林业的专题会议,提出了实施大环境绿化,尽快提高森林覆盖率,绿化青岛大地,建设生态城市的奋斗目标。

市林业局与新闻单位、有关部门联合组织开展了“林业宣传月”活动。其中,《青岛日报》以2个整版报道林业,青岛电视台先后播出5部林业专题片。植树节当天,全市有数十万干部群众参加了义务植树活动。协助中国野生动物保护协会在青开展了“世纪之年爱鸟护鸟南北行活动”,新华社、《人民日报》等20多家新闻单位参加,组织发稿30余篇。与团市委、青岛日报社、齐鲁电视台联合组织开展了“人人献出一点绿,西部建片青岛林”活动,发动社会各界捐款40多万元,计划在青海省龙羊峡造林面积200公顷。该活动被评为2000年本市精神文明建设10件好事之一。

林业生态体系建设

封山育林工程　针对现有荒山立地条件差、造林难度大的实际，年内开始启动了5.3万公顷封山育林工程，计划3年完成。已建设护林房225处、标志牌280处、界桩462处，基本完成封山育林1.33万公顷的年度计划。

平原绿化工程　重点抓了农田林网建设，新建1 347公顷，改建完善21 933公顷。有条件的地方坚持绿化与美化结合、用材树种与经济树种结合，既改善了农业生产条件，又增加了农民收入。

沿海防护林基干林带加宽补植工程　共完成造林193公顷。胶南市海防林基干林带城区段长6公里，建设宽度100米，栽植金丝柳、水杉等10万余株，使海防林成为防护和美化效果兼而有之的绿色屏障。即墨市建设高标准基干林带67公顷，栽植黑松、刺槐等12万株。

村镇绿化工程　全市完成村镇绿化500余处。位于城阳区"三化"示范区的银河路绿化工程建绿化带4.8公里，栽植樱花、月季等5万多株，铺草坪6 880平方米。

绿色通道工程　年内完成县乡以上公路绿化448.4公里，铁路绿化37.9公里，其中新建道路林带193公里。青威一级公路即墨段两侧绿化工程，建林带40.7公里，栽植银杏、黑松等16万株，补植完善农田林网5 333公顷。本市高等级公路、铁路绿色通道总长已达到962公里，居全省之首。

林业产业

特色林业基地开发　新发展经济林3 513公顷、用材林173公顷、花卉133公顷，一批具有区域特色的林业产业开始逐步显现。崂山区先后制定出台了茶叶生产管理、加工技术、包装等级划分3个地方标准规范，茶叶种植面积达到400公顷，年产量超过100吨。胶州市沿境内4条主要河流发展速生丰产林，已栽植速生杨、柳等180余万株。全市花卉种植面积已发展到933公顷，切花菊等产品开始批量出口日本。

林业园区开发　新建林业园区17处、面积353公顷，全市林业园区已达到70处、面积1 385公顷。胶南市计划用3年时间建成全国一流的精品园，已引进优良林果品种43个，栽植乌克兰大樱桃等35公顷，223个林果大棚全部采用滴灌技术。城阳区已形成杜仲、大枣、茶叶、花卉、杂果等8个过千亩的林业园区。

林产品加工开发　着力扶持林产品加工龙头企业。全市"十大农业精品工程"之一的青岛崂青杜仲茶厂年内产杜仲茶2万公斤，完成产值500万元。胶州市铺集镇河滩丰产林达到1 000公顷，建立了13个木材加工企业，年创利税500余万元；木材批发市场交易额过亿元，已成为胶东半岛最大的木材集散地之一。

生态观光林业开发　黄岛区规划了10平方公里的珠山风景区，实行封山育林、疏林补植，森林覆盖率达到70%，并建设了多处景点，通过了国家森林风景资源评价委员会的审议，成为本市第三处国家级森林公园。

森林资源保护管理

林业执法　共查处破坏林业资源案件71起，依法刑事处罚3人，治安处罚18人，林业行政处罚64人。开展"野生动物保护法律法规执行年"活动。检查集贸市场、酒店、车站机场和饲养场180处(次)；上山清理网鸟行动360次；查处违法经营野生动物业户20多家；破获"11.23"特大非法运输野生动物案，查获国家一级保护动物蟒9条、巨蜥21条。严格林地管理，依法办理建设工程征占用林地的手续。

林业基础性工作　针对现有森林资源基础不清的问题，组织465名调查人员历时8个多月，开展了新一轮森林资源清查工作。先后调查各类小班近10万个，基本摸清了本市森林资源现状，为今后林业发展提供了科学详实的第一手资料。开展林权登记发证工作，受理林权登记申请8万余份。

护林防火　全市新建护林防火了望台10处，新增风力灭火机385台，建设防火隔离带120.8公里，出动扑火兵力1.06万人次，杜绝了较大森林火灾的发生。崂山微波林火监控二期工程竣工，监控面积已覆盖崂山的60%。开工建设了崂山林火阻隔网络体系。在"4·8"崂山森林火灾中，军警民行动迅速，及时将山火扑灭。

林木病虫害防治　年内本市林木病虫害发生面积55 840公顷，发生率22.5%；投入防治用工1.8万个，有效防治面积39 647公顷，防治率达到71%；虫情监测率达到87.4%；产地检疫率达到98.4%。集中力量对济青高速公路等8条高等级公路两侧的297公里杨树林带及其外延1公里范围内的林网实施治理工程，林带完好率达到98.9%。新建森林防治检疫标准站2处、无检疫对象苗圃2处。

机制创新

针对制约林业发展的突出问题，在全市林业系统组织开展了调研月活动。总结推广各类典型20多个，使各项工作做到学有目标、赶有榜样，推动了工作的开展。深化产权制度改革。全市已有承包山林大户166个，面积4 000公顷；拍卖林地使用权2 240公顷，林网和四旁树木5.8万株；股份合作1 252家，面积504公顷。即墨市政府召开山海推介会，吸引社会资金开发山林资源，已拍卖、租赁荒山400公顷，引进青岛、烟台等地24个客户，投资650多万元。加强基层林业站规范化建设。向林农提供业务指导和技术服务，已有83个单位办科技示范基地187公顷。

林业科技

全市新引进林木、花卉优良品种(品系)38个，造林良种使用率达到87%，比上年增加4个百分点。针对现有杨树品系混杂、生长量下降的现状，市林业局从北京林业大学新引进了优良用材林树种——三倍体毛白杨，实行定点育苗，在即墨、胶州、胶南建立了3处示范基地，面积73公顷，造林成活率达到99%。全市育苗面积已达到1 360公顷。市林业中心苗圃与北京林业大学合作建立了北京林业大学青岛实验基地，苗圃面积已发展到33公顷，引进林木良种29个，繁育60余万株，成为展示林木优良种苗的示范窗口。针对春旱，在林业重点工程中推广高分子吸水树脂造林技术，使用面积330公顷，造林平均成活率达到95%以上。春秋两季开展鸟类环志科研，环志总量1.57万只，在全国各环志站点中居前列，《1999年山东半岛猛禽迁徙环志研究》一文在亚洲猛禽研究会年会上作了书面交流。

（王　涛）

·水　　利·

概　况

2000年,全市共完成各类水利工程12750处,完成土石方7570万立方米,完成投资6.08亿元,增加拦蓄水能力1700万立方米,增加灌溉面积7066.67公顷,恢复改善灌溉面积3万公顷,增加节水灌溉面积8253.33公顷;加固堤防85公里,疏浚河道178公里;股份制合作建设水利工程300处,承包、拍卖、租赁小型水利工程5300处。

水政执法　完成了《青岛市实施〈中华人民共和国防洪法〉的若干规定》、《青岛市乡镇供水管理办法》的起草工作。依法查处了莱西市高格庄水库倾倒建筑垃圾案、大沽河非法采砂案等水事违法案件72起。

水资源统一管理　完成了《21世纪青岛市水资源可持续利用规划》、《青岛市水资源可持续利用研究》、《青岛市水功能区划》、《青岛市水质监测规划》、《青岛市水资源通报(1999年)》。其中,《青岛市水资源可持续利用研究》经市科委组织的专家评审,认定达到国际同类研究的领先水平。全市完成取水年审7837户,对取水许可注重普及取水计量设施和用水统计报表制度,全市今年共推广安装L3计时器68只。全市收取水资源费1100万元。

全市水利经济总收入达到7.5亿元,完成利税6500万元。

年内,本市被水利部命名为"全国节水增产示范市",被水利部、财政部命名为"全国水土保持生态环境建设示范城市";市水利局被评为青岛市精神文明建设单位标兵。

防汛抗旱

雨情、水情、灾情　1～9月,全市平均累计降雨493.8毫米,比上年同期减少41毫米,比历年同期减少144.8毫米。汛期(6～9月)平均降雨408.9毫米,比上年同期减少19.1毫米。截止9月底,全市各类水利工程共蓄水3.36亿立方米,其中大中型水库蓄水2.09亿立方米,小型水库、塘坝、拦河闸蓄水1.27亿立方米。8月29日前,全市各大中小河道干涸,全市旱情十分严重。

副市长于冲(中)视察即墨市移风店镇人畜用水工程　(市府调研室供稿)

8月29日～9月1日,受12号台风影响,全市普降中到大雨,局部地区大暴雨、特大暴雨,并伴有严重的风暴潮现象。降雨主要集中在本市东南部,暴雨中心位于胶南市南麓和即墨市东部沿海,莱西、平度等地降雨较少;全市累计平均降雨105.1毫米,其中全市有9个乡镇降雨超过200毫米;造成胶南市2座中型水库、80座小型水库溢洪;海上风暴潮最高潮水位536厘米,超警戒水位11厘米,超过25年一遇的标准。此次降雨给全市工农业生产和人民群众安全造成很大损失。据不完全统计,全市有27处乡镇、街道办事处受灾,受灾人口44万人,成灾人口27万人;直接经济损失2.36亿元,其中农林牧渔业损失1.5亿元、工业交通运输业损失4000万元、水利设施损失4600万元;市区沿海一带遭受风暴潮袭击,有1公里堤坝遭毁坏,部分路面遭破坏,部分绿地受海水浸淹,100余盏路灯被海浪损坏,澳门路、东海路、南海路等路段因受海水冲击导致交通中断。

防汛工作　1.严格落实防汛责任制。召开了全市防汛暨水利工作会议,市政府与各市(区)政府、重点防汛单位签订防汛责任状。市防汛抗旱指挥部办公室(下称市防办)制订发布了大中型河道、水库包工程负责人和委派技术负责人的通知,就大沽河、24座大中型水库的防汛安全问题下达了包河道、包水库任务书。市防办成立了工程技术、物资供应、通讯联络、后勤保障和信息报道5个工作小组,具体分工负责汛期防汛日常工作。2.增加投入,加快度汛工程建设。投资近1.7亿元,重点进行了大中小型病险水库除险加固、大沽河综合治理、洋河综合治理、桃源河综合治理、海堤建设和加固等5大防洪工程建设。3.完善各项防汛"软件"建设,加快防汛工作规范化进程。建成了市防汛抗旱指挥部(下称市防指)指挥调度中心和大沽河防汛指挥中心,在市及各市(区)、大沽河完善续建了大屏幕卫星云图接收系统,编制修订并印发了《青岛市洪水灾害应急预案》、《青岛市防台风暴潮工作预案》、《大沽河调度规程》、《大沽河防洪规划》。4.强化防汛工程安全检查和防汛准备。市防办及各市(区)防办组织对全市大中型水库、河道工程进行检查、复查,对查出的工程隐患分门别类登记在册,逐项研究解决;对全市防汛物资、料物进行了更新。5.重点抓好抢险救灾工作。在台风到来之前,省、市气象、海洋部门及时、准确地进行了预报,为全市各行各业做好防台风抢险救灾工作创造了条件。8月29日,市防指先后发出了《关于加强汛期值班的紧急通知》、《关于加强防范12号台风和风暴潮的紧急通知》,并召开紧急会议,研究部署防御台风和抗洪救灾工作,市长王家瑞,副市长于冲、杨军到会进行部署,密切关注雨情、水情、灾情;青岛电视台、青岛人民广播电台向全市人民发出了《青岛市人民政府关于做好防台风和风暴潮的紧急通知》;各市、区都进入防汛实战阶段。胶南市发生灾情后,各级领导果断决策、指挥,组织展开生产自救;水利、民政、水产、卫生、畜牧、公安等部门都派出人员进行救灾指导;青岛警备区排出部队抢险救灾。

抗旱工作　2000年是本市特大干旱年份,降雨少且分布不均,干旱持续时间长。干旱期间,全市农作物受旱面积51.11万公顷,占作物播种面积的49%,其中重旱面积25.93万公顷、干枯4万公顷;有356户、229万人,3.87万头大牲畜饮水发生了困难,部分村庄还发生了严重的水荒。旱情造成本市粮食损失46.17万吨,经济作物损失8.05亿元,工业经济损失2.1亿元。抗旱期间,编制了《青岛市抗旱应急预案》、《青岛市城市供水水源现状分析及对策》、《青岛市城市供水应急调度方案》,实行了水源调度令,统一调度、合理配置、管理全市水资源;以解决农村人畜吃水困难为重点,建设应急吃水工程,千方百计挖掘水源,进行抗旱自救工作;争取国家抗旱资金100万元。全市投入抗旱劳力65余万人,投入抗旱水利工程5万多项,投入运水车辆3300多辆,投入抗旱资金6720多万元,浇灌作物27.33万公顷,应急打井1500眼,临时解决8.1万人的吃水困难。据统计,经抗旱挽回工业经济损失26.72亿元,挽回作物经济损失12.56亿元。

重点水利工程建设

水库除险加固保安全工程　全市水库除险加固保安全工程全年总投资2536万元。其中,投资300万元,完成产芝水库1.5万平方米大坝护坡工程;投资836万元,完成吉利河水库大坝护坡、新建溢洪闸和放水洞工程;投资1400万元,完成了76座小型水库的除险加固工程,超计划完成6座。至此,本市23座大中型水库除险加固工程已基本完工。

河道综合治理工程　大沽河综合治理工程。主要完成草皮护坡10万平方米、防渗2公里、大堤灌浆25公里、裁滩5公里、护险12.8公里,建成了姜家庄拦水闸;投资5035万元。洋河综合治理工程。完成建筑物17处、土方247万方、石方3万方、混凝土0.38万方;总投资4289万元。投资300万元,完成了桃源河综合治理工程。

海堤建设和加固工程　投资4500万元,安排了崂山、即墨、胶南、城阳等区、市8公里海堤建设和加固工程。

节水灌溉工程　全市共发展各类节水灌溉面积8253.33公顷。其中,发展各类高标准节水灌溉面积2000公顷,包括在即墨、胶州、平度、胶南、莱西建设发展国家级节水示范园,在城阳、崂山、黄岛建设市级高效示范园。重点抓好利用世界银行贷款1000万美元发展节水灌溉工程前期工作。完成了可行性研究报告和实施计划,通过了世行和国家项目办的正式评估,7月赴美国与世行签署了项目、贷款协议,项目采购等前期准备工作正在进行。安排了产芝、尹府2座大中型水库的灌区配套和技术改造工程,工程总投资3000万元,浆砌防渗渠道24.94公里,改建拦河闸1座。

农村人畜吃水工程

完成了市政府确定重点要办好的12件大事之一——20处乡镇集中供水和100个村的人畜吃水工程。该工程总投资6099万元。其中,20处乡镇集中供水工程投资4931万元,完成土石方78万立方米;100个村的人畜吃水工程投资1168万元,完成土石方120万立方米。至此,本市150处乡镇驻地已全部实现自来水化。

水土保持工作

全市治理水土流失面积70平方公里,建设水平梯田866.67公顷、水土保持林1466.67公顷、经济林2733.33公顷,修环山路160公里,投入工日380万个,完成土石方600万立方米。重点完成了全市17个水土保持项目的小流域治理工程,总投资1360万元。全年有6条小流域通过了水利部、财政部的验收。本市已累计有国家级水土保持示范小流域9条。水土保持监督管理逐步走向规范化。全市审批水土保持方案180份。全市征收水土保持设施补偿费、水土流失防治费"两费"641万元。

（曲安刚）

·农机管理·

概　　况

到2000年底,全市农机总值达到25.5亿元,比1995年(下同)增长83.4%;农业机械总动力达到459.21万千瓦,增长58.77%;农用拖拉机保有量达到126981台,增长125.18%;各类机引配套机具204327台,增长102.34%;全市联合收割机5161台,增加4988台;全市完成机耕地面积44万公顷,提高1.1%;完成机播面积34.61万公顷,提高27.52%;完成机收439.18万公顷,提高17%,其中小麦联合收获面积达到313.42万公顷,占小麦种植面积的85.15%,小麦生产基本实现了全过程机械化。

2000年全市农业机械拥有量

项　　目	台、辆 亿元	千瓦	比上年±%
总动力	4592065		11.61
其中:			
农产品加工机械	78789	604153	33.26
排灌机械	182646	1082572	12.53
渔业机械	10443	202685	
柴油机	129316	1026664	6.66
其中:排灌用	100802	757476	
电动机	132119	660061	0.12
其中:排灌用	81844	325096	
汽油机	7056	13610	31.75
农用拖拉机	126981	1253210	20.1
其中:大中型	12342	383950	13.33
农用汽车	9613	421266	2.67
农用运输车	83917	844232	16.31
其中:三轮运输车	73689	641832	13.96
机引田间作业机械	204327		18.27
其中:大中型	33029		7.93
联合收获机	5161	93791	19.61
农机总值	25.50		4.25
农机净值	19.71		11.42

2000年全市农业机械化作业情况

项　　目	作业量 (万公顷)	比上年±%
机耕地面积	44.00	-0.24
机耕作业面积	55.19	-0.95
其中:深耕	26.73	-3.97
机播面积	34.65	-14.34
机收面积	29.28	2.24
机械植保面积	12.12	-10.98
机械铺膜面积	5.35	81.61
精少量播种面积	18.41	-4.10
旱沟麦播种面积	2.66	-30.77
化肥机械深施面积	13.57	45.85
秸秆粉碎还田面积	6.06	16.19
机械脱粒粮食量(万吨)	345.98	1.52
农机经营总收入(亿元)	21.41	55.03

成立了青岛市农机行政复议办公室,下发了《青岛市农机局关于行政复议工作的有关规定》、《青岛市农机局关于农机行政处罚听证程序的有关规定》、《关于实行行政执法情况统计制度的通知》;出台了《青岛市人民政府关于加强联合收割机跨区作业管理的通告》;编制了行政执法责任制,进行了行政审批制度改革,落实了所有行政审批事项,组织了2期法制培训班。

全年全市拖拉机挂牌14463副,完成全年任务的341%,拖拉机管理在册数首次突破10万台;联合收割机挂牌1381副,挂牌数达到32%以上,走在全省前列。全市拖拉机驾驶员在册数达到75075人,比上年(下同)增长13.16%。全市拖拉机和驾驶员年检年审率达到90%以上,年审农机维修点874个,占应审数的95.6%;年审配件销售点284个,占应审数的98.3%;年审维修工1095人,占应审数的98.6%。

在全市农机执法系统组织开展了创"文明监理、优质服务"示范窗口活动。平度市农机安全监理站被农业部评为部级"文明监理、优质服务"示范窗口单位。

年内,全市共发生农机事故10起,其中重大事故2起、一般事故8起,死亡2人,重伤3人,造成直接经济损失达10.6万元。

农机社会化服务

实施"十百千"(在全市发展农业机械化较强的乡镇10个、村庄100个、农户1000个)典型带动计划。截止年底,全市共有10个乡镇、208个村、493个农机大户初步达到了"十百千"计划所制定的标准。

截止年末,全市34个贫困乡镇农机管理服务站基本脱贫,实现了管理、经营、服务一体化。

培育农机服务龙头组织。市农机局确立了市(区)级3个、乡镇级7个重点培育单位,全市共发展不同服务内容的龙头服务组织10多个。

推进经营机制的改革。总结推广了平度市推进农机产权制度改革的经验,截止年底,全市60%以上的乡镇农机管理服务站站办实体进行了合作制、股份合作制或其他形式的改制。

抓好农机作业服务组织建设。全市10%的乡镇农机管理服务站已成立作业服务队,成为农业生产和跨区作业的一支重要的龙头带动服务组织。

年内,全市共培训各类农机人员4万多人次,其中新训拖拉机驾驶员13928人,创历史最高记录。全市组织参加"三夏"跨省、地、市作业的小麦联合收割机达到2788台,完成跨区机收面积7.45万公顷,分别增长21.2%和40%;组织参加"三秋"跨区作业的大中型农业机械达到5154台,完成跨区作业面积6.8万公顷,分别增加2632台和2.53万公顷。跨区作业的范围由省内为主拓展到南方和北方地区,作业项目也由收获小麦为主拓展到收获玉米、大豆和秸秆还田等。

农机化科技推广

继续实施"3316计划"(力争用3年左右的时间发展3000台玉米播种机械、1000台秸秆还田机械、600台玉米联合收获机)。年内,全市共推广玉米播种机械1274台,保有量达到7038台,完成玉米机播8.3万公顷,占玉米播种面积的50%以上;推广花生播种机1110余台,保有量达到3876台,完成花生机播2万多公顷;推广玉米联合收获机91台,玉米联合收获面积达到1万多公顷。同时,把设施农业机械的发展列入了农机推广工作的重点,全市共推广具有旋耕、喷灌、除草、收割、碎土、培土、喷药、运输等多功能的田园管理机械2450多台。全市农业机械化科技示范园的规模由1999年的10.67公顷扩大到40公顷,拥有价值70万元的玉米联合收获机、小麦联合收割机、大型拖拉机等农业机械24台件。投资30万元,建起了设施农业大棚6个。

(华正远)

国内贸易

·概　　况·

2000年,全市共有财贸企业1252户。其中,市属企业309户,各市(区)属企业943户。全系统共有职工10万人。市属限额以上财贸企业完成销售收入63.4亿元,比上年(下同)增长3.7%;实现利润1.06亿元,增长77.1%。财贸大中型企业亏损面由33.8%降至12.8%;亏损企业亏损额下降38%。

全年消费品市场平稳趋升,全市实现社会消费品零售额307.7亿元,增长13.8%。按城乡分,城市消费品零售额236.2亿元,增长13.82%;县以下消费品零售额71.5亿元,增长11.81%。按经济类型分,国有及国有控股企业实现74.8亿元;个体经济实现104.4亿元,增长11.19%,私营经济实现47.2亿元,增长21.8%。按行业分,批发零售贸易业实现223.9亿元,增长14.78%;餐饮业实现27.9亿元,增长23.04%。按用途分,吃的商品实现129.9亿元,穿的商品实现54.9亿元,用的商品实现122.9亿元,分别增长了13.52%、15.34%和13.48%。

开拓市场,扩大消费

引导消费　市财委围绕市场热点制定了开拓市场意见;组织指导商贸流通企业以"龙年购物在青岛"活动为主线,开拓节日市场,假日消费对市场的拉动作用得到充分显现。全年实现社会消费品零售增幅为13.8%,列全国15个副省级城市第3位。会同有关部门制订了发展消费信贷意见,拓展了信贷消费这一新兴消费领域,截止年底,全市信贷消费余额实现70.1亿元,比年初新增56亿元,居全省首位。

餐饮市场　全市8处小吃街全部建成并开业,其中云霄路小吃街已发展成为全国知名特色餐饮一条街。"大众筵席"活动发展迅速,全市100家餐饮企业推出"大众筵席"1.5万桌,营业额突破500万元。实施"便民早点工程",101家便民早点营业店挂牌营业。第一届青岛海洋节期间,市财委承办了"海洋美食节"活动,成功地举办了"海鲜烹饪技术大赛",评出了青岛10大海鲜名菜和20个青岛海鲜优秀菜,参展企业的营业额增长了20~30%。正式启动"家庭厨房工程",不断充实大众宴席活动内容,推出首批77个地方名优菜点,初步确立了"青岛菜"风格。成功地举办了全国首届中餐服务师巡演活动，被国家内贸局评为全国餐饮工作先进典型。全年餐饮消费共实现社会消费品零售额27.9亿元，增长23%，增幅居各行业的首位。

农村市场　对全市十大贸工农一体化企业予以重点扶持，发展了2000多个村级综合服务站，引导市区零售商业下伸网点完善销售网络，实现了农副产品市场和农村消费品市场的“双向”开拓。青岛利群股份有限公司、青岛东方贸易大厦股份有限公司、青岛海滨食品股份有限公司等一批流通企业发挥名店效应，开拓农村市场成效明显，市内大型零售企业在农村开设的分店已达到7处。全市县以下社会消费品零售额实现71.5亿元，增长11.81%。

零售业态　全年吸引5家世界500强企业和著名跨国公司投资青岛流通业，促进了本市现代商业迅速发展。年内新增单体营业面积3000平方米以上商业零售设施19.3万平方米，相当于1999年以前面积总和的49%，在全省率先基本实现了零售行业产业层次提升。商业零售业态日趋完善，大型综合超市、购物中心成为本市最具增长力的经营业态。市内四区大型综合超市、购物中心已达16处。

连锁经营　积极推动连锁企业向规模化、规范化方向发展。全市共新增各类连锁门店191处，连锁门店总数达到796处，增长31.6%；连锁企业实现销售收入25.8亿元，增长39.5%。连锁经营领域涉及食品、百货、蔬菜副食品、餐饮、医药、洗染等16个业种，青岛利群股份有限公司、崂山百货大楼股份有限公司、青岛第一百盛有限公司、大成超市等连锁企业积极引进计算机管理网络，提高了经营管理水平。

国合流通企业改革调整

经济运行　市属限额以上财贸企业实现利润1.06亿元，增长77.1%，为近5年最好水平；出口创汇、实际利用外资分别达到1851万美元和355万美元，均超额完成年度目标；国有及国有控股大中型企业亏损面下降到12.8%，亏损企业亏损额减少38%。

企业改革　积极推进企业产权制度改革，加快国有资本从竞争性领域的退出步伐。市属266户财贸企业中，203户市属企业改制为股份有限公司、有限责任公司和股份合作制企业，占企业总数的76%。96户企业全部退出国有资本，占市属企业的36%。其中，市商业总公司已从洗浴、照相、美容美发三个行业中整体退出了国有资本。青岛国货(集团)股份有限公司和青岛东方贸易大厦股份有限公司2户上市公司大幅度减持国有股份实施资产重组方案已经市政府批准上报。

充满“年味”的农村集市　(隋以进/摄)

经济结构调整　以企业组织、所有制、资本和经营结构为重点的全市流通领域结构调整、重组步伐不断加快，不断提高了财贸企业组织化、规模化程度。青岛利群股份有限公司、崂山百货大楼股份有限公司等一批大型商贸企业集团发展迅速，其中利群集团年销售额已突破10亿元，增长53.8%。支持流通企业根据市场和消费需求发展专业化特色经营。引导优势企业走出传统产业，在信息产业等高科技领域进行了尝试。

扭亏解困　协调金融部门帮助剥离企业不良资产1亿多元，为20户困难企业争取政府救助金124万元，解决了685名职工医药费拖欠问题。市物资总公司已摆脱连续5年亏损的局面，实现全行业整体扭亏为盈。把优化资本结构与优化劳动力配置结合起来，引导企业创造就业岗位，切实做好下岗职工再就业工作。年内，财贸系统共安置下岗职工1521人，安置率达到54.4%。

招商引资　东泰佳世客市北购物中心、德国麦德龙开业，德国欧倍德、法国普美德斯和美国普尔斯玛特已确定在本市建设建材超市或大型综合超市，与美国沃尔玛和台湾润泰集团的联系也取得实质性进展。通过大力实施安商富商工程，已开办的中外合资合作企业普遍运行良好，合资零售企业零售额已占全市社会消费品零售总额的5%，增加近2个百分点。

科技兴贸　积极支持引导流通产业改造传统营销方式，以“进销分离、单品管理”为基本特征的现代商业管埋模式正逐步为企业所掌握。青岛利群股份有限公司、崂山百货大楼股份有限公司等重点企业已建成较完备的前台POS和后台MIS系统，并初步实现总部、配送中心与分店间的联网。总投资5000万元的青岛商贸网建设项目正式签约，该项目将推动本市流通领域通过建立大型电子商务平台，发展信息发布、产品展示、平台扩展、电子交易及在线支付服务。

(市财委)

·商业·饮食服务业·

市商业总公司系统

2000年末，市商业总公司(下称总公司)所辖企业123户，职工19082人。全系统拥有固定资产原值15.9亿元，净值12.5亿元。全系统实现营销总额42.9亿元，比上年(下同)增长3.89%；商品总销售实现37.2亿元，增长5.4%；商办工业销售收入实现4.46亿元，增长26.9%；饮食服务业销售收入实现1.3

集团公司7户,累计达43户。雇工100人以上的90户,其中雇工500人以上的11户。销售收入过亿元的27户,过2亿元的5户,过3亿元的2户。全市科技型私营企业达到838户,其中经市科委认定的高新技术企业46户。外向型私营企业达到716户,其中拥有自营进出口权的74户,比上年底增加44户。

经济作用

全市个体私营经济实现增加值206亿元,增长37.3%,占全市国内生产总值的18%,提高3个百分点;实现税收12.3亿元,增长43.53%,超年初目标10.9个百分点;共有156家私营企业通过租赁、参股、控股、买断等多种形式参与公有制企业改制,安置下岗失业职工10222人。

经济结构

围绕农业结构调整,个体私营企业纷纷向农产品加工、种植、养殖业发展,积极引进国内外先进技术,提升自身水平,并催生出专门为农服务的专业合作社、专业技术协会等中介组织。在工业领域,本市个体私营企业不断加大技术改造力度,提高技术装备水平,增强产品附加值和市场竞争力。新兴第三产业得到迅速发展,出现了一批专门从事社区、生产、中介信息服务的个体私营业者,新兴第三产业的比例已由上年底的2.2%上升到2.4%。

·发展环境·

组织领导

市委、市政府把发展个体私营经济作为主的非公有制经济作为与经济国际化、高新技术产业化、城市化进程并重的四大战略之一。年初,市委书记张惠来到市工商局调研个体私营经济发展情况,并率团到浙江、深圳考察当地个体私营经济发展情况,学习先进地区的发展经验。5月,市政协主席胡延森带领部分私营企业到浙江台州、温州等地考察当地大型私营企业。

全年市委常委会和市长办公会先后各2次研究解决个体私营经济发展中的问题;市委书记张惠来,副省长、代理市长杜世成等市领导先后4次专门听取本市个体私营经济发展情况汇报,提出工作要求。4月,市委、市政府召开全市个体私营经济工作会议,总结工作,部署任务,表彰了"十佳"、"百强"私营企业和优秀个体工商户。《青岛日报》对获"十佳"称号的私营企业分别在头版进行了连续报道。10月初,市委、市政府又召开青岛市历史上规模最大、规格最高的全市促进个体私营经济快速健康发展工作会议。经市委、市政府决定,市政府专门成立了市长任组长,分管市领导任副组长,32个职能部门参加的个体私营经济工作领导小组,并建立完善了市、区(市)两级个体私营经济发展联席会议制度。副市长张锐主持召开了2次联席会议,协调解决发展中的重大问题。

本市党政主要领导同受到表彰的"十佳"、"百强"个体、私营企业和个体工商户合影留念 (市工商局供稿)

市委、市政府出台了《关于大力发展个体经济和私营经济的通知》,支持和鼓励私营企业发展,加强个体私营经济工作领导。各级工商部门运用现有的12315网络,建立投诉举报中心,方便个体私营业户投诉。全年共受理个私业户来信来访449件,依法保护其合法权益。

强化服务

强化服务意识,规范服务程序 市工商局党委成员建立了与"十佳"私营企业联系点制度,定期到企业走访。各工商分局协调有关部门,实行登记注册"一门式"办公、"一站式"服务,成立面向私营企业的财务咨询中心、信息服务中心。市工商局、工商联、个私局积极协调各商业银行和地方金融机构调整信贷服务重点,把个体私营企业作为基本客户群,与一批骨干私营企业建立了相对稳定的客户关系,逐步提高其所占信贷总量的比重。市外办进一步简化了私营企业办理因公出国手续的审批程序,全年为个体私营业户办理因公出国62批(次)、120人(次)。市外经贸委主动调研私营企业在外经外贸方面存在的问题,同时对全市有自营进出口权和承担出口供货任务的私营企业负责人和业务骨干进行了外经贸知识培训。市物价局继续在全市实行收费登记卡制度。市经委帮助个体私营企业参与国有企业改革,提供拟改制公有制企业名单,为其牵线搭桥。市体改委帮助私营企业进行股份制改造。市工商局、工商联、个私局联合进行调研,并编写了《全国部分上规模非公有制企业名录》,为全市招商引资提供指导。各区、市政府立足实际,把发展个体私营经济与增强和完善城市服务功能结合起来,引导个体私营企业积极参与社区建设,不断开发新的服务项目,重点培育发展了一批小商品街、小吃街,涌现出云霄路中苑美食街、湛山美食街和小吃夜市等一批特色小吃、风味小吃街。

加快个体私营经济园区建设 把发展个体私营经济同推进农村城市化进程

结合起来，积极引导个体户和私营企业进入园区经营。青岛民营（私营）工业园、城阳古庙头工业园和莱西绕岭、店埠、姜山民营经济园等10余个个体私营经济园区相继加大了投入，先后投资3亿多元，完善基础设施配套，增强了吸引力。全市个体私营经济园区已有92处，2097多家私营企业入园经营。

促进专业市场、专业村镇建设　全市各类专业批发市场总数达到866处；个体私营经济专业村达到353个，专业镇11个，出现了如即墨的“皮鞋镇”、“针织镇”，胶州的“粉条村”、“辣椒村”等一批专业村镇，促进了区域经济发展。

加强引导

建立现代企业制度　鼓励和引导个私企业从个体业主制、合伙制，逐步转向公司制、股份合作制和股份制。青岛红领集团分别设立了青岛红领制衣股份有限公司和红领服饰发展有限公司，进一步加快了与国际服装业运营机制接轨的步伐。鼓励和支持个私企业通过资本市场筹集资金，建立多元化的投融资渠道，红领股份有限公司正积极筹措上市，金王集团、创统科技、德意利机械、东方铁塔等私营企业准备利用创业板块筹集发展资金。

实现产业结构调整　鼓励私营企业结合城市功能定位，以海洋科技、生物制药、新材料等高新技术产业为发展方向，发展优势产业。青岛才高投资有限公司成立了青岛金谷镁业股份有限公司，开发、深度加工和运用镁资源。引导私营企业利用高新技术改造传统产业，青岛金王集团利用光电等新技术和研制出的新材料制造的蜡烛，青岛美晶化工有限公司投资8000万元新上2条万吨硅胶生产线，完成产值1.5亿元。利用西部开发机遇，进行结构调整，青岛中能集团有限公司，将电缆生产项目转移到能源、原材料有相对优势的银川。

实施名牌带动战略　市工商局把个体私营企业创名牌列入了年度考核计划，突出抓好本市私营企业名牌发展的培植工作，对全市的私营企业分3个梯队进行培植，鼓励和支持私营企业争创“青岛名牌”、山东省名牌或著名商标和全国名牌或驰名商标。亨达、红领、好事中等私营企业广告投入分别达到2000万元、1500万元和500万元。全市私营企业已创立了14个知名品牌，其中亨达牌皮鞋和琴岛牌电热毯被评为“山东省著名商标”。有71家私营企业通过了ISO9000系列质量认证。

发展外向型经济　加大对内开放招商引资力度，有重点、有目标地吸引省内外知名私营企业来青落户或设立分支机构。全市引进投资过千万元的外地私营大企业22家，总投资4亿元。引进技术设备嫁接改造企业，提高企业装备和管理水平。亨达、红领、好事中、一诺等私营企业分别从德国、日本、意大利等发达国家引进先进的生产设备，并积极采用CAD（计算机辅助设计）等先进技术，大大提高了劳动生产率和产品的科技含量。鼓励具备条件的私营企业以“销地产”的模式，到国外投资办厂，开展加工贸易，开拓国际市场。全市私营企业在境外设立分支机构10处。鼓励个体私营企业投资建设通用厂房，吸引外商租赁，鼓励私营企业与外商合作，为外商产品配套。

开展创建文明单位活动　组织私营企业广泛开展“致富思源、富而思进”的教育活动和创建文明单位活动。全市私营企业中已有区级文明单位35个，区级文明单位标兵1个。年内，又有84家私营企业申报文明单位，其中市级文明单位10家、市级文明单位标兵2家。加强个体私营经济党建工作，已在92.1%具备建立党组织条件的个体私营企业中建立党组织。

强化监管

市工商局对已经登记注册的私营企业前置审批情况进行了检查，共计检查档案46951份，对发现存在问题的企业，下发整改通知书9084份，对1927户无法提供许可证明的企业分别办理了变更或注销登记。

统一了前置审批的标准，对核准企业经营资格范围应注意掌握的前置审批条件进行了归纳、整理，使登记政策、注册标准、监督管理做到了“三统一”。结合会计师、审计师事务所改制脱钩，将税务师事务所等中介组织的注册权收归市工商局，强化了验资证明真实性审查，杜绝了新的“三无”（无注册资金、无经营地址、无组织机构）企业的产生。

对全市个体工商户按规定进行换照工作，全市已换照的个体工商户达到80957户，换照率49.5%，个体工商户验照率达86.5%。加大对无照经营业户的清理，先后清理无照个体工商户4419户，清理无照私营企业247户，即时处罚5342户，罚没款17.3万元。对有违规行为的1867户个体工商户进行了处罚，私营企业年检率达85.4%，查处各类违法违章案件1380起，罚款42万元，对1203户未检企业吊销了营业执照。

在全市范围开展了对个体私营业户违法经营行为的专项治理活动，重点整治旅游景点从事违法经营的私营企业和个体工商户，对按摩场所、美发美容店进行了规范整顿。

存在的问题

思想认识不够解放　制约和阻碍个体私营经济快速发展的因素依然存在，没有真正做到放心、放手、放胆、放开。

发展环境仍不宽松　主要表现为“限制多、优惠少、保护弱”。在市场准入方面有些领域难进入。如公共事业等方面，个私企业很难被批准进入。在配额分配方面，私营企业与国有企业待遇大不相同。少数参与公有制企业改革的个私企业存在土地转让与置换难、资产转移难和职工安置难的问题。损害个私企业合法权益的行为时有发生，“三乱”屡禁不止。

管理服务尚未完全到位　政府部门虽然做了大量工作，但在鼓励支持、引导、规范、管理、监督等方面，还缺乏统一协调和整体合力。

政策落实不到位　市政府规定的各部门具体贯彻意见还未完全落实。

人员素质有待提高　个体私营经营者自身素质总体参差不齐，人才和信息缺乏，制约了个体私营经济发展。

（郑葆刚　孙立伟）

地矿法制

市地矿局起草的《青岛市矿产资源管理办法》和《青岛市矿产资源补偿费征收管理办法》于11月份报市政府审议；年内举办各类培训班6期，培训地矿行政执法人员300余人次；"矿法颁布实施纪念日"和"世界地球日"期间，全市采取多种形式进行地质矿产法律法规宣传，努力在全社会树立矿产资源国有观念、可持续发展观念和矿产开发与生态环境有机结合的观念；制定《青岛市地矿局行政审批制度改革方案》，简化了审批程序和审批事项；进一步完善了行政执法责任制、行政执法过错追究制度、行政复议制度；组织开展了地矿系统"三五"普法检查工作，于9月通过国土资源部和山东省国土资源厅的检查验收。

（彭少万）

·财贸管理·

重要商品调控

年内，突出"放心"、"科技"两大主题，开展系列"放心工程"。全市无公害蔬菜、放心肉、放心豆腐、放心面粉、放心食油的市场占有率分别达到95%、84%、90%、65%和60%，处于全省领先水平。

无公害蔬菜　初步形成以城阳区为中心，生产规模化、管理集约化、布局区域化的无公害蔬菜基地群。在市区2处蔬菜批发市场、12处农贸市场和15处市控菜店设立检测点，初步形成由市无公害蔬菜监测中心总监控，覆盖面广、运转高效的无公害蔬菜监测体系，保证了群众的食菜安全。

"放心肉"工程　加强对定点厂和批发、零售业户的监督管理，加大对不法经营行为的查处力度，私屠乱宰和不合格猪肉入市问题得到了有效遏制，全市"放心肉"工程并进一步向纵深发展。全年共屠宰生猪85.8万头，检出病猪3 376头，肉品质量和经营秩序明显好转，市区猪肉日均上市量保持在2 000头以上。县级市城区"放心肉"工程推广工作取得明显成效，乡镇生猪进点屠宰率达到95%，部分乡镇已率先实现机械化屠宰、规范化检疫检验。

"放心食油"、"放心面食"工程　8月1日，本市在全国同类城市中率先在市内四区取消散装食油销售，全面启动了"放心食油"工程。年内，通过整顿面粉市场，按照国家有关标准建立入市面粉备案制度，提高了面粉质量，确保了"放心面食"工程的深入实施，继续扩大了放心食品销售，维护了消费者的身心健康，放心食油和面食的产销规模比上年增长15%以上。

储备调控　以"淡、灾、节"为调控重点，全年安排储备越冬菜20公顷，夏淡季速生菜33.33公顷，冬储大白菜300万公斤，夏淡季冷藏滚动储备100万公斤，节日储备80万公斤，生猪活体储备2 500吨(合7.5万头)，冻肉储备500吨。及时投放储备蔬菜180万公斤，生猪储备7.5万头，各类豆制品80万公斤，确保了节日和夏淡季缺期市场的稳定。

粮食流通　加大粮油储备制度改革力度，积极落实收购政策和资金，坚持常年敞开挂牌收购。全年收购粮食24.8万吨，超额完成国家粮食定购任务。加快粮食储备库建设，争取中央在本市建设3处国家储备库，正式启动15万吨地方储备库建设项目。改革粮油储备制度，坚持改市级粮食周转储备为风险储备，储备规模由20万吨调减为15万吨，同时取消了2 000吨食油储备。协调暂停了2000年度市区粮食调拨计划，分四批压销市区粮食库存8.67万吨，减轻了财政负担和市区库存压力。

商品市场管理

商业法规建设　年内，市财委完成了《青岛市商品流通业行业管理办法》和《青岛市拍卖行业管理实施意见》等地方性行业管理法规，认真执行《青岛市集贸市场管理办法》，会同有关部门制定市区农贸市场发展规划和全市商业网点、商品市场及农贸市场"十五"发展规划。制定发布了《青岛市2000年商品市场发展导向性意见》，深入开展了商品市场规范化管理达标活动，提高了市场经营管理水平，减少了市场建设中的盲目发展、低水平重复现象。

行业管理　强化商品流通业行业管理，加快专业行业协会的建设步伐。年内，首次以私营企业为主办单位，成立了全市洗染行业协会，指导完成肉类、烹饪等4个行业协会的换届工作。商品市场秩序规范以节日市场和豆制品、农资、肉类、粮食、化妆品等市场治理整顿为重点，积极组织有关部门严厉打击制售假冒伪劣商品等违法行为，广泛开展"百城万店无假货"活动和争创"无假冒商品示范街(店)"活动。从抓特种行业和专营商品入手，集中组织开展了对成品油、小炼油厂、煤炭、拍卖、旧货、租赁、废旧车辆等行业的清理整顿和规范管理。加强早夜市管理，在市区范围内基本实现退路进室。

防范化解金融风险

坚持和完善全市防范化解金融风险联席会、财委系统金融风险信息报告制度、金融大案要案报告制度和社会监督举报网络，努力做好防范化解地方金融风险工作。承担了典当行业的监管，对全市所有典当企业进行了审计，理顺并规范了监管机制，确保了典当行业的健康运行。

推进区域性金融中心建设

提出加快本市银行、保险和证券业发展的实施意见和激励措施，招银引资工作取得新进展。年内，招商银行、华泰财产保险公司来青设立了分支机构；中国农村信用社青岛联社顺利改制并正式挂牌营业；深圳发展银行、浦东发展银行、福建兴业银行已提出要在本市设立分支机构；中国香港金融控股公司也正在积极申请在青设立办事处。"金卡工程"应用步伐加快，促进了电子金融业务的迅速发展。全市银行卡发卡量达到282万张，首批14家商厦的直联POS已投入运行，日均交易900多笔。加强非金融集成电路卡(IC)卡管理，制定了IC卡应用管理办法，为向"一卡通用"、"一卡多用"发展奠定了良好基础。

（市财委）

·物价管理·

概　况

全年市区居民消费价格总水平比上年(下同)上升3.3%。加强价格宏观调控，继续落实价格调控目标责任制，市政府向15个责任单位下达了责任状，形成齐抓共管的局面。坚持每月价格形势分析制度，并抓好粮、油、肉、蛋、菜及部分重要工业消费品等商品和服务价格监督监测工作，针对价格运行状况，及时提出相应的调控措施，保持了物价总水平的基本稳定。

价格和收费改革　落实农产品价格政策，调整了粮食收购价和保护价。年内7次调整成品油价格。提高了公有房屋租金、公交票价、货运出租车运价、中山公园门票价格、中小学学杂费标准、托幼收费标准，放开了示范类、实验幼儿园收费标准。制定了房屋拆迁补偿金和住房改善费标准及阁楼集中供热价格。开展了行政事业性收费年审工作。清理整顿了汽车、住房消费领域的收费和政府性建设基金，清理取消了部分收费项目，降低了部分收费标准。

依法行政工作　制定和发布了有关价格规章政策，并把价格听证与政务公开结合起来。汇编了18项政务内容，通过青岛市政务公众信息网公布。贯彻落实政府价格决策听证制度，组织了公有房屋租金等7次价格调整听证会，增强了政府价格决策的科学性和民主化。

价格监督检查　开展了旅游、电力、成品油、药品、粮食价格和电信、教育、公安部门收费等专项检查，加强了日常检查和节日市场价格监督检查。强化明码标价管理，对黄金饰品标价实行了公示牌方式；开展了"明码标价宣传检查月"和"物价计量信得过"活动。全年"价格举报中心"受理价格咨询1745件，受理价格举报案件222件，处结率100%。全年共查处各类价格违法案件1421件，没收违法所得442.02万元，罚款65.88万元，退还用户663.18万元。

价格服务　及时向企事业单位提供价格信息，全年编印《青岛物价》52期和《青岛供求快讯》148期。开展了种植业、养殖业成本收益调查和成品油价格、彩电行业价格专题调研。认真做好涉案物品价值认定工作，开展了交通肇事车辆损失价格认定、旧机动车交易价格认证等工作。

发挥价格杠杆作用

公交票价调整　经市政府同意，于2000年7月1日提高了公交票价，普通公交车由每人次0.5元提高为1元，并取消本式月票，推行IC卡乘车方式。市政府把票价改革与推动公交经营机制转换结合起来，将31路等6条公交线路的营运实行社会公开竞标，吸引了社会资金合力办公交，打破垄断，引入竞争，促进了公交企业的良性发展。

药品和医疗服务价格改革　对药品和医疗服务实行政府定价和市场调节价两种价格管理形式。降低药品"虚高"定价，对本市集中招标采购的55个品种106个规格的抗生素类药品确定了零售价格，平均降价幅度为49.6%，每年可以减轻患者负担5000多万元；继续实行医药费用"总量控制、结构调整"改革，深化了医疗服务价格改革，建立了药品价格调整与医疗服务价格调整联动机制，使调整医疗服务价格和降低药品费用挂钩。

清费治乱减负

清理整顿农村电价，制止在农网改造中的乱收费行为，使农村电价秩序得到初步规范；对已完成农网改造的区、市，适当降低电价水平。继续实行外商投资企业《收费批准通知书》制度，并由物价、财政、监察部门继续开展收费年审，共审验《收费许可证》7067个，审验收费金额51亿元，并对年审中发现的违纪违规行为进行了查处。取消了汽车消费领域的"新机动车增容费"、"机动车城市道路建设费"、"报废车辆手续费"、"交通安全管理费"、"机动车驾驶员培训管理费"5项收费项目。清理政府性建设基金，取消了"商业网点建设费"、"电费、电度表保证金"、"煤炭生产发展基金"、"专控商品附加费"、"非农业用地建设附加费"、"住宅小区预备金"等6项收费项目。降低了房产抵押登记费、房地产交易手续费等2项收费标准，减轻了企业和消费者的负担。

推进依法治价

3月，市物价局专门召开全市物价系统依法治价工作会议，对依法治价工作提出了明确要求。印发了《全市依法治价工作规划》、《青岛市物价局价格行政执法责任制实施方案》。5月，市物价局专门召开了深化价格改革、推进依法治价研讨会，推进依法行政工作深入开展。贯彻执行《价格法》，完善价格规章政策，以市政府文件下发了《青岛市物业管理收费规定》，批转了《青岛市物价局关于完善价格决策听证制度的报告》。会同有关部门制定了《青岛市新增医疗项目医疗技术医用材料评审管理办法》。在"3·15"国际消费者权益日和《价格法》实施2周年之际，组织了《价格法》宣传活动，在繁华路段设立了价格咨询点，向过往群众发放价格宣传材料，解答群众的价格咨询和受理价格举报投诉。

调价听证会首次电视直播

9月23日，"客运出租车运价调整听证会"在青岛电视台演播厅举行。这次听证会，首次向社会公开征求出租车从业人员代表和消费者代表，连续两天在《青岛晚报》上刊登公开征求出租车从业人员代表、消费者代表和旁听人员的公告，最终从报名者中随机选择了10名出租车从业人员代表和7名消费者代表；首次在听证会场设置旁听席，100多人参加旁听；听证会实况在全国率先由电视台和广播电台现场直播。《中国青年报》、《中国经济导报》、中央电视台"经济半小时"栏目等11家新闻单位先后报道了这次听证会。

（李德爱）

·工商行政管理·

支持国有企业改革

放宽登记条件，帮助企业建立现代企业制度。制定了支持国有企业改革、高新技术产业及外向型经济发展的30条具体措施，帮助组建企业集团8家，协助海尔、海信等公司设办各类企业30个，帮助青岛碱业股份有限公司成功上市，顺利完成国风等4家公司上市前的登记注册。畅通企业登记注册快速通道，建立大型企业工商联络员。先后深入企业现场办公236人次，帮助解决改组改制问题120多个。指导和帮助企业运用商标战略开拓市场。制定上报了全市争创驰名商标工作方案，明确了今后五年发展目标，重点帮助"白雪"、"黄海"、"崂山矿泉"、"亨达"争创全国驰名商标，"德维"等4件商标争创山东省著名商标，认定"华清"等20多件商标为市著名商标。组织认定938家"重合同、守信用"企业，并评选出连续5年、10年"重合同、守信用"企业，对200家商事信誉好的企业实行免检，提升了企业形象，促进了名牌战略的实施。

促进个体私营经济发展

（详见第113页）

报道或现场直播销毁假烟活动等，向社会广泛宣传烟草专卖法律法规。编印和发放了《经销户须知》小册子，将专卖执法的程序及经销户应掌握的烟草专卖法规等基础知识全部摘录在内，加强经销户对专卖执法人员的监督。同时，提高经销户依法经营的和保护自身合法权益的意识。

烟草专卖队伍建设

人员培训　遵照省烟草专卖局的要求，市烟草专卖局严把“初选关、培训关和录用关”，对新聘新增人员进行了为期11天72课时的专卖法律法规业务培训。通过加强对专卖执法人员的业务培训、监督考核，提高了专卖队伍整体素质。全年查扣各类违法案件2万余起，无一被申请复议。

稽查中队建设　各市(区)烟草专卖局较好地落实了新建专卖稽查中队的办公、食宿等配套设施；新购置办案用车22部，实现了每个中队1部车，全市烟草专卖办案用车达到了60辆。在全市乡镇、办事处一级新组建专卖稽查中队34个，在胶南、城阳分别设立了“烟草专卖管理临时检查站”。在市烟草专卖局统一组织和审核下，各市(区)烟草专卖局将各专卖稽查中队所管辖的卷烟销售网点、行政区域进行了详细划分，逐步建立健全了与之配套的规章制度。

(孙　萌)

·统　　计·

业务概况

2000年，提高统计数据质量，突出抓好统计信息自动化建设和第五次人口普查工作，全面完成了1999年年报和2000年定期报表任务。在全省统计工作综合评比中获一等奖，在全省业务评比中各专业共获17项一等奖。

基础建设　继续抓好乡镇统计站落实恢复工作。全市农村154处乡镇及街道办事处，已全部建立实体型统计站。建立健全基层报表单位统计台帐，做好统计登记管理工作。全年共发放统计管理登记证1万多套，市直机关和企事业单位已登记换证3500多套，为建立全市单位名录库，进行合理、科学的统计抽样提供了依据。

统计调查工作　组织了“市民对城市环境满意率”调查，为本市顺利通过“创建全国环境保护模范城”验收提供了第一手资料，被市创建全国环境保护模范城领导小组评为先进单位。开展了“青岛市群众安全感”调查和“年薪制”试点情况调查。建立对国有企业扭亏脱困、“两项资金”占用情况进行月度、季度统计监控调查制度。对本市利用外资中固定资产投资比重偏低的现状，专门制定了调查方案、设计调查表；对全市当年引进的外资使用去向进行了专题调查，为市领导掌握本市外商投资状况提供了依据。建成农产量、农村住户、农村固定资产和畜牧业多目标调查网络并运行成功。完成了企业景气调查和企业集团调查任务。

统计分析研究　全年共撰写统计分析243篇。其中，被市领导批示11篇，被市委、市政府信息部门及新闻媒体采用130余篇，统计分析综合采用率达到69.9%以上；《亏损企业说亏损》、《对当前我市国有工业企业改革与发展的探析和思考》等分析报告，引起了有关部门的高度重视，副市长宗和作了批示；《我市“债转股”企业经营状况明显好转》一文，得到市委书记张惠来的批示；《对我市房地产业发展的进一步思考》、《上半年投资责任目标项目进展缓慢》等分析报告，副市长杨军作了批示，责成建委、规划等部门尽快查找原因；《关于我市上半年GDP总量及速度情况的分析报告》、《当前我市职工分配领域中的几个问题》、《“九五”时期我市三大需求对经济增长的影响》等专题分析报告，增强了统计分析研究的针对性，提高了统计对宏观经济决策的参与度，得到市领导的肯定；《青岛建设国际化城市的经济基础及发展目标分析》、《青岛跨世纪城市化梯度发展战略研究》等统计报告，受到有关部门的好评。

统计信息自动化建设　继续完善“统计信息网领导查询主页”，提高咨询服务水平。《青岛统计信息化建设项目一期工程实施方案》获市政府批准，市财政当年拨款300万元用于一期工程建设。市人大、政协会议期间，设计开发了“青岛统计信息网——“两会”服务系统”，首次在会议现场为“两会”代表提供咨询服务。在国际互联网上建立了青岛市统计信息网站。建成了全市县级统计信息网络，提前半年完成了省统计局的要求，在全省名列前茅。

统计执法　在全市组织了统计法律、法规宣传月活动，宣传《统计法实施细则》等统计法律法规，提高了全社会的统计法律意识。严肃查处各类统计违法行为，全年共查处统计违法行为为180起，经济处罚60多起，罚款37万元。其中，市统计局查处统计违法案件25起，经济处罚案件15起，比市政府确定的该局统计执法目标超出50%。本市历史上首起因按《统计法》有关条例规定实施罚款而引起的行政诉讼案，经法院公开审理，以市统计局胜诉而告终。

第五次人口普查

2000年是全国第五次人口普查工作的关键年份。市人口普查办公室按照国家、省两级人口普查办公室的要求，结合本市实际，扎实地开展工作，保证人口普查工作的各阶段环环相扣、稳妥推进。抓好基层人口普查机构、人员、办公场所经费等的落实，并对全市近4万名普查员进行了培训；组织完成了人口普查全过程的各项试点工作；完成了普查登记前的户口整顿工作；宣传人口普查，创造良好的人口普查工作氛围；顺利完成了正式入户登记工作。

(沈桂霞)

·财　　政·

收支情况

2000年，全市地方财政收入完成80.01亿元，比上年(下同)增长17.6%；全市地方财政支出完成86.08亿元，增长18.1%。市本级和各市、区均实现了全年收支平衡，超额完成了全年预算任务和各项财政工作目标。至此，市本级连续9年、全市连续8年实现财政收支平衡。

财政收入　全市地方财政收入中，一般预算收入完成72.50亿元，占预算的104.9%，增长17.8%。专项及基金收入完成7.51亿元，占预算的101.9%，增长16.6%。

年内，市本级地方财政收入完成40.98亿元，占预算的101.5%，增长11.7%。其中，一般预算收入完成36.91亿元，占预算的102.1%，增长11.5%；专项及基金收入完成4.07亿元，占预算的96.2%，增长13%。

一般预算收入项目完成情况：1.工商税收完成30.77亿元，占预算的96.4%，增长6.8%。其中：增值税地方25%部分完成6.05亿元，占预算的92.9%，增长4%；营业税完成11.98亿元，占预算的102.6%，增长10.1%；其他工商税收9.41亿元，占预算的93.3%，增长5.7%。2.契税完成7174万元，占预算的231.4%，增长1.32倍，主要是房产交易量增加及清理上年欠税增收。3.企业所得税完成5.10亿元，占预算的116.4%，增长31.5%。4.城市公用企业亏损补贴1.50亿元，占预算的100%。自来水价格和公交票价调整后全年增收4600万元，全部用于了“解水忧”工程和多用黄河水增加的亏损。5.罚没收入及其他收入完成9796万元，占预算的155.1%，下降20.2%。6.行政性收费收入8502万元，占预算的212.6%，增长1.23倍。增长的主要原因是按照财政部的规定，部分行政性收费从9月份起纳入预算，加上工商管理体制垂直及各行政执法部门执法力度加大。

专项及基金收入主要项目完成情况：1.教育费附加收入9903万元，占预算的100%，增长0.2%。2.排污费收入2531万元，占预算的101.2%，下降14.9%。3.水利基金收入5874万元，占预算的108.8%，增长9.1%。4.土地有偿使用收入9378万元，占预算的62.5%，增长44.7%。5.文化事业建设费收入1252万元，占预算的100.2%，增长2.4%。

财政支出 全市地方财政支出加上中央、省专项补助和上年转结支出，财政总支出87.87亿元，增长17.1%。其中，县区级支出完成42.85亿元，增长了25.2%。

市本级地方财政支出完成43.23亿元，占预算的102.1%，增长11.8%。其中，一般预算支出39.27亿元，占预算的103%，增长12.9%；专项及基金支出3.96亿元，占预算的93.7%，增长1.8%。

一般预算支出完成情况：1.基本建设支出7.10亿元，占预算的86.5%。部分项目结转下年支出1.10亿元。2.企业挖潜改造支出2.86亿元，占预算的57.2%，执行中因国家取消地方税收先征后返等政策，未执行支出1.20亿元结转下年，专项用于支持高新技术产业发展。3.科技三项费支出9140万元，占预算的147.4%，增长51.8%。增长主要原因是增加了市科技风险投资公司资本金3000万元。4.支农和农业事业1.41亿元，占预算的100.2%，增长10.2%。5.城市维护费支出2.91亿元，占预算的93.1%，结转下年支出2162万元。6.文教卫生科学事业费支出5.24亿元，占预算的104%，增长34.4%，其中教育事业费支出2.83亿元，增长31.2%。7.抚恤和社会福利救济费支出6157万元，占预算的102.6%，增长5.9%。8.社会保障支出1.91亿元，占预算的101%，增长90.4%。9.行政管理费支出1.63亿元，占预算的101.8%，增长22%。10.公检法司支出2.86亿元，占预算的103.3%，增长34.1%。11.补助下级支出1.04亿元，占预算的103.7%，增长2.9%。

专项及基金支出主要项目完成情况：1.教育费附加支出9900万元，占预算的100%，增长0.1%。2.排污费支出2482万元，占预算的99.3%，下降0.7%。3.土地有偿使用支出8600万元，占预算的57.3%，增长22.1%。4.水利建设基金支出5187万元，占预算的96.1%，增长18.6%。5.文化事业建设费支出1122万元，占预算的89.8%，下降25.2%。

根据现行财政体制的有关规定计算，市本级地方财力为43.27亿元(财力构成情况是：地方收入40.98亿元，中央税收返还收入19.79亿元，体制上解中央支出17.17亿元，结算上解支出3182万元)。全年地方财政支出43.23亿元(含结转下年支出)，收支相抵，市本级全年结余376万元。

收支预算执行的主要特点

经济发展为财政收入提供了可靠坚实的基础 全市国内生产总值完成1151.2亿元，增长15.2%，人均达到1.6万元；经济结构调整取得实质性进展，第三产业比重达到39%；国有企业效益和质量回升，地方国有及国有控股大中型企业亏损面降到18%以下，基本实现了国有企业改革脱困“三年两个目标”；全市投资增长较快，外贸出口及利用外资增幅较高。各征收部门坚持依法组织收入，财政收入实现了稳定增长。

非公有制经济成为财政收入新的增长点 经济结构的调整及第三产业、个体私营经济、外资企业的发展，促进了经济成分多元化及多种经济成分共同发展，来自非公有制领域的收入比重进一步加大。全市股份制企业所得税增长了4.67倍，外商投资和外资企业所得税增长32.6%，私营企业所得税增长76.5%。

非税性收入增收，占财政收入的比重提高 自9月起，按照财政部要求，将部分行政性收费和基金纳入预算，加上工商管理体制垂直后执法力度加大，实行罚缴分离和收支两条线管理，罚没收入增收较多，加上土地出让收入，全年非税性收入比预算增收2.08亿元。

县区级财政收入增长，占财政收入的比重提高 全年县区级财政收入完成39.03亿元，增长24.7%；市本级财政收入增幅为11.7%，低于县区级收入增幅13个百分点，低于五市15.1个百分点。市县两级增幅差距进一步拉大，县区级财政收入占全市财政收入的比重由1995年的43.7%升到了49%。

新增政策性支出刚性增长 随着本市“四大战略”的实施和医改、房改等多项重大改革的推进，财政收支矛盾十分突出。市级支出预算安排积极稳妥，重点突出，全市各项重点支出得到较好的保障。基本建设和城市维护支出资金及时到位，社会保障、农业、科学教育及政法支出，均大大高于经常性财政支出的增幅。

发挥财政职能和政策作用

加大基本建设和城市维护投入 全年市本级基本建设支出安排11亿元，中央国债转贷资金和拨款2.2亿元，加快了机场扩建、国际会展中心、供水及污水处理、东西快速路等重点项目的建设；城市维护费支出2.91亿元，其中预拨城市管理体制改革支出8300万元。

企业投入突出重点，社会保障支出大幅度增加 支持经济发展和国企改革，扶持高新技术产业、中小企业的发展，全力保障下岗再就业等社会保障支出。全年安排贴息资金3800万元，增加担保基金规模8000万元，按规定返还企业税收1.55亿元，下岗再就业等社会保障方面的支出1.91亿元，增长90.4%。全年财政用于企业的投入达4.77亿元，中央技改贴息资金1.77亿元。

变。组建市地税局稽查局。下设4个具有独立执法主体资格的稽查分局,对应征管分局实施稽查,同时剥离征管分局稽查职能;初步按照市内现有税务人员35%的比例组建各稽查分局。取消稽查指令性收入计划,建立健全规章制度、管理机制和工作考核体系,改革现行的稽查体系内部选案、稽查、审理、执行四分离的机制,实行选案、审理的稽查体系外分制,即选案由征收管理部门提供案源,重大案件的审理由法规部门牵头集体审理,强化对稽查执法权力的监督制约,实行执法型稽查。严格征收与稽查职责划分,严格界定检查权限,除注销户检查和漏管户清查工作职责归属征收部门外,其他检查权限归属稽查部门。稽查部门查补的税款按上划一级的规定执行。

科技兴税

运用计算机技术加强税收分析、监控。推广运用《税源管理》系统软件,加强了对车船税、房产税、土地使用税等税种的管理监控。利用计算机加强稽查管理,开发应用稽查管理信息系统,建立了稽查管理政策、法规库,实现了对稽查工作的案源登记、稽查实施、审理、执行、税款入库等环节的跟踪、监控。应用计算机技术加强个体税收管理,网上公开定税,加强监督。在全系统逐步推广电子纳税申报系统。

(周宗安)

·审　　计·

市审计系统业务概况

2000年,共审计608个单位,查处违规行为金额39.56亿元。其中,决定处理处罚金额12.96亿元;指明要求纠正金额26.6亿元;应上缴财政金额16 395万元,已上缴财政金额15 636万元;应归还原渠道资金金额1.49亿元。。

预算执行审计

以规范预算管理和财政分配秩序为目标,选择对预算执行有重要影响的单位、资金进行了审计。共审计了财政、地税、地方国库等92个部门和单位的预算执行情况,延伸审计了119个二、三级预算单位、纳税企业和税款经收处,并对救灾款进行了专项审计调查;共查出违规行为金额6.91亿元。其中,决定处理处罚金额2.59亿元,指明要求纠正金额4.31亿元,应上缴财政金额1.27亿元,已上缴财政金额1.22亿元。审计后,审计机关向市政府提交了审计结果报告,并受市政府委托,向市人大常委会作了审计工作报告。对审计出的个别单位部分财政资金长期脱离财政监督和管理,造成财政资金体外循环的问题,引起市领导及有关部门的高度重视。

专项资金审计

重点对环保专项资金和工商系统进行了审计。在环保专项资金审计中,对市环保局1998～1999年度“排污费”的征收、使用和管理情况进行了审计,延伸审计了市南、市北、城阳和黄岛区环保局及部分所属单位。共查出违规行为金额5 259.5万元,其中挪用各项资金5 183万元。在对工商系统1998年度行政性收费、罚没收入收缴管理及1999年度财政、财务收支审计中,对市工商局及所属平度、莱西、胶南、胶州、即墨分局进行了审计,延伸审计了34个工商所。共查出违规行为金额1 796.85万元,其中拖欠、截留应缴预算收入1 081万元。对查出的问题,依据有关财经法规进行了处理,并提出了有针对性的审计建议。

企业审计

对109户重点国有企业(集团)的财务收支进行了审计。审计中以核实资产质量为重点,摸清企业家底。共查出违规行为金额98 378万元,其中应上缴财政金额945万元,已上缴财政金额526万元。审计特派员管理办公室完成了对青啤集团、海湾集团、海信集团、双星集团的审计,审计报告已提交市国资委。

对127个开工前项目进行审计,审计总投资38亿元。对未经审计开工的项目做出了处理,对资金不到位的建设单位提出了处理意见。加强了对重点工程项目的审计,完成了青银高速公路建设项目审计。

为防范和化解金融风险,对万通证券公司的资产、负债和损益情况进行了审计。

完成了8个国际金融组织贷款和国外援助项目的审计。审计结果表明,这些项目由于政府支持和项目单位重视,执行情况良好,符合贷款协议的规定;对固定资产未记入相应帐户等问题,依法进行了处理,如实进行了披露,促进了依法有效地利用外资。

领导干部经济责任审计

市审计局对48个市直单位、企业的领导干部进行了经济责任审计和离任审计。发现的主要问题有:固定资产核算不实,虚盈实亏或潜在亏损,少缴税费等。审计结果上报后,引起了市委、市政府主要领导的重视。各市、区审计局也积极开展了经济责任审计工作。

全市审计机关共完成领导干部任期经济责任审计219项,查出违规行为金额10.23亿元。其中,主管责任9.85亿元,直接责任3 788万元;决定处理处罚金额8 837万元,指明要求纠正金额9.35亿元。

(韩国民)

·国有资产管理·

国有经济布局战略性调整

2000年,市国资局起草了《青岛市国有经济布局战略性调整指导意见》,经市企业改革与组织结构调整领导小组研究通过予以印发。该《指导意见》确定,力争用5年左右时间,在本市率先基本完成国有经济布局战略性调整任务。近期目标:到2002年,企业国有资产占全市企业资产总额比重由1998年末的49.7%下降到30%左右;中期目标:到2005年下降到20%左右。2000年排查确定了首批35户退出或减持国有资本的企业。其中,退出24户,减持国有股11户,涉及9个资产经营公司和部门,并已在市产权交易所挂牌交易。选择国货、东方2家上市企业通过国有股权减持转让,降低国有股比例。

市政府授权市国资局作为设立国有独资公司审批机关,严格控制国有资本的投资和国有企业的设立,落实国有资本“有所为有所不为”的方针,在一般竞争性行业不再新设国有独资中小企业。

产权交易市场建设

年内,市政府决定,改革产权交易市场管理体制,将市产权交易中心按会员制重组设立为产权交易所。全年发展会员42户,其中本市会员32户、外地会员

10户。推行产权转让交割单制度，规范产权交易各方入帐凭证，提高了企业入市交易的积极性。开展非上市公司制企业股权登记，全年共受理202家公司的股权申报，登记股东1.79万个，向144家公司发放《股权登记证》，在全国开展同类业务的产权交易机构中居前列。筹建以青岛为中心的沿黄流域9省市产权交易共同市场，建立规范运作、责任分担、利益分享的新机制。

产权交易市场开始发挥促进国有经济发展和国有资本退出的渠道作用，已有98户企业在产权交易所公开转让国有股权，使产权交易由实物形态向价值形态转变迈出了实质性步伐，在交易量和交易品种上处于全国同行前列。年内，产权交易所完成产权交易86项，比上年(下同)增长2.8倍；交易额30.87亿元，增长5.66倍，是产权交易市场成立前7年成交总量的1.08倍。其中，股权转让25项，交易额5620万元，增长12倍；企业改制46项，交易额2.51亿元；企业兼并7项，交易额2.00亿元；整体出售5项，交易额2.28亿元。

企业国有资产保值增值考核

年内，进一步扩大和增强企业国有资产保值增值考核工作的考核奖惩范围、工作力度，对投资类和房地产类的市直企业实施保值增值考核。全市保值增值考核的市直企业由上年的22户增至31户，实施奖惩的单位由上年的16户增至24户，同时将各资产营运机构代管营运的集体资产纳入企业保值增值考核奖惩范围。为增强企业保值增值考核工作的权威性，落实责任，解决对企业多头重复考核的问题，经市国资委研究决定，对企业2000年度保值增值考核、经济责任目标考核和年薪制考核工作实行“四统一”，即统一考核、统一审计、统一交纳风险抵押金、统一奖惩。市委、市政府有关部门组成联合办公室，统一组织实施考核奖惩工作。通过审计和考核结果，在16家实施考核奖惩的单位中，有14家受奖(最高136万元，最低9200元)，1家受罚(扣风险抵押金4万元)。还完成了1999年度22家单位的国有资产保值增值考核工作。

行政事业单位国有资产委托监管

年内，对市广播电视局、市水利局国有资产委托监管指标完成情况进行了考核清算，并对其试点经验进行了总结，研究出台《青岛市行政事业单位国有资产委托监管暂行办法》。年内，随着企业国有资产保值增值考核工作的开展，本市行政事业单位国有资产委托监管工作在更大范围展开，已有市农业局、市司法局等10个行政事业单位实施了国有资产委托监管。

国有资产监督管理

截止2000年底，本市已分两批向10家资产经营公司派出29名监督人员。出台并实施了《关于建立青岛市国有资产监督工作组织机构和报告处理机制的意见》和《青岛市国有资产监督人员考核奖惩试行办法》，监督人员管理、行为规范、监督报告工作处理等相配套的内部工作运行程序基本到位；调整了凯联集团、市商业总公司监事会组成人员，组建了国风集团、市机械总公司监事会。

全年共提报监督报告41份，对企业潜亏、担保、两项资金占用、利润真实性等方面提出了监督意见。经监督工作领导小组研究，对其中21份报告涉及的10个市直资产经营(集团)公司及其59个权属企业提出了处理意见，责成企业整改或处理问题37个。

国有资产运营质量监控

在派出监督人员对企业实施监督的同时，探索建立青岛市企业国有资产运营质量监控系统，得到财政部的肯定和在人员、技术、资金上的支持。

年内，完成了监控网络的框架建设和网页设计，对1995到1998年度的年报数据进行了整理，形成了年度监控网络内容；划定了监控范围，市直18个资产经营公司、企业集团、212户大中型企业，区市41户直属企业的资产运营情况被纳入监控范围。

11月、12月，监控网络进行了试运行，从动态监测、动态预警、政府目标完成情况监控和保值增值完成情况、企业效绩评价等方面，全方位、多层次监控企业资产运营质量和运营效益。

国有资产法规建设

出台并实施了《关于建立青岛市国有资产监督工作组织机构和报告处理机制的意见》、《青岛市国有资产监督人员考核奖惩试行办法》、《青岛市行政事业单位国有资产委托监管暂行办法》、《青岛市关于国有控股企业实行股权奖励和技术要素参与收益分配有关程序和规定的通知》和《青岛市企业国有股权管理暂行规定》。

资产评估管理

为适应资产评估机构脱钩改制和经济发展的需要，根据《青岛市资产评估项目稽查暂行办法》，在全国率先开展评估项目稽查活动，实现了管理升级，提高了评估管理与监督效果。

制定了《青岛市加强评估机构财务管理的通知》，引导自我完善，规范内部管理，防止短期行为。改进年检办法，提高执业质量和内部管理水平，开展了评估机构脱钩改制后第1次年度检查。从2000年开始，每季度召开一次评估机构负责人座谈会，交流通报业务开展和管理情况。

国有资产与财务会计报表统一

年内，按照财政部统一部署，首次对1999年度分行业、企业、行政事业单位等年度汇总会计报表与国有资产年度报表进行合并，实现统一设计、口径一致、一表多用、数据共享。加强对企业工作人员的指导培训，修改完善年报考核办法，严格审核把关和多级审核制度。

产权登记管理

按照财政部部署，在全市开展了企业国有资产产权重新登记和换证工作，首次将产权或有变动列入登记范围，加大对产权或有变动的监测力度；加强对出资人变动的登记及对企业投资设立的全资和控股子公司变化的监管，围绕国有企业实施授权经营，使产权登记管理同授权经营有机结合。完成了1999年国有企业、行政事业单位4682户的产权登记。

支持企业改革

支持企业上市。完成了碱业股份公司、澳柯玛集团上市必备的资产评估、资产处置、股权设置等工作；对华联商厦、青钢集团、红星化工集团、黄海轮胎公司等5家拟上市企业的资产评估、股权设置等，从速从快给予办理。

对26户国有企业改制为有限责任公司的国有资本金设置方案进行了审批,设置国有法人资本金4.94亿元。对改制为股份合作制的28户国有中小型企业国有资产出售方案进行了审批。

全年完成市本级评估项目206项,评估值57.91亿元,评估增值率10.41%。抓好市政府关于实行股权激励和技术要素参与收益分配试行意见的落实工作。继续组织开展党政机关与所办实体脱钩及中介机构改制中的产权界定、资产划转、资产处置等工作。对举报的10件国有资产流失案件进行查处。

(周 安)

金 融

·综 述·

业务发展

人民币存款　2000年末,全市人民币各项存款余额1073.1亿元,比年初增加156.6亿元,增长17.1%。全市存款有如下特点:1.利率下调等货币政策效应显现,储蓄存款增势明显减缓。年末全市储蓄存款余额535.3亿元,比年初增加37.5亿元,增长7.5%,少增1.2亿元。国家降低存款利率、征收储蓄存款利息税、实行个人存款帐户实名制等政策效应显现,居民投资消费倾向增强,储蓄存款逐渐分流。资金主要分流趋向:(1)居民消费尤其是住房消费增加。在各类消费中,提取存款购买住房的占40.6%。(2)购买国债。全年本市代理发行3期凭证式国债30亿元,2年期和3年期国债都在一两天内销完。(3)投资股市。2000年沪深股市持续走高,股票投资高收益与储蓄存款低利率形成较大反差,吸引大批投资者。(4)转存外币,赚取利差。2.企业存款高幅增长,即期支付能力增强。年末企业存款余额437.4亿元,比年初增加91.5亿元,比上年多增53.9亿元。拉动企业存款增长的主要因素有:(1)信贷资金支持力度加大,贷款产生部分派生存款。(2)市场需求回升,企业销售收入增加。(3)企业融资渠道拓宽。证券市场扩容速度加快扩大直接融资渠道,银行承兑汇票、商业承兑汇票及票据贴现业务不断扩大,增加了企业票据融资。(4)行政管理和服务性单位收入增多。

人民币贷款　年末人民币各项贷款余额965.8亿元,按可比口径比年初增加166.6亿元,增长20.8%,比上年多增77.6亿元,贷款增量达到"九五"最高水平。贷款主要投向:1.支持重点骨干企业、基础行业和管理规范信誉较好的三资企业。全年工业短期贷款增加17.2亿元,以工业贷款为主的中期流动资金贷款增加21.2亿元,三资企业贷款增加6.4亿元,上述三项贷款占各项贷款的26.9%。2.支持重点建设项目和技改项目。全年基建、技改等中长期贷款增加12.8亿元。3.与市担保中心合作,支持符合条件的中小企业。全年市商业银行对由担保中心担保的38户中小企业发放贷款1.38亿元。4.支持农村特别是农户生产消费的资金需求。全年农业贷款增加8.9亿元,同比多增4.3亿元。5.支持国有企业改革和脱困。全年共对实行主办银行制度的53家企业累计发放贷款70.8亿元,余额比年初增加32亿元;对困难企业发放封闭贷款2.4亿元。6.消费信贷业务发展迅速。年末个人消费贷款余额70.1亿元,比年初增加56亿元,占各项贷款增量33.6%,消费贷款新增额占新增贷款的比例已接近发达国家水平。其中,住房贷款45.3亿元,增加36.3亿元;汽车贷款9.1亿元,增加7.3亿元;小额质押、教育助学等其他消费贷款15.7亿元,增加12.3亿元。

货币投放　全年现金收入2493.1亿元,现金支出2535.7亿元,分别增长21.9%和20.9%,收支相抵净投放42.6亿元,少投放9.6亿元,下降18.4%。

外币存款　年末各项外汇存款余额15.99亿美元,比年初增加3.82亿美元,增幅23.89%,多增2.23亿美元。其中,企业外汇存款余额4.91亿美元,比年初增长1.03亿美元;外币储蓄存款余额10.2亿美元,比年初增长2.66亿美元,多增7441万美元。

外汇贷款　各项外汇贷款余额11.22亿美元,比年初下降1757万美元,减少2.35亿美元。其中,短期外汇贷款增加5646万美元;中长期外汇贷款下降6569万美元。贷款下降主要原因:1.外汇贷款利率高,风险大。自1998年以来,国家多次提高外汇存贷款利率,降低人民币存贷款利率,一年期外汇贷款利率由6.8215%上升到8.8125%,而同期人民币贷款利率下降到5.85%,使企业对银行信贷资金需求由原来优先选择外汇贷款变为优先选择人民币贷款。2.部分不良贷款得到盘活,使外汇贷款存量减少。

外汇交易　全年外汇成交总额49956万美元,增长23%。其中,卖出49451万美元,增长25%;买入505万美元,下降37%。外汇汇价平稳,美元市场加权平均价为8.2750元,上下浮动保持在1.2%的幅度内。

贯彻国家货币信贷政策

发挥"窗口指导"作用　根据中央关于扩大内需、调整结构、促进消费、支持经济发展的总体要求,围绕支持国企改革、中小企业发展、小城镇建设和大力拓展消费信贷等方面,人民银行青岛市中心支行及时制定和实施了一系列政策措施,并通过召开银行行长联席会,对商业银行经营业绩实行综合考评,组织召开银企合作恳谈会以及支持中小企业和个体私营经济发展座谈会等形式,引导督促商业银行建立相应的贷款约束激励机制,改善金融服务,加大信贷投入,较好地贯彻落实了稳健的货币信贷政策。全年督促各商业银行为实施主办银行制度的53家企业累计发放贷款70.8亿元;为25家困难企业累计发放封闭贷款2.4亿元;组织、协调各商业银行对通过资金担保中心担保的38家中小企业发放贷款

中国人民银行青岛市中心支行

行长、国家外汇管理局
青岛分局局长：刘学胜

2000年12月29日，中共青岛市委书记张惠来，青岛市代理市长杜世成，市委常委、秘书长孔心田等领导在该行行长刘学胜、副行长朱传友的陪同下，视察该行的年终决算工作。

2000年，该行认真组织贯彻落实稳健的货币政策，督促金融机构增加信贷投入，合理引导金融机构信贷投向，为青岛市国民经济的持续、快速、健康发展提供了有力的资金支持；认真落实金融监管责任制，进一步强化金融监管措施，妥善处置了少数中小金融机构的支付风险问题，确保了金融秩序的稳定；在强化外汇监管的同时，努力改进服务，促进投资环境的改善，为青岛市外向型经济发展提供了有利条件。同时，在加强内部管理、推进体制改革和提高服务水平等方面都取得了可喜成绩。

地址：青岛市延安三路208号
邮编：266071
电话：(0532) 3883388（总机）
传真：(0532) 3883388～6013

中国农业发展

该行隶属中国农业发展银行总行直接管理，主要承担国家规定的农业政策性金融业务：办理国务院规定、中国人民银行安排资金并由财政贴息的粮、棉、油等主要农副产品的国家专项储备贷款和简易建仓贷款；办理粮、棉、油等主要农副产品的收购、调销贷款。分行辖设5个支行、1个营业部。2000年末，各项贷款余额28.86亿元。通过改进服务，强化收购资金封闭管理，有力地支持了全市农业和农村经济的发展。

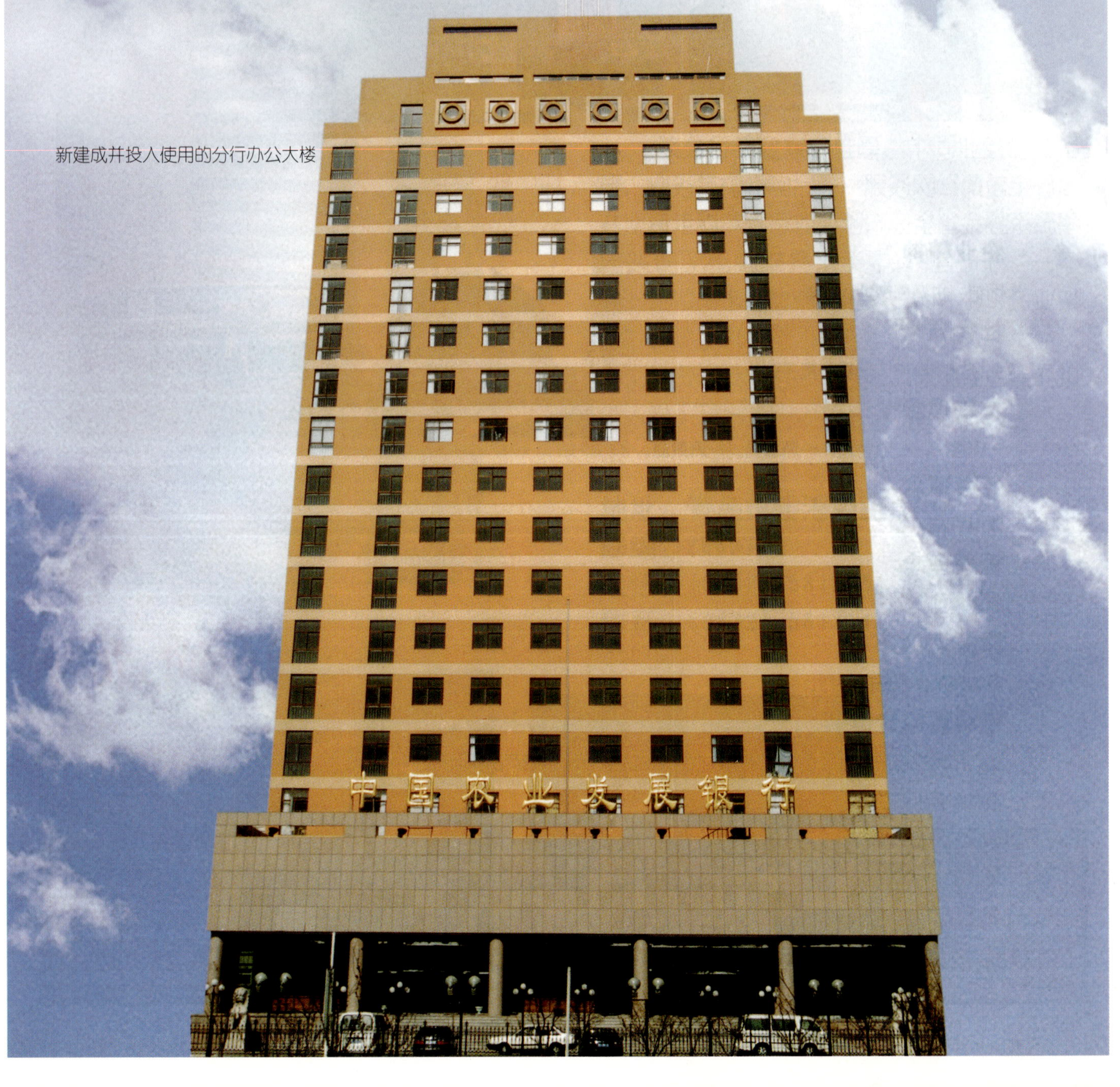

新建成并投入使用的分行办公大楼

银行青岛市分行

地址：青岛市东海路51号
邮编：266071
电话：（0532）5770527
传真：（0532）5770599

工作人员深入粮食企业仓库丈量粮食库存

工作人员深入棉花交售现场进行棉花质量检查

宽敞、明亮的营业大厅，为客户提供优质快捷的服务。

QINGDAOSHI

青岛市

支持地方经济建设不遗余力

副市长张锐到该行调研工作

职工文化生活丰富多彩

SHANGYE YINHANG

商 业 银 行

强强联合，优势互补。

竞争上岗为优秀人才的脱颖而出提供了更多机会

香港东路（崂山区）支行开业典礼

地址：青岛市湖北路17号
邮编：266001
电话：(0532)2897209
传真：(0532)2865452

PICC 中国人民保

总经理：王忠义

该公司现有员工711人、代办员500余人，下辖3个业务部、13个支公司、23个办事处、86个专职代办所，是目前青岛市保险行业中经营规模、经济实力、人才技术、科学管理等方面均居首位的财产保险专业公司。主要开办：企业财产保险、机动车辆保险、货物运输保险等100余个险种。保险服务已渗透到社会经济生活的各个领域，并与世界各地多家代理机构、100多家保险公司保持广泛的业务往来和技术合作。多年来，该公司以优质高效的保险服务，赢得了良好的市场声誉。

2000年11月，新的领导班子就任后提出了："全面启动，总体推进，稳步实施，把青岛市分公司建设成现代化、高水准的保险企业"的总体思路。公司将坚定不移、一如既往地遵循"忠诚服务、笃守信誉"的服务宗旨和"主动、迅速、准确、合理"的理赔原则，以崭新的形象，立足青岛，联合全国，幅射海外，为青岛人民的生活安定和青岛的改革开放做出积极贡献。

地址：青岛市香港中路66号
邮编：266071
电话：(0532) 95518
传真：(0532) 5719216

险公司 青岛市分公司

分公司领导班子成员：总经理王忠义（左二）、副总经理韩钢（左三）、赵佳民（左一）、刘希严（左四）

全面启动，总体推进，稳步实施，把青岛市分公司建设成现代化高水准的保险企业。

拨通95518

人保服务送到家

中國太平洋保

China Pacific Insurance

总经理：黄绍发

中国太平洋保险公司青岛分公司2000年实现财产保险业务保费收入1.64亿元，人寿保险业务保费收入1.37亿元，共计支付各类保险金2亿余元，为地方经济的发展提供了有力支持。年底，根据国务院的批复和中国保监会的通知，按照总公司的统一部署，成功实施了财产、人寿保险分业经营机构体制改革，分别成立了中国太平洋财产保险股份有限公司青岛分公司和中国太平洋人寿

2000年度分公司总结表彰大会

"不到长城非好汉"产险业务精英

平时注入一滴水

险公司 青岛分公司

Co.,Ltd.Qingdao Branch

保险股份有限公司青岛分公司。

新的世纪，我们将按照"集团化管理、专业化经营、市场化运作"的经营方针，加速发展，为青岛经济的腾飞做出更大的贡献。

地址：青岛市山东路8号
（泰山大厦11楼）
电话：（0532）5818648
传真：（0532）5818790
邮编：266071

热心社会宣传，提高市民保险意识。

积极支持社会公益事业——向我市1万名小学生赠送安全小黄帽

胶南洪灾中帮保户抢险救灾

难时拥有太平洋

万通证券有限责任公司

2001年1月12日，公司举行更名揭牌仪式，市长杜世成参加仪式并讲话。

公司召开2000年股东大会

公司通过公开竞争的形式，对副总经理等领导职务实行公开选聘。

2000年，经中国证监会核准，该公司的资本金增至55198万元，股东增至32家，并更名为“万通证券有限责任公司”。在省内增设3家证券营业部和4家证券服务部，使分支机构增至18处，形成覆盖国内沿海主要地区的证券经营网络。

全年证券交易额比上年（下同）增长82.8%；实现营业收入增长81.9%；实现利润总额为上年的111.7%；年末净资产为71403.6万元，增长155.4%；年末投资者开户增长15.8%，保证金余额增长60.6%。并担任了6家公司股票发行副主承销商，其中青岛碱业、澳柯玛公司的股票已挂牌上市，中信海洋直升机、重庆九龙、山东华泰纸业、福建水泥等公司股票已成功发行。

地址：青岛市东海路28号
邮编：266071
电话：（0532）5022301
传真：（0532）5022301
E-mail: qdwtzq@qd-public.sd.cninfo.net

青岛市农村信用联社在改革发展中前进

青岛市农村信用联社成立于20世纪50年代初，是为农业、农村、农民服务的合作金融机构，设综合部、计划信贷部、财务会计部、审计监察部等，下辖8个县级市（区）农村信用联社、8个营业部、122个基层信用社、147个信用分社、141家储蓄所，机构遍布全市城乡。

截止2000年末，全市农村信用社各项存款余额96.5亿元，各项贷款余额76.3亿元，分别占全市金融机构的10%和8%，居全市第4位；其中农业贷款40亿元，占全市农业贷款的70%；农户贷款的总户数31万户，农户贷款增长额居全省农村信用社系统第一位，为支持本市农业和农村经济的发展做出了积极的贡献。

地址：青岛市东海路66号
邮编：266071
电话：（0532）5061818
传真：（0532）5067113

领导班子成员合影

该社领导深入企业调研，积极支持私营企业出口发展。

该社积极支持农村经济发展，图为青岛经济技术开发区农村信用联社支持的薛家岛网箱养殖项目。

招商银行青岛支行

CHINA MERCHANTS BANK QINGDAO BRANCH

该支行行长郭少泉在该支行开业庆典上与有关单位签署合作协议

招商银行是一家采取全新的管理体制和运行机制的股份制商业银行， 在全国近30个经济中心城市设有240多个分支机构和营业网点， 并与世界630多家银行建立了业务关系，各项经营指标的增长率居国内银行业前列，总资产已逾2400亿元，累计实现税利近200亿元。 在《银行家》“世界1000家大银行”2000年度排名中，招商银行位居第222位。在“亚洲最大100家银行”排名中，股本回报率居首位。招商银行“一卡通”被同业誉为我国银行业在个人理财方面的一个创举，招商银行网上银行——“一网通”已经成为中国金融业的著名品牌，被评为“中国十大优秀网站”。 招商银行是国内首家获得ISO9001证书的商业银行。

招商银行青岛支行成立于2000年5月18日， 是招商银行在山东省设立的首家分支机构，直属总行领导。成立一年来，坚持“科技兴行”的经营战略，“一卡通”、“一网通”等高级金融产品受到客户的欢迎，先后推出了“一卡通”移动电话自助缴费、自助贷款、酒店预订、IP电话、网上支付、证券买卖、 网上汇款等功能， 对公业务推出了网上企业银行、网上信用证、银企直通车、Office－Office资金汇划瞬间到账等全新业务。该支行将努力创办精品银行，为岛城经济建设贡献力量。

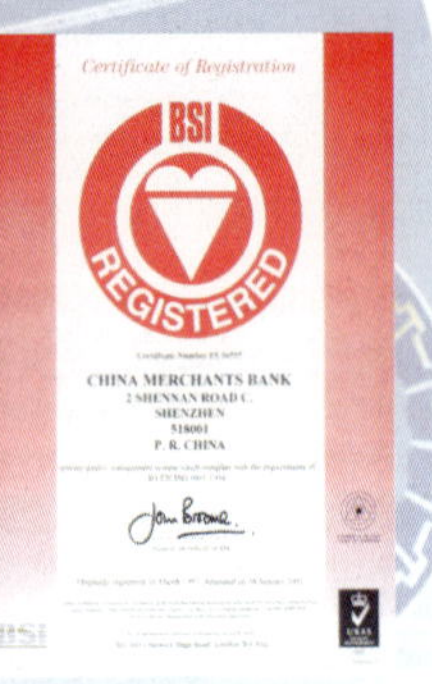

该支行个人银行服务于2000年11月通过英国BSI太平洋公司和中国船级社ISO9001质量认证

该支行为扩大“一卡通”在岛城的影响积极开展离行开卡活动

招商银行青岛支行

地址：青岛市香港西路85号　　邮编：266071

电话：(0532)3897037　　传真：(0532)3876358

Http://www.cmbchina.com

所属营业机构

香港中路分理处

地址：青岛市香港中路67号　电话：(0532)5896908 5896977

中山路分理处

地址：青岛市中山路40号　电话：(0532)2865271 2888255

威海路分理处

地址：青岛市威海路14号　电话：(0532)3843899 3843898

点　点　滴　滴　造　就　非　凡

1.4亿元;引导商业银行大力发展消费信贷业务,全市消费信贷种类已发展到九大类十多个品种,消费贷款全年新增56亿元。

灵活运用货币政策工具　全年累计发放再贷款41.2亿元,增加18.6亿元;累计办再贴现39.7亿元,增加16.3亿元;累计支持金融机构办理贴现91亿元,增加34亿元;支持商业银行为海信、青啤等4家大型企业集团办理商业承兑汇票贴现2.4亿元;人民银行青岛市中心支行办再贴现6814万元。

外汇业务管理与服务

支持企业扩大出口和利用外资　对在出口收汇核销考核中考核为A类的企业简化管理手续,在发单和核销方面给予优惠。认真核实和上报企业出口核销数据,保证企业出口贴息资金及时到位,加快企业资金周转速度。及时为企业办理境外投资风险审查,支持企业到境外投资办厂。研究解决了青岛港务局集装箱项目和青岛安普泰科电子公司项目外债登记问题,保证项目如期进行,增强了外商投资信心。

严格外汇执法检查　开展出口项目的外汇查处工作,防范和打击利用出口贸易逃套汇的各类不法行为。认真组织开展专项外汇检查,发现并纠正外汇指定银行外汇业务中的违规问题,对严重违反外汇管理法规的企业进行了严肃查处。配合公安等部门严厉打击外汇黑市交易活动,维护了正常的外汇金融秩序。

完善经常项目汇兑监督和资本项目外汇管理　抓好出口收汇核销工作,对出口企业进行全面考核,建立出口收汇考核体系和区别对待政策,加大对逾期未核销的催核力度。完善进口付汇核销程序,进一步规范进口付汇业务,对进口付汇逾期未核销企业进行全面清理,针对清理情况采取分类处理措施,使逾期未核销金额降低了40%。加强资本项目外汇管理,认真执行国家外汇管理局有关资本项目外汇管理政策规定。对外汇指定银行外债结汇情况进行全面检查,做好外债登记和还款核准工作,对外债数据库进行清理、核对。加强外汇帐户收支管理,组织开展外汇帐户年检工作。

金融监管

进行对商业银行的真实性检查　对全市69家金融机构资产质量、盈亏真实性及内控制度、高级管理人员任职资格情况进行了真实性检查。对4家国有商业银行上半年不良贷款上升的44个支行进行了资产质量真实性核查。通过检查,基本摸清了各金融机构的风险底数,对检查中发现的问题按规定进行了处理,促进了金融机构依法合规经营。

妥善处置高风险金融机构　成立了辖内稳定金融领导小组及办公室,对影响金融稳定的高风险地区、高风险单位认真进行排查,研究制定了防范和化解金融风险措施。制定2002年底前防范和化解金融风险的工作规划,与地方政府研究确定了地方性金融机构合并、重组和撤销以及补充资本金、降低不良贷款、扭亏增盈的工作目标、方案和具体措施。依靠地方党委、政府,分类处置中小金融机构风险。农村信用社综合整治工作取得新进展,实现了当年全行业扭亏为盈的目标,完成了青岛市农村信用合作社组建和开业工作。配合地方政府对胶州、莱西两个城市信用社拟定了具体的撤并方案。积极协助市政府做好信托投资公司的清理整顿工作。

强化对银行业的监管　及时查处了部分金融机构违规办理储蓄代办业务、帐外办理承兑汇票、公款私存等违规经营行为;加强对银行机构市场准入、退出、变更和高级管理人员任职资格管理;建立国有商业银行重点支行监控制度,综合运用现场和非现场监管手段,督促其及时制定和落实整改措施。

(贾世敏)

·中国银行山东省分行·

业务概况

截止2000年末,该行省、市、县三级机构共计122个,网点共计970个,正式职工14244人;年末人民币各项存款余额543亿元,比年初增加39.7亿元;各项外币存款余额20亿美元,比年初增加4.16亿美元;人民币各项贷款余额418.56亿元,外汇贷款余额21.62亿美元;新增企业存款32.4亿元,金融机构存款4.08亿元,增幅创历史最好水平。

调整信贷结构

加大对重点地区、重点项目的支持力度。下达青岛、济南、烟台等重点地区贷款规模36亿元,占全辖新增总量的55%;投放省电信局、鲁银集团、京福高速等重点项目贷款38亿元,占新增贷款总量的58%。多渠道筹集资金支持地方经济发展。争取总行20亿元直贷资金,与中国电信达成了授信与代理业务的全面合作协议;利用国家发行600亿元债券对重点项目进行贴息的政策,支持滨州印染、淄博兰雁等重点企业的产品升级;利用美国政府贴息贷款,支持山东省卫生系统进行技术改造。消费贷款业务不断丰富产品品种,业务量快速增长,全年新增14.87亿元,余额21.67亿元。其中,汽车消费信贷余额和新增数均列全中行系统第一。进出口银行代理业务稳步发展,代理金额达30.7亿元,占全省总量的68%以上,新增代理金额和市场占有率在全系统名列前茅。

发展中间业务

截止年末,完成进出口结算业务83.1亿美元,叙做贸易融资10.3亿美元,实现国际结算业务收入2.3亿元;新增信用卡、借记卡分别为2.48万张和40.5万张,直接消费额为5.06亿元,代理外卡交易额1.59亿元。全年共办理外汇买卖业务4.5亿美元,办理远期结售汇业务2.19亿美元。

推广完善"新一代"系统

上半年,在全省推广"新一代"综合业务系统,实现了全省1个数据中心、1个应用平台、1个软件系统,使本行实现了储蓄、信用卡和对公业务全省通存、通兑、通汇,资金在途时间为零,完成了全辖信息科技资源的集中统一。在全省开发推广系列科技产品,为全行的业务拓展提供了有力保障。

(纪　蕾)

中国工商银行
·青岛市分行·

业务概况

2000年末,人民币各项存款余额221.27亿元,比年初(下同)增加23.23亿元。其中,对公存款余额87.91亿元,增加14.22亿元;储蓄存款余额133.36亿元,增加9.01亿元。发行国债7亿元。

人民币各项贷款余额245.1亿元，增加5.45亿元，剔除债转股和剥离不良资产因素，实际增加29.5亿元。其中，短期贷款余额165.6亿元，增加7.48亿元；中长期贷款余额79.5亿元，增加22.02亿元。

各项外汇存款余额2.51亿美元，增加5614万美元。其中，外汇储蓄存款余额1.85亿美元，增加3324万美元；外汇对公存款余额6537万美元，增加2290万美元。各项外汇贷款余额2.68亿美元，减少4779万美元，剔除债转股和剥离不良贷款因素，实际较年初增加542万美元。完成国际结算业务量12.06亿美元。

全年累计现金收入781.29亿元，支出783.91亿元，收支相抵，净投放现金2.61亿元，比上年同期少投放6.7亿元。向中央和地方财政缴纳各类税金及附加1.38亿元。牡丹信用卡(有效卡)增加1.03万张，累计交易额增加16.60亿元，牡丹灵通卡增加13.08万张，累计交易额2.6亿元。

存款业务

实施积极的存款战略。成立大系统存款客户经理委员会，对存款大户实行客户经理服务；发展教育储蓄，其增加额列总行各直属分行首位；制定同业存款考核办法，争揽同业存款；重点发展中间业务，争取到代理社会医疗保险、代发社会事业保险基金、代理移动通讯收费、代收一户一表电费、代理行政事业单位代发工资、代收物业管理费、代理福利费、代扣国税个人缴纳税款等业务，与中保财险公司、弘诚信托、中创证券、申银万国、海信、澳柯玛、北海船厂等企业新签或续签各类业务合作协议。共办理中间代理业务金额110亿元，增加34亿元。

巩固结算业务在同业中的领先地位。为海信、澳柯玛集团开通资金汇划结算网络，为颐中集团等9户企业开通企业电子银行，为崂百公司开通网上银行业务，开通手机银行业务；率先推出商业承兑汇票贴现业务，分别和招商银行、青岛市商业银行、邮电储蓄等金融机构签订业务合作协议。

继续实施精品网点战略和“东扩西撤”战略。撤并存款业务量连续下降的储蓄所和分理处，集中人力、物力向效益好的网点倾斜。全年撤并网点17个，迁址19个，撤并代办所103个。

贷款业务

加大贷款营销。全年新投放人民币贷款中用于开拓新领域和消费信贷的占72.16%；新争揽到公路、自来水等基础设施建设项目和国债贴息项目等优良客户；继续增加对青啤、朗讯等原有优质客户的贷款支持，支持红领等一批优秀民营企业；扩大了贴现、再贴现贷款的发放额度。

发展个人消费贷款业务。在支行营业厅、亿元储蓄所配备了个人金融业务客户经理，开辟个人金融服务区，推出全市金融系统唯一的“知识服务标兵李健”的个人服务品牌；推出个人综合消费贷款、“零首付”个人住房贷款、个人安居贷款、国家助学贷款、旅游贷款等新的消费贷款品种；与大批房地产商、汽车经销商、旅行社签订了贷款合作协议。全年新增各类消费贷款17.3亿元，占全行新增贷款额的58.6%。个人住房贷款余额同业占比和增量同业占比均居全市同业首位。

金融服务

完成了95588的升级工作，全年共接入各类电话19.5万个，进行登门应急服务1300多人次。推出储蓄所全年全天营业制度；增加服务窗口63个。对牡丹卡“优秀持卡人”提供上门换卡、送卡和密码服务，新发行牡丹青大、海大、建院认同卡、推出利群、三百惠等联名卡；在全市率先推出牡丹国际卡，当年发行1807张，超额完成总行任务。

（刘　璇）

中国农业银行·青岛市分行·

业务概况

2000年末，人民币各项存款达到178.07亿元，比年初(下同)增加17.85亿元，在四大国有商业银行(下同)的存量和增量市场占有率分别达到27.00%和26.3%。其中，储蓄存款余额达到108.2亿元，增加7.62亿元，存量和增量市场占有率分别达到28.94%和37.3%。对公存款余额达到70亿元，增加10.2亿元。外币存款余额达到1.5亿美元，增加3186万美元。发行各类银行卡总量达50.42万张，存款余额5.79亿元，实现特约消费额1.96亿元，国际卡收单额累计达2418万元，同业当中首先推出具有国际结算功能的VTM卡。

人民币各项贷款达到140.78亿元，剔除不良资产剥离部分，实际增加27.92亿元，剔除剥离因素后，帐内收息率和综合收息率达到96%和84.38%。外币贷款达到5332万美元，国际结算达到17.5亿美元，已与境外342家银行建立了代理关系，代理网络机构达2000多家。小额质押贷款业务全年累计发放2.68亿万元，年末余额达到8930万元。实现利润3765万元，增加1.48亿元，创历史最好水平。

存、贷款及中间业务

依托覆盖全市储蓄通存通兑网络的优势，坚持“批零兼营、办成零售业务大行”的市场定位，大力开展代收付业务。开办代收通讯类、物业类、社会保障类、税务类、报刊征订等五大类23个网络代收付项目。作为市级财政统发工资业务代理行，承担为市委、市人大常委会、市政府、市政协及所属机关单位的代发工资业务。年末通过计算机网络代收费累计350万笔，金额近20.2亿元。

把支持“双优客户”作为信贷投放的重点。年内对支柱产业、企业和基础设施等“双优客户”发放贷款15亿元，全年新增贷款达28亿元；支持外向型企业发展，全年累计出口创汇13亿元；支持个体私营企业630家，贷款余额8.2亿元；支持农业产业化经营，加快传统农业向现代化农业转轨步伐。

不断丰富以“金钥匙”为品牌的个人消费信贷品种，推出了个人住房按揭、法人单位房屋按揭、汽车消费、大额耐用消费品、住房装修、教育助学、旅游消费、农用机具、个人综合消费等种类；先后与400家房地产公司、30家汽车经销单位、3所高校和1个旅游公司等签订了消费贷款合作协议；设立了19处消费信贷“一站式”服务机构和4处抵押登记代办点，提高工作效率和质量，开辟信贷“绿色通道”。

现代化服务与管理

以业务创新和加大科技支持提升服务层次，达到优质、高效、便捷的规范化服务。联接营业网点342个,联网面达100%,安装了52台自助缴费服务终端和近千台ATM、POS;制定并实施了柜台规范化、"黄金"客户、优良客户3个规范化服务办法;建立了客户服务、资金清算、市场开发3个服务中心;对外公布"95599"客户服务电话;集中25辆客户服务车,专门为客户提供包括咨询、投诉、电话转帐、求援服务等内容的特色服务,实现了服务工作规范化、标准化。

(丛连青)

中国农业发展银行·青岛市分行·

业务概况

2000年,以收购资金封闭管理为中心,以强化管理、防范风险、提高效益为重点,全面做好全市149户粮食企业和7个棉花企业的收购资金供应与管理工作。年末,各项贷款余额28.88亿元,比年初增加1.24亿元。其中,收购贷款余额17.14亿元,调销贷款余额1 870万元,专项储备贷款余额11.38亿元。存款余额2.29亿元。

收购资金封闭管理

支持企业收购粮棉油　按照"收多少粮、贷多少款"的原则,支持国有粮食企业常年常时敞开按保护价收购粮食;按照"以销定贷、以效定贷"的原则发放贷款,支持企业按照"购得进、销得出、不亏损"的原则进行收购非保护价粮食、棉花和油料。全年累计发放收购贷款6.26亿元,其中发放粮食收购贷款5.69亿元,支持企业收购定购粮2.15亿公斤,保护价粮食3.43亿公斤,非保护价粮食46万公斤;发放油脂收购贷款844万元,收购油脂102万公斤;发放棉花收购贷款4 882万元,支持企业收购皮棉7.1万担,棉籽4 000担。

支持粮棉企业调销业务　按照"购得进、销得出、有效益"的原则支持企业进行粮棉调销。全年累计发放调销贷款4.40亿元,其中发放粮食调销贷款4.32亿元,支持企业调入粮食3.12亿公斤;发放油脂调销贷款508万元,支持企业调入油脂68万公斤;发放棉花调销贷款300万元,支持企业调入棉花4 800担。

促进企业扩大销售　支持企业顺价销售,提高了银企双方的经济效益。全年销售粮食3.40亿公斤,油脂289万公斤,棉花9.5万担,粮棉油销售收入13.18亿元。其中,粮食销售收入12.73亿元,油脂销售收入2 487万元,棉花销售收入4 557万元。按照"销多少粮棉,收回多少贷款本息"的原则,及时地收回了贷款本息。

加强风险管理　全年清理收回粮油其他不合理占用贷款596万元,清理棉花拖欠贷款1 636万元。开展了附营业务停息挂帐认定工作。全年逐企业反复清理核实粮食附营业务停息挂帐贷款1.08亿元(涉及53个企业),减轻了企业负担。

(刘振东)

·中国建设银行青岛市分行·

业务概况

2000年末,一般性存款余额为164.44亿元,比年初增长27.35亿元,增幅为19.95%,当地新增占比为36%。其中,企业存款91.90亿元,比年初增长27.27亿元,增幅为42.19%,当地新增占比为51%;储蓄存款72.53亿元,比年初新增826万元。

各项贷款余额为113.29亿元,比年初增长16.67亿元,增长17.25%。其中,企业贷款余额为76.06亿元,增加3.8亿元;个人住房贷款余额14.18亿元,增加10.51亿元。

发展主要业务

拓展企业存款空间。调整贷款投向,重点支持青岛市"十高"和"十强"企业,支持国家和地方重点大中项目建设和生产发展;推行客户经理制、实施差别化服务、代客理财等手段,结合金融创新,巩固与大企业的合作,提高了客户满意度和市场竞争力;加大了对中小企业、民营企业和高新技术企业的扶持力度。

发展个人银行业务。开辟了耐用品消费信贷、汽车消费信贷、小额质押贷款等业务品种;储蓄业务在巩固发展传统业务的基础上,重点开拓了代收水、电、通讯、行政事业性等各种代理业务。开办了个人金融超市、个人金融业务授理中心;适应市场变化,贴近客户需求,推出了"金融夜市",为客户提供个性化、综合化服务。

发展房地产金融业务。注重资产质量,发展个人住房消费信贷业务,配合青岛市房改工作,重点支持"安居"工程和经济适用房建设。

拓展中间业务。推出了银证转账、代理深圳证交所账户开户等新业务,加大了代收代付业务力度,开办了代收水电费、电话费、税款和代理财政性收费等项目。扩充龙卡功能,改善了用卡环境,扩大了特约商户,全年交易额达90.9亿元,增长7倍。

推出三大特色品牌

1."捷安达"资金清算网络。可在24小时内为企业收集、回笼销售资金,缩短了企业资金在途时间,提高了了资金使用效率。

2."安居乐"个人住房贷款。包括:抵押贷款、担保贷款、二手房贷款、组合贷款、商业用房贷款、置换房贷款、"零首付"贷款等品种。

3."路路通"个人消费额度贷款。是向社会发放的不限具体消费用途、在额度有效期内可循环使用的个人贷款,具有手续简便、担保(抵押)灵活等特点。

推出网上银行

完成了网上银行的开发、调试和运行工作,并于11月成功地升级,增加了外汇买卖、龙卡无证支付等功能;12月,B2B网上企业银行成功上线,为企业提供了高效、安全的电子自交易平台,可在最短的时间内进行资金收付。

(王　峰)

·交通银行青岛分行·

业务概况

2000年末,人民币存款余额71.76亿元,比年初增加8.56亿元,增幅13.54%,其中储蓄存款增加2.95亿元,增幅为15.96%。人民币贷款余额58.76亿元,比年初增长15.78%;外币存贷款余额分别达到1.21亿美元和2 478万美元。贸易结算和非贸易结算额分别达到5.74亿美元和3.53亿美元。太平洋卡发卡量增加15万张,交易额达23亿元。"外汇宝"交易额达1.9亿美元,丙种存款达4 731万美元,比年初增加2 831万美元,增幅为149%。全年实现利润8500万元。

根据客户的不同情况及不同业务需求,设计不同的服务方案,提供个性化金融服务。先后与家乐福、青啤、汽巴染料、澳柯玛、海信、青岛碱业、青岛海洋大学等单位建立起全面的业务合作关系。

加强贷款管理

健全审贷分离体制,落实不良贷款责任追究制,优化信贷结构。压缩收回BB级以下贷款,集中资金投向国有大中型企业、三资企业、上市公司及跨国企业,加大总分行联动项目贷款力度,提高资金周转速度,全年累计投放各类人民币贷款75.14亿元。加大清理不良贷款工作力度,收回贷款本息合计1.15亿元;通过诉讼、贷款重组等途径,盘活风险贷款累计18.5亿元。全行本、外币有问题贷款占比分别比1999年初下降了6.5%和12.3%。

(交行办公室)

·中国光大银行青岛分行·

业务概况

2000年末,存款50.1亿元,比年初增长19.22亿元,增幅61%,超计划41%;各项贷款为32.62亿元,增加5.16亿元;存贷比65.15%,下降23.86个百分点。全年累计清收不良资产2.82亿元,完成全年清收任务的113.15%;各项费用支出控制在总行下达的指标内。全年实现利润2593万元,完成年计划的172.87%,按收付实现盈利3377万元。

调整资产结构

继续注重资产结构的优化调整,提高了质押、抵押贷款比重,继续清理无结算、无存款、无效益、无保证的贷款户,集中资金向优良客户倾斜。1.注重贷款投向的根本性转变。经总行批准授信的上市公司和特大型、效益好的集团公司以及存单质押贷款两部分高效低风险业务,在新增的流动资金贷款中占比达71.97%。2.从保证方式上有效地防范信用风险。新增贷款中,抵、质押贷款比例达到89.32%;对总行授信的优质客户和存单质押贷款两部分占82.5%,增加了11个百分点,实现了信贷资产健康有效地增长。

发展中间业务

继续开展票据业务,拓展利润空间。截止年末,全行贴现发生额14.1亿元(含转贴现),办理再贴现5.1亿元(含转贴现),实现营业收入1296万元。

强化国际业务。在加强风险防范的同时,发展客户群体,扩大结算量。全年共办理结算业务2.50亿美元,完成总行下达任务的150.6%,增加3082万美元,增幅14%。其中,单证结算量1.58亿美元,增加5067万美元,增幅47.17%;结售汇3.43亿美元,增加1.30亿美元,增幅61%。1至10月,该分行国际业务结算量在全市金融系统占比为2.27%,高于全系统平均占比1.17个百分点。全年对外开证187笔、金额3012万美元,办理出口押汇407笔、金额2195万美元,无一笔垫款及逾期发生,实现了质与量的有机结合。

年内,开始启动阳光卡、保管箱、银证合作及消费信贷等业务。

加快电子化建设

实施了全行电子化建设"大集中"工作,并于5月14日顺利地将分行数据集中到总行。到11月末,先后推出了收付清算系统、综合信用管理、事后监督、信贷登记咨询、全国电子联行、网上银行、办公自动化、全辖防病毒系统等8个电子化系统,保障和促进了各项工作。

(解令科)

·青岛市商业银行·

业务概况

2000年末,各项存款余额52亿元,比上年(下同)增加11亿元,增长26.8%;各项贷款余额35.5亿元,增加10亿元,增长38.7%;综合收息率增加15个百分点;不良贷款占比下降13个百分点;改善经营状况,实现减亏55%。

年内,开展了以揽存增贷为主的市场营销活动。调整市内营业网点,分别在城阳区和崂山区建立正阳路支行和香港东路支行。

存贷款与中间业务

优化信贷资产结构。选择有安全保障和良好效益的工程项目和企业作为贷款客户。全年为青银高速路和城市东西快速路等市重点建设项目和澳柯玛、青钢等大企业发放贷款9.5亿元。拓展个人信贷市场。成立了零售业务处,建立了个人金融综合服务中心、个人住房贷款服务中心、个人汽车贷款服务中心,推出了住房按揭贷款、抵押贷款和汽车贷款,开办了面向国家公务员和高级知识分子的信用贷款和自然人保证贷款以及面向普通市民的二手房贷款业务。在个人信贷业务中,全面应用了计算机管理系统,使业务全过程实现了动态监控和自动化。

加强债券市场运作。全年银行间债券市场业务交易量322亿元,是上年的6.2倍。承销债券15.3亿元,分销9亿元,其中销售凭证式国债8亿元。与省内外20多家商业银行和农村信用联社建立了债券分销合作关系。现券买卖和债券回购中标15次,中标金额7.2亿元。

开办了银行承兑汇票业务和为青岛钢铁集团公司签发商业汇票托底业务。

不良资产清收

实行了专职部门主动清收、责任人员被动清收与全体员工全员清收相结合清收办法。成立了特殊资产管理部,对全行涉案贷款进行集中管理和清收;成立了贷款清收稽查办公室,对历年形成的不良贷款分类排队,查清主要责任人,责令限期清收;对一部分无执行条件或帐销案存的贷款,在一定范围公布债务人名单,发动员工举报线索。全年累计收回涉案资产1.7亿元,其中现金4745万元、各类资产1.2亿元。不良贷款占比下降了13个百分点。

(周尊严)

·华夏银行青岛支行·

业务概况

2000年,升格为总行直属支行。年末,资产总额达到30亿元。各项存款余额26.05亿元,比年初(下同)增加10.88亿元。其中,储蓄存款余额2.47亿元,增加1.09亿元;外币存款余额2520万美元,增加790万美元。各项贷款余额14亿元,增加7.5亿元。实现国际结算量3.20亿美元,结售汇2.03亿美元,合计实现国际结算量5.22亿美元，增加2.19亿美元。新增发卡量8.1万余张，累计发行华夏卡突破14万张。不良资产率仅为0.1%，不良贷款率为0.22%。

加强企业文化建设

5月，与青岛日报社、市文化局、丽晶大酒店联合举办了“庆祝华夏银行青岛支行成立两周年暨自助银行正式启用”西班牙古典吉他演奏会。7月，与市文化局共同主办了“华夏银行之夜——英国南安普敦青年管弦乐团青岛音乐会”。8月，作为唯一的银行代表出席了“2000年青岛国际海洋论坛”。9月，参与了“21世纪企业发展战略国际论坛暨中外企业投资贸易洽谈会”。10月，在全市“十大商场”举行了“华夏卡刮刮奖”活动。12月，作为唯一的银行代表被邀参加市委、市政府组织的“十五规划大家谈”电视现场特别直播节目。

（刘志坚）

·青岛国际银行（中外合资）·

业务概况

2000年末，总资产达1.25亿美元，贷款余额6948万美元，存款余额950万美元，实现营业收入1020万美元。自1996年开业以来连续5年实现盈利。

年内，开办了与国外银行之间的出口票据贴现业务，开发了青岛市辖区内的移动银行业务，参加了有多家国外银行参与的银团贷款项目。加大业务市场开发力度，吸收了上海、天津、宁波等地一批新客户，扩大了影响。调整贷款结构，提高贷款质量。在贷款存量上，收回了几笔具有潜在风险的大额贷款，压缩了大额贷款的规模；在贷款增量上，重点选择了一些效益好、风险低的高新技术企业和进出口贸易型企业。

业务拓展

年初，成立了人民币业务特别工作组、开设分行特别工作组，进行开办人民币业务、开设分行的前期准备工作。另外，还成立了电子银行开发小组，与美国、韩国、香港、新加坡等国的多家著名软件公司进行了电子银行系统开发洽谈，积极开发电子银行业务。

（青岛国际银行）

中国人民保险公司
·青岛市分公司·

业务概况

2000年，完成保费收入6.08亿元，比上年（下同）增加2152万元，增长幅度为3.7%，增幅高出5.32个百分点。其中，机动车辆险保费收入3.46亿元，增收4918万元，增长16.6%；财产险保费收入1.54亿元；货物运输险保费收入4500万元。全年共处理赔案51156起，赔款4.46亿元。其中，财产险6998起，赔款8600万元；机动车辆险42757起，赔款2.65亿元；货运险796起，赔款2000万元；船舶险513起，赔款6000万元；其他险种92起，赔款1500万元。

全年为本市承担各种风险责任2600亿元。

业务服务

年内，开办了《计算机保险》、《电话盗打损失保险》、《注册会计师职业责任保险》等10个新险种，其中多数险种已有收效。

加强防灾防损和核保核赔工作，增强各单位的风险管理意识，一些赔付率居高不下的业务得到了化解，控制和规避了高风险业务，全年未发生大的恶性案件。

绝大多数辖属单位实行了保赔分离管理体制，设置了专职理赔科，以加快理赔速度，提高理赔质量。开通“95518”专线电话，实施24小时服务。

企业建设

年内，首次以竞争的形式在全辖选拔任用了14名副处级干部。遵循公平、公正、合理和自愿的原则，先后为347名员工办理了解聘手续，占干部职工总数的33%。并用足用好政策，为辞职人员解除后顾之忧。

加强员工教育培训，全年举办“机动车辆险培训班”、“水险业务培训班”，“财产险保险实务程序培训班”、“办公自动化”等10个培训班，并组织干部参加总公司组织的境外培训，提高员工的业务素质。

组织开展了有市委、市政府领导和大系统、大保户参加的“相约新世纪联谊”活动，树立和推介人保新形象。

年内，推出了组建财务中心、客户服务中心，业务处理中心实施方案，为实施保险业务重大改革做好准备。

（李玉德）

中国人寿保险公司
·青岛市分公司·

业务概况

2000年，完成保费收入达6.40亿元，比上年增长了3.17%，各类给付共1.30亿元。

加强电子化建设，建立了自动备份系统和电子化培训教室；通过ATM网，实现了语音、通信、图像传输，实现了网上完成电话通讯、文件传递、网上传真、召开会议、教育培训五大功能；成立了业务处理中心、财务处理中心和客户服务中心，集中处理和管理全辖业务、财务。

企业建设

推进干部制度改革，选聘了9位年轻干部担任部门正、副职领导。实行内部退养、有偿辞职和转岗，精简了正式员工61名。

加强险种宣传，设计了寿险组合“套餐”的投保规划书，通过广泛宣传，提高业务知名度。壮大展业队伍，发展专、兼业代理，加强与银行等系统的联系和农村代理网点、营销队伍的建设。

加强专业培训。年内共举办专业培训班24次，培训615人（次）；通过网上教学等形式，加强对计算机知识、代理人资格考试和保险知识等专业的培训。

（寿　险）

中国太平洋保险公司
·青岛分公司·

业务概况

2000年，保费收入完成3.01亿元，其中财产保险1.64亿元、人身保险1.37亿元。财产险已决赔案15368件，支出赔款8836万元，综合赔付率为53.66%。全年实现利润1400万元。

年内，在全市保险业中率先成立了理赔中心，24小时接受报案，全天候查勘，实行定损、理赔一条龙式服务。对车险赔案实施限时服务制度,凡手续齐全、50万元以下的赔案,必须在10天内结案;玻璃单独破碎等小额案件,直接到定点单位更新。提高经营水平与业务质量,规范业务管理,连续3年对车险业务实行微机出单、抄单、统计和缮制赔案。

汛期前,专门定制了3万条防汛专用沙袋,分送到防灾力量薄弱的企业。8月,当胶南、胶州等地发生洪涝灾害时,公司防汛抢险突击队立即赶赴灾区抢险救灾,迅速查勘定损,小额赔款及时兑现,大额赔款及时预付,帮助企业迅速恢复了生产。半个月内,200余起赔案全部审核完结,几百万元赔款全部到位。

在全市开展了车险、寿险客户大回访活动,并对保险服务质量进行了问卷调查。还开办了安居综合保险、太平盛世系列综合保险等近十个新险种。

11月30日,正式开通了"95500"服务热线,实现了保险服务全国联网,24小时处理投诉、咨询和报案。自热线开通以来,日均处理各类咨询50余件。

实施产、寿险分业经营管理

根据上级指示,公司于下半年实施了产、寿险分业经营管理,分设成中国太平洋财产保险股份有限公司青岛分公司和中国太平洋人寿保险股份有限公司青岛分公司;对原支公司也"一分为二",在全市12个区、市分别设立了产、寿险支公司。

推行电子化经营管理

年内,自主开发了新的办公自动化系统,对车险、家财险、企财险及人寿险等电脑管理系统进行了升级,优化了13个业务机构的局域网,启用了新的单证管理系统,实现了对重要空白单证的电子化管理,完成了对寿险存量保单的清理工作。9月,在青开通了太保电子商务网站,实现了保险业务的网上销售。

加强教育培训工作

全年举办各类培训班30期,参训人员超过5000人次。为保证培训质量,邀请瑞士再保险公司驻沪办事处首席代表王建民博士、台湾人寿保险讲师澎秉镛教授及青岛大学金融学院的讲师等专家,来公司举行了专题讲座。

(袁本刚)

·中国平安保险股份有限公司青岛分公司·

产险业务

年内,青岛地区保费收入7746.25万元,比上年(下同)增长14.91%。全年赔付4880万元。

年内,重点推出了个人抵押贷款房屋保险,成为业务的有效增长点。还推出了校方责任险、会计师执业责任险、律师执业责任险等险种。

"总对总"代理业务取得突破,先后与建设银行山东省分行、中国银行山东省分行、工商银行山东省分行、招商银行青岛支行、华夏银行青岛支行等签署了代理协议,并进入实质性操作。

调整险种结构,使车险、非车险占比趋于合理,并适度控制高风险业务。在理赔上,改过去按机构大小授权制为合理授权制。建立内部专家网络体系,实现了人力资源共享。

在平安保险公司成立12周年之际,邀请海尔集团等重要客户代表参加庆典仪式,交流企业文化。建立客户回访制,总经理室成员带队回访客户,听取意见,改进服务。

(丁 勇)

寿险业务

年内,青岛地区共实现保费收入5.59亿元,其中个人寿险5.21亿元、团体寿险0.38亿元,保费收入增长40.4%;全年赔款与给付(含满期给付)合计2900万元,其中个人寿险给付2600万元、团体寿险给付300万元,个人寿险最大给付案受益人获给付款22.6万元。

进一步完善经营管理运作流程和制度,建立了包括区域销售督导体系、销售培训体系、业绩目标管理体系和技术后援管理体系等在内的一整套专业化销售体系。

改革薪酬制度,按定量、定编、定岗、定员的原则确定新的薪酬体系,体现了贴近市场、拉开差距、有效激励、促进发展、追求公司价值最大化的精神,实现了人员精、绩效高、成本低、效益高的目标。

6月,该分公司有3名寿险代理人员随同总经理刘亦工赴美国参加新一届MDRT会议。其中,有1人是第二次参加MDRT会议。

11月,在山东地区开通了平保全国统一保险咨询服务电话,客户在任何地方拨打当地"95511"电话,即可获得保险咨询、保单查询、简单案件报案、理赔等服务。

(王凤弟)

·万通证券有限责任公司·

业务概况

年内,共实现证券交易额340亿元,比上年(下同)增长82.8%;实现营业收入1.91亿元,增长81.9%;实现利润总额8972万元,增长111.7%;累计开户投资者23.35万户,增幅为11.05%。年末净资产为7.14亿元,增长155.14%。

如期完成了增资扩股工作,实收资本由5000万元增加到5.52亿元;股东单位由2家增加到32家,公司更名为"万通证券有限责任公司",并依法召开了新一届股东大会、董事会和监事会,选举产生了新的董事会、监事会和新一届领导班子。按照国家有关规定和市政府的部署,对青岛弘诚信托投资公司和青岛国际信托公司的8个证券营业部实施了托管,使全市证券业重组规划进入了实质性操作阶段。

在投资银行业务方面,由公司担任副主承销商的青岛碱业公司和澳柯玛公司项目已顺利挂牌上市;公司担任副主承销商的中信海洋直升机、重庆九龙、山东华泰纸业、福建水泥等投资银行项目也成功发行,还培育和开发了一批新的改制与上市企业。

经过选拔新的部门经理,充实业务骨干,建立完善操作了规程,提高了业务操作水平,证券自营业务业绩超过了预期目标。

公司的精神文明建设成绩突出,被授予1999~2000年度"青岛市文明单位标兵"称号。

规范证券营业部

年内,将青岛证券交易中心和市财政证券公司转制为市内延吉路和城阳两个证券营业部;新建了滨州黄河北5路营业部,并规范建设了滨州邹平、淄博南定、即墨兰村和青岛经济技术开发区4个证券服务部,使公司的营业网点由11

个增加到18个。此外,为强化对滨州地区3个网点的管理,设立了公司滨州管理总部。全年对各证券营业部的基本建设和设备改造的投资达到3000万元。

完善公司法人治理结构

制定了董事会、监事会、总经理工作规则和公司重大事项申办规程、会议制度,形成了以现代企业制度为框架的制度体系;以公司基本制度为基础,制定了《公司规章制度汇编方案》,完成了8大类、近百项制度的初稿;经选举并经市总工会批准,产生了公司工会委员会,下设14个分会。

理顺和完善公司的两级财务管理和财务核算体系。根据中国证监会的要求,逐步强化公司集权式的财务管理制度,对营业部的重要活动实行"双签制",增强了营业部的财务监管力度。

员工队伍建设

结合1999年度考核和合同续签工作,对全辖280余位员工进行了岗位业务培训考试,合格率为98%,对考试考核不合格的10位员工未再续签合同。组织600余人次参加了中国证监组织的证券从业资格考试,合格率为70.5%。年末,对员工进行年度考核,表彰优秀,对评议名次居后的员工实行降职待聘。

(周建宁)

中国证监会青岛证券·监管特派员办事处·

融资与上市运作

年内,全市有青啤、海尔、海信、东方大厦、国货公司、双星、青岛碱业、澳柯玛等8家公司上市、9只股票,累计募集资金总额53.29亿元。其中,碱业股份有限公司于年初发行上市,年末澳柯玛股份有限公司也顺利发行并募集资金到位,两公司分别融资3.40亿元和8.19亿元,合计融资11.592亿元,占本市往年上市公司股票融资总额的28%。双星10:3配股、海信10:6配股和海尔股票增发工作已获证监会批准。5家拟上市公司已进入正式辅导期。

证券市场规模

截止2000年,青岛辖区证券市场A股累计交易量为960.67亿元;基金交易量累计为36.19亿元;A股及基金累计交易量为996.86亿元;国债现货和国债回购累计交易量分别为154.48亿元和169.04亿元。截止12月底,总交易量(A股、基金、国债现货及国债回购等)累计1323.62亿元。

青岛辖区个人与机构累计开户数(不含权证)达615634户,比上年增加81478户,增长15%。其中,个人开户614466户,增加81186户,增长15%;机构开户1168户,增加292户,增长33%。客户保证金余额66.05亿元。

年末,青岛辖区共有独立证券经营机构16家、证券营业部36家、已获准设立的证券服务部3家。上述机构有来自全国性的券商如申银万国证券公司、海通证券公司、国泰君安证券公司、中信证券公司、山东证券公司、华夏证券公司、银河证券公司等。其中,中信、山证、海通在青设立了证券业务管理总部。证券经营机构正式员工达990人,增长5%。还有8家具有证券执业资格的中介机构,其中2家证券投资咨询机构、1家评估机构、2家会计师事务所与3家律师事务所。

期货市场

青岛辖区现有国大、金友、弘信3家期货经营机构,截止2000年12月末,资产总额达1.18亿元,比上年增长34%;客户保证金余额为8024万元,增长143%;全年累计代理交易额为399.47亿元;从业人员125人。经过期货市场的规范整顿,期货公司的规范运作水平、风险内控制度建设、从业人员素质较往年有明显提高。

各项税收

年内,辖区8家上市公司上缴各项税费共计7.36亿元。其中,上缴增值税3.55亿元,消费税1.11亿元,所得税1.90亿元,城建税3016万元,教育费附加1693万元,房产税1123万元。

证券经营机构上缴各项税费共计9863.83万元(不含青岛国际信托投资公司证券营业部和青岛弘诚信托投资公司证券营业部),增长39.74%。其中,营业税及附加3948.42万元,增长45%;所得税上缴5915.41万元,增长26%。证券经营机构实现税前利润1.75亿元,增长56%。人均实现税前利润17.72万元,增长48%。

(王勤强)

·青岛市电子货币网络中心·

业务概况

改善用卡环境,实现全市银行卡网络的信息共享、机具共享、网络共享,改变一个收银台多台POS的现状。中心在银行卡商户POS联合试点的基础上,积极推广使用直联POS。为了解决直联POS和ATM存在的一些技术问题,技术、业务人员克服困难,积极与各行协调,督促其解决问题,改善直联POS的运行环境,扩大了直联POS的应用范围。截止2000年底,直联POS在商场的覆盖率达15%,已有23家商场安装使用了直联POS。网络运行环境有了较大的提高,跨行交易日最高交易量近3000笔,年内跨行总交易笔数达84万笔,清算额达1亿多元。

立足改善服务,联合各发卡银行,积极开展让持卡人满意活动,建立了促进ATM和POS完好运行的有效机制。按规定网络中心只受理银行的查询、查复、投诉,但从为持卡人做好服务着想,清算人员在业务繁重的情况下,受理了大量持卡人投诉。定期检查网络终端的运行状况,为商户和入网银行解决技术和业务方面的问题。截止年底,共完成错帐查询查复调整近3000笔。

年内,与申请入网的青岛市农村信用联社和光大银行青岛分行就银行卡的入网工作做了大量的技术交流、技术准备和有关的测试工作,确保联网银行发行的各种银行卡新产品的及时上网。

IC卡应用发展

在重点加快社保IC卡和机构公共信息IC卡"一卡多用"试点工作的同时,做好交通IC卡"一卡通"试点工作的前期准备,大力推进商业、教育、旅游、电信等重点行业的推广应用。全年新增发卡量100万张。

宣传和贯彻执行《青岛市集成电路(IC)卡应用管理暂行规定》,利用广播、电视、报纸等媒体,对IC卡进行了广泛的宣传。建立有关IC卡发行审核制度和市场准入制度。会同工商、物价、公安、技术监督等部门,加强对 IC 卡应用市场的检查、监督和管理,保障 IC 卡有序规范地快速发展。

(李燕瑞)

·青岛弘信公司·

业务概况

年内,实现利润 439 万元,资本增值率达 104.3%,所属弘信期货公司完成交易量 132.69 万手,成交金额 289.1 亿元,实现毛收入 512 万元。

7月,由公司为业主建设的山东省国际会展中心竣工并交付使用,保证了当年度"青洽会"的举行。该中心系山东省政府、青岛市政府确定的重点工程项目,总投资近 6 亿元,建筑面积 7.9 万平方米,内设 1528 个国际标准展位。

拓宽投资渠道

在搞好政府安排的重点工程建设任务的同时,依托本市海洋产业的优势,重点发展高科技产业和房地产业。弘信高科技生物公司在成功开发"康肤灵"竣甲基甲壳胺项目的基础上,又进行了壳聚糖纤维项目开发,并被列为青岛市重点支持高新技术项目。弘信科技公司与国防大学合作开发生产的"柔性镀膜"项目,填补了国内空白。

为促进本市体育运动事业的发展,拉动崂山宾馆的整体效益,投资兴建了山东省唯一的室外、内网球馆,并于 7 月投入使用。该馆共拥有室内场地三片、室外场地四片,可承接国内、国际网球比赛。已先后举办了全国网球循回赛总决赛,中、日、韩九城市少年对抗赛,"金海广场杯"青岛业余网球邀请赛等赛事。

加强企业管理

对各控股公司进行了规范化改制。首先从弘信咨询公司开始,使国有资产比例占到 25%以下,并逐步退出竞争性领域。完成了弘信机电公司和弘诚网球俱乐部相互参股、持股、合并等工作。弘信实业公司对子公司进行了清理,做好全面改制基础性工作。弘信期货公司对机构进行了精简,降低了管理成本,使企业由 4 月份前亏损 60 万元到当季度实现盈利。

(弘　信)

·青岛市企业发展投资公司·

业务概况

2000 年末,负责管理的各类专项基金 7.95 亿元,担保资金 2.45 亿元,市财政划转的债权和大项目基金 3.43 亿元。累计使用各类基金 11.64 亿元,回收到期各项基金 4.74 亿元,债转股 1.62 亿元,为企业贷款提供担保总额 9.7 亿元。其中,年内发放基金 3.72 亿元,回收 2.94亿元,债转股 1.56 亿元。

担保资金运作

制定了《青岛市担保中心章程》、《青岛市担保资金会员制管理暂行办法》、《担保资金公示制办法》、《担保中心工作流程》、《担保中心专家委员会工作细则》等规章制度。对担保资金的管理、准入条件、操作程序、收费标准、代位补偿做到"五严格",建立和完善了"审、保、偿、监"相互独立、相互制衡的运行机制。

为引导银行资金并有效控制风险,与本市 8 家商业银行签订了担保贷款合作协议,明确双方各自的责任及承担的风险,使风险得以分散。

为最大限度减少风险,有利于担保业务的顺利发展,聘请了 20 多位经济、技术专家,政府有关部门的领导和商业银行的专业人员等,组成专家审核委员会,对担保贷款项目进行审核,确保资金安全。

在防范风险的前提下,担保规模逐步扩大。到年末,共发生担保金额 4.564 亿元,使本市部分中小企业、个私企业贷款难的问题得到解决,其经济效益和社会效益日益显现。

债权清收

为了防范和减少各项基金的呆滞和沉淀,加大清债工作力度,实行清债工作责任制,采取经济、行政、法律多种手段,全力推进债权回收。分别与市纺织总公司、国风集团、凯联集团等主管单位联合召开其所属借款企业会议,提出还款要求,促使企业制定出还款计划。通过起诉恶意欠款企业,增强这些企业的还款意识,达到清债的目的。

债转股

按照国家政策和本市有关规定,从借款企业中选择符合条件的企业进行债转股试点,先后为橡胶集团、青钢集团、国棉二厂以及鑫天集团等企业办理了债转股。为切实做好债转股后的管理,制定了债转股企业管理暂行办法、债转股工作程序等,建立了债转股企业的资料档案,实行与债转股企业定期联络制度,使债转股工作逐步走上规范化、制度化的轨道。为公司投资结构的调整、投资业务的拓展和资本运作探索了路子。

流亭机场建设

该公司作为政府受托出资人,承担了该机场项目的发起者和差额贷款担保者的职责。按照青岛市人民政府"青政发〔2000〕42 号"文件精神,出资发起成立了青岛流亭国际机场有限责任公司,实行法人治理结构,采取项目法人制。12 月 28 日,机场扩建工程正式奠基,预计 2003 年一期工程竣工并投入试运行。

(综　合)

·青岛市科技风险投资有限公司·

2000 年 8 月,青岛市在 1995 年组建的青岛市科技风险开发事业中心的基础上,组建青岛市科技风险投资有限公司,注册资金 1 亿元并已全部到位。

成立该公司是为了促进本市科技成果转化,推动高新技术走向市场、实现产业化,利用高新技术改造提升传统产业,培育新的经济增长点;满足调整本市产业、产品结构的升级并形成良性循环,适应科技投融资体制改革需要。

公司的主要业务是对高新技术企业和技术创新企业进行投资、融资担保、项目评估、企业评价、投资咨询等中介服务;遵循"专家理财、科学决策"的原则,除对高新技术企业提供资金支持外,还为企业提供各项增值服务,协助企业提高管理水平和增强竞争力,全方位扶持企业成长;接受委托管理资金以及其它法律法规允许的服务。

公司按照市场化原则,立足于发掘和培育创业板的上市资源,重点支持技术创新并具有独占性、具有产业化条件、市场前景乐观、管理团队精干、研发力量较强、具备可持续发展能力的高科技项目和符合本市产业发展方向的企业。

公司成立后,参与了对青岛国人科

技股份有限公司、青岛金王应用化学股份有限公司、青岛德益利机械有限公司的股份制改造，累计完成投资3 200万元，其中“国人科技”、“金王股份”已进入上市辅导阶段，“德益利机械”正在加快步伐，积极争取创业板上市。公司还为12家企业提供科技成果转化贷款担保，担保资金2 450万元，企业到期还款率100%。通过融资担保使多家企业摆脱了资金匮乏发展无力的困境，增强了扩大再生产的能力，并扭亏为盈，进入良性循环，同时增加了财政税收，使政府资金产生了良好的社会效益和经济效益。

（张建博）

·青岛市外资金融机构简介·

外资银行分行

香港上海汇丰银行有限公司青岛分行　营运资金为1 150万美元；营业地址在青岛市香港西路48号（海天大酒店东楼）。2000年有员工47人，比上年减少2人。截止年末，贷款余额4 250万美元，较年初下降39%；存款余额824万美元，增长22.6%；实现税前利润103.7万美元，增长74.7%。

日本山口银行青岛分行　营运资金为1150万美元；营业地址在青岛市香港西路48号（海天大酒店东楼）。2000年有员工18人，其中日籍员工5人。截止年末，贷款余额3 604万美元，较年初增长0.9%；存款余额1 824万美元，增长18.4%；实现税前利润43.4万美元，下降21.4%。

香港宝生银行青岛分行　营运资金为1160万美元；营业地址为青岛市云霄路6号。2000年有员工17人，比上年减少2人。截止年末，贷款余额1 732万美元，较年初增长13.2%；存款余额377万美元，下降20.3%；实现税前利润85.1万美元，增长24.2%。

外资金融机构代表处

英国渣打银行青岛代表处　1993年9月设立。办公地址设在青岛汇泉王朝大酒店。

香港东亚银行青岛代表处　1994年9月设立。办公地址设在青岛汇泉王朝大酒店。2000年经中国人民银行批准延期经营6年。

新加坡华侨银行青岛代表处　1996年4月设立。办公地址设在青岛汇泉王朝大酒店。是对中国国有大中型企业融资较多的外资银行之一。

（贾世敏）

中国十大名茶

1.**祁红**　其条索紧细乌黑，汤色红艳明亮，微带兰花香气，被称为“祁门香”。

2.**滇红**　此茶香馥味浓，汤色红艳，也有制成红碎茶或功夫茶的。

3.**西湖龙井茶**　泡在茶杯中的龙井茶，芽与叶交错相映，嫩匀成朵，有如兰花初绽，清香高雅，素以形美、色绿、香郁、味醇“四绝”著称于世。

4.**屯绿**　开汤泡茶后散发出清鲜柔和的香气，品尝时有一种鲜醇的滋味，汤色清碧，叶底肉厚翠绿，十分美观。

5.**碧螺春**　制出的茶叶白毫披露，卷曲似螺，清香袭人，可谓色、香、味具佳。

6.**铁观音茶**　条索紧结，色泽深绿如铁，冲泡后有馥郁的兰花香气，行家称之为“绿叶红镶边，七泡有余香，既有天真味，又有圣妙香”，乃茶中珍品。

7.**武夷岩茶**　汤色金黄清亮，滋味醇厚。

8.**白毫银针茶**　芽长近寸，细长如针，披满白毫，冲泡后香气清新，滋味醇和。

9.**茉莉花茶**　将绿茶用茉莉花熏制而成，其茶泡水，可谓“嫩茶窨花香，芬芳入心脾”。

10.**普洱茶**　汤色清澈，滋味醇爽回甜，耐冲泡，可消食化痰，清胃生津。

城　　建

城 乡 建 设

·概　　况·

城市基础设施建设

全年市内四区累计下达城市建设项目投资计划10.4亿元,完成城建固定资产投资9.9亿元。海一线截污工程、海泊河综合整治、李村河截污等工程均已相继完成或取得突破性进展。仙家寨水厂扩建工程、小涧西垃圾综合处理场等工程进展顺利。东西快速路、城阳污水处理厂已于年内开工建设。

村镇建设

全年全市村镇建设投资总额31.4亿元。其中,住宅建设投资12.6亿元,竣工建筑面积206万平方米;公共建筑投资4.9亿元,竣工面积67.3万平方米;生产性建筑投资8.8亿元,竣工面积107.3万平方米;公用设施建设投资5.1亿元。

加快城市化进程。首次举办了"青岛城市化建设展",制定了《青岛市市区城市化实施方案》,城市化水平已达到46.2%。截止年底,全市共有建制镇114个(含沙子口镇、北宅、王哥庄3个办事处)、集镇11个、村庄5 681个。全市100%的乡镇完成了总体规划,40%的乡镇驻地完成了详细规划,100%的村庄编制了村庄建设规划。

建筑业

全年全市施工企业完成产值85亿元,比上年(下同)增长13.5%;累计施工面积1 579.4万平方米,增长6.2%。各类房屋竣工面积693.7万平方米,减少4.1%。开发建设了"青岛建设工程监理管理信息网",在全省率先实现了监理工作网络化。开发并推行了新的工程造价管理软件。完成了劳保费收缴工作,并按规定及时拨付和补贴。4家列入市特困范围的企业,当年有3家扭亏,完成了市政府下达的解困目标。成立了"清理拖欠工程款办公室",全年累计清理回收拖欠工程款2.8亿元。

在全国率先实施工程竣工验收备案制度,由建设单位组织工程验收并承担相应的质量责任。建设部在全国推广了这一做法。年内,全市有56个单位工程按新规定由建设单位组织验收并进行了备案,验收一次通过率100%。

创立了工程质量监管"一四一"模式,即工程开工前对责任主体资质和个人从业资格进行审查,施工过程中实施结构抽检、专项检查、建材抽检和安装质量抽检,工程竣工验收前强化功能试验。

组织有关专家开展对屋面防水、墙体裂缝等质量通病的技术攻关。在建工程功能通病治理取得明显进展,新竣工工程投诉率下降28%。引进具备国际先进水平的工程质量检测仪器,将人工抽查和仪器检测相结合,对1 300家建材产品产销单位进行了产品质量准用审查,使全市建设工程质量有了明显提高。对试验室的试样检测实现全过程微机自动化管理,检测数据建立"电子档案",使办公效率成倍提高。在全市范围实行新的现场取样送样管理办法,规定送样人必须持证上岗,见证人对取样送样全过程进行监控。

率先在全国建筑行业中提出"两型五化"(即"安全文明型、卫生环保型"和"硬化、净化、美化、绿化、亮化")施工现场管理模式,建设部、省建设厅、省建管局予以表彰,并在全国、全省推广。创办了全省第一家建筑职工夜校,对社会稳定、全市精神文明建设发挥了积极作用。实行了建筑工程安全报监制度,进一步强化了工程建筑安全文明施工全过程监督检查。

有形建筑市场在全国范围做到了5个率先:率先使用计算机网络管理系统进行工程招投标,并进入国际互联网;率先创建了评标专家网上管理工作模式;率先把建筑消防工程纳入有形建筑市场进行公开招标投标;率先实行了城市维护工程综合招标试点,打破了行业垄断;率先实行投标人资格预审制度,解决了原有投标抽签办法所带来的弊端。以上做法被建设部在全国予以推广。在全省范围率先实行了有形建筑市场规范化管理。报建信息与有形建筑市场联网,通过大屏幕、触摸屏、互联网向社会公开发布报建信息,使政府部门、各施工企业及时了解工程动态,避免暗箱操作。全年市区建设工程项目应公开招标率达到100%。

副市长杨军(左二)视察青银高速公路"青岛段"建设情况　(金永昌/摄)

房地产业

全年全市房地产开发投资完成70.7亿元,其中住宅48.2亿元,分别增长9.1%和10.8%。商品房销售面积288.4万平方米,其中住宅233.0万平方米,分别增长11.4%和1.3%。个人购买商品住宅221.5万平方米,增长13.5%,占商品住宅销售总量的91.5%,提高10.3个百分点。处置闲置土地17幅,启动停建工程17处;消化空置房屋57.8万平方米,其中空置1年以上房屋面积下降31.5%。

物业管理

截止年底,全市共成立各类物业业主委员会200多个,占实行物业管理区域的60%以上。投资1350余万元,重点对16个旧小区进行了整治改造;共拆除违章建筑9700余平方米、铺设草坪4.1万平方米、硬化路面8.6平方米、种植植物2.3万株、设置钢护栏4500米、增设健身路径7处、居民健身设施4套及其他生活辅助设施。扩大物业管理面积近200万建筑平方米,管理领域继续向党政机关办公楼和银行、保险、税务等社会经营机构以及工业区、厂房等各类物业发展,腾出工作岗位安置下岗职工150多名。新创建市优物业管理小区(大厦)37个、省优10个、全国物业管理示范小区3个(金牌)。全年对近10处物业的管理进行公开招标,选聘了物业管理企业。

勘察设计咨询业

全年完成工程勘察设计投资额150余亿元,建筑面积近800万平方米。市区建筑工程施工图设计审查范围由住宅工程扩大到所有建筑工程,并建立了完善的审查机构。改革住宅楼板结构体系,实行市区、高科园住宅楼板全部改用现浇钢筋砼结构施工。强制推行六层以上住宅设置电梯,提高居民居住质量。作出禁止使用实心粘土砖的规定,节约耕地和能源,促进了城市建设的可持续发展。

城市管理

城市管理工作基本走上法制化、市场化、规范化轨道,形成了两级政府、三级(市、区、街)管理的新体制,原由政府负担的社会职能已经实现了市场化;开始步入全国先进行列,被列为全国首批城市管理综合执法试点城市之一。拆除违法建筑,占路市场退路进室工作圆满结束,历时4年零9个月。对八大关园区内的重点建筑物实施了亮化,香港路主要建筑物亮化工程已经完成,霓虹灯广告、灯箱广告、电子显示屏广告上了一个新档次。城市环境综合整治各专业治理全面推进,铁路两侧的整治和绿化工作已全面完成。

建设企业改革

全年完成48个企业的改制筹建工作,其中有9家已挂牌设立。全市建设系统首家推荐上市企业麦迪绅股份有限公司已被建设部列为重点推荐的上市企业。市园林设计院、中房公司设计院完成了改企建制工作,第四建筑设计院、市政设计院、市建筑设计院的改革也在积极稳妥地进行。建设系统10户直属设计单位有2户完成改制并挂牌。

(于叶红)

·重点工程建设·

概　况

市重点工程指挥部负责指挥、协调、管理20项国家、省和青岛市级重点工程建设(全部是市委、市政府下达的重点工作目标),分别由14个工程建设指挥部或筹建处承建,已全面完成目标任务。其中,港口建设项目3项,铁路建设项目1项,交通建设项目6项,能源建设项目2项,引水建设项目1项,市政建设项目1项,商贸建设项目1项,城市开发改造项目5项。全年共完成建设投资20.33亿元。

竣工并投入使用的项目

11月18日,同江至三亚高速公路栖莱段竣工;青威公路竣工通车;11月11日,青银高速公路青岛段(包括青银高速夏庄立交至流亭立交连接线和流亭立交桥改造)主体工程贯通,12月23日竣工通车;前湾港20万吨矿石码头工程竣工投产;蓝烟铁路复线和配套工程基本完工;李村河污水处理厂二期工程基本完工,达到综合调试目标;青岛百盛商厦工程全部竣工;青岛火车站北区广场综合整治一期工程范围内项目全部完工。

年内新开工项目

前湾港技改工程开工,挖泥300万立方米,软基处理10万立方米,沉箱预制15个、安装5个,均完成了年度目标;东西快速路工程于10月26日开工建设,完成了年度目标。

在建工程

煤制气二期电热厂和管道燃气输配工程完善热电站和管网建设，管道燃气输配工程发展用户2.24万户，实施输配中压管网3.59万米，低压管网19万米；热网输配工程新增供热面积30万平方米以上；海泊河流域综合治理工程一期工程全部完成；棘洪滩水库至黄岛引水工程输水管线安装完工；浮山新区建设工程完成一期配套公共建筑、二期住宅公共建筑和三期征地手续；海泊河两岸改造工程电力配套建设和供热管网建设基本完工，新增供热面积9万平方米，17＃工地开工建设；地铁工程完成小村庄站至国棉九厂站结构施工图设计，火车站地铁明暗挖段工程和试验段工程竣工验收；中港东区建设做工程配套和90米码头出让工作。

进行前期准备的项目2项：同江至三亚高速公路莱西至两城段高速公路；铁路两侧剩余片冠县路——上海路口至朝阳路口改造已做好前期准备，待命开工建设。

浮山新区建设

浮山新区位于青岛市区东北部，东起海尔路，西至福州路，南起银川路，北至308国道和株州路，面积约12平方公里，是青岛市城市总体规划确定的以居住为主的城市新区。新区规划总建筑面积约890万平方米，绿化覆盖率47%，规划居住人口20～25万。

新区采用了“一心、一环、两轴、四片”的规划方案。“一心”指在劲松五路以东、劲松七路以西、合肥梅以南、辽阳路以北区域安排新区公共中心，为新区提供管理、商贸、金融、文化、娱乐等服务；“一环”即沿劲松一路、劲松九路、同德路、同安路两侧安排绿化带，形成贯穿新区各部分的绿环，并将区内主要公共绿地及服务设施串联起来，形成完整的生态环、景观环、设施环、效能环；“两轴”即由区内纵贯南北的劲松七路、横跨东西的辽阳西路形成的交通、景观、城市开发的复合发展轴线；“四片”，即被两条轴线将新区划分成的四片居住区。

工程建设情况：1997年9月16日开工建设，至2000年底，累计完成投资15.5亿元，建筑面积103万平方米，竣工面积97万平方米，优良率95%以上。其中，住宅237栋，建筑面积94万平方米，竣工233栋，竣工面积92万平方米；公共建筑11栋，建筑面积9万平方米，竣工9栋，竣工面积5万平方米。

青岛市区东西快速路工程

该路西始青岛火车站，沿北京路、胶州路、市委党校旧址、延安路、宁夏路至福州路，全长9.2公里。其中，上清路至山东路段于1996年1月6日开工建设（包括海信立交桥、镇宁立交桥、澳柯玛立交桥），于1999年9月完成。聊城路至上清路段现正在组织施工，包括胶州路东段拓宽、热河路立交、热河路至莱芜一路高架、莱芜一路立交、莱芜一路至登州路高架、登州路立交、延安路拓宽等项工程。

2000年工程进展情况：聊城路至上清路段主体工程——莱芜一路至登州路段施工单位和监理单位招标工作已结束，并于10月26日破土动工。青岛市城市建设发展有限公司作为建设单位，已开始实施工程范围内树木、线杆、地下管线的迁移改造，并进行房屋和厂企的拆迁工作。青岛城建集团作为施工单位，已完成莱芜一路立交桥工程临时便桥搭设工作，土石方挖运工作也基本完成。

（刘春萍）

·市区东部开发管理·

配套设施建设

按计划完成施工任务，主要有：规划5号线雨水管道160米、污水管道140米、油路面积1 360平方米、人行道面积1 020平方米；规划6号线雨水管道125米、油路面积1 040平方米、人行道面积780平方米、上水管道120米；规划7号线雨水管道350米、污水管道300米、油路面积2 800平方米；澳门路东段雨水管道400米，污水管道300米、油路面积3 200平方米，总投资额约计289万元。完成了音乐广场的修整完善工作，所有雕塑和“数字钢琴王”已安装就位。

建设管理

围绕东部开发项目的建设和规划管理，积极与有关部门协调，坚持为开发商提供优质服务，并按有关规定开展了规划执行情况检查工作。年内，开发建设项目新开工面积15万平方米，竣工面积37万平方米，完成投资9.2亿元。自东部新区1992年开发建设以来，累计开发项目开工建筑面积390万平方米、已竣工建筑面积达317万平方米、完成投资总额达122亿元。

房地产项目管理

开发项目管理 按有关规定做好辖区内的房地产开发企业的开发资质的审查、申报、年度检验，以及换发新版资质证书的工作。贯彻落实《房地产开发项目手册》，完成了房地产开发项目及企业有关数字、资料的统计整理、汇总。

物业管理 在市物业管理主管部门的指导帮助下，健全了物业管理体系，完善物业管理投诉接待制度，审理并办结了市有关部门转来的以及直接来访的物业管理投诉60余份（次）。初步验审优秀物业管理大厦（小区）3家（次）。

房产登记管理 按有关规定发放商品房预售证46件（次），办理房产登记610件（次），办理房屋按揭抵押登记2 111件（次），办理房改确权认证161件（次），接待来访2 000余人次。

土地出让金催收

继续把催收土地出让金作为2000年工作的重点，按照欠款开发商的还款计划和承诺，视不同情况采取了必要的法律和行政手段加大催收力度，催收完成情况较为理想。

（王亚林）

·空港及空港区开发建设·

机场扩建项目获得国家立项

《流亭机场扩建工程项目建议书》1999年编制完成并通过了中国国际工程咨询公司评估。2000年，青岛市国际空港及空港区开发建设指挥部（简称空港指挥部）安排专人跟踪落实。2月28日，国家发展计划委员会以“计基础〔2000〕185号文”对青岛流亭机场扩建工程批准立项。批复扩建的规模为：本期工程按照2010年旅客年吞吐量520万人次，高峰2 400人/小时，货邮年吞吐量11.9万吨进行设计。主要工程项目：将跑道及平行滑行道由现在的2 600米延长至

3400米；新建站坪10.8万平方米，货机坪1万平方米；新建航站楼4.5万平方米，建设新、老航站楼连廊等附属面积5000平方米；新建货运仓库和业务用房9000平方米；新建停车场2万平方米，站坪服务车道1.5万平方米；改造通信、导航、气象设施，配套建设供电、供水等设施。

机场扩建工程可行性报告完成

在上报流亭机场扩建工程项目立项的同时，空港指挥部委托中国民航设计研究院着手编制《流亭机场扩建工程可行性研究报告》，于6月初编制完成，经国家民航总局行业审查后，青岛市政府和国家民航总局联合行文上报国家发展计划委员会。与可研报告相关的机场环境评估、地震预测评估、飞行程序等报告的编制评审工作同时进行。并明确工程项目法人，落实项目建设资金，明确市财政出资额和贷款方式，解决了施工所需的水、电保障方案，为报批可行性报告提供了充实的依据。国家发展计划委员会委托民航咨询公司组织专家进行了评估，并上报评估结果。12月22日，国家发展计划委员会以"计基础[2000]2396号文"正式批复《流亭机场扩建工程可行性研究报告》。

组建流亭国际机场有限责任公司

为解决《流亭机场扩建工程可行性报告》的项目法人问题，3月，经与民航华东管理局协商，达成组建机场有限责任公司共识。本市在解决该公司权利、责任与股份比例等问题后，向民航华东管理局报送了《关于协商确定流亭机场扩建工程项目法人组建方案的函》，民航华东管理局于6月上旬复函同意。9月30日，市政府下发《关于成立青岛流亭国际机场有限责任公司的通知》（青政发[2000]142号）；空港指挥部随即组建了公司董事会，进行公司注册，举行了第一届董事会第一次会议。

机场扩建开工准备

征集航站区规划及航站楼设计方案。年初，空港指挥部着手编制完成了《流亭机场航站区规划及航站楼设计方案征集文件书》，经报送民航总局、市政府审查修改后，于6月24日召开了流亭机场航站区规划及航站楼设计方案征集会。会上，共有11个单位（包括4家联合体）领取了设计资料参加方案竞赛。9月，组织方案评选与11个方案模型展示，经广泛征求意见，确定采用澳大利亚五合国际设计集团的方案，该方案的修改方案业已基本确定。

完成了跑道延长工程的初步设计、概算编制和施工图设计。与民航青岛站协调研究提出了施工期间飞行安全保障措施，修改了飞行等级标准，增设了相应的导航设备。

12月28日，流亭机场扩建工程奠基典礼举行。省委常委、市委书记张惠来，副省长、代市长杜世成等出席了奠基典礼仪式。

机场及空港区规划有效控制

根据有关空港区域规划管理的规定，以及空港总平面规划，严格建设项目审批手续，加大查处违章用地和建设的力度，保证机场净空，控制机场发展备用土地。年内，为城阳一中扩建工程、流亭

崛起的市区东部一瞥　（隋以进/摄）

小学、流亭镇高家台村住宅楼、航站货运仓库等4个工程核发建设用地规划许可证;流亭镇庙头村住宅楼等8个单位正在进行定点和方案审查。

（连家港）

·城市规划与土地管理·

规划编制

市规划局编制的市内四区《分区规划》通过专家评审。组织编制了《青岛市崂山风景名胜区海岸带控制性详细规划》。邀请了建设部规划司、省建设厅规划处、深圳市规划国土局及青岛市的有关专家和领导对该规划进行了评审,并分别在市区及崂山区、黄岛区、胶南市进行了公示,广泛征求社会各界意见;根据专家评审、社会公示反馈信息及市领导的批示精神,对规划方案做了进一步修改。编制完成308国道两侧环境整治规划设计方案。青岛市近期建设规划、历史文化名城保护规划正在组织编制,开展了交通体系规划修编工作的前期准备工作。配合开展了电力规划的编制工作,完成第二稿的初审工作。完成了《青岛市市区城市化建设工程方案》的编制。配合市有关部门进行了社会福利体系、农贸市场建设等规划调研工作。配合中国—加拿大可持续发展研究小组开展中山路历史街区保护等调研工作,上报国务院的调研资料已完成。9月,组织部分加拿大建筑、规划、能源、环保、旅游等方面的专家同本市对口专家成立了项目合作小组,完成了项目可行性研究。在此基础上,市政府同加拿大可持续发展城市中心签署了《关于中山路地区维持更新项目的协议》,确定了2个试点街区和资金、进度等问题。11月,市规划局与加拿大可持续发展城市中心签署了《关于青岛传统风貌规划和维护谅解备忘录》,确定中山路商贸区改造作为具体的风貌保护项目。

年内,市规划局测量地下管线228公里。完成了地下管线信息系统的编程工作,并通过专家评审。

规划审批

先后为浮山所等村庄改造工程、凯联集团子午胎技改配套项目、青岛火车站广场改造等项目做好规划审批及“一书两证”的发放。全年共核发定点通知书280件,完成规划方案审批88件,核发建设工程许可证246个,共计建筑面积321.33万平方米。办理市政管线工程选址定点25件。完成方案审查、审批78件,核发建设工程规划许可证368件,划定红、蓝线190件。

雕塑规划与庆典等活动

5月1日,市政府、中央美院、中国美院共同主办了青岛雕塑艺术馆开馆仪式暨“20世纪中国雕塑学术研讨会”、“中国近代雕塑代表巡礼(图片展)”、“中国当代雕塑邀请展”和“希望之星——全国高等美院雕塑系毕业作品选拔展”等活动。以市规划局为主,承办并完成了“世界华人学者雕塑园”、“世纪雕塑”的规划定点和“世纪雕塑”方案征集工作;全部完成了香港路改造二期工程城市节点标志性雕塑规划设置工作;举办了青岛市第八届沙滩雕塑大赛。

土地用途管制

继青岛市《土地利用总体规划》(下称《规划》)经国务院批准后,各区市《土地利用总体规划》已全部经省政府批准实施,各乡镇《土地利用总体规划》也已上报市政府审批。截止年底,全市基本农田保护区面积48.06万公顷,保护率为88%。

禁止违反《规划》办理农用地转用和土地征用。对没有农用地转用指标的不予供地,不符合法律、法规及国家产业政策的建设项目不予供地,对超过国家规定用地定额的进行必要压缩。同时,坚持“占一补一”、“先补后占”。年内,全市新增建设用地计划为2200公顷,新批占用农用地1807公顷,新开发复垦耕地2000公顷。建立新开发耕地储备库,全市已累计库存耕地3333.33公顷。市内四区盘活存量土地309.3公顷。其中,企业改制盘活闲置土地31.8公顷,土地资产达3.1亿元。市区清理闲置土地24宗,面积66.8万平方米,已处置16宗(面积45万平方米)。

土地市场调控

年内,全市出让国有土地使用权352宗,面积450.95公顷,收取土地出让金4.7亿元,比上年(下同)增长3倍多。先后起草发布了《关于实施土地储备制度收回原划拨土地使用权补偿标准有关问题的通知》、《关于市内四区不纳入土地储备范围土地的处置意见》和《关于深化土地使用制度改革加强土地市场管理的意见》等规范性文件。

全市拍卖储备国有土地11宗,面积31公顷,收取出让金1.48亿元。其中,市内四区拍卖储备国有土地使用权2宗,面积4公顷,收土地出让金3890万元;五市三区拍卖9宗,面积27公顷,收取出让金1.09亿元。办理土地转让728宗,总面积339公顷,收取转让金7.45亿元,增加1.25亿元。其中,市内四区转让36宗,面积19.5公顷,收取转让金2.00亿元,契税5998.68万元。办理抵押土地503宗,面积1252公顷,总抵押金额7.63亿元,增加1.9亿元。

下发了《关于转发〈国土资源部关于加强土地资产管理促进国企改革和发展的通知〉的通知》和《关于我市国企改革中处置土地资产用于增资的试行意见》,提出了支持国企改革发展的具体措施,对青岛电镀表厂等10家13宗、31.8公顷、3.08亿元的土地资产进行了处置,直接用于企业增资5883.4万元。

地籍管理

全面完成土地详查工作;利用卫星遥感技术加强土地动态监测管理;启动城镇地籍管理信息系统建设工作;完成了国土资源部土地登记公开查询试点工作;完成了青岛城区土地级别及基准地价的更新工作并通过了省优秀成果验收,指导完成了平度市城区土地级别及基准地价的调整工作;完成了土地综合统计年报的汇总工作和国家统计局布置的地价指数季报表。

土地登记发证工作方面,办理初始发证登报公告15期、通告5期。办理国有土地初始申请登记11206宗,发证10966宗;变更登记2718宗,发证2766册;注销登记3748宗,发证3758册。其中,市内四区国有土地初始申请登记1104宗,发证987册;变更土地登记279宗,发证303册;注销1609宗,发证1610册;发放子证15000册。办理集体用地初始申请登记19927宗,发证19927册;变更4255宗,发证4255册;注销4102宗,发证4102册。完成土地证书年检,全市年检国有土地证18757册,集体土地证155万余册。市内四区受理评估

130件,办理114件,评估总面积26.46公顷,评估土地总价值32.2亿元。

土地管理法制建设

年内,起草了《青岛市国有土地租赁管理办法》,经3次讨论修改,已上报市政府;起草了《青岛市人民政府关于进一步深化土地使用制度改革加强土地市场管理的意见》等规范性文件,并发布实施。开展了青岛市地价管理办法、土地储备办法、土地二级市场管理办法等政府规章的立法调研工作。

利用1月份《土地法》宣传月和“6·25”全国土地日宣传活动,宣传《土地管理法》和《土地利用总体规划》,在莱西市姜山镇召开了青岛市耕地保护工作现场座谈会,与青岛经济广播电台联合举办了“土地日”专栏节目,开通了168土地规划宣传信息台,在《青岛日报》开设了“土地日”宣传专刊等。

利用卫星遥感技术进行土地执法检查,对全市83个图斑逐一进行核查落实,确定违法用地45块,查处了44块(另一块属取土场临时用地,违法主体下落不明)。

开展全市土地执法巡回检查,及时查处土地违法案件。年内全市土地违法案件立案349件,违法占地202公顷,其中乡镇机关违法占地11件、村集体违法占地92件、企事业单位违法占地77件、个人违法占地169件,年内全部结案。全年共发生土地行政复议案件5起,结案4起。发生行政诉讼案件7起,审结6起。共受理来信113件,处理111件;来访65起,处结64起。

测绘管理

完成了23家测绘单位的资格复审换证工作;抓好测绘任务登记、测绘成果汇交,加强测绘成果质量监督检查;加强测绘成果保密管理,按保密要求销毁195幅作废地形图;加强测绘市场管理,杜绝无证测绘,严肃查处非法编制出版和印制地图行为,没收非法生产铜版地图18幅,并根据国家测绘局《关于对不符合一个中国原则的地图产品进行专项检查的紧急通知》要求,对全市文化市场、书店、商场开展检查;完成了全市416幅1:10000地形图基础测绘更新工作,85%通过省级质量验收。

(李启深)

·公用事业·

业务概况

2000年,市公用事业管理局与所属企业签订国有资产保值增值责任书,完善财政补贴机制,将重点工作目标完成情况纳入企业领导业绩考核范围,确保了市政府确定年内重点办好的实事和重点工作责任目标的完成。

重点强化行业管理,组建公用事业监察大队,改分散执法为集中执法。查处违规参与公交运营的“黑车”;查处用水跑冒滴漏,打击盗水行为;集中力量整治违章占压燃气管道问题;取缔了部分液化气非法代灌点。公用事业“98111”热线自1999年12月8日开通后,全年电话量达130余万个,实现了“电话一打,服务到家”。11月,“公用事业呼叫中心信息服务系统”项目通过市科委科学技术项目立项,在国内处于领先水平。

公共交通

公交行业引入竞争机制,在省内首次推出公交线路经营权向社会公开招标。拟定4条新辟线路、2条存量线路;有34家单位报名,经审核后有12家单位参加招标,最后有5家企业中标;6条中标线路已于10月底至11月初共投入127部车辆陆续开通运营。

公交集团公司年内购置新车453辆,新辟公交线路13条,调整延伸线路22条,调整43条线路首末车时间。完成基础设施建设投资1373.5万元,其中李村综合车场、生活服务楼及加油站全面竣工。注销4个客运有限责任公司的法人资格,纳入集团核心层企业;完成对客车制修股份有限公司、出租汽车股份有限公司增资扩股;完成远达巴士有限公司和胶州市公共交通公司的合并重组;对下属的交通工贸公司实施股份合作制改造;组建中青旅行社有限公司和旅游巴士公司。

7月1日起,本市取消本式月票,同时调整公共汽、电车票价,推行IC卡乘车。集团公司新上非接触式IC卡及数据汇总系统,改善了传统的收费、结算方式,共发行IC卡50余万张,数量居国内公交行业首位。11路队乘务员张锋的服务形象被确定为青岛市公交服务品牌。

城市供水

实施“解水忧”工程,解决居民吃水难问题。全年完成工程1655处,解决了10.8万户居民用水问题,其中市自来水集团完成1034处,解决了7万余户居民用水问题。全年累计节水量2600万立方米,工业用水重复利用率为80%。

市自来水集团公司全年完成供水量1.76亿立方米,平均日供水48.05万立方米,最高日供水达57.12万立方米。该公司承担的“解水忧”工程于10月底提前超额完成;日净水能力18.3万立方米的仙家寨水厂扩建工程全面开工建设,完成投资6030万元;大沽河原水输水管紧急抢修工程于5月中旬陆续投入供水运行。该公司内部加快改制,7月组建原水分公司;水质监测中心获得国家质量技术监督局颁发的计量认证合格证书,5月份正式挂牌成立国家城市供水水质监测网青岛监测站。针对给水服务中办理手续多的问题,实行上水工程“一条龙”服务,减少了环节;改变用户交水费方式,实行了到银行办理水费收缴业务等多种收费办法。

城市供气

编写完成了《青岛市城市燃气专业“十五”计划及15年规划》。本市引进天燃气的前期工作按步实施,委托鞍山焦化耐火材料设计院做的《青岛市引进渤海天然气工程(城市输配部分)预可行性研究报告》已通过专家评审,与中国海洋石油总公司就供气问题达成了初步意向。4月上旬至6月上旬,对市内四区燃气市场进行安全检查整顿;3月,市公用事业管理局、市劳动和社会保障局联合发布了《关于燃气锅炉经营和安装使用管理的通告》,对燃气锅炉、燃气空调市场予以规范。

市燃气集团于1月31日正式创立,全年新发展民用户2.7万户,发展工业及福利户96户。实施第二期“顺气工程”,共完成17处、1004户居民的供气。该集团成立后,组建焦化制气有限公司,全年供气8636.53万立方米,出口冶金焦16万吨,创汇792.03万美元。该集团利用煤制气二期工程的热源,实施热电联产,10月15日正式对外供热,填补了水清沟地区无集中供热的空白。年内,该集团公司通过ISO9002质量体系认证。该集团销售公司“徐虎式”维修工王玉明的先进事迹在《青岛晚报》头版刊登,并进行了连续报道。市煤气公司全年发展用户 33 273 户,供气总户数达259 796户,销售气量 25 553 吨。建成全省规模最大的加气、加油综合站并投入运营;新建振华加气站、李村加气站,已进入安装验收;高科园管道液化气供气管网已形成区域性供气能力。新成立平度泰能液化气有限责任公司。

城市供热

全市新增供热面积 290 万平方米(其中热电集团新增 100 万平方米,其他供热站新增 190 万平方米),总供热面积突破 1 000 万平方米,城市热化率达17%。在全市供热企业和用热户中推行“城市供用热力合同”,明确供热、用热双方的权利和义务。年内,青岛碱厂热电站和燃气热电站向社会实施供热。

市热电集团供应的居民热用户突破4 万户、工业热用户达 100 多家,被确定为大型企业。该集团与韩国合资成立新千建筑材料有限公司,与加拿大益嘉公司合资成立金阳能源开发公司。该集团合作研制开发的 YSB 烟气在线监测仪通过山东省科委鉴定;回水供热、无人值守全自动换热机组通过市科委的技术鉴定;与山东工业大学合作的脱硫项目被列入山东省可持续发展项目。该集团公司投入了 400 多万元,实施供热解忧工程,为 1 083 户居民解决了供热中存在的问题。

(辛洪毅)

·市政工程建设与管理·

业务概况

2000 年市市政工程管理局系统完成建设投资 8 亿余元,新翻建沥青路 23 万平方米,铺装人行道板 22 万平方米,铺设管道 12 公里,养护沥青路面 31 万平方米,疏通管道 54 公里,污水处理总量8 449万吨,增长 28%。市区市政道路综合完好率达 97%。

市政建设

前海一线浮山湾段截污工程完成 该工程是青岛市历史上最大一次对沿海排污问题进行的专项治理,总投资 3 500 万元,被列为 2000 年市政府重点办好的 12 件实事之首。先后对南京路、徐州路、山东路、延安三路、太平角六路和东海一路 6 个暗渠入海口排放污水处进行了治理,对发现的 211 处污染源逐个进行整改,共铺设污水管道约 15 公里,清理暗渠淤泥 6.3 万立方米,截污水量 1.52 万吨/日,大大改善了市区东部沿海的环境状况。

城市快速路(聊城路至上清路段)正式开工建设 城市快速路东自福州路、西到青岛火车站,全长 9.2 公里。其中,聊城路至上清路段,全长 3.2 公里,总投资 11.4 亿元人民币,已于 10 月 26 日破土动工,计划 2002 年建成。该路段采用平面、地道、高架桥结合的设计方案,共建 3 座立交桥、3 座高架桥和道路、管线及其附属设施。

青岛热电集团厂区掠影 (隋以进/摄)

大学路跨线桥(临时)建成通车 该工程是建设城市快速路的调流配套工程,于 3 月 1 日开工建设,4 月 23 日建成并投入使用,从方案确定到完工通车仅历时 3 个月,创省内同类型桥梁建设速度之最。彻底解决了大学路至鱼山路的交通“卡脖”问题。

实施“畅通工程” 投资 1 181 万元,完成大学路临时跨线桥配套交通设置和城市快速路施工前期调流的交通设施;投资 1 724 万元进行设施养护,设施整修及时率达 95%以上;建成 52 处港湾式车站;设置交通标志 97 套、155 块,施划冷漆及热熔标线 7.6 万平方米;完成退路进室道路整治 49 条。

设置触摸式人行横道灯 年内,在省内率先配备安装触摸式人行横道灯150 处,成功地解决了“中小学生过马路难”的问题。

加快污水处理厂建设并对社会开放 李村河污水处理厂续建土建及设备安装工程全部完成,已达试运行条件;城阳污水处理厂于 12 月 28 日开工建设,计划 2001 年 12 月完工,建成后日处理污水 5 万吨。团岛、海泊河、李村河 3 个污水处理厂正式向社会开放参观,已有 20 000 余人到厂参观考察,在社会各界引起良好的反响。这一做法在制度上、规模上、效果上均为全国领先,被中国市政工程协会向全国市政行业推广。

其他工程 完成了府新大厦周边改造、八大关整治一期工程,参与了 10 座山头整治工程;完成了参与创建国家环保模范城市任务,先后完成了海泊河整治、污水处理厂运行管理等 17 项工作,保证了“城市生活污水处理率达到 52%以上”的硬性指标达标;完成了对存有安全隐患的胜利桥安全性检测工作,在桥南北两端设置了限载、限速标志。

市政管理

强化掘路工程计划管理和审批 自9 月 20 日起,在全国率先与市公安交警部门联合办公,简化掘路工程审批办理程序,提高办事效率,被中国市政工程协

青岛市房产管理局
住房制度改革办公室

成立于1992年8月，原名“青岛市住房制度改革领导小组办公室”，1999年4月更名为“青岛市房产管理局住房制度改革办公室”，肩负着“青岛市住房委员会办公室”的职能。其主要职责是在市住房委员会的领导下，负责全市的住房制度改革工作的综合协调、规划、政策制定、组织实施和住房解困工作。内设：综合处、房改指导处、住房解困处和政策调研处。近年来，该办为贯彻落实国家、省关于深化住房制度改革的指示精神，推动全市房改工作全面、健康、有序发展，起到了积极促进作用。先后荣获国家和省房改先进集体荣誉称号。

主任：陈培新

地址：青岛市浙江路26号
邮编：266001
电话：(0532) 2881143
传真：(0532) 2881143

市各有关部门领导参观房改宣传园地

领导班子成员在研究制定2001年工作计划

在“五四”广场举办房改咨询活动

青岛市房产管理局

求实、务实、踏实、落实

成立于1950年6月，原名“青岛市房地产管理局”，1959年1月改名为“青岛市房产管理局”并延续至今。主要职责是：贯彻执行党和国家有关房产管理的政策法规，审查与确认、管理各类房屋产权，主管全市房产交易市场管理、房产评估和房屋置换工作，负责对全市直管公有房产的产业管理及房产业的行业管理，主管全市房屋拆迁的行政管理，负责对全市各类房屋的安全质量鉴定等；履行青岛市住房委员会办公室职责，负责全市住房制度改革和住宅发展规划等具体工作。

2000年，市房管局先后成立了住宅发展中心、住房置业担保中心、房屋租赁中心、青房安居中心、青房安居维修中心等部门（均为全省首创），建立健全了一套完善的住房二级市场体系和住房交易服务体系，走在了全国同行业前列，被建设部评为“2000年全国房地产管理先进单位”，青岛市房地产交易中心被建设部授予“全国建设系统文明服务示范窗口单位”称号。

省委常委、市委书记张惠来等市领导在市房管局局长张敬吉陪同下视察市房地产交易中心

2000年11月，副省长、代理市长杜世成，省建设厅厅长王军民在市房管局局长张敬吉陪同下视察市房地产交易中心。

地址：青岛市馆陶路1号
邮编：266011
电话：（0532）2827541
传真：（0532）2827225

为人民服务 树行业新风
文明服务示范窗口
中华人民共和国建设部
二〇〇〇年

荣获的部分荣誉称号

副市长杨军在市房管局领导陪同下视察危房维修改造工程并听取居民意见

2000年10月1日“世界住房日”之际，市房管局在“五四”广场开展便民咨询活动。

市房地交易中心定期举办住房交易大集，图为大楼一层交易现场。

青岛市住房置业担保中心

团结 敬业 诚信 高效

是经市政府批准成立的事业单位。主要服务项目包括：为青岛市城镇居民个人购房申请贷款向银行等金融机构提供担保，为无需贷款的二手房交易提供信用担保，为逾期无力还贷的借款人提供过渡房源，通过调剂等方式帮其提高偿债能力；进行储备房源的收购、置换、租赁等。

该中心提供贷款担保咨询服务、代办房屋抵押登记和房屋所有权证、核发担保证书、代理银行贷款等“一条龙、一门式”服务，具有效率高、费用少、风险低、信用好的特点。

地址：青岛市瞿塘峡路18号
邮编：266002
电话：（0532）2661316　2661326

拟贷款市民正在办理有关贷款担保手续

中心办公楼

中心工作人员认真解答客户咨询

青岛市房地产交易中心房屋租赁中心

租赁我服务 实惠您俩家

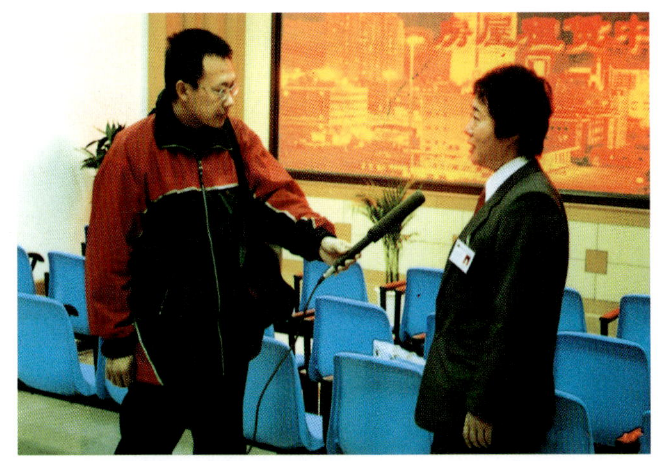

中心主任孙亚萍接受记者采访

耐心解答

该中心是本市专门从事房屋租赁管理与服务的专业机构之一。

主要职能和业务范围是：受市房地产交易中心委托，负责市内四区各类房屋租赁行为的确认和登记备案工作；负责对全市各类房屋的租赁市场、租赁活动的清理整顿、规范指导和监督检查；组织有关房屋租赁的各类中介代理活动，提供覆盖全市的房屋租赁信息服务；开展房屋租赁新业务，如新建商品房的预租、售后包租、先租后售等服务项目。

中心全部信息将实现程序化、网络化管理，为广大市民免费发布、提供房屋租赁信息，竭诚给岛城市民提供一流服务。

地址：青岛市威海路197号　　邮编：266021　　电话：(0532) 3663666

2000年11月19日，房屋租赁中心正式开业。图为开业现场。

现场调查

青岛市青房安居中心

该中心是由市房管局所属青岛市房产经营公司、青岛市房地产交易中心、青岛市拆迁办、青岛市房改办及鲁银投资集团、青岛市拍卖中心等单位共同出资成立的青岛市大型房屋中介服务企业。业务范围包括：房屋买卖、租赁、置换、评估、拆迁、拍卖、代理代办、咨询服务，并推出“房屋银行”、“住房安居宝”、“律师全程陪购”、“律师见证”、“交易一条龙服务”和“小军师设计室”等特色业务。

建设部、山东省建设厅及市委、市政府领导在市房管局领导陪同下视察青房安居中心。

中心全体工作人员

中心业务大厅

中心开展的便民咨询活动

地址：青岛市巫峡路 9～11 号
邮编：266002
电话：(0532) 2661332（服务台）

青岛市房产工程公司
青房安居维修中心

副市长杨军在市房管局局长张敬吉陪同下视察青房安居中心

副市长杨军为该中心题词："以民为本，以市场为基，以服务为魂，创出岛城乃至全国有影响的服务品牌。"

中心热线值班室

中心成立于2000年11月，下设"青房热线"值班室、6个维修分中心、1个抢修分中心，共有员工97名。中心建立"3876110"房屋维修快速反应系统。向社会各界及广大居民承诺：您的房屋需要维修服务，拨打青房热线电话后，值班室安排分中心有关人员在2个小时之内到达现场。

"中心"实行有偿登门服务，承接市内四区范围内各种产权和各类结构、用途房屋的大、中、小零修及影响房屋使用功能的"险、漏、堵、水、电"急修项目，收费实行明码标价，同用户签订合同，确保质优、价廉。

中心职工现场施工

地址：青岛市武胜关支路8号
邮编：266071
青房热线：(0532)3876110
监督电话：(0532)3873961

青岛市房地产交

主任：袁青华

李沧交易处领导班子

该处业务上属于青岛市房地产交易中心的分支机构，行政上属于青岛市李沧区房产管理二处的副处级行政事业单位。是市政府继青岛市房地产交易中心之后，为全市人民开办的又一所集房地产信息、服务、交易和管理四大功能于一体的的大型住房超市，总建筑面积为3600余平方米，内设交易、抵押、租赁、测绘等服务部门。其中一层为综合服务大厅，分为收件发证、信息发布、金融服务和配套服务等4个区域；二层为房产中介区域，有26家房地产开发商和24家房产中介机构进驻，信息丰富，管理规范。

主要业务范围：1. 现李沧区房产管理二处受理的辖区内房屋初始登记、变更登记、注销登记和部分转移登记；2. 受市房地产交易中心委托，办理李沧区内部分原由市房地产交易中心直接办理的商品房买卖登记、私有房屋买卖登记、房屋抵押登记、拆迁安置房屋产权登记、已购公有住房上市交易和租赁登记备案案卷；3. 受市房地产交易中心委托，办理李沧辖区外的由市房地产交易中心直接办理的案卷（如重点工程项目的确权发证等）；4. 对各类房屋进行测绘。

易中心李沧交易处

与市交易中心联网的电子大屏幕

完善的配套设施

该处一贯秉承严肃、认真、实事求是的态度，为李沧区及周边的居民提供方便快捷、高效优质的房产交易服务，以满足广大市民的各种房产交易需求。

地址：青岛市峰山路117号
邮编：266100
电话：（0532）7631623　7632039　7632133
传真：（0532）7632133

方便群众的敞开式收件窗口

开业仪式

青岛市四方区房屋维修中心

成立于2000年6月28日，是全市首家房屋维修中心。隶属于四方区房产管理处，是具有建筑四级、修缮二级资质的施工维修企业。下设2个施工队；在职职工120余人，各类工程技术人员占20%以上。

2000年，中心承接的遵化路72号、74号的改造工程被市房产管理局评为优良工程。中心设立的热线电话(3713534)全天24小时开通，及时登门服务；维修完毕，由用户填写意见反馈单，并进行电话回访，成为市民心目中最佳的房屋“120”。

地址：青岛市嘉定路66号
邮编：266032
热线电话：(0532)3713534

四方区房产管理处领导班子全体成员

四方区房屋维修中心领导班子全体成员

“中心”承建的危房维修工程

四方区房屋维修中心揭牌仪式

青岛华侨房地产开发有限公司

瑞纳花园荣获“创新风暴·全国住宅设计暨精品智能社区热线夺标”综合金奖

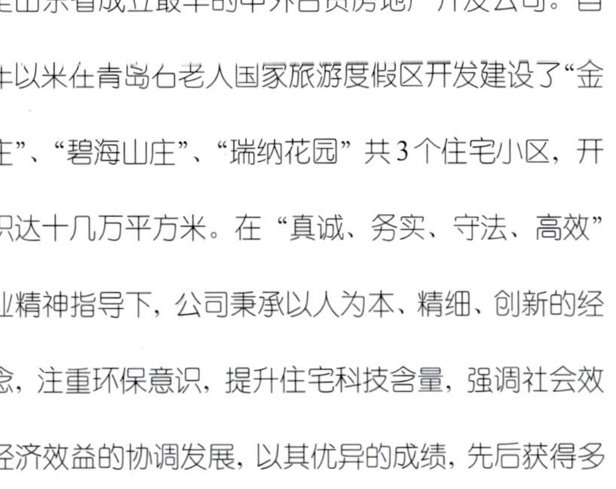

是山东省成立最早的中外合资房地产开发公司。自1991年以来在青岛石老人国家旅游度假区开发建设了“金玉山庄”、“碧海山庄”、“瑞纳花园”共3个住宅小区，开发面积达十几万平方米。在“真诚、务实、守法、高效”的企业精神指导下，公司秉承以人为本、精细、创新的经营理念，注重环保意识，提升住宅科技含量，强调社会效益和经济效益的协调发展，以其优异的成绩，先后获得多种荣誉称号。

公司地址：青岛市香港东路254号
邮　　编：266101
售楼热线：（0532）8897978　8890808　8890988

青岛市房产评估所

所长：刘诚德

国家一级评估机构

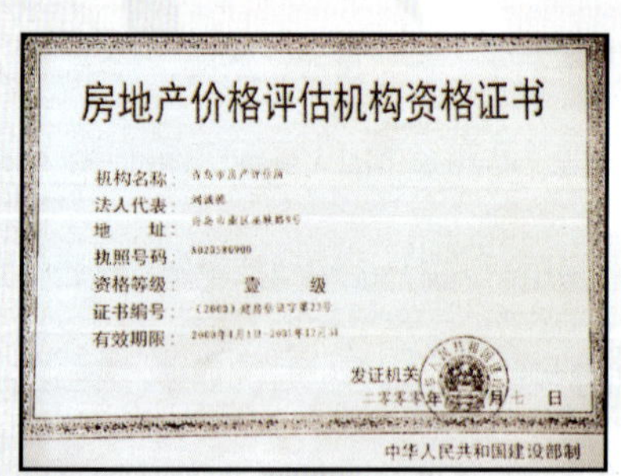
房地产价格评估机构资格证书

机构名称：
法人代表：
地　　址：
执照号码：
资格等级：　壹　级
证书编号：
有效期限：

发证机关

中华人民共和国建设部制

成立于1993年7月，是经市编委批准成立的自收自支处级事业单位，由建设部颁发房地产价格评估机构资格证书，系首批国家一级房地产价格评估机构。现有职工20人，内有各类专业人才。是本市最早的房地产估价专门机构，主要负责涉及国家征收税费及政府为当事人补偿的评估。如：有关房地产转让、租赁、抵押、交换、赠与、兼并、作价入股、拆迁等评估；对房地产诉讼、公证、仲裁活动中涉及房地产价格的评估；出国担保房地产现值等中介服务性评估；房产价格测算；房地产法律、法规、政策咨询；专业培训及估价师注册审核、登记管理等。评估所成立8年来，独立完成了市政府交办的青岛市八大关疗养区等20余处房地产招商评估；市重点工程延安路三层环式立交桥开通、延吉路拆迁、流亭机场扩建的评估；东西快速路拆迁补偿评估和为市政府清查胶州信用社非法集资案中房地产债务及处理积压房地产等评估任务。据不完全统计，自1993年8月以来，共评估房屋15107处、建筑面积174.2万平方米，评估额达39.49亿元。连续7年获市房管局先进集体、文明单位称号，连续3年被评为青岛市文明单位，2000年被评为青岛市文明标兵单位。

国家一级评估机构

所领导班子（从左至右为副所长朱洪刚、所长刘诚德、副书记王道祥）

努力提高现代化工作水平

房地产估价工作流程图

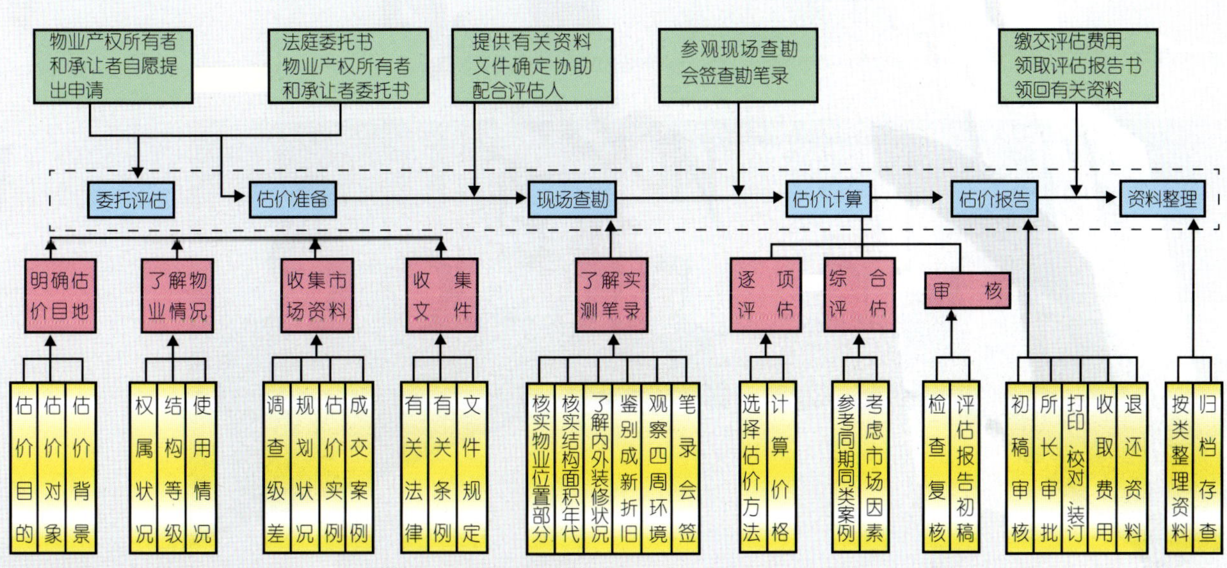

青岛市白蚁防治研究所

党支部书记、所长：杜心懿

成立于1982年，是隶属于青岛市房产局的全民事业单位，是经市科委认定的市属科研所之一，是山东省唯一的白蚁防治研究所，也是山东省第一家对城市害虫进行防治和研究的机构。职工学历全部大专以上，其中3人有高级职称、8人有中级职称、8人有初级职称。下设防治科、技术服务部、研究室、经销部、综合科及办公室等6个部门。

其主要工作职责：1.贯彻执行有关白蚁防治的法律、法规、规章；2.负责辖区内白蚁预防与灭治工作的组织实施和监督检查；3.开展白蚁预防的科学研究，宣传推广白蚁防治技术知识；4.开展城市害虫预防、灭治的科学研究并提出技术咨询、技术服务、技术转让及合作开发等项目；5.经销部经销各种杀虫剂、器械及清洁卫生用品。

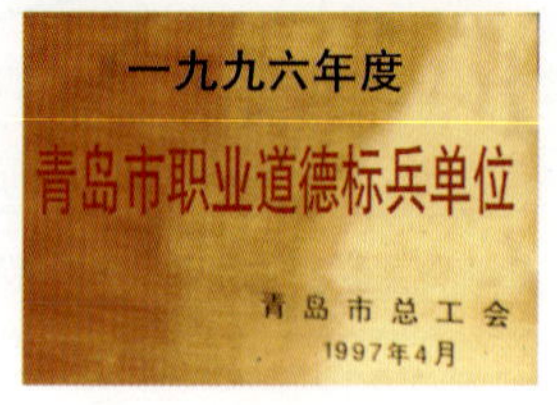

近几年获得的部分荣誉

召开所中层会

青岛市害虫防制中心

该单位针对市场需求，研制成功了高效低毒灭蟑螂、蚂蚁的新药——“杀蟑灵”，获1995年青岛市科技进步三等奖，新研制的“杀蟑灵”为省内外大宾馆、医院、体育馆及住宅群等灭治害虫，取得了良好的社会效益和经济效益。

几年来，曾先后获得“全国白蚁防治先进集体”、“山东省建设科技先进单位”、“青岛市职业道德标兵单位”、“青岛市文明单位标兵”及“青岛市文明示范点”等荣誉称号

专业人员在做药物含量检测

地址：青岛市馆陶路18号甲
邮编：266011
电话：(0532) 2816514 2815076
传真：(0532) 2812274
http:www.temite.org.cn
temite.com.cn
urbanpest.com.cn
E-mail:sdqd@temite.org.cn

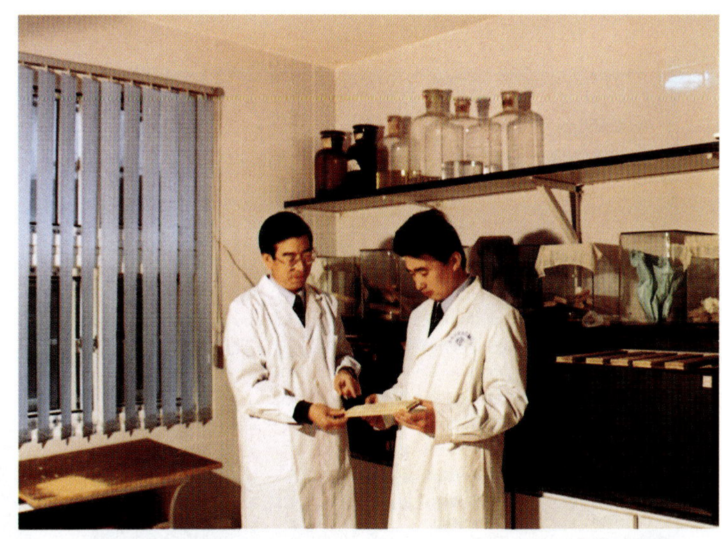

科研人员观察供试害虫

正在建设中的位于泰山路108号的所办公楼

QDZZY

青岛市第一住宅建筑公司

追求卓越管理　筑造优质工程

总经理：薛钦隆

该公司具有国家建设部审定的建筑施工一级资质，是集建筑工程承包、商品房开发、装饰装潢、钢结构网架工程、水电设备安装、建筑机械制造、设备租赁及商贸经营于一体的综合性集团式企业。

公司现有职工1500余名，其中各类专业技术人员350余名，有项目经理等级证书者40余名。有各类机械设备600余台（套）。在建设“高、大、重、精”工程上屡创佳绩。先后荣获省、市、局先进施工企业、工程质量先进单位、安全生产先进单位、山东省建筑企业综合实力100强等荣誉称号。

地址：青岛市延安一路15号
邮编：266023
电话：（0532）2730200
传真：（0532）2730200

承建的台东当代商城工程

开发的洪福山庄小区工程模型

青岛新城发展建筑工程有限公司

质量方针：满足业主需要，是我们永远的追求。

质量目标：科学管理，严格标准，按规范操作，建放心工程，合同履约率100%。

董事长、总经理：刘述江

创立于1998年7月7日，注册资金50万元，固定资产2800万元。主营工业与民用建筑，兼营建筑装潢、打桩等业务，现已发展成为一业为主、多种经营的集团化企业；企业资质为国家建筑安装二级。

公司设有董事会、监事会，现有员工150人，其中有职称人员136人（包括工程技术人员92人、高级工程师4人）。

公司于2000年12月通过了GB/T19002－ISO9002国际质量体系认证。承建的西南巷1号楼、上四方"棚改"1号楼工程，被评为2000年度"省级优良工程"，被市建委评为"青岛市质量管理先进单位"。

省级优良工程——西南巷改造1号楼

地址：青岛市延安一路17号
邮编：266023
电话：(0532) 2734790
传真：(0532) 2734462

省级优良工程——上四方棚改1号楼工程

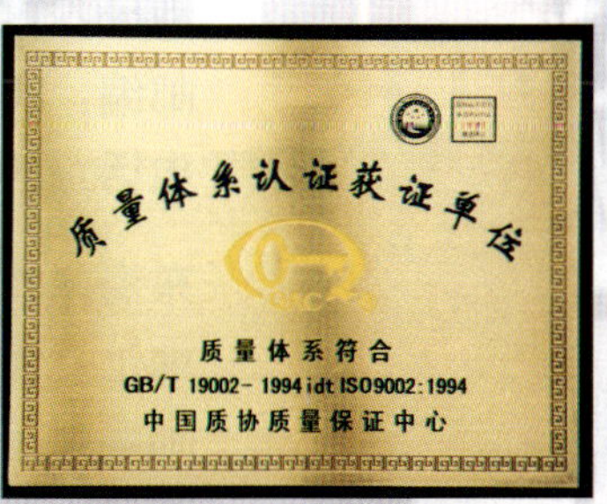

2000年12月通过的GB/T19002－ISO9002国际质量体系认证

青岛五环房屋装潢工程公司

法人代表、总经理：傅吉明

我们敬奉客户：

装修装饰，五环公司是最佳选择，
让您放心，保您满意。

资质证书

该公司是直属青岛市房产管理局并具有二级资质的国有企业。下设：设计预算部、工程部、装饰材料商场及铝塑门窗有限公司等独立实体。

公司全体员工遵循“用户至上，质量第一”的理念，发扬“团结拼搏，求精务实”的企业精神，对新老客户都能做到：造价上精打细算，用料上杜绝伪劣，工艺上精益求精，使竞争能力不断增强，产值连年翻番。近十年来，公司在青岛、北京等地区装修的办公楼、宾馆、酒店、家庭居室等工程由于创意新颖、构思巧妙、工艺精湛、价格适宜而受到客户的普遍青睐。

地址：青岛市莘县路105号
邮编：266001
电话：（0532）2628578　2621941

市气象局天气预汇商室工程

青岛拍卖行工程

市房产交易中心负一楼工程

天泰 天泰集团股份有限公司

董事长、总裁：王若雄

该公司创建于1994年，是以房地产为主业，涉及物业管理、建筑设计、装饰装潢、房产交易、生物食品、贸易、工业等多个领域的现代化企业集团。

建设部房地产业司司长谢家瑾（右一）、青岛市人大常委会主任孙炳岳（左一）、副市长杨军（右二）到天泰集团视察工作。

- 1996年，天泰集团率先注册了国内房地产业第一个建筑品牌“天泰”建筑商标；
- 1997年，成为山东省第一家通过ISO9002质量体系认证的房地产企业；
- 1998年，天泰物业服务有限公司也通过了ISO9002质量体系认证；
- 1999年，天泰集团被确定为山东省重点扶持企业；
- 1999年，天泰集团成为全国第一家通过ISO14001环境体系认证的房地产开发企业；
- 1999年，在青岛市评选出的“治理建筑质量通病十佳示范工程”中，天泰建筑就占了3席；
- 1999年、2000年，天泰广场分别获得“泰山杯”和“鲁班奖”；
- 2000年，天泰馥香谷获联合国人居中心环境金奖；
- 2000年，天泰集团和天泰物业公司分别被评为“青岛十佳开发企业”和“青岛十佳物业公司”；
- 2001年，天泰阳光海岸被青岛经济技术开发区管委确定为“政府示范工程”。

天泰馥香谷国际住宅特区

地址：青岛市翟塘峡路30号科技城14 层
邮编：266002
电话：(0532) 2670505　2670606
传真：(0532) 2678000
http：www.tiantai.com.cn

2000年度青岛市环保系统先进单位

城阳区环境保护局

2000年，该局位居全市“城考”工作第4名，创历史最好水平；提前150天超额完成淘汰燃煤锅炉计划；环境监管工作成绩突出，圆满完成了“创建国家环境保护模范城市”、“一控双达标”等工作任务，被市委、市政府评为先进单位。连续多年被评为市级精神文明单位，区委先进党支部，区委、区政府社会治安、老干部等工作先进单位。

局办公楼

省政府检查团在莱西市检查“市长环境保护责任制”行政执法等工作

莱西市环境保护局

近年来，莱西市累计投资3亿多元，强化了城市环境建设和工业污染防治。现城市污水日处理能力达4万吨、煤制气日产量达6万立方米、集中供热面积达117.5万平方米；建设工业废水处理设施45套、废气处理设施61套。2000年圆满完成“一控双达标”工作任务，被青岛市委、市政府授予“创建国家环境保护模范城市突出贡献单位”、“青岛市1998～2000年环境保护先进单位”称号。

青岛市房地产开发投资股份有限公司

总经理：张铭联

开发建设的维也纳大酒店外景

成立于1992年7月，是二级资质的房地产开发公司。先后开发建设了银城大厦、金光大厦、江西路93号公寓、绿茵新村及青岛市工商局办公楼、银城花园、维也纳大酒店等工程；所属青岛宝青物业发展有限公司是山东省首批获得“物业管理一级资质”的专业公司之一，已通过ISO9000认证；所管理的金光大厦、青岛市工商局办公楼，被授予“全国城市物业管理优秀示范大厦”荣誉称号。是山东省唯一拥有两座物业管理国优金牌大厦的公司。

被确定为市级“工商免检企业”和“重合同守信用企业”单位，2000年度荣获市“十佳房地产开发企业”和“十佳物业管理企业”的双十佳称号。

荣获山东省工程质量最高奖“泰山杯”奖的银城花园A座

地址：青岛市香港中路56号金光大厦11 层
邮编：266071
电话：(0532) 5727333
传真：(0532) 5723337
电子信箱：xinbao@public.qd.sd.cn
法人代表：张铭联

典范巨作——金光大厦、银城大厦工程

荣获山东省工程质量最高奖“泰山杯”奖的青岛市工商局办公大楼

青岛市城市建设综合开发总公司

公司简介·GONGSIJIANJIE·

QINGDAO URBAN CONSTRUCTION CO.LTD.

青岛市城市建设综合开发总公司（青岛城市建设集团股份有限公司）系直属于青岛市人民政府的、开发竣工量最大的房地产开发企业之一。具有国家一级开发资质，银行资信为AAA级。2000年3月通过了ISO9001国际质量认证。是集房地产开发、海岸开发、道桥建设、建筑设计、工程监理、商品房营销、房屋置换及中介、物业管理、售后服务、餐饮住宿于一体的大型企业。

总公司先后建成住宅小区31个，开发竣工各类房屋面积310余万平方米；填海造地667万平方米，修建高速公路14.3公里。曾荣获“首届中国房地产开发企业综合效益百强”、“国家建设试点优秀开发管理奖”、“山东省房地产开发企业综合效益百强”、“山东省房地产开发企业综合经济实力百强”、“省级重合同守信用企业”、“山东省建设系统先进集体”、“山东省建设工程质量管理先进单位”、“青岛市十佳房地产企业（首位）”、连续5年“青岛市重合同守信用企业”、连续10年“青岛市工程质量管理先进单位”等几十项荣誉。

“质量为本，管理为先，理性开发，永创精品”是总公司一贯奉行的宗旨。“城建好房子，舒心一辈子”已被广大客户所接受。建设的青岛“福州路小区”，荣获“国家城市住宅小区建设试点综合金牌奖”、“国家安居工程优秀住宅小区”和“中国建筑工程鲁班奖”。1999年由大尧村村庄改造建成的“福林花园”，总建筑面积达22万平方米，仅在一年内就让村民顺利回迁，其速度之快、质量之好，在青岛市村改工程中首屈一指。2000年竣工的“威海路步行街”一期，是集商业、居住、休闲、娱乐于一体的综合性小区，步行街中心设置6000平方米的大型广场和近3000平方米的地下车库，建有长800米、面积达16000平方米的区间步行街道，11栋楼座采用仿欧式建筑设计及围合式庭院布局，被誉为青岛老城区改造的典范工程，成为岛城一道亮丽的风景线，受到国家部委领导和青岛市党政领导的高度评价。正在建设的“威海路城市花园”和“威海路步行街”二期，也将建成老城区改造的精品，且倍受岛城人民的厚爱，并已成为岛城新的购销热点。最近总公司又进军北京，新开发了10万平方米的“北京名佳苑花园”高档公寓社区。

为了适应住房商品化、社会化的新形势，树立企业形象，2000年6月29日，总公司与全国310家房地产企业在北京人民大会堂，分别签署并发表了承诺销售“放心房”的联合宣言，向社会公布了8项承诺内容。

总公司在山东省率先成立了“售后服务中心”，负责处置商品房销售后的一切事宜，公开向社会承诺：全年365天照常工作，全天24小时登门服务，以真诚周到、细致入微的服务，最终达到让每位顾客满意的理想目标。

总公司还成立了“住宅研究中心”，为更好地顺应日新月异的市场需求、不断完善和创新产品功能、生产适销对路的优质产品，为持续稳定的发展，提供智力和组织保证。通过公司上上下下的共同的不懈努力，进而实现“城建好房子，舒心一辈子”的庄严承诺。

实力的标志 信心的保证

公司地址：青岛市文登路3号

联系电话：（0532）2870109　邮政编码：266003

售楼电话：（0532）2864592　传　　真：（0532）2860364

售后服务：（0532）5728596　投诉电话：（0532）2969576

U. C. C. D.
城建地产

东海路宿舍工程

威海路步行街一期

城建好房子　舒心一辈子

威海路城市花园效果图

福林花园

青岛市地下铁道公司

山东省副省长、青岛市代理市长杜世成（右六）出席青岛地铁—西门子公司合作备忘录签字仪式。

青岛市副市长杨军（右八）与来青的汉堡公共交通咨询公司专家及有关部门人员合影

2000年10月下旬，青岛地铁一期工程可行性研究报告修编版通过专家预评审。

2000年，地铁一期工程可行性研究报告修编工作于10月中旬完成，10月下旬通过了专家预评审，11月上旬正式向国家计委报批；一期工程试验段项目全面竣工，11月下旬通过了竣工验收，爆破监测和防水两个试验课题取得了预期成果，各技术专题也进行全面总结并通过了专家论证，为全线施工奠定了良好的基础；利用德国政府赠款引进德国汉堡咨询公司为一期工程前期工作提供技术咨询，在可研修编阶段，针对各技术和运营组织管理专题提出了很多有价值的咨询研究报告，为优化工程筹划方案发挥了积极作用，下阶段将为一期工程初步设计提供咨询服务；广泛地与各界客商就一期工程建设开发合作事宜进行了洽谈，其中与西门子公司就一期工程投资、融资和项目管理合作签署了备忘录，其它方面的筹融资渠道也得到进一步落实；一期工程全面启动建设的条件日趋成熟。

青岛市人民政府对地铁项目建设提出了市场化、资本化运作的新思路，为青岛地铁可持续发展奠定了基础。青岛市地下铁道公司将以开放的思路、务实的精神，积极创造条件推进一期工程建设。

地址：青岛市南九水路2号
邮编：266022
电话：（0532）3643604
传真：（0532）3641482
E-mail：qdsdtbgs@qd-public.sd.cninfo.net

青岛地铁公司2001年度工作会议对新一年度工作作了部署。图为年度先进工作者合影。

召开本市地铁一期工程试验段项目技术专题论证会，进一步论证深化了各技术方案。

本市地铁一期工程试验段青纺医院车站站厅层

青岛铁路分局

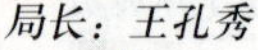

局长：王孔秀

党委书记：蒋衍星

青岛铁路分局辖区跨及青岛、潍坊、淄博、济南、东营、滨州、烟台、威海等市，是沟通山东省东部与西部、沿海与内陆的重要铁路通道，是山东半岛和黄河三角洲以及沿黄河流域经济发展、对外开放的钢铁大动脉。有职工3.65万人，基层单位35个，车站98个。管辖山东省境内胶济、蓝烟、辛泰、胶黄等铁路干、支线19条，营业里程832.27公里，线路总延展2171.61公里。总资产近60亿元。2000年旅客发送量完成1780万人，比上年（下同）增长6.3%；货物发送量完成4256万吨，增长8.4%；换算周转量完成256亿吨公里，增长11.4%；运输收入完成25.8亿元，增长10.7%；运输利润完成3.5亿元，增长73.9%；全年多元化经营销售收入完成10亿元，增长19.2%；完成利润2650万元，增长1.5%。铁路运输对于整个胶东半岛，特别是对青岛、烟台、威海3大港口开放城市的经济腾飞发挥了极为重要的作用。

青岛铁路分局机关大楼

地址：青岛市朝城路2号
邮编：266002
电话：(0532) 2978750
传真：(0532) 2977750

列车员风采

青岛铁路分局担当的列车安装了全路第一部列车磁卡电话

铁路职工开展营销活动，为旅客服务。

如花似锦的青岛市区铁路沿线

青岛市邮政局

该局坚持以市场为导向，深化改革，强化管理，积极引进国外先进的技术设备和手段，依靠科技进步，推动邮政业务的发展，促进邮政业务处理手段的改善和服务能力的提高，实现了邮件内部处理机械化、自动化和窗口业务受理电子化，不断加快信息化建设的步伐，初步形成了发展现代化邮政通信的新格局。

该局作为全国二级中心局、国际邮件互换局、国际邮件交换站，是华东地区重要的邮件集散地之一。全市共有邮政网点238处，开通了与日本、韩国、香港的直达航空邮路，邮路总长度达到5.5万余公里，国际特快专递业务通达全球200多个国家和地区，国际汇兑业务通达美国、日本、西欧等15个国家和地区，国内较为先进的邮政通信设备和技术手段都在该局得到了推广应用。

发达的邮政通信为青岛市改革开放和外向型经济的发展发挥了重要的桥梁纽带作用。

2001年9月19日，青岛市邮政局局长陈林（右），青岛海关副关长于国明（左）为“青岛海关快件监管中心”成立揭牌。

青岛市邮政局通信调度指挥中心

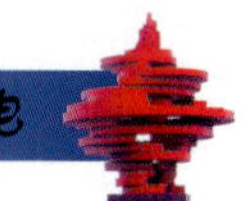

建设电话市是2000年
重要内容，市委、市政府
力支持，同时也引起了全
掀起了建设电话村、电话
高潮，并于12月12日在全
市的目标。

全年全市共建成电话
81个，开发区、崂山、胶
全市固定电话用户总数达
普及率达21.47部/百人
数达134万户，普及率达6
本地网电话交换机总容量
人一线。

青岛市建成电话市，
重要里程碑，标志着本市
迈上了一个新的台阶。

地址：青岛市东海一
邮编：266071
电话：(0532) 389170
传真：(0532) 287021

2000年5月17日
副市长宗和（左三）
纪念大会。

信 公 司

2000年7月15日，《崂山》风光特种邮票首发式暨全国最佳集邮品评选展销会在青岛文化博览中心举行。

下图为国家邮政局局长刘立清（左八），山东省委常委、青岛市委书记张惠来（左九），山东省副省长陈延明（左七），青岛市市长王家瑞（左十）等领导出席开幕式；

右图为刘立清（左一），张惠来（右一）为《崂山》邮票揭幕。

2000年9月5日，国家邮政局副局长刘安东（右二）在山东省邮政局局长冯新生（左一）、青岛市邮政局局长陈林（右三）的陪同下，视察青岛市邮政局广告邮购公司。

电子商

远程医疗服务

大楼用
上网示

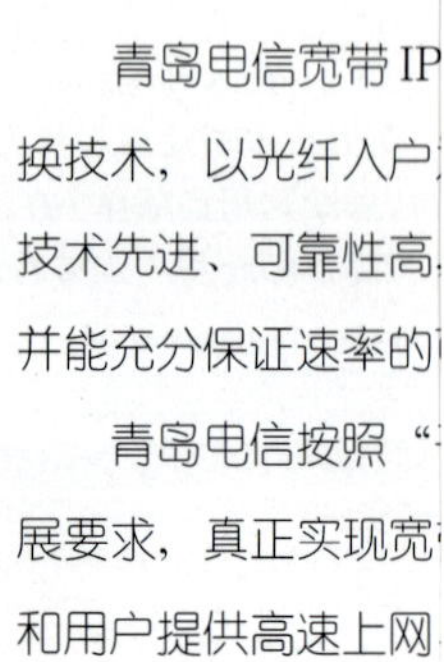

青岛电信宽带IP

换技术，以光纤入户

技术先进、可靠性高

并能充分保证速率的

青岛电信按照“

展要求，真正实现宽

和用户提供高速上网

山东移动通信有限

1860 客户服务中心

热情接待好每一位顾客

公司以“让客户满意是我们的不懈追求”为服务理念，致力于为客户提供优质、超值的服务，满足不同层次客户需求。在提供优质网络服务的同时，十分注重营业窗口服务，以客户为中心，处处为客户着想，努力为客户营造舒适温馨“家”的感觉；将移动通信业务搬到了互联网上，使客户足不出户就能在网上办理购买手机、手机卡及手机维修等业务；流动服务车满足了偏远地区客户的服务需要；“1860”服务热线已成为沟通客户，联接社会的桥梁和纽带。同时在福州路营业厅建立了岛城最大、设备最全、技术力量最雄厚的移动电话维修中心。现已有诺基亚、摩托罗拉、爱立信、三星、海尔等一批国内外知名厂家在营业厅内建立了自己的保修中心，使青岛的移动电话客户能最大程度享受到移动电话的保修、维修服务。在开展维修工作的同时，我们还对修复的移动电话客户进行跟踪服务，在修复后的一定时间内对客户进行回访，了解维修情况，使客户能在以后的使用过程中，得到移动公司的延伸服务。让客户处处感到我们的真心和热情。这些工作赢得了客户的信任，得到了社会各界的赞誉。公司有一人被评为青岛市文明服务标兵，福州路营业厅被评为青岛市文明服务窗口单位，并做为典型在全市巡回介绍先进事迹。

福州路营业厅外景

责任公司青岛分公司

移动通信基站铁塔

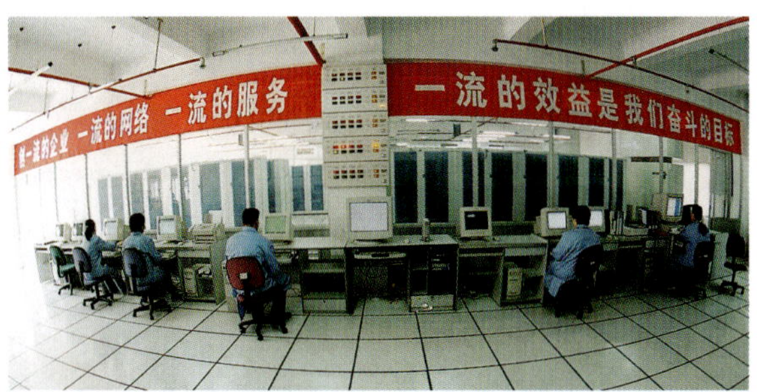

移动通信机房

精心研究业务

该公司购置了先进的车载移动基站，为啤酒节、海洋节、青洽会等重要节庆活动提供了优质的网络服务，在全国应急移动通信建设中走在了前列。公司还在青岛市的各大商场、宾馆、写字楼、机场、火车站、旅游景点等重要场所安装了室内无线分布系统，以提高这些重要场所内部的手机信号强度，改善其内部的通话质量，创造了良好的经济效益和社会效益。

移动应急通信车

中铁第十七工程局青岛铧琴总公司

党委书记：滕兆玉

总经理：王维岗

该公司是中铁第十七工程局在青岛登记注册的集工程施工、房地产开发和服务业为一体的国有二级企业。在册员工750人，其中大、中专以上学历者375人，具有专业技术职称的各类技术、管理者158人。拥有资产6000余万元；有国内外各类机械设备90余台（件），年综合施工能力达1.5亿元。总公司下辖青岛工程公司、机运工程公司、路桥工程公司、威海工程公司、青岛房地产开发公司、威海铧成房地产公司、经贸公司和山东办事处。

我们愿以一流的质量、一流的服务、一流的信誉与社会各界诚实合作，共同谱写21世纪的新篇章。

承建的胶州湾高速公路工程

承建的威海警官培训中心工程

地址：青岛市南宁路18号　邮编：266033　电话：(0532)3743305　传真：(0532)3743326

会、中国市政设施管理专业委员会在全国推广；启用青岛市市政工程养护管理信息系统，对城市道路实施“动态管理”；对擅自占挖道路，不按批准时限、范围占挖道路和工程结束后不及时恢复路面行为加大处罚力度。

查处违法建设和违法占路行为　会同市内四区城管委拆除市内四区占路违法建筑66处、2402平方米。

完善承诺制度，搞好联动服务　对市区占挖道路管理实行社会公示制度，增强了工作的公开性和透明度；进一步完善了“道桥”、“排水”两项社会服务责任赔偿制度，强化了政务公开；延伸拓展“古力一家管”，车行道古力冒溢率始终控制在万分之三以内，古力冒溢24小时内疏通率达95%。

市政企事业单位改革

加大政企分开的力度　所属城建集团按《公司法》和有关法规要求，推进了股份制改造；扩大养护与管理工作分离成果，市排水管理处、市政养护管理处等单位与所办的经济实体脱钩，促进了市政设施管理法制化进程。

开拓市政建设对外融资合作新渠道　城建集团在斐济布加尔公路工程中签订200万美元的分包合同，系青岛市市政企业首次承揽国外业务；成立市政局融资工作领导小组和城市建设发展公司，积极开展招商引资工作，完成了市政工程融资项目清单编制并进行了融资项目可行性研究报告的编制，与法国威望迪集团签订了污水处理厂项目合作意向书；利用德国政府赠款、亚洲开发银行贷款、国债等进行污水处理厂建设和桥梁建设；加强与国外技术交流与合作，成立了中德污水处理培训中心，使青岛成为中国与德国污水处理技术交流与合作的基地之一。

（吕为成）

·房产管理·

市房管局系统

截止2000年底，市内四区实有房屋建筑面积5598.93万平方米，实有住宅建筑面积2930.68万平方米，实有住宅使用面积2051.48万平方米，实有住宅居住面积1465.34万平方米。其中，市房产管理局(下称市房管局)直管公房建筑面积347.62万平方米，私房建筑面积2349.03万平方米。市内四区人均使用面积已达14.22平方米，人均居住面积已达10.16平方米。

全年完成总产值3.53亿元。其中，施工产值2.66亿元，工业总产值1886.6万元，多种经营及中介服务收入8656万元。新建施工工程128个，面积61.81万平方米。其中，竣工验收工程63个，面积32.48万平方米，工程一次验收合格率为100%，优良品率50.1%。修缮竣工验收大中修工程51个，面积4.65万平方米，优良品率49.5%。完成开发工作量2.54亿元，开发面积23.09万平方米，交付使用面积8.91万平方米，销售面积5.20万平方米。全员劳动生产率4.27万元/人，提高4.4%；建筑业全员劳动生产率实现4.32万元/人，提高2.4%。全年未发生重大伤亡事故，负伤率为零。

住房制度改革

全年先后发布18个有关房改文件，完善深化房改的政策界定具体问题。编印下发了《青岛市房改工作指南》，推进住房货币化分配进程。举办住房货币化分配工作培训班6期，539个单位的800余名工作人员参加培训。全市有319个机关事业单位建立了职工住房档案，建档率97.65%；304个单位上报了实施基本住房补贴和一次性住房补贴申请资料，完成率达92.96%。

出台了《青岛市实行职工住房增量补贴的补充意见》，扩大了住房补贴的总量，为房地产市场注入了活力。全市行政机关、全额财政拨款的事业单位住房增量补贴已全部到位，另有107个企事业单位计发了住房增量补贴，全市计发人数占应计发总数的30%以上。

按照国家关于“到2000年公有住房租金原则上应达到占双职工家庭平均工资15%”的要求和职工经济承受能力，完成了市内四区房租的第四次调整。承租人及配偶均未计发住房增量补贴的，其租金标准由每平方米使用面积1.43元提高到1.80元；对承租人及配偶双方或一方已计发住房增量补贴的，其租金标准由每平方米1.43元提高到2.86元。同时，调整了公房出售成本价，由1040元/平方米调整为1123元/平方米，占全市经济适用住房售价的80%；取消了一次性付款折扣和现住房折扣；调整了以标准价连乘系数的计标模式。

审批了即墨市、黄岛区、城阳区、崂山区已售公房上市交易方案(试行)，全面开放了五市七区住房二级市场。截止年底，市内四区累计出售公房29.87万户，面积1628.85万平方米，售房款36.43亿元。其中，直管公房14.83万户，面积576.17万平方米，售房款14.64亿元；自管公房15.04万户，面积1052.68万平方米，售房款21.79亿元。

房产交易

年内，举办房屋交易置换大集4次和大型房地产展销会2次，举行房产拍卖会9次，成交率达到80%。全年各类房屋交易成交34167户，面积603.91万平方米，成交金额88.78亿元，比上年(下同)分别增长190%、100%、129%。其中，已购公房和二手房上市交易4224户，面积29.57万平方米，成交金额41325万元，分别增长478%、180%、189%；商品房成交10555户，面积113.95万平方米，成交金额24.04亿元，分别增长132%、84%、102%；各类房屋抵押16648户，面积439.38万平方米，金额60.15亿元。

房产评估43.49万平方米，评估额9.53亿元。自8月起，房产交易手续费减半征收。完成各类收费2800万元，为国家代征营业税591万元，代征契税3940万元，新增固定资产410万元。

建成青岛市房地产交易中心(下称“中心”)李沧交易处，为四方、李沧一带居民提供住房交易所需服务。8月26日，该交易处正式开业并举办了首届李沧房地产交易大会，11月底举办了第一次房产交易大集。

旧城改造

全年核发《房屋拆迁许可证》33件，拆迁居民8335户，拆迁单位108个，拆除房屋建筑面积33万平方米。全市裁决拆迁纠纷232起。其中，不服裁决向法院提起行政诉讼的45起，占裁决总量的19%；申请法院强制执行的12起，裁决履行率达98.3%。全年回迁工地39处，回迁居民8743户、3万人。其中，有剩余棚户区改造工程的4片、2891户居民全部回迁。全市第一个实行货币补偿的拆迁项目——东西快速路工程于11月开始首期1100余户居民的动迁工作。

房产法制建设及产权产籍管理

年内，报审出台了《青岛市城市房屋拆迁管理条例》、《青岛市个人住房置业贷款担保管理暂行办法》，组织起草报审了《青岛市城市房屋共用部位和共用设施维修管理暂行办法》。

全年受理行政复议案件6起，审结处理5件；行政应诉案件32起，胜诉率为97%；查处违法修缮装修1000起，下达整改通知600份；依法查处各类房产行政案件39件。办理房屋确权124件，确权面积3.96万平方米；接管房屋7.33万平方米；鉴定各类房屋207处；装修审批16件；直管公房划拨31处、2.55万平方米；落实私房政策16件；审批房改购房后再调房48件。房管档案采用微机化管理，将38.5万卷房产档案开始扫描归档。

改扩建后的香港中路一瞥 （隋以进/摄）

继在市内四区放开住房二级市场后，进一步完善市场准入制度和土地收益调节制度，在全市范围全面放开住房二级市场。年内，连续2次大幅下调交易税费，降低群众入市交易门槛。及时出台相关政策，对因历史原因造成不符合权属登记的公有住房，允许市民可以参加房改公房出售。

8月1日，出台实施了新的《青岛市城市房屋拆迁管理条例》，实行货币化拆迁补偿。

继续开展为居民“排忧解难”活动

危房改造和维修加固 市政府确定年内重点办好的12件实事之一——完成3.97万平方米、44处整体危险住房和83处局部危险及有危险点住房维修改造工程，实际完成142处、15万平方米，经验收质量超过预期效果。

“解水忧”工程 共投入资金484万元，完成上水改造工程298处，为15315户居民解决了吃水难问题。

对屋面修漏工程实施回修 从9月下旬至10月底，房屋屋面回修共完成4539户次，巩固了上年度的修漏成果。

防汛工作 整个汛期共维修加固房屋852处，修漏雨1498处，修复院墙及档土墙3处。

解决历史遗留的各类办房产证难问题 采取具体措施，特事特办，基本解决了历史遗留的各类办房产证难问题，全市办房产证工作已全部进入正常程序。截止年底，无规划、无竣工验收手续的住房补办有关手续：海泊河两岸改造工程住房已发证2553个，发证率已经达到报卷的95.2%；浮山后改造工程住房已发证4965个，发证率已达报卷的98.1%；大湛山改造工程住房已发证2291个，发证率已达报卷的96.3%；铁路两侧改造工程和李沧区旧城改造住房发证工作已基本办妥。

建立住房交易服务体系

拓展住房有形市场 建立“中心”房屋租赁中心，负责市内四区住宅、非住宅房屋租赁行为的确认和登记备案工作，开展了房屋租赁新业务。在全市各县级市、区相继建立了房产交易分市场，与“中心”实现了房源信息系统和办公系统的联网，形成了全市性房地产市场网络。

理顺住房信息流通渠道 将全市70余家中介商与“中心”进行了微机联网，实现了资源共享。各个市场均配备大屏幕显示器和触摸式电脑，形成多媒体信息查询系统；定期统一印发《信息手册》，供群众免费取阅；定期举办房产展销会、房产大集。加强信息规范管理，保证住房交易信息的全面性、准确性和及时性。

规范住房中介市场 会同公安、工商、物价等部门定期进行“拉网式”大检查，清理整顿非法中介机构和无证从业人员；发挥舆论监督作用，对经过核准并领取资格证书的中介机构登报公告；实行年检制度，为符合规定的89家中介机构核发《咨询经纪人服务资格证书》，依法取缔不符合规定的中介机构；明确收费标准，设立了举报电话。会同市工商局先后举办6期房产中介人员培训班，为1400余名学员颁发《资格证书》。在“中心”开设70多个示范中介摊位，中介人员统一着“红马夹”。组建了大型的房屋中介公司——青岛市青房安居中心，并相继推出了“房屋银行”和“住房安居宝”服务。

完善住房金融服务 协调金融部门增加住房贷款品种，由以往单纯购买商品房贷款向购买商品房、使用权房和私房等多元化贷款品种发展；为提高金融机构的贷款工作效率，面向金融机构实施了商品房预抵押许可证制度，使金融部门的借贷审查由多个要件变为只需审查一个预抵押许可证；组建了青岛市住房置业担保中心，为全市城镇居民个人购房贷款向银行等金融机构提供担保，向还贷能力较低的借款人提供过渡房源，通过调剂方式帮其提高偿债能力。

改进住房权属登记服务 “中心”推出“一条龙、一门式”服务，在一楼大厅设置了55个办事窗口，为交易双方提供全程服务。大幅度减化办证手续，提供的要件由12个简化到7个。实施“窗口式”办文工作制度，采用微机办理，跟踪监督。实行政务公开和限时办文，相关制度全部公示，所有人员挂牌上岗，接受群众监督。

（王同春）

建筑安装与房地产·开发企事业单位·

青岛建设集团公司

主要经济技术指标　2000年,完成企业总产值17.5亿元,比上年(下同)增长0.5%,被山东省评为大型综合企业50强的第43位,在青岛市入围50强的企业中排第8位;全年施工面积280万平方米,增长90%;竣工面积97万平方米,下降3%;国际工程承包合同额5171万美元,实际完成营业额2607万美元,增长15%,带动机械设备出口114万美元,共派992人次,被青岛市外经贸委评为有突出贡献的外经企业;房地产开发面积17.86万平方米,房屋销售面积7.22万平方米;工程质量合格率100%,优良品率94%,创1个"鲁班奖"、6个"泰山杯"和5个省优工程;安全文明生产达标合格率100%,优良品率86%,全年杜绝重大伤亡事故,年负伤率0.02‰,在省建筑安全生产大检查中,获2个"省级建筑安全文明示范工地"和4个"省级建筑安全文明工地"称号。

承建工程建设　年内,按期完成了山东省国际会展中心工程,保证了青交会顺利开幕;在该工程中应用的大体积超长预应力混凝土施工工艺,通过了专家鉴定,达到国际先进水平,获山东省科技进步一等奖和建设部"建筑科技创新先进单位"荣誉称号。年内,还承建施工青岛电业局配电中心、大沽河桥改造、青大医学院单身楼、香港花园住宅、海尔工业园空调和洗衣机工程、颐中汽车城、安徽路公园改造、双星热力厂、麦德龙(青岛)商场、胶南市综合楼、122交通指挥中心、浮山后住宅小区、纺织盛锡福、即墨农贸市场、崂山工商局、市总工会商住楼等工程。

工程质量管理　提高全员质量意识,有1个QC成果出席部级发布交流,3个QC成果获得省级发布。顺利通过了中国质量协会三年一次的ISO9002标准复审。提高施工过程中的环保意识,于年底通过了中国质量协会ISO14000环境认证,成为青岛市第一家通过该标准认证的建筑企业。承建的"天泰广场"第6次被评为全国建筑工程最高荣誉——鲁班奖。

国际工程承包　年内,召开了集团公司首届海外工作会议,回顾了17年的创业历程,确定了新的发展战略和发展目标。组织了青岛市迄今为止最大的国际工程承包项目——阿尔及利亚奥兰医学院工程的签约和施工,赴阿工程人员已达698人。年底,与菲律宾签署了合同额643万美元的班班河大坝二期工程,系首次涉足水利工程。

所属企业发展和改制　所属青岛市第一、第二建筑公司和房地产实业、安装等公司得到同步发展,各企业的各项经济技术指标均达到历史最好水平。帮助第一建筑公司、第二建筑公司、第三建筑公司、安装公司获得外经贸部授予的直接对外权。制定了《建设集团整体改制方案》,基本完成青岛市东方监理公司、青岛市万通监理公司、青岛市第四建筑设计院、青岛市建筑科学研究所的改制工作,将其剥离出集团系统。

(青岛建设集团公司)

青岛市城市建设综合开发总公司

2000年,被授予"山东省建设系统先进集体"、"山东省建设工程质量管理先进单位"、"省级重合同守信用企业"、"青岛市连续五年重合同守信用企业"等称号。

2000年主要经济技术指标　全年施工面积28.62万平方米,竣工面积7.7万平方米,完成开发工作量3.2亿元,工程优良品率100%;商品房回收资金6.09亿元,实现利税4777.6万元。

国际质量认证　3月,总公司及所属青岛市第三建筑设计院(甲级院资质)、山东省建筑工程监理城建公司(甲级监理资质)、青岛市综开物业有限责任公司均顺利通过了ISO9000国际质量认证。

跨地区经营　年内,在北京注册1个子公司,正在开发地处北京南4环外、规模近10万平方米的高级公寓项目——北京名佳苑花园。

签署全国"放心房"联合宣言　6月29日,与全国310家房地产企业在北京人民大会堂签署销售"放心房"联合宣言,向社会公布了8项承诺内容。在国内引起较大反响。

2000年开发建设情况　1.威海路步行街一期(即威海路步行街商住城工程)。该工程共13个楼座,其中11座于6月底竣工。步行街中心设置6000平方米的大型广场和近3000平方米的地下车库;步行街道长800米、面积达1.60万平方米。2000年青岛海洋节将该步行街广场作为分会场。

2.福林花园。由大尧村村庄改造建成,2月全面竣工入住,建筑面积14.7万平方米(比原计划多4400平方米)。

3.威海路城市花园。位于威海路、汉口路、和兴路、洮南路之间。项目总占地6.87公顷,规划用地5.38公顷,总建筑面积8万多平方米,仿欧式建筑造型。该工程于4月开工,至年底主体工程已竣工,内外装修基本完毕。

4.威海路步行街二期。位于长春路、顺兴路、大名路、台东八路之间;总建筑面积4.5万平方米,其中住宅3.5万平方米、网点1万平方米;工程已于4月开工。

5.浮山后新区工程。年内,正在施工建设浮山新区二期续建工程9个楼座,建筑面积4万多平方米。自1997年以来,共在浮山新区承建并竣工入住楼座累计36个。

6.东海路机关宿舍。承建6栋多层住宅楼、2栋高层住宅楼,计2.8万平方米,于5月全面竣工并入住。

7.中港东区改造码头工程。系市重点工程。由所属岸滩建设开发公司承建。年内主要完成了邮电管道敷设工作及供水,10吨/小时污水处理模块、低压线路出线、高压线路进线等项目的收尾工作。

(冯显泉)

·园林绿化·环境卫生·

园林绿化

业务成果　2000年市区植树103.61万株,新建公共绿地41处,新增公共绿地面积216.74万平方米,摆放盆花100.04万盆。建成区绿化覆盖率达到37.02%,比上年(下同)提高1.03个百分点,人均公共绿地面积达到8.5平方米,增长1.15平方米。园林绿化的主要指标列全国15个副省级城市前4名。香港路环境改造工程获建设部市政金杯奖;海滨风景区被评为国家4A级旅游风景区;市园林环卫局代表青岛市参加上海第三届中国国际园林花卉博览会插花花艺比赛获全国总分第1名,分获金、银、铜奖各1项。

体制改革　青岛市园林规划设计院进行了股份制改造，改制为“青岛市园林规划设计研究院有限公司”。青岛市花木公司在全省园林行业中率先通过IS09001质量认证；在香港路环境绿化工程中获建设部市政金杯奖，并被建设部确定为一级资质企业；投入100多万元，建起了1000平方米现代化花卉温室。

环境绿化

植树活动　春季，先后3次集中组织全市党政机关干部、驻青部队，在崂山区金家岭和青银高速公路两侧进行义务植树。同时，各区按照植树绿化的目标任务，组织各有关责任单位，在市内的山头、河道及主要道路两侧开展了植树绿化活动，确保了植树任务的完成。

青银高速公路环境工程　拆除沿路违章建筑5万多平方米，挖运土石方18万立方米，种植乔木、灌木60多万株，完成绿化面积120万平方米。

山头公园环境综合整治　拆除了山头公园内违章和临时建筑，清除了积存的垃圾，初步完善了公园内上下水、供电及照明设施。新建休闲广场86个、道路3.4万平方米，整治绿化面积43.6万平方米，使市内山头公园面貌明显改观。

八大峡广场绿化工程　该工程已经竣工。共清运建筑垃圾10万立方米，种植乔木500多株、灌木10万多株，共完成绿化面积3万平方米，完成场地铺装3.3万平方米。

燕儿岛公园一期工程　该工程基本完成。清理了周边环境，拆除违章建筑6000多平方米，平整地形7000多平方米，栽植乔木、灌木1600多株，整修游园道路1000平方米。

八大关景区二期绿化改造工程　该工程全部完成。完成电源线路全部下地、照明设施全部亮化，铺装了对八大关景区人行道，改造了临淮关路水面、紫荆关路明沟和小礼堂广场、贵宾楼环境，新增绿化面积2万平方米。

居住区和庭院绿化　年内，大力实施了居住区绿化建设和庭院绿化美化工程。协调各区有计划、有步骤的对居住小区、居民庭院进行了绿化改造和整治，新创花园式单位50个、绿化先进单位85个、绿化小区6个、绿化居民庭院867个、绿化单位庭院561个。

认养绿地工作　为切实增强市民的爱绿护绿意识，市园林环卫局制定了《关于开展绿地认养活动的实施意见（试行）》，并在黄岛区召开了全市绿地认养现场会，交流推广了各区绿地认养的经验和做法，部署了绿地认养工作任务。年内，全市已认养绿地339块，面积达19万平方米。

行道树管理　对原有道路的行道树进行了补栽、调整和修剪，补植行道树近6000株。配合畅通工程实施，完成了43处港湾式车站的树木移植工作，对影响交通信号灯、交通警示牌的行道树进行了修剪，确保了畅通工程的顺利实施。

环境卫生

垃圾收运　推动生活垃圾减量化、资源化、无害化进程，率先在全省启动对居民生活垃圾进行分类收集的垃圾收运方式。在主要道路、旅游景点、部分机关学校设置了1600多个垃圾分类收集容器，在各区和垃圾场设置了废旧电池等有害垃圾收集点。在市南湛山小区3700多户居民中进行垃圾分类收集试点，与区政府、街道办事处工作人员到每家每户进行宣传发动，提高了居民参与的自觉性。本市垃圾分类收集工作受到建设部和省建设厅的肯定，并被确定为垃圾分类收集试点城市。

大型垃圾综合处理场工程　采用与国际水平接轨的高密度聚乙稀防渗膜水平防渗工艺进行施工。年内，场区的“三通一平”、边界绿化、水电工程以及专用道路和桥梁工程等已基本完成。与大型垃圾综合处理场配套建设的太原路垃圾转运站工程已按要求完成任务，其中转运站主厂房工程、调度中心及维修中心工程已按期完成；大型垃圾转运车辆已全部到位；垃圾压缩设备已安装调试完毕，并于12月下旬开始试运转。

太原路垃圾场环境整治　对该垃圾场进行了封场治理。调集了40多台机械车辆，调运近50万立方覆盖土，对垃圾场进行了全面覆盖。安装了沼气、排水管道，从根本上降低了蚊蝇密度，使垃圾场及周边环境得到了明显改善。

道路保洁和公厕管理　对主干道、立交桥实行机械清扫，对主要道路、旅游景点等实行了两班保洁工作制，进一步提高了保洁水平。加强前海一线沿岸滩涂巡回保洁，使前海一线的卫生状况明显改善。强化公厕管理的监督检查，规范收费管理，增强管理人员的服务意识，巩固和保持了国家卫生城市成果。

园林环卫科研

市园林科研所“城市污泥园林应用研究与开发”、“草坪主要病害图谱及防治研究”、“常绿草坪的建立”、“结缕草引种栽培研究”，以及“室内观赏植物的快速繁殖技术”等科研成果均通过国内专家的鉴定，达到国内先进水平。市环卫科研所的《青岛市城市生活垃圾综合处理工程可行性研究》、《青岛市环境卫生

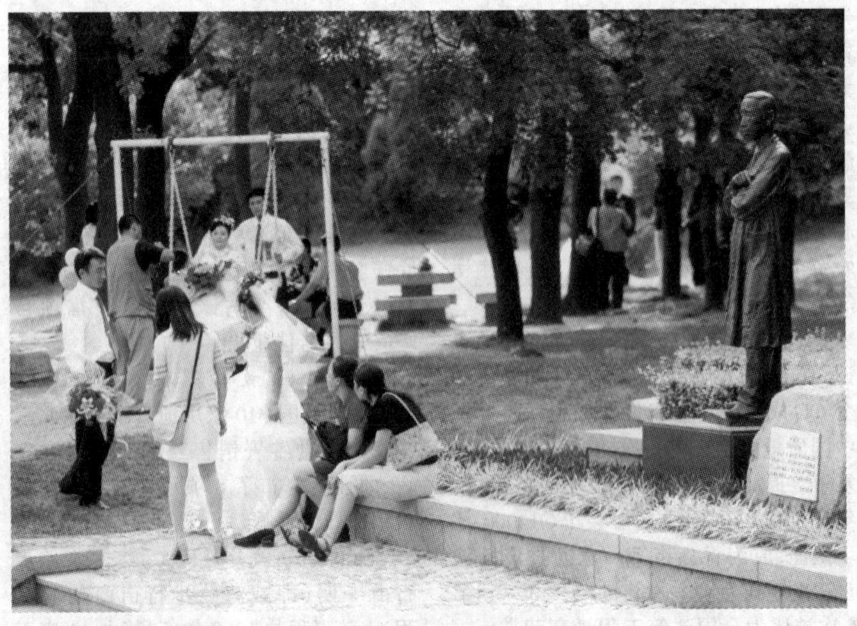

位于青岛山南麓的“百花苑”成为岛城新婚伴侣的好去处　（隋以进/摄）

专业规划》、《环卫信息文摘》分获青岛市信息成果一、二、三等奖。针对本市小涧西垃圾场的复杂地质情况，市环卫科研所和建设部城建院、清华大学合作，通过进行国内首次有限元计算机模拟计算，对小涧西处理场填埋防渗方案，由原垂直防渗调整为水平防渗方案，并通过了专家评审。

（姜作超）

·环境保护·

"九五"回顾

"九五"期间，青岛市的环境污染和生态破坏加剧的趋势得到有效控制，环境质量特别是环境空气质量明显改善。编制并实施了《青岛市环境保护工作纲要(1998～2002年)》；制定出台了《青岛市地表水功能区划》、《青岛市环境空气质量功能区划分规定》、《青岛市关于禁止经营和燃用散煤的通告》等政策、法规和规范性文件；开展了创建环保达标区街活动，人民群众的环境意识和参与程度空前提高；环境监测、环境科研、环境信息等基础能力建设不断加强；完成了"一控双达标"（主要污染物排放总量控制、工业污染源达标排放、城市环境功能区达标）任务；实现了创建国家环保模范城市目标；全市用于工业污染防治资金总额40亿元，其中用于"三同时"项目的环保投资总额16.4亿元，比"八五"期间增加160%。1999年度青岛市城市环境综合整治定量考核在全国46个重点考核城市中列第二位。

城市环境综合整治　优化了能源结构，淘汰了小型燃煤锅炉，治理了机动车尾气污染，加快了城市基础设施建设，城市总体面貌有了根本性改变。在全国率先推行单向循环网络交通，有效地降低交通干线的噪声。开展了大规模的生活垃圾、居民楼院、违法建筑、占路市场、市容市貌、城市道路等7个项目的专项治理，提高了城市环境管理水平。

生态建设、水源地和海洋环境保护　对环胶州湾高速公路、青银高速公路、铁路两侧及全市765条道路进行了整体绿化美化，加快了沿海岸旅游绿化建设，完善沿海基干林带加宽工程。实现了大沽河、墨水河等水源地污染防治综合整治计划，进行了前海截污和海泊河综合整治。到"九五"末，青岛市已建成国家级自然保护区1处、国家级和省级风景名胜区各1处、国家森林公园2处，总面积891.4平方公里。

"九五"期间青岛市环境保护主要指标完成情况

指　标	单位	1995年实际值	2000年实际值
城区 SO_2 年日均值	mg/m^3	0.195	0.056
城区 TSP 年日均值	mg/m^3	0.309	0.143
城区 NOX 年日均值	mg/m^3	0.066	0.034
饮用水源水质达标率	%	99.30	100
区域环境噪声平均值	dB(A)	57.40	54.90
交通干线噪声平均值	dB(A)	72.00	69.00
全市 SO_2 排放量	万t	37.67	13.76
燃煤平均含硫量	%	2.68	1.01
烟尘排放量	万t	20.20	5.63
烟尘控制区覆盖率	%	94.0	100
工业废气处理率	%	95.00	98.52
全市工业粉尘排放量	万t	4.19	0.65
工业废水排放达标率	%	46.50	96.53
全市废水COD排放量	万t	12.48	6.72
工业固体废物综合利用率	%	61.3	85.28
城市气化率	%	79.2	96.59
城市集中供热率	%	6.7	67.33
城市集中污水处理率	%	13.4	48.83
建成区绿化覆盖率	%	0.1	38.30
生活垃圾处理率	%	98.8	100

2000年概况

青岛市获国家环境保护模范城市称号，年内市委、市政府对全市创建国家环境保护模范城市（下称"创模"）工作进行了再动员，发布了"创模"工作方案，签订了"创模"责任书；6月4日，全市召开纪念"6·5"世界环境日大会，进一步动员加快"创模"工作。7月下旬，国家环保总局初步考察了青岛市"创模"工作，认为青岛市已全面达到"创模"的三个基本条件和24项指标；8月下旬，进行了正式考核验收，认定青岛市为国家环境保护模范城市。11月8日，国家环保总局局长解振华来青出席国家环境保护模范城市命名表彰大会。

"一控双达标"工作全面完成　2000年是落实"一控双达标"工作的最后一年。全市共安排了4批、64个污染源治理项目投资计划，总投资9 894万元，其中环保资金1 842.5万元；验收建设项目1 312项，总投资29亿元，其中环保投资3亿元，新增废水处理能力4.18万吨，年削减COD8.32万吨。到6月30日，除益青味精厂由于未上污水治理设施被依法停产治理外，全市所有工业污染源实现达标排放。城市环境空气质量和地表水达到功能区划标准。国家和省下达给青岛市的12项主要污染物排放总量全部达到总量控制计划要求。年内，通过了省政府考核组的考核验收。

蓝天工程　继续淘汰10吨以下燃煤锅炉。市政府下达的800台淘汰计划，列入了市、区两级政府重点工作目标和市政府在城乡建设和改善人民生活方面要办的实事之一；全年实际完成淘汰锅炉1 003台。控制违章燃用散煤，市环境监理所查处违章燃用散煤213起，查处违章经营散煤和劣质型煤910吨；严格控制含硫量超过0.7%的高硫煤，全市80%以上的企业使用优质低硫煤。防治机动车排气污染。积极落实《青岛市防治机动车排气污染工作实施方案》、市政府发布了《关于进一步治理大气污染的第三号通告》，要求实行机动车排气合格证制度，组建了机动车排气检测队伍，全市共对10万辆机动车进行了排气检测。加强大气环境监测。将监测数据进行了对比分析和周围污染源动态分析结合起来，及时传递监测数据，为领导决策和管理部门的监督执法提供了依据。

民心工程　制定了《青岛市环保民心工程实施方案》。为彻底解决中小饭店油烟和噪声污染扰民问题，在市区范围内对餐饮业环保设施实行年审制度。严格夜间施工审批程序，加大夜间噪声监理力度。在学生中高考期间，市环保局与市建委、公安局、文化局联合下发文件，开展了为期1个月的给考生"送安静"活动。总结市南区1999年创建环保达标区工作经验，决定在市区街道办事处、居(家)委会和居民楼院中，开展创建环保达标10个办事处、100个居(家)委会、1 000个居民楼院活动，使市民的环保意识有了质的提高。重视环境信访工作，全年全市受理来信来访、公开电话5497件，比上年减少4.05%，处理率100%，处结率98.8%，其中领导阅批率36.1%；接访128起，占总数69%。环保110网络单位受理群众夜间投诉3 284个，处理率100%，处结率98%。全年承办人大代表建议和政协委员提案93件，办复93件，办复率、面复率和满意率均为100%。

2000年环境质量

大气环境　市区环境空气质量持续改善，SO_2、TSP年均浓度大幅度下降，市区SO_2年均浓度首次达到国家二级标准，各类环境空气功能区全面达标。

水环境　全市生活饮用水源地水质良好，均达到地表水三类标准。大沽河水质，干流部分河段有所好转，基本达到所在功能区水质标准；中游莱西段污染仍较重。市区河流上游段水质普遍较好，下游段污染有所减轻，李村河入海口污染仍较严重。黄海近岸海域和胶州湾大部分海域水质较好，多数指标符合功能区标准；河口附近海域污染仍较为严重，超标污染物主要是无机氮和活性磷酸盐。

声环境　市区声环境质量进一步提高，道路交通噪声平均等效声级为69分贝(A)，达到国家标准；区域环境噪声较上年略有下降，为54.9分贝(A)，多数环境功能区已达标。

2000年空气质量

全市主要污染物SO_2年平均值0.055毫克/立方米；TSP年平均值0.143毫克/立方米；NO_2年平均值0.025毫克/立方米；CO年平均值1.0毫克/立方米。市区每日空气质量达到或好于二级的日数共341天。

（金秀法）

交通·邮电

·概　　况·

主要经济指标

全市客货运输综合周转量完成3031亿吨公里，比上年(下同)增长72%；港口货物吞吐量8661万吨，增长19%；国际集装箱吞吐量完成212万标准箱，增长37.4%；邮电计费业务总量完成47.5亿元，增长37.9%。其中，电信计费业务总量完成45.7亿元，增长38.9%；空港旅客吞吐量完成243万人次，增长19.7%。

基础建设

抓住国家加大基础设施投入的机遇，加快公路、铁路、港口、机场、电信等基础设施建设。青威一级路、青银高速路相继建成通车；县乡路改造投入加大，基本实现村村通班车。青岛长途汽车站改扩建工程全面铺开。组织召开了“以港兴市，建立北方国际航运中心发展战略研讨会”，进一步理清加快青岛港改革发展的思路。港口招商取得突破。青岛港务局分别与世界500强企业英国铁行集团、日本三井物产株式会社、中化山东公司、芬兰富腾公司就前湾二期集装箱码头项目、硫酸罐项目和龙泽液化气公司达成合作合同或协议，其中与铁行集团合资经营的前湾二期集装箱码头正式运营。前湾港三期工程前期工作进展顺利；20万吨级矿石码头重载试车成功；新建成的80万立方米油罐投产，港口原油储存能力达到160万立方米；老港区1、2号码头连体改造工程全面开工。蓝烟铁路复线主体工程已建成，流亭机场改扩建准备工作就绪，国际物流园区建设已进入可行性研究阶段。移动通信能力达到125万户。第二长途通信枢纽楼已进入装机调试阶段，程控交换机总容量达到270万门，并率先在全省建成“电话市”。加强了海上安全管理，成功地组织了近年来规模最大的一次海陆空海上安全搜救综合演习。

服务质量体系建设

提高“窗口”服务水平。继续巩固青岛港务局、青岛长途汽车站、青岛铁路分局青京2539/2540次车队等全国“文明示范窗口”外，在全市交通邮电“窗口”单位开展了“创服务名牌、树青岛形象、以崭新姿态迎接新世纪”优质服务竞赛活动，涌现出“情满旅途”等4个服务品牌、18个“优秀服务窗口”、7名“服务名星”、19名“优秀服务标兵”。

（侯方敬　王伟光）

·铁路运输·

青岛铁路分局生产经营概况

运输安全　2000年实现了3个安全月和4个行车安全百日，最终实现行车安全年。年内，未发生行车险性事故，创连续2815天无责任行车重大、大事故的历史最好成绩。

运输生产　旅客发送量提前16天完成全年任务，实际完成客运人数1780万人，为年计划的103.5%，比上年(下同)增长6.3%；货物发送量提前19天完成全年任务，实际完成4256万吨，为年计划的106%，增长8.6%；换算周转量提前33天完成全年任务，实际完成256亿吨公里，为年计划的109.4%，增长了11.4%，其中直通周转量提前46天完成全年任务。货车净载重、机车日产、日车、技速、平牵等主要技术质量指标均创历史最好水平。

资产经营　运输进款收入提前15天完成全年任务，实际完成25.8亿元，为年计划的103.8%，增长10.7%；运输利润完成3.5亿元，为年计划的100.1%，增长73.9%；运输总支出完成14.2亿元，控制在计划之内。国有资产保值增值率和经营性资产收益率分别比局定计划提高0.32个和0.68个百分点；运输全员劳动生产率完成102万换算吨公里，提高13.5%，全员劳动生产率按收入计完成9.9万元，提高14.3%。资产负债率、流动资金周转率、资本金利润率等主要经济指标均高于上年水平。

多元经济　多元经济销售收入提前90天完成全年任务，实际完成10亿元，为年计划的132%，增长19.2%；实现利润2650万元，为年计划的101%，增长1.5%；提取工资1.4亿元，为年计划的108%，增长12.5%。4月28日，全国铁路系统首家房产交易所——青岛铁路分局“红宇房屋中介交易所”正式挂牌营业，铁路房屋在青岛市可以置换、买卖、租赁。

11个较大车站的候车室设环保型吸烟室　12月20日，国家烟草专卖局与青岛铁路分局合作，无偿投资325万元，为分局辖内的11个较大车站的候车室建造13个环保型吸烟室。

科技进步　1月19日，青岛火车站在全国铁路车站系统率先通过ISO9002国际质量体系认证。8月6日，青岛铁路分局第一个网站（ICP）正式建立开通，国际注册域名为WWW.qd.95868.com或WWW.qd.railway.com.cn。通过网站，向社会提供铁路各种信息，建立铁路与国内外旅客、货主之间的信息联系，提供高速信息接入服务。

职工生活　投资1.8亿元用于建房，当年新建和完成接转职工住宅2278户，职工人均居住面积由上年的9.1平方米增加到9.5平方米。8月10日，全国铁路系统首座高层住宅楼——位于青岛市贵州路的青岛铁路分局高层职工住宅楼交付使用。该楼35层，建筑高度99.40米，总户数556户，建筑面积5.03万平方米，集中供暖气、煤气，被评为青岛市优良工程。职工收入与企业效益和劳动生产率同步增长，增长10.2%。

精神文明建设　全年杜绝了路风严重及以上事件，连续保持了路风“四无”（无不良反映，无一般、严重、重大路风事件）1507天；T25/26次列车和青岛站客运、货场分别夺得全局品牌工程评比第1名。分局继续保持了“青岛市文明建设先进局”称号。

档案管理通过国家一级复验　12月21日，经国家企业档案评审组复验，青岛铁路分局企业档案管理达到国家一级企业档案管理标准。

续修的《青岛铁路分局志》（1991～1999）出版　该志于5月30日由中国铁道出版社出版发行。全书共8篇、44章、218节，130万字。在全国各铁路局、分局中，青岛铁路分局是首家完成续志的单位。

新增开旅客列车

黄岛至烟台旅客列车开行　3月17日12时38分，黄岛至烟台754次小编组旅客列车从黄岛站开出。至此，铁路将青岛前湾港和烟台港连在了一起，结束了黄岛至烟台间不通火车的历史。

青岛至北京加开全列“卧铺龙”　经铁道部批准，8月5、7、9、12日，加开青岛至北京338/337次临时旅客列车。该列车为全列硬卧包房车，共有500多个铺位，每张单程票为140元。

春节、暑期旅客运输

至2月29日，春节旅客运输结束。春运期间，共发送旅客200.27万人，其中直通旅客71.16万人，比上年同期分别增长5.2%和15.9%。最高一日达69968人。

至8月31日，历时62天的暑期旅客运输结束，共发送旅客353万人，同比增长4.1%。其中直通旅客120.2万人，增长6.4%。最高一日发送旅客66109人。

繁忙的铁路货运站台　（隋以进/摄）

调图提速

10月21日零时，全国铁路开始第3次大调图提速。青岛铁路分局共开行旅客列车52对，其中跨局的19对，跨分局的12对，分局管内的21对。原青岛至成都间的临客L354/353次改为图定列车，车次为K208/209次。明水口货物列车由现行的48对增至55对。

假日旅客运输

5月1～7日，是全国第一个连续7天的“五一”假期。期间，青岛铁路分局共加挂客车290辆，加开临客7列，延长到站3列，共发送旅客63.3万人，同比增长39.1%。5月1日，创出有史以来旅客发送111740人的最高纪录。

开行广告列车

6月16日，青岛至兰州172/171次“青食号”广告列车开行。“青食号”列车广告冠名权由青岛食品股份有限公司买断，期限1年。年内，青岛铁路分局还成功地开行了以“趵突泉”啤酒集团和青岛“华金”集团产品名称冠名的广告列车。

胶黄铁路发生重大交通事故

6月23日凌晨4时25分，胶（州）黄（岛）铁路庄里头村铁路无人看守道口发生一起火车与汽车相撞的重大交通事故，当场造成7人死亡、10人重伤，汽车报废。肇事原因系汽车司机违规所致。

青岛火车站广场改造工程

该工程历时9个月，至2000年6月30日竣工。广场改造工程面积约10万平方米，新建绿地2500平方米，花岗岩地面重新铺装。周边10条道路全部整治翻新、拓宽。新建成兰山路和泰安路2处港湾式公交车站。在旅客出站口，专设出租车停靠点。在火车站周边的兰山路、郯城路口，新建2处人行地下通道；第六海水浴场建成2400平方米观海平台；新建成郯城路花园。

（胡凤林　李云祥）

·城市快速轨道交通·

地铁一期工程可研报告完成修编

原可行性研究报告成文于1993年，需进行修编完善。2000年4月30日，市政府市长办公会确定了年内完成地铁一期工程可研报告修编并向国家报批的目标。8月31日，市政府成立了以市长王家瑞为组长的青岛市地铁建设领导小组，协调解决可研修编和地铁筹建、建设中的重大事项。地铁公司通过议标的方式，确定北京城建设计研究院承担修编任务。10月26日，可研报告修编稿通过市计委主持的专家预评估。11月中旬，市计委向国家发展计划委员会报批一期工程可行性研究报告，国家发展计划委员会将于2001年初组织专家对报告进行审查。市政府也于11月中旬正式批复青岛市城市快速轨道交通线网规划。

地铁一期试验段工程竣工

地铁一期工程试验段项目包括1座大型双层车站(青纺医院站)及1.2公里单线双洞区间隧道(青纺医院至水清沟区间)。工程于1994年底开工，1999年底主体工程完工。2000年上半年，完成了各施工口部的收尾工作，并组织进行了初验。11月中旬工程竣工验收合格。上半年，防水和环境监测2个试验课题均提交了研究报告，达到了预期效果，其中防水课题通过专家验收和市科委组织的评审。组织技术人员对其他各技术专题进行总结分析、撰写论文材料，并于11月下旬召开专家论证会进行审查论证。试验段项目累计总投资约7000万元。

地铁一期工程对外招商

自2000年4月开始，市地铁公司向德国政府申请用于一期工程技术咨询的赠款，德国政府于8月中旬确定给予195万马克，并通过招标确定由汉堡城市交通咨询公司承担该项目。汉堡城市交通咨询公司自9月起来青参与了一期工程可行性研究报告修编工作，并将对一期工程扩初设计提供咨询服务。下半年，市地铁公司先后与西门子、兰万灵等公司就合资、合作建设开发地铁一期工程进行了多次洽谈，并取得了积极进展。11月22日与西门子公司达成了合作备忘录。

(王观发)

·地方交通·

公路建设

2000年，全市公路建设创年度完成公路建设投资最大、完成重点建设项目最多、工程进度最快、工程质量最高佳绩；公路接养通车总里程、公路接养密度、高等级公路所占比重、路网等级结构、空间分布等各项指标继续保持全省17市地和全国同类城市先进地位。高速公路通车里程达到288公里，居全国副省级城市之首。

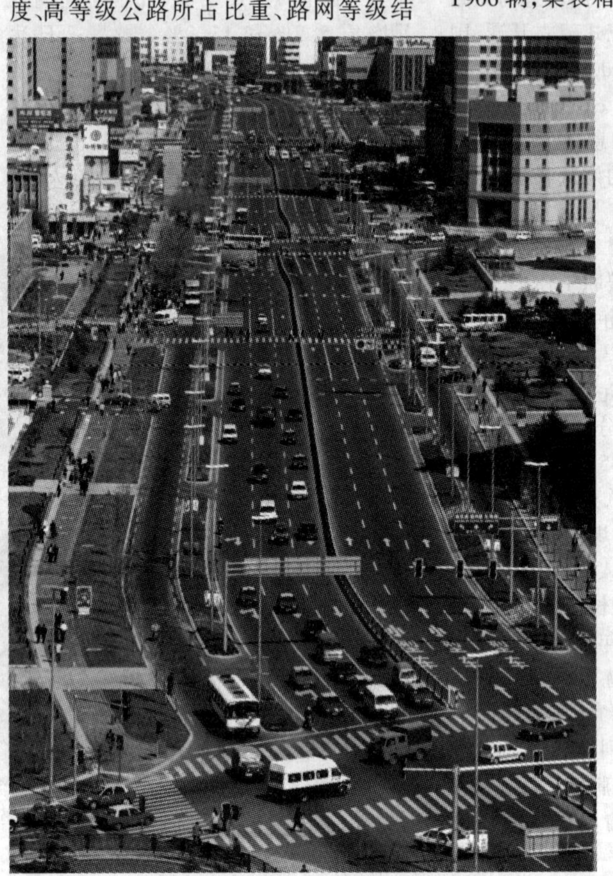

近年来，本市交通状况得到极大改善，初步形成大交通的格局。 (隋以进/摄)

全年完成公路建设投资26亿元，确保了重点工程建设项目按期完工。全长22公里、投资5.64亿元的国道主干线同(江)三(亚)线栖莱路青岛段于9月22日主体竣工。全长25.5公里的青岛至威海乳即一级公路青岛段于10月9日建成通车。12月23日，青(岛)银(川)高速公路青岛段、青银路与流亭立交桥连接线、流亭立交桥改造等3大工程项目同时建成通车。完成南王路、204国道棘洪滩段等9项改建工程任务。全年验收接养县乡公路642.3公里。

地方交通综合运输能力

全市营业性汽车达到61510辆，其中长途班车、出租车和旅游汽车分别达到3455辆、8858辆和175辆。全市中、高级以上客运班车达到860辆，占总量的25%；客运出租车标准型以上达到8681辆，占总量的98%；货运出租车达到1906辆；集装箱专用车达到2724辆，占全省总数的90%以上。年道路客运能力达到1.78亿人次，客运周转量达到489816万人公里，比上年(下同)分别增长1.23%和6.93%。年道路货运能力达到1.71亿吨，货运周转量达到50.54亿吨公里，分别增长17.13%和7.41%。

新增水运客货能力480客位和10086载重吨。年水路客运能力达到608万人次，客运周转量6691.75万人公里，增长1.3%和2%，年水路货运能力达到228万吨，周转量达到10.27亿吨公里。

全市非公有制客货运输业户53721家，占总量的93.1%；车辆84758台，占80.9%；从业人员达到89757人，占76.8%。全市出租车从业人员达到15000余人，营业额达到10亿元。

交通行业管理

交通法规、制度建设取得较大进展。《青岛市机动车维修及配件销售行业管理规定》已由市政府颁布实施，并完成了《青岛市公路路政管理条例》、《青岛市货运出租汽车营运管理规定》的前期准备工作和《青岛市出租汽车客运企业管理规定》的调研和起草。

进一步加强财务计划和审计制度，确保了计划的严肃性和资金的安全使用。交通规费征收与管理进一步强化，征收额增长了9%。交通检查以打击偷漏交通规费和无证经营为重点,全年查处运输违章10.4万台次,补缴交通规费1971.3万元。工程建设公开招投标和原材料公开采购制度全面落实。交通生产安全和质量管理成效显著。

(唐吉良　王振东)

青岛交运集团

2000年实现营业总收入5.91亿元,比上年(下同)增长15.2%;实现利润666.8万元,增长58.2%;完成客货综合周转量96060万吨公里,增长23.3%;完成技改投资5300万元;在岗职工人均工资9668元,增长16%。

客运经营　完成旅客综合周转量168000万人公里,增长8.2%。调整优化车站布局,实施"一站多点"经营模式,形成了枢纽站与卫星站相互补充、相互拉动的经营格局。利津路长途汽车站软硬件设施达到二级站资质条件;胶南汽车站通过了二级站初审;重新启动集团参股经营的鑫运汽车站。加快车辆更新换代,中高档客车总量已达到客运运力总量的42%。年内,参加了全市统一竞标,取得了青岛市区5条公交线路的经营权。

货运经营　全年承运各类货物增长35%,实现货运周转量7.69亿吨公里,增长28.5%。充分发挥国家一级代理权、场站、运输等经营资质相互配套的优势,全年完成集装箱运输、代理、拆装量37万标准箱,增长23.3%;参与了开发新疆油气田大件运输任务。扩大大宗物资的承运能力,全年完成青啤散大麦、进出口包糖等运输任务达20余万吨。研究开发物流业务,积极进行前期准备。年内,承运各类货物1950.2万吨,增长35%;实现货运周转量7.69亿吨公里,增长28.5%。

多元经营　扩大了汽车维修销售业的经营规模。所属汽车修理分公司全年维修高档轿车增长6.6%。开办了汽车维修检测线,建立了泰安车辆维修销售中心;发展连锁维修站近10家;成立了区域汽车贸易中心;开辟了新的车辆维修项目;开展了汽车消费贷款业务。已与全国10家汽车生产厂家建立了特约维修和销售关系。持续推进房地产经营。所属市交通房地产实业公司、青岛交建工程建设有限公司等加大开发、销售、物业管理等配套工程建设,相继运作了延安路、东海路、李山东路路旁工地及黄岛区旧区改造等工程。物流公司的汽车报废中心全年报废车辆达到3000辆,拆销率达到95%,仅此一项就实现利润70万元。技改项目进展顺利。青岛汽车站已完成居民楼拆迁;黄岛汽车站已完成工程量580.5万元,司乘公寓、商业网点、候车大厅达到目标进度。

企业改革和对外开放　所属零担公司通过实施国有资产整体出售,国退民进,挂牌运营;陆海公司通过国有企业出资合作的形式,改制为股份有限公司;崂运公司采取先租后买的方式,进行部分改制。全年共进行下岗职工岗位培训50期、420人次,介绍岗位1200多人次,安置下岗职工646人,实现再就业安置率57.6%,超目标计划12个百分点。与中国石油化工总公司国泰隆公司合作开展的燃油销售项目已进入前期准备工作。与日本日新、美国邦联等公司合作成立了海新达运输有限公司。

(安茂宏)

·水工工程·

中港总公司一航局二公司

主要经济技术指标　2000年完成总产值4.41亿元,超局年初下达计划的13%以上;实现利润总额410万元;全员年人均劳动生产率18万元。年内承揽工程任务合同总金额2.8亿元。全年共完成单位工程20个,优良品率100%;分项工程801项,优良品率92.9%;砼工程11.91万立方米,优良品率92%。创中港优质工程、优质砼原计划2项,实际完成3项;创局级优质工程、优质砼原计划3项,实际完成3项。全年无重大质量事故,用户投诉为零。船舶安全拖航,调迁万余海里无事故。

企业改革　年初成立了改制工作领导小组,制定了多种经营单位改制工作计划、可行性研究报告等,并向第一工程局呈交了改制申请报告,改制方案正在制定报批。所属众事达公司完成了从管理型向经营型的转变,年内承揽了13项中小型工程,共完成产值3000多万元。3月,对机关进行了定编、定员和分流工作,全年共减员196人。下半年,成立了岗薪制改革领导小组,进行工资制度改革,并在全局率先实行了岗位薪点工资制。实行了主管会计、物资科长委派制、轮换制。10月,该公司加入了青岛市医疗统筹保险,并对所属职工医院实行分流安置。

企业管理　3月下旬,通过了中国船级社外部年度监督审核,并着手开展ISO9002标准(1994版)向2000版标准换版转换工作。年初开始进行清理债权,落实有关遗留的结算问题。抓好成本管理和资金管理,继续推行内部银行制度,强化收支两条线,实行资金统一管理、统一运作。强化合同管理,增设合同专管人员,由经营处主管、相关处室主办公司内外合同签订和管理,严格价格控制和结算。船机管理坚持以星级制管理为载体,以船机安全为重点,推动设备管理现代化。年内船舶完好率达90%,利用率达45%;机械完好率达90%,利用率达70%。船舶总修费为814万元,其中自修费用为136万元;机械大修费为180万元。全年新增船机设备228.75万元,报废设备原值649.58万元,报废设备(20台艘)处置收入26.2万元。

精神文明建设　开展了创建文明工地活动。年终,作为创建重点的莱西桥工地、仙家寨水厂工地、显浪基地工地都被评为局级文明工地。截止2000年,公司已连续13年保持"省级文明单位"、连续10年保持"青岛市优秀政工企业"、连续5年保持"全国模范职工之家"等称号,再次被青岛市评为先进基层党组织,并获"青岛市2000年思想政治工作先进单位"称号。

长江口航道治理一期Se标工程

该工程位于长江口南港北槽上段水域,工程规模为建设分流口鱼嘴及潜堤3.2公里、南导堤20公里、北导堤12.72公里和总长9.17公里的6座丁坝。工程合同造价为4.7亿元,施工期间又增加工程量,总造价达5.5亿元。1998年7月1日开工,计划2000年12月31日竣工。2000年3月初,建设单位提出2000年5月15日工程全部完工的要求。公司作为施工单位,至5月15日按期完成了施工任务。

同三线栖莱第七合同段工程

同江至三亚高速公路栖莱段起自栖霞市松山镇虎龙口,终点至莱西市孙家庄,全长70.08公里,其中青岛市境内22.7公里。第七合同段位于K119+700－K121+700段,包括主线2公里、互通立交桥1座(匝道长3.9公里、跨线桥5座)、中桥1座、涵洞、通道等构造物,合同造价为7 790万元。原合同工期为1999年4月1日至2001年4月30日。2000年11月18日,由公司承建的该工程提前竣工并通过验收,质量等级为优良,11月22日全线通车。

京杭运河续建工程韩庄大桥工程

韩庄大桥位于山东省济宁市微山县韩庄镇104国道跨越的老运河上,是韩庄二线船闸的配套工程,连接鲁西南和苏北的重要交通枢纽。该桥按汽车20级、挂车100级、人群3.0K节/平方米的设计荷载设计。主桥全长144.9米,分三跨;另有引桥三跨,位于主桥北端。大桥通航净空70×7米,桥面宽度18.8米。1997年11月1日,由公司承建的该工程正式开工,至2000年9月30日竣工。

京杭运河续建工程韩庄船闸工程

韩庄船闸工程位于济宁市微山县韩庄镇,西临微山湖,是京杭运河从长江口开始的第11个梯级,船闸级别为二级,设计船队2×2000吨/2×1000吨顶推船队,设计水头4.0米,单向通过能力2 640万吨/年。工程投资1.49亿元。1997年5月21日,由公司承建的该工程开工,至2000年3月20日完工,经山东省交通厅基本建设工程质量监督站质量检验,工程质量等级为优良。

(李国华　朱玉峰)

·海　　港·

主要经济技术指标

青岛港有码头15座,营运泊位46个,其中万吨级以上泊位31个。2000年完成货物吞吐量8 635.7万吨,比上年(下同)增长19.0%。其中,外贸吞吐量5 763万吨,增长55.1%,居全国沿海港口第2位;旅客吞吐量7.3万人次。港口总收入18.5亿元,增长33.0%。完成利税1.29亿元,增长5%。国有资产保值增值率达到101%。港口经济效益继续保持了持续、快速、稳定发展。

装卸运输生产

年内,青岛市分别在乌鲁木齐、上海等城市举行港口推介会和新闻发布会,为青岛港广揽货源。省委常委、市委书记张惠来,副省长、代理市长杜世成,副市长宗和等领导也出席了推介会和新闻发布会。

全年四大货种均创历史新高,其他货种齐头并进。煤炭吞吐量1 339万吨,增长5%,其中外贸出口583万吨,增长73.6%;原油吞吐量2 387万吨,增长35%,其中进口原油1 561万吨,增长109%;矿石吞吐量1 578万吨,增长33.8%,其中外贸进口1 255万吨,增长23.8%;集装箱吞吐量212万标准箱,增长37.5%;粮食、化肥、钢铁、纯碱、冻鱼等货种均比上年有大幅度增长。

青岛港集装箱码头　(隋以进/摄)

全年引领船舶11 009艘次,其中超过长200米以上的大型船舶2 018艘次。

货物集、疏运能力进一步扩大。铁道部副部长刘志军率铁道部有关部门领导和北京、郑州、济南铁路局主要领导到青岛港现场办公,帮助解决港口疏运,促进了港口装卸生产的发展。全年火车装车221 692节,卸车260 002节,分别增长48%和26%,疏运货物1 541.5万吨;管道输送进口原油670.2万吨;公路疏运货物601.0万吨;转水运输货物1 931.4万吨。

年内,清理外欠款4.4亿元,为港口建设和发展提供了资金保证。

建设和改造

为加快国家战略原油储备基地建设,满足原油进出口大幅度增长的需要,油罐五期工程B区、C区、D区12个5万立方米和E区4个10万立方米钢质浮顶式油罐建成投产。油罐五期工程的建成,使港口原油存储能力达到180万立方米。前港区煤堆场、前湾一期车场、集装箱冷藏箱区改造工程全面竣工。经市政府批准的一、二号码头连体改造和粮食储罐工程于11月开工建设。52号泊位改造、101库整体迁移、危险品库建设等工程正在加紧施工。

改革开放

建立与现代企业制度相适应的干部选拔任用制度。全面推行了《关于进一步推行教育机制的实施意见》、《关于进一步推行分配机制的实施意见》、《关于进一步推行用人机制的实施意见》;对8个副处级领导岗位进行了公开招聘、竞争上岗;局机关又精简18人。

扩大对内对外开放。先后与世界500强企业英国铁行集团合资8 660.75万美元,成立了青岛前湾集装箱码头有限责任公司;与世界500强企业日本三井株式会社和中化集团山东公司合作,投资200万美元建成了硫酸罐;与世界500强企业芬兰富腾公司签订合作利用油码头接卸龙泽液化气项目,利用外资200万美元。全年合同利用外资9 060.75

万美元,居青岛市首位;实际利用外资5094.2万美元。

科技进步

建立了中国沿海港口唯一的国家级技术中心。全年取得技术革新成果703项。先后制作了大型导标2座、现代化的四通道集装箱检查桥1座。成功地制造了5台"堆五过六"龙门式集装箱轮胎吊,实现了港机修理到港机制造的跨越,并成为国内第三个能够制造集装箱轮胎吊的厂家。集装箱生产管理系统、局生产管理信息系统、局视频监控系统等信息化建设项目投入运行。

精神文明建设

大力表彰十几年来涌现出的"十大突出贡献人物",开展了以"十大突出贡献人物"先进事迹宣讲为载体的"树正气、鼓斗志、讲责任、创佳绩"教育活动。青岛港务局坚持两个文明一起抓的做法得到了中央、省、部、市领导的肯定,被国家确定为重点宣传的国有企业典型,在海内外广泛宣传。12月31日晚,中央电视台在青岛港成功地举行了"青岛·新世纪启航"庆祝活动,向全世界现场直播,引起强烈反响。在青岛对外贸易洽谈会、海洋节、啤酒节、世界华人论坛等大型活动中,青岛港务局积极参与,被市委、市政府授予"突出贡献单位"称号。

(吕明善)

·海　　运·

青岛远洋运输公司

2000年完成货运量1395.8万吨,完成周转量685亿吨海里,完成航次320个,并提前3个月完成了中国远洋运输(集团)总公司下达的主要生产运输指标。公司管理工作也上了一个新的台阶,于10月顺利通过了质量与安全管理体系年度审核。

年内,公司航运主业效益状况比上年有较大幅度提高,船队结构调整也取得了积极进展,先后从韩国、日本等船厂接进6艘新船,使公司船队总吨位增长到近300万吨,增强了在国际干散货市场的竞争力。严格商务管理,降低营运成本。适时调整运力,将船舶投入沿海运输市场,扩大了沿海运输市场的占有率,提高了影响力。

年内,建立了一套经纪人、货主和代理的评价制度,选择信誉好、信息快、能力强的经纪人和代理开展业务。对重点客户和大客户重点照顾,实施跟踪服务,定期走访。总经理及主管航运工作的副总经理带领航运部门业务人员南下北上,先后到宝钢等多家单位走访,扩大了直接货主和第一手货源的比例。

加大劳务外派创"名牌"的力度。全年共组织2786名船员参加了不同性质和类别的培训,培训率为47.5%,其中完成STCW78/95公约培训7172人次。加强对外联络与合作。已与新加坡、香港、台湾、美国、法国等国家和地区的20余家公司建立了联系及业务往来,年内新增外派船舶7艘,新揽进外派班子15套,在航外派船员最多时达1300多人,创造了良好的效益。

陆产企业经营形势稳步上升,实现效益比上年提高近38个百分点。

(杨敬茂)

山东省国际海运公司

2000年,公司运力5.1万吨,实现总收入7407万元,完成货运量56.3万吨,货运周转量12.7亿吨公里。

采取"期租为主、自营为辅"的经营方式,增加创收能力。年底新开辟了1条上海至日本各港的集装箱航线,在上海成立办事处经营该航线,运行态势良好。调整运力结构,有效地遏制住亏损势头,比计划减亏1400余万元。加强安全管理,将ISM规则上升到4.0版,并于5月通过了中国海事局审核认证,所有运营船舶和代管船舶均取得了"符合证明"(DOC)证书;挂"五星旗"的代表船"太平泉"也通过SMC证书审核。加强经济实体管理,与之签订经营目标责任书,鼓励自主经营、自负盈亏、自定奖惩。

(汤晓燕)

山东省青岛海运总公司

通过多年开拓经营、联合协作,逐步形成了散杂货、内贸外贸、远洋近洋并举的运输格局。2000年完成货运量160万吨,货运周转量39亿吨公里,实现收入13541万元,港口国PSC检查船舶滞留率为零,无等级以上安全责任事故。

集装箱运输　3条内贸集装箱班轮航线(赤湾—黄埔—天津—大连,烟台—黄埔—大连,芳村—泉州—青岛)共投入船舶6艘,全年完成运输量60469标准箱,实现运输收入10895万元,运费到帐率为98.6%。在航线各挂靠港口共设有6个办事处,在广东东莞市、中山市设有揽货机构,形成了覆盖东北、华北、华东、华南各省的货运网络。建立自己的营销队伍,并在营销队伍中引入风险机制和淘汰机制。建立客户档案,对重点客户进行特殊服务。9月1日,主办了国内沿海集装箱班轮船东第三次沙龙会议,就增收燃油附加费等议题达成共识。

散杂货经营　共投入船舶12艘,采取自营和联营相结合的经营方式,积极开发、稳定货源,提高收益水平。其中,自营船舶5艘,全年完成货运量29.3万吨,货运周转量7.65亿吨公里,实现运输收入2646万元。

运力结构调整　变卖了"青宏"轮和"鲁海101"轮,新造5000吨级345TEU集装箱船"玉玺泉"轮,并于6月投入营运;下半年,融资新购17000吨级二手杂货船"金海洋"轮,投入营运全球航线。

安全生产　开展"水上运输安全管理年"活动,逐级签订安全生产责任,加大ISM推进力度,加强PSC应检工作。12月24日,顺利通过了交通部SMS、"DOC"年审。

(陈建国)

·民用航空·

中国民用航空青岛站

飞行、空防安全和地面安全　2000年共安全保障各类飞行100547架次,其中地面起降32545架次,飞越68002架次;安全检查旅客123.6万人次,安全检查行李80.67万件,查出各类危险、违禁物品1434件,杜绝了劫机、炸机事件的发生;共发现和排除飞机故障和隐患137起,未因机务原因发生责任事故,实现了飞行、空防安全和地面安全事故"双零"的安全年目标。

运输生产　该航站共拥有国内航线38条、国际航线8条,航空运输网络日趋完善;提前2个月超额完成了中国民航山东省管理局下达的210万人次和4.3万吨的生产目标。全年共完成旅客吞吐量243.1万人次,货邮吞吐量4.8万吨,分别比上年(下同)增长19.7%和18%,

占全省总量的五成以上。航站吞吐量居华东地区33个机场第6位。机场运输生产全年保持了较高的增长速度,5~9月份增势更猛,均比上年同期增长20%以上,呈现“淡季不淡、旺季更旺”的局面。运输生产连创3项新纪录:8月份完成旅客吞吐量305627人次,日均吞吐量近万人次,月吞吐量创航站有史以来最高纪录;“五一”、“十一”黄金周期间,机场日客运量均在1万人次左右;提前60天完成全年任务,为历年来最好成绩。

各航空公司加大在青运力投入。东方航空股份有限公司山东分公司的麦道—82机型全部更新为空中客车;山东航空股份有限公司增加2架庞巴迪飞机在青过夜;中国国际航空公司在青过夜飞机也由1架增加到2架。在青过夜飞机累计已达14架,青岛航站已基本完成了由过站型向基地型的转变。

安全管理与企业管理

安全管理　8月,制定了《关于确保安全生产的决定》(下称“十九条”),并在全站学习贯彻。成立了待岗学习领导小组,制定了待岗学习实施细则,处理人为责任造成的不安全事件和工作差错10起,安排10人待岗学习。11月13日,青岛航站顺利通过了民航华东局的安全工作评估。

企业管理　改革物资设备采购管理办法,组建了物业管理公司,精简优化了保险代理处和煤气站,对免税店实行了对外租赁经营。精简机关人员,充实一线岗位。后勤保障实行社会化管理。引进专业公司从事站区卫生保洁,站区卫生面貌发生了新的变化,连续2年获“青岛市爱国卫生先进单位”称号,并首次被评为山东省卫生先进单位。年内,顺利通过了全国文明机场复查。

空管体制改革

6月,中国民航总局将青岛航站列为全国民航空中管理体制改革的试点单位之一。根据上级部署,青岛航站成立了空中管理体制改革工作领导小组,负责协调组建空中管理站的具体事宜。在原航管站、通信站的基础上,组建了青岛空管站,实现了企事分离。12月28日,青岛民航空中管理站正式挂牌成立。

(于福全)

东方航空公司山东分公司

分公司以青岛流亭、济南遥墙、烟台莱山等3个国际航空港为主要飞行基地,拥有空客A320系列飞机10架,执飞国际、香港、国内航线计68条,每周300余个航班,飞达国内外20多个大中城市。2000年,共安全飞行18334小时,运送旅客984381人,货邮量24750.9吨,实现运输总周转量11158.72万吨公里。

机型置换　年内,成功地完成了机型置换。原有的10架MD82飞机陆续出售,10架空客飞机(7架A320、3架A319)至12月20日全部到位。

安全生产　完成了与总部签订的航空安全责任书规定的安全生产指标,实现了第七个飞行生产安全年;机务维修工程部获中国东方航空股份有限公司颁发的“优胜杯”。年内,加强飞行、机务人员的理论业务培训,分别在济南、青岛举行了《A320飞行程序》、《A320应急程序》、《A320电传操作四大法则》等知识讲座,举办了“防止飞错高度”、“机载雷达的使用”、“A320侧杆操作特点”等飞行专业知识理论研讨班。坚持严把飞机放行关。在新机长、新航线的放飞上,做到合格一个聘任一个。

文明服务　年内,青岛飞行部在“鲁燕”乘务组的基础上,又成立了“惠心”乘务组,开展的“空中先生”特色服务受到旅客好评;济南飞行部成立了“馨燕”乘务组,在教师节前开展了“给教师赠送纪念品”活动,举办了迎中秋“空中圆月”活动,深受旅客欢迎;MU5113/4、5115/6航班(青岛—北京—青岛)、MU5117/8航班(济南—北京—济南)被民航华东管理局授予“文明航班”称号。航空售票服务推出“航班预报”、“晚到旅客延时服务”、“货运一条龙服务”等创新服务项目;位于市内的各售票处设置了“繁忙小柜台”,方便旅客货主。

(鲁　宣)

·邮　政·

业务概况

2000年,全市邮政业务总量完成1.72亿元,比上年(下同)增长15.8%;业务收入3.27亿元,增长20.12%;企业全员年劳动生产率达到12万元/人。

全市邮政网点238处,遍布城乡。开通了与日本、韩国、香港的直达航空邮路,邮路总长5.5万余公里,国际特快专递业务通达全球200多个国家和地区,国际汇兑业务通达美国、日本、西欧等15个国家和地区。

邮储业务

全市邮政储蓄余额达到38.69亿元,净增6.72亿元。对绿卡主机进行了扩容改造,对储蓄中间业务平台进行二次开发和功能扩展,提高了代收代付业务的服务质量,实现了用户足不出户,只要拨打电话即可通过电话智能平台的转接,完成缴纳各种公用事业费用、汇款、存折挂失、余额查询等不同作业,以及代收电话费、煤制气费、代发工资等业务;实现了绿卡在手,即可在任一联网城市取款消费。全年新增绿卡网点73个、ATM自动取款机41台;年初在全省首家开通邮储24小时“自助银行”服务系统;向社会发放储蓄卡1.84万张,累计发放储蓄卡19.42万张,发展”绿卡通”用户4.6万户。

集邮业务

积极创造市场卖点,开发了《世纪交替,千年更始》、《2000年世界华人论坛》、《北海舰队成立40周年》、《青岛天后宫民族文化》等各类纪念封、片、折,取得了较好的经济和社会效益。组织的崂山邮票首发式暨全国最佳集邮品评选活动取得成功,被青岛市政府授予“2000年全市重大节会活动突出贡献单位”称号。

速递业务

通过实行公开招标、承包经营、风险抵押,使速递内部运行机制更加贴近市场。拓展速递新业务。重点开办了工商登记证邮寄寄递、身份证、税务换证、法院文书、限时邮件等业务;开发了婚庆、生日祝寿、生日套餐和鲜花礼品等礼仪消费业务。自3月1日起,对本局进口的特快邮件由2个投递频次增至4个频次,加快了特快业务传递时限,提高了EMS的信誉。进一步开发“185”服务平台资源,实现了收寄、派揽、咨询、查询、投诉和生产调度为一体的服务功能,更好地发挥了邮政网络的作用,加快了邮件查询速度。

商函广告

投资530.7万元引进商函封装机、高速激光彩色打印机、邮简机、扫描仪等一系列先进设备，并于6月份投产使用。相继开办了限时信函、省内快件等业务。重点发展了商业信函、邮送广告、广告邮资明信片等；开办了电信、移通、联通话费帐单寄递业务，对本市海尔、海信、青啤等一些知名度高、效益好的大中型企业实行上门服务，并建立了详尽的客户档案，按时回访、征询客户意见，改进服务质量，确立了较为稳定的长期合作关系。先后与“珍奥核酸”、“北极神”、“上海健特生物科技公司”等单位签订了长期的广告代理合同。户外广告业务也取得了新进展。邮政通信调度指挥中心楼顶的户外广告已与移动通信公司签订了3年合同；部分市（区）局采取买断路段等形式进行户外广告招商，取得了较好的效果。

网络建设

完成了综合网主机房的建设工作，顺利完成了综合计算机网前期设备的安装调试工作，并与国家信息中心配合，成功地进行了骨干广域网和局域网交换机的联调工作。绿卡工程已通过了国家邮政局和省邮政局组织的验收；完成了绿卡网的扩容工程。成立了邮政信息技术中心，将综合网建设与计算机系统的开发维护紧密结合起来。11月，市邮政局邮储中间业务主机系统工程进入试运行，在全市35个营业网点开通了代收燃气费业务，摆脱了手工收费的被动局面，为今后开拓新的中间业务提供了技术和网络支撑。

开展优质服务活动

开展以“树邮政形象，创优质服务”和“服务千万家，满意在邮政”为主题的创建文明行业活动，组织了以职业道德、职业纪律、职业技能、职业形象为内容的“四职”教育。解决群众反映集中的服务难点问题，特别是投递不到位问题。于4月1日成立了发投公司，集中人力物力实现了报刊集订分送和信报分投，并以投递段道为单位，建立特殊用户服务档案，对老弱病残和烈军属实行特殊服务；自6月起，青岛地区分印的各类报纸全部实行早报早投，用户提前3小时见到报纸。报刊收订采取跨区通订、电话收订和上门收订等多种服务方式，以及对普通包裹实行免费投送到户等一系列改善服务的新举措。投递员刘瑞臣被授予山东省“十佳职业道德标兵”和青岛市“十佳文明市民”称号。

（吴延春）

·电　　信·

业务概况

主要业务指标　2000年全市电信业务总量完成18.15亿元，比上年（下同）增长15.57%。全年完成电话放号44万户，固定电话用户总数达到151万户，电话普及率达到21.47部/百人。全市的政府上网、企业上网、家庭上网工作均取得了显著成绩，新增163/169网上用户19.5万户，累计达到24.2万户。全年电信业固定资产投资完成20.08亿元。截止年末，青岛电信业固定资产原值达到70.36亿元。

长途通信　积极配合完成了济南—青岛密集波分复用工程、省SDH传输网扩容工程、山东省SDH传输网ATM配套扩容工程等10多项部、省干线工程在青岛境内的各项工作。全市新增长途电路7129条，总数累计达到3.14万条。

本地网通信　5月，青岛电信本地网交换机容量突破200万门，全年全市新增电话交换机75万门，总容量达到270万门。全年新增光纤1000皮长公里，总长度达到7900皮长公里。

网络信息与基础设施　积极实施了光纤到大楼、到路边和到小区的建设，并进一步加快了宽带接入网的建设工作，筹划建设ADSL网络和覆盖全市的宽带IP城域网。长途第二通信枢纽大楼建设已通过验收，并完成了广西路大楼加固工程，山东路营业厅开始改造建设。

青岛市建成电话市

截止12月12日，青岛市新增住宅电话用户42万户，总数达到134万户，占全市城乡人口总户数的60.19%，在山东省第一个建成电话市。其中，各市（区）电信局全年共完成电话放号35万部，共建成电话乡镇81个、电话村2883个，青岛经济技术开发区局、崂山局和胶州局顺利完成了本市（区）的电话市（区）建设任务。

电信机构两次改革

6月，成立了青岛市通信管理局，实现了青岛电信业的政企分开。下半年，组织实施了推进多元化经营工作，成立了青岛电信鲁通集团有限公司。

电信客户服务工作

3月15日，市电信局客户服务中心成立。该中心通过“180”、“189”免费服务热线，为客户办理部分电信业务，并受理客户对电信服务的投诉、意见和建议。12月31日，又开通免费热线电话“1000”，将原有各自分散的特服业务进行集中处理，并延伸了部分服务功能，还设立网上客服中心，实现了客服工作的突破性进展。

启动“企业上网工程”

9月，市电信局与市政府共同召开了企业上网工程启动大会，将企业上网作为青岛电信业的工作重点。截止年底，全市共有7100余家企业通过多种方式上网。

（车昊德）

中国联通有限公司青岛分公司

现有职工390人。为中国联通上市分公司，各项主要经营指标均达到省公司要求。被青岛市地税局评为优秀纳税人并取得两年免检资格，公司营业厅被评为青岛市工交系统优秀服务窗口，客服中心杨超被评为青岛市工交系统优秀服务标兵。

业务拓展　由经营单一业务发展成为经营综合电信业务。在扩大市场份额的同时，密切关注移动通信技术的发展趋势，提高网络技术层次，开发独具特色、实用高效新功能增值业务，推出了WAP手机上网、股市通、短讯服务、呼叫信息中心、联通数据等多项业务，为用户提供更为方便、周到、全面的优质服务。其中，股市通用户业务位于全国前列。在初步实现与青岛电信的互联互通后，推出联通193长途卡、17911、17910IP电话业务和互联网专线接入业务，受到用户广泛欢迎。全年新增寻呼用户6万多户，累计用户超过44万户。

加快网络建设　截止年底，联通GSM网络系统总容量达21万门，遍布青

岛市区和郊区的基站总数达238个。传输采用光缆与微波相结合方式,光缆总长达到622公里,微波传输设备总量达到96跳。网络覆盖范围青岛市市区达到95%以上,郊区达到80%以上。通信质量明显改善。系统的本地来、去话接通率,无线呼通率,无线掉话率等指标均达到或优于联通总部考核指标。

(综合部)

山东移动通信有限责任公司青岛分公司

原名山东移动通信公司青岛分公司,2000年10月更为现名,系隶属于中国移动(香港)公司的国有控股企业,并在境外上市。

分公司拥有模拟和数字两个网络,合计容量100万户,网上用户60多万户,在青岛市及所辖五市二区实现了无缝覆盖,并可在全省、全国和全球65个国家和地区实现漫游通话。网络规模和客户数量在全省17个市地中名列第一,GSM数字移动电话多项质量指标居全国前三名。

自分公司成立至2000年末,网络容量由60万增至100万,用户由30万户增至60多万户,分别占山东移动通信公司的1/5和1/6。网络容量1年增加40万户,是过去7年网络容量总和的2/3;1年发展用户20万户,是过去7年发展用户总量的2/3。

为了不断提高网络运行能力、新业务支撑能力和用户通话质量,年内投资近4亿元先后进行了GSM七期和GSM1800兆双频网的工程建设,使网络容量达到100万,其中GSM1800网是省内第一个开通的双频网。完成了信令网、短消息中心扩建和智能网建设工程,建成了汇接山东省东部的智能网交换中心。推出了"全球通"、"神州行"、"齐鲁行"和"本地通"等不同资费的移动通信品牌"套餐"系列服务,满足不同层次客户的需求。开通了青岛本地的1258短消息服务中心、1259手机寻呼、移动IP电话、手机银行和手机上网WAP等新业务,保持在产品、技术、性能等方面的市场领先地位。

购置了先进的车载移动基站,为啤酒节、海洋节、青交会等重要节庆活动提供了优质的网络服务,在全国应急移动通信建设中走在了前列。采取安装微蜂窝、直放站、无线室内分布等方式,重点抓好旅游景点、重要活动区域和各大宾馆、写字楼的网络服务,有效地吸纳了话务量,减少了拥塞,创造了良好的经济效益和社会效益。

为方便客户办理业务,公司新开业了嘉禾路、华阳路营业厅,与社会力量合作组建了5处"合作营业厅";在全市委托100多个社会代办点代办购卡入网业务;与农业银行、中国银行、工商银行、招商银行等市分(支)行及市邮政局签订了代收话费等业务合作协议,利用其营业场所代办业务。

(战连胜)

中国六大古都

中华民族有几千年历史,经历了几十个朝代。历代皇朝的首都中较著名的有六处,称为六大古都。那就是西安、北京、开封、洛阳、南京和杭州。这六大古都也是我国著名的历史文化名城。

西安作为帝都,从周武王伐纣灭商,在沣河岸边兴建镐京开始,至唐末天祐元年迁都洛阳为止,历时1100余年,先后有周、秦、汉、新、前赵、前秦、西魏、北周、隋、唐等共11个王朝在此建都。

北京作为都城共有近千年的历史。春秋战国时,即为诸侯国燕国的国都,叫蓟城,辽时为陪都,金、元、明、清各代都正式建国都于北京。

开封其名,是春秋时期的郑庄公在此修筑"仓城",取"开疆封土"之意而定名的。开封作为帝都,有战国时的魏、五代时的后梁、后晋、后汉、后周,以及北宋和金等朝代。所以开封有"七朝古都"之称,其中以北宋时期最为繁荣。开封又叫汴京、汴梁。洛阳称为"九朝古都"。先后有东周、东汉、曹魏、西晋、北魏、隋、唐、后梁、后唐等王朝在此建都。

南京作为帝都从221年孙吴迁都秣陵始,继之有东晋、宋、齐、梁、陈、南唐、明、太平天国和中华民国在此建都,历时450余年,有"十朝古都"之称。

杭州有五代吴越和南宋王朝都先后建都于此,历时有200余年。

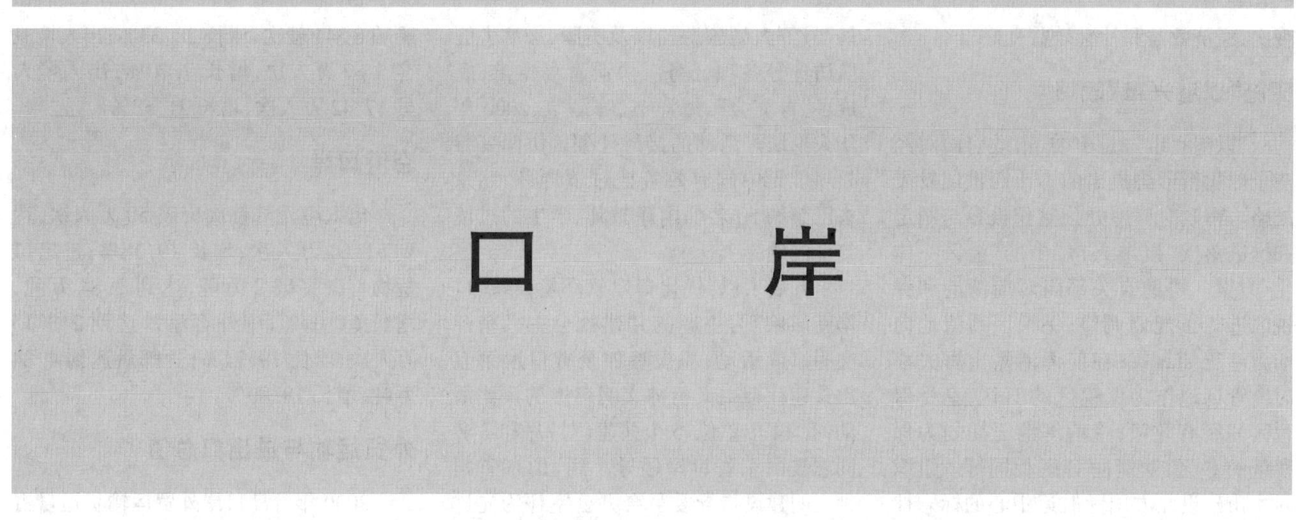

口　岸

概　况

·口岸与航线·

口岸数量

青岛口岸有青岛港、前湾港、流亭机场3个一类口岸,青岛小港、胶南积米崖港、即墨女岛港3个二类口岸,壳牌(中外合资)油气货主专用码头1个。

新开辟航线

"九五"期间,新开辟青岛至日本东京、福冈,韩国釜山,新加坡,泰国曼谷(旅游包机),香港,澳门的空中国际和地区间航线7条。新开辟青岛至韩国仁川、日本下关的海上国际客货班轮航线2条。青岛海港口岸已与世界上130多个国家和地区的450多个港口有着贸易往来,其中集装箱拥有通往世界各地的近37条国际航线、3条内支线、7条内贸线,每月集装箱航班近300个。青岛的陆(铁)路口岸国际集装箱运输已贯通第二条亚欧大陆桥。

6月16日,青岛至韩国釜山空中航线首航仪式举行。该航线是青岛继开通汉城之后第二条通往韩国的空中国际航线,也是青岛开通的第八条空中国际航线。省委常委、市委书记张惠来,市长王家瑞,副市长周嘉宾、宗和等领导出席首航式。首航式结束后,市长王家瑞、副市长周嘉宾率本市友好访问团,乘首航班机赴韩国釜山进行访问和经贸洽谈。

9月30日,青岛至曼谷空中旅游包机航线开通。该航线由海尔集团、青岛国际旅行社共同出资承包,是本市第一条由企业联合体承包的国际旅游包机航线。填补了青岛到东南亚的旅游包机航线空白。

规范二类口岸

年内,对辖区的3个二类口岸进行了清理整顿。8月17日,出台了《青岛市二类口岸综合管理暂行办法》,推动本市二类口岸的管理走向正规化、法制化。青岛小港已经开展对日本、韩国、新加坡和港、澳、台地区的贸易往来。胶南积米崖已开辟国内航线20多条、国际及地区间航线3条,贸易货种已经扩大至玻璃、粮食、机械、钢材、活鱼苗、养殖龙虾等。即墨女岛港以区域边贸运输、远洋渔业、水产加工、旅游度假为依托,开展向韩国、日本的转口贸易。全年二类口岸进出船舶318艘次,货物吞吐量24.6万吨。船舶供应、承修外轮工作也取得新的成绩。全年供船3568艘次,承修外轮138

10月14日,市委常委、副市长邹立健(右四)向外商介绍胶州湾开发港口及海上通道建设情况。(市府调研室供稿)

艘次，经济效益和社会效益良好。

实施“以港兴市”战略

“以港兴市”，是市委、市政府面对经济全球化新形势提出的本市跨世纪发展战略。市政府口岸办公室积极参与制定和推进落实“以港兴市”中的“港区一体化”方案。协助有关部门对前湾港和保税区进行了规划调整；保税区预留地向前湾港三期靠拢；在前湾港划出海关临时监管场地作为保税区的B区，享受保税区的所有政策；将前湾港三期划为保税区的C区，功能同B区相同等。组织对本市建设北方国际航运中心的标志性建筑——航运广场(现八大峡广场)进行了调查论证和前期规划工作。组织中央、省驻青岛口岸检查检验单位和市有关部门，到珠海考察国际航空博览会，借鉴其经验，筹备本市2001年青岛第一届国际航海博览会。

口岸协调服务与软环境建设

11月10日，以市政府办公厅名义正式出台了《青岛市人民政府口岸办公室及口岸查验部门关于优化青岛口岸通关环境的八条意见》(下称《意见》)，得到青岛口岸查验单位和港、航、货等各部门的欢迎和支持，标志着青岛口岸软环境建设进入了一个新阶段。

年内，共组织召开青岛海港口岸协调会17次，协调有关单位配合完成了接待来青的“东方维纳斯”、“富士丸”、“飞鸟”号等大型旅游船以及美国、加拿大舰队访青等各项任务。协调青岛空港，完成了“青交会”、海洋节、啤酒节、2000年华人论坛等活动的接待任务。协调妥善处理了无中国有效签证过境青岛、北京去巴黎的50名韩国籍教师、学生的过境签证问题。

开展了以“优化口岸软环境，塑造口岸新形象”为主题的共建社会主义精神文明口岸活动；积极参加全省口岸第五次共建社会主义精神文明口岸的评比活动，有14个单位、5个共建(对)片和7名同志被山东省口岸领导小组、山东省精神文明建设指导委员会办公室评为先进单位或先进个人。年内，青岛口岸年度工作会议召开，19个单位、13个服务窗口、7条航线、3个共建示范(片)对子受到表彰。

·主要经济指标·

海港口岸

2000年，青岛口岸外贸进出口货运量首次突破5000万吨，达到了5763.66万吨，比上年(下同)增长55.10%。其中，进口3812.39万吨，增长55.97%；出口1951.27万吨，增长53.42%。国际集装箱吞吐量首次突破200万标准箱，达到212.01万标准箱，增长37.42%；港口货物吞吐量首次突破8000万吨，达到8635.97万吨，增长19.00%。国际航行船舶8344艘次，增长28.33%；出入境旅客5.87万人次，增长7.70%；出入境人员17.42万人次，增长21.58%。

空港口岸

出入境人员首次突破50万人次，达到51.64万人次，增长19.18%；进出口货物首次突破2万吨，达到2.84万吨，增长61.00%；中外客流量达到243.15万人次，增长19.71%；货邮量达到4.84万吨，增长18.80%。

外贸运输与进出口总值

2000年青岛口岸外贸运输货运量占整个青岛海港口岸货运吞吐量的66.74%，提高15.5个百分点。外贸运输总量占整个山东口岸(8000万吨)的72.05%，提高8.3个百分点；国际集装箱运输占整个山东口岸(215万标准箱)的98.60%，提高16.5个百分点；外贸运输逐步成为青岛海港口岸运输的主角。其中，前湾港全年完成外贸运输货运量3588.43万吨，占整个青岛港外贸运输量的62.25%；货物吞吐量完成5603.56万吨，占整个青岛港货物吞吐量的64.88%。

全年青岛口岸进出口总值首次突破200亿美元，达到252.04亿美元，增长48.62%。其中，进口109.72亿美元，增长73.47%；出口142.32亿美元，增长33.83%；贸易额顺差32.60亿美元。

(李新成 张 军)

海 关

2000年，青岛关区海关共监管进出口货物8621.3万吨，进出口总值310.3亿美元；征收关税、进口环节税128.59亿元，各项指标比上年大幅度增加。

9月15日，青岛海关所辖德州海关正式开关。至此，青岛关区隶属海关已达22个。9月19日，青岛海关快件监管中心在青岛市邮政局揭牌成立。

·通关改革与监管·

在全关区建立集中统一的审单作业机制。截止6月，青岛关区34个通关作业现场全部实现了集中审单。对报关数据进行了集中处理，制订了《青岛海关审单作业操作规范》，加快了通关速度，促进了海关执法的统一化、规范化，提高了审单质量和业务管理自动化、信息化水平。11月，在全国海关率先成功切换运行现代海关业务信息化管理系统5.0修改版。

年内，开发启用了“青岛海关通关事务管理系统”，建立了“巡回审单”制度。加强对海关监管场所和转关运输企业的管理，制订了《青岛海关物流监控方案》等一系列规范性文件，为部分海关监管车辆安装了GPS全球定位跟踪系统。加大对转关运输货物的监管力度，与重庆、乌鲁木齐、郑州海关分别签订了进出口货物转关运输监管联系配合办法。

严把加工贸易合同备案关，审批备案合同45417份，比上年(下同)增长15.9%。其中，进料加工19684份，增长6.9%；进口料件备案金额71.6亿美元，增长29.3%。加大合同核销力度，核销到期合同44409个，增长18.3%；对长期不运作和违规操作的88家保税仓库给予停业整顿和撤销处理。

加强风险管理,建立了部门级业务数据仓库,重点加强对海关内部作业的风险监控工作,对关区业务运行和监管质量进行了全面分析、评估。

加强各现场监管。年内,青岛海关共监管进出境船舶12 766艘次,增长11.7%;监管进出境飞机5 239架次,增长4.9%;监管出入境旅客875 826人次,增长19.4%;监管运输工具服务人员348 042人次,增长14.3%;监管进出境邮包856 708件、进出境印刷品977 784件,分别增长107.4%和23.2%;监管进出境集装箱179.5万箱次、箱载货物1 318.8万吨,分别增长34.7%和29.4%。

·打击走私·

2000年,青岛海关成立了关区缉私机动队,对性质严重、数额巨大、手法恶劣的走私案件进行重点打击。年内查获走私大要案45起,案值2.41亿元。对在逃重大犯罪嫌疑人加强"追逃"力度。对98名犯罪嫌疑人采取了强制措施,其中刑事拘留44人、执行逮捕16人、取保候审60人、监视居住22人;向检察院移诉案件16起,移诉犯罪嫌疑人39名,破获了一些影响大、危害重的走私案。

加强与地方政府、执法部门和军队、武警的联系配合。与山东省烟草专卖局签订了《关于合作打击烟草专卖品走私违法活动备忘录》;首次与海军航空兵开展联合缉私行动。

运用计算机信息管理方式,加大布控查验力度。年内,查验进口货物37 788票,出口货物23 195票,分别增长69.8%和117.1%,进出口货物查验率达6.36%。发挥各类检查设备作用,提高查获率。12月26日,在青岛港正式运行了H986大型集装箱检查系统。

组织开展了多次常规稽查和多项专项稽查;加强加工贸易中期检查和下厂核销力度,打击加工贸易飞料走私。全年共查获走私违规案件1 027起,案值9.19亿元;入库罚没收入1.13亿元,连续8年超亿元。

·税收征管·

加强对征税现场监管质量和征免税实绩的检查、考核和指导,加强审价和归类工作,确保依法治税。截止8月18日,青岛海关入库税款75.3亿元,提前4个月零13天完成全年税收任务。9月份创单月税收入库13.7亿元的最好成绩,相当于1990年青岛关区税收的1.4倍。10月20日,青岛关区海关入库税款突破100亿元,实现建关以来的历史性突破,全年月平均税收超10亿元。加大加工贸易核销和稽查补税力度。年内,核销补税2.5亿元,稽查补税1.04亿元,保税仓库内销征税5.49亿元,审价补税0.39亿元。全年征收关税28.2亿元,进口环节税100.3亿元,合计128.5亿元,多收53.9亿元,增长72.3%,完成全年税收任务的171%。严格减免税审批和退税管理,年内依法减免税39.43亿元。

·精神文明建设·

1月,青岛海关机关被山东省委省直机关工委评为"文明机关"。4月,青岛海关被山东省文明委、省口岸领导小组评为"共建社会主义精神文明先进单位"。9月,青岛海关第一期新《海关法》培训班开课;建成与清华大学等图书馆相联的青岛海关电子图书馆;青岛海关职员李大卫、张术杰被共青团山东省委分别授予"山东杰出青年卫士"、"山东优秀青年卫士"称号,并分别记二、三等功。10月,举行青岛关区第四届体育运动会。11月,制订了《青岛海关关于实行关务公开的工作方案》和《青岛海关纪检监察特派员工作规范》。12月,召开了青岛关区海关第二届科技工作会议;青岛海关学会被山东省民政厅、山东省社会科学界联合会分别评为省级先进社会团体和省级先进学会。

年内,加强廉政建设,严肃纪律,辞退违反海关廉政纪律人员3名;开展了"纠风整纪专项治理"和"警示教育"活动,向海关内部和关区企业发放行风调查问卷1 515份,查出各类业务问题49个,清理各类不合理规章制度210项,完善和修订规章制度110项。

(赵　猛)

出入境检验检疫

·概况(山东)·

商品检验

2000年,山东出入境检验检疫局共检验进出口商品344 321批,货值162.32亿美元,比上年(下同)分别增长42.69%和55.58%。其中,检验出口商品302 036批,货值81.89亿美元,分别增长了40.27%和41.51%;检验进口商品42 285批,货值80.43亿美元,分别增长了62.77%和73.11%。

动植物检验检疫

全年检疫进出境动植物及其产品141 848批,货值47.52亿美元,分别增长27.79%和38.45%。其中,检疫出境动植物129 427批,货值30.37亿美元,分别增长29.55%和36.6%;检疫进境动植物及其产品12 421批,货值17.15亿美元,分别增长11.93%和60.88%。

卫生检疫

全年检验进口食品4 131批,减少50.69%;总重量233.3万吨,增长18.8%。其中,发现有问题的44批、3 333.79吨。检疫出入境人员111.75万人次。其中,传染病监测体检52 505人次;发现性病、肺结核、澳抗阳性、肝炎、皮肤病等3 070人次。检疫出入境船舶13 542艘次,增长11.75%;检疫飞机5 284架次,减少26.19%;检疫集装箱

1 022 692标箱,增长 37.31%。

鉴定工作

全年完成衡器鉴重 169.34 万吨,增长 212.78%;水尺计重 1 284 船次、3 432.13 万吨,分别减少 2.28% 和 9.02%;容量计重 306 船次、1 450.98 万吨,前者减少 49%,后者增加 0.21%。残损鉴定 40 船次,增长 233.33%。验舱 217 船次,增长 223.88%。出境集装箱验箱鉴定 69 094 标箱,增长 14.6%;入境集装箱鉴定 141 616 标箱。完成外商投资财产价值鉴定 1 733 批,外商总报价 2.04亿美元,鉴定后价值为 2.11 亿美元。对价值进行调整的有 266 批,其中高价低报的有 131 批,鉴定后升值 1 642 万美元;低价高报的有 135 批,鉴定后降值 941 万美元。

原产地证书签发

签发普惠制原产地证书 131 242 份、36.27 亿美元,分别增长 18.42% 和 24.87%;签发一般原产地证书 33 163 份、11.23 亿美元,分别增长 21.81% 和 36.95%。

工作机制改革

推行新的检验检疫业务管理模式,做到"六个一次"(一次报验、一次取采样、一次检验检疫、一次卫生除害处理、一次收费、一次签证放行)。加强全省检验检疫业务的指导和协调,使原无动检、卫检业务的分支局顺利承担了动植物检验检疫、卫生检验检疫业务;明确口岸局和内地局的权限、责任,建立了实用、快捷、规范的业务协作机制和口岸查验机制。推行 CIQ2000 信息工程建设,建立了广域网,在所有分支局建立了局域网,实现了 CIQ2000 综合业务管理系统的试运行。完成了电子报验系统试点工作,仅青岛市已有 113 家企业应用了该系统,共报验 20 000 余批,电子签证连通 40 家,签证 21 000 余份。

严把出入境检验检疫关

加强动植物及其产品的检疫监管力度。对全省活牛育肥场进行了调研,注册了 16 家供港澳活牛育肥场、1 家中转仓,确保供港澳活牛的健康。开展美国、日本输华木质包装检疫工作,已检出松材线虫 5 批次。加强出入境动植物及其产品的监管力度,做好进境货物检疫性有毒生物的鉴定工作,共发现进境动植物疫情 200 多批次。制定进境动植物检疫审批办法,出台方便企业办理审批的 5 项措施,共办理了进境动植物检疫许可证2 349份、进境植物繁殖材料审批备案 79 批次,进出境动物临时隔离场许可证 242份。

加强对重点、敏感商品的检验管理。对 27 种小家电实施批批检验,对质量体系完善、检测手段先进的出口小家电大型企业实行分类管理,对电风扇等 4 类机电产品进行摸底调查,加强监督抽查。对 110 批援外物资进行了检验,确保质量。抓好进口废物的检验管理和协调,防止不符合环保标准的废物进入国门。完善、规范集装箱检验检疫工作,进境集装箱重点检验检疫来自疫区的、盛装废旧物品的、盛装来自美国和日本的木质包装和盛装经法国检验检疫的商品的;出境集装箱重点检验检疫装载粮油食品的干货箱和装载易腐烂变质食品的冷冻箱,确保不出问题。

支持地方外向型经济发展

支持创汇农业发展,做好优质农产品解禁工作,指导企业落实生产管理和检疫监管措施。响应省政府设立农产品加工示范区的决定,对山东大宗出口农产品的现状、发展趋势及加入 WTO 后应采取的应对措施等进行了分析,指导外经贸企业开展工作。

支持加工贸易发展。协助企业建立健全质量保证体系,帮助玩具、机械、电子等生产企业办理产品认证;推行企业分类管理;加大普惠制宣传力度,协助企业用足用好普惠制。

公开检验检疫办事时限,促进执法和服务上新台阶。坚持 24 小时业务值班,提供全天候服务,做到急事急办、特事特办。

监督管理

新颁出口商品质量许可证 100 家,累计 907 家。新办出口卫生注册企业 119 家,累计 1 101 家。帮助、指导 95 家企业获得了外国卫生注册,推荐 321 家;使135 家水产品加工厂获得了 HACCP 验证证书。在机电产品生产企业中积极推进 CE、GS、UL、CSA 等认证,确保出口机电产品符合欧美等国要求。发放国境口岸储存场所卫生许可证 18 家、国境口岸食品生产经营单位卫生许可证 26 家。对 20 家进境动物产品生产、加工、存放企业进行了审核、上报,获得国家出入境检验检疫局批准。完成 ISO9000 评审 226 家,复审换证 50 家,咨询 248 家。

(桑 岩)

·概况(青岛)·

启动出入境检验检疫新机制

根据国家出入境检验检疫局部署,自 2000 年 1 月 1 日起,全国检验检疫系统以新的机构、程序、标准、单证执法。青岛出入境检验检疫局已全面启动新的机制。

与青岛海关协调,实行"先报检,后报关"的查验制度。正式启用"入境货物通关单"和"出境货物通关单",对检验检疫范围内的货物,青岛海关一律凭青岛检验检疫局签发的通关单验放,以全面加强出入境货物的前期监管和后续管理。

以信息化管理为基础,改进对人员、货物和运输工具的查验方式。重点是推行"一次报验、一次取(采)样、一次检验检疫、一次卫生除害处理、一次计(收)费、一次签证放行"的"六个一次"和"检验检疫一口对外"的检验检疫监管新模式;实现检验检疫通关方式、签证流程管理、证书格式内容、证书管理印刷、收费标准与收费管理、数据统计、计算机应用管理程序等七个方面的统一。

出入境检验检疫业务概况

年内,共检验出入境商品 141 115 批,货值 54.39 亿美元,比上年(下同)分别增长 49.54% 和 47.95%。其中,检验出境商品 114 520 批,货值 30.89 亿美元;检验入境商品 26 595 批,货值 23.50 亿美元。

经检验,发现不合格出入境商品 1 089批,货值1.85亿美元。其中,出境不合格商品 782 批,货值2 016万美元,批次和货值不合格率分别为 0.68% 和 0.65%;入境不合格商品 307 批、货值 1.65亿美元,批次和货值不合格率分别为1.15%和 7.03%。

检疫出入境动植物及其产品 54 120 批,货值 21.35 亿美元。其中,检疫出境动物及其产品45 996批,货值11.67亿美元;检疫入境植物及其产品8 124批,货值9.68亿美元。共检出危险性植物病虫害148批次,其中检出一类危险性植物病虫害3批次、二类69批次、三类76批次。检出二类动物传染病病原体3批次,共对14 525批入境货物包装实施了检疫监管。

检验入境食品1 260批,总重量10.34万吨。其中,发现问题20批,890吨。检疫出入境人员61.61万人次。其中,传染病监测体检3 182人次;发现性病、肺结核、澳抗阳性、肝炎、皮肤病等181人次。检疫出入境船舶7 087艘次,飞机3 732架次。检疫集装箱882 878标箱,其中发现问题11 231标箱。

完成衡器鉴重78.67万吨;水尺计重94船次,117.90万吨;容量计重41船次,5.14万吨。验舱37船次。出境集装箱验箱51 581标箱。

签发普惠制原产地证78 289份,21.92亿美元,分别增长19.11%和1.83%;签发一般原产地证书15 178份,4.49亿美元。

完成外商投资财产价值鉴定1 472批,外商总报价8 666.77万美元,鉴定后价值为9 385.47万美元。其中,高价低报的有128批,鉴定后升值1 442.87万美元;低价高报的有117批,鉴定后降值724.17万美元。

注册监管证书颁发

组织了集装箱注册监管考核组,用20多天时间对青岛辖区29家集装箱场站进行了严格考核,有25家场站通过了考核。9月15日,青岛出入境检验检疫局向这25家场站颁发了"中华人民共和国青岛出入境检验检疫局集装箱注册监管场站"证书。

年内,为推动青岛口岸进出境集装箱监管正规化、制度化,制定了《青岛口岸集装箱场站注册监管办法》,举办了集装箱场站协检员培训班,组织协检员重点学习了国家出入境检验检疫局关于《进出境集装箱管理办法》和检验检疫法律法规以及协检员的岗位职责。

权证管理

全年为28家企业办理出口产品质量许可证,累计办理232家;为48家出口食品生产企业(仓库)办理卫生注册,累计办理260多家。向国家局推荐国外注册企业9家,有3家出口食品生产企业获国外卫生注册。2家企业完成了ISO9000质量体系评审。为39家海港、空港集装箱场站、仓储企业办理了注册考核;对30家向国际航行船舶提供食品、饮用水的企业进行了卫生许可证考核发放工作。

涉外企业人员培训和法规宣传

年内,青岛地区进出口企业注册报验单位已达4 782家。青岛出入境检验检疫局为青岛辖区涉外企业举办各类培训班26期,培训各类专业人员4 000多人;先后召开出口生产企业座谈会7次,介绍检验检疫的有关新政策和规定。6月中旬,召开了"青岛口岸《进出口食品标签管理办法》、《进出口化妆品监督检验管理办法》宣传贯彻大会",贯彻落实国家出入境检验检疫局第19号和21号令,从事进出口食品、化妆品生产经营业务的106个单位、110名代表与会。

法律贯彻实施情况检查

4月11日,市人大常委会副主任王新春一行8人,对青岛出入境检验检疫局贯彻实施《中华人民共和国进出口商品检验法》、《中华人民共和国动植物检疫法》、《中华人民共和国卫生检疫法》等工作进行了视察。5月9日,市人大财经委下发了《关于对〈商检法〉等三部法律贯彻实施情况进行检查的通知》。6月14~15日,市人大常委会副主任王新春带领有关专门委员会负责人和青岛出入境检验检疫局领导及有关人员,对胶南、胶州两市贯彻实施《商检法》等法律情况进行检查。

精神文明建设

年内,全局干部职工共捐款捐物5次,捐款共计45 455元,捐衣被1 300件。职工李风琪获全国"无偿献血金质奖章";高梅华被评为山东口岸共建精神文明先进个人;化矿金实验室和综合业务处分别被再次确认为山东省青年文明号;青岛出入境检验检疫局被评为青岛和山东口岸共建精神文明先进单位、青岛市精神文明单位,并获"全国检验检疫系统先进集体"称号。

重要案例

2月,青岛出入境检验检疫局派员赴韩国,对青岛迪曼商务发展有限公司拟从韩进口的300吨废塑料进行装船前检验。经检验,其中夹杂生活垃圾过多,不符合中国有关规定要求,被判为不合格。中方公司终止了进口合同,将不合格废物拒之国门之外。

4月7日,从美国进口的瑟林货物木质托盘中截获中国法律规定禁止入境的危险性有害生物——松材线虫。为防止疫情扩散,在流亭将这批木质包装做了销毁处理。

4月10日,在对俄罗斯籍船舶"华沙"轮实施检疫时,发现该轮食品舱冰冻库中约有200公斤来自韩国"口蹄疫疫区"的猪肉、牛肉。为防止疫情扩散,对这批食品做了封存处理。

8月4日,在对某公司从缅甸进口的白花崖豆木实施检疫时,从中发现大量天牛幼虫;从集装箱箱内底部和箱缝的杂物中发现数头皮蠹科成虫,经鉴定,为一类危险性害虫——谷斑皮蠹。已对该批货物及集装箱实施了熏蒸处理。

10月,在从西班牙进口作种用的9吨大蒜中,截获国家二类检疫性有害生物——鳞球茎茎线虫。这是山东口岸首次截获该线虫。已按规定在济宁市郊区对该批进口大蒜进行了销毁处理。

(青检宣)

海事·船舶检验·外轮代理·船舶燃料供应

·海 事·

业务概况

2000年,山东海事局办理国际航线船舶进出口岸手续12 403艘次;办理船舶签证76 374艘次;进行港口国监督检查(PSC)118艘次;共组织船员培训38 386人次;签发各类船员证书52 528本;船舶溢油防治率达98.75%,审批签发水工许可证173份。海上交通管理系统(VTS)对超大型船舶和一级危险品等特种船舶监视率达100%,对重点航标监视率达100%。全年共监视船舶20 200艘次;提供咨询服务2万余艘次,其中助航服务850艘次、纠正违章1 200余艘次、避免险情13起、指挥巡逻船护航和清理航道600余次。全年航标正常维护量达40 215座天,维护正常率达99.8%。全年收发无线电报17 454份,转接无线电话16 336次。全年海区巡航143航次,港区巡逻705航次。

水上运输安全管理

2000年是交通部开展"水上安全管理年"活动的第一年。2月,山东海事局成立以局长为组长的活动领导小组,并分阶段开展活动。期间,开展了为期20天的"2000年水上统一执法行动"活动。以小型船舶为检查重点,突出检查乡镇客渡船及危险品船,打击船舶非法营运、船舶超载,查处了一批水上交通安全违法行为;共出动执法船艇79艘次,车辆447台次,执法人员1 946人次,检查船舶2 636艘次,现场纠正船舶违章287艘次,查处安全隐患2 194项并逐一进行了整改,查处"三无"(无船名和船号、无船舶证书、无船籍港)船舶108艘,依法滞留船舶131艘。部署防台风工作,为"启德"、"桑美"两次强热风暴潮影响辖区做了准备工作。结合交通部海事局开展的"安全集中检查会战"活动,对辖区载客12人以上客船和危险品船,进行了拉网式检查,严格限制了客船的通航条件和危险品船的适装条件。对青岛前湾南方籍小型货船、挖沙船、黄岛油船实行了现场签证,根治了其配员不足、人证不符、超航区、超载等违章现象,对前海旅游船加强了现场管理。

安全监督管理

降低中国籍船舶在国外的滞留率。全年辖区内200艘经开航前检查的船舶无一在国外被滞留,完成了与交通部海事局签订的降滞目标责任书。交通部海事局要求,2000年7月1日前国际国内航线的船舶公司必须通过主管机关的审核,取得符合证明(DOC)证书。年内,山东片区国际航运公司安全管理体系(SMS)全部完成了审核。

危险品管理。顺利完成威海"澳瑞凯"(ORICA)公司申请从青岛港出口爆炸品任务,填补了山东海事局申请并监管爆炸品运输业务的空白;青岛地区危险品申报员和装箱检查员重新登记、审核分别完成115人次、62人次。

继续治理海上非法养殖。4月28日,联合召开清理海上通航环境现场会,强制清理了青岛港油轮锚地和北海船厂进出航道,进一步改善海上交通环境。

防污染工作。完善青岛市海上船舶溢油应急反应体系,建立了溢油应急初级反应体系。该局黄岛监督站先行建立了黄岛油港区域溢油应急反应体系,并于11月7日成功地举行了"HD-2000海上油污应急反应演习。参与完成了交通部海事局交办的围油栏生产标准起草、船舶污染及载运危险货物事故报告总则起草、《海洋环境保护法》第八章释义的起草工作。全年油污防治率达到98%。

海事调查处理与搜救

全年调查海事21起,其中非青岛辖区海事9起;调解海事纠纷2起。确立每年11月24日为该局警示日,汲取"11.24"烟台特大海难事故教训。召开海事预防会议,专门探讨辖区商船、渔船碰撞原因、对策和预防措施。主动与驻青海军协商研究解决青岛港禁航区超大型船舶的航道开放问题,并取得良好开端。理顺搜救体制。9月1日,山东省海上搜救中心办公室移交山东海事局合署办公。提高海上搜救能力。9月6日,山东海事局与青岛市政府联合组织了综合性的"QD-2000海上搜救、防污演习";9月8日,开通了"12395"搜救专线电话。年内,共组织海上搜救72起,救助遇险人员142名。其中,济南海事局在"锦港油1"轮沉没、"浙甬舟9号"轮搁浅和"乐安油16"轮遇险事故处理中,救助及时,无一人伤亡。

山东海事局组建运行

根据国务院办公厅《关于转发交通部水上安全监督管理体制改革实施方案的通知》(国办发[1999]54号)要求,1999年10月15日,交通部与山东省政府在北京联合签署了《交通部、山东省实施水上安全监督管理体制改革协议》;12月28日,山东海事局在青岛挂牌成立,负责除烟台市行政区域以外的沿海市、地行政区域内水域和沿海水域、港口的水上安全监督机构的各项水上安全监督业务的统一管理,以及对山东省境内的日照市、青岛市、威海市、潍坊市、东营市、滨州地区行政区域水域和沿海水域、港口和黄河、小清河的水上安全管理。2000年7月4日,交通部正式宣布山东海事局党政领导班子;8月31日至9月16日,山东海事局所属的济南、青岛、日照、威海等四个分支机构相继挂牌成立并完成与地方政府及主管部门的人、财、物的划转交接。

(韩 丽)

·船舶检验·

中国船级社青岛分社(青岛船检局)

安全质量工作 2000年,贯彻落实交通

部和中国船级社安全质量工作特别会议精神，加强检验工作管理，提高现场检验工作的质量，严把船舶的初次入级关，港口国控制检查中船舶的滞留率比上年降低了50%。继续贯彻和执行了安全质量奖惩制度，对上年的港口国控制检查情况进行了奖优罚劣。

质量体系工作　组织全体职工完成中国船级社和青岛分社“2000年质量体系工作计划”，结合案例进行了质量意识教育和讨论，并结合季度监控检查，对监控情况进行了讲评；加强对办事处的监控检查力度，每次加抽10%工作案卷，并以垂直合同审核方式抽样对验船师进行了活动监控；完成了场所质量体系文件的换版。顺利通过了国际船级社协会的质量体系年度审核和特别理事会要求的垂直合同审核。

检验工作　以优质服务开拓新的市场。年内，有5艘挂着方便旗的外籍船转入中国船级社，合计总吨位为11万总吨。产品检验全年完成工厂认可12家、型式认可8家，审批图纸59套，检验工作控制号2 458个；代理检验2次，检验钢材3.8万吨。海工检验在移动平台营运检验、固定平台建造检验方面都取得较大进展；开展了对海洋石油开发公司、海洋钻井公司授课，为工程建设一公司举办了无损检测培训班。ISM认证船舶审核数量比上年增加了73%。工业服务体系制定了系统监控、活动监控等程序文件，并按文件要求进行监控活动。在行业检查中，被总部评为全国6家管理、服务质量好的单位之一。

内部改革与管理

档案工作通过国家二级管理达标认定。在达标过程中，成立了档案工作目标管理达标领导小组和工作小组，建立和完善了档案管理网络，制定了《档案工作目标管理达标实施计划和落实措施》；重新整理案卷近5 000卷，汇编见证材料40余册，录入数据1万余条。10月22日，交通部档案馆和总部行政部共同组成档案工作目标管理考核认定组，对分社档案工作目标管理（国家二级）进行了认定考核。分社以96分的成绩通过考评，在全系统中名列第一。制订了《中国船级社青岛分社年度任期目标责任制实施办法》，保证了分社与总部签订的年度工作责任目标的完成。重视和加强培训工作。举办内部培训5次，85人次参加学习；27人次参加了13次外部培训。

（姜云霄）

·外轮代理·

青岛外轮代理公司

2000年，青岛港对外进出口贸易繁荣外贸运输量大幅增长，使公司的总体经营环境得到了极大改善，代理船舶艘次、净吨、货运量分别比上年增长25%、55%和66%，公司收入、完成利润均创造了青岛历史最好成绩。

年内，在青公共船代企业达到5家，市场竞争激烈。依据行业特点，拓展船、货代业务。通过强化自身竞争实力，克服市场环境变化造成的困难，有效地开拓了市场空间，在青岛口岸船代行业中始终保持领先地位。

强化质量标准、完善基础管理，有效地改进了服务质量，使企业形象进一步得到提升。作为公司质量管理核心的ISO9002质量体系推进工作得到进一步深化；区域公司一次性通过了英国BSI组织的整体认证，使山东区域外代系统的质量管理工作迈上了新台阶。首钢船务公司、山东外运公司、青岛市政府机关事务管理局等单位先后前来学习先进管理经验。

精神文明建设

年内，首次被授予“1998～1999年度山东省共建文明口岸先进单位”称号；再获“1999年度青岛口岸共建社会主义精神文明先进单位”、“文明窗口”、“精品航线”等称号，并被评为青岛市首批“最佳信誉企业”，公司总经理被评为“青岛市优秀企业家”。

（外代办公室）

·船舶燃料供应·

生产经营概况

2000年中国船舶燃料供应青岛公司完成供油24.6万吨，供水7.2万吨，运输周转量8.5万千吨海里，油库吞吐量81.0万吨，总贸易额3.1亿元。

年内，着重提高服务质量，积极推行船舶燃料供应服务保障体系，安全、及时、优质地满足了到港外轮、远洋轮及国轮对燃油、润滑油及淡水的需要。全年完成供油1 479艘次，供水619艘次，客户满意率达到100%。开展运输、仓储、中转等多种经营业务，创出了较好的经济和社会效益。

企业管理

高度重视安全工作，结合“11.24特大海难事故”，开展安全警示教育；积极推进ISO9002标准的实施及改版工作，顺利通过了ISO9002国际质量体系复审；深化船舶人事制度改革和工资分配制度改革，完善了船员管理规章制度；完善供应配套设施，以适应国际亿吨大港和北方航运中心对船舶燃料供应业的要求。

年内，巩固了“青岛市文明单位标兵”、青岛口岸文明单位、中远集团“青岛港式企业”等荣誉称号成果；被评为山东省共建文明口岸结对（片）先进集体。

（韩　靓）

社会各项事业

教　　育

·中等以下教育·

概　　况

2000年青岛市中等以下教育基本情况表

类　别	学校数	在校生数	毕业生数	专任教师数
幼儿园	3262	154239		9247
小学	1247	534922	123679	37650
普通初中	285	317307	79418	20852
普通高中	64	81151	25090	5433
特殊教育学校	13	1347	233	370
职业高中	67	63894	23405	4348
中等专业学校	19	25192	9636	1727
(其中中等师范学校)	7	2898	2373	397
成人中等专业学校	39	20151	12258	941
普通高等学校	6	46131	7128	3278
成人高等学校	4	26953	8244	771
社会力量办学	425			

素质教育　1.突出德育的核心地位。上半年,市委、市政府召开了全市加强学校思想政治工作会议。市教委召开了全市中小学加强和改进思想教育工作暨第七届德育工作理论研讨会;在全市中小学生中开展了以“迎接新千年,走向新世纪”为主题的理想信念教育;“新世纪中小学生形象大讨论”等活动。全年市区有6 932名普通高中学生参加了为期1周的学农劳动锻炼。7月,在北京召开的全国中小学德育工作会议上,青岛市教委介绍了职业学校学生德育教育方面取得的经验和成果。2.减轻中小学生负担。1月,市教委发出了《关于进一步减轻中小学生过重课业负担全面推进素质教育的通知》,对全市中小学“减负”工作提出10项具体要求,并发出致学生家长的公开信,向家长宣传正确的教育观、人才观。各级教委通过多种形式对“减负”工作进行重点督查,严肃处理违反减负规定的学校和有关责任人。3.加强科学教育,培养创新精神和实践能力。在全市教师中开展“创新精神和实践能力培养大家谈”活动,推动教育理论研究和教学实践深入发展;开展了第二届中小学生创造活动竞赛,共有86件发明创造作品、82篇科学论文、127件创意作品和250幅科学幻想作品参加了市级评选,并推选出部分作品参加山东省评选,其中29件分获省一、二、三等奖;首批命名了中科院海洋研究所、黄海水产研究所、青岛园林科研所、海尔科技馆、团岛污水处理厂等5处中小学科技教育基地。4.落实“家长教育素质工程”。上半年,市教委召开了中小学家长学校研究会第二届年会,交流各市、区及各家长学校工作的经验,表彰“教子一得”征文、论文获奖者,提出中小学优秀家长学校标准。充实市家长学校讲师团队伍,邀请全国各大学的教育专家来青为家长学校的师资培训班讲课;组织《教子有方》知识竞赛,参加人数达16万人之多。

推进依法治教、依法治校　颁布了《青岛市教育督导条例》。健全对区、市及乡镇两级政府履行教育职责情况的督导评估制度,市南、市北、四方3区被确认为“山东省教育示范等级区”,16处乡镇获“青岛市教育示范等级乡镇”称号。完善了对各市、区素质教育年度目标考核制度,强化了过程评估。市教育督导室对约1/3的普通中小学、幼儿园进行了办学水平督导评估;在全市50多所学校开展了“加强学生德育”、“减轻学生负担”的专项督导检查;对农村中学生辍学情况进行了专项督导检查与分析,确保九年义务教育的全面实施。7月19日,市政府发布了《青岛市贫困家庭子女就学费用保障办法(草案)》,以政府规章的形式为贫困学生就学提供保障。在全市确定了77所中小学、幼儿园作为首批“建立学校章程、试行依法按章程自主管理”的试点单位。规范社会力量办学行为,对违反《社会力量办学条例》规定的学校进行严肃处理。

体育、卫生和艺术教育　改革体育课程和体育教学过程,提高体育教学水平。全市中考体育考试中,1.9万名学生顺利通过测试,市教委直属学校考生及格率达96%,为历年最高比例。青岛市被教育部确定为全国开展中小学课外文体活动的5个试点市之一。卫生工作坚持预防为主,加强学生常见病防治,重点加强学生视力保护、口腔保健和青春期健康教育等。重视和加强学生营养工作,普及合理营养知识。全市确定了30多所艺术教育示范学校,推动中小学提高艺术教育水平。12月24～26日，全国学校艺术教育工作会议在青召开，市教委在会上作交流发言，与会代表参观考察了青岛市各级各类学校艺术教育教学及活动情况，观摩了青岛市学校艺术教育大型展演活动。

教育科学研究 召开了第二届全市教育科研工作会议。制发了《青岛市教育科研工作规程》、《青岛市教育科研工作评估指导纲要》等文件，进一步规范教育科研工作。加强教育科研骨干培训，聘请国内著名教育科研专家举办学术报告，组织各市区及委属学校教育科研负责人赴上海实地培训。全国哲学社会科学"九五"重大课题《邓小平科技、教育思想和"科教兴国"战略研究》中的青岛地区个案研究工作已经完成。市级"九五"教育科研课题已进入结题阶段，有6项课题研究成果通过市级鉴定。省级重点课题《小学双语教学整体改革实验研究》实验学校发展到11所。5月，"双语"实验优质课向各级教委领导和委属初中学校进行阶段性成果展示。年内开展了评选表彰优秀教学法活动，共受到教学法申报347个，其中评选出15个优秀教学法并在全市推广。

人事制度改革 加强教育人才分市场建设，开展人事代理业务。至年底，与教育人才分市场建立人事代理协议的单位已有103个，档案关系在教育人才分市场的教职工近800人。市教委在委属学校、民办学校及各市、区教委范围内组织师范类大学毕业生供需见面洽谈会，增强了学校和毕业生的市场意识和竞争意识，提高了用人单位用人的积极性和责任心。

队伍建设 1.加强校长队伍建设。对校长实行任期3年目标管理，同时建立基层党组织保证监督责任制。启动"青岛市名校长培养工程"，造就一批"专家型"、"学者型"校长，年内选派9人参加"全国中小学千名骨干校长研修班"、30人参加山东省教育厅举办的骨干校长研修班、41名中青年校长及教委机关干部参加教育部校长培训中心举办的短期培训。举办了初中校长提高培训班和高中校长任职资格培训班，分别培训初、高中校长41人、71人；举办了首期中青年校长读书研修班；依托上海高等院校和科研机构，培训中青年校长。采取校长助理制、外派挂职锻炼、到偏远艰苦学校任职、换岗交流等方式，加强对青年干部的培养。2.加强中小学教师继续教育。制定了《青岛市中小学教师继续教育实施方案》，提出今后5年教师继续教育的目标、政策和措施，对中小学教师全面实行继续教育证书制度。制定了中小学教师计算机培训三年规划，重点培训教师的计算机实际操作能力和辅助教学能力。拓宽教师的知识面，邀请专家为中学文科教师讲授理科知识，为理科教师讲授文科知识。对全市3万名小学教师进行了以提高教育教学水平和教师整体素质为目标的综合能力培训。加强骨干教师培训，有51名教师被确定为国家级骨干教师，其中28人完成教育部组织的培训或正在培训，选拔了494名和872名教师分别作为参加省、市骨干教师培训的预备人选。提高教师的职业道德水平。开展了"师德教育月"活动，全市有7万名中小学教师参加活动。深化"我做学生的良师益友"等活动，走访学生家庭23万余户，与学生结对子7万余对，义务辅导学生160万人次。举办"万名教师谈创新"征文比赛，1.7万名教师参加了征文比赛。树立优秀教师典型，出版了《青岛市优秀教师风采录》第五集；教师节期间，市优秀教师报告团在全市巡回报告13场，听众达1万多人。

岛城儿童参观水族馆，接受海洋知识教育。（周光辉/摄）

教育经费与教育基金 落实市委、市政府关于"市本级财政支出中教育经费所占比例每年提高1个百分点"的规定，保证各项法定教育费的足额征收。年内增收学杂费400多万元，并取得中央专款85万元。加强经费管理，全市150余个乡、镇(办事处)基本实行了教育财务统一管理，并保证农村教育费附加全部用于乡(镇)、村两级学校。市教委对委属单位购置设备实施统一采购办法，管好、用好学校的各项资产。对学校的财产进行调查，确保改制后各项资产产权明晰。各级教育基金会多渠道募集基金近百万元，市本级基金累积已达1668万元，年增长54%。基金会出资15万元资助全市义务教育阶段特困生2000名，出资30万元资助、奖励100名升入高校的困难家庭学生和优秀学生。"青大—青啤育才奖学金"自1996年建立以来共出资36万元，奖励学生425名。

勤工俭学与校办产业 全市有校办企业的中、初等学校共965所，占学校总数的84.2%。共有校办企业936个、土地472公顷、劳动基地2130个。全年参加劳动的学生61万人次，校办企业总产值及营业额5.2亿元，利润总额6228万元，上缴国家税费3808万元。校办企业创利税过千万元的市(区)1个，过百万元的校办企业6个。年内有2市1区校办企业改制全部结束。

实施中小学实验教学普及县工程 1999年，山东省教育厅决定在全省实施中小学实验教学普及县工程。市教委规范了各项管理制度，对实验教师进行培训；2000年共投入约3000余万元用于改善学校实验教学条件。市南、市北、四

方、黄岛四区已通过青岛市按山东省制定的该工程标准进行的验收，李沧、城阳、崂山三区已基本达到标准，即墨、胶州、胶南、莱西、平度五市“普实”达标的学校也已达1/2。

教育技术装备现代化建设 全市现代化教育技术装备共投入5 500万元，配备计算机3万多台。市教委投入1 700万元，在委属普通学校建设部分高标准多媒体网络教室，配备计算机近2 500台，使计算机教学达到每生一机；市教委并就“十五”期间实现教育技术装备现代化，在中小学普及计算机教育提出明确的目标和措施。各市、区也重点加强多媒体电教室和微机网络教室等现代教学设施的配备。市教委筹建的青岛市教育信息中心，一期工程已安装调试完毕，资源库建设已初步形成规模，同时对校园网建设进行规范化、程序化管理。市南、莱西、胶州、城阳等区、市也已建成或在建教委局域网，有21所学校已建成校园网。市教委对中小学开设信息技术必修课提出具体要求，全市小学、初中、普通高中信息技术课的开课率分别达32.1%、83%和80.3%，职业高中全部开设了信息技术课，接受信息技术教育的中、小学生达39万多人，小学生已使用市教委重新编写的计算机教材。

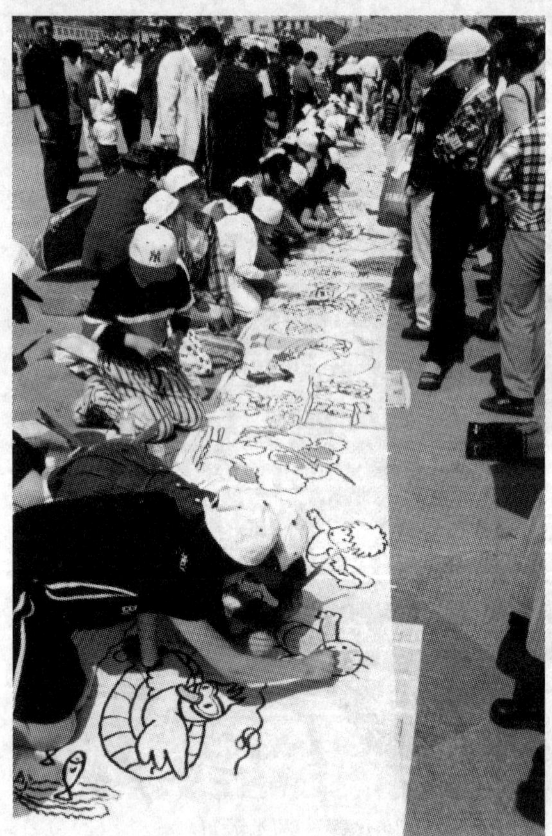

儿童小画家正在绘制百米长卷 （隋以进/摄）

基础教育

办学体制改革 年内，青岛第一中学、青岛第六中学、城阳第一中学、青岛经济技术开发区实验中学、胶州第一中学、胶州实验中学、原燕儿岛路第一小学等7所普通中小学进行了办学体制改革。全市已有23所普通中小学改制，遍及11个区、市；共招生16 457人，投入9 144万元用于改善办学条件，新建校舍12万平方米，改建校舍3万平方米，增添微机1 724台，建语音室、多媒体室、实验室45个，增添图书16.5万册。办学体制改革的继续深化，形成了国办与民办教育的竞争机制。

开办新疆高中班 2000年是青岛市承办新疆高中班的第一年。市教委、民族宗教事务局等有关部门为开办新疆高中班做了大量准备工作。首批80名来自南疆阿克苏、和田、伊宁、喀什等地区的学生已到青岛就读，其中维吾尔族71人、哈萨克族8人、塔吉克族1人。新疆高中班学制四年，其中预科一年；每年接受80名新疆学生。

学前教育 全市学前三年幼儿入园率93%；共有省、市级示范幼儿园95处，一类幼儿园518处。全市幼儿园长、园教师学历合格率96%，其中大专学历达22%。市教委对全市幼儿园园长资格重新进行认定。300余名幼儿园园长、教师参加了学前教育研究生课程班。农村幼儿园由1999年的3 525处调整合并到2 974处，提高了规模办学效益。农村幼儿教师年平均工资达4 228元，其中50%有了养老保险。根据第三次修订的幼儿园分类标准检查验收了城区示范幼儿园和一类幼儿园。全市幼儿园和主办单位共投资1 800余万元用于改善办园条件。市教委拨款120万元，奖励36处“美化、绿化、软化、儿童化”改造突出的幼儿园；组织编写了《青岛市幼儿园课程指导用书》，指导有条件的幼儿园建立园本课程，并指导幼儿园开展群众性教科研活动。年内，青岛市与新加坡签署了师资交流和互相培训协议，先后四次与新加坡互派幼儿教师进行示教和互培，并派团赴英国进行学前教育交流。世界学前教育组织（OMEP）主席柯蒂斯来青考察学前教育。

义务教育 全市小学、初中适龄人入学率均为100%，小学基本无辍学，初中生辍学率低于1.02%。初中毕业生升学率为82.8%，其中市内四区94.7%，五市三区79%。加大农村撤点并校力度，优化教育资源配置，推进农村乡镇中小学布局调整。共撤并小学370所、初中15所，扩建小学179所、初中50所，新建小学60所、初中11所。年内全市农村用于学校布局调整的资金1.75亿元；1998～2000年累计投入4.58亿元，全市153个乡镇中已有150个完成了中小学布局调整。对农村1 000多名村小学校长进行培训。下发《关于进一步完善九年义务教育阶段学生辍学报告制度的通知》，建立和完善了学生辍学层层报告制度。制定了《青岛市义务教育学校标准化工程实施方案》，计划用3年时间，使全市义务教育学校办学条件达到标准化、管理达到规范化。

特殊教育 全市残疾儿童少年入学率达95%以上。莱西市特教中心通过市级规范化学校验收，使青岛市省、市级规范化特殊教育学校达到6所。市盲校普通高中试验班通过教育部和中残联验收；试验班举办7年，已有5届学生毕业，其中42名被高等学校录取。年内，市中心聋校有7名职高学生被高等学校录取。市盲校、莱西市特教中心开始招收多重残疾儿童班。即墨市特教中心建成并投入使用。

普通高中教育 普通高中招生数约占高中段招生数的45%。取消将学生分为公费生和自费生的双重收费标准，改为全部自费上学。又有3所普通高中通过省、市级规范化学校验收。落实教育部颁发的新课程方案，对高中教师和初中骨干教师进行了培训，高一教师做到全部执证上岗。高中招生实行“两考（毕业考试与升学考试）分离”，各学科命题倾向于考查学生创新精神和实践能力。

教学研究与教学改革 围绕突出学生主体地位和学生自主学习、自主发展研究，重点开展两方面教学改革实验：1.

以学段为主的教改实验,侧重抓“试点学校”。分别确定了4所高中、3所初中、3所小学作为试点学校,各学校均有自己的实验课题。2.以学科为主的教改实验,侧重抓“教法和教学模式改革”。各学科均设有实验课题,共有市级管理的课堂教学改革课题150个,有些已在全市推广。

中等职业教育与中等师范教育

保持中等教育合理结构 面对国家扩大高等学校招生的新形势,年内中等职业学校招生形势严峻。各级教育部门和职业学校制定优惠政策,调整专业设置,落实招生责任,保证了中等职校的生源,使全市职业教育和普通高中教育招生比例保持在5.5∶4.5这一合理结构上。普通中专报考9141人,录取8242人,录取率90.2%。

实施职业教育“双名牌”战略 全面启动以建设名牌学校和骨干专业为内容的“双名牌”战略。在对重点职业学校进行评估与复评中,分别有12、6、11所学校被评为国家级、省级、市级重点职业学校。下半年,市教委对上述29所学校的骨干专业进行评估,其中37个专业首批被评为青岛市级骨干专业,占全市中职专业的7.8%;涉及学生占在校生的29.2%。“双名牌”战略加快了职教资源的优化配置和布局结构调整,职教师资队伍建设得到加强。全市共投入3000余万元用于改善专业装备,五市三区投入2000余万元用于校舍建设;平度市职教中心成为全国20所首批重点建设的职教师资培训基地之一;共有近400名教师参加了各类培训,扩大了“双师型(教师、工程师)”教师队伍。

产教结合 青岛啤酒学校实施了以青啤集团管理为主,最大限度地按照青啤要求培养人才的新机制。学校被纳入青啤集团发展规划之中,在12个设有青啤分厂的地区为青啤定向招收了首批中专生,对集团内的19个市、地分厂的150余名班组长、中层技术骨干进行了专业培训。胶南市第二职业高中与韩国南涯电子有限公司合作,建成了年产电子元件3亿支的实习型工厂,由企、校双方共同管理;在确保完成学业的前提下,学生半日工作,年收入可达6000余元,实现了招生与招工相结合,为农村职业教育发展开创了一条新路,深受经济困难学生的欢迎。年内,市教委在该校召开现场会,向全市推广其实行“工学结合”的成功经验。

建设科教兴农示范基地 为了探索发挥职教专业优势,实现农业产业化,市农业、科技、教育等主管部门共同制订了《青岛市科教兴农示范基地建设实施方案》,要求农村各市、区3年内各建成1处以农村职业学校为依托的科教兴农示范基地。年内,市农业局、市科委、市教委联合筹集40万元,各市、区筹集188万元,用于平度、莱西、即墨、胶南4个基地建设,并于当年发挥作用,促进了农村职业学校专业教育教学水平的提高,创造了可观的经济效益。

疏通中职毕业生就业、升学之路 成立了青岛市职业学校毕业生人才分配市场,先后与128家用人单位建立了较为固定的合作关系,提供了2421个毕业生实习就业岗位,被企业正式录用2013名;向北京、上海、新加坡等分别输送了近100名毕业生。各职业学校也设立专人从事就业安置工作,本年中职毕业生就业率首次达到90%以上。全市4537名中职毕业生参加高等职业教育升学考试,2707人被录取,占报名人数的60%,占全省总数的22.6%;报名人数和录取人数分别增长184%和225%。

深化教学改革 电子技术、机电一体化、现代农业技术等25个专业按照“宽基础、活模块”的要求修订了教学计划。农职专业深化“围绕专业办产业,办好产业促专业”和“教学科研、生产经营、示范服务”一体化办学模式。强化专业技能教学,五市三区职校毕业生共有3527人参加技术等级考核,合格率为94.8%;有5081人参加岗位合格考核,合格率为97.6%。继续实施创业教育,参与了教育部“中等职业学校创业教育的理论与实践研究”课题研究任务,制定了《青岛市创业教育实施方案》,开展了“餐饮新星美食节创业实践活动”。

成思危来青调研 11月6~8日,全国人大常委会副委员长成思危率全国人大职业教育执法调研组一行13人对本市职业教育执法情况进行了调研。调研组对青岛市职业教育给予充分肯定,并对推进职业教育整体改革提出要求。

中等师范教育 各师范学校的小学教育大专班共招生780人,其中从应届中师毕业生中招收660人。市教委制定了《青岛市五年制师范小学教育专业培养目标体系》。青岛师范学校、平度师范学校顺利通过省级规范化学校达标评估验收。

成人教育

启动新世纪“双五”富民工程 在1995~1999年成功实施农村成人教育“双五”富民工程的基础上,市教委、市科委等部门联合制定了《新世纪“双五”富民工程实施方案》,计划从2000年开始,用5年时间,再使50万农户的平均收入高于全市农户年均收入10%以上,并每年培训1万名科技“家长”和1万个科技示范户,提高农民群众的科技素质。年内,各市、区以乡镇成人教育中心校为核心,共吸收工程户10.40万户,户均增收1085元,增长12.8%;确立110余项科技致富项目,大部分已初见成效。全年市、县两级“双五”富民讲师团先后到50余处乡镇开展送科技下乡活动,1.9万人次受益。

建设乡镇成人教育中心学校 市教委提出把乡镇成人教育中心学校建成“三园(科技园、实验园、样板园)”基地。各乡镇成教中心校扩大园田面积,提高种植的科技含量,为群众致富提供样板。年内,全市乡镇成人学校中有20所被评为“三园”建设达标先进学校,累计有97所达到省规范化学校标准,占总数的60%。

社会力量办学

全市共有各级各类社会力量办学校(班)425所。其中,个人办学校102所、中外合作办学校17所,国际学校2所。年内,市教委共批准中等学历教育学校5处(含筹建2处)、非学历教育高校11处、中等非学历教育学院41处。经省教委审查,批准青岛飞洋经贸专修学院、青岛现代经贸专修学院、青岛商务专修学院、青岛高校科技专修学院等4所学院为具有高等教育学历考试资格的试点民办高校。原青岛远东职业学院经教育部批准升格为学历教育民办高校,改名为青岛滨海职业学院。

市教委先后制发了《关于建立社会力量办学教师工资保障制度》、《非学历教育学校规范化标准》等一系列规章制度;依法对全市社会力量办学校进行年检,对年检合格的425所学校予以公告并换发由教育部监制的“社会力量办学许可证”,对办学存在各种问题的学校给予行政处罚乃至公告停办。

(姜宏德　徐国臣　孙新兴)

·高等教育·

概　况

全市共有各类高等学校16所、专任教师4821人。在校生83533人,其中普通本专科生53961人、成人本专科生29572人、研究生1656人。各高校共有博士后流动站5个,博士学位授权一级学科3个,博士点18个,硕士点110个;共有国家级重点学科2个,省部级重点学科22个,省部级以上重点实验室19个。各高校图书馆藏书近400万册。全市有27435人报考普通高等学校,比上年(下同)增长9.9%;录取17605人,录取率为64.17%,提高3.01个百分点。对口高等职业学校录取2707人。硕士研究生报考2993人。成人高考报名24886人,录取9847人,录取率39.57%。

优化高等教育结构布局　经山东省政府批准,青岛市职工大学于10月正式改制为青岛职业技术学院,归青岛市教委管理。青岛教育学院和青岛广播电视大学正在进行结构调整前期工作。高等职业教育步入加速发展时期,共有9所院校取得举办高等职业教育的资格,在校生7331人。全市有1所民办高等学历教育学校,在校高职生798人;5所民办高等教育学历文凭考试试点学校,在册学生4997人。青岛化工学院在青岛高科技工业园征地33公顷,计划用5年时间建成可容纳5000名学生的新校区,到2010年形成占地66.7公顷,在校生超过1万人的规模。

深化管理体制改革　各高校从管理体制和人事制度改革入手,转换机制,压缩机构,增强活力。青岛海洋大学自1999年开始调整和精简校部机构,管理机构由29个精简到19个,专职党政管理人员由383人精简到281人,并进行以分配制度改革为核心的人事制度改革。驻青各高校按照1999年全国高校后勤社会化改革工作会议要求,分离后勤部门,广泛吸收社会资金和人力、物力参与高校后勤服务。青岛大学、青岛海洋大学、青岛建工学院共建成学生宿舍、食堂等4.1万平方米;青岛海洋大学新建教师宿舍4.2万平方米。山东省外贸职工大学和青岛职业技术学院将“小胖子”快餐连锁店和教师之家餐饮店引入学校食堂,为师生服务。

教学管理与教学改革　青岛海洋大学以人才培养为中心,围绕提高教育质量,全面深化教育教学改革,成为以海洋、水产为特色,理、工、农(水产)、医(药)、经济、管理、文学、法学等学科门类较为齐全的综合性重点大学。青岛大学注重文理渗透、理工结合,加强综合素质教育,培养学生的创新意识和实践能力。青岛建工学院根据市场需求和社会发展,调整专业和课程结构体系;坚持中期淘汰制度、教学巡视员制度、领导干部听课制度等教学管理制度;开展青年教师讲课大赛,任课教师教案评比大赛、教学拔尖人才及青年骨干教师选拔等活动,提高教学质量。

优化师资队伍结构　各高校注意培养和引进优秀教师,具有高级职称和博士学位的教师逐年增加。年内,具有硕士以上学位的教师比例达到40%(不含民办高校和军事院校),其中院士6人、正高级职称者527人、副高级职称者1495人、博士生导师64人、博士后35人、博士学位267人、硕士学位1125人。青岛海洋大学实施“高层次创造性人才工程”,为中青年教师提供相应政策和环境,使其在教学、科研重要岗位上锻炼成长;在全国高校中率先实行人事代理制,实行职务阶段确认制度,打破教授终身制。青岛建工学院鼓励中青年教师攻读学位,全年有83名教师在职进修学习,其中25人攻读博士学位、48人攻读硕士学位。

高等教育自学考试　全年两次参加自考人数80449人、150447科次,及格44543人、64727科次,及格人数和科次分别为55.37%、43.02%。颁发自学考试毕业证书3018份,年底在籍考生140602人。年内,还组织了中学教师助学自考、民办高校学历文凭考试、NIT计算机等级考试、英语专业听力口语考试等近20次考试,参考总人数3.2万余人。自学考试继续向农村延伸,以乡镇自学考试联络站为依托,大力推进农村社会助学工作,截止年底已建乡镇自考联络站59个。

(姜宏德　徐国臣　孙新兴)

青岛海洋大学

截止2000年末,该校鱼山路校区和麦岛校区共占地73.33公顷,校舍建筑面积33万平方米;馆藏书刊共20万种、84.23万册,其中年内新增19035册。10月,经教育部批准,该校成为由教育部、山东省政府、青岛市政府、国家海洋局共建的海洋特色大学。

学科与实验室设置　设有海洋环境、信息科学与工程、化学化工、海洋生命、海洋地球科学、水产、工程、经贸、外国语、中国语言文化、法学、职业技术、成人教育等13个学院,共32个系(部)、38个本科专业、15个专科专业;有海洋科学等5个博士后流动站、16个博士学位授予点和40个硕士学位授予点,3个一级学科授予点,2个工程硕士点,是国内唯一拥有海洋和水产博士学位授权一级学科点的高校;有物理海洋和水产养殖2个国家级重点学科,1个国家工程技术研究中心——国家海洋药物工程技术研究中心,1个联合国教科文组织中国海洋生物工程中心,3个教育部重点实验室,9个省级重点学科,6个省级重点实验室。11月,与日本电子株式会社共建核磁共振实验室。

师资情况　全校教职工总数1888人。其中,教师846人。教师中有中国科学院院士2人,中国工程院院士1人,博士生导师76人;具有正高级专业技术职务的教师252人,具有副高级专业技术职务的教师373人;83人享受政府特殊津贴,9人获“国家有突出贡献中青年专家”称号,26人被评为山东省专业技术拔尖人才。

物理海洋、海洋生物、水产养殖、海洋药物、海洋气象和海洋遥感等6个学科设有“长江学者奖励计划”特聘教授岗位。9月23日,美国德拉华大学遥感中心常务主任、终身教授严晓海博士,应聘为长江学者奖励计划海洋遥感学科特聘教授岗位讲座教授;11月,北京生物医药研究所所长崔承彬教授应聘为海洋药物学科特聘教授。

学生情况　至年底,全校各类在册学生1.3万余人。其中,博士生264人,硕士生660余人,本科生6609人,职业技术专科生482人,留学生254人,成人教育学生3927人。

年内,全校共招收本科新生2125

人,第一志愿录取1704人,分别比上年(下同)增长22%、12%。理工类考生平均录取分数:普通分为549分、标准分为697分,分别提高33分、12分。文史类考生平均录取分数:普通分为524分,标准分为713分,分别提高23分、32分。外语类考生平均录取分数为713分,降低23分。

科研　2000年全校科研课题经费共计3495万元,人均科研经费继续保持教育部所属重点综合性大学领先地位。获国家级自然科学奖1项,省级自然科学奖、人文科学奖分别为7项和2项。申请专利7项,其中2项专利(甘糖脂、甲壳质)获中国专利优秀奖。技术转让出售专利实现收入106.2万元。在国内外学术刊物上发表论文671篇,被SCI、EI、ISTP三大收录系统收录论文46篇。

对外交流与合作　为归口管理留学生教育工作,于5月成立国际教育交流中心。至年底,共聘请来自世界20多个国家和地区长、短期专家125名,接待各类来访人员452人次,召开国际学术会议9个,正在执行的国际合作项目36个;全校共有299人次出国出境,其中国家公派、单位公派52人次,短期出访、考察、合作研究、进修94人次,出国参加国际学术会议40人次。在校留学生254人,已与30多个国家和地区的60多所高等院校和科研单位建立了合作交流关系。

校园建设　年内新建教学及辅助用房4645平方米(其中新建教室3864平方米),新建学生宿舍1.87万平方米。10月25日,该校校园文明建设通过山东省委高校工委、山东省教育厅组织的检查评估,在已评估过的30多所高校中得分最高。

(金天宇)

青岛大学

全校占地140公顷,设有17个学院、33个系、4个教学中心(部);有51个本科专业,涵盖文、史、法、经、管、理、工、医、教育各学科。有博士、硕士点42个。专任教师1430人。其中,中国科学院院士1人、中国工程院院士1人,教授、副教授780余人。

2000年共录取新生6681人。其中,博士生5人,硕士生200人,本科生5087人,专科生及高职生1389人;本科招生最低录取线为文科661分、普理类614分。在校全日制学生达1.94万余人,其中研究生425人。

2000年有毕业生3692名,其中研究生90名、本科生2552名、专科生1140名。毕业生一次就业率达到85%。

全校有科研机构52个,省级重点学科7个、重点实验室7个,省级以上研究所15个。年内共鉴定项目22项,其中16项达到国家先进水平、3项达到国际领先水平。

注重开展国际教育交流与合作,已与美国、英国、德国、日本、俄罗斯等国家和地区近40所高校建立了交流合作关系。2000年有留学生315名,聘请外教18人。

(栾述华)

青岛建筑工程学院

截止2000年底,全校占地44.58公顷,校舍建筑面积23.23万平方米。设建筑系、土木工程系、环境工程系、机械工程系、交通运输系、计算机工程系、外语系、管理系、财经系、基础课部、基础课二部、社会科学部、体育部和成人教育学院等14个教学单位;下设23个本科专业、11个专科专业。结构工程、采暖通风与空调工程、机械学、环境工程、岩土工程、车辆工程、建筑设计及其理论、防灾减灾工程与防护工程、工程力学等9个学科具有硕士学位授予权;有5个省部级重点学科和重点实验室。

全院教职工1210人。其中,专任教师540人,内有教授34人、副教授187人;其他系列高级专业技术人员67人。

学院面向全国招生。2000年招收新生2908人,其中研究生65人、本科生1901人、专科生505人、高职生437人,本科理工类、文史类、外语类、体育类、艺术类平均录取分数线分别为标准分567分、607分、616分、360分、359分;毕业研究生21人、普通本专科生851人;在校生7460人,其中研究生117人、普通本专科生7343人。另有夜大、函授和成人脱产班学生3996人。

全年在研科研项目154项,其中年内新立课题85项。全年科研经费350万元。有3项成果获省教委科技进步三等奖,发表论文343篇,获专利1项,出版专著1部。

年内,建筑学、土木工程和计算机科学与技术专业被山东省教育厅审定为热门专业,收费标准均为3960元。顺利通过了山东省教育厅组织的全省高校基础教学实验室评估,其中物理实验室、建工基础实验室和化学分析检测中心被评为一类实验室。在全国大学生"网易杯"数学建模竞赛山东赛区获二等奖1项,全国电子设计竞赛山东赛区二等奖1项,全国大学生"周培源杯"力学竞赛全国优秀奖1项、山东省一、三等奖各1项。

年内,聘请4名外国专家来院长期任教;邀请20多名美国、德国、日本等国家及台湾的专家学者来院讲学或进行学术交流;先后与德国斯图加特应用技术大学、俄罗斯远东技术大学签订校际合作协议,与台南艺术学院达成学术交流意向。

(夏侯雪娇)

青岛化工学院

2000年,设有高分子科学与工程、化工与制药、信息与控制工程、机械工程、经济贸易、高等职业技术、成人教育7个学院和应用化学、材料科学技术、外语、体育教学4个教学系部;设有14个硕士学位授予点,并被批准为同等学历在职人员申请硕士学位授予权单位;有26个本科专业、13个专科专业和7个高等职业技术专业,本科专业涉及理、工、经济、管理、文、医等6个学科门类。

全校教职工1334人(有副高级以上职称者419人),其中教师639人。教师中有中国工程院院士1人,博士生导师8人,入选国家"百千万"人才工程8人,国家、省部级专家8人,省部级专业技术拔尖人才18人,享受国家政府特殊津贴人员35人,全国优秀教师4人。聘请了60多位国内外著名学者作为顾问或兼职教授,其中有15位中国科学院和工程院院士。

全校在校生10453人。其中,研究生208人,本、专科生8000人(其中高职生910人),成人教育生2245人。年内,面向27个省、直辖市、自治区招生4042人。其中,招收研究生105人、本科生1922人、专科生934人、高级职业教育生665人,成人教育生416人。热门专业主要集中在电子信息、外语贸易类。该校一类专业(除下述二、三、四类专业以外的专业)年学费为3600元,二类专业(广告、艺术类)年学费6000元,三类专业

(信息工程、自动化、计算机科学与技术)年学费3960元,四类专业(文史类专业)年学费3400元。新生住宿管理费均为500元/年。取得了在港、澳、台地区招生的资格。

该校拥有省级工程技术研究中心3个,市级工程技术研究中心2个,省级重点学科3个,省级重点实验室1个。年内,在研科研项目108项,其中新上65项(含国家重点科技攻关项目1项、国家基金项目2项)、结转43项。全年科研经费2300余万元;鉴定科研成果30项,其中达到国际先进以上水平14项、国内先进以上水平16项;获各级政府科研奖励22项,其中国家技术发明二等奖1项、国家科学技术进步二等奖1项、省科学技术进步奖3项、省自然科学奖1项、市级奖励16项,另有2项分获山东省政府、青岛市政府科技成果重奖。

年内,顺利通过山东省高等教育面向21世纪教学内容和课程体系改革项目验收。其中,有2个项目被评为优秀,4个项目被评为良好;9项成果被评为山东省高等教育优秀教学成果奖;8项成果被评为山东省首届实验技术成果奖;《物理化学》等4门课程被列为省级试点课程,高分子材料与工程等2个专业被列为省级试点专业;取得了在港、澳、台地区招生资格。

成功地承办了国家基金委化学部主办的国家杰出青年基金评审会议和海外杰出青年基金评审会议;主办全国第七届有机电化学和工业学术会议、全国化工高校思想政治工作教育研究年会等大型学术会议。与德国波得帕恩大学合作组建了节能与环保技术研究所,并与其签订互派留学生协议。

(王士卿)

青岛广播电视大学

校本部及所属9所分校占地面积33.46公顷,校舍建筑面积9.17万平方米,固定资产5420.36万元。12月28日,经青岛市政府市长办公会议决定,该校归口青岛市教委管理。

共有教职工2793人。其中,专职教师375人,具有高级专业技术职务者109人。各类在校生8930余人。其中,研究生课程进修班学生126人;免试入学的开放教育专科、本科生627人;普通教育专科生4210人;成人教育专科生1228人;中专生3729人;与中央电视大学联办的“人才培养模式改革开放教育试点”注册生276人;与北京大学继续教育学院联办的现代远程教育班注册生124人;与北京师范网络学院联办的开放教育班录取135人;中国人民大学网络教育学院录取92人。

2000年,普通专科18个专业招收新生1737人,毕业学生1975人;成人专科招收新生260人,毕业学生720人;中专招收新生1482人,毕业学生1694人。

全年承办青岛市干部计算机考试10764人次;山东省成人高校计算机考试9203人次;全国保险代理人资格考试4951人次;青岛市人事局职称考试640人次,其他各类考试1123人次。承接了中央电视台“荣事达”杯节目主持人大赛青岛赛区的报名、笔试、面试的组织和考核等工作。

(孙宗艺)

青岛教育学院

该院校舍面积2万余平方米。设中文、数学、美术、音乐、政史地、物理、外语、生化、教育、体育10个教学系,开设7个本科、23个专科专业;有教职工219名,其中具有高、中、初级专业技术职务者分别为53人、90人、42人。

2000年招收成人学历教育本、专科学生1044人,在校生2852人;招收普通专科(高职)学生326人,在校生812人。成人专科生年学费850元,本科生为950元;普通专科(高职)生年学费为文科4800元、理科5000元、美术7000元,住宿费500元。

年内,全面完成2000余名新教师培训、1986名中学新教师试用期培训和4300名高师本科、600名高师专科学员自学助考教学辅导工作;中学校长培训模式有新突破,首次举办中学校长读书班和社会力量办学校长培训班;分别与山东大学等高校联合举办经济学、幼儿教育、教育管理、教育学原理等4个专业的研究生班。院报被评为“全国教育学院优秀学报”。先后邀请加拿大、日本等国内外知名专家来院进行学术交流。

(张锡科)

青岛职业技术学院

前身为青岛市职工大学,2000年10月17日经山东省政府批准改建为青岛职业技术学院。以实施专科层次职业技术教育为主,兼顾师资培训任务,发展规模为全日制专科在校生达到6000人。

新校区位于黄岛区香江路西端,占地40公顷,校舍规划总面积15.5万平方米。12月23日,学院二期工程竣工。

截止年末,有计算机、财金、机电工程、法律、外语、管理等6个教学系和1个中专部;开设计算机应用与维护、机械电子工程、电气工程与自动化、市场营销、会计、公共关系与文秘、企业商务、旅游管理、装饰艺术设计、经济管理、工商管理、国际贸易、法律等25个专业。有教职工141人。其中,专任教师85人,有高、中、初级专业技术职务者分别为25人、36人、22人。

年内,录取应届普通高中、职业高中毕业生1255人,录取成人大专班学生1186人。在校学生4980人,毕业学生1212人。

(李茂慎)

山东省对外经济贸易职工大学(山东省对外经济贸易学校)

全校占地103公顷,建筑面积4.9万平方米,有新、老两个校区。山东对外经济贸易学校被评为国家级重点学校,对外经济贸易职工大学继续与青岛大学联合招收普通大专班。

有教职工212人。其中,专职教师112人,兼职教师20人,具有高级专业技术职务者38人、中级专业技术职务者49人。实行多层次办学,除普通高等教育、职业高等教育、成人高等教育外,还继续举办普通中专、职业中专教育。

全校共设13个专业;在校学生3711名,其中大专生1826名、中专生1885名。年内,国际贸易、国际贸易业务、商务英语、涉外会计等4个高等教育专业招生644名。其中,普通大专生207名,青岛地区录取线为580分;高职生437名。国际贸易(英、日、韩)、会计电算化、外贸运输、商务英语等中专专业,招生359名。其中,普通中专生259名,青岛地区录取线为350分;职业中专生100名,青岛地区录取线为400分。

积极申办“山东省国际商务职业学院”。已完成在新校北侧征地142公顷的规划土地等审批手续。

(袁玮道)

科 学

·科技事业概况·

综合情况

全市共有各类科学研究和开发机构379家,其中独立(中央、省驻青和市、县属)研究机构58家。重点实验室33家,高等院校科研所54家,大中型企业研发机构234家。市属科研机构除稳定的农业、社会公益性的6个研究所外,应用性科研机构已全面完成企业化改制。本市科研机构改革工作走在了全国前列,受到国家科技部的肯定,被列为全国4个科研机构改革试点城市之一。

全市大中型企业343家,建立研究与开发机构的有234家。其中,国家级企业技术中心7家,行业级1家,省级14家,市级44家。

年内,全市各级财政科技投入1.93亿元。全市有关部门通过国家计划立项争取国家经费9000多万元。大中型企业、高等院校和县以上独立科研机构与开发机构共筹集科技经费31.21亿元,支出29.02亿元。其中企业投入达23亿元,已成为科技投入的主体。

在青岛市工作的两院院士名单

姓 名	工 作 单 位	从事专业
曾呈奎	中国科学院海洋研究所	海洋生物
文圣常	青岛海洋大学	物理海洋
秦蕴珊	中国科学院海洋研究所	海洋地质
刘瑞玉	中国科学院海洋研究所	海洋生物
冯士筰	青岛海洋大学	物理海洋
张嗣瀛	青岛大学	自动控制
管华诗	青岛海洋大学	海洋药物
袁业立	国家海洋局第一海洋研究所	物理海洋
赵法箴	农业部黄海水产研究所	海洋生物
陈秉聪	青岛大学	机械工程
张福绥	中国科学院海洋研究所	海洋生物
唐启升	农业部黄海水产研究所	海洋生物
张明高	信息产业部第二十二所	电波传播
宋湛谦*	青岛化工学院	林产化工

注:带“*”者系指客座院士。

全市有科技人员3.32万人。其中,大中型企业2.4万人,科研机构3800人,高等院校5400人,分别占科技人员总数的73%、11%、16%。

在青岛市工作的中国科学院院士、中国工程院院士共有14人。

全年共接待来自美、加、德、意、日等国家和国际组织的专家372人次,派出180余人次参加国际科技会议、进行科技合作和考察。共安排各类科学技术研究与开发计划项目800多项,当年支出经费7902万元。另据不完全统计,青岛4所普通高等院校和中央驻青科研机构承担国家、省、部级各类新增研究项目569项,当年新增科学研究经费2亿多元。

2000年春节前夕,省委常委、市委书记张惠来(中)看望曾呈奎院士。

各类发展计划

科技发展计划　该计划是本市科技发展总体计划的主体,包括科技攻关、星火、火炬、国际科技合作、成果推广、软科学研究等计划。这些计划是影响本市国民经济和社会发展的重大关键技术问题。年内共安排计划项目93项。

重点新产品试制计划　该计划是一项政策性的科技计划,其目的在于促进新产品开发,推动科技创新和科技成果转化,促进产业结构的调整和优化。全年共安排计划项目242项。

重点技术创新项目计划　该计划宗旨是引导和支持企业实施技术创新,生产有一定社会、经济效益和技术先进的新产品,推广应用新技术。全年共安排该计划项目498项,完成新产品新技术开发项目1257项。

农业丰收计划　该计划是以提高经济效益为中心,因地制宜地把农业现有的科技成果和先进技术综合运用于大面积、大范围生产,推动农、林、牧、渔业生产的发展,达到高产、优质、低耗、高效的目的。全年共安排计划项目34项。

年内,由本市承接的一批国家“863”计划、“973”计划重大科研和高新项目及青岛市重点研究与开发项目,分别进入启动、研究和即将完成阶段,项目主要涉及电子信息、新材料、机电一体化、海洋工程、生物技术与制药、农业高新技术等技术领域。

投资1000万元以上项目

年内,在青立项、启支或在研的投资1000万元以上的重大科技产业项目主要有:国家“863”智能机器人产业化基地项目,累计投资2亿元,已发展成为全国机器人行业中的重要产业化基地，成为海尔集团新的经济增长点；国家“863”镁合金开发应用产业化基地项目，列入国家“十五”科技攻关计划，计划一期投资2.1亿元；高档聚合物格栅制造技术开发项目，属国家高新技术产业化项目，总投资9655万元，可年产3000吨高性能聚合物格栅工程材料；国家农业综合开发科技推广综合示范项目，计划2003年完成，总投资2089.09万元；国家农业综合开发高新科技示范项目，计划总投资3334万元；国家海洋重点基础科学研究规划(973计划)项目，科研总经费超过1亿元。国家“863”项目，特别是海洋863设818、819、820三大主题组，总经费近1亿元，主要课题在青岛实施；国家“126”科技攻关专项，以海洋国土资源调查和海洋国土划界为主要调查研究内容，本市承担的课题经费总量约3000万元；国家攀登计划项目，以海洋生物技术为主的“攀登计划B项目”，本市承担的课题总经费超过1000万元；海底光缆、海底石油管线、海洋石油勘探及各类海工建设重大科学调查研究项目，本市承担的课题总经费超过1亿元。

推进科技创新

建立青岛市科技创新联席会议制度，加强对全市科技创新工作的领导。联席会议的主要任务是：部署全市科技创新工作，研究全市创新体系建设；组织实施全市各部门、各行业的科技创新计划；协调、指导驻青高校和科研机构的重大科技创新活动；决定实施全市重大科技创新项目或科技工程建设项目等。第一次科技创新联席会议于12月22日召开，由市委书记张惠来主持。会议听取了市科委关于对区、市及市直有关部门党政领导促进科技进步和高新技术产业发展的责任目标进行考核的意见；建立市级重点实验室及科技专家组方案的意见；青岛市技术市场情况及发展思路的报告；工业机器人、纳米技术、镁合金、智能交通、海洋药物、海洋生物基因等重大科技项目情况的汇报。

实行目标考核，落实一把手抓第一生产力的责任。市委组织部、市科委、市人事局制定了《青岛市区(市)党政领导促进科技进步和发展高新技术产业目标责任制考核办法》，把“一把手抓第一生产力”作为硬指标，严格考核，兑现奖惩。该考核办法已经市科技创新联席会议同意，将于2001年1月起正式开始考核。

完成了《青岛市科技发展“十五”规划及到2010年规划》的编制工作。该规划是市科委与北京大学共同组织编写的，历时近1年。该规划选择了电子信息、海洋科技、新材料、农业科技、环保科技、化工科技、纺织科技、先进制造工业、啤酒饮料、医药卫生等10个领域，作了具体规划。

科技成果

建立重点实验室。按照全市高新技术产业发展的规划目标，在现有国家、省(部)级重点实验室的基础上，从2000年起，本市将在计算机应用、海洋生物优良种苗培育、海洋天然产物开发、新材料等领域内嫁接8～10个重点实验室。青岛市海洋天然产业开发和青岛市新材料研究等2个首批与地方共建重点实验室的工作已经启动。由科技管理、科研院所、高校、企业、金融投资等单位联合组成的发展委员会正在酝酿建立。

2000年，全市有32个国家、省(部)级重点实验室。取得科技成果621项，其中达到国际领先的76项、国际先进的82项、国内领先的287项、国内先进的176项，成果转化率达到71%。获市级以上科学技术进步奖励的科研成果172项。其中，获国家技术发明二等奖1项、国家科技进步二等奖5项；获省科技进步奖48项，其中一等奖4项，占全省的1/5；获市科技进步奖118项。

年内，全市专利申请量1880件，增长17%；专利授权量1613件，增长13%，居全省第一，创《专利法》实施以来的最高纪录。其中，工矿企业授权专利893件，增长14.5%，增长势头仍保持领先；科研单位206件，大专院校12件，机关团体8件；科技含量最高的发明专利31件，增长18.2%。本市专利技术开发园在城阳区开始筹建，以建设有利于专利成果产业化的市场环境，开发具有自主知识产权的高新技术产品，为开辟加入WTO后的新产品市场作准备。

高新技术产业化

组织专家编写了《青岛市高新技术产业发展五年规划》。研究起草了《青岛市高新技术产品认定管理办法》，市政府以“103号令”予以发布；编制了《青岛市高新技术产品目录》；制定了《青岛市新技术产品认定专家评审办法》；建立了高新技术产品认定专家库。全年组织认定了3批共160项高新技术产品；全市高新技术产品产值已达到350亿元。

起草了《青岛市高新技术企业认定工作程序》，规范了高新技术企业认定标准和条件、认定程序及企业更名、合并、分立、转业等有关行为，并实行封闭评审。全年全市共有117家企业申请高新技术企业，其中92家被认定为“青岛市高新技术企业”。这92家高新技术企业1999年共实现技工贸总收入70多亿元，其中高新技术产品及技术性收入近60亿元，占总收入的83.9%；实现利润总额5亿元；用于科技创新的投入共约4.3亿元，占总收入的6.2%；共开发高新技术产品160余项。全市高新技术企业总数已达365家。

发展民营科技企业

市科委制定了《关于贯彻〈青岛市民营科技企业条例〉促进民营科技企业发展的实施意见》，明确了民营科技企业应享受的优惠政策、民营科技企业的条件及资格认定和程序等。完善民营科技工业园建设，积极为民营科技企业做好服务。把民营科技企业作为科技攻关、发展高新技术产业的生力军，积极安排其承担各类计划；还选择一些科技含量高、市场前景好、具备产业化条件的项目，为承担单位向银行提供贷款担保。

年内，新成立科技型民营企业164家，增加72家。技工贸总收入过亿元的民营科技企业已有16家。民营科技工业园已有82家企业落户，协议占地267公顷，已开工生产和在建项目40个。年内新引进项目30个，其中外资项目14个，合同利用外资3482万美元，内资4亿多元；累计外资项目28个，合同利用外资2.49亿美元，实际利用外资近1.1亿美元；累计内资项目54个，合同利用内资7.4亿元，实际利用5.4亿元。

截止年底，全市民营科技企业已达1800余家。在全市365家高新技术企业中，民营科技企业214家，占58.6%。民营科技企业在生物工程、医药保健、电子信息、计算机及其软件等新兴产业领域迅速崛起，并向规模化发展。在经济实力前十位的民营科技企业中，年总收入最高的超过10亿元，最低的在2亿元以上;缴税金最高达8000万元。

国际科技学术交流与合作

在青举行的重要国际科技交流活动。7月30～31日,举行了主题为"近海资源保护与可持续利用"的"青岛海洋科技与经济发展国际论坛",中国工程院27位院士、联合国科教文组织及来自十几个国家的中外科学家和企业界人士共200余人与会。9月1～3日,在青举行了"21世纪企业发展战略国际论坛",400多位国内外专家、企业界人士与会。9月20～21日,"2000年世界华人论坛"在青举行,来自20多个国家和地区的著名华人社会活动家、企业家及经济、科技专家和国内20多个省(市、区)政府及著名企业家、经济科技专家出席。

年内,"青岛—威尼斯海洋环保电视会议"、"2000年国际海洋腐蚀与控制研讨会"、"中—意双边海洋地质及海洋环境保护学术研讨会"等8次重要国际科技会议先后在青举行。

"欧盟海水养殖容量与养殖资源可持续性管理合作"、"中国海湾养殖容量和海水养殖对环境影响"、"陆架区与海洋带古环境演化与保护的研究及新方法的利用"等90余项国际科技合作项目已在青实施。

(吴忠明)

·科协工作概况·

参与组织全市性重大活动

在青岛市第二届海洋节期间,市科协协助有关部门邀请全国人大常委会副委员长、中国科协主席周光召担任"海洋科技与经济发展国际论坛"大会主席,并做好接待工作。参与组织了"海洋环境腐蚀与控制国际学术研讨会"。市科协承担并完成了"2000年世界华人论坛"的部分接待任务。

举办了"崇尚科学文明,反对迷信愚昧"大型科普展,市委书记张惠来、市长王家瑞等市领导参观了该展览。据不完全统计,全市参观此展的人数超过20万人次。

加强对"法轮功"等邪教组织的斗争,筹备成立了"青岛市崇尚科学反对邪教协会"。

学术交流和决策咨询活动

全年开展各类学术活动260多次,其中10项是由市科协主办的重点学术活动。

7月20日,组织了有关学会的22名专家参加了由副市长邹立健主持的"青岛海湾大桥可研情况通报论证会"。9月21日,召开了由青岛市海岸工程等12个学会的近50名专家参加的"胶州湾跨海大桥学术讨论会"。一大批学会的专家仍在参与跨海大桥项目的研究与论证。

纺织工程学会等7个学会共同承办了中国加入WTO与青岛科技经济发展对策研讨会、青岛地区2000年天气趋势学术研讨会、青岛市生态环境建设学术研讨会、洁净能源供热学术研讨会、海洋地质科学发展与展望研讨会、青岛市信息强市战略研讨会、青岛市生态畜牧发展学术研讨会等,都取得了重要的成果,产生了较大的影响。

年内,市科协创办了《科技工作者建议》,集中有价值的建议,报送市有关领导。其中,建设成"生态城市"的建议得到市委书记张惠来的重要批示,市环保局、市建委已在着手制定将青岛建设成"生态城市"的实施方案。

组织完成了第六届优秀学术论文评审表彰工作。6月14日,举行了青岛市第六届自然科学优秀学术论文表彰大会,对评出的131篇优秀学术论文进行了表彰。

科普工作

截止年底,全市共创建省级科普示范基地14个、市级科普示范基地16个。胶南市科协争创省级科普示范县的工作已经省科协验收。各市、区全年共培训农民61万人次,实用技术推广近百项,组织送科技下乡活动400多次。

市南区和市北区已被省科协命名为省级科普示范城区,市内四区都建起了科普画廊。

对首批命名的4个科普教育基地进行了授牌,命名了第二批科普教育基地。各科普教育基地把科普工作作为单位的重点工作来抓。海洋科技馆对学生给予优惠,还与本市40多家中小学校建立了长期合作关系,组织学生参观标本制作过程,指导学生进行制作。

市科协组织了青少年科技教育活动,全市共有获奖项目13项。在第十届全国青少年创新大赛上,本市有15件作品被选送参赛,有2篇论文获奖。在全国青少年航空航天模型的比赛中,分别获得小学组电动模型飞机比赛的冠、亚军。在全国2000年"飞向太空"航天模型的决赛中,本市小选手取得全国第6名和第7名。

科技咨询与服务

发挥科技咨询网络和人才优势,团结带领广大科技人员开展决策咨询、技术开发、技术转让、技术咨询和技术服务工作。全年共完成各类科技咨询服务项目4334项,实现合同额4914万元。

市科协科技咨询服务中心新成立了检验鉴定、电子仪表计量检测等7个专家组。3月,市科技咨询业协会成立,起草了《青岛市科技咨询业协会行业规范》、《青岛市科技咨询业从业人员道德准则》,规范了本市的科技咨询行业。

全年共完成"金桥工程"项目130项,实现社会经济效益8970万元,节约资金3700万元。19个项目获山东省"讲(理想)、比(贡献)"竞赛活动优秀成果等奖。全年全市讲比活动立项1060项,提合理化建议1042条,实现经济效益1.6亿元。

厂会协作活动成效显著。共有25个学会与企业结成了协作对子,已取得显著的经济效益和社会效益。

科技交流

在青岛市第二届海洋节期间,市科协会同中科院海洋研究所、腐蚀与防护学会联合组织了"海洋环境腐蚀与控制国际学术研讨会",交流论文66篇,并出版了论文集和光盘资料。与中国机械工程联合会、澳门政府贸易投资促进局等联合筹备2001年在澳门召开"开拓国际市场,寻求合作伙伴,争取欧盟投资研讨会"。为中科院海洋研究所引进了1名意大利藉英国生化工程硕士研究生,参加了分子遗传学的利用和研究课题。

年内,已经完成海信集团赴俄罗斯参加"中俄高新科技合作研讨会"、青少年活动中心组团赴香港参加"第33届联校科技展"、参加中国科协"赴日进修生工作考察团"和咨询中心组团赴德、法国"市政道路及环境艺术科技交流合作考察团"等会议和活动的组织工作;赴台

“智慧财产权保护科技研讨团”的组织工作正在进行。

加强对台湾交流。继续保持与高雄市工商经及发明交流协会的联系，初步议定明年选择项目来青交流展出。接待了台湾“鲁京科技教育学术交流团”。

科协组织建设

市科协制定了《青岛市企业科协活动综合考核评价表》，对企业科协的工作进行了量化考核，使企业科协工作逐步制度化、规范化。年内，有近20个企业科协调整了班子及负责人，使科协班子更年轻化、专业化。修订了《青岛市科协学会管理办法》。制定了《青岛市科协2000年工作目标分解》。成立了“青岛市科技咨询业协会”。正在协助筹建“青岛市生物工程学会”。截止年底，市科协所属学会、协会、研究会共78个，会员4.1万人。

进行了青岛市第二届青年科技奖评选，共评出51名获奖者，并于4月22日召开了表彰会。为新增的3位院士制作了大幅肖像，使在青工作的院士都有了大幅肖像。承担了2000年度青岛专业技术拔尖人才学术专业组的评审工作，圆满完成了评审任务。

（高小娣）

·科研机构选介·

中国科学院海洋研究所

2000年，全所在职职工600余人。其中，科研技术人员400余人，中国科学院院士3人，中国工程院院士1人，第三世界科学院院士1人，博士生导师近60人，市级研究人员近200人。该所是海洋科学一级学科博士学位授予单位，设有4个博士点和8个硕士点，是中国海洋科学博士后流动站和中国科学院博士生重点培养基地。2000年全所在站博士后15人、博士生60人、硕士生60人。

该所拥有激光共聚显微镜系统等海上调查仪器设备计数百台（套），以及“科学一号”和“金星二号”等海洋科学调查船。其中，“科学一号”是排水量3300吨、续航能力8000海里的远洋综合科学考察船。

该所海洋生物标本馆收藏海洋生物标本67万余号，其中由该所科学家发现的海洋生物新种900多个，是中国收藏种类最多、规模最大的海洋生物标本馆。

该所图书馆拥有中外文藏书16万余册、期刊4600多种，现期期刊近千种，并与世界40多个国家、地区的数百个研究机构、单位保持着出版物和信息交换的关系。该所主办的学术刊物有《海洋与湖沼》、《海洋科学集刊》、《海洋科学》、和《Chinese Journal of Oceannology Limnology》，其中《海洋与湖沼》为国内海洋科技刊物中最具影响的期刊。

2000年，按照中国科学院知识创新工程体系的要求，围绕全球变化和海洋资源环境可持续发展的两大主题，在基础研究方面，开展了实验海洋生物学与海洋生物技术的研究，海洋环流及相关动力过程有关海洋环流动力学等方面的研究，海洋生物分类区系、系统演化和生物多样性等方面的研究，以及海洋地质过程与环境演变所涉及的诸方面的研究；在应用发展研究领域，开展了用户养殖生物良种培育和苗种培（育）养等技术的研究，海洋生物资源综合利用与生物制药等方面的生物技术研究和应用开发研究，海水化学资源利用与精细化工技术、化学制药等的工程技术研究，海洋环境工程技术及水文气象环境和海洋工程地质监测、评价、预报与灾害分析技术、污染防治技术、海洋腐蚀防护技术，以及海洋仪器研制与应用等方面的技术研究。年内，获国家省、部委以上奖计6项，其中紫菜种苗工程项目获中国科学院科技进步一等奖；申请技术专利16件，发表论文160余篇，出版专著6部。

该所同美国、加拿大、法国、德国、意大利、俄罗斯、英国、西班牙、澳大利亚、日本、韩国、越南、新加坡等国家的海洋科研单位建立了长期友好的合作关系。年内，邀请19批、75人次来所进行学术交流和合作；63批、88人次出国访问、讲学、工作；在青主持召开了藻类生物技术与活性物质国际研讨会、国际海洋腐蚀与控制研讨会和中意双边海洋地质与海洋环境保护学术研讨会等国际会议。

（吴宁人）

国家海洋局第一海洋研究所

2000年，在职职工509人。其中，中国工程院院士3人，具有高级专业技术职务者182人，博士生导师12人，博士（包括在读）50人，硕士（包括在读）103人，享受政府津贴者18人。聘请国内外客座研究员33人。

年内，被国家科技部列为全国29个国家基础研究和公益服务型科研机构改革试点单位。拥有国家海洋局部级重点实验室3个。海洋生物活性物质国家海洋局重点实验室与青岛市科委共建的“青岛海洋天然药物研究开发重点实验室”，是青岛市第一个重点实验室。年内，承担科研课题200项；完成科技成果38项。其中，申请专利3项，获国家海洋局创新科技成果一等奖1项、二等奖1项。全年完成发表科技论文123篇，撰写科研报告50份。

7月，海洋信息中心以优异成绩通过国家二级档案目标管理评审。10月，研究所及青岛海洋工程勘察设计研究院顺利通过ISO9002质量认证体系年度监督检查和证书年检。10月15日，与在青其他海洋科研院所共同发起建设“青岛海洋生物工程产业园”。11月，成功地承办了由国家科技部、国家自然科学基金委员会、联合国海委会、国际海洋学院、国家海洋局共同发起的“中国近海环流及其对气候的影响国际研讨会”，来自中国、美国、俄国、日本、韩国、法国等国的物理海洋学家参加了会议。

年内，全所整体东迁至青岛高科技工业园新所址。该所新建的综合实验大楼建筑面积1.37万平方米，已投入使用；国际海洋科学技术研究中心建筑面积6800平方米，已于年底封顶。

（刘丽玲）

中国水产科学研究院黄海水产研究所

2000年，在编职工581人，在职360人。其中，中国工程院院士2人，有高级专业技术职务者86人，博士生、硕士生导师22人。聘请国内外知名专家任客座研究员14人。设3个重点开放实验室、3个研究中心及9个研究室、1个海水增养殖实验基地、1个开发总公司、4个挂靠机构、5个合作共建研究开发基地。拥有世界先进水平的“北斗”号海洋科学调查船；万元以上仪器设备170台（套）；馆藏中外文图书8.4万册、期刊3万余册；编辑出版学报级刊物《海洋水产研究》。

全年共承担各类研究课题88项。其中，年内新上课题23项。共组织申报

青岛市市立医院

新一届院领导班子

'2000山东、青岛国际微笑行动在市立医院举行。图为市立医院院长孙玉安（右）与香港赵曾学蕴（左）爵士互赠纪念品。

市立医院二分部启用仪式

2000年，在职职工1668人，卫生技术人员1218人。其中，具有副高级以上职称者211人，中级职称者337人。医院编制病床由1000张增至1200张。10月份，医院门诊量83.35万人次，其中急诊量7.36万人次，分别较上年同期增长18.6%、2.7%；出院病人1.99万人次，较上年同期增长8.3%；完成手术6689人次，较上年同期增长12.5%；业务总收入2.35亿元，较上年增长23.6%。

一年来，先后投资2500万元购置了DSA、CR、CT、彩超、呼吸机等尖端、常规医疗仪器和设备；投资400万元装修了手术室；相继开展了31项新技术、新项目，其中经皮冠状动脉旋磨术、支气管内支架安放等达到了省内先进水平。全年共投入科研经费44万元，其中科研成果配套奖金达6.22万元。

该院在进一步巩固与日本下关市立中央病院友好交流的基础上，正在与香港特别行政区伊丽沙伯医院、玛嘉烈医院缔结新的友好关系。一年来，先后邀请了美国哈佛大学医学院、韩国进宗医院、香港屯门医院、北京安贞医院等国内外知名医院的专家来院讲学和手术演示，促进了学术交流。

地址：青岛市胶州路1号
邮编：266011
电话：(0532) 2827191　2827970（总机）
传真：(0532) 2836421

爱心 质量 时间 生命

近年来，全体工作人员坚持“发扬救死扶伤，确保人民健康”的服务宗旨，积极参与创建文明行业活动，以精湛的医术、良好的精神面貌为广大市民提供了安全、高效、快捷的急救医疗服务，并多次出色地完成了本市多起重大突发性灾害事故抢救任务，受到了广大市民的好评和上级的表彰。

“120”急救中心调度指挥室

急救中心配备有性能良好、设备较齐全的救护车辆，车内配有担架、担架车、氧气瓶（袋）、心电图机、心电监护除颤仪和救护箱等设施。

地址：青岛市济阳路6号　邮编：266012　电话：(0532) 2827435　传真：(0532) 2827435

青岛市急救中心

领导班子全体成员

该中心是本市唯一担负院前急救的专业医疗机构。现有职工50余人，值班救护车16辆，主要医疗设备有心电图机、心电监护除颤仪、呼吸机、内外科急救箱等。在市内各大医院急诊室设立了7处急救分站，使市内急救网点布局更加合理，缩短了抢救时间，提高了抢救成功率。

2000年，该中心迁（扩）建工程已被市政府列入为市民要办的12件实事之一，建成后将集行政办公、有线和无线通讯调度指挥、GPS卫星定位及社会急救教学、培训于一体，其设备、规模、服务功能等将达到省内一流水平。

急救中心大楼外景（设计效果图）

该集团注重加强对外交流与合作。图为海慈与荷兰博士医疗中心签订合作协议。后排右一为党委副书记张保平、右二为副院长康维强，前排右二为博士医疗中心院长，左一为院长、党委书记李奠基，左二为市卫生局局长刘志远。

该集团注重加强精神文明建设，创立的医后服务引起了社会广泛关注。图为市委宣传部副部长王凯（中）在海慈病人服务中心进行调研。

聘请的荷兰医院管理专家正在为该集团管理人员讲课

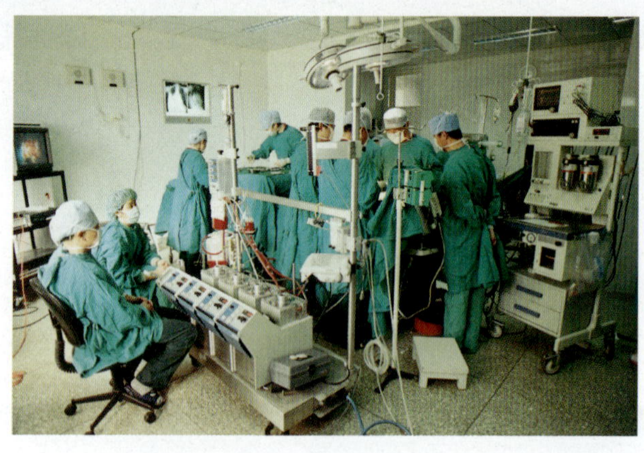

思达国际心脏医院在心脏外科领域一直处于半岛地区领先地位。已先后开展了国家、省、市的多项首例手术。图为人工心脏移植手术现场。

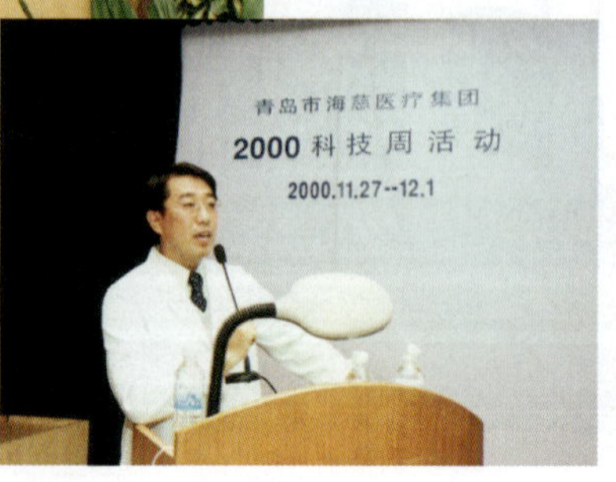

该集团坚持科技兴医，注重科技学术研究。图为在该集团举办的“’2000科技周”活动上，该院有关人员正在进行学术交流。

海慈医院新建病房B座内部设施现代化，为住院病人提供了优美、高雅、舒适的宾馆式就医环境。

青岛市海慈医疗集团

院长、党委书记李奠基（前排左）陪同卫生部副部长朱贵生（前排右）视察海慈医院

国务院体改委副主任李剑阁（前排左一）在市卫生局局长刘志远（前排右一）的陪同下视察海慈医院

集团成立揭牌仪式上，国家卫生部、省卫生厅、市人大常委会、市政府、市政协等领导亲临现场剪彩。

是由原青岛市第二人民医院、青岛市中医医院、青岛市黄海疗养院、青岛市卫生干部培训中心组建的医疗集团。有4个医疗机构——青岛市海慈医院、青岛市黄海医院、思达国际心脏医院、青岛市糖尿病医院。青岛市中医药研究所、青岛市康复医学研究所、青岛市心血管病研究所、青岛市内分泌糖尿病研究所、青岛市肿瘤综合治疗委员会、青岛市中医学会等挂靠该集团。

该集团固定资产亿余元，开放床位1000张。有博士11名，硕士57名；国家级名老中医2名，山东省名老中医2名；省、市级专业技术拔尖人才7名。分别有省、市级重点专科2个、3个，特色专科2个。实施“科技兴院”以来的5年间，获奖成果11项。被山东省卫生厅授予科技工作先进单位。是山东中医药大学附属青岛医院和青岛大学医学院、潍坊医学院教学医院。

有W-2000型高速螺旋CT，大型遥控X光机，人工心脏、激光心脏打孔仪（TMR），数字减影导管床、ICU，CCU，全自动生化分析仪，脑立体定向仪，骨密度仪，核酸蛋白仪等先进医疗设备210余台（件）。

海慈医院有着代表青岛地区最高水平的中医部分，西医部分在原有市级领先学科水平的基础上，心血管内外科、内分泌等技术达到国内领先水平。有着良好的社会形象。1998年被推荐为行风建设免检单位，1999年被评为青岛市优秀基层党组织。

该集团与美国、日本、德国、荷兰、香港、新加坡、俄罗斯、奥地利等9个国家和地区建立了技术合作与交流关系。

海慈医院地址：青岛市人民路4号（乘1、3、4、8、30、36、218、306、369、219路海泊桥站下车即可）
邮编：266033
总机：(0532) 3717690
传真：(0532) 3742214
E-mail:sdqd@public.qd.sd.cn
黄海医院地址：青岛市栖霞路16号、18号
邮编：266010
电话：(0532) 2893504
思达医院地址：青岛市人民路4号
邮编：266033
电话：(0532) 3745827
传真：(0532) 3745827
内分泌糖尿病医院电话：(0532) 3753315

跨入新世纪的青岛广播电视

GUANGBODIANSHI

近年来，推出了一批广播电视精品，共有600余个（次）广播电视作品在省以上评比中获奖。

- 50集电视戏曲艺术片《中国地方戏曲》、广播剧《海边有铜铃》获“五个一工程”入选作品奖。
- 《中国地方戏曲》获曹禺奖。
- 广播专题《凋零与崛起的背后》、电视专题《青岛名牌战略——走向国际化的海尔》分获“中国新闻奖”一等奖。
- 广播新闻《青岛架起空中国际金桥》等6件作品获中国广播奖一等奖，实现广播新闻节目获全国一等奖“六连冠”。
- 广播剧《红叶情思》等4件作品获中国广播奖一等奖，实现广播剧获全国一等奖“四连冠”。
- 还有一批作品获得中国广播奖、中国电视奖一等奖和电视“金鹰奖”、“飞天奖”等奖项的一等奖。

800平方米的演播室

广播数字播控中心机房

电视播控中心机房

卫星直播车

地址：青岛市宁夏路200号　　邮编：266071　　网址：www.top86.com

跨入新世纪的青岛广播电视

青岛广播电视目前有青岛人民广播电台新闻、经济、文艺、交通共4套节目，青岛电视台无线节目2套、有线节目4套，《青岛广播电视报》和青岛广通网站（www.top86.com）。广播电台和电视台还转播多套中央台和山东台的节目。青岛有线电视网转播30多套电视、广播节目。《青岛广播电视报》为4开24版。top86网站对青岛广播电台和电视台的一套节目进行实时直播。全市广播电视的覆盖率达95%以上。

钢结构的旅游观光、发射为一体的青岛广播电视塔造型优美、规模宏大、功能多样，被国务院发展研究中心评定为“中国第一钢塔”。建筑面积7万多平方米的青岛广播电视中心功能齐全，技术设备先进。

青岛电视台拥有现代化的数字播控中心，每个频道都采用自动播出方式，拥有30多套数字非线性编辑设备，青岛电视台和青岛人民广播电台新闻采编播已经全部实现数字化。青岛电视台拥有10讯道全数字大型转播车和2辆配有微波摄像机的6讯道中型转播车，拥有1辆卫星直播车，可将青岛市现场的一些大型活动进行多点同时直播并可送至卫星，向全国和世界一些地区转播。

青岛广播电视中心拥有广播、电视大小演播厅（室）18个，其中青岛电视台有800平方米演播厅1个，虚拟演播室1个。

青岛有线广播电视网目前有100多万用户。开通了因特网接入、付费电视、高速数据广播、逆程图文电视等增值业务。青岛的广播电视节目已经通过因特网向全国和世界传送。

青岛广播电视中心

10讯道全数字电视转播车

文　化　局

为迎接新世纪，12月31日晚，本市在国际会展中心举行了大型交响音乐会，并在世纪广场举行了狂欢巡游活动。

“欢乐假日”——广场文化系列主题活动从4月开始，至10月底结束。每逢周六和周日，在五四广场及各区文化广场举办各类文艺演出，历时6个月，演出369场，观众人数达530人次。

给青岛的旅游文化带来了勃勃生机

青岛市民俗博物馆每年都吸引众多市民和游客前来参加民俗庙会以及各种民间、民俗文化活动

2001年青岛市“金蛇狂舞闹元宵”广场民间艺术展演于2月4日在市政府广场举行。

青岛市

为庆祝建国51周年，青岛市文化局、青岛市广播电视局在市文化博览中心广场联合主办大型音乐舞蹈晚会，并进行了现场直播；同时，本市第三届“金秋十月”合唱周拉开了帷幕。

在新世纪即将到来之际，由青岛市文化局主办、群众艺术馆承办的拥抱新世纪“金城之夜”合唱音乐会在丽晶大酒店多功能厅举行。

由本市歌舞剧院首次运用市场规律，自筹资金，银行贷款编排创作的大型舞蹈诗《大海梦幻》首演，获得成功。

本市对外文化交流活动日益频繁，2000年共接待俄罗斯国家民间舞蹈团等13个文艺团体前来演出；丹麦、法国、台湾等地的艺术家在本市举行个人展览。

第三届“樱之春”音乐舞蹈周广场

海军博物馆

由海军创建，是全国唯一的大型海军军事博物馆。坐落在古今军事要塞的小青岛湾畔，东邻鲁迅公园、西接小青岛公园。

现设室内展厅、广场展区和海上展舰区，占水陆面积6万多平方米。展品有大中小型舰艇、潜艇、飞机、导弹、水中兵器、舰（岸）炮、雷达、水陆坦克等。

地址：青岛市莱阳路8号
邮编：266003
电话：（0532）2874786

江泽民主席在建国50周年阅兵式上检阅过的舰空导弹

我国自行研制的舰空导弹护卫舰，曾参加1988年3月14日南沙海战，并荣立战功。

我国第一代水上飞机——青六水上飞机

博物馆鸟瞰

四方车辆研究所

SIFANG ROLLING STOCK RESEACH INSTITUTE

该所创建于1959年，是铁道车辆和城市轻轨车辆技术专业研究所，占地面积5.2万平方米；在职职工511人，其中专业技术人员254人。2000年事业收入1.62亿元。设信息、研究、试验3个中心；有减振、制动、钩缓、机电、橡塑、门窗、经济共7个技术公司。研究中心设有磁悬浮列车、摆式列车、高速动车、地铁制动列车监控、试验设备等专题研究室。试验中心达到国际先进水平的大型试验设备有强度落锤试验室、滚动振动试验室、热工试验室、轮轴轴承试验室、电器设备试验室，还有客车空调装置试验台、客车通风试验台、客车气密性试验台、30辆客车综合制动性能定置试验台等。

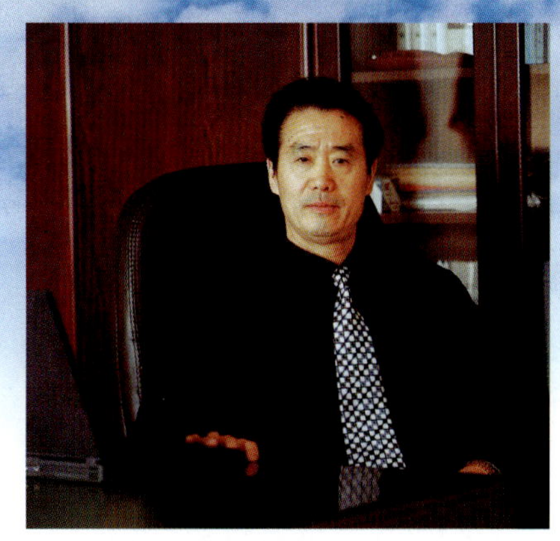

党委书记、所长：鱼 波

地址：青岛市瑞昌路231号
邮编：266031
电话：(0532) 4992710
传真：(0532) 4992961
电子信箱：sfs @public.qd.sd.cn

中国水产科学研究院黄海水产研究所

系农业部所属综合性海区水产研究机构。始建于1947年1月。现在编职工581人；在职360人中，有中国工程院院士2人，高级职称者86人，博士生、硕士生导师22人；聘请国内外知名专家任客座研究员14人。设3个重点开放实验室、3个研究中心及9个研究室、1个海水增养殖实验基地、1个开发总公司、4个挂靠机构、5个共建实验基地。

主要研究领域为海水增养殖、生物资源与环境可持续利用和渔业工程技术等。1995年被国家科委确认为“改革与发展重点研究所”；1996年被农业部评为“基础研究十强”所；1998年被中国水产科学研究院评为“文明单位”；1999年被科技部确立为科技体制改革试点单位。

地址：青岛市南京路106号
邮编：266071
电话：(0532) 5836200
传真：(0532) 5811514
国际信箱 Ysfri@Public qd.sd.cn
所长(法人代表)：唐启升(中国工程院院士)
名誉所长：赵法箴(中国工程院院士)

唐启升所长当选中国工程院院士庆祝大会

唐启升院士主持的国家973项目举行学术研讨会

国家863课题“扇贝三倍体技术研究”取得显著效果

农业部海洋渔业资源可持续利用重点开放实验室召开学术委员会会议

青岛海洋地质研究所

2000年组建的新领导班子。所长刘守全（中）、副所长周永清（左）、副所长姜玉池（右）在研究地质大调查工作。

该所是我国唯一的海洋地质专业研究机构。主要承担与海洋地质调查相关的基础科学研究、国家重大科技项目和科技攻关工作；开展与海洋地质调查相关的发展战略研究工作；承担基础性、公益性海洋地质调查和战略性海洋矿产资源调查评价及海洋地质环境勘察评价工作；承担地质样品及其它样品的分析测试工作，进行分析测试的方法、技术和规范、规程、标准物质的研究；建立海洋地质、海洋矿产资源和海洋环境信息系统及数据库，为国家和社会提供相关的资料和信息服务。

地址：青岛市福州路62号
邮编：266071
电话：（0532）5725313
传真：（0532）5720553
E-mail:yqzhou@qingdao.cngb.com.
法人代表、所长：刘守全

2000年11月，该所承办了“CCOP-PETRAD-PGS-MIR”国际油气勘探开发数据库管理研讨班。

该所勘察院承担了青岛海湾大桥工程地质勘察任务。图为副市长邬立健与该所所长刘守全为开钻仪式剪彩。

海 洋 研 究 所

2000年7月31日，该所召开成立50周年庆祝大会。左上图为全国人大常委会副委员长周光召在大会上讲话，右上图为中共青岛市委书记张惠来在大会上为老科学家颁奖，右下图为大会会场。

所区一瞥

"科学一号"考察船

传真：（0532）2964965　　E-mail:locas@ms.qdio.ac.cn

中国科学院

该所成立于1950年8月1日，是我国目前规模最大、学科最全的综合性海洋科学研究机构。有在职职工600多人，其中科技人员400余人、高级研究人员近200人；有中国科学院院士3人，中国工程院院士1人，第三世界科学院院士1人；博士生导师近60人。是国务院学位委员会批准的海洋科学一级学科博士学位授予单位，设有4个博士点和8个硕士点，也是我国海洋科学博士后流动站和中国科学院博士生重点培养基地。1997年被中国科学院列为首批认定的基地型研究所，2001年被批准为中国科学院“知识创新工程”试点单位；主办《海洋与湖沼》、《海洋科学集刊》、《海洋科学》等学术刊物。主要在海洋生物分类区系、海洋生态学、实验海洋生物学、海洋水产养殖生物学、海洋生物技术、海浪、海洋观测及传感技术等方面做出许多开创性和奠基性的工作，取得了500余项科研成果；其中获得国家二等奖以上和中国科学院、省、部（委）一等奖以上的成果60多项。

该所拥有中国收藏种类最多、规模最大的海洋生物标本馆，还有大型仪器设备数百台（套）和“科学一号”、“金星二号”等海洋科学调查船。其中“科学一号”是一艘排水量3300吨、续航力8000海里的远洋综合科学考察船，参加过TOGA-COARE等多次大型国际合作考察。

所长、研究员：相建海

所领导成员，左起：刘书明（副所长）、孙松（书记）、相建海（所长）、李岩（副所长）、郑晓林（副书记）。

该所的四位院士，左起：秦蕴珊（中科院院士）、曾呈奎（中科院院士）、刘瑞玉（中科院院士）、张福绥（中国工程院院士）。

地址：青岛市南海路7号　邮编：266071　电话：（0532）2870882　2879062（总机）

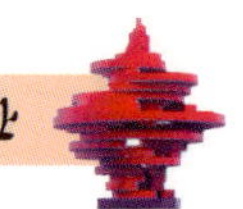

青岛大学

教育部部长陈至立（左二）来校视察

山东省副省长、青岛市市长杜世成（中）来校视察

注重加强学生的素质教育，图为同学们在校陶艺实验室学习制作。

坚持国际化办学，不断扩大对外交流与合作。图为在“中德国际学术研讨会”上，校长徐建培（中）与德国专家交谈。

地址：青岛市宁夏路308号
邮编：266071
电话：（0532）5895830
传真：（0532）5890172

香港孔教学院院长汤恩佳博士向该校捐赠孔子像揭幕仪式

各类课题60余项。其中,跨越计划1项,国家自然科学基金项目6项,中华农业科教基金“十五”重点资助行动计划项目1项,科研院所社会公益研究专项和科学研究类专项4项,“948”引进项目7项,各类标准项目28项,省、市科研项目15项;年内获得批准23项。

年内,争取科研经费3 058万元。“大菱鲆苗种生产技术研究”课题获中国水产科学研究院科技进步二等奖,“青岛近岸养殖水域环境质量调查与区域研究”课题获青岛市科技进步三等奖。有6项“863”项目通过国家科技部组织的验收;4项“九五”国家科技攻关专题通过农业部和国家海洋局组织的验收。

年内,新增1人享受政府特殊津贴;1人入选“国家百、千万人才工程”第一、二层次人选;2人获农业部“有突出贡献中青年专家”称号;1人获博士学位,6人获硕士学位,另有4人考取攻读博士学位,2人考取攻读硕士学位。

全年接待美国、挪威、丹麦、英国、法国、德国、以色列、荷兰、南非、墨西哥、澳大利亚、智利、日本、韩国、新加坡、泰国、菲律宾、越南、NACA等19个国家和国际组织的专家共6批、7人次。赴美国、挪威、葡萄牙、法国、澳大利亚、日本、韩国等国家出席国际会议、考察、合作研究人员共23人次。已与136个国家、地区、国际组织和单位建立了科技合作、技术交流、资料交换、人才培养等项合作。

(李学增)

青岛海洋地质研究所

是中国唯一的海洋地质专业研究机构。原名国土资源部青岛海洋地质研究所,2000年11月,经国土资源部批准,更为现名。

年内,在职职工203人,内有各类科技人员146人。其中,具有高级专业技术职务者66人、中级44人,博士后1人,博士6人,硕士35人;定向委培在读博士生5人、硕士生4人;有14人获得国家政府特殊津贴。设有海洋区域地质调查研究室、海洋油气与固体矿产资源调查研究室、海洋环境地质调查研究室、资料信息室、实验测试中心、国土资源部海洋沉积开放研究实验室、中国地质调查局海岸带地质研究中心、中国地质调查局海洋油气资源调查研究中心以及青岛海洋地质工程勘察院”、海洋地质研究所培训中心和青岛海地珠宝玉石有限责任公司等13个调查研究和开发经营部门,并设有海洋地质硕士研究生学位授予点。

该所主要从事海洋区域地质、海洋油气与固体矿产资源地质和海洋环境地质调查研究;拥有先进的海上调查和实验分析测试设备;主办《海洋地质与第四纪地质》、《海洋地质动态》等学术刊物。其中,《海洋地质与第四纪地质》被山东省新闻出版局评为优秀期刊。

年内,该所承担了国家“126”专项课专题、国家“大洋”专项课专题、“863”计划“820”主题课专题、国家“215”专项及国家科技部、国土资源部、中国地质调查局、国家自然科学基金和山东自然科学基金项目共59项,均按计划完成了年度进度或结题;完成了青岛海湾大桥工程的地质勘察等各类城市建设工程项目151个。

全年接待了外国专家8批、20人次来所讲学及合作研究,派出7批、11人次赴有关国家考察、讲学、合作工作及参加有关国际学术会议;11月,成功地承办了国际性“CCOP-PETRAD-PGS-MIR”油气勘探开发数据管理研讨班。

(刘云起)

海洋化工研究院

2000年,全院共有专业技术人员151人,其中具高级专业技术职务者23人、中级专业技术职务者53人;设有1个研发中心、5个事业部、2个生产基地、1个中试车间、1个化学工业海洋涂料质量检验中心

该院主要从事海洋防污涂料、防腐涂料、功能材料、民用装饰涂料、防火涂料、胶粘剂及有关助剂的应用开发研究,且在海洋防污涂料、水性环保型防腐涂料、吸声阻尼涂料和固体浮力材料等领域的研究开发一直处于国内领先地位。

全年实现总收入比上年增长60.3%,产品产量增长31.0%。6月,该院在青岛民营科技园购置土地13.33公顷,建立中国化工新材料工业园,实施国家计委年产1.5万吨水性防腐涂料产业化示范工程项目及海洋化工开发项目;取得自营进出口权,并与国外十几个国家科研机构建立长期合作关系,先后多次邀请国外专家来院讲学,进行各种技术交流。

(张立彤)

中国科学院北海研究站

2000年,该站开始实施中科院第一期知识创新工程,确定以水下目标特性研究、海洋环境噪声和舰船噪声研究以及水声技术实验研究等为主要研究目标;通过招聘等形式,组成精干基础理论研究队伍,并建立了青岛声学实验室。

年内,承担“九五”国防科技预研项目6项,“973”项目和“863”青年基金项目各1项。其中,“九五”国防科技预研项目通过验收的1项、通过技术鉴定的2项;“863”青年基金课题通过科技部验收,被全国专业专家组评为优秀基金课题。组织并参加的声场声信息国家重点实验室海试工作取得成功。2项水声技术国防科技实验室基金课题,也已顺利完成。组织科研人员出国学习、考察进行学术交流等活动,在国内外学术刊物上发表论文11篇。

年内,为海尔、海信、青啤、小鸭等名牌企业研制开发了自动化检测系统、系统控制测试设备、家用电器智能控制器系列产品等。计算机网络工程、软件开发与应用、计算机系统维护、工业自动化控制、IC卡应用、弱电工程、海洋化工技术及产品研究、开发、生产和机械加工等,也已形成一定规模。申请专利2项。

(宫林华)

铁道部四方车辆研究所

2000年10月1日,完成体制改革,转为企业。全所固定资产4 712.9万元,事业收入1.70亿元。年内在职职工人数511人,内有专业技术人员254人,其中高级专业技术人员75人。铁道部产品质量监督检验中心车辆检验站、中国铁道学会和山东铁道学会的车辆委员会等机构均挂靠该所。

所内设信息、研究、试验3个中心;有减振技术公司、制动技术公司、钩缓技术公司、机电技术公司、橡塑技术公司、门窗技术公司以及经济技术公司等7个子公司;有车辆、机电、标准化、计量仪表等研究室和磁悬浮列车、摆式列车、高速动车、地铁制动等专题研究室。年内新建客车空调装置试验台、客车通风试验台、客车气密性试验台、30辆客车综合制动性能定置试验台等4个重点试验台。

全年共承担科研课题48项,课题完成率94%。其中DC600V旅客列车供电

系统工程化研究、机车车轮薄轮缘弧形外形研究通过铁道部鉴定。所级鉴定的5项成果是:SAD－1型空气干燥器、NSW手制动机、UIC国际标准翻译出版、空调制冷压缩机空气排量试验台、标准型单元式空调机组检修性能试验台。

主编的铁道车辆专业综合性技术期刊《铁道车辆》、《国外铁道车辆》(全国发行)分别获2000年山东省自然科学技术期刊质量优秀级、优良级称号,并被列为中文核心期刊(铁路运输类)、中国科技论文统计源期刊、中国学术期刊(光盘版)入编期刊。《铁道车辆》、《国外铁道车辆》的光盘版均获中国学术期刊(光盘版)检索与评价数据规范之CAJ－CD执行优秀奖。全年共发表学术论文41篇。

年内,与波兰卡马克斯(KAMAX)缓冲装备有限公司合作的青岛卡马克斯(KAMAX)缓冲装备有限公司正式成立。接待日本五光株式会社客商,洽谈客车用集便器合资项目。组团和派员赴美国、波兰、法国、香港等国家和地区进行访问考察、技术交流以及合作洽谈。

(任 海)

山东省纺织科学研究院

2000年,主要经济指标大幅度增长,产业收入突破2500万元,比上年(下同)增长15%,创历史最高。其中,科技成果转化收入增长60%,科技服务收入增长70%。实现利润400余万元,增长72%。

年内承担6项省级科研攻关项目。其中,耐久性阻燃剂粘胶系列产品开发、自动纱线综合测试系统、织物动态悬垂度仪、织物摩擦式静电仪等项目通过省级鉴定;1项填补国内空白,达到国际先进水平;3项申报国家专利。

年内,大幅度增加固定资产和科技投入,所属省纺织产品测试中心引进了国外一流的EIB纱线外观质量检测仪。省科委确立的省纺织生产力促进中心开通了INTERNET网站,为纺织行业和企业提供经验交流和技术咨询。院刊《山东纺织科技》被评为国内优秀科技刊物。

(陈敬本)

山东省眼科研究所

该所设有眼科门诊、病房、手术室、特诊室、PRK治疗中心、药剂科和检验室等11个医疗医技科室。专业技术人员67人。拥有固定资产5000万元。

年内,该所共有8项在研课题。其中,已完成的4项。发表有关"九五"攻关课题"角膜缘干细胞培养、移植、重建角膜表面的临床研究"的论文3篇;发表"九五"攻关课题"降低高危角膜移植病人免疫排斥反应的临床基础学研究"的论文2篇和综述1篇。发表省医科院课题"视网膜感光细胞移植的实验研究"论文2篇。市科委课题"激光治疗性角膜切削术治疗角膜浅层病变的研究"已通过专家函审鉴定,达到国际同类研究先进水平。科研成果"环孢素A释药系统(CsADDS)"已申请国家发明专利。截止11月底,科研投入达65万。

该所有9人参加国际学术会议,20人次参加国内学术会议;有9篇论文参加了国际大会交流。其中,董晓光教授的论文《临时人工角膜下眼前后段联合手术》在第104届美国眼科年会(AAO)上作为张贴论文进行交流,受到各国学者的关注。

4月底,主办了"2000年青岛国际眼科学术研讨会"。来自美国、加拿大以及国内各地的100余位眼科专家参加会议,并特邀国际著名眼科专家、美国路易斯安那州立大学眼科中心主任H.E. Kaufman教授做了专题学术报告。6月22～23日,主办"青岛国际眼底病学术研讨会",邀请美国哈佛大学和斯坦福大学眼科玻璃体、视网膜研究领域的著名专家以及部分台湾眼科专家到会进行专题学术交流。12月11～12日,承办"博士伦OrbscanⅡ&LASIK讲习班",来自全国各地的70余位屈光手术专业医师出席了会议。

(省眼科研究所)

·气 象·

工作概况

3月21日,全市气象工作暨人工影响天气工作会议召开。10月17日,举办了全市气象局长读书研讨班,研讨气象如何为农业结构调整服务。4月2日,《青岛市防雷减灾管理规定》以市政府第101号令发布实施,这是《气象法》颁布后国内第一个地方性配套法规,标志着全市防雷减灾管理工作已步入法制化轨道。在全国气象部门2000年目标考核中,青岛市气象局位居全国计划单列市第2名。继续保持了"全国气象部门文明系统"称号和青岛市"文明单位标兵"称号。

为农业服务 运用卫星遥感监测资料,监测冬小麦苗情、长势,并作出小麦产量预报。麦收期间,长、中期预报准确、及时。全年实施飞机增雨作业9架次、高炮增雨作业9次、防雹作业1次,缓解旱情、减少冰雹灾害效果显著。在4月8～9日扑灭崂山山林火灾的过程中,及时报告气象信息,并成功地实施人工增雨,受到青岛市护林防火指挥部的通报表彰。年内,再次被评为"蔬菜产销服务工作"先进单位。

公众气象服务 为纪念"3.23"世界气象日,于3月25～26日,对外开放市气象局机关,共接待5000多名参观者。开拓生活气象服务新领域,开发出空气污染气象条件预报、人体舒适度预报、气象与健康、紫外线指数、啤酒指数等服务项目。与市电信局联合,在市气象局建立"121"电话气象咨询服务平台,已开通10个信箱。准确预报出6月25日和9月27日汛期开始和结束的两次暴雨天气过程,暴雨预报水平有明显提高。对12号台风(派比安),全市各台站提前36小时作出准确预报服务,使有关部门充分做好防御准备,将风暴潮灾害损失减少到最低限度,受到市防汛抗旱指挥部的好评。完成了为青洽会、青岛海洋节、青岛国际啤酒节等重大社会活动的气象保障服务,被市政府、市重大节庆活动组委会授予"突出贡献单位"称号。及时为北京申办2008年奥运会和在本市举办海上奥运项目提供了青岛地区夏季气象条件分析论证,受到北京奥申委和市体委的表扬。

基础业务及现代化建设 初步完成新一代天气雷达建设的前期调研论证工作;9210工程全部完成各县站PCVSAT建设,并投入业务使用;完成了713雷达数字化改造的阶段性任务;海洋气象台的筹建工作基本完成;气象探空自动编报程序进一步完善;市气象局机关办公自动化网络投入运行;气象服务信息上因特网工程已初步完成。全市暴雨预报和长期预报质量按国家气象局的达标评分标准均为满分;高空观测质量大幅度提高,创百班无错情22个,创250班无错情5个,创历史最好成绩。制定下发了《关于加强气象科技创新工作的实施细则》,设立气象科技开发基金,鼓励、支持科技人员开展科研工作。组织开展了《青岛市海洋气象预报决策服务系统》、《崂山风景区降水量评估》、《人工消雹高炮弹着点及安全射界计算》等13项科研课题研究。

全市基本气候特征

本年度全市平均气温为13.2℃,较常年高1.2℃(市内四区)。年平均降水量为664.9毫米,较常年少35.0毫米。平均日照时数为2485小时,较常年少100小时。

青岛地区全年气候特征:气温偏高;降水量接近常年,但时空分布不均;日照时数较常年偏少;自然灾害较多,出现了春夏连旱和初秋局部地区不同程度的干旱,夏季沿海部分地区出现暴雨洪涝灾害;属一般偏差的气候年景。

青岛市区气象要素分布

气压　全年平均本站气压1008.0百帕,与历年持平。1月最高,为1020.1百帕;7月最低,为995.7百帕。

气温　全年平均气温13.2℃,较常年偏高0.9℃(全市范围内)。8月平均最高,达26.1℃;1月平均最低,为-1.2℃。年平均最高气温16.6℃,最低气温10.4℃。年极端最高气温33.3℃,出现在6月14日;年极端最低气温-9.1℃,出现在1月25日。

降水　全年总降水量为788.2毫米。其中,5~8月511.4毫米,较常年增加74.1毫米。日降水量大于、等于0.1毫米的日数为83天,大于、等于1.0毫米的日数为58天,大于、等于5.0毫米的日数为28天,大于、等于10.0毫米的日数为15天,大于、等于25.0毫米的日数为7天,大于、等于50.0毫米的日数为5天。

风速　全年平均风速4.2米/秒。1月平均风速最大,为5.4米/秒;8、9月份风速最小,为3.7米/秒。年最大风速15.9米/秒,风向E,出现在5月26日。极大风速25.4米/秒,风向NNE,出现在4月9日。全年主导风向NNW、SSE、SE。

湿度　全年相对湿度平均71%。7月最大,达84%;4月最小,仅58%。

日照　全年日照总时数为2360.6小时。3月最长,达242.1小时;1月最短,为140.8小时。年日照百分率53%。2月日照百分率最高,达67%;1、7、8月日照百分率最低,为45%。

蒸发　全年总蒸发量1224.9毫米。4月最大,为153.3毫米;1月最小,为44.7毫米。

水汽压　全年平均水汽压为13.2百帕。8月最大,为27.8百帕;2月最小,为3.9百帕。全年最大日平均水汽压35.0百帕,出现在7月22日;最小为1.1百帕,出现在1月7日。

地面温度　全年地面温度平均15.5℃。年平均最高值29.0℃,最低值8.5℃。年极端最高地温60.9℃,出现在8月6日;年极端最低地温-12.4℃,出现在2月6日和2月9日。

重要天气日数

大风　全年7级以上大风日数16天。4月最多,分别为4天;6、7、8、9月无大风日。

雨日　全年雨日107天,较历年平均雨日多18天;8月雨日最多,为18天。

雪日　全年雪日12天,分布在1、2、11、12月等4个月。初雪日为1999年11月26日,终雪日为2000年2月25日。

雾日　全年雾日43天。7月最多,达13天。

雷暴　全年雷暴日数15天。8月最多,为6天。

霜日　全年霜日34天。初霜日为1999年11月29日,终霜日为2000年3月9日,初终间日数102天。无霜期达248天。

烟幕　全年烟幕日数95天,较历年平均烟幕日数少55天。2月最多,为12天。全年各月均有烟幕出现。

露　全年共有露日134天,除1月外各月均有露出现。

重大气象事件

暴雨　8月28~29日,胶南、崂山、即墨三市、区出现暴雨,局部地区降大暴雨和特大暴雨。24小时最大降水量分别为:胶南241.0毫米,崂山117.1毫米,即墨72.1毫米。此次暴雨过程,受灾人口40万人;作物受灾面积37810.4公顷,其中绝产3733.4公顷;造成62家企业进水并停产1天;冲毁道路37.93千米,冲毁桥涵83座,中断交通12小时;倒伏树木4000株;697.7公顷果树受灾,其中绝产200公顷;民房倒塌146多间,损坏1285间;损坏变压器7台,中断通讯线路1000米;溺死鸡10.4万余只;冲毁虾池180公顷;雷击损坏电话620多部,直接经济损失达1.2亿元。

干旱　胶州市4月13日~5月11日、6月21日~28日、7月30日~10月10日,胶南市2月1日~8月23日,即墨市3月28日~8月28日、8月30日~9月27日,平度市3月20日~9月27日,莱西2月27日~10月9日,崂山、李沧、城阳三区5月19日~8月28日发生旱灾。受其影响,全市农作物受灾面积达38.3万公顷,其中重旱4万公顷,绝产0.6万公顷;果树受灾1.6万公顷;淡水养殖业受灾666.7公顷;1.1万眼机井干枯,2000座水塘和132座中小型水库干涸;70余个村庄人、畜吃水困难,直接经济损失2.9亿元。

冰雹　平度市大泽山镇等6个乡镇5月18日,平度市、胶南市、胶州市12处乡镇6月8日、9日遭受冰雹袭击。胶南市2个乡镇的9个村庄9月23日遭受龙卷风、冰雹和暴雨袭击。受雹灾影响,农作物受灾面积1万公顷,其中绝产74.3公顷;果树受灾面积0.2万公顷,减产3~5成;损坏房屋35间,直接经济损失达0.6亿元。

大风　4月9日,胶州市13个乡、镇、办事处的86个村庄遭受到不同程度的大风袭击,极大风速达23.8米/秒,损坏地膜覆盖瓜类蔬菜59公顷;刮倒蔬菜大棚543个,养鸡大棚29个;果树落花899公顷,减产2~3成;损坏房屋270间,直接经济损失828万元。5月26日,胶南市12处乡、镇、街道办事处出现大风天气,极大风速达20.0米/秒,小麦等农作物受灾3333公顷,蔬菜大棚受灾26公顷;倒塌养殖大棚978间,直接经济损失1460万元。

山林火灾　4月8~9日城阳区惜福镇下沟村、崂山区沙子口办事处大石村南山附近发生山林火灾;4月22日李沧区上王埠村东山发生山林火灾。三场山林火灾过火面积约76.7公顷,造成大多数树木死亡。

(张诒年)

·防震减灾·

工作概况

4月,市地震局会同市劳动和社会保

障局、市公安局下发了《关于实行工程爆破报告制度的通知》,以避免工程爆破引发地震误传。5月,市地震局首次被中国人事部和中国地震局评为全国地震系统先进集体。

重要会议与领导视察 6月,山东省政府在青召开全省防震减灾工作会议,山东省副省长陈抗甫,中国地震局党组成员、纪检书记李友博出席,并为"青岛市地震监测中心"揭牌。7月,《青岛海湾大桥地震安全性评价报告》评审会召开,中国地震局副局长何永年、中科院院士丁国瑜等17位专家学者出席。8月,市政府召开全市防震减灾工作会议;市编委批准成立"青岛市地震科技活动中心"。9月,由全国人大常委会委员、全国人大教科文委员会主任委员朱开轩率全国人大《中华人民共和国防震减灾法》执法调研组来青执法调研。年内,山东省人大常委会副主任何宗贵、中国地震局局长陈章立也分别视察市地震局。

地震监测预报 设置在中山路的测震仪是青岛地区唯一一台测震仪。本着"监测是基础,预报是体现"的原则,严格履行24小时值班职责,及时向市政府报告震情,同时解答群众咨询。

地震应急 为进一步加强青岛市地震灾情速报工作,有效地促进对未来地震发生后的应急能力,市地震局编制出台了《青岛市地震灾情速报实施细则》,各区、市科委地震办也制定了本辖区《地震灾情速报实施细则》,并建立了本区、市地震灾情速报人员网络及相关的基础资料。

地震灾害预防 依据《青岛市地震安全性评价管理办法》,为提高对未来地震的防御能力,市地震局对全市重大建设项目的地震安全性评价进行了执法检查。包括:青大国际学术交流中心、青岛汽车北站、青岛海湾大桥、浮山隧道工程、市工人文化宫改造工程、市水族馆地下停车场改造工程、青岛地铁一期工程、市第一体育场改造工程、东西快速路工程等。

增强城市防震减灾能力 由市政府专项投资的防震减灾中心楼已落成并投入使用。它是集地震遥测台网、信息传输中心(二级平台)、应急指挥中心于一体的综合性防震减灾设施,标志着本市地震监测预报技术进入了数字化、综合化、网络化、现代化阶段。

防震减灾宣传 3月1日,青岛市副市长马论业在《青岛日报》发表《深入贯彻防震减灾法,开创防震减灾新局面》署名文章,庆祝《中华人民共和国防震减灾法》颁布2周年。为纪念"7.28"唐山大地震24周年,青岛市市长王家瑞于8月5日在《青岛日报》发表《做好防震减灾工作,营造安全美好的生活和发展环境》署名文章;市地震局在新落成的地震监测中心展室,组织了大规模防震减灾图片展览,介绍中国地震结构及地震形势和地震基本常识,宣讲防震抗震知识,普及《中华人民共和国防震减灾法》、《山东省防震减灾条例》、《青岛市地震安全性评价管理办法》等法律法规,并以国内外有影响的地震灾害图片阐述防震减灾的重大意义。

(孙 贤)

·社会科学·

市社会科学界联合会

三届四次全委扩大会议 1月14日召开。总结1999年工作,部署2000年任务;公布了青岛市第十三次社会科学优秀成果获奖项目100项,其中一等奖4项、二等奖26项、三等奖70项,并向获奖作者的代表颁发证书和奖金;表彰奖励了市社科联系统1999年度先进学会和优秀秘书长。

学术活动和理论研讨 2月1日,组织了迎春座谈会。市社科界30多位专家、教授出席。市委副书记张旭升,市委常委、宣传部部长王永生到会讲话,并就本市社会科学工作的发展与社科界专家、教授交换了意见。3月22~24日,组织了异域文化特征与中德在科学、经济领域中的合作伙伴关系学术研讨会。20多名德国专家和国内高校、科研机构的学者代表以及政府、经济界代表,共同研讨了异域文化与异域文化特征、关于多极化现实社会中与世界的交往、中国企业如何在国际合作中开发不同文化背景的人力资源等问题。4月12日,组织了青岛市国税文化建设研讨会。与会专家、学者20余人就国税文化的理论基础及其内涵与外延、国税文化的特征与个性、国税文化的目标及重点、国税形象建设的理念精神及行为策划等问题进行了研讨。5月16日,组织了本市金融业如何迎接加入WTO后的挑战理论研讨会。与会各界代表40余人围绕中心议题,就入世对中央银行实施货币信贷政策的影响及对策、商业银行的机遇与挑战以及中国保险业、证券市场的发展取向等方面进行了探讨。5月26日,组织了"深化价格改革,推进依法治价研讨会"。6月9日,组织了加入WTO与实施经济国际化战略研讨会。20余位专家、学者和市政府有关部门负责人,从加快外经贸发展、工业产业升级、农业结构调整、环境贸易基地构建、保护民族工业、政府职能的转换等方面,进行了具有超前性、科学性和可操作性的研讨。7月21日,组织了"青岛市率先实现现代化"研讨会。30余位专家、学者论证了青岛市率先实现现代化的可能性、有利条件及应克服的困难和面对的机遇与挑战。11月12日,召开了庆祝市哲学学会成立20周年暨新世纪与马克思主义哲学发展理论研讨会。12月21日,组织了青岛市"十五"计划论证会。

社会科学普及咨询服务 4月27日,与市统战理论研究会联合举行"台湾形势报告会"。市社科联系统学会秘书长、市社科界科研教学工作者及各民主党派近百人参加了报告会。7月27日,市社科联与市生产力学会、市税务学会在市国税局联合举办了"经济全球化学术报告会"。著名经济学家、中国生产力学会会长、国家统计局原局长张塞应邀在会上作了报告。11月3日,市社科联举行现代语言学专题学术报告会。青岛大学师范学院教授李行杰应邀作了题为"20世纪末的语言学"的学术报告。

自身建设 根据市社团工作领导小组部署,市社科联开展了社团整顿收尾工作,改善了学会管理秩序,健全了管理方法,规范和改革了管理手段。有5个学会因丧失办会条件,向市社科联正式提交了注销申请;市教育学会、市消费者协会等10个学会向社科联提交申请,进行归口管理;市办公室工作研究会因为业务原因申请加入市社科联,已获批准。年内,市社科联批准成立了市书法学会、市市场经济研究会和市国际税收研究会;协助市民间组织管理局进行了学会1999年度检查的初审工作,并对60个学会填写了审查意见。各个学会在加强自身建设方面也有了新的发展,市金融学会、市语言学会、市翻译工作者协会、市地方文献协会、市公共关系协会和青岛地区高校思想政治教育研究会完成了换届任务。

青岛市第十四次社会科学优秀成果评奖工作 8月15～17日，市社科联组织开展了此项工作。共收到成果220项，其中著作45部，论文、调研报告和其他形式的成果175项；评出社会科学优秀成果100项，其中一等奖4项、二等奖26项、三等奖70项。参评成果中，研究改革开放和青岛市经济社会发展重大现实问题的成果明显增多；中青年学者成果的比例增大；获奖成果发表刊物的档次明显提高；基础理论研究成果的质量有所提高；大部头学术著作的分量加重。在市社科成果评奖基础上，积极向省社科评奖委员会推荐青岛市优秀成果。

在山东省第十五次社科优秀成果评选中，青岛市共有10项科研成果获省社科优秀成果奖，其中获二等奖4项、三等奖6项，在全省各市地中保持领先水平。

（于淑娥）

市社会科学院
（市城市发展研究中心）

为青岛经济社会发展献计献策 全年完成院级科研课题11项。其中，《关于青岛市国有经济战略调整操作思路的研究报告》、《关于青岛市在西部大开发中开拓经济发展空间的研究报告》、《中国加入WTO对青岛经济的影响及其应对战略研究》、《青啤集团建立公司法人治理结构的调查报告》、《青岛市建立科学城管体系的对策研究》、《加速青岛市城市化发展的对策研究》、《青岛市2000年经济运行情况和2001年发展对策报告》等7项被市领导批示；《关于青岛市国有经济战略调整操作思路的研究报告》被省政府《内部情况通报》转发；《加速青岛市城市化发展的对策研究》得到省委书记吴官正的批示。

调研建议 全年编发《决策参考》22期。其中，《关于将元旦狂欢作为我市重大节庆活动的建议》、《关于研究和推广青啤集团建立法人治理结构经验的建议》、《面向21世纪加快构建青岛三大"民心工程"》、《关于我市在经济国际化中重视发展展览产业的建议》、《关于我市重大节日亮化的一点建议》、《关于筹建暂住人口公寓的建议》、《关于推进企业设立博士后工作站的建议》、《关于浮山新区规划的一个问题》、《加快高新技术产业化要抓住主要矛盾》、《关于强化我市国有资产营运职能的建议》、《关于引导城市房地产开发商参与小城镇建设的建议》等13项得到市有关领导的重视和批示。

院外资助课题 全年取得院外课题10项。其中，研究员隋映辉申报的国家社科基金项目课题《经济转型的科技产业战略调整及其管理改革研究》已被国家哲学社会科学规划办批准立项并开始运行；研究员隋映辉的《知识创新与先进生产力》、副研究员陈必龙的《党员干部思想道德建设充分体现先进性的理论思考与对策》分别入选市精品工程资助课题；研究员马庚存的《国家历史名城——青岛》、副研究员刘志扬的《青岛市利用市场机制加快小城镇建设研究》入选市社科资助课题；副院长李晓群主持完成的市委宣传部下达课题《加入WTO对我市干部群众思想道德建设的影响及对策研究报告》；研究员张树枫与市规划局共同承接《德占时期主要机构旧址历史资料调研》课题；李炜博士申请国家教委国际合作与教育司留学回国人员科研启动基金课题《中俄两国家庭人口趋势及其政策比较》已获批准并开始运行；研究员杨曾宪主持的《走出困境——青岛市建立科学城管体系的对策研究》得到市城管办资助。

学术交流 全年举行学术座谈会8次，其中2次是邀请院外专家做的学术报告。科研人员全年参加院外各类理论研讨会20余人次、座谈会10余人次、价格听证会5人次。先后接待山东省社科院、哈尔滨社科院、广州社科院和福建省社科院院长来访；副院长李晓群、研究员王立泉分别到日本、美国进行学术访问。

年内，对1998年制定的院科研（辅）有关规章制度进行了修订和完善；制定了社科院"十五"期间发展规划。全年编发《展望论坛》6期，发增刊1期。

基础理论研究

全年出版专著1部（《汉缆现象与青岛经济》）；公开发表论文119篇，其中在省以上报刊发表论文60篇；获国家社会科学规划资助课题1项；分别获山东省、青岛市精品工程资助课题1项、2项；获青岛市社会科学规划课题2项。在青岛市第十四次社会科学优秀成果评选中，市社科院获二等奖1项、三等奖6项；在山东省第十五次社科优秀成果评选中，获二等奖1项、三等奖1项。

以《青岛日报》理论版为阵地，围绕城市发展战略、城市定位、产业结构布局、国企改革等方面共发表理论文章24篇。在"十五"论坛有奖征文中，郭先登、杨曾宪、隋映辉等都发表了文章。在市委党刊《青岛通讯》上先后发表文章13篇。在中国社科院主办的《中国社会科学院通讯》上撰写通讯4篇。

（于淑娥）

文化事业

·文化艺术·

实施文化事业"八大工程"

2000年，市文化系统实施了业务工作以精品建设工程、重点项目工程、基础文化工程和产业发展工程为重点，思想政治工作以思想建设工程、改革创新工程、民心凝聚工程和素质培养工程为重点的八大工程。全年获省级以上奖励90项。其中，国际奖1项，国家级创作奖20项，全国性大赛评奖32项，省级奖37项，创获奖数历史最高记录。

年内，市文化系统开展了"新世纪文化工作创新"活动，并于年终评出"创新奖"23项，其中创新工作奖15项、创新组织奖2项、创新建议奖4项、特等奖2项。

大型文化活动

"四季歌"文化系列活动 即"樱之春"音乐舞蹈周、"青岛之夏"艺术节、"金秋十月"合唱周、"个十百千万"迎新春文化活动(一夜礼花辞旧岁,十大活动乐岛城,百家影厅悦宾客,千个门头添光彩,万家灯光迎新春)。新年春节期间,先后在八大关小礼堂组织了青岛市中外友人"龙之春"民族音乐会;在天后宫举行了"世纪金钟"揭幕敲钟仪式;正月初五至初七在市人民会堂和天后宫举办了"新正"民俗文化庙会;正月十四在汇泉广场组织了青岛市"龙腾狮舞闹元宵"活动。"五一"前后组织了"樱之春"音乐舞蹈周,共组织了5场室内演出和50多场广场文艺演出,每天活跃在舞台上的演职人员达千人,观众5万余人;市民俗博物馆组织了"少儿民俗工艺巧制作"活动和"天后民俗文化旅游活动月"活动。5月,启动了2000年"露天影院"活动。8月4～15日,组织了第十二届"青岛之夏"艺术节。期间,组织文艺演出22场,文化广场演出近40场,露天电影近30场,各类展览、艺术比赛15场,共计100多项,创历届艺术节之最,吸引观众达40万人次。国庆节期间,组织了庆祝建国51周年文艺晚会暨"金秋十月"合唱周开幕式、"祖国颂"专题电影展、'2000中外摄影家聚焦青岛摄影优秀作品展、天后宫重阳敬老同乐会等50多场次的丰富多彩的文化活动。12月31日,市文化局与有关部门一起组织了2001年新年音乐会、艺术巡游、拥抱新世纪大型笔会等各项重大活动。

"欢乐假日"——广场文化系列活动 从4月26日起至10月29日,每月突出一个主题,每个星期六和星期天在五四广场和各区中心文化广场举办各类群众文艺演出。期间,以市文化局主办组织的广场演出369场,观众达530万人次;加上各市、区组织的广场文艺演出共计2650场。

系列美术、摄影展览活动 11月20日至12月20日,本市与中国版协、中展中心联合在文化博览中心美术馆成功地举办了2000年青岛(建设杯)国际版画双年展,43个国家的360多位作者报送了近800幅作品。该展览活动是经文化部批准的大型国际文化交流活动,也是中国首次承办的国际性版画展览。文化部将其作为跨世纪的文化活动之一,于12月27日调到北京炎黄艺术馆展出。中央、北京40余家新闻媒体均作了报道。年内,市文化局与市委宣传部、《青岛晚报》共同组织了"百姓眼中的家乡巨变——迎接新世纪'九五'回顾摄影大赛";与市委宣传部、市新闻出版局、《青岛生活导报》共同发起了"把今天留给未来——2000·12·31全天候大追踪摄影纪实活动"。

国庆前夕,本市在市文化博览中心广场举行庆祝建国51周年文艺演出。(隋以进/摄)

精品创作和戏剧演出

年内,市文化局召开了全市创作工作会议,与17位作者签约13部作品。纪宇的长诗《20世纪诗典》由中国作家出版社出版。

在文化部2000年度文华奖评选中,话剧《工人世家》获"文华新剧目奖",赵秀云获"文华表演奖",周维明获"文华舞美奖"。该剧应文化部邀请参加了第六届中国艺术节演出,获银奖。市京剧院创作排演的大型现代儿童京剧《生死峡谷》,应文化部邀请分别参加了在北京举办的庆"六一"全国优秀儿童剧调演和在长沙举办的2000年全国儿童剧优秀剧目展演,获全国儿童剧优秀剧目展演优秀演出奖,主角朱勇获优秀演员奖、张瑛获演员奖;该剧还参加了山东省第五届儿童戏剧比赛,获优秀演出奖、编剧一等奖和表演一等奖(2个)、二等奖(3个)、三等奖(4个)。市话剧院的儿童剧《万年草》应文化部邀请在北京人民剧场演出,并获山东省优秀儿童剧节目一等奖。吕剧《陈济敏》正式演出。由市话剧院新创作的大型话剧《血脉》于12月17日晋京汇报演出,后又赴济南演出;由市歌舞剧院新创作的大型舞蹈诗《大海梦幻》,是本市第一部完全采取市场运作方式创作的大型舞蹈诗,演出获得成功。

全年市直各专业艺术团体演出1079场(含国外演出7场)。其中,市京剧院复排演出了大型现代京剧《智取威虎山》,并到河北、江苏等地巡演,全年共演出220场,受到广泛好评。

文化设施和文化产业

"九五"期间,本市开工建设了一批标志性文化设施。先后投资1.2亿元建成了占地7公顷、建筑面积近3万平方米的青岛市文化博览中心(含市博物馆、市美术馆、海尔科技馆)。其中,美术馆于1998年8月8日正式对外开放,先后承办了第四届全国水彩粉画展、'98山东省油画作品展、'99青岛国际美术邀请展、中国优秀版画展、2000年青岛国际版画双年展等大型展览,在国际和全国美术界产生了一定影响。投资1500万元改造了市人民会堂,投资700万元修复了天后宫(市民俗博物馆),使本市文化设施落后的状况明显改善。

加强对文化产业的领导。市文化局于年初成立文化产业处。在文艺作品生产、建立文化市场、开展文化旅游等方面作了一些尝试。自筹资金建设的青岛市艺术品市场、文化画廊和市歌舞剧院艺术厅都已完成,成为文化产业运作的基本阵地。市歌舞剧院创办的“梦幻剧场”,完全按照市场方式运作,创作排演优秀剧(节)目;采用贷款等方式筹资,聘请国内一流编导、舞美等专家,生产高档次艺术产品。市电影公司成立了银星旅游公司。康有为故居修复工程完工,并于9月30日对外开放。市文化博览中心博物馆按计划完成《青岛历史文明之光》大型文物陈列展。投资20万元的棚户区旧址陈列馆工程完工。投资7200万元、建筑面积2.5万平方米的市图书馆扩建工程主体封顶。

黄岛区投资3700万元建成了建筑面积1.5万平方米,包括图书馆、文化馆在内的科技文化大厦;市南区投资1500万元新建了文化馆和社区文化中心;城阳区投资2500万元建设了1个园林式文化广场和1座集图书馆、文化馆为一体的文化娱乐中心;即墨市吸引外资兴建了即墨市文化娱乐中心和大家乐娱乐城;莱西市建成并开放了2000平方米的崔子范美术馆和2300平方米的图书馆。

文化市场管理

年内,市文化局修订了《青岛市电子游戏经营场所管理办法》,制订了《青岛市文化娱乐场所重新审核检查标准》。从3月22日至4月底,对学校周边环境进行了清理整顿,加大对违法从事博彩型电子游戏场所的查处力度,开展了“给考生送安静”噪声扰民联合大检查;配合团市委等部门开展了“让未成年人远离‘三厅一台’活动”。共出动339台车次,1172人次进行稽查,检查各种娱乐场所1870家次,查处案件200件,做出行政处罚143件,罚款29.44万元。7、8、9三个月,根据国务院统一部署,组织了电子游戏经营场所专项治理。全市共检查电子游戏经营场所419家次,从事经营性电脑游戏的电脑房、网吧等85家次,录像放映厅55家。共查扣、没收不同机型、机种的游戏机1067台,电路板76块,就地封存未经审验的游戏机113台;查扣电脑主机91台,没收主机16台;责令停业整顿13家,罚款2.24万元。分别在黄岛区和平度市召开现场会,公开销毁了博彩型电子游戏机530台、电路板289块。

经过重新审核登记,本市的电子游戏经营场所仅保留了38家,压缩比例近60%。全国电子游戏经营场所专项治理领导小组派人检查验收后,给予了充分肯定。

文化交流

“九五”期间,全市每年对外文化交流活动达30余项。2000年,市文化局先后承办了奥地利维也纳施特劳斯交响乐团、摩纳哥蒙特卡罗现代芭蕾舞团、丹麦现代设计艺术展等十余项国外高水平的访青演出和展览。市民族艺术剧院参加’2000汉城国际鼓乐节获得第2名;市民族艺术剧院、市歌舞剧院、崂山农民舞狮队、四方少儿舞蹈队等也先后出访克罗地亚和日本、韩国。

公共图书馆

“九五”期间,市图书馆加强对各市、区图书馆自动化工作指导和对计算机自动化应用的协调。市图书馆技术部在继续推广“ILAS自动化系统”基础上,又协助城阳区图书馆实现了自动化管理。在全国第二次公共图书馆评估定级中,平度市、胶州市、四方区图书馆被评为一级馆,李沧区、胶南市图书馆被评为二级馆,市北区、莱西市图书馆被评为三级馆,全市评估成绩列全省首位。市文化局还评选命名了18个先进基层阅览室,推动村镇街道图书阅览工作。

2000年,市图书馆接待读者19.53万人次,流通书刊58.99万册(次),发展新读者1.22万人。全年购进新书9919种,计19812册,花费购书费150万元。全年购进报刊2093种,加工过刊2205册,登记现刊3.41万种。

启用了新流动送书车,进一步扩大流动服务范围,增加了15个新的流动服务点。利用双休日及节假日,流动服务车先后到浮山后小区、洛阳路小区、海琴广场,为当地居民现场办证借阅,解答咨询;开展特色服务,与劳教所签订了送书协议,定期上门服务。据统计,市图书馆流动服务点已达27个,流动送书达2.69万余册,解答咨询500余条。开展“智力拥军”、“科技拥军”等活动。市图书馆为驻青部队、海陆空干休所等无偿送书,坚持每月巡回送书2000余册。全年市及各市区图书馆送书下乡1.2万册。

上半年,市图书馆组织有关工作人员,有步骤、有计划地对108个书库藏书进行整理,发现一批反映日军侵华历史的珍贵文献,有些文献已是国内珍本。这批文献为揭露日军侵华罪行提供了新的证据,同时也为研究我国殖民地史和青岛、山东的历史提供了翔实资料。在纪念抗日战争胜利55周年之际,市图书馆举办了大型展览《日本侵占青岛(山东)新罪证史料展》,平均每日接待参观者约400人次,总计7000人次。中央电视台《新闻联播》节目、《人民日报》、《大众日报》及本市新闻单位对此进行了专题报道。

元旦之夜,本市举行“世纪钟声迎龙年”撞钟仪式。(隋以进/摄)

电影发行放映

市电影公司全年放映电影1.84万场,观众人数76.55万人(次),票房收入576万元,比上年增长5.4%。由于大型活动较多,片库拷贝入库总量比上年增长10%以上,全年鉴定节目达300部次。

配合社会各界的政治教育、爱国主义教育和重大节庆活动进行专题汇映、公益放映50余场,列全省首位。为丰富人民文化生活,在全市十多个广场放映免费露天电影140余场,观众达到40余万人次。

加大农村电影工作力度。5月25日,在平度召开青岛市农村电影工作现场会议;各农村市区文化部门也加大了农村电影工作力度。平度市、胶南市和黄岛区已在全市率先达到了"2131"目标。自9月15日起,市文化局争取农业银行青岛市分行和《青岛生活导报》的支持,举办了为期50天的"农行情"青岛市第三届农民电影节,为农民放映1.03万余场,观众达550万人次。全年农村电影共放映5.85万场次,观众达3528.4万人次。

市电影公司抓紧调整产业结构,建立了青岛市影视文化发展公司和银星电器有限公司。市影视文化发展公司年创效益15万元,当年就收回了投资;银星电器的产品SR·D数字空间电影音响被市科委列为2000年青岛市高新技术项目和高新技术产品,获得了市技术监督局音箱类唯一国际合格认证,并上了国家产品网,下半年开始陆续进入市场,效益较好。

社会群众文化

开展创建社会文化先进市区活动。市文化局先后开展了评选"先进基层图书馆"、"示范文化站"、"社区文化先进单位"、"先进文化大院"和"书香家庭"等活动。11月16日,与市委宣传部在四方区联合召开全市社区文化典型现场会暨基层文化先进表彰会。会上,四方区洛阳路街道办事处、城阳区城阳镇、五四广场管理处、崂山区书香家庭代表作了典型发言;表彰了一批社区文化建设先进单位、十佳文化广场、先进文化大院和书香家庭。在全国文化系统先进单位先进个人表彰会上,李沧区被评为全国社会文化先进区,崂山区被文化部命名为"民间文学之乡"。

在本市举行的舞蹈比赛 (隋以进/摄)

群众性文艺创作成绩斐然。市歌舞剧院业余合唱团的《赶牲灵》、《沂蒙远眺》获2000年中国合唱节金奖。市艺术馆推荐的舞蹈《鼓韵》和曲艺《压岁钱》分获全国首届"蒲公英奖"创作、表演、辅导的5个金奖、1个银奖;舞蹈《鱼水情深》获第十届全国"群星奖"铜奖,舞蹈《尘缘》获第十届全国"群星奖"优秀奖。市少儿合唱团获第五届中国国际合唱节铜奖。市艺术馆王伟同志的《硕果》荣获全国美展银奖;戏剧小品《小站》、《军鞋》等获山东省戏剧小品大赛一、二等奖。参加全省曲艺比赛,专业、业余节目双获一等奖,市文化局获优秀组织奖。市艺术研究所张京获省委宣传部"刘勰杯"文艺评论奖。

全市"文化、科技、卫生"三下乡活动于元月10日在平度市上疃镇举行了启动仪式。元月26日,市文化局组织曲艺团、京剧团到扶贫对口单位胶州董城乡进行了文化下乡演出。全年文化下乡演出已达1000余场。

(市文化局)

2000年市文联工作概况

全年市文联组织开展各种文艺展演、比赛、交流等活动20多场(次)。其中,大型国际性活动1项,参与国际比赛1次。组织创作并正式出版长篇小说3部,长篇纪实文学3部,诗集3部,电视剧2部,戏剧1部,中、短篇小说20余部,合计逾400万字。全年各艺术门类作品荣获国际金奖1个、国家级奖项10个、省级奖项32个。

文学创作 年内,徐本夫的长篇小说《水饺皇后》、尤凤伟的长篇小说《中国1957》、江灏的长篇小说《最后的好运》、耿林莽的散文诗集《飞鸟的高度》、王泽群的散文诗集《樱唇》、毛秀璞的诗集《母亲的黑头发》、辛显令的长篇纪实文学《治瘫名医李延林》、李旭的长篇纪实文学《世纪的承诺》和黄舸的长篇报告文学《都市医生》相继出版。辛显令的电视剧《金月季》和王泽群的大型现代吕剧《陈济民》已分别投拍和上演。

由市作家协会组织编辑、北京出版社出版的《青岛市青年作家丛书》业已编成,即将出版。

学术研讨 举办了青岛市2000年青年作家创作研讨会、长篇小说研讨会、韩君诗歌创作研讨会。召开了青岛市书法家协会重点作者理论研讨会,收集论文42篇,拟于2001年结集出版。分别举办了青岛市舞蹈创作培训班、电视节目创作研讨班。市摄影家协会专门邀请了全国著名摄影家侯贺良先生来青举行专题讲座,并组织重点作者赴济南参加山东省摄影家协会和人民摄影报社联合举办的学术讲座。市美术家协会召开了各画种艺委会的专门会议,就美术创作进行深入探讨。赵建成的巨幅中国画应邀参加了深圳第二届国际水墨画展及大型学术交流会。

展览 3月,为庆祝市文联成立50周年,举办了首届青岛市女画家作品展,并出版作品集。4月，与市委宣传部共同主办了"西部神韵——新疆生产建设兵团摄影作品展"；与市委宣传部、市建委联合主办了"世纪聚焦——告别棚户区"大型摄影展。5月，举办了法国书法家柯乃柏先生中国书法艺术展。8、9月间先后主办或联合主办了"首届青岛市美术作品邀请展"、"第十九届中国摄影作品展"、"青岛市首届沙龙油画展"、"青岛市夜景摄影大赛展"、"北京市美术家协会10人优秀中国画作品展"及兰州市"陇上风情"中国画展。11月，举办了青岛市摄影家郝国英等"新疆纪行"5人摄影作品展。年底，举办了市摄影家协会会员自选作品展。

大型文艺活动

市文联参与承办了"中国舞蹈'荷花奖'国际标准舞世界杯大赛暨中国青岛2000'华东国贸杯'国际标准舞国际大赛"。来自12个国家和地区的24位世界顶尖级选手以及国内1200多位选手参赛。是迄今为止首次在中国举办的大规模、高级别舞蹈大赛。国际媒体进行了跟踪报道，中央电视台也多次进行实况转播。

4月，市文联策划组织了"青岛市中国画名家百幅作品献爱心"活动，46位画家将100幅作品义卖所得的11万元人民币，全部捐赠给身患白血病的本市少年郑琳。

5～8月间，先后举办了青岛市少儿钢琴比赛、少儿民族器乐比赛、2000年青岛皇室"扭一扭"果冻杯舞蹈大赛和市舞蹈家协会教学创作大赛，并组织进行了少儿音乐、少儿书画考级工作。

9月、10月，先后组织两批文艺家奔赴西部进行考察采风活动。本市文艺界名家高小岩、李恺心、辛显令、张伟、贺中祥、范国强在中国文联发起的"朝霞工程——帮扶西部地区贫困儿童读书"活动中，每人捐资6000元。

年末，举办了市文联成立50周年庆典活动及大型主题晚会《与共和国一起腾飞》；主办了"迎接新世纪——万人蹦迪和广场交谊舞大联欢"活动；与市文化局共同主办了"与世纪同行"大型书画笔会，山东电视台进行了现场报道。

获奖情况

年内，在北京音乐厅举行的由国际合唱协会和中国文化部联合主办的"第5届中国国际合唱节"上，青岛市音乐家协会合唱团与来自海内外的58个参赛团体同台角逐，获成人组金奖。李嘉评创作的歌曲《海娃的歌》在2000年全国少儿卡拉OK大赛中获金奖。在中国美术家协会主办的"第五届全国水彩、粉画作品展"中，王绍波创作的《酥油茶》获金奖，苏海青的《春秋交响》获银奖，初剑的《贵州铜仁印象》、钟青国的《有朋自远方来》分获铜奖，王辉林的《秋语》、谭国信的《净源》分获优秀奖。在2000年全国中国画作品展中，王伟创作的《硕果》获银奖。在中国舞蹈家协会主办的"小荷风采"比赛中，王伟创作的《鼓韵》获银奖。由王暖温、仵延国创作，仵延国辅导，王仑、曹峥表演的山东快书《压岁钱》，在全国首届"蒲公英"评选中获表演金奖、辅导金奖、创作银奖。徐立忠创作的雕塑《一家子》，在山东省第三届城市雕塑作品展中获作品一等奖。在山东省少儿三琴（钢琴、手风琴、电子琴）比赛中，市音乐家协会组织选送的选手分别荣获了7个一等奖、11个二等奖、14个三等奖。

（张天祥）

副市长马论业（中）出席"康有为故居修复工程竣工仪式"。（市府调研室供稿）

·文博工作·

概　况

3月22日，市文物局在青岛国际新闻中心召开全市文物工作会议，传达贯彻全国、省文物工作会议精神，部署2000年任务。会议强调2000年工作重点是：落实市人大1号议案，尽快修复开放康有为故居；开展文物保护世纪行活动。

市文物局对全市文物古迹进行了考古普查。4月上旬，抽调专业人员配合青岛电业局修建220千伏中韩变电站工程，对高科园内海尔路以东近万平方米建设用地进行施工前的文物调查勘探工作，使地下埋藏的文物得到保护，电站建设工程按时进入施工。

6～10月，受中国历史博物馆水下考古研究中心委托，与胶南市博物馆组成水下考古调查队开展了两次调查，历时20天，对胶南沿海海域琅琊港遗址、宋金海战遗址、鸭岛明代沉船遗址、明清时期的海防设施等进行了初步调查，取得了第一手资料。

8月中旬至9月，聘请国家文物局文物保护研究所专家对平度天柱山魏碑、市博物馆北魏石造像、胶州市出土的宋代铁钱进行了科学保护，解决了风化和锈蚀问题。

为推荐申报国家级文物保护单位，对即墨故城、齐长城六曲山汉墓群、琅琊台、胶州三里河古遗址、崂山道教建筑群、八大关建筑群、青岛红万字会建筑等7处文物保护单位文字材料及图纸、图片进行了认真调查和审核整理，于7月初上报省文化厅和国家文物局。会同市规化局划定25处省级文物保护单位的保护范围和建设控制地带，将图纸和材料上报省政府。

10月，对修复海岸路18号中共青岛支部旧址、常州路德式监狱旧址的设计方案进行了调研论证；12月22日，常州路德式监狱旧址的修复方案通过了专家的论证，上报市政府审批。

全年全市博物馆共举办各类展览60个，接待国内外参观团180个，观众45万人次，征集文物530件。即墨市博物馆举办了“毛泽东遗物展”，观众达2万人次；该馆在文物普查中对袁家庄太平桥、金口古港进行了调查，特别是对明代兵部尚书黄嘉善及其故居黄家胡同作了详细调查论证，并初步拟定修复方案。平度市博物馆自筹资金4.5万元，打了一口40米深水井，解决了天柱山文管所的用水问题。

修复开放康有为故居

加快动迁康有为故居内的居民。副市长马论业多次听取市文物局、市房产局、市动迁办的工作汇报，并带领有关人员察看房源情况、召开会议布署动迁工作。1月16日，康有为故居内的17户居民搬迁安置工作全部结束，次日工程队即进入施工现场。8月，故居主体修复工程竣工；9月，进入内部装修和布展工作；10月1日，故居纪念馆正式对外开放。

修复后的康有为故居建筑面积1128平方米，恢复了历史原貌，修复工期历时8个月，市财政为工程拔专款750万元。故居纪念馆由康有为生平事迹展、康有为书法及部分文物收藏品展室等部分组成，共展出历史图片58幅、《大同书》手稿(复制品)1部、《康有为学术思想研究》等书刊杂志27卷、古典家具及各类文物近100余件。

11月30日，市人大常委会主任孙炳岳，副主任程友新、李乃胜、辛毓明，副市长马论业及部分人大委员视察了康有为故居并观看了展览。12月21日，市人大教科文卫工作室、市文物局在康有为故居召开新闻记者及有关人员坐谈会，听取社会意见和要求。

年内，康有为故居纪念馆接待国内外名人、学者及观众近2000余人次。

文物考古

年内，市文物局进行了两次大的抢救性考古发掘。1999年12月28日，胶南市王台镇田家窑村民田新宝在整地时发现古墓1座并及时上报市文物局。2000年1月2～7日，市文物局组织专业人员对该墓进行抢救性清理发掘。该墓位于田家窑村东约1000米的国老山南坡，墓室中有残存骨骼和随葬物品，经整理共出土铜器、陶器、玉器、玛瑙、琉璃等各类文物100余件，现藏胶南市博物馆。经鉴定，该墓葬为汉代贵族墓葬。

4月28日，平度市灰埠镇界山潘家村村民开山采石时发现两座汉墓，报告平度市博物馆。5月8日～6月2日，市文物局，平度市博物馆组织对墓葬进行抢救性清理发掘。该墓位于平度市灰埠镇界山潘家村东北的界山最高处，俗称“花园顶”。墓中出土铜器、铁器、玉器、漆器等随葬物品60余件，其中铜镜19面。铜器造型精美，铸工精炼并有铭文，是青岛地区出土的汉代铜器中不多见的珍品。墓内墓制规整，是研究汉墓形制的珍贵资料。出土文物现藏于平度市博物馆。

文物执法监督与市场管理

7月，市文物局陪同市政协文物安全保护视察团，对胶州市文物安全保卫防护设施进行了视察检查。之后，市政协向市政府提交了视察报告，提出了保护文物安全及加强防范设施建设的要求和建议。8月，市文物局实地调查、审核了依法批准的崂山太清宫、蔚竹庵、于姑庵、华严寺、湛山寺等文物保护单位的维修工程。年内，依法制止了1起法人在国家级文物保护单位内私开乱建的违法事件，并责成恢复了原貌。

年内，为30余户文物经营业户办理营业执照和年审工作，并会同工商部门对业户进行《文物保护法》的宣传教育。协助工商、公安、海关等有关部门及社会各界人士鉴定文物2800余件次。市文物商店销售收入185万元；收购文物387件，收购资金59.4万元。7月，举办了“全国文物青岛展销会”，40余家文物商户参加展销，成交额150余万元。

加强田野文物保护打击盗掘古墓的违法犯罪活动。年内，市文物局多次到平度六由山汉墓群，与平度市政府、文物部门、公安部门研究保护对策和措施。联合侦破了1起盗掘古汉墓团伙案件，抓获犯罪嫌疑人16人。

青岛市文化博览中心

全年举办展览7个，接待观众5.5万人次。其中，11月20日举办的青岛国际版画双年展，共有43个国家的300余位版画家应邀参展，报送的近800幅作品经国际版画双年展评审委员会评选，其中421幅作品入选展览。观众参观踊跃，并被文化部作为跨世纪的文化活动之一于12月进北京展出。山东省美术出版社将参展的作品汇集并出版了该展作品集。

青岛市博物馆

全年举办展览25个，接待观众达20万人次。其中，在新馆举办的迎国庆“青岛历史文明之光”大型文物展览，展出文物360件，是该馆历来展览档次最高、物品最丰富的一次展览，接待观众1万余人次。年内完成230余件二级、三级馆藏文物的建档工作，向社会征集文物40余件。新馆搬迁工作也开始实施。

青岛市民俗博物馆

全年举办了“天后宫新正民俗文化庙会”、“天后文化旅游活动周”、“重阳敬老同乐会”、“民间工艺品现场制作表演大赛”等活动；接待中外游客8.8万人次，门票收入12.5万元，其中接待中国驻各国大使及参赞近40人次、英国南安普敦州青年交响乐团近50人次、奥地利施特劳斯交响乐团近40人次。配合旅游宣传活动，该馆于6月派工作人员王小莉随国家旅游局赴德国进行两周的旅游宣传活动，并介绍和表演中国民间剪纸艺术。

(董清月)

海军博物馆

全年接待海内外游客60万人次。其中，免费、优惠接待机关、团体、学生、残疾人、老年人进行国防教育和参观学习，接待在国防大学等就读的外国留学生和加拿大、美国、英国舰艇编队来访官兵的参观等10余万人次。

征集、运入、展出中国自行研制的272B四管鱼雷快艇1艘；对展出的4艘军舰进行了坞修；在大门口制作了大型灯箱、宣传栏；投资万余元亮化军舰，成为沿海一线的旅游亮点。在青岛市旅游行业“天马杯”优质服务竞赛活动中被评为先进单位。

年内，中央、青岛、宁波、武汉电视台，大连人民广播电台，《解放军报》、《中国经济导报》和《中国博物馆通讯》、《舰船知识》、《中外天地》等杂志均多次宣传报道该馆。

（张景用）

海军博物馆水上展区一角

·档案工作·

概 况

加强国有企业档案工作 市政府出台了《青岛市国有企业产权变动档案管理办法》。市档案局继续组织国有档案登记工作，全市国有档案登记率达到95%。指导企业档案部门开发档案信息资源，有88个项目获山东省档案局开发利用档案信息资源成果奖，居全省各市地之首，占获奖总数的1/4。

全国企业档案工作座谈会 6月7～8日在青召开。国家档案局局长毛福民、市委书记张惠来等领导出席。市档案局就加强宏观管理，为国企改革和发展服务等方面取得的经验，作了大会重点发言。

重要档案监管 市档案局组织对市直机关1999年度档案文书立卷归档情况及音像档案、专门档案管理情况进行了全面检查，126个受检单位中有125个按时完成了年度立卷任务。完成了“三讲”教育档案、科研成果档案及青治会、啤酒节、海洋节等活动档案的整理工作，并部分移交市档案馆。制发了《关于加强重点项目档案工作的通知》，对2000年度市级重点项目档案资料管理工作提出了要求，并进行了跟踪监督指导；对1999年度重点项目档案的管理情况进行了抽查。

档案规范化管理 贯彻市委办公厅、市政府办公厅《关于开展机关档案工作规范化目标管理认定活动的通知》精神和《山东省综合档案馆规范化目标管理认定办法》，全面推开机关、综合档案馆规范化目标管理认定活动。年内，有47个市直机关档案工作规范化目标管理通过了省级合格以上认定；有5个区、市综合档案馆通过了省三级以上等级认定；有33个企业和51个科技事业单位档案工作目标管理通过了国家级、省级认定。全市通过认定的企业、科技事业单位总数分别达到253个和215个。有36个农村乡镇、街道办事处建立了档案管理站，全市乡镇档案管理站总数达到71个。农村村级建档率进一步提高，达到98.1%，建档村档案管理向规范化靠拢，年内新增加青岛市档案管理先进村232个。

档案征集 市档案局与市教委联合举办了“青岛老照片有奖征集”活动，征集照片450余幅；征集全市新千年庆祝活动中形成的档案资料2 507件、册；征集知名人士的手稿、证书、笔记、照片、实物等1 143件；征集“2000年世界华人论坛代表签名长卷”、会标及世纪鼎；征集公开出版物、内部资料和图片宣传资料396册。年内，全市各级综合档案馆共征集档案资料7 479件、册。截止年底，全市各级综合档案馆馆藏档案达69.2万卷，资料14.6万册。年内向社会提供利用档案资料1.4卷、册。

档案科研、教育工作 全市有6项成果获2000年度青岛市档案局档案科技进步奖。印发了《青岛市档案学会档案学会优秀评奖办法(试行)》，有21项成果获市档案学会优秀成果获奖；6项成果分获省档案学会优秀成果一、二、三等奖；1项成果获得市社科优秀成果三等奖。组织全市档案人员上岗培训,培训779人次,举办了"全市首次档案系统岗位技能竞赛";完成了省委党校文秘专业青岛教学点97级本、专科学员毕业及2000级招生工作,录取本、专科学员197人和65人;组织全市档案系列专业技术职务评审工作,推荐高级9人,评审通过中级49人,初级43人。

青岛市数字档案馆工程全面启动

年内,完成了该工程的申报立项,被列入了青岛市电子信息应用倍增计划。市档案局(馆)实现了局域联网,完成了主页设计和数据登录,做好了与市政府网和国际互联网对接的物理准备。

发挥档案的社会宣传和教育功能

市档案局继续承办《世纪之路——青岛百年回顾展》。从1999年12月底至2000年10月底,接待国内外参观者超过50万人次。

年内,与市委宣传部等部门联合召开了"纪念抗日战争胜利55周年学术研讨会",举办了"百年国耻——八国联军侵华战争100年史料展";在《青岛日报》发表了纪念抗美援朝50周年的专稿——《岛城,在抗美援朝的日子里》;在《半岛都市报》、《通俗文艺报》发表了24个专版,计12万字;编辑出版了《百年青岛》大型画册、《群英谱——青岛市劳动模范名录》,为主承编的《青岛市志·大事记》由市史志办安排出版。

(徐继亮)

新闻出版·广播电视

·新闻出版管理概况·

2000年,青岛市有图书出版社2家(青岛出版社和青岛海洋大学出版社),全国统一刊号的报纸16家(《青岛日报》、《青岛晚报》、《青岛生活导报》、《通俗文艺报》等),全国统一刊号的期刊39家(《青岛文学》、《小葵花》、《红蕾》、《少年电脑世界》等);书刊二级批发单位18个,书报刊零售点2 751个,音像制品经营单位1 048个(含音像制品二级批发单位11个,音像制品零售单位737个,音像租赁单位207个,放映单位93个);书刊印刷定点企业21家(其中国家定点书刊印刷厂2家);综合性文化市场1个。

"扫黄打非"与出版物市场管理

年内,市委、市政府对市"扫黄打非"工作领导小组领导及成员单位进行了调整,确定由市委副书记张旭升任组长,市委常委、宣传部长王永生和副市长马论业任副组长;由宣传、出版、公安、工商、财政、海关、监察等18个单位组成新一届市"扫黄打非"工作领导小组,办公室设在市新闻出版局。

全年市新闻出版局会同市公安、工商等部门共组织各类大规模"扫黄打非"活动10余次,收缴各类非法出版物32万余件。其中,非法音像制品、电子出版物26万余盘(张),非法书刊5.8万余册;政治性非法出版物100余件;内容淫秽的音像制品1.3万余盘(张)、书刊220册;依法取缔无证、无照摊点和游商浮贩405个,查获黑窝点8个,查处地下非法出版和非法印刷案件9起;市"扫黄"办受理群众来信、来电和来人举报案件70起,已经查证落实58起。全市共查获制黄贩黄案件209起,涉案人员217人。其中,刑事拘留14人,劳教22人,治安拘留78人,受到罚款治安警告等处罚的63人,待处理的8人。

3～4月,会同市教委、市公安局、市工商局组织开展了"整治校园周边出版物市场"专项活动,对青岛大学、青岛第十六中学等附近的10家图书音像店进行突击检查,重点对淫秽色情、格调低下的出版物进行了集中清理,整治了校园周边文化环境。6～10月,在全市范围内集中查缴了各类气功类非法出版物1.9万余件。7月初开始,两次邀请各民主党派、工商联推荐的10名市出版物市场特邀监督员共同到12个市、区的600多处出版物经销网点、放映厅和早夜市、集贸市场等进行明察暗访,市"扫黄"办对暗访发现的重点问题向市领导写出了内部通报,引起市委、市政府领导的重视,并采取了相应措施。

市新闻出版局将"法规教育年"活动纳入"三五"普法教育,重点抓了5项工作:1.从6月中旬到11月底,市、区两级共组织各类法规教育培训班32期,培训出版物市场执法人员、各类出版物从业人员、印刷企业负责人2 819人。2.完善行政审批制度,实行政务公开。制定并印刷了《青岛市新闻出版局、青岛市版权局政务公开手册》2 000册向社会公开发送,并上了市政府公开信息网,接受广大群众监督;对现有的行政审批事项整理、汇总,并填报呈送有关部门;于第三季度将书报刊、音像制品零售单位审批权下放至各市、区新闻出版管理办公室,使"属地化管理"原则进一步得到落实。3.与市社会治安综合治理委员会办公室联合下发文件,对各市、区"扫黄打非"工作实行社会治安综合治理一票否决。先后制订了《青岛市"扫黄打非"工作领导小组主要职责与工作制度》和《关于对"扫黄打非"工作实行社会治安综合治理领导责任制的通知》,并要求各市、区制定相应的目标责任制;11月中旬,会同市委宣传部和市公安、工商等有关部门组成4个考评组,对各市、区2000年度"扫黄打非"工作开展情况进行实地量化考核。4.加强对昌乐路文化市场内书刊、音像制品二级批发单位的规范化管理,进一步完善了"售前送审制"和"统一批销制",规定批发单位批发书刊、音像制品,必须经管理部门审验并签发审验证后方可上架销售,批发单位向零售单位批发,必须出具市新闻出版局统一印制的批销单并加盖本单位的公章。5.按照《行政处罚法》的规定,进一步完善了《戒酒令》、《办案人员回避制度》,同时对"扫黄打非"案件的受理、调查取证、提出处罚意见和作出处罚决定等都有明确的规定，使其各个环节相互制约。

1月，市新闻出版局被市委、市政府评为青岛市精神文明建设先进局和全市社会治安综合治理先进集体。9月，市“扫黄打非”工作领导小组办公室被山东省“扫黄打非”领导小组评为全省“扫黄打非”先进单位；市委副书记张旭升在全省“扫黄打非”工作表彰电视电话会议上作了题为《标本兼治，治本为主》的典型发言。

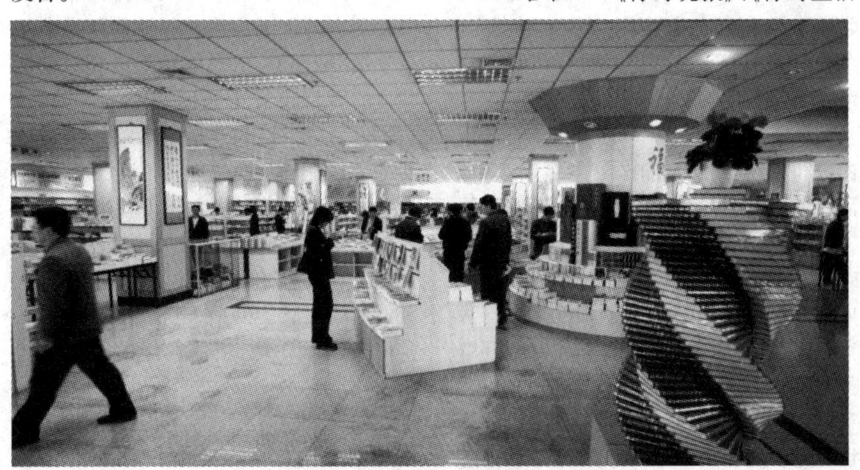

岛城书城大厅一瞥　（隋以进/摄）

版权管理

利用青岛软件业大环境框架初现的优势，适时建立青岛版权事务所，以适应即将加入WTO的需要。向企业进行《著作权法》宣传，与之建立长期联系，鼓励企业维护自己的合法权益，积极进行作品登记。全年共办理各类作品登记25件，计算机软件登记1件，数量占全省之首。制定了《关于重申报刊转载、摘编作品和作品报酬收转有关规定的重要通知》、《青岛市报纸、期刊执行〈著作权法〉年检审核标准》等文件，并制定了详细的登记备案等相关制度，进一步保护了著作权人的合法权益。开展《著作权法》的宣传普及工作，着手创办《版权保护高层论坛》，为党政机关、律师事务所、政府工作部门和知名企业进一步提供服务。

（宋进义）

·报　　业·

青岛日报社管理等工作

组织建设　3月24日，市委调整了报社领导班子，谭泽任社党委书记、总编辑。自7月21日至9月底，报社进行了“三讲”教育活动。年内，报社成立了编辑委员会、经营管理委员会及财务中心；55岁以上的中层干部退出领导岗位，拿出部分中层干部岗位，在全社范围进行竞争上岗；调换了《青岛晚报》、《青岛生活导报》编辑部负责人；重新聘任了中层干部；各部门内部进行了双向选择，优化组合；推出了该社《改革与发展五年规划纲要》。

经营管理　《青岛晚报》、《青岛生活导报》均自5月8日起扩版，分别扩为20版和24版（周日20版）。10月9日，《老年生活报》划归青岛日报社主管、主办，该社形成了四报两刊一个网站的格局。全年各项经营总收入达2.47亿元，其中广告收入达到1.6亿元，比上年（下同）增长9%；国有固定资产总额达到2.68亿元，净增1.69亿元，增幅为165%；上缴税收2 735万元。自7月1日起，《青岛晚报》、《生活导报》零售价格均由每份3角提到4角，发行量稳定在预期水平上。报社新办公楼（建筑面积达2万平方米）投入使用，其“阳光大厅”成为本市又一高雅艺术演出场所。报社综合业务信息管理系统获中国报协2000年度技术进步一等奖。

对外交往　年内，派多人次出国访问；接待了澳门新闻界高层人士访问团，以及罗马尼亚新闻代表团、日本山口新闻社社长小川一之等多批国外新闻界客人，进行了广泛的业务交流。

其他　经国际棋联确认，青岛日报社国际象棋队队员赵雪成为中国第九位也是最年轻的女子国际象棋特级大师。她是继卜祥志之后，该社国际象棋队培养的又一名国际象棋特级大师。该社出资赞助青岛市京剧院复排大型京剧《智取威虎山》，演出大获成功。

青岛日报社宣传报道工作

《青岛日报》编辑部按照上级要求，积极做好新闻宣传，体现党报的权威性。1.推动国企改革进程。推出了“国企调查：决战年特别报道”。2.总结“九五”成果展望“十五”前景。推出了“变化在你身边——世纪之交看小康”；宣传中共中央十五届五中全会精神，推出了“贯彻五中全会精神”、“新世纪、新青岛、新发展——十五大家谈”等系列报道。3.报道宣传重大活动。在纪念抗美援朝50周年、创建国家环保模范城市、青岛国际啤酒节、青洽会、2000年世界华人论坛等重大活动中营造了良好的舆论氛围。4.宣传典型人物。推出的《追忆水清沟第十居委会主任陈秀英》报道，在全市引起了强烈反响，市委书记张惠来作了批示，号召全市人民学习。5.推出“奥运特刊”。在全市独家派遣记者采访悉尼奥运会。6.宣传西部大开发。派记者参加了中国百名青年记者西部行活动。7.宣传改革开放。继续在香港和海外友好合作媒体上开辟“青岛新闻”专版，宣传青岛改革开放成果；京、沪、深三地记者站继续传递当地改革开放的经验和信息。

年内，《青岛日报》、《青岛晚报》、《青岛生活导报》分别参与组织的“人人捐献一点绿，西部建片青岛林”、“志愿向导”和“爱心助孤行动”、“血源公告——市民献血的时刻表”等4项活动入选青岛市2000年度精神文明“十件好事”；《青岛晚报》记者采写的《撒谎还是好孩子吗》获1999年度全国晚报新闻奖一等奖。《青岛画报》、《读报参考》继续发挥了特色和优势。

（张黎民　于　雷）

·出　　版·

青岛出版社

2000年，共出版政治、经济、科学技术、文化教育、文学艺术、少年儿童、对外宣传和旅游、美术等门类图书及电子读物208种，重印书390种（平均日出书1.6种）；出版与图书配套的录音带19种；全年发行图书2 642万册。还出版、发行《小葵花》、《红蕾》、《少年电脑世界》月刊433万册；出版、发行《通俗文艺报》（8月从周三报改为日报)520万份。书报刊总码洋达1.26亿元。

年内,推出了国家“九五”重点图书《中国高等植物》(第三、四卷)、《中华饮食文库——中华药膳大典》;出版了《世纪之诺——情系民心话棚改》、《黄河三角洲生物多样性研究》、《卫生学大辞典》、《珍爱生命,防毒拒毒》、《青岛市市民环境保护手册》、《绿色生活手册》、《蔬菜盘穴育苗技术》、《主要蔬菜良种选育与采种技术》、《希望之星》、《中国当代雕塑邀请展作品集》、《艺术恒言卷》、《事业感言卷》、“野菊文丛”(第三集《山外青山》)、《文史杂论》、《东边日出西边雨》、《驻守边缘》、《重回罗马》、《午夜翻书》)、《创造充满活力的用人机制》等。

全年共有31种(套)优秀图书在省级以上评选中获奖37个。其中,《共和国图典》获第十二届中国图书奖和第十四届华东地区优秀哲学社会科学图书一等奖、第十三届全国城市出版社优秀图书一等奖、第十五届北方15省市自治区哲学社会科学优秀图书奖,并被列为2000年青岛市十大文化新闻;《最年轻的科学:观察医学的札记》(柳叶刀译丛)被评为全国科学家推介的20世纪科普佳作;《香港澳门百科大典》和《脑力训练》、“20世纪国别文学史”分获第十四届华东地区优秀哲学社会科学图书一等奖和二等奖;《邓小平党的建设理论与实践》、《张学良大传》、《友谊铭言卷》、《现代旅游学》获第15届北方15省市自治区哲学社会科学优秀图书奖;《巴黎现代中国书法艺术大展作品集》、“中学生书系”获第十三届全国城市出版社优秀图书一等奖;《张秋生童话精选》和《黄河三角洲生物多样性研究》、《全国计算机考试(少年NIT)指定教材》获第六届山东省优秀图书编辑一等奖和二等奖。《少年电脑世界》月刊被评为山东省科技期刊优秀级期刊,《小葵花》、《红蕾》分别获得全国综合性期刊“金杯奖”等9个单项奖。

在2000年度全国图书印装质量检查评比中,青岛出版社按规定送检的522种图书全部合格,并获银奖,位居全国574家出版社图书印装质量第7位。

(宋进义)

·广播电视·

广播电视宣传工作

重大主题和重大活动宣传 组织了中央思想政治工作会议,中共青岛市第八次代表大会,市人大、政协“两会”,国企改革三年脱困,西部大开发战略,“双思教育”,“三个代表”的重要思想,改进和加强思想政治工作,“三讲”教育,以及争创“全国环境保护模范城市”、青岛国际啤酒节、青岛国际海洋节、世界华人论坛等宣传。青岛人民广播电台组织的长达12小时的“迎接新千年”三频道大型联播节目和青岛电视台组织的连续16个小时的“新千年大型直播节目”,在全市引起热烈反响。

经济建设和精神文明宣传 青岛电视台和市经委联合制作了“财智对话”谈话节目和《西进》、《名牌企业跨世纪》、《庄严的承诺》等电视专题片;与市文明办联合推出3期“对话特别节目”;与中央电视台成功地举办了中华网杯全国大专辩论会青岛赛区比赛。青岛电台开辟了“开创‘十五’伟业实现跨越式发展”、“昂起新千年的龙头”、“情系西部”等栏目。先后同青海、包头等电视台联合进行了异地对播。广播、电视两台突出宣传了本市改进和加强思想政治工作的几批典型和“文明——从我做起”活动。《青岛广播电视报》开展征集新民谣活动,社会效益良好。

对外宣传 全年在中央人民广播电台发稿120多篇,列全国同等城市第1位;在中央电视台发稿180多条,列全国同等城市第2位。在澳门成功地举办了青岛电视节。在澳广视电视台播出节目600多分钟,在美国斯科拉电视网播出节目80分钟。还与香港亚洲电视台签署建立友好合作协议书,在香港举办青岛电视周。

推出精品 全年有50多件(次)广播电视作品获省级一等奖、全国二等奖以上奖励。青岛电视台的《青岛名牌战略——走向国际化的海尔》获第十届“中国新闻奖”一等奖,为本年度山东省新闻系统获奖档次最高的单位。青岛人民广播电台的新闻作品《红星西进之后》获“中国新闻奖”二等奖和中国广播奖一等奖。至此,青岛广播新闻作品已连续6年获中国广播奖一等奖。青岛电视台建立了中国第一个电视台少儿网站“PC小虎乐园”,获“慕尼黑国际儿童网站评比”提名奖。

电视剧、广播剧创作 青岛电视台摄制了反映农村改革和农民生活的20集电视剧《庄户人是天》,反映都市市民生活的20集电视系列轻喜剧《出租老外》以及和北京电视台合拍的反映希望工程的20集电视剧《太阳不落山》。青岛人民广播电台制作播出了单本儿童广播剧《森林里的故事》和3集广播连续剧《大桥耸立》。

广播电视节目和《青岛广播电视报》改版 强化了新闻的主导地位,加大了节目形态的创新力度。各类节目力求贴近生活、贴近群众,总体质量提高。电视节目的观众市场份额比上年提高21%。《青岛广播电视报》扩版到24版,增强了新闻性、服务性、娱乐性和可读性。

广通网站建成并投入试运行 青岛广播电视的新闻通过互联网向全世界进行网上直播和网上随时点播,外宣工作有了质的飞跃。广播、电视、报纸和网站实行多媒体联动,整体宣传优势得以初步发挥。

广播电视技术事业建设

村村通广播电视 圆满完成了村村通广播电视的工作目标,经省广播电视局验收,达到全省先进水平。

技术管理 广播电台录、播全部实现了计算机网络化。电视10讯道数字转播车、卫星转播车和计算机虚拟演播室投入运行。新建的广播、电视节目磁带库投入使用。建成遥测遥控无人值班有线电视机房,多媒体业务、数据传输互联网接入业务取得了新的发展。瑞纳花园智能化小区设计方案荣获“'2000全国精品智能社区设计方案”金奖。市内新安装有线电视用户5.3万户。广播交通频道于2月28日正式开播,完成了天馈线改造、新设备安装调试等技术工作。完成了广播新闻、经济、文艺台扩大功率任务,扩大了覆盖范围,提高了收听质量。运用自己研制的调频同步广播设备,建成青岛高科技工业园交通频道转播台,解决了该地区因山阻挡听不好广播的问题。

安全播出工作 在全省安全播出工作检查评比中,青岛市广播电视局被评为全省安全播出工作管理先进单位,电视发射台被评为全省电视发射安全播出第1名。

灯光改造工程 投资参与改造的本市灯光改造工程重点之一的电视塔和广

电中心的艺术灯光亮化工程顺利完成。

科研工作 研制开发的“ZHL618系列调频同步广播发射机”通过省级新产品鉴定,并进入市场;地铁专用电子时钟系统获北京市科技进步二等奖。

广播电视经营管理体制改革

市广电局加强宣传管理,完善了局编委宣传例会制度,加强了宣传导向、宣传质量管理。通过同有关部门的联合执法,加强社会行业管理,加大了对卫星电视接收设施等管理力度。

青岛电视台改革自办节目思路,精减了40%自办栏目,集中力量精办节目。实行节目制作体制多元化改革和无级别制片人试点,组建了股份制的影视制作公司和以节目主持人命名的节目工作室。改革电视广告多年来无线、有线分头经营的体制,实行集中统一管理。

公文处理步入规范化轨道。通过对全局各二级财务核算单位委派主管会计,强化了会计监督。建成全局财务计算机网络,完善了资产管理,加大了对往来款项清理力度。对各经营性公司进行了经济效益审计。市广电局被评为全国广播电视系统年鉴工作先进单位。

(冷 松)

卫 生 · 体 育

·卫 生·

“九五”及2000年概况

“九五”时期,全市卫生事业得到较快发展。人均期望寿命达到72.2岁、孕产妇死亡率控制在13.19/10万、婴儿死亡率控制在7.36‰。这些主要指标已居全省和全国前列,有的已接近或达到世界中等发达国家的先进水平。

“九五”时期,全市各级各类医疗、预防、保健机构得到进一步发展。到2000年底,全市有各类卫生事业机构2 911个。其中,医院231所(县以上医院102所,乡镇卫生院129所)疗养院、所27所,门诊部、诊所、医务室、卫生保健所2 601所,专科防治所、站15所,卫生防疫机构18所,妇幼保健机构9所,药品检验机构7所,高等医学教育机构1所,中等医学教育机构5所,其他卫生机构4所。村级卫生组织5 163个。共有医疗床位2.44万张,比1995年减少890张,平均每千人拥有医疗床位3.486张;共有卫生从业人员40 022人,比1995年增加了1 641人,其中:医生14 860人、护士10 297人、乡村医生8 002人、卫生员366人,医护比例为1:0.693。全市卫生固定资产总价值由1995年的4.18亿万元增加到2000年底的14.54亿元。

2000年,青岛市共有疗养院27处,其中中央各部委驻青疗养院9处;山东省驻青疗养院1处;部队驻青疗养院5处;市级疗养院2处;厂企疗养院8处;其他2处。床位5 894张。在全市已经形成了医疗康复的网络,对腰腿痛、皮肤病及各种慢性疾病的治疗有独到之处,并且有比较全面的康复方案。

卫生改革

区域卫生规划 “九五”期间,通过关、停、并、转、迁等措施,共对全市53家医疗卫生机构进行了重新调整和优化配置,组建了“市立”、“海慈”2个医疗集团,市疾病控制中心、妇女儿童医疗保健中心2个预防保健中心,以及以防治结核病为主的市胸科医院。市属卫生机构由原来的29个减至23个,人员编制减少1 067人,减编率为10.3%,行政后勤科室平均减少20%,中层干部职数平均减少30%。

副市长臧爱民(中)看望参加医疗咨询活动的义务人员 (曲慧光/摄)

城市社区卫生服务体系建设 到2000年,以“大病进医院、小病在社区”为标志的医疗服务新模式在全市初步建立。全市第一批共121名全科医生通过培训获得上岗证书,市南区46个全科诊所正式挂牌营业,一批与社区医疗服务相关的社区医疗诊断中心、康复中心、照料中心和老年护理中心也开始在市内四区建设。市卫生局借鉴荷兰社区卫生服务先进经验,制定了《青岛市发展社区卫生服务实施意见》,出台了《青岛市开展社区卫生服务试点方案》及有关配套文件;6月,青岛与荷兰社区卫生服务合作项目在四方区和市南区正式启动。其他区、市的社区卫生服务工作也已展开。

卫生监督与疾病控制体制改革 1999年6月3日,组建了市卫生局卫生监督所和市疾病控制中心;2000年8月17日,市卫生局卫生监督所正式挂牌成立,实现了市级疾病控制和卫生监督职能的分离。

2000年,制定了《青岛市卫生监督暨疾病控制体制改革的意见》,进一步理顺卫生监督和疾病控制关系,完善运行机制;制定了《卫生综合执法管理办法》,修订完善了卫生监督所40多个内部规章制度,调整充实了医疗机构等执法队伍;初步开展了包括公共卫生、疾病控制、医疗机构、妇幼保健、中医、献血等内容的综合执法,使市卫生局由"办卫生"向"管卫生"职能转变。各市、区卫生监督和疾病控制体制改革也积极稳妥地进行。上述做法被卫生部称为"青岛模式"并在全国推广,得到全国同行认可。

"总量控制、结构调整"改革 自1996年开始,全市医疗机构开展了以控制医药费用增长幅度和降低药品费用比例。到2000年底,全市医药费用年增长幅度由1995年的44%降至10%;药品费用占医药费用的比重由64%降至52%。"九五"期间,全市医疗机构通过"总控"改革,共为社会节省医药费用5亿多元。药品集中指标采购工作走在全国前列。从1999年8月开始,在全省率先开展了药品集中招标采购工作。到2000年底,在市直单位共举行药品集中采购洽谈会60次,签订购药协议金额3.67亿元;药品集中采购价格平均下降了9个百分点,节省购药资金7100万元;医院向社会进行药品让利7000多万元。

卫生机构内部运行机制改革 1996年以来,全市卫生系统对卫生干部管理体制、人事分配体制、内部经济管理体制以及后勤服务制度等进行了大胆改革。"九五"期间,全市市直医疗卫生单位院级干部总职数减少16%;选拔任用青年干部48名;有14名干部被解聘或免职,3名干部辞职,2名干部降职使用。到2000年底,各级卫生干部全部实行了聘任制和任期目标责任制。在全国率先建立了卫生人才市场,实行档案托管和人事代理;在市直属卫生单位全部实行了全员劳动合同制和岗位聘任制。2000年,制定出台了《关于深化卫生事业单位分配制度改革试行方案》及相关配套文件,实行档案工资与实际工资相分离模式,积极探索和实践生产要素参与分配的方式;3月,成立"青岛市卫生局天使陪护中心";下发了《青岛市卫生局直属单位下岗人员托管暂行办法》;11月12日,卫生部人才交流服务中心青岛中心在市卫生人才市场挂牌成立,在全国卫生行业属首家地方人才交流服务中心。

医院后勤服务社会化改革 2000年,制定出台了《青岛市卫生后勤改革实施意见》。各医疗机构都相继成立了后勤改革领导小组,研究制定了本单位的后勤改革方案、措施。市第八人民医院在全市卫生系统率先实行医院保洁工作对社会公开招标;市胸科医院成立了院内物业管理公司,对院内后勤服务按市场价收费。

医药卫生体制改革成果 2000年9月,在全国首家出台了贯彻实施国务院八部委《关于医药卫生体制改革的指导意见》的实施意见和15个深化医药卫生体制改革配套文件,在全市全面展开了各项卫生体制改革。年内,在青召开的全国和全省医疗保险制度、医药卫生体制、药品流通体制三项制度改革会议上,本市作了卫生体制改革经验介绍,并被推广,卫生部、省政府分别确定本市为全国唯一区域卫生规划和卫生工作全行业管理试点城市、全省唯一医药卫生体制综合改革试点城市。

农村卫生

"九五"期间,市郊五市三区结合各自实际对农村卫生体制改革进行了许多有益的探索,形成了多形式、多经济成分举办乡镇医疗机构的格局。胶南、平度等市积极推行"乡村一体化"管理;莱西市将乡镇卫生院防保和医疗职能分离,设立了乡镇卫生监督与预防保健所,并对部分乡镇医院实行了合资、合作办医,加快了乡镇卫生院的发展。开展了以乡镇为单位的农村初级卫生保健工作,保持了全省先进水平。到2000年,全市97%以上的乡镇卫生院实现了"一无三配套",33处中心卫生院全部完成了改貌任务,农村卫生"三项基本建设"完成100%。全市农村100%的市(区)级医疗机构(含中医医疗机构)达到二级甲等医院标准;56%的乡镇卫生院达到一级甲等医院标准;农村卫生室覆盖率达到100%。45岁以下乡村医生接受系统化、正规化业务培训率达到100%。农村合作医疗制度得到进一步发展和完善。2000年,制定了《青岛市农村区域卫生规划》,对农村医疗卫生机构布局、规模和功能继续进行调整。

预防保健

"九五"期间,全市主要传染病发病率得到有效控制。到2000年底,乙类传染病报告发病率为126.61/10万,在全省保持先进水平;全市80%以上的计划免疫门诊达到规范化门诊标准,儿童"四苗"及时全程免疫率达到99.33%,乙肝疫苗接种率达到98.89%;全市已连续10年无脊髓灰质炎病人发生,被评为全省消灭脊灰优秀城市;居民合格碘盐普及率达到95%以上;医院污水和医疗污物无害化处理率已达到国家规定标准。启动了社区慢病防治试点,开始对危害全市居民健康的慢性非传染疾病进行干预。疾病控制工作跨入全国先进行列。

2000年,全市乙类传染病发病人数下降14.36%,流行性出血热发病人数下降27.49%;接种门诊规范化达标达到95%以上。将风疹疫苗纳入计划免疫管理,保障了儿童身体健康;圆满地完成了全国第四次结核病流调任务;顺利实现消除碘缺乏病阶段性目标;开展了以高血压干预为主线的慢病社区防治干预工作;制定了《青岛市慢病中长期防治规划》。

妇幼保健

"九五"期间,全市12个市、区的妇幼保健机构均达到"一级甲等妇幼保健院(所)"标准,市妇幼保健院达到三级甲等妇幼保健院标准。已有155所医院通过国家级爱婴医院评估,创建爱婴医院工作跨入全省先进行列;12个市、区全部通过爱婴市、区评估,全市通过省级评估,成为全国首批爱婴市之一,并跨入全国先进行列。到2000年底,全市基层妇幼卫生人员培训率达到95.6%,孕产妇系统管理率达到94.25%,7岁以下儿童保健覆盖率达到90.82%,3岁以下儿童系统管理率达到82.77%,孕产妇死亡率和婴儿死亡率指标以及新生儿疾病筛查工作已达到全国领先水平。

2000年,制定了基层妇幼人员新知识培训计划,组织撰写了培训教材,成立了培训师资队伍;开展了妇幼卫生下乡活动,巡回对基层1131名妇幼人员进行了培训,合格率为100%。实行了妇幼卫生业务人员持证上岗制度。3月,全省妇幼卫生检查团对全市妇幼卫生工作进行了全面检查,本市妇幼卫生工作所得总分名列全省第一。

爱国卫生

"九五"期间,在全市城乡开展了环境卫生整治,健康教育,除四害,创建卫生先进单位、卫生村镇、卫生模范村镇,农村改水、改厕和卫生月等爱国卫生活动,提高了城市卫生整体水平和居民的卫生意识。保持了"全国灭鼠、灭蟑、灭蝇先进城市(区)"称号,有1个县级市获"国家卫生城市"称号,4个县级市获"省级卫生城市"称号,1996年青岛市获得"国家卫生城市"称号。农村卫生改水、改厕工作成效显著,农村改水受益人口已占农村总人口的98.53%,其中自来水普及率达到77.23%;农村改厕占农村总人口的54.16%。

2000年,组织开展了第12个爱国卫生月活动,重点整治了城乡环境卫生。开展了创建省、市级卫生先进单位活动,全市共创建省级卫生先进单位88个,市级先进单位200个,单位卫生整治率达到95%,巩固了创建国家卫生城市成果。开展了除害防病工作,重点抓了春冬两季灭鼠工作。继续开展创建卫生村镇和卫生模范村镇活动。

无偿献血

1996年5月8日,《青岛市公民义务献血条例》正式实施,当年全市共有20953人次参加无偿献血;1998年底,全市公民无偿献血达到7.3万人次,献血量占临床用血总量的100%,名列全国首位,跨入全国无偿献血金质奖章城市行列。到2000年底,全市公民无偿献血达到89030人次,献血量达到17709.64升,医疗机构成分输血使用率三级医院达到104%,二级医院达到95%,成份输血工作跨入全国先进行列。

2000年,加大对采供血机构采供血和医疗机构合理用血的监督管理力度,制定下发了《关于加强我市血液质量管理的通知》和《青岛市医疗机构合理用血标准》,成立了"青岛市血液质量监督委员会"和"青岛市临床合理用血指导专家组",建立了各级医疗机构血液管理组织机构,举办了全市范围内的临床合理用血培训班。积极推行临床科学合理用血,并将成份输血工作列入医疗机构考核目标,实行一票否决。

中医事业

1997年底,全市县级以上中医机构100%达到二级甲等或三级甲等医院标准,中医医院分级管理工作跨入全省先进行列。1999年,《青岛市中医事业可持续发展计划——橘井计划》正式实施,评选出"青岛市十大中医特色专科"和18个国医示范门诊;市中医医院和市第二人民医院合并组建了海慈医院,全市开始探索现代化中医医院建设和中医可持续发展的路子。农村县、乡、村三级中医医疗预防保健网络基本形成。到2000年底,全市有县级以上中医医疗机构9处,从事中医药人员达到1714人。中医医疗机构病床数达到2129张。2000年,组织开展了首届青岛市国医示范门诊评选工作。上半年,全国第二批老中医药专家学术经验继承工作顺利完成,全市有3名学术继承人以优异成绩通过了考核。黄岛区创建全国农村中医工作先进县(区),顺利通过了国家中医药管理局组织的评审验收,成为全市第一个全国农村中医工作先进县(区)。积极开展了中医下乡支农工作,发挥了中医传、帮、带作用。

科教兴医

"九五"期间,全市卫生科技投入不断加大,到1998年,全市用于医学科学发展的经费达到每年5000万元以上,其中市卫生局将科教兴医经费增加到每年1000万元,主要用于人才培养引进、重点学科建设和科研基地建设。全市3所中等卫生专业学校共培养中专生6000余人。到2000年底,市直各医疗卫生单位已引进博士30名、硕士100多名,全市有20余名卫生科技人员成为市级以上技术拔尖人才;已建有医院办医学科研机构19所,市级重点学科11个,特色专科22个,特色项目10个;共获得医学科技成果157项,其中一批科研成果达到国内、国际先进水平。

2000年,全市重点学科、特色专科和特色项目建设及人才培养与引进工作得到进一步加强。制定了学科带头人和业务骨干短期外派培训计划,用于人才培训经费达200万元。建立了青岛市卫生系统102名高层次人才库,全年引进高层次人才30名。制定下发了《青岛市卫生优秀青年人才培养计划》和《领导干部教育培训三年规划》,正式启动基层领导干部管理培训工作,建立了卫生管理干部持证上岗制度,不断做好管理干部上岗前培训和上岗后轮训工作。市卫生局被市委、市政府授予"全市人才工作先进单位"称号。制定了《青岛市住院医师规范化培训试行办法》和《青岛市临床住院医师规范化培训考核细则》。市疾病控制中心与北京大学公共卫生学院联合建立了教学科研基地,并成立了社会医学与卫生管理研究生培训班。全市共有39项(其中,中医5项)科技成果分别获得市科技进步一、二、三等奖,并达到国内先进或领先水平。市疾控中心实验室顺利通过了中国实验室国家认可委员会组织的"国家认可实验室"验收,成为全国卫生系统第三家通过认证单位。

依法行政工作

"九五"期间,全市卫生工作逐步由行政管理走上依法管理轨道。出台并实施了《青岛市公民义务献血条例》、《青岛市市区公共场所禁止吸烟规定》、《爱国卫生工作规定》和《青岛市实施〈中华人民共和国食品卫生法〉办法》、《青岛市实施《中华人民共和国传染病防治法〉办法》等地方法规和规章。全市卫生综合执法体系初步建立,卫生执法队伍不断壮大。

2000年,制定了《青岛市卫生局"十五"立法规划》、《2000年地方性法规立法计划》和《青岛市卫生局行政复议管理办法(试行)》。组织了执业医师和执业护士资格考试工作;组织执法队伍多次清理整顿医疗市场,特别是性病诊疗市场,依法取缔8家性病诊疗机构,捣毁非法性病诊治窝点1处;清理整顿医疗气功,共查出4处非法涉医气功机构;查处擅自刊登非法医疗广告的医疗机构及打着"免费查体"旗号进行卖药的药商,净化全市医药市场。

对外交流与合作

"九五"时期,全市卫生领域积极开展国际交流与合作,分别与美国、英国、法国、荷兰等国家和香港正式签订了政府间的友好合作协议。市卫生局及市直各单位共有165个团组、398人次赴24个国家和地区进行友好访问和技术交流;完成技术劳务外派85人,其中派出奥地利劳务护士59人、新加坡劳务护士

11人、新加坡研修护士6人、援坦桑尼亚医生7人、援沙特阿拉伯医生2人。2000年6月,正式启动了中国—荷兰青岛城市卫生服务体系改革合作项目。

2000年,共有43个团组、106人次,分别赴美国、德国、韩国、荷兰等十几个国家和地区进行学术交流和洽谈合作项目。选派了21名护士赴新加坡进行劳务输出。成功地举办了'2000山东·青岛国际微笑行动活动,加强了青岛市与国外的卫生技术交流与合作。

基本建设

"九五"期间,新建了市疾病控制中心大楼、市卫生监督所、市精神卫生中心门诊病房大楼等建设项目,完成基建投资1亿多元,新建业务用房约4.5万平方米。

2000年,被列入市政府12件实事之一、办公楼建筑面积4000平方米的市急救中心迁(扩)建工程,于9月底正式开工建设,年底已完成主体工程;自筹资金500万元,顺利完成市医学会搬迁任务,其硬件设施水平在全国同类城市中居一流水平;投资300万元建设青岛卫生信息中心;市中心血站二期工程于年底完工;原市妇幼保健院翻建工程已完成规划定点和单体设计工作;市东部医院改造一期工程已完成立项工作。

精神文明建设

"九五"期间,全市卫生系统加强精神文明建设,开展创建文明单位、文明行业活动,在全省同行业率先制定了《卫生文明行业标准》、《卫生系统创建文明行业实施方案》和《创建文明行业年度实施意见》。开展了卫生系统文明单位、精神文明建设"十件好事"、"著名好医生"、"优秀护士"、"百佳医务工作者"等评选活动。先后推出了"急救绿色生命安全通道"、"医患道德双向承诺"、"扶贫病房"、"创服务名牌"等举措。

1999年,市卫生局被中央精神文明建设指导委员会命名为"全国精神文明建设先进单位";2000年,被山东省卫生厅命名为创建文明行业活动先进集体。

(李传荣　任福荣)

市红十字会

募捐救助工作　按照市红十字会五届六次常务理事会的决定,市红十字会年初制定了募捐救助工作计划,并积极组织实施。4月上旬,组织各市、区红十字会专干赴国内募捐工作开展较好的深圳、中山、厦门等地进行了实地考察,同时就国内外其他城市的募捐工作进行了函调和网上查询,形成了较为详尽的调研报告并下发有关单位,做好宣传动员。与《青岛生活导报》编辑部、青岛大学医学院附属医院、胶南市红十字会共同对无耳少年李进月进行了双耳再造救助,在全市引起较大反响,不仅为无耳少年募到足够的医药费,并引发了对另一少年冯战湖的救助;对城阳区烧伤少女刘莎莎、青岛第五十八中学患白血病的杨婧同学也进行了救助。在公交车上刊登5条社会公益广告,宣传扶贫济困、无偿献血等工作,推动募捐活动。组织策划了在全市12个区市同时开展"5.8"世界红十字日宣传活动,制作了大量的宣传资料和横幅,培训了一批大学生会员,并首次尝试进行募捐义卖、义诊、义演、义修活动。统一制作了一批募捐箱,通过各区红十字会在市内大型商场、酒店放置;制定了《红十字募捐箱管理规定》并下发有关单位,加强了宣传和管理。

初级救护培训工作　对培训授课教师进行专业培训,并统一规范教材,进一步提高师资水平和业务能力。陆续在大学生、外企、酒店中开展救护培训,共培训学员5000余人次,取得了良好的社会效果。8月,与市交警支队共同举办交警初级救护员培训班,经过2天学习,首批学员150人经考试合格,取得初级救护员证。与市建委共同举办第二届建筑工地职工全员安全生产意识培训,共有2000余名建筑工人参加了为时2个多月的学习。

遗体(器官)捐献管理　根据市民需求和医疗界的实际需要,市红十字会进行了遗体(器官)捐献管理规定的调研和起草工作;并与市政府法制局多次邀请专家,召开座谈会,广泛征求意见,经多次进行修改,有关规定草案已报市政府审批。年内,还为50余位市民办理了捐献登记手续。

无偿献血工作　与市教委有关部门合作,举办大学生、中小学生卫生教师培训班,普及献血知识;举办全市大学生演讲比赛和各类现场宣传活动,并在9月份举办全市纪念《献血法》大型宣传活动。6月,全市无偿献血者协会第三次年会召开,总结了年度工作,评选了先进会员;10月,协会理事会召开,部署下一步工作。年内,青岛大学师范学院无偿献血者分会等多个分会正式成立,会员100余人。献血者协会在福利彩票销售点建立了2个爱心献血屋,在彩民中开展献血活动。7月,全市第五届无偿献血表彰会召开,表彰1999年在无偿献血工作中做出突出成绩的先进集体和先进个人。共表彰了70个无偿献血先进集体、7个无偿献血先进公益单位和1056名无偿献血先进个人,其中72人获金杯奖、94人获金质奖、259人获银质奖、631人获铜质奖。截止年底,全市累计已有26万余公民参加无偿献血,累计有145人获无偿献血金杯奖、269人获金质奖、644人获银质奖、1707人获铜质奖。获奖人数之多,列全国各大城市之首。全市街头采血量占临床采血总量的76.3%,无偿机采血小板占临术血小板总量的33%;国内首创的扶贫济困血库共收到无偿献血者协会会员和社会各界捐血32万毫升,已用去35246毫升血液,救助了16名特困的危重病人,并被评为1999年十件精神文明好事之一;无偿献血者协会会员万雪芳、李树海被评为十佳文明市民。

高校红十字工作　在募捐救助活动中,青岛大学的红十字会会员自编自演,举办了首次大学生慈善募捐晚会,晚会募集资金2000余元。8月,本市举行第三届大学生夏令营,来自全市12所高校的50余位大学生共同学习会务知识、急救技术和献血知识,交流了经验。11月,市高校红十字演讲比赛在青岛大学举行,10余所高校的大学生参赛。

海峡两岸夏令营活动　筹备举办了海峡两岸夏令营青岛行程活动,受到中国红十字总会和山东省红十字会的表扬;台湾红十字会对此次活动的组织工作给予高度评价。

(于　青)

·体　育·

加入北京申奥行列

在中国政府和全国人民全力支持北京申办2008年奥运会的背景下,青岛市自1999年4月起,逐步筹划、启动和推进了承办2008年奥运会帆船比赛的进程。成立了以市长王家瑞为主任,副市长臧爱民、杨军为副主任的申办奥运帆船比赛筹备委员会。截止2000年底,筹委会先后向北京奥申委上报文字材料6万余字、工程规划及效果图40余张;接待了国际帆联主席保尔·亨德森、国际奥委会执委何振梁、北京奥申委及国家体育总局考察团等4次重要来访和考察,最终于2000年7月25日被北京奥申委正式确定为北京申办2008年奥运会帆船项目比赛候选城市,成为北京申奥伙伴。

10月24～25日,国际帆联副主席戴卫·凯利特(澳大利亚)、技术部主任杰罗姆·佩尔森(荷兰)代表国际帆联对青岛进行了实地考察,对本市良好的城市环境和硬件设施给予了高度评价。11月15日,国际帆联给北京奥申委发来了28个奥运项目中第一份单项认定书:“确认青岛已经具备了提供帆船比赛各种必要设施的能力”。

青岛市各界群众自发组织了形式多样的声援北京申奥活动,其中在全市开展的“相约五环·扬帆青岛”系列活动、“青岛祝福——2008奥运中国”十万市民签名活动,影响较大。

竞技体育

2000年,市体委出台了《关于对青岛市体育后备人才输送奖励实施办法的补充规定》,进一步理顺了训练、输送高水平后备人才的竞争机制;加强对各级业余训练的指导,30处市属业余体校和业余训练单位进行了布局优化,业余训练一条龙的模式已经初见成效;后备人才的交替已走向了良性发展的道路。全市已有全国优秀体育人才后备基地1个、全省优秀体育人才后备基地4个。

加快训练体制改革,继续扩大委托办队规模。年内,新增拳击、乒乓球2个奥运项目俱乐部:青岛啤酒集团每年出资25万元与青岛军体校合办青啤拳击俱乐部;鲁能集团投资80万元与市体委合办鲁能乒乓球俱乐部。加上每年投资60万元的双星羽毛球俱乐部,本市已有3个奥运项目俱乐部。全市利用社会力量承担的竞技体育项目还有:皮划赛艇(莱西)、自行车(自行车俱乐部)、女足(澳柯玛)、武术散手(东方武校)、女篮(平度)、手球(飞鹰手球俱乐部)和网球(超银网球俱乐部)。全年共举办市级以上竞技比赛172次,其中省级及全国以上比赛共9项次,如4月成功地承办了全国柔道锦标赛、8月承办了全国帆船锦标赛等。

在悉尼举行的第二十七届奥运会上,本市共有8名运动员入选中国奥运体育代表团,占山东省入选人数的一半。其中,李淑芳获女子柔道63公斤级银牌,实现了中国奥运史上女子柔道小级别奖牌零的突破;杨劭琦在女子重剑团体赛中,战胜现役世界冠军,为中国女子重剑荣膺团体第三名立下战功;于慧参加射箭女子团体赛,中国射箭队获团体第6名。鉴于培养输送优秀体育后备人才系统工程成绩突出,省委、省政府授予本市第二十七届奥运会突出贡献奖。

年内,本市运动员参加省级以上各类比赛共获金牌168.5枚、银牌92枚、铜牌98枚。其中,在山东省级比赛中获金牌116.5枚、银牌62枚、铜牌64枚;在全国比赛中获金牌45枚、银牌28枚、铜牌32枚;在亚洲级比赛中获金牌4枚;在世界级比赛中获金牌3枚、银牌2枚、铜牌1枚。市体委被山东省体育局授予2000

在青岛举行的帆板比赛 (隋以进/摄)

年山东省体育事业突出贡献奖。

足球

成功地举行首届"红领青岛足协杯"赛,恢复本市成人业余足球升降级制度;分2期进行了C级足球教练员岗位培训,参训的50名学员全部通过合格考试。市足协完成了900余名职业和业余足球运动员的注册工作,规范了青少年足球训练比赛和业余俱乐部的管理;组建了省运会项目男、女足球队伍,并通过"希望杯"的比赛均获初步参赛资格。坚持以赛促训,先后组织了"可口可乐——市长杯"、"家梁杯"、"肯得基杯"和首届青岛市U—9、U—11、U—13等系列赛事,承办了"八一杯"、"金龙杯"、"海之情杯"、"舒美杯"等全国青少年邀请赛和全国普及系列U—18足球赛东区复赛,促进了全市足球训练水平的提高。

颐中海牛足球队在全国足球甲A联赛中,以6胜11平、9负积29分,列2000年甲A联赛的第11名而保组成功。南斯拉夫籍主教练奥斯托杰奇率队打完第18轮后,因球队成绩不佳,于7月21日被俱乐部解聘;领队国作金接任主教练一职。

群众体育

2000年是国家颁布实施《全民健身计划纲要》第一期工程的最后一年。本市有2个街道办事处达到全国先进标准,11个街道办事处达到了省级先进标准,10个街道办事处达到市级标准;胶南市成为全国体育先进县(市),本市成为全国唯一的所属县级市全部跨入全国体育先进市(县)行列的城市。

建立健全了县(市)级全民健身指导站322个、活动点1 326个、各类协会70个、乡镇体协231个,初步形成了农村全民健身活动网络;市区建成了四方健身广场,创建了10个市级先进体育社区,建设了101条全民健身路径,完成了100个健身辅导站的网络建设,培训了1 000余名全民健身辅导员。自7月开始,历时3个多月,在12市、区的20多个检测点对各组别的3 760人进行了详细的体质检测,高质量地完成了国民体质检测任务。

全年共组织全市性群体活动20余项。其中,较大型活动有:元旦畅游汇泉湾活动,贺千岁青岛—济南民俗体育对抗赛、2000年青岛市小学生运动会、"皇室扭一扭果冻杯"青少年健身体育节和山东省全民健身跳绳大赛、中国青岛海洋节青岛市全民健身万人横渡汇泉湾活动等。举办了山东省暨青岛市全民健身宣传月活动的启动仪式,来自全市的37个单项体育协会、70多个体育俱乐部的约5 000人参加了表演、展示及宣传活动,山东省副省长邵桂芳等省、市领导出席启动仪式,山东电视台进行了现场采访报道。召开了青岛市首届农民运动会,12个市、区及5个农口系统的24支代表队682人参赛。

体育设施

年内,完成了市南区珠海路办事处、市北区登州路办事处、四方区开平路办事处等3个工程点的建设,建成健身路径100条。筹建了位于四方区的市健身广场,并设置了田径场、网球场、溜冰场和健身路径等体育设施,成为了周边地区居民的体育活动中心。完成了市委、市政府办公楼院内全套健身路径的设置安装。为辽宁路管区新上健身路径,在居民稠密的大院安装了健身设施,成为本市又一个跨入全国健身设施先进行列的社区。

市第一体育场改造工程全面启动,其基础工程建设基础已完成,计划于

颐中海牛足球队新冠名青岛啤酒队。图为市领导与该队教练、队员合影。(隋以进/摄)

2001年底工程全部完工。对第一海水浴场实行了统一管理,进行了改造规划。

体育立法和体育社团

对1999年底完成的《青岛市体育市场管理办法》和《青岛市体育竞赛管理办法》修改稿进行了3次大的修改;完成了青岛市体育市场和体育竞赛管理的调研报告,并与9月底分别报送市人大法制办公室和市政府法制局。

5月,青岛市体育社团年度工作会议召开,制定了《青岛市体育总会单位会员管理办法》、《青岛市体育民办非企业单位管理暂行规定》。开展了对气功类组织专项清理工作,走访了莱西、胶南等市、区,制定了健身气功管理的初步工作方案。对足球、乒乓球、网球、健美、游泳、武术等6个项目实行了单项协会委托管理。

年内,主办了青岛市国际钓鱼比赛、海情杯橄榄球邀请赛和青岛市首届飞标公开赛等全市性以上较大型活动100多次,利用社会资金200多万元。受山东省体育总会委托,组织参加了在浙江省宁波市举办的全国体育大会的高尔夫球、体育舞蹈项目比赛。举办了第三届青岛市国际武术锦标赛,25个国家和地区的代表队、150名运动员,以及国内19省市的代表队、170余名运动员参赛。

全市各体育协会培养出一批青少年优秀运动员。乒乓球协会又有2人正式入选国家队,另有3人入选国家集训队;陈天元在"亚洲杯"乒乓球赛上获冠军,张继科获全国业余少年乒乓球总决赛冠军。

(韩惠燕)

劳动和社会保障·人事工作

·劳动和社会保障·

"两个确保"工作

2000年,全市共为27.83万名企业离退休人员按时足额发放养老金19.3亿元,为5.58万名下岗职工按时足额发放基本生活保障费2.21亿元(其中财政和劳动保障部门负担1.87亿元,企业负担3400万元),为享受失业保险待遇的3.84万名失业人员发放失业保险金7719万元,为困难企业职工发放政府救助金1300万元。全市企业离退休人员、下岗职工、失业人员、困难企业职工均得到基本生活保障,维护了社会稳定。

城镇就业工作

全市累计登记城镇失业人员8.77万人,其中上年结转3.71万人,新增5.06万人。多渠道多形式实现就业3.87万人,年末城镇登记失业率3.05%。

下岗职工再就业工作

全市累计进青岛市再就业服务中心(下称"中心")下岗职工5.58万人,其中上年结转1.96万人,新增3.6万人。全年共分流安置下岗职工4万人,其中分流安置和再就业出中心2.14万人,不进中心直接转岗分流1.86万人,实现了分流安置和再就业人数大于新增下岗职工人数的目标。

为了加快下岗职工基本生活保障制度向失业保险制度的转轨,制定出台了变现国有资产和土地出让收益解决"三类企业"富余人员问题的政策措施。对大龄下岗职工,在继续实行退养安置政策的基础上,制定出台了"协保"安置政策。全市大龄下岗职工分流安置和再就业1.33万人,安置率为40.2%,其中退养安置7358人。有求职要求的下岗、失业军嫂以及夫妻双下岗职工基本得到了妥善安置。为鼓励下岗职工自谋职业,全年共为1276名自谋职业下岗职工拨付一次性保障费、扶持金和经济补偿金1644万元。市南区、崂山区、城阳区、黄岛区和即墨、莱西、胶南三市提前实现了下岗职工基本生活保障与失业社会保险的衔接并轨。

劳动力市场建设

继续完善现有的4个职业介绍中心,新建了李沧、四方、市北3处外来劳动力职业介绍分中心。市内4个职业介绍中心、53个街道劳动管理所和五市三区劳动力市场实现了计算机信息网络联通,职业介绍前台全部实现了计算机操作,基本建成了覆盖全市的劳动力市场信息网络。劳动力资源管理实现了全市调控、区市审核、街道管理的新模式,对失业人员的失业登记、职业指导、职业培训、职业介绍、办理就业手续、发放失业救济金等实行全程网络化管理服务。

社会保障体系建设

全市以企业职工养老、失业、医疗、工伤、生育等五项保险为主体,以下岗职工基本生活保障、城镇居民最低生活保障制度和政府困难救助制度为补充的社会保障体系框架已初步形成。五项社会保险应收基金25.48亿元,实际收缴25.4亿元,各项社会保险基金收缴率继续保持较高水平。

养老保险工作

截止年末,全市参加养老保险企业10926户、在职职工79.4万人、离退休人员27.83万人;当期收缴基金19.1亿元,收缴率96.36%;企业新纳入养老保险参保缴费职工11.4万人,扩面征缴基金2.04亿元,清欠8474万元。全市机关事业单位参加养老保险4524户、参保职工12.75万人,其中离退休人员2.44万人;当期收缴基金3.4亿元,收缴率97%。全市11个区(市)、153个乡镇(街道办事处)、5587个行政村,累计85万农民参加了养老保险,当年收缴养老保险基金1551万元。

失业保险工作

失业保险覆盖范围扩大到除国家公务员以外的城镇所有用人单位及其从业人员。到年底,全市参加失业保险职工75.18万人。其中,企业职工65.2万人,收缴失业保险基金1.47亿元;机关事业单位参加失业保险人员11.9万人,参保率72%。其中,市直和市内四区参保单位1126个,参保职工5.29万人,参保率90%。收缴失业保险金3408万元。

医疗保险制度改革

小病自我保障为主、大病社会统筹为主的新型医疗保险制度基本形成。按照国务院"低水平、广覆盖"的医改原则,制定出台了《青岛市城镇职工基本医疗保险暂行规定》以及配套办法,确定了按照在职职工工资总额的10%(单位8%和个人2%)的比例,为参加基本医疗保险的缴费标准,建立了比较完善的医疗保险政策法规体系。自7月1日起,在市内四区原已参加大病统筹的企业单位实施了新的医疗保险制度;10月1日起扩大到自收自支事业和中央、省驻青单位。黄岛区也从9月1日起实施了新的医疗保险制度。年底,全市参加基本医疗保险的单位1.18万个,参保缴费职工95万人,市内四区职工参保率达到91%,基金收缴率达到92.3%,收缴基本医疗保险基金2.06亿元,支出医疗保险费1.95亿元,收支基本平衡。

医疗救助制度进一步落实。为解决新制度实施前困难企业拖欠困难职工的医疗费问题,市财政、劳动保障部门共为市内四区275户困难企业、2.15万名企业职工救助企业拖欠的医疗费6418.9万元,保证了新旧医疗制度的平稳过渡。

劳动工资工作

企业工资收入分配制度改革进程加快,实行了四种不同的工资决定办法,并组织13户企业进行了工资集体协商试点。加强了对企业工资分配的宏观指导,制定发布了2000年企业工资指导线(上线14%、基准线9%、下线4%)和行业工资指导线及企业人工成本参考水平。完善了劳动力市场工资指导价位制度。年内,市内四区发布了249个职位(工种)的指导价位,五市三区发布了411个职位(工种)的指导价位。完善了企业"最低工资保付户"制度,规范了困难企业工资支付行为。全市市、区(市)两级直属企业职工人均货币工资达到7766元,平均增长12.7%,扣除物价因素,实际增长9.4%。

职业技能开发工作

全年共举办下岗职工、失业人员培训班700期,培训下岗职工7352人,结业5244人,通过培训实现再就业3796人,培训后再就业率72.4%;培训失业人员17576人,结业15963人,通过培训实现再就业11629人,培训后就业率73%。举办了第六届工人技能竞赛,有69个工种、4100人参加了职业技能比赛,有414名参赛选手获"青岛市技术能手"称号。全年共对33421人进行了职业技能鉴定,向26963人颁发了职业资格证书。其中,初级745人,中级15014人,高级1057人,岗位证书3441人。评审技师197人,高级技师9人。

全年全市招收技校学生3850名;对26所技工学校、3798名毕业生进行了技术等级考核,合格率90%;为4244名毕业生完成验印和派遣工作。

劳动关系协调工作

加强了对企业劳动合同签定情况的检查工作,共审查签证劳动合同33.7万份,督促2732户企业修订了劳动合同管理标准。进一步完善了集体合同制度,扩大了集体合同制度实施范围。全市实行集体合同的企业2183户,职工43.4万人,初步形成了劳动关系双方自主协商机制。

健全了劳动争议仲裁申诉登记和一步到庭制度,试行了当事人选择仲裁员制度。年内,全市两级劳动仲裁机构受理劳动争议1683件,比上年(下同)增长58.6%。涉及劳动者6134人,增长93.7%;其中受理集体劳动争议案件101起,涉及劳动者4341人,分别增长34.7%和110%。全年审理结案1492件,按期结案率93.5%,为劳动者追回劳动报酬373万元、社会保险费2120.95万元,为用人单位挽回经济损失417.4万元。

劳动监察工作

组织实施了劳动执法年检、社会保险扩面征缴、劳动用工大检查和各种案件专查工作,共检查各类用人单位2万多户次,涉及职工160万人次,下达《劳动监察限期改正书》4030份,督促补办外来用工手续11.4万份,补签劳动合同25.2万份。为劳动者追回劳动报酬827万元。受理各类劳动监察投诉举报案件3914起,立案查处举报案件1643起。取缔非法职业介绍组织103个次,清退非法使用的童工96人。办理行政复议案件12件,举行行政处罚听证会3起。全市对99户违反劳动法律、法规的单位进行了处罚,下达了行政处罚决定书127份;对83户欠费企业申请人民法院强制执行,申请执行标的1.1亿元、滞纳金1.85亿元,追缴各项社会保险欠费1.5亿元。

劳动信访工作

出台实施了劳动保障信访联系人办法,实行了领导包案和信访公开承诺制度。全年共受理职工群众来信来话来访13884起、18679人次,分别上升37.4%和26.2%,一次结服率98.6%。研究解决热点、难点问题27个,解决上访老户问题17个。全年受理集体访225起、3827人次,集体访结案率达到100%。杜绝了到省、进京集体上访事件。

外商投资企业劳动管理服务工作

全年为733家外资企业、47894名职工收缴社会保险基金2.17亿元。办理外国人就业许可证1300人次,就业证3600人次;办理港澳台人员就业证180人次,境外人员在青就业证办理率达到99%以上。为402户外资企业职工代管档案6700份,为317家外资企业、5974名中方职工调整了档案技能工资和岗位工资。为2050家次外资企业、33359人鉴证了劳动合同,纠正不规范合同900多份。为861家次外资企业3927人办理了录用手续。年内举办外资企业招聘洽谈会4次,参加企业720家次,计划招聘6639人次,实际报名35569人次,成交就业4600人,成交率69%。

安全生产工作

年内,全市共发生企业职工伤亡事故50起,死亡50人,重伤22人。事故起数与重伤人数分别下降5.7%和23%,死亡人数增长50%。全市共组织大规模安全生产大检查4次,组成各类安全检查组350个,检查企业近4500个,查出不安全因素及事故隐患1.2万余条。先后解决了青岛国棉一厂、国棉五厂5台锅炉和田横岛陆岛运输等重大事故隐患。全市职工工伤千人死亡率为0.04,千人重伤率为0.02。

本市重大危险源普查监控工作经验在全国推广。根据"青编字[2000]12号"

文件,对安全和监察机构的编制和职能进行了调整,将市劳动和社会保障局下属的“职业安全卫生与锅炉压力容器安全监督处”的安全生产管理、职业安全监察、矿山安全监察职能和“市安全委员会办公室”建制调整到市经委;将锅炉压力容器等特种设备安全监察、检测职能和市“锅炉压力容器检验所”、“劳动卫生检测站”建制调整到市技术监督局。

年内,市劳动和社会保障局被国家人事部、劳动部评为全国劳动保障系统先进单位;市再就业服务中心、市劳动和社会保障信访部门被评为全国劳动保障系统“三优”文明窗口先进集体。

(陶同文)

·人事工作·

概　况

计划统计工作　市人事局编制了《2000年青岛市人才资源信息公报》及多媒体图片材料,召开了本市第二届人才资源信息发布会,通过新闻媒体向社会发布本市人才现状与需求信息;研究编制了《青岛市2000～2010年人才队伍发展规划纲要》,并以市委、市政府名义下发实施。加强机关事业单位人员计划和工资基金管理,组织实施全额拨款机关事业单位统一发放工资工作,成功地在市政府办公厅、市中级人民法院、市司法局、市教委、青岛广播电视大学等7家单位进行了试点,为全面推行工资统一发放工作创造了经验。

非师范类毕业生就业工作　调整毕业生就业政策,共接收应届非师范类大中专毕业生18 076人,普通高校毕业生就业率为92.9%,继续保持接收总量、就业率和接收硕士以上学历毕业生数量三项全省第一。启动“村村有大学生”计划,确定用5年时间实现“村村有大学生”目标,即进入村级组织工作的大学生和进入村办企业、村农业技术人员队伍的大学生均达到50%。研究制定配套政策,指导胶州、胶南、崂山等区、市进行“村村有大学生”试点,已有201名优秀大学毕业生当上村官或进入村企业。

工资福利和离退休工作　调整了机关事业单位工资标准和离退休费。初步建立并启动本市机关事业单位工资正常增长机制,为机关事业单位人员工资的科学、合理、有序增长奠定基础。对全市300多个单位的近500人进行了工资福利业务培训,完成了1.3万多名技术工人的资格审查和等级证书发放工作。加大二次人才资源开发力度,广泛宣传典型事迹,成功地举办了老年人才专场招聘洽谈会,受到退休人员的广泛好评。

培训教育工作　出台了《关于进一步加强国家公务员培训工作的意见》和《青岛市国家公务员任职培训实施意见》,举办任职培训班4期;与北京大学联合举办行政管理研究生课程班1期,招收学员200人;开展以《知识经济》为主要内容的更新知识培训,全市5.9万余名公务员和专业技术人员参加了培训学习。建立19个市级专业技术人员继续教育基地,举办各类培训班392次,培训专业技术人员30 641人次。为对口支援的贵州安顺、铜仁地区举办了1期厂长经理培训班。

军转干部安置　改进军转干部“双考”安置办法,完善部队考核量化标准;在地方组织的考试中,增加面试环节,真正实现双向选择;强化监督机制,做到接收计划公开、分配原则公开、考试考核成绩公开、录取结果公开,增加工作的透明度。全市共安置军转干部1 293名,安置随调家属110名、随带子女141名。

职称改革工作　打破卫生专业技术职务单一评审制模式,实行卫生专业技术资格考试制度,在卫生系统首次对临床和基础理论全部实行“人机对话”考试,503人通过考试。将晋升职称计算机考试的范围扩大到除卫生以外的所有系列,19 766人通过考试。对在科技成果产业化方面做出突出贡献的400多名专业技术人员破格晋升相关专业技术职务资格。完成了全市29个系列的高、中级专业技术职务评审工作,2 553人获得高级专业技术职务资格、3 949人获得中级专业技术职务资格。

人事考试工作　全年组织专业技术人员职务资格、公务员资格、机关事业单位技术工人考核、事业单位招聘人员等各类考试30项,参考人数共计36 957人。进一步拓展社会化考试,为市内外有关单位广泛选拔人才提供服务。

党政机构编制管理

本市党政机构改革准备工作积极有序。按照中央和省有关要求,结合本市实际,研究制定了《市委机构改革实施方案》、《市政府机构改革实施方案》,制定了《关于“三定”工作的意见》、《市级党政机构改革人员分流工作意见》等。根据国家、省和市有关规定,对39条部门职能交叉问题提出了审理意见。会同市政府法制局研究制定了改革政府行政审批制度的实施意见,组织政府各部门对政府行政审批事项进行了梳理。加强党政机构编制管理。调整理顺了安全生产、卫生监督、盐业等管理体制;完成了市国家安全局上划省垂直管理的移交工作和市技术监督局、药品监督管理局上划移交的准备工作。

本市作为联合国确定的政企分开和社会保障体制改革三个试点城市之一,经过两年运作,于年底通过了联合国计划开发署的验收。

人才结构调整

加强高层次人才队伍建设。组织推荐20名2000年度政府特殊津贴人选上报国家人事部;出台了“百千万人才工程”第三层次人选选拔办法,评选出51名人选。推动企业博士后工作,青岛啤酒集团和青岛港务局两家企业申报建立企业博士后工作站获得批准。加大人才引进政策力度,会同市委组织部出台了《关于引进优秀人才来青工作的办法》、《关于鼓励留学人员来青工作的若干规定》、《青岛市引进国内外优秀人才来青工作待遇的补充规定》等一系列配套政策。积极引进高层次人才,先后9次组团赴外地招聘人才,全年共引进各类人才24 683人(留学人员58名、国内在职人才2 846人、应届毕业生21 779名),其中院士1人、博士95人、硕士483人。

进一步发挥人才市场的基础性配置作用,共举办21次全市性人才交流会,7 700个(次)用人单位和30余万人(次)进入市场进行双向选择。发挥本市海洋人才优势,与省人事厅联合建立“山东省海洋人才市场”。启动网上人才市场,并出台网上人才市场管理办法。成立验证中心,开展学历打假工作。人才素质测评向综合评价发展,全年测评4 800人次。加大公派自费出国留学工作力度,全市公派自费出国留学院校达到8所,申请公派公费和公派自费出国留学并符合条件的人数分别达到11人、43人。建立17个境外培训渠道,全年组织办理出国(境)培训64批、387人次。争取国家外国专家局支持,在青岛海洋大学建立省内第二家BFT培训考试基地。

人才智力服务

研究出台了《关于构筑高新技术产业人才高地的意见》,提出了为发展高新技术产业提供人才保障的12条措施。将服务重点向外向型经济拓展,制定了为在青500强企业提供人才服务12条措施,并开展"为驻青500强暨外商投资企业人才服务月"活动,受到外企好评。以国有企事业单位为重点搞好人事代理,全年代理人数达4万人。首次召开全市人才工作会议,对31个人才工作先进单位以市委、市政府名义予以表彰。加大智力服务力度。全年共引进112名国外专家,并成功地引进了世界上仅有的2名诺贝尔特别奖环保专家。已到位各级引智资助经费130万元,年增85.7%。新开辟英国伍斯特大学、加拿大FIT专家组织等11个引智渠道。提高引智项目层次,组织无土栽培、智能机器人等高新技术和重点项目10余项。新增市级农业引智示范园2个;举办了首届农业引智成果展示洽谈会,达成技术转让、合作等意向200余项。加大对在青工作的国外专家的事迹宣传和业绩表彰力度,其中桑信言等获"齐鲁友谊奖"和"琴岛奖"。

(吕绪国)

民政·残疾人事业·计划生育·老龄工作

·民　政·

工作成果

2000年,本市的社区建设、社会福利社会化、民间组织管理等新的工作领域有所创新,多项工作走在了全省、全国前列。全市民政系统分别被省民政厅、市文明委命名为创建文明行业工作先进行业。市民政局被山东省民政厅评为全省信息、统计年报工作先进单位,被市委、市政府评为社区建设、拥军优属、社会治安综合治理、计划生育、民族团结进步先进单位。市南区被民政部确定为"全国社会福利社会化示范城区"。

优　抚

继续抓好"爱心献功臣行动"有关政策的落实。全年投入资金共180万元,先后两次组织力量深入到镇、村和优抚对象家中,查看帐目和兑现情况,进行了普遍检查。本市农村义务兵家属优待金户均为1940元,城镇为2200元,"三属"(烈属、因公牺牲军人家属、病故军人家属)人均优待标准1056元,均居全省领先水平。

制定解决优抚对象治病难的政策。与有关部门协调出台了《青岛市二级以上革命伤残军人医疗管理办法》,基本解决了二级以上伤残军人的医疗保健待遇问题。同时下拨自然减员经费450万元解决治病难问题。

在学习外地经验的基础上,经过与财政部门反复协商,于10月份正式建立了本市优抚对象抚恤补助标准自然增长机制,实现了优抚工作的新突破。

安　置

开拓了非国有经济单位安置渠道。以市政府名义下达的《关于做好1999年冬季退役士兵接收安置工作的通知》,明确规定非国有企业承担的安置指标,并首次将15个外资企业、24个私营企业纳入安置单位范围,同时制定了安置后不得随意让退役士兵下岗、工龄连续计算、自愿有偿转移等配套政策;进一步完善了双向选择和自谋职业政策。建立起自谋职业扶持金增长机制,退伍义务兵、转业士官的扶持金分别达到城镇居民平均可支配收入的3倍和4倍。自谋职业的士兵享受下岗职工自谋职业优惠政策。有关区、市也开展了安置改革,崂山区大胆探索均衡负担的具体操作办法,莱西市民政部门牵头组织了"双考"上岗。

军休管理工作进一步规范化。军休干部的两个待遇得到了落实;新组建的军休老干部艺术团,开辟了"老有所为"的新途径。新建了第十一、第十二军休所,第二军休所危房改造取得形象进度,市区军休所供暖工程全部完工。

救灾救济

完善社会救助政策。市政府出台了《关于建立和完善社会救助制度的通知》,明确了社会救助工作的目标、方向,形成了比较系统、完善的政策体系。卫生、教育、工商等部门配套出台了16项、40多个条款的优惠政策,构成全方位的帮扶政策。

丰富社会救助的内容。建立扶贫基地、开展结对帮扶成为社会救助的重要内容,通过接纳劳务及提供科技、信息帮助,扶持贫困群众脱贫致富,涌现出城阳区扶贫基地等典型;全市结对帮扶2.18万对,参与帮扶单位1.04万个,参与帮扶人数10.8万人,投入资金1178万元。

抓好最低生活保障制度的运行。全年救助最低生活保障对象2.9万户、5.6万人,发放保障金3438.3万元。

年内,本市遇到了连续干旱和局部自然灾害,各级民政部门及时深入灾区查灾、核灾、报灾、救灾,共救济受灾人口16.31万人,救济粮食5460吨。

扶贫济困送温暖捐赠工作取得较好成绩。全市共募集衣被206万件,全部在冬季来临前运送到贵州。农村五保工作得到巩固和发展。全市新建、改建敬老院14处,五保集中供养率达到50%。

社会福利

兴办福利事业。争取市政府出台了一系列社会力量兴办福利机构的优惠政策,促进了社会福利机构享受用水、用电等优惠政策的落实,为福利机构免费安装电话387部;健全了申报、审批管理程序,对38家养老机构进行了资格审查和执业登记审批。全年新增养老服务机构10家,全市养老床位总数达到1600张,比上年(下同)增加500余张。同时,市政府加大社会福利基础设施投入,将建设市老年公寓列为年内要办的实事之一,其主体工程已基本完成。

维护和保障孤残儿童合法权益。市民政局会同市财政局、市教委等7部门联合下发了《关于解决孤儿问题的若干意见》,制发了386份《孤儿证》,报送了《青岛市孤残儿童家庭寄养办法》;与《青岛生活导报》联合发起了"爱心助孤行动",产生了很好的社会影响。4月,本市推进社会福利社会化的工作在全国社会福利社会化工作会议上作了介绍,受到与会代表的好评。

福利企业取得了较好的经济效益和社会效益。全行业年销售收入达23亿元,实现利税1.3亿元,安置残疾职工1万余人,均居全省首位。直属福利企业改制进入实质操作阶段,残疾职工权益得到较好维护,职工队伍保持了稳定。

基层政权建设

年内,市委、市政府召开了全市社区建设工作会议,下发了《关于进一步推进社区建设加强城市基层基础工作的若干意见》,社区建设工作进入了一个新的发展阶段。

全面加强社区组织建设。四方区率先进行街道党建工作试点,探索出社区党建的配套经验。各区按照社区构成要素,组建了新型社区居民委员会,使社区组织体系逐步完善。推广了以模范居委会主任陈秀英为代表的一批英模人物的先进经验。

强化社区的管理和服务职能。市南区推进街道办事处政企分开,四方区在街道建立社区事务受理中心,这些做法在全市得到推广;社区服务网络覆盖面进一步扩大,开展了社区居家养老服务等新项目的探索。

争创全国社区建设示范城区,推动社区建设向深层次发展。年内,全国政协副主席周铁农、山东省委副书记陈建国等先后来本市考察社区建设工作。民政部部长多吉才让专程参加本市社区建设工作会议,并指出"青岛市社区建设工作在全国城市中属于一流水平"。7月,社区建设国际理论研讨会在青召开,扩大了青岛社区建设的影响。

农村基层政权建设得到巩固和加强。指导制定农村"两委"工作规范,对村级事务决策、村务公开、民主管理作出明确规定,使第一次直选后的村级组织建设有了明显进展。市委、市政府在莱西召开了全市农村基层组织建设工作研讨会,全面总结了十年来本市农村基层组织建设的基本经验。

社会事务管理

全年共办理国内结婚登记53 609对,协议离婚1 558对;涉外结婚登记324对,协议离婚3对。出具夫妻关系证明1 125人。通过报纸发布查找弃婴公告18期,共378名;办理收养登记600件,其中为台湾居民办理收养登记24件。通过强化业务培训、持证上岗,进一步规范婚姻、收养登记管理;严肃查处了有关婚姻登记中的违法问题,维护了当事人的合法权益。

加强了殡葬管理,制定了殡葬事业十年规划。全年共火化尸体49 023具,火化率达99.1%。

市人大常委会审议通过了《青岛市地名管理条例》,使地名管理走上了法制化、规范化轨道。完成了乡镇规模调整的方案审批工作。县市级界线勘定工作基本完成,并创建了"两图一责"的界线管理模式。

民间组织管理

3月,正式组建了青岛市民间组织管理局。民政部对此给予了高度评价,部领导专程参加了挂牌仪式。各区、市也全部组建了民间组织管理局。全市民间组织管理机构人员编制达112人。市民间组织管理局成立后迅速开展工作,下发了一系列文件,举办了业务培训班,初步建立起民间组织的双重管理体制。

作为全国民办非企业单位复查登记工作试点城市,本市正式启动了民办非企业单位复查登记工作,已为676个单位发放登记证。全市进行了社团清理整顿复查收尾工作,共对1 058个社团进行复查;气功类社团专项清理顺利开展,注销气功社团21个。认真开展了查处和打击非法民间组织工作,全年查处非法民间组织634个。在12月份召开的全国民间组织管理经验交流会和山东省民间组织管理座谈会上,本市分别介绍了工作经验。

福利彩票

做好"齐鲁风采"电脑彩票的筹备和发行工作。截止年底,电脑福利彩票累计销售1.1亿元,居全省前列,创下单日发行量突破100万元的纪录。传统福利彩票发行保持良好势头,"青岛风光"电视福利彩票和大奖组彩票累计发行4 200万元,总计发行1.5亿元;共募集福利基金4 000万元,有力地支持了福利事业的发展。

(孙水峰)

·残疾人事业·

实现残疾人脱贫解困目标

2000年,是本市实现本世纪末全部解决残疾人温饱扶贫攻坚目标的最后一年。年内,增加投入700万元扶贫贷款,采取资金扶持到户、系列服务到户、优惠政策落实到户、帮包带扶、建立扶贫基地、龙头企业带动辐射等开发式扶贫方式,扶持5 072名有劳动能力的贫困残疾人解决温饱。采取落实最低生活保障制度,增发残疾人生活补助金,专项补助,村委会包粮草、穿衣,结对帮扶等措施,解决无劳动能力残疾人生活问题。截止年底,已全部解决了全市3万余名贫困残疾人温饱问题。

残疾人就业

年内,全市通过各种方式安排扶持2 521名残疾人就业。其中,通过社会各单位按比例安置了325名,福利企业安置了2 058名。市残联、市财政局、市劳动和社会保障局、市工商局联合下发文件,对残疾人个体经营户免工商管理费和市场管理费,并在经营场地、摊位租金等方面给予优惠,扶持138名残疾人从事个体经营。

残疾人康复工作

全年全市为白内障患者施行复明手术2 986例;为35名低视力患者配用助视器;为173名肢体残疾者装配矫形器;聋儿听力语言康复训练50名;培训家长46名;智力残疾儿童康复训练94名;肢体残疾者系统康复训练411名;供应残疾人用品用具4 552件;新建社区康复站、点63处,使6 000余名残疾人得到不同程度的康复或改善功能。

年内,在组织实施"视觉第一中国行动"中,对490贫困白内障患者给予手术医疗补助,其中对贫困及70岁以上患者367名给予免费手术。

残疾人特殊教育

在基本普及残疾儿童、少年九年义务教育的基础上,支持、帮助残疾人接受中、高等教育、职业教育。年内,全市各级残联对129名贫困残疾学生和贫困残疾人家庭中在大中专院校就读的子女进行了救助和奖励。各市、区广泛开展残疾人劳动技能培训,全市培训残疾人3850名。

残疾人事业宣传

青岛经济广播电台1月3日开播残疾人广播专题节目——"自强之声",全年播出50期。

"全国助残日"(5月份第三个星期日,2000年为5月21日)期间,围绕"志愿者助残"主题,举行了系列宣传活动。5月19日,市政府举行"青岛市志愿者助残先进集体和先进个人表彰暨英模事迹报告会",表彰了32个助残先进集体和33名先进个人;邀请解放军英模展亚平、李志军作了事迹报告。5月21日,在"五四"广场举行第十次"全国助残日"志愿者助残结对签字暨英模签名赠书仪式。40对结队帮扶志愿者和残疾人代表,代表全市6000余对帮扶对子,签订了助残协议书;展亚平、李志军向与会者赠送市残联组织撰写出版的《自强与奉献》一书;副市长刘建华到会讲话;青岛经济广播电台进行了现场直播。

助残日当天,12个市、区均在本辖区繁华路段举行"双向服务"活动。全市各级领导走访残疾人家庭2000余户,走访残疾人集中的单位60余个,共送去慰问款及慰问品折款100余万元。市电信局为全市7446名残疾人免费安装住宅电话,市电业局在全市居民用电一户一表改造中,为2200户残疾人免费装表,这两项优惠共为残疾人免费837万元。四方区残联组织社会力量为全区盲人制作"夜光盲杖"120支,为住在旧式居民楼的残疾人安装楼梯扶手260余米。市北区残联为全区160名盲人配发了盲表。美国JAF轮椅世界志愿者组织向本市残疾人捐赠轮椅98辆、残疾人生活辅助用品一宗等。

残疾人文体活动

6月23日,举办了青岛市第七届残疾人文艺汇演。年内,选拔9名运动员参加第五届全国残疾人运动会,获金牌3枚、银牌3枚、铜牌1枚。1名肢残人运动员参加在悉尼举办的第十一届残疾人奥运会,分获800米、1500米第7名。2名运动员参加在北京、大连举办的国际马拉松轮椅组比赛,分获第7、11名。11月27~30日,首届全国特奥地板曲棍球比赛在青举行,青岛市代表队获团体第4名。10月29日,举行全市残疾人游泳选拔赛,20名选手参赛。

残疾人协会工作

全市已建市、区级盲人、聋哑人、肢残人协会34个。市北区残疾人志愿者服务队助残活动在2000年度全市精神文明建设"系列十佳"评比中,被评选为全市精神文明十件好事之一,受到市委、市政府表彰。该队还被国务院残疾人工作协调委员会授予"全国志愿者助残先进集体"称号。市聋人协会"聋人学雷锋志愿者服务队"常年坚持为社会服务。各市、区残疾人协会还组织残疾人集体义务献血、法制教育和参观禁毒图片、录像展览、举办聋人沙滩运动会、篝火晚会、自强报告会等。

市残疾人福利基金会二届理事会

12月26日召开。聘请朱庆兰、刘建华、宋玉珉、李德珍、贾培铎、于家周为名誉理事长;王振业、田怀端、于瑞卿、张海迪、琼妮·厄尔泰森·泰达、约翰·沃恩为名誉理事。通过了理事79人。推选王树呈为理事长,马明太等7人为副理事长,任绍增为秘书长。会议确定,本届理事会将组织2至3次专项募捐活动,募集的基金用于建立重残人养老和大病统筹基金;为贫困肢残人安装、维修假肢;救助贫困失学儿童等。

(周祥卿)

·计划生育·

"九五"工作概况

全市人口再生产继续保持了低出生、低增长、低死亡的良好发展态势,市内四区已连续6年呈现人口负自然增长,人口与计划生育的各项指标均保持在较高的水平之上,连年完成省下达的人口控制计划,获得省人口与计划生育目标责任考核一等奖,受到省委、省政府的表彰奖励。

全市12个区、市被省委、省政府授予计划生育"三为主"(宣传教育为主、避孕节育为主、经常性工作为主)先进市(区),被省政府批准为计划生育优质服务试点市(区)。青岛市被国家和省计生委分别确定为全国、全省城市计划生育工作综合改革试点市。

计划生育优质服务、依法管理、村民自治工作和计生干部队伍建设都走在全省、全国的前列。市计生委先后10次在国家和省有关会议上介绍了经验。

2000年工作概况

全市出生68854人,出生率为9.77‰,比省下达的责任指标低1.83个千分点,低生育水平趋于稳定;计划生育率为99.70%,女性初婚晚婚率为98.58%,避孕节育措施落实率达99%以上,统计合格率达99%以上,分别比责任指标高4.7、18.58、1.4个百分点;《流动人口婚育证明》发证率、流入已婚育龄妇女建档率、审验率均达95%以上;出生人口缺陷率降至5.77‰,出生婴儿性别比控制在104.9的正常范围;市和所属各市、区分别完成了省、市下达的年度人口与计划生育各项责任目标。

5月,中共中央委员、国家计生委主任张维庆专程来青视察计生工作;9月,张维庆又专程陪同国务委员兼国务院秘书长王忠禹来青视察计生工作,希望青岛市为全国和全省城市计划生育综合改革提供示范。

年内,全市各级认真贯彻落实中共中央、国务院《关于加强人口与计划生育工作稳定低生育水平的决定》(中发[2000]8号文件)精神,促进人口与计划生育工作的持续、稳定、健康发展。市委第十三次常委会和第四次市人口与计划生育工作领导小组会,分别听取计划生育工作汇报,研究解决了计划生育工作中遇到的困难和问题。先后召开了全市计划生育和环境保护工作会议、全市计划生育工作会议等,兑现奖惩,部署工作任务。市委调整市人口与计划生育工作领导小组,由代理市长杜世成任组长,将成员单位扩大到46个部门。全市上下逐级认真落实人口目标管理责任制,并将计划生育工作纳入党委、政府重大事项督查与重点目标责任考核的范围,严格落实追踪奖惩、一票否决等制度。

年内,市委、市政府分别授予12区、市1999年度"人口与计划生育目标责任考核一等奖";对市委办公厅等49个履行计划生育职责好的部门、149个完成计划生育指标的市直部门和单位给予表彰奖励;对在计划生育工作中做出优异成绩的北海舰队计生办、北海舰队航空兵计生办、青岛警备区予以通报表彰;为被省委、省政府授予"计划生育'三为主'先进县"称号,并连续3年获市人口与计划生育目标责任一等奖的市、区的8名有关责任人记三等功一次并发给奖金;分别授予市南区江苏路街道办事处等150个单位、王本富等200名同志"青岛市计划生育工作先进集体"、"青岛市计划生育先进工作者"称号。市民政局1995年出现计划外多胎生育、市土地规划局1997年出现计划外非婚多胎生育,按青发[1994]1号文件关于"追踪奖惩、一票否决"的规定,对这两个单位实行了"一票否决"。

农村基层计划生育工作

坚持把计划生育工作重点放在农村,深入开展了创建计划生育"三为主"合格村、评选表彰模范村、帮扶转化后进村的活动。全市有95%的村(居)已达到"三为主"合格村(居)标准,其中30%的村(居)被评为模范村(居);后进村转化率达80%以上。

全面加强了基层计划生育队伍建设,特别是结合村"两委"换届和村民直选,对村计生主任采取竞争上岗的办法进行调整充实,使全市90%的村计生主任达到"初中以上文化、35岁左右、女性为主"的标准。

加强规范化管理,对计划生育统计报表、合同管理、技术服务、宣传教育、流动人口、重点人员、依法行政等项工作进行规范,市计生委先后制发了7个文件,进一步提高了基层经常性的管理和服务工作水平。

全面推行了计划生育村民自治,全市已有95%的行政村制定了《计划生育村民自治章程》,并根据章程内容与群众签订《计划生育自治协议》,定期由村委会组织村民会议讨论研究计生重大事项,全面实行计划生育政务公开,落实民主决策、民主管理、民主监督制度,广泛开展了群众性的计划生育自我管理、自我教育、自我服务。

城市和流动人口计划生育管理

坚持改革和不断完善计划生育管理体制,将过去以户籍地管理为主和区、街两级属地管理模式,改为以现居住地管理为主,建立了"单位负责、社区管理"的属地管理新体制,并全面落实各类企事业单位法定代表人(或负责人)计划生育责任制,切实把计划生育管理与服务工作落到了实处。

加强对流动人口的计划生育管理,建立并强化了"联合办公、联合执法、相互协助、齐抓共管"的经常性的综合治理工作机制。把计划生育工作纳入城市社区总体规划之中,具体做到"五个纳入":即把按"现住地为主"的计划生育管理纳入社区管理,把对独生子女家庭的生产生活服务纳入社区服务,把计划生育宣传教育和建设新型生育文化的各项工作纳入社区文化,把计划生育技术和生殖健康服务纳入社区卫生,把对流动人口的计划生育管理纳入社区治安,并建立目标责任考核制度,做到组织落实、责任落实、措施落实,使计划生育工作成为整个社区建设的重要组成部分。

市内四区有计划生育服务机构已达726个,技术服务人员7202人,其中志愿者达5041人,形成了区、街、居三级服务网络。

计划生育科技与优质服务

年内,市计生委向省计生委申报13项科研课题,向市科委申报4项科研课题,完成了4项市科研成果并通过鉴定,均达到国内领先水平,其中有1项获青岛市科技进步二等奖。指导7个市、区实行计生服务站和妇保所合并,同时承担计生服务和妇幼保健两项职能,充分发挥了计生网络健全和妇幼技术人才两个优势,大力开展避孕节育、优生优育和生殖保健系列化服务,在实践中取得了比较满意的效果。组织完成了对全市病残儿童鉴定,共鉴定病残儿童377例。加强了避孕药具管理,药具应用率、随访率达到98%以上,基本保证了全市药具供应。

2000年是全市推行计划生育优质服务试点工作的第一年,各市、区全面开展了以技术服务为重点的优质服务工作。通过深入开展"婚育新风进万家"活动,使育龄群众接受婚育教育普及率达97%以上,促进了群众婚育观念的转变。各级计划生育服务机构承担全市90%以上的节育技术服务,并普遍开展以避孕节育、优生优育、生殖保健为主要内容的系列化服务,达到了育龄夫妇人人享有基本生殖保健服务的目标。全市还实施了"优生示范工程"和"出生缺陷干预工程",普遍开展了优生筛查和咨询服务,进一步提高了出生人口素质。全市已有4856个行政村实行避孕节育措施知情选择,占全市村庄的80%。

搞好计划生育依法管理。全市取消了计划生育管理押金,并对各种收费继续进行清理整顿,防止和杜绝恶性案件的发生。全年受理群众来信来访1925件(次),比上年减少287件(次),处结率达100%;到省、进京上访案件全部按期结案,无集体越级上访现象。

(周世荣)

·老龄工作·

概　况

至年末,全市60岁以上的老年人口101.95万人,占总人口的14.52%。其中,城镇老年人34.35万人,占33.69%;农村老年人67.60万人,占66.31%。80岁以上的高龄老人13.3万人;100岁以上的177人,其中男性29人、女性148人、年龄最大者111岁。

年内,市委、市政府召开了全市老龄工作会议,部署老龄工作任务。市政府将建设市老年公寓、市老年人活动中心,市老年人室外活动场所列为年内重点办好的12件实事之一。市委书记张惠来在市社科院的一份调研报告上批示,要求在本市开展推动老龄事业发展的"民心工程"的可行性调查。

市政府投资1500万元的市老年人活动中心选址在市社区服务中心大厦,并已立项,将于2001年投入使用;市老年人室外活动场所的4个标准门球场于年底全部竣工;市政府投资3000万元建设的市老年公寓将于2001年投入使用。由市内四区区政府负责兴建的区级老年人室外活动场所也已于年底投入使用。

为推动社会办养老服务机构的发展,市政府出台了加快发展老年社会福利事业的政策措施和青岛市养老服务机构管理办法，明确了养老服务机构的主管部门和应具备的条件，并明确了兴办养老服务机构的优惠政策。

创建敬老模范市、区活动

2000年是创建敬老模范市、区的第二年，进入了自查初评阶段。根据市委、市政府对开展创建敬老模范市、区活动的部署，市老龄办下发了创建自查实施意见。各市、区对照《青岛市创建敬老模范市、区考核验收标准》进行了自查。

7月6日，市委、市政府在城阳区召开了创建敬老模范市、区现场会。副市长、市老龄委副主任臧爱民主持会议；市委副书记、市老龄委主任黄学军就进一步深入开展创建敬老模范区、市活动作了重要讲话；城阳区、四方区介绍了创建工作经验；与会代表参观了城阳区仲村、沟岔村、小北曲村、流亭镇西山村、夏庄镇中黄埠村老年福利设施和老年活动中心等。

11月，中国老龄协会副会长赵宝华在青召开了本市部分市、区敬老模范创建工作座谈会，听取了创建工作情况并给予充分肯定。

尊老敬老活动

市经委出台了鼓励本市开发老年用产品的规划意见。市人事部门利用168信息台开通了离退休人员查询离退休有关政策热线电话。各级工会组织对530多户生活困难的退休职工纳入了动态管理，开展了“送温暖”活动。各级团组织、青年志愿者组织纷纷与孤老结对，将驻区的敬老院作为青年志愿者活动基地，组织开展“献爱心，送温暖，青年志愿者在行动”主题活动，定期上门服务。各级妇联组织将尊老爱老敬老作为“创建五好文明家庭”和“美在家庭”活动的一项重要内容和评比条件，组织开展了“巾帼社区服务工程”，全面实施了“家庭文明工程”。卫生部门对老年人实行挂号、看病取药优先。市财政局及时划拨老龄工作经费。市文化局组织举行了老年文化广场、同乐会等活动。市委组织部和市委党校对领导干部进行了老龄工作知识培训。市汽车租赁公司30辆“敬老车”再行义举，继续为70岁以上的老年人提供免费乘坐服务。《青岛晚报》编辑部和市青年志愿者协会还利用周末，组织青年志愿者为老年人做好事、办实事。

贯彻实施老年法规

《中华人民共和国老年人权益保障法》已列入2000年全市普法教育计划。在年内的市人大、政协会议上，人大代表和政协委员提出涉老议案、建议12件。市人大常委会、市政协分别对全市老龄工作进行了检查和视察，对贯彻实施老年法规起了积极的推动作用。市老龄办举办了2期学习宣传《老年法》、《山东省老年人权益保障条例》(下称《条例》)培训班，市老龄委成员单位部分联络员、各市区老龄办及部分乡镇、街道办事处老龄工作人员130余人参加了培训班。

老人节期间，市老龄办组织了全市性宣传《老年法》、《条例》活动，共印发老年法规宣传小册子、宣传材料共11万份。各市、区及有关涉老部门加大了贯彻实施的力度。莱西市把5月定为《条例》宣传月、8日至14日为宣传周，租用宣传车利用集日到乡镇、办事处播放录音、散发宣传单；市南区、四方区组织了处级以上领导干部学习《老年法》专题讲座；市北区举办了老龄干部《条例》学习培训班，并开展了“律师进社区”活动，全区6所律师事务所、10所法律服务所定期为社区老年人讲法和法律咨询；胶南市各乡镇都成立了老年人法律援助联络中心。

制定了老年人法律援助联络中心工作制度，在全市举行评选“争创老年人满意的老年人法律援助联络中心和个人”活动。市老年人法律援助中心接待老年人来信来访22件次，“148”热线电话咨询2390人次，解答老年人法律咨询2268件；为老年人提供法律援助194件。市中级人民法院作出规定，涉老案件优先受理，优先执行，审结涉老案件230件。公证部门为老年人办理赡养遗嘱公证673件，遗赠抚养协议公证39件。各级人民调解组织调解赡养纠纷2691起，调解成功2664起。全市老龄系统共接待老年人来访、来信、来电2124件(次)，处理了2070件(次)，处结率达98%以上。

老龄工作宣传教育

市委宣传部将尊老敬老列为评选全市精神文明先进单位的重要内容。中央电视台“夕阳红”栏目专门采访了市南区社区为老服务，采用社区呼叫网络完善居家养老的情况。《青岛日报》的“老年天地”专版、《半岛都市报》的“晚晴”专栏，深受老年读者欢迎；青岛人民广播电台经济台、交通台的“老年人热线”、“枫叶正红”和戏曲等专题节目，也为老年听众所喜爱。市老龄委和青岛红帆影视传播公司、山东电视剧制作中心联合摄制了30集电视系列剧《夕阳里的故事》，青岛电视台3月份在黄金时间，连续播放半个月，在老年人中引起很好的反响。《青岛晚报》还针对老年人乘车没有人让座位一事进行了热点报道，呼唤市民尊老敬老；《青岛生活导报》对一位在托老所代养的八旬老人受到儿女遗弃之事进行了追踪报道，谴责了不赡养老人的不法行为；《老年生活报》对本市“敬老车”进行了突出报道；《平度日报》与天柱山集团公司联合举办了以反映敬老爱老事迹为题材的有奖征文活动。

全年市老龄办在《中国老年报》、《人民政协报》、《中国老年》、《健康时报》、《齐鲁晚报》、《青岛日报》、《半岛都市报》、《青岛晨报》、《老年生活报》等中央、省、市级报刊上发表反映本市老龄工作的稿件50多篇；制定了老龄信息通报制度，已下发《老龄信息》7期，编发《青岛老龄工作简报》10期。市教委把敬老养老教育列为全市中小学生德育、日常行为规范教育、中小学生礼仪常规教育的重要内容，倡导中小学生“从我做起，敬老爱老，为社会文明做贡献”。

落实优待老年人规定

市老龄办对省、市优待规定落实中的热点和难点问题，加大了组织协调、监督检查力度，保证了有关规定的真正落实。各市、区积极组织发放老年人优待证，全市已累计发放66万个，占老年人口的64.7%。对全市百岁及百岁以上的177位老人划拨发放长寿补贴23.17万元。市农业局在有关会议和文件中进一步强调和明确了要认真落实对老年人减免村提留、乡统筹费规定。市委老干部局为全市离休老干部(含驻青部队)办理18640份离休干部优待卡；为544名离休干部办理了护理费。胶州市政府为百岁老人每月增发100元补贴。青岛经济技术开发区给90岁的老年人赠送了生日蛋糕。

落实“五个老有”

老有所养　市劳动和社会保障部门

继续抓好基金征缴、扩大社会保险覆盖面、追缴企业欠费工作。截止10月底，全市参加养老保险的企业10130户，参加养老保险的在职职工74.3万人，离退休人员27.3万人。企业离退休人员的养老金全部实现了社会化发放。全市共收缴养老保险金15.6亿元，收缴率96.3%。全市已有国办、社区办、企事业单位办和个体办养老服务机构30余家，总床位1600余张，入住率达75%以上。新建、扩建乡镇敬老院13处，新增床位1300张。总建筑面积1.5万平方米的青岛市老年公寓开工兴建。市南区将现代化手段运用到社区养老服务，建成了社区呼叫网络服务，发展老年用户1000余户。胶州市、胶南市在农村中推广了签订家庭赡养协议书的做法。

老有所医 本市在城镇基本医疗保险改革中，对离退休人员、老红军、革命伤残军人给予了优惠照顾。截止10月底，已有73万在职人员（不含离退休人员）投保，享受基本医疗保险。上半年为8941名（次）患大病的企业离退休人员拨付报销大病医疗费4703万元。各级综合性医院开设了老年门诊或老年专科门诊。市南区通过15个社区医疗点对辖区内60岁以上的老年人进行查体义诊并建立健康档案，市南区老年病医院还向老年人发放了健康信息卡和就诊优惠卡，方便了老年人就医。胶南市在农村中全部实行了合作医疗制度，老年人有病能够得到及时治疗。四方区建立健全了以区医院为基础，以医疗服务车和各社区卫生服务站为补充的医疗服务体系，为老年人提供方便、有效、廉价的卫生服务。各服务站对老年人开展了心理咨询健康教育活动。

老有所为 全市各级关工委组织利用寒假、暑假和重大节日、纪念日，对青少年进行爱国主义和革命传统教育；对刑释、劳教人员进行帮助教育。在基层组织换届选举中，一些行政村的老年人发挥了突出作用，维护了社会稳定。

老有所学 全市已建老年大学、老年学校494处。其中，市级老年大学1所，区级老年大学14所，乡镇、街道、村级老年学校479所。各级老年大学和老年学校坚持“学、乐、为”相结合的教学方针，针对老年人的特点，完善学科设置，提高教学质量和办学水平。市老年大学在全国率先制定了《区、市级老干部大学办学水平评估标准》。市南区对区老年大学投资6万元，用于更新教学设备和改造教学设施，教学规模由3个班扩大到6个班，有学员200余名。即墨市共建各级各类老年大学37所，入学人数达1177人。即墨市老年大学组织书法班学员为出口欧美的工艺品写字，创收达1.2万元。

老有所乐 市老年体协先后组织了巾帼门球赛、长寿杯门球赛、第九届台球赛和第三届无极健身球保健操比赛；各市、区组织各项体育比赛、表演100多次，1.6万余人次参加活动。市文化部门组织开展了以广场文化系列活动为载体，欢乐假日为主题，以老年人为主体的专场文艺演出活动。市老年文艺协会组织了3次大型文艺汇演。市老干部合唱团赴新加坡进行了文化交流活动。崂山区综合投资30余万元，新建和改建老年人活动场所10多处，并增添了文化娱乐用品。

老龄工作调查研究

市老龄办制定了“社区服务”、“老年福利设施建设”、“老年人法律援助”等7个方面的调研题目，对本市老年人思想现状、市南区社区呼叫网络服务、老年福利设施和老年人法律援助情况进行了调查，撰写了调研报告。围绕启动“助老工程”进行了特困老人状况调查，向市政府提出了《关于在全市开展助老工程活动的请示》。根据市领导批示，有关部门又对助老工程的可行性进行了专题论证。

在全省举行的老龄工作调查报告评选中，本市老龄工作调查报告获综合调查报告一等奖，《关于社区呼叫网络服务的调查报告》、《关于全市老年人法律援助工作情况的调查与思考》、《关于我市市区养老服务机构基本情况的调查与思考》和《关于特困老年人生活状况的调查与建议》等论文分别获专题调查报告二、三等奖和优秀奖。其中，《关于社区呼叫网络服务的调查报告》还入选全国老年学学会“21世纪老年学论坛会”，并在会上作了介绍。

市老龄办还对全市老年人口、百岁老人的情况进行了调查摸底，为政府决策提供了依据。市老龄问题研究中心拟定了“十五“期间老龄问题研究计划；起草了《青岛市老龄事业“十五”发展规划》（征求意见稿），并下发市老龄委成员单位和各市、区老龄委办公室，听取各方面意见和建议。

老人节庆祝活动

市老龄委于8月中旬下发了《关于开展老人节庆祝活动的通知》，并专门召开了区、市老龄办主任会议，部署全市老人节庆祝活动。老人节期间，全市性、示范性庆祝活动主要有：老年法规宣传日活动；市委、市政府庆祝老人节大会；原副市级以上老领导、老红军代表座谈会；走访慰问部分老领导、老红军、老劳模、烈军属、百岁老人、孤寡老人、特困老人代表；全市庆祝老人节游园（中山公园）活动；“融融亲情夕阳红”电视文艺晚会、敬老同乐会和老年书画展。

承办全国性老年工作会议

3月27～30日，全国老年人体育工作会议暨代表大会在青举行。中国老年体育协会主席刘建章、顾问荣高棠和国家体育总局群体司有关负责人出席。大会之前，国家体育总局原局长伍绍祖和山东省副省长邵桂芳等会见了部分代表。大会选举张彩珍为新一届中国老年体育协会主席，荣高棠、刘建章为名誉主席。会上，青岛市委副书记黄学军介绍了青岛近几年的发展情况。

10月18～21日，全国“21世纪老年学论坛”在青举行。全国老龄工作委员会办公室副主任、中国老龄协会会长张文范，中国老年学学会会长、中国科学院院士陈可冀，山东省副省长林廷生，山东省老年学学会会长苗枫林，青岛市副市长臧爱民，青岛市老年学学会会长李乃久等，以及来自全国各地的专家和老龄工作者共400余人出席；张文范、陈可冀、林廷生、臧爱民分别讲话。此次论坛共收到论文540多篇。期间，中国老年学学会名誉会长、著名老年学专家邬沧萍教授应邀为青岛市委党校作了中国21世纪人口老龄化形势报告。

（宗成伟）

民族与宗教工作

·民族工作·

为贯彻中共中央和山东省民族工作会议精神，市委、市政府于12月18日召开全市民族工作会议暨第三次民族团结进步表彰大会。副省长、代理市长杜世成主持会议，省委常委、市委书记张惠来作重要讲话；出台了中共青岛市委、青岛市人民政府《关于进一步做好新形势下民族工作的意见》。

加快少数民族经济发展。通过少数民族法人企业，引进少数民族优秀人才和资金来青办企业。繁荣少数民族文化、教育、体育等各项社会事业。举办了青岛市第二届少数民族文艺汇演，评审出32个反映少数民族文化生活题材的文艺节目；组队参加了山东省少数民族文艺调演，5个节目被评为金奖；承办了山东省第二届少数民族文艺调演首场汇报演出；在2000年的各类升学考试中，共为少数民族考生升学加分出具证明416人次；举办了青岛市第二届少数民族运动会。

深入开展民族团结进步活动。会同青岛电视台"音乐新节拍"栏目制作了少数民族迎新春节目；制定了"青岛市民族成份更改指南"，方便少数民族更改成份；开展少数民族联谊会的工作，充分发挥其在党和政府与少数民族群众之间的桥梁纽带作用；组织少数民族青年和老人春游活动，进行爱国主义教育；组织专家为市南辅读学校的残疾儿童进行义务查体；强化培植少数民族勤劳致富的措施，重点抓好少数民族同胞致富带头户，在场地、财力等方面给予支持，邀请农业技术专家为他们传授农业科技知识，进行技术指导，帮助其把事业做好、做强、做大。

加强清真网点的管理，尊重少数民族风俗习惯。严格执行《青岛市清真食品生产经营网点管理暂行规定》，制止两处未经批准的"清真饭店"；对违犯清真食品供应规定的单位严肃处理，保证穆斯林群众的合法权利。

完善回民墓地的殡葬服务基础设施。对增加到7亩多土地的回民墓地加修围墙、修建埋台房等，为建成山东省一流的庭院式公墓奠定了基础；会同市民政局制定了《青岛市回民墓地管理规定》，争取解决以墓养墓的问题。

积极参与"西部大开发"和"兴边富民"活动。在青岛市支援西部、发展边疆的总体安排中，自觉为企业，特别是少数民族企业传递信息，提供改革等方面的咨询等活动，先后有十几家企业落户西部。

·宗教工作·

加强党的宗教政策和国家法规的宣传教育。协调市委党校在各类培训计划中增设宗教政策教育课，为市管干部培训班、处级公务员培训班、中青年干部培训班及乡镇干部培训班的130名学员集中作了党的宗教政策、当前宗教形势的报告，增强做好宗教工作的意识。举办全市宗教工作干部培训班，邀请山东省宗教局和市级宗教团体负责人系统讲授马克思主义关于宗教的理论，深入学习党对宗教问题的基本观点、基本政策和宗教法规，提高宗教工作干部的政治素质、业务水平和执法能力。加强对市级宗教团体领导班子和教职人员的宣传教育。举办两期宗教团体负责人、宗教教职人员学习班，结合形势进行党的宗教政策和法律法规教育。

规范宗教活动秩序。以宗教活动场所年度检查为抓手，加强对宗教事务的依法管理。对1999年度的年检工作，细化了考核标准，坚持高标准、严要求，加大年检工作力度。采取"听""查""问"等形式，对宗教活动场所进行抽查。各宗教活动场所的管理基本达到制度化、规范化，宗教活动秩序基本正常。

引导宗教与社会主义社会相适应。在宗教界开展"致富思源、富而思进"教育活动。协助召开了青岛市伊斯兰教第四次代表会议，选举产生新一届青岛市伊斯兰教协会领导班子。做好中国天主教各大修院教师(神甫)在青举行的夏令营活动。做好在青召开的中国基督教神学思想学术研讨会接待工作。协助山东省宗教局在青召开山东省基督教全委会第二次会议。

落实宗教房产政策中的遗留问题。协助青岛市道教协会、青岛市佛教协会认真做好崂山太清宫开发建设和湛山寺藏经楼改扩建工程。

位于浙江路北端的圣·弥爱尔天主教堂大厅（隋以进/摄）

（郑全彤）

区市概况

市南区

·经济和社会发展概况·

2000年,全区辖14个街道办事处,总人口42.69万人,总面积30.01平方公里。全年国内生产总值完成14.79亿元,比上年(下同)增长25.4%,其中第三产业增加值11.05亿元,增长27.2%。财政收入完成2.17亿元,增长27.12%。

工业

全区完成工业总产值(现价)20.3亿元,增长42.25%;工业销售收入19.3亿元,增长47.96%;产销率100.09%。以产权制度为重点的企业改革全面推开,涉及企业产权的改制企业占企业总数的38%,组建了3家企业集团公司,国有企业产权制度改革、民营企业参与区属企业改制、股份制企业股本结构调整都有较大突破。

第三产业和个体私营经济

全区新增个体工商户1776户,总数达到1.56万户,注册资金1.04亿元;新增私营企业1709户,总数达到5335家,注册资金近52亿元,其中企业集团16家、注册资金1000万元以上的近50家。

云霄路中苑美食街的知名度不断扩大,全年营业额达2亿元。加快兴办各类市场,全年新增市场6处。在全市评选的5条特色专业街中,“中山路综合商业街”、“龙山(地下)服饰街”、“云霄路中苑美食街”榜上有名。

招商引资

合同利用外资3106万美元,实际利用外资1335万美元;出口总额4599万美元,增长1.46%。成立了区经贸发展局。批准“三资”企业64家,增长52.38%。日本独资企业冷丰食品公司和大信公司与德国卡罗公司合作的热暖设备生产项目已经投产。家乐福青岛名达店日客流量居全球家乐福连锁店之首。青岛伟东置业有限公司年营业额达2.3亿元。区科技工业园又与9家企业签订了土地转让合同,已累计转让土地39.27公顷,占工业园可转让土地的83%,已有3家企业竣工投产。

城市建设和管理

实施城市长效管理 为分清城市管理中街道办事处与区城管部门之间的职责,理顺城管系统内部行业管理、执法作业程序,于1999年11月出台了《市南区城市管理辖区责任制实施办法》和《市南区城市管理系统责任制实施办法》,并于2000年1月1日起正式实施。这一长效管理办法被全国市长培训中心收入《城市管理研究》一书;省、市委机关内部刊物《山东通讯》、《青岛通讯》均刊登了介绍该管理经验的文章,并向中央领导作了推荐。城市长效管理软科学研究项目已被列入2000年青岛市科技发展指导计划。

居住环境和公益、消费、休闲环境改造 全年开工旧村改造工程44.9万平方米,竣工35万平方米。拆除违法建筑15.6万平方米。完成了信号山、观海山、观象山3个山头公园整治工作和“解水忧工程”。对39处危房进行了改造。全面完成了安徽路公园改造,并更名为老舍公园。完成了市实验小学6900平方米校舍改造工程。完成了云霄路、闽江路美化亮化工程,提高了亮化档次,改善了经营环境。完成了闽江路小吃街建设,已有25家餐饮业户入驻经营,闽江路餐饮业初具规模。完成了中山路综合商贸区城市设计可行性研究方案;加拿大驻华大使贝祥专程赴青出席“中加合作青岛可持续发展(历史街区保护)示范项目协议”签字仪式。淘汰燃煤锅炉185台。在八大峡广场、湛山广场和晓望支路,新建了3处老年人户外休闲活动场所。建成了2600平方米的区图书馆。完成了区科技工业园中心广场和步行街建设。全面整治了第六海水浴场,并理顺了管理体制。

社会治安综合治理 开通了“148”法律服务专线,并延伸到社区,与社区司法所、法律服务所、居委会实行联动,形成了区、街、居三级法律援助联动网络。共破各类刑事案件3092起,破案率超过上级规定指标25.9%。全区整改违规防盗护栏2.3万余个,整改率达99.6%。消防安全工作成效显著,被评为“110”报警服务社会联动工作市级先进单位。

社区体制改革得到民政部肯定　在与现行法规相衔接的基础上,成立了全国首家社区居民委员会。年内,全国政协副主席周铁农,国务委员、国务院秘书长王忠禹,国务委员司马义·艾买提等先后来区视察,并给予高度评价。民政部等国务院有关部委对本区社区体制改革给予充分肯定。12月2日,在北京召开的城市社区建设国际研讨会上,本区介绍了社区建设和体制改革的做法和经验,受到关注和好评。

社会各项事业

科技　面积约10平方公里的软件园已正式启动,正进入全面招商阶段,一期工程软件大厦即将投入使用,17家软件企业正在办理入驻手续。2家企业通过高新技术企业评审。21项高新技术项目被列入市级以上科技发展计划。其中,14项被列入重点新产品计划;钢卷尺厂自行研制的“整体螺旋不等距惯流风扇”被列入国家重点新产品计划,并通过了ISO9002质量体系认证,获30万元国家科技经费支持,成为该区首次获得国家级经费拨款的项目。

教育、体育　在区内小学全部建立了微机室,18所学校“四机一幕”进课堂。全面启动“教育管理后备人才选拔工程”,举办了首届小学、幼儿园人才交流洽谈会。实施“校企联姻”,与华青公司联合创办了新世纪学校。建成了区少儿户外活动中心和15条全民健身路径;成功举办了全国少年儿童足球赛、全国网球总决赛等10余项大赛。被评为全国科技教育先进区、省素质教育示范区。

文化　“海之情”旅游节期间,组织开展了近40场社区文化活动。全年共收缴各类盗版VCD、软件等7816张,各类非法出版物489册,取缔无证经营业户29家,有效地打击了违法经营活动。

卫生　区人民医院改造工程顺利完成,并设立了东部分院;与荷兰签订的社区卫生服务和慢性病防治援助项目正在逐步落实,全科医生及社区护士培训工作已全面展开;新增5处全科医生诊所,全区全科医生诊所达到38个,覆盖面提高到50%以上。被评为山东省爱国卫生先进区。

第一海水浴场一隅　(隋以进/摄)

计划生育　流动人口计划生育工作实现了微机化管理,计划生育优质服务稳步向社区延伸,被评为全国和全省计划生育县级先进单位。年内,国务委员、国务院秘书长王忠禹来区视察时给予高度评价。12月6日,在中国计生协会第五次全国会员代表大会上,本区作了题为《适应新形势,探索新领域,将生殖健康教育工作不断推向深入》的典型发言,并被评为“全国计划生育协会县级先进单位”。

人口普查　选调3000余名工作人员,完成了185个普查区、15万余户家庭和集体户进行入户摸底和普查登记工作,圆满完成了人口普查各项任务。市南区作为全市唯一受检区,在省人口普查质量抽查中,取得误差率为零的好成绩,受到市政府通报表扬。

·街道办事处概况·

八大峡街道办事处　管区位于市南区西部,面积约1平方公里,辖10个居(家)委会,人口1.53万人。驻有华天大酒店、青岛海关、山东出入境检验检疫局、山东海事局、建设银行青岛市分行、海上皇宫、双星鞋业集团、青岛市房产交易中心等单位。党委书记余洪清,主任孙传军。

台西街道办事处　管区位于市南区西部,面积约1平方公里,辖居(家)委会27个,人口4.36万人。商业比较发达,八大峡商业城位于辖区内。驻有山东省服装进出口公司、青岛铁路医院、青岛第一中学、贵州路小学等单位。党委书记黄雨冰,主任许崇奎。

云南路街道办事处　管区位于市南区西部,面积约1.3平方公里,辖31个居(家)委会,人口5.02万人。第三产业比较发达,天桥综合市场和滋阳路农贸市场位于管区内。驻有市第五人民医院、市南区人民医院、铁路第二中学、4808厂等单位。党委书记张新德,主任宿韶华。

中山路街道办事处　管区位于市南区中西部,面积约0.9平方公里,辖16个居委会,人口2.8万人。商业、旅游业、金融业发达,有著名的青岛栈桥、第六海水浴场等旅游景点。中山路商业街纵贯南北,商业街两侧有亨得利、宏仁堂、春和楼、盛锡福等久负盛名的“老字号”商店。党委书记冯干,主任刘秀珍。

观海路街道办事处　管区位于市南区中部,面积约0.8平方公里,辖13个居委会,人口2.5万人。商业、旅游业发达。有天主教堂、王统照旧居等著名建筑。国货公司、栈桥宾馆、四方路综合市场位于管区内。驻有市人大常委会、市政协、青岛日报社、市人民医院等单位。党委书记徐友彬,主任李奎智。

江苏路街道办事处　管区位于市南区中部,面积约1平方公里,辖15个居(家)委会,人口2.9万人。信号山公园、观象山公园、观海山公园等3个山头公园位于管区内。驻有青岛大学医学院附

市北区教育体育委员会

市北区有小学47所、干部职工中专一所、进修学校一所，各级各类幼儿园、托儿所90余所。在校学生3万余名，在职教师2500余名。

市北区全面贯彻教育方针，实施科教兴区战略。全区教育事业持续、健康、快速发展，先后被评为全国实现双基先进区、山东省素质教育先进区、山东省艺术教育先进区、青岛市教育示范等级区、山东省教育示范区。

地址：青岛市明霞路37号
邮编：266023
电话：(0532) 3650557

主任：宋君（山东省特级教师、专业技术拔尖人才、全国“五一奖章”获得者、全国中小学十大教育名家）

2000年11月18日至19日，山东省教育学会、山东省教育科学研究所在济南举行“宋君教学思想讲习观摩会”，在全省推广宋君教学思想和教学方法。

2000年7月8日，山东省教科所组织省内外8名专家对宋君的教学思想、教学方法进行论证。

青岛市酿造总公司

是山东省最大的国有调味品专业生产经营企业，有近百年历史。主要生产经营酱油、食醋、酱菜、酱类、各种调料及豆制品共六大类上百个品种，先后荣获部、省、市优质产品称号，并多次被市财委、市技术监督局评为“放心满意”产品。灯塔牌酱油、食醋等产品在首届中国食品博览会上获得银质奖。

地址：青岛市辽宁路73号　邮编：266021　电话：(0532) 3830874　传真：(0532) 3830874

党委书记、总经理：郝维治

青岛嘉里植物油有限公司

是由马来西亚郭兄弟集团所属的嘉里粮油（中国）有限公司和青岛植物油总公司共同合资兴建的大型中外合资植物油加工企业，总投资1.3亿元。现拥有国内一流的生产浓香花生油生产线和世界上先进的油脂精炼生产线及全自动化小包装生产线。公司年产浓香花生油3万吨，各类精炼植物油10万吨，储油能力2.5万吨。

地址：青岛市辽宁路90号
邮编：266021
电话：(0532) 3806802
传真：(0532) 3821184

属医院、龙山宾馆、龙山地下商业街、大学路小学等单位。党委书记迟克启,主任崔久英。

金口路街道办事处 管区位于市南区中部,面积约1.4平方公里,辖11个居委会,人口3.2万人。旅游资源丰富,文教科研单位和人文景观多。小青岛、鲁迅公园、海产博物馆、天后宫、基督教堂、老舍故居、沈从文故居、梁实秋故居、洪琛故居、青岛海洋大学、国家海洋局第一海洋研究所、育才中学、市实验小学位于管区内。驻有东方饭店、市人民会堂、市城建档案馆等。党委书记郭云志,主任陈为志。

八大关街道办事处 管区位于市南区中段,面积约5.6平方公里,辖9个居(家)委会,人口1.8万人,是青岛市的主要旅游区和疗养区之一。驰名中外的八大关景区和青岛第一海水浴场均位于区内。有康有为故居、汇泉音乐喷泉广场、动物园、植物园、中山公园、百花苑、青岛市第一体育场、市体育馆等众多景点。驻有海军北海舰队、汇泉王朝大酒店、黄海饭店、山东省国际贸易展览中心等单位。党委书记孔庆春,主任裴旭林。

湛山街道办事处 管区位于市南区东部,面积约2.8平方公里,辖14个居委会,人口2.1万人。工商业、旅游业比较发达。著名的湛山寺、青岛市革命烈士纪念馆在管区内。驻有市中级法院、市检察院、海军潜艇学院、中国人民银行青岛市中心支行、海信集团、香格里拉大饭店等。党委书记王本富,主任王乃仁。

浮山街道办事处 管区位于市南区东部,面积约3.1平方公里,辖15个居委会,人口2.7万人,是市委、市政府及市南区委、区政府驻地。商业发达,东泰佳世客、家乐福青岛名达店等大型商业网点在管区内。有青岛市新建标志性景点五四广场及中华文明雕塑一条街。驻有中国银行山东省分行、中国人寿保险公司青岛市分公司、中国人民保险公司青岛市分公司、青岛国信实业有限公司、华夏银行青岛支行、海军401医院等单位。党委书记杨家喜,主任胡朝民。

金湖路街道办事处 管区位于市南区东北部,面积约2平方公里,辖13个居委会,人口2.7万人。金融、商业发达,海洋科研机构多,中国工商银行青岛市分行、化工部海洋化工研究院、黄海水产研究所、青岛教育学院、海信广场、鲁煤大厦、济南大厦、三九大酒店等单位坐落其内。党委书记靳淑珍,主任王永林。

八大湖街道办事处 管区位于市南区东部,面积约2.1平方公里,辖16个居委会,人口3.5万人。已建成的八大湖等数个小区风景优美,配套齐全,居住条件舒适。驻有青岛广播电视中心、颐中海牛俱乐部、青岛远洋船员学院、青岛卫生学校和地矿部海洋地质研究所等单位。党委书记赵天才,主任刘刚。

珠海路街道办事处 管区位于市南区东部,面积约2.5平方公里,辖15个居(家)委会,人口2.6万人。五星级的丽晶大酒店、四星级的海景花园大酒店和1万平方米的青岛书城坐落其间。驻有青岛工人疗养院、山东省眼科医院、北海船厂等单位。党委书记解家祯,主任李荣丽。

金门路街道办事处 管区位于市南区东部,面积约4.1平方公里,辖25个居(家)委会,人口4.9万人。新建小区密集,商业网点较多。驻有海关总署青岛教育培训基地、武警青岛市支队、红十字会青岛中心血站等单位。党委书记张作功,主任邵长友。

(邢奇光 李 倩)

市北区

·经济和社会发展概况·

2000年,全区辖16个街道办事处;总人口46.8万人,其中非农业人口46.2万人;人口自然增长率为-1.28‰。总面积28.6平方公里。完成国内生产总值14.8亿元,增长21.3%,其中第二、三产业增加值分别完成4.4亿元和10.4亿元,分别增长19.1%和22.8%;实现财政收入2.1亿元,增长20.1%。

工 业

共有各类工业企业1 331个,包括机械、电子、橡胶、塑料、印刷、轻工、服装、食品等近20个行业,职工1.1万人;实现工业总产值13.6亿元,销售产值13.48亿元,利润4 196万元。限额以上工业企业25个,实现工业总产值8.1亿元,实现利税8 635万元。

第三产业

有各类商业网点1.5万处,从业人员4.9万人,完成销售额40.9亿元。城乡集贸市场67处,市场成交额26.3亿元。全年实现社会消费品零售总额19.1亿元。

对外经贸

新批外商投资企业20家,共有外商及港澳台商投资企业278家。合同利用外资2 110万美元,实际利用外资1 433万美元,完成出口总额7 668万美元。

城市建设和管理

加快西部老城区旧城改造步伐,完成了28处危险房屋的改造、加固和维修。不断完善城区基础配套设施和服务功能,累计投入4 830万元,完成了青岛山、贮水山公园的环境整治,建成3处街心花园,创建了泰山路等4条城市容貌达标路,完成了“商贸走廊”美化、亮化三期工程及13条区管沙土路的改造,新增绿地3.27万平方米;积极推进东部村庄旧村改造,对308国道周边进行绿化、美化,进一步完善浮山后居民小区市政基础设施和服务设施。继续加强城市环境综合整治,拆除违法建筑15.4万平方米,取缔非法早、夜市和摊点群28处,对13条占路市场退路道路进行了翻修翻建。投入280万元,更新环卫设施,保证了垃圾收集和清运过程的密闭化,垃圾二次污染问题基本得到解决。积极做好环境保护工作,全年共治理重点污染源

122个,淘汰燃煤锅炉209台,大气环境质量得到较大改善。

社会各项事业

社区服务深入开展,在14个街道办事处设立社区事务受理中心,进一步拓展和完善服务领域和项目。基层民主政治建设取得新的进展,在16个街道办事处创立了社区代表会议制度,居(家)委会民主议事制度更加完善。积极做好老龄工作,新建2处老年人活动园地,新增养老床位318张,每千名老人拥有床位5.8张,达到全省先进水平。

科技工作迅速发展,全年承担市级以上科技项目21项,有3项科技成果获市级以上奖励,有5项科技成果通过专家鉴定,均达到国内领先水平,科技项目创产值2.1亿元,实现税收2 000万元,科技进步对经济增长的贡献率达到48%。

全面推行素质教育,教学条件不断改善,教师队伍整体素质进一步提高,适龄儿童入学率达到100%,获"山东省教育示范区"称号。继续开展全民健身体育运动,辽宁路街道办事处获"全国城市体育工作先进社区"称号。

文化事业健康发展,有文化馆、图书馆各1处,藏书10万余册;社区文化活动空前繁荣,16个街道办事处都有独具特色的文化活动室和文艺队伍,成功举办了夏季文化活动月、金秋十月合唱周和幼儿歌星大赛等文化活动。

调整卫生资源布局,医院的专科特色及硬件设施建设不断加强,青岛骨伤医院门诊病房大楼和青岛浮新医院正式启用;积极开展社区医疗服务,建成社区卫生服务中心19处,巡回医疗点17处,方便群众就医。计划生育工作稳步推进,儿童心理健康教育成果显著,流动人口计划生育管理步入规范化轨道,连续7年保持人口负增长,获"全国计划生育协会工作县级先进单位"称号。

做好下岗职工再就业安置和困难救助工作,落实居民最低生活保障线制度,发放最低生活保障金、再就业保障金和困难居民救助金2 529万元,救助困难职工、困难居民1.4万人(次)。

环境优美的浮山后小区掠影 (市重点工程指挥部供稿)

·街道办事处概况·

冠县路街道办事处 管区位于市北区西端,面积1.47平方公里,辖居(家)委会9个,居民0.66万户、2.42万人。辖区内涉外单位较多且集中。经济以工商业和服务业为主,所属工商企业2家;年内完成财政收入44.1万元。党委书记于明,主任赵洪举。

泰山路街道办事处 管区位于市北区西北部,面积3.23平方公里,辖居(家)委会11个,居民0.68万户、1.82万人。辖区内驻有青岛港务局、铁路青岛货运站、中国外运山东公司等单位。经济以工商业和服务业为主,所属工商企业3家;年内完成财政收入55.6万元。党委书记刘玉浦,主任胡义生。

胶州路街道办事处 管区位于市北区中西部,面积0.55平方公里,辖居(家)委会12个,居民1.27万户、3.41万人。辖区内驻有即墨路小商品市场、东方贸易大厦、国货公司、市立医院、市交通局等单位。第三产业在经济中占较大比重,所属工商企业9家;年内完成财政收入239.2万元。党委书记王丛宝,主任吕锡民。

热河路街道办事处 管区位于市北区西南部,属老居民区,面积0.72平方公里,辖居(家)委会14个,居民1.33万户、3.4万人。辖区内驻有工商银行市北二支行、市中医院等单位。经济以工商业和服务业为主,所属工商企业7家;年内完成财政收入130万元。党委书记谭清斌,主任李强。

辽宁路街道办事处 管区位于市北区西部,辽宁路商业街横贯其中,面积0.46平方公里,辖居(家)委会14个,居民1.17万户、3.07万人。辖区内驻有市妇幼保健医院、中新商厦、青岛电子信息城等单位。经济以商业为主,所属工商企业9家;年内完成财政收入109.8万元。党委书记刘恩山,主任刘洪先。

黄台路街道办事处 管区位于市北区西南部,面积0.71平方公里,辖居(家)委会10个,居民1万户、2.76万人。辖区内驻有青岛有线电视台、市少年宫等单位。经济以商业和餐饮、服务业为主,所属工商企业6家;年内完成财政收入44.8万元。党委书记梁功胜,主任马永学。

华阳路街道办事处 管区位于市北区中部,面积2.11平方公里,辖居(家)委会9个,居民0.69万户、1.82万人。辖区内驻有青岛颐中烟草集团、华金集团等单位。经济以工商业为主,所属工商企业6家;年内完成财政收入112.6万元。党委书记徐人豪,主任王治青。

登州路街道办事处 管区位于市北区南部,面积1.22平方公里,辖居(家)委会10个,居民1.25万户、3.68万人。辖区内驻有青岛啤酒一厂、长生集团公司、青岛大学医学院、青岛市京剧团、山东省体育训练基地等单位。经济以第三产业为主,所属工商企业4家;年内完成财政收入122万元。党委书记卢锦铨,主任刘仁福。

利津路街道办事处 管区位于市北区中部,地处商业繁华地段,是区政府驻地,面积0.72平方公里,辖居(家)委会14个,居民1.21万户、3.23万人。辖区内驻有利群商厦、当代商城、农业银行市北二支行、利津路小商品批发市场等单位。经济以工商业和服务业为主,所属工商企业3家;年内完成财政收入137.4万元。党委书记贾贵信,主任董铭繁。

延安路街道办事处 管区位于市北区中部,与中山公园相邻,面积1.16平方公里,辖居(家)委会16个,居民1.23万户、3.59万人。榉林公园、青岛电视塔、海信立交桥位于管区内。经济以工商业为主,所属工商企业13家;年内完成财政收入187.2万元。党委书记李秀荣,主任车永忠。

威海路街道办事处 管区位于市北区中部,是金融业和商业聚集地带,面积0.57平方公里,辖居(家)委会13个,居民1.14万户、2.97万人。经济以商业和服务业为主,所属工商企业6家;年内完成财政收入136.1万元。党委书记张满印,主任赵绪会。

北仲路街道办事处 管区位于市北区中部,面积0.91平方公里,辖居(家)委会13个,居民1.2万户、3.06万人。经济以工商业和服务业为主,所属企业10家;年内完成财政收入140.6万元。党委书记刘学玉,主任王文兴。

宁夏路街道办事处 管区位于市北区中部,面积0.91平方公里,辖居(家)委会16个,居民1.25万户、3.39万人。经济以工商业和服务业为主,房地产开发和居民住宅小区配套建设潜力较大,所属企业9家;年内完成财政收入103.6万元。党委书记李文诺,主任林宁。

敦化路街道办事处 管区位于市北区中部,面积1.51平方公里,辖居(家)委会12个,居民1.08万户、2.84万人。交通便利,商业发达,驻有康兴超市、青岛旧货市场、海泊民俗食街等单位。经济以工商业为主,所属工商企业7家;年内完成财政收入95万元。党委书记李兆青,主任李来祥。

辽源路街道办事处 管区位于市北区东北部,面积4.79平方公里,辖居(家)委会18个,居民1.46万户、3.79万人。经济以商业和服务业为主,所属企业8家;年内完成财政收入121.9万元。党委书记孙发科,主任栾杰。

合肥路街道办事处 管区位于市北区东部,东邻青岛市高科技工业园,属城乡结合部,土地资源丰富,浮山后居民小区位于管区内。区域面积7.39平方公里,辖居(家、村)委会14个,居民0.57万户、1.58万人。管区内外资企业较多,农工商经济和服务业发达,所属工商企业41家。年内完成财政收入238.6万元。党委书记王焕灿,主任赵继光。

(刘　宝　赵　冰)

四　方　区

·经济和社会发展概况·

2000年,全区辖12个街道办事处,总人口35.7万人,面积34.55平方公里。国内生产总值8.34亿元,比上年(下同)增长11.4%。其中,第二、三产业增加值分别为2.56亿元和5.78亿元,分别增长10.9%和11.7%。财政收入1.20亿元,增长12.3%。

城区经济

工业总产值完成9.8亿元,增长28.1%。第三产业销售收入完成17.7亿元,增长24.2%。招商引资工作取得显著成绩。新批准外资项目22个,增资项目6个,实际利用外资1428万美元,增长14.1%;合同利用外资1588万美元,增长72.6%;"三资"企业出口创汇3150万美元,增长16.4%;引进内资项目50个,完成对内引资2124万元。引进了德国麦德龙集团,建成了麦德龙青岛商场。青岛汽车配件城、方中圆小商品批发城、青岛四方闲置物资市场、青岛市花卉市场二期、青岛市油品交易市场等相继建成开业。利用青岛第六百货商店部分闲置商场开办了华普超市四方分店;四方商贸大厦实现了局部启动,开办了利群四方购物广场和青岛市科技市场。

个体私营业户的数量和规模不断扩大,质量和水平有了新的提高。全区个体工商业户9544户,私营企业2329户,分别增长21.8%和16.2%;个体私营业户注册资金11.4亿元,增长18.2%;全区个体私营业户上缴区级税收3331万元,占全区财政收入的27.7%,增长了71.3%。

位于四方区内的海琴广场一角　(隋以进/摄)

市场建设和管理水平不断提高。开办各类市场11处,新增市场营业面积7.7万平方米;开展市场规范管理达标活动,新建达标市场10处,全区商品市场规范达标率达90%以上。区长管"菜摊子"工作在全市检查评比中名列第一。

社区建设

调整和完善了以组织建设为核心,

以社区服务、社区卫生、社区文化、社区环境、社区治安为主要内容,以组织网络、民主政治、干部作风、财力机制为配套的"五位一体四配套"社区建设内涵,得到了国家民政部的充分肯定。以创建全国社区建设示范城区为目标,深入开展了"社区建设形象年"活动。推进了"一个中心、五个标志性区域"建设。"一个中心",即在四方区行政中心及周边区域建设四方区社区服务大厅和新的社区服务中心;"五个标志性区域",即在该区的南、北、中、西、东部,分别形成社区服务、文化、卫生、治安、环境标志区。创新了社区建设体制,在试点的基础上,把全区223个居(家)委会改组为119个社区居委会,构建了新型社区;进一步推行了"一门式"服务,新建成了4个街道社区事务受理中心;创办了全市首家社区管理学校,建成了区社区体育活动中心,新建了4所社会养老机构;开展了居(家)委会"五个一"(1个宣传体、1支演出队伍、1个读报栏、1个文化活动场地、1个特色文艺项目)文化工程和"文化先进管区"创建活动;加强了社区卫生服务站点建设,建成了4个全科医疗监测诊断中心、50个全科诊所,初步确定了中国—荷兰社区卫生服务合作项目工作方案;加强了社区治安工作,新增市级安全小区7个,全区安全小区达标率达到90%以上;组织了第三批百名干部下社区活动;深入推行了"三公开一监督"(财务、事务、政务公开和民主监督)活动,继续开展了民评官、民评政、民评民"三评"活动;已故基层干部陈秀英被市政府追记二等功,市委、市政府在全市组织开展了向陈秀英学习活动。

每年一度的四方区海云庵糖球会 (隋以进/摄)

城区建设和管理

启动了30万平方米的水清沟旧村改造工程。全年共拆除违法建筑15.96万平方米,全面完成了市政府下达的目标任务。加大了城市环境综合整治力度。整治了市场"退路进室"退出的8条区管路面,硬化了舞阳路、鞍山一路等道路,打通并硬化了南宁路;覆盖了洛阳路部分河道和小村庄河道遗留段;对嘉定山、北岭山2个山头公园实施了综合整治;建成了五百广场、海燕广场、海丰广场;新辟绿地7万平方米,植树17.2万株;完成了山东路四方段及山东路立交桥的绿化改造;建成了22个绿化达标庭院,被市政府命名为"创建国家园林城市先进单位";解决了新经济区7个自然村的垃圾清运问题。完成漏雨屋面维修8630平方米,解决了5460户居民的"吃水难"问题,改造居民供电线路及设施195处。北山、上四方2个居民小区通过了"省优"物业管理小区的验收。加强了环保工作,加大了"三废"治理力度,开展了创建环保达标街道办事处、居委会、居民楼院活动,被评为青岛市创建国家环境保护模范城市突出贡献单位。

社会各项事业

加快了企业科技进步和技术创新步伐,列入国家级科技计划项目2项,市级科技计划项目8项;获青岛市科技星火奖1项;被市政府认定的高新技术企业2家,民营科技企业6家,高新技术产品9个。推进了素质教育的实施,通过了首批"山东省教育示范等级区"的验收,完成了平安二小整体改造工程,接收了青岛国棉五厂子弟小学,成立了区教科研中心;加强了教师队伍建设,具有专科以上学历的教师达到60%以上。成功地举办了2000年海云庵糖球会、第十二届群众文化艺术节、啤酒节分会场和第八届"少儿自绘文化衫大赛"等活动。加大了医疗机构改革调整工作力度,建成了区小学生口腔保健中心和区优生监测室。全面完成了市政府下达的人口和计划生育责任目标。认真组织开展了第五次全国人口普查工作。深入开展了"双拥共建"活动,荣获"全国爱心献功臣行动先进区"称号。圆满地完成了"三五"普法工作。

社会稳定局面进一步巩固。组织实施了再就业工程,全年安置下岗职工756名,安置率达到59.1%;确保了"三条保障线"(下岗职工基本生活保障、失业职工失业保险、城市居民最低生活保障)的落实;共办理人大代表建议67件,政协委员提案47件,办复率、面复率、满意率和基本满意率均达到100%。积极稳妥地处理了信访案件,严格控制了集体上访和越级上访。连续6年被评为市安全生产先进区。深入开展了严打斗争和专项治理,加大了对"黄、赌、毒"等丑恶现象的查处力度。成立了民间组织管理局,加强了对社团和民办非企业单位的管理。

·街道办事处概况·

鞍山路街道办事处 管区位于四方区南部,辖14个社区居委会。驻有青岛第四百货商店、海滨超市等大型商贸单位,青岛市疾病控制中心、海慈医院、青岛市勘察测绘院、国家海洋局北海分局、青岛建工学院等单位及海泊河文化公园坐落于管区内。街办经济以第三产业为主。工委书记张忠春,主任王春生。

海伦路街道办事处 管区位于四方区东南部,辖13个社区居委会。管区内四方住宅小区为"全国安全文明小区",国家副主席胡锦涛等多位国家和省、市领导多次前来视察工作。麦德龙青岛商场等商业设施，山东省纺织科学研究院、青岛市化工研究院等科研院所及嘉定山公园位于管区内。该管区为四方区社区服务标志区。街办经济以第三产业为主。工委书记胡乃祥，主任张海岩。

阜新路街道办事处 管区位于四方区西南部，辖8个社区居委会。是四方区委、区政府所在地，管区内有市公安局四方分局、市工商局四方分局、市地税局第三分局、青岛大学四方学区、四方区医院、弘诚体育场、青岛长途汽车站、四方大酒店等单位以及平安路闲置物资交易市场和著名景点中国神话洞。街办经济以第三产业为主。工委书记李峰岐，主任陈金国。

嘉兴路街道办事处 管区位于四方区中部，辖13个社区居委会。建有青岛利群大型购物商场、方中圆小商品批发市场、四方剧院等设施，人民路商业街由南至北贯穿整个辖区。四方区法院、检察院、司法局、城建委等机关单位坐落在管区内。工委书记董茂臣，主任孟国英。

瑞昌路街道办事处 管区位于四方区中部，辖6个社区居委会。驻有市交警支队四方大队、山东省筑港总公司、市煤气公司、青岛鑫天集团、青岛机绣花边厂、青岛金羊鞋业公司及青岛第四十四中学、四方机厂技校、青岛嘉定路小学等单位。街办经济以第三产业为主。工委书记徐兆振，主任邵新华。

杭州路街道办事处 管区位于四方区中部，辖10个社区居委会。驻有宣化路农贸市场、青岛市玉环灯具市场、紫丁香饭店、四方区第二医院、青岛第一建筑工程公司、青岛市商业机械公司等单位。街办经济以第三产业为主。工委书记邢新华，主任韩光胜。

平安路街道办事处 管区位于四方区中部，辖4个社区居委会。是一年一度的"海云庵糖球会"主会场所在地，驻有四方机车车辆厂、青岛中大股份有限公司等企业和中、小学各3所。街办经济以商业服务业为主。工委书记武传和，主任郭文。

兴隆路街道办事处 管区位于四方区西部，辖12个社区居委会。海云民俗小吃城、四方华普超市、青岛发电厂、联创公司、隆兴公司等企业及海云庵、海云广场等位于管区内。该管区为四方区社区治安标志区。街办经济以第三产业为主。工委书记江勤志，主任王瑛源。

水清沟街道办事处 管区位于四方区北部，辖11个社区居委会。青岛纺织机械厂等66个大中型企业及6所中、小学位于管区内。积极开办社会养老服务项目，建立了老年公寓和老年康复托老所。该管区为四方区社卫生标志区。工委书记孙大贵，主任张临娟。

开平路街道办事处 管区位于四方区西北部，辖8个社区居委会。管区内有小学7所、中学2所，驻有青岛纺织医院、青岛市肿瘤医院、青岛海晶化工集团、青岛捷能动力集团公司、青岛造纸厂、青岛中泰集团公司、第二工人文化宫等企事业单位。街办经济以第三产业为主，青岛市粮油综合批发市场位于管区内。工委书记吴宝正，主任梁谦。

洛阳路街道办事处 管区位于四方区北部，辖13个社区居委会。驻有闫家山、香里、北海三个企业总公司及青岛木工机械厂、前哨精密机械公司等企业20余个，个体私营企业400多户。青岛汽车配件城、青岛化工学院、青岛劳动局技校、青岛第41中学、郑州路小学等坐落于管区内。该管区为四方区社区文化标志区，建有海琴广场及全民健身俱乐部。工委书记金伟方，主任刘志国。

河西街道办事处 管区位于四方区东部，辖7个社区居委会。308国道和重庆南路横穿辖区，青岛市花卉市场、青岛双山油品市场、青岛大山建材市场等大型专业批发市场位于管区内。驻有海尔电冰箱股份有限公司、青岛市汽车贸易中心、青岛陆海货运公司、青岛黎马敦包装有限公司、青岛华钟制药有限公司等单位。该管区为四方区社区环境标志区。工委书记王可刚，主任刘传伟。

（朱世伟 刘永平）

李 沧 区

·经济和社会发展概况·

2000年，全区辖11个街道办事处。总人口27.9万人，其中非农业人口24.7万人。总面积97.98平方公里，其中建成区64平方公里。国内生产总值20.3亿元，其中第二、三产业增加值分别为11.8亿元、7.8亿元，分别增长17.1%、12.1%。利税总额6亿元，增长18%。财政收入1.71亿元，增长12.7%。

经 济

抓产业结构优化升级和所有制结构调整，"突出发展二产，繁荣提高三产，培育精品一产"。

工业利用国内外两种资源、两个市场，参与经济合作与竞争，转变增长方式，完成工业总产值88亿元，实现利税4.8亿元。

商贸流通业运用现代营销方式，推行总经销、总代理制，加快发展超市、连锁经营。崂百维客超市投入使用，青岛锅贴实现走出国门连锁经营。开工建设振华路农贸市场和河北小吃街，改扩建沧口蔬菜批发等4处市场。

发展社区服务业和房地产、旅游业等新兴行业。新增社区服务站点84个；沧置房产交易中心和青岛市房地产交易中心李沧交易处开业；完善十梅庵风景区环境配套，并成功地举办了青岛市第二届梅花腊梅展览会。

调整农业发展思路。建立了李沧区高效农业示范园，依靠科技进步，提高农产品科技含量。

理顺了个体私营经济发展局管理体制。全区个体工商户共有5777户，私营企业1849家，全年个私企业实缴税金7041万元。

改革开放

公有资产在竞争性企业逐步退出，

稳步推进企业改制。抓好已改制企业规范化管理、市场化运作,完善法人治理结构,加快实现产权多元化。重点抓了建委系统和村办企业改制,区房地产开发公司等8个企业改制为股份合作制;硅化工有限公司实施了破产重组,由民营企业中能电缆集团公司收购。区街企业和乡镇企业进行产权制度改革的分别达到40%和28%。

成立了区招商局,突出抓好国外集团、公司、大企业和高新技术的引进和吸收。全面加速园区开发建设。沧海经济技术开发区已实现"五通一平",引进外资项目18个;总投资额1.5亿元、占地20公顷的国风医药集团工业园正式签约。全年累计批准外资项目43个,增资项目13个;新引进内资项目15个,实际利用内资9256万元。

城市建设和管理

加快城市化进程。开发建设青银路以东34平方公里区域,成立了东部开发区管委会,出台了一系列扶持开发建设的政策措施;整体规划正在研究讨论,部分管线设计初步完成。实施了振华路两侧的绿化配套工程、308国道两侧环境整治、东大村小区配套工程和夏庄路综合整治工程。加快住宅特别是经济适用房建设,百通花园、升平苑小区已竣工,东南新苑和营子片改造工程相继开工建设。全年共投入建设资金2亿元,实现新开工面积36.56万平方米。其中,竣工面积22万平方米,涉及旧村改造12.3万平方米、村民1163户。

加强基础设施建设力度。完成了李村河东李段河坝工程、新村和曲戈庄间道路工程、京口路人行道工程、楼山后小学道路工程、汾阳路明沟覆盖工程以及长岭路道口工程和兴山路弯道工程等14项单体工程。全年共植树9.15万株,新增、改建公共绿地72974平方米。投资1100万元对楼山、烟墩山两个山头公园进行了改造,绿化山体面积10.94万平方米。在东部开发区新建了35千伏变电站。全年完成基础设施投资1.50亿元,其中争取市投资1.18亿元。

加强城市管理。全面实施"畅通工程",设立了大崂路、振华路等5条"规范化管理一条街",重点整顿交通秩序,深入开展"严管街(路)"整治活动。拆除违章建筑15万平方米,城区"脏、乱、差"现象得到控制;投入244.8万元,养护维修道路162条,车行道硬化率达91%,主干道保洁率达100%。强化房产管理,维修改造倒、危、陋房9479.18万平方米。开展创建"全国环保模范城市"活动,淘汰燃煤锅炉161台,大气环境质量得到新的改善,获"青岛市创建国家环境保护模范城市突出贡献单位"称号。

社会各项事业

全年投入科技三项经费384万元,工业企业用于科技开发投入1600万元,利用银行科技贷款1800万元。"李沧科技"网站已开通,引进专业技术人才14名。申报市级以上科技计划16项,其中有3项达到国内领先水平。新发展市级高新技术企业2家、民营科技企业5家;2家企业建立了技术中心,其中青义锅炉工程有限公司被认定为市级技术中心。

围绕开展素质教育,全面推进基础教育,加强成人教育和托幼教育,突出特色教育。投资500万元为全区学校建立了微机室,完成了上臧小学专业教室及办公用房建设。

发挥社区内广场、公园等公益场所作用,以社区文化带动楼院文化、家庭文化、企业文化,不断丰富群众文化生活。

实施卫生监督体制改革,实行了药品、医疗器械集中采购。区第二人民医院主体病房楼已投入使用,第三人民医院、第五人民医院老年护理院也已完工,卫生综合服务功能不断完善。

加强社区建设。调整了原有居委会规模,全面建立了社区居委会,并为居委会配备微机,开发了社区居委会信息化管理系统。完成了石家村等19个村、34197名农民的农转非工作。全区人口自然增长率为1.25‰,计划生育率100%。

稳步推进再就业和解困工作。对30户困难企业、1690户困难家庭及五保户、烈军属等发放社会救助、抚恤救济1279万元;分流安置下岗职工642人。

·街道办事处概况·

李村街道办事处 地处李沧区政治、文化中心,辖6个行政村和15个社区居委会,面积6.75平方公里,人口5.6万人。管区内人口密度大,流动人口多,第三产业发达。管区内驻有崂山百货大楼、北方国贸大厦、崂山商贸中心、市第八人民医院等企事业单位。工委书记徐吉娥,主任张玉厚。

虎山路街道办事处 辖9个行政村和2个社区居委会,面积13.11平方公里,人口1.6万人。其北部与城阳区相连,重庆路、308国道、青银高速公路贯穿该管区。村办经济基础较好,以橡胶制品、纸箱等为主导产品。工委书记赵斌,主任陈玉佩。

浮山路街道办事处 位于李沧区东南部,与崂山区、四方区接壤,辖5个行政村和5个社区居委会,面积8.34平方公里,人口1.8万人。村办经济较发达,管区内驻有青岛啤酒第二有限公司、山东省畜产进出口益丰实业公司等大中型企业。工委书记毛元凤,主任苟乃和。

永清路街道办事处 辖3个行政村和8个社区居委会,面积3.82平方公里,人口2万人。以村办工业为主,管区内专业、特色市场较多,青岛市三大专业蔬菜批发市场之一的沧口蔬菜批发市场坐落该管区内,并驻有罗地亚(白碳黑)青岛有限公司、荣花边有限公司、青岛北方汽车交易市场等单位。工委书记何志成,主任王恕民。

振华路街道办事处 位于李沧区西部,辖9个社区居(家)委会,面积7.56平方公里,人口2.6万人。驻有海军航空技术学院青岛分院、青岛纺联集团六棉有限公司、青联集团、青岛啤酒四厂等单位。工委书记刘祥达,主任曲丽丽。

永安路街道办事处 地处李沧区西部中心地区,辖11个社区居(家)委会,面积2.88平方公里,人口4.0万人。管区驻有橡胶集团公司、沧口火车站、市第三人民医院、市地税局第四分局、振华路电信大楼、华隆购物广场、永定路集贸市场等企事业单位。工委书记孟超,主任王兆敏。

兴华路街道办事处 辖6个社区居(家)委会,面积1.36平方公里,人口2.2万人。管区内驻有青岛三丰集团股份有限公司、青岛人民印刷厂、青岛泡花碱厂等市属大中型企业20余家。沧口体育场和沧口公园坐落其中。工委书记林毅,主任宋海荣。

兴城路街道办事处 辖8个社区居(家)委会,面积5.62平方公里,人口1.8万人。管区内驻有青岛碱业股份有限公司、青岛纺联集团八棉有限公司和李沧区医院等20余个企事业单位。工委书记蔡增义,主任庄宝森。

楼山街道办事处 位于李沧区西北部,辖5个行政村和1个社区居委会,面积11.14平方公里,人口1.4万人。属于青岛市工业集中区,驻有青岛钢铁集团公司、一汽青岛汽车厂、青岛石油化工厂、青岛耐火材料厂等90余家企事业单位。工委书记武宗开,主任徐海卫。

湘潭路街道办事处 位于李沧区北部,辖5个行政村和3个社区居(家)委会,面积8.32平方公里,人口2.5万人。经济以"三资"企业和村办企业为主,十梅庵风景区位于管区内。工委书记王先秀,主任胡乐常。

九水路街道办事处 位于李沧区东部,辖20个行政村,面积29.08平方公里,人口2.4万人。青银高速公路贯穿南北,规划建设中的东部开发区和李沧工业园位于管区内,是李沧区招商引资的重点区域。工委书记李新嘉,主任袁和久。

(江志平 高庆德)

崂 山 区

·经济和社会发展概况·

2000年,全区辖4个街道办事处,总面积389.34平方公里。总人口19.15万人,其中非农业人口4.56万人。国内生产总值完成83.2亿元,比上年(下同)增长18.2%。其中,第一、二、三产业增加值分别为3.8亿元、58.9亿元、20.5亿元,分别增长8%、19.6%、16%。税收总收入17.16亿元,地方财政收入5.11亿元。

高新技术产业

(详见第8页)

外向型经济

(详见第8页)

工 业

全年完成工业增加值53.9亿元,增长20.2%,完成工业销售收入234.5亿元,增长21%,限额以上工业企业实现利润5.86亿元。完成了103家机关所属企业的解挂、撤销或移交。完成技术改造投资4.8亿元,增长20%。企业改制取得新进展。结合城市化进程,探索村办企业改革新思路,完成了对亚麦实业总公司的改制,成立了该区第一家社区型股份合作制企业;加快区属企业改制步伐,制定了区属企业改革实施方案,并完成改制前的全面调研工作。全年共有37家企业完成改制,股本总额8308万元。

旅游·商业

崂山风景区通过举办国际风筝邀请赛、发行崂山特种邮票、参加创建国家"4A"级旅游区等系列活动,扩大了形象宣传,被建设部等三部委联合授予"全国文明风景旅游区示范点"称号;全年共接待中外游客228万人次,实现非贸易收入6200万元。第十届青岛国际啤酒节和青洽会在区内成功举办,促进了该区旅游业的发展,节庆期间共接待游客120万人次。

全年第三产业增加值完成20.35亿元,增长15.7%,社会消费品零售额完成9.02亿元,增长16.5%。建筑面积3.5万平方米的高科园装饰城正式建成开业,填补了该区无大型商业设施的空白。枯桃花卉市场建成商业网点3000平方米、大棚2000平方米;海口路商业步行街、普尔斯马特、金大陆商场等新的商业设施建设正在筹建。

城 建

以建设"一个重点、两个循环"为中心,加大城市建设力度,全区基础公益设施完成投资8.8亿元。新城区中轴线和世纪广场已建成投入使用,展现出园区城市新形象。山东省国际会展中心、青岛高科技工业园第三中学等按期交付使用。麒麟大酒店于啤酒节期间正式开业投入使用。银川路已全线通车,形成与市区联结的又一通道。全区产业类固定资产投资完成18.4亿元。投资2200万美元、建筑面积3万平方米的朗讯科技厂房10月投入使用。海尔数字影视、精密塑胶、新型智能电子模块等项目完成投资3.7亿元。房地产投资快速升温、销售顺畅,形成新一轮房地产开发热潮,全区完成房地产投资9.26亿元,增长81.03%。麦岛片城区改造项目招投标工作已经结束,城市化进程加快。小城镇建设步伐加快。

根据功能区的划分和定位,三个街道办事处驻地进行了美化建设。水利建设进展顺利。全年开工水利工程132项,完成工程土石方92万方,完成投资4670万元。沙子口湾、王哥庄小北海海堤建设顺利实施,全年新建海堤2500米,共完成投资802万元。张村河综合治理工程规划设计工作已完成,并已正式启动。农村电网改造工作全面完成,总投资达到9100万元,通过电网改造,电费下降10.3%。

农 业

全年完成农业增加值4亿元,增长11.1%。石老人旅游观光生态园、大崂樱桃园、西登瀛农业示范区和王哥庄持续高效农业技术示范区等园区建设进展迅速。加大水产业结构调整力度,突出发展海珍品养殖、网箱养殖和浅海藻类养殖,已发展鲍参养殖533.33公顷,网箱养鱼总数达到1200个,扇贝养殖333.33公顷,虾池养殖353.33公顷,裙带菜总产量500余吨,水产品总产量达到11.8万吨。农民生活水平明显提高,农民年人均纯收入达到4318元,净增315元,增长7.9%。

社会事业

被文化部命名为"中国民间文学之乡",成为"中国民间艺术之乡"中唯一的文学类特色之乡。全年新开工建设中、小学7所,青岛高科技工业园第三中学一期工程竣工并投入使用,区职教中心已完成土地征迁及招标等前期工作。有5

所学校顺利通过了青岛市规范化学校验收。全区计划生育、卫生基础建设不断加强,区级疾病控制中心正式开工建设,医疗条件得到不断改善。完成了第五次人口普查登记及数据快速汇总工作,普查全区总人口25.5万人(含半年以上暂住人口),常住人口19.15万人。全年人口出生率10.13‰,自然增长率为3.6‰,计划生育率为99.95%。金融机构各项存款余额77.8亿元,其中储蓄存款25.4亿元;贷款余额55亿元。城镇职工年人均收入达到10975元,增长20.4%。

·街道办事处概况·

中韩街道办事处 地处崂山区西部,是崂山区委、区政府、石老人国家旅游度假区、青岛高科技工业园所在地。该办事处东部连崂山风景区,有石老人旅游景点;南部是青岛石老人国家旅游度假区,是集旅游、观光、度假、娱乐为一体的现代化综合性国际旅游胜地;西部与市南区相连,是包括青岛大学、青岛海洋大学等一批高等院校在内的高教区;北部有占地9.8平方公里的国家高新技术产业区。党委书记、主任刘学敏。

沙子口街道办事处 地处崂山南麓,是青岛高科技工业园与崂山风景区的结合部。依山傍海,环境优美,物产丰实。工业基础较为雄厚,化工、机械、电缆、饮料、建筑、建材、海水养殖及海产品加工等均已形成规模。党委书记吴明宣,主任李华。

北宅街道办事处 地处崂山区东北部、崂山风景区内。崂山主峰——巨峰在管区内,旅游名胜景点众多,盛产矿泉水、花岗石,林果、畜牧业较为发达。党委书记刘明佳,主任赵海滨。

王哥庄街道办事处 地处崂山东麓,依山傍海,环境优美。管区内有仰口天然海水浴场和20多座高、中档宾馆、疗养院。旅游设施齐全,建有上清宫、太平宫二条游览索道和浴场滑道。盛产矿泉水、花岗石、崂山海底玉和崂山绿茶。工业已形成海洋化工、民用轻工、五金机械、建筑安装、包装制品五大支柱产业。党委书记辛志军,主任王振竹。

(焦相鹏)

城 阳 区

·经济和社会发展概况·

2000年,全区辖8个镇、230个行政村(居委会)。总人口42.8万人,其中非农业人口5.16万人。总面积553.2平方公里,其中耕地面积1.2万公顷。国内生产总值104.6亿元,其中第一、二、三产业增加值分别为13.4亿元、61.6亿元、29.6亿元,比上年(下同)分别增长26.1%、8.1%、34.5%、14.2%。财政收入3.89亿元。职工年人均纯收入10722元,农民年人均纯收入4012元。

农 业

全区农业总产值17.9亿元,增长3.9%。粮食总产量5.39万吨,减少19%;水产品总产量28.6万吨,增长5%;蔬菜总产量48万吨,增长3.8%;果品总产量1.7万吨,增长14.3%;肉蛋奶总产量9.4万吨,增长9.3%;新发展经济林218.67公顷,累计达到1062公顷;新发展花卉6.67公顷,累计达到30公顷。新建、扩建各类农业现代化示范园区、基地37个,累计达到60个,其中被评为青岛市农业精品工程的4个、被确定为国家级农业示范园或良种繁育中心的6个。新引进国内外农业新品种192个,年销售1000万元以上的农业龙头企业达到18家,农业协会达到17个。更新改造大马力渔船78艘,开发改造海、淡水养殖面积280公顷,新增蔬菜面积268.33公顷,新增奶牛1224头。

工 业

全区新发展工业企业775家,累计达到4690家。工业总产值260亿元,其中区属工业、乡镇工业、独资工业分别为5.7亿元、149.5亿元、104.8亿元,分别增长31.9%、23.5%、34.6%、28.5%。国有及年产品销售收入500万元以上的非国有工业企业实现产品销售收入126亿元,增长23.5%;利税总额7亿元,增长25.4%。产品销售收入居前10名的内、外资企业实现利润2.2亿元,增长3.7%,占全区利润总额的58.8%。结转

城阳区中心广场鸟瞰(隋以进/摄)

和新开工技改项目249个，完成投资9.03亿元，其中过千万元的技改大项目27个。通过ISO9000质量体系认证和获得自营进出口权的企业分别达到39家和26家，有9种产品跨入省、市名牌行列，高新技术企业发展到22家。新开工建设6个工业园和5个村级工业小区，引进了青啤、纺织、橡胶、建材4个市级工业园。

国内贸易

全区共有各类市场33处，集市贸易成交额完成3.7亿元，增长35.4%。社会消费品零售总额完成12.9亿元，增长17.6%。交通运输业、仓储业和信息业发展迅速，其中集装箱运输总吨位发展到8300吨，占全省的20%以上。个体工商户发展到园14930户，私营企业发展到1730家；其中销售收入过3000万元的私营企业达到23家，有15家企业入选了青岛市"百强私营企业"。个体私营经济实缴税金15180万元，增长97.5%。

对外贸易

全区出口创汇10.6亿美元，继续名列全市、全省第一。年内引进外资项目270个，合同利用外资3.57亿美元，增长58.2%；实际利用外资1.46亿美元，增长26.1%。累计批准利用外资项目993个，合同利用外资15亿美元，实际利用外资8亿美元。外资企业上缴税金2.4亿元，增长85%。年内引进内资项目256个，合同利用内资42亿元，增长250.6%；实际利用内资18.3亿元，增长162.7%。特别在引进大项目、高新技术项目和个体私营项目方面实现了历史性突破，引进投资额过1000万美元的外资大项目7个，投资额过3000万元的内资大项目44个，投资额过500万元的高新技术项目13个，投资额过500万元的区外私营企业63家。全区累计引进世界500强企业6家。

城镇建设

年内城镇建设总投资8.3亿元。引进或开工建设了电讯、热电、燃气、污水处理、水厂等大项目，实施了204国道改造、夏塔路、正阳路东扩二期工程和城区15条道路贯通工程，在全省率先实现"村村通柏油路，村村通客运车"的目标；公路密度达到每百平方公里117公里，列全省县(市)、区第1位。新建在建住宅楼48.7万平方米、厂房67.6万平方米。城区人均占有绿地达到35平方米，绿化覆盖率达到37.1%。"三化"试点示范区、镇驻地建设、旧村改造和"居者有其屋"工程取得新的进展。特别是年初确定的在城镇基础设施建设和改善人民物质文化生活条件方面重点办好的12件实事圆满完成。

社会各项事业

全年共组织实施各类科技发展计划项目142项，推广应用科研成果39项，其中24项属国际、国内领先或先进水平，15项属省内领先或先进水平。现有各类学校551所(包括幼儿园)，在校生12万人，教职工6134人。建成省级示范幼儿园57处，市级示范幼儿园5处，市级一类幼儿园57处，占园所总数的43.2%，列全市农村各市、区首位。计划生育工作继续获市一等奖。获"省级社会治安综合治理工作先进区"称号。

·各镇概况·

城阳镇 系城阳区政府驻地。该镇是中国投资环境百强镇，乡镇企业、高效农业、商业流通、仓储运输和房地产等产业全面发展，特别是工业经济发展迅猛，已形成轻纺、化工、机械、食品、饮料、建筑、鞋类、服装等优势行业和以巾被、集装箱、拖挂车、海产食品、玩具、变压器等名优产品为支柱的企业集团。镇党委书记毛瑞平，镇长于成璞。

流亭镇 地处青岛市近郊。工业是该镇的支柱产业，共有乡镇企业156家、民营科技企业22家、高新技术企业8家，外商投资企业330家，合同利用外资4亿美元，实际利用外资2.3亿美元。已形成建材、电子、化工、食品、铸造、木材六大工业骨干行业。招商引资继续在山东省保持第一。镇党委书记刘赞松，镇长张勇。

夏庄镇 地处青岛市近郊，城阳区东部、崂山西麓。全镇农业现代化水平较高，已培植形成蔬菜、畜牧、林果三大农业支柱产业。工业以化工、建材、机械和饮料四大行业为主体。现有144家外资企业落户该镇，合同利用外资2.2亿美元。镇党委书记姜均丛，镇长许廷华。

惜福镇 地处城阳区东部，北依即墨市，东靠崂山区。全镇已发展经济林近700公顷，相继建成了千亩杜仲园、千亩银杏园、千亩崂山茶园、千亩大枣园及开工兴建了长水山庄等一批现代化农业园区、基地。东铁千亩杜仲生产基地及后金茶叶种植示范园被评为青岛市农业精品工程。外经外贸、工业、第三产业及个体私营经济等方面发展增势强劲。镇党委书记杨钊贤，镇长曲维珍。

棘洪滩镇 地处城阳区西北部，西临胶州，北接即墨。境内有蓄水1.4亿立方米的引黄济青储水库——棘洪滩水库，以及日供水3万吨的自来水厂、110千伏的变电站。已培育形成机械加工、精细化工、橡胶、铸造、建材、纺织六大工业支柱行业，拥有以发展高新技术产业为主的青大工业园和金岭工业园。青大工业园被命名为青岛市民营科技工业园。该镇已被确定为山东省中心城镇建设试点镇和青岛市重点建设的中心城镇。镇党委书记李存基，镇长王绍鹏。

上马镇 地处城阳区西部，胶州湾北岸。全镇蔬菜、畜牧、水产和林业生产发展较快，建成了新世纪农业园、荒滩开发基地和林业育苗基地等现代化农业园区、基地。已形成以纺织、服装、机械制造、冷冻加工、建筑建材等行业为主的工业体系。已有59个内外资项目落户该镇。镇党委书记由翠玉(女)，镇长郭孝明。

河套镇 地处城阳区西部，南濒胶州湾，西临大沽河。海岸线长16公里，水产、畜牧业发达。禽蛋批发市场和渔港水产品批发市场规模较大。形成了以机械加工、铸造、纺织、服装、建筑建材、塑料制品、水产品加工为主的工业体系。被国家定点为"青岛再生资源加工区"。镇党委书记李桂锡，镇长程平清。

红岛镇 地处城阳区西南部，三面环海，胶州湾高速公路横穿镇域东西。海岸线长35.2公里，"红岛蛤蜊"、"黄澜蛎子"等产品享誉海内外，连续多年被评为青岛市水产状元镇。工业已形成以水产品加工为主，轻纺、食品、机械、建筑、电子等门类齐全的工业体系。镇党委书记陈立新，镇长刘相忠。

(王绪伟)

青岛经济技术开发区(黄岛区)

·经济和社会发展概况·

2000年,全区辖5个街道办事处,居民5.81万户,总人口19.42万人,其中非农业人口8.46万人。总面积220平方公里,其中耕地面积4017公顷。国内生产总值85.7亿元,增长29.8%;其中第一、二、三产业增加值分别为3.3亿元、54.7亿元、27.7亿元,分别比上年(下同)增长8.28%、32.16%和29%。社会固定资产投资总额36.88亿元。地方财政收入6亿元,增长33%。农民人均纯收入4159元,增长8.5%。年末各项存款余额56.37亿元,增长48.89%;各项贷款余额48.44亿元,增长10.27%;城乡居民储蓄存款余额20亿元,增长7.58。

对外经贸

全年新批准利用外资项目109个,增长45.33%;项目总投资6.72亿美元,增长69.42%;合同利用外资4.86亿美元,增长51.56%;实际利用外资2.89亿美元,增长31.07%。其中,青岛经济技术开发区引进外资项目55个,增长71.88%;项目总投资5亿美元,增长96.14%;合同利用外资3.64亿美元,增长65.5%,实际利用外资2.29亿美元,增长38.91%。引进东方颐园、宝杉木业、美国高尔夫、西奥医疗器械、长鸿石油等过千万美元以上大项目15个,引进美国开立、日本伊藤忠等世界500强企业3家。海尔机器人、澳通化工、邦源纺织、美铝耐火、辉门活塞等25个重大项目建成或基本建成。高合化纤等18个外资企业在获得良好效益的基础上,持续增资,增资额达到8942.9万美元。总投资规模在20亿元以上的海尔国际工业园、海信信息产业园、国风生物海洋药物工业园等先后开工建设。外贸出口平稳增长,全年出口总额6.45亿美元,增长16.3%。其中,“三资”企业出口总额3.4亿美元,增长8.4%;外贸部门出口1.69亿美元,增长22.74%;自营进出口企业出口1415万美元,增长24.3%。

工 业

全年完成工业总产值218亿元(不变价),增长31.1%。在乡及乡以上及年销售收入500万元以上村及村以下工业企业产值中,轻工业产值137.9亿元,重工业产值27.8亿元,分别占工业总产值的66.6%和33.4%。产销率98.63%,下降1.21个百分点;完成出口交货值30.2亿元,增长22.36%。实现产品销售收入169.2亿元,工业增加值45.4亿元,利税10.4亿元,分别增长42.1%、26.5%、27.9%。家电与电子、机械、石化等支柱产业产值占全区工业总产值的比重达到70%以上,高新技术产品产值占全区工业总产值的比重达到44.6%。

国内贸易与旅游业

全年消费品零售额7.12亿元,增长14.41%。其中,国有经济增长7.15%,集体经济增长11.3%,股份制经济增长29.42%,其他经济增长17.96%。个体私营经济发展迅速,新登记注册个体工商户2062户,注册资本3.7亿元,分别增长36.7%、35.6%。个体私营企业完成产值10.5亿元,实现销售额11.4亿元,商品销售额2.2亿元,分别增长281%、192%和168%。

全年接待国内外游客107.2万人次,增长37.4%,旅游收入4.04亿元,增长34.7%。

农 业

农村经济总收入62.6亿元,增长16.4%;集体经济总收入和集体经济纯收入分别达到26.9亿元和2.1亿元,增长11.9%和9%。水产品总产量11.5万吨,总收入7.8亿元,增长10.8%。海参、鲍鱼存养量分别达600万头和1700万粒,新增海水网箱养鱼2000多箱,总数突破7000个,新引进了挪威抗风浪网箱,新增深海抗风浪网箱30组。粮油产量分别达到2.52万吨和4270吨。巩固猪、鸡规模化养殖,发展了山鸡、狐狸、梅花鹿等特种动物的养殖。巩固发展了以保护地栽培为主的蔬菜业和花卉业,大棚总数超过1000个。全年完成退耕还林208公顷。

城区建设

完成固定资产投资36.88亿元,增长43.7%。其中,驻区单位完成7.23亿元,增长81.4,%;区属单位完成2.97亿元,增长36.8%。区属基础设施投资6.3亿元,增长99.2%。

对全长25公里的江山路、长江路等4条城区主干道路进行了拓宽改造和绿化、亮化、美化,改善了城区总体形象;总长32公里的11条县、乡公路已基本竣工,全长42.5公里的薛家岛旅游区环岛路工程正按计划有序推进。全区通车里程168.2公里,硬化总长度160.9公里,公路硬化率95.7%,公路密度76.5公里/百平方公里。全区拥有营运车辆4000多部,年货运量近1500万吨,客运量500万人次。拥有7.6万门程控电话,全区电话普及率达32部/百人,在全省率先建成电话区。

房地产业稳步发展,建立并启动了住房二级市场。全年完成房地产开发投资5.3亿元,总开发面积75万平方米,总交易面积50万平方米。村庄改造工程开工面积84.73万平方米,竣工面积44.16万平方米,分别增长115.7%和79.8%。列入年内重点工作责任目标的17栋“半拉子”工程已有15栋重新动工续建。

全区绿化覆盖率36.54%,增长6.5个百分点;人均公共绿地面积20.53平方米。环境整治和生态建设工程镰湾河水质净化厂、舍埠林垃圾处理厂、黄岛集中供热工程、唐岛湾综合整治工程、棘洪滩—黄岛大型引水工程等一批基础设施和环保工程相继建成或开工建设。环境质量和环境状况良好,噪声及烟气控制均达到市规定标准,被授予“青岛市创城突出贡献单位”称号。

社会各项事业

14家企业被新认定为市级技术开发中心,14家企业被认定为市高新技术企业,全区高新技术企业总数达到48家。全区有区文化馆、区图书馆、区油画院各1个,影视场所7处,录像厅19处。投资1000万元对区文化馆进行了开发改造,改造后的区文化馆建筑面积约3500平方米。有青岛经济技术开发区电视台、有线电视台、广播电台,《青岛日报》"开发区新闻"栏目编辑部以及《沿海经贸》杂志社等新闻、出版单位。全区有线电视用户达2.5万户。举办了第三届金沙滩之夏文化旅游节。

全区素质教育年度目标考核达市优秀等级,60%的办事处创建为市级教育示范镇。普通高考入学率达到70.52%,提高7.5个百分点。推行教师全员聘用合同制,加大办学体制和教育内部管理机制改革。开发区第四中学建成投入使用;完成了薄弱中学改造任务,全年改建扩建学校10所,有2所学校(幼儿园)创建为省规范化学校(幼儿园),4所学校创建为市规范化学校。投资4000万元的青岛南洋学校二期工程已经完成;青岛职业技术学院二期扩建工程开工建设,已完成投资达3500万元;青岛建工学院完成投资达1800万元。全区现有普通高中2处,职业高中(中专)3处,初中8处,小学28处。全区中、小学在校学生3万人,教职工2111人。共有各级各类幼儿园86处。

年内,获"全国中医工作先进区"称号;获2000年度青岛市人口与计划生育目标管理责任制考核一等奖。人口出生率为13.52‰,计划生育率达99.81%。拥有区级综合医院和中医医院各1处,街道办事处医院3处,疾病控制机构1处,卫生监督机构1处,妇幼保健机构1处,药品检验机构1处。拥有医疗病床500张,每千人拥有病床2.6张。从事卫生事业人员862人。其中,医生443人,护士250人;83人有高级职称,248人有中级职称。建成了医疗远程专家会诊中心、血液分析中心、肿瘤治疗中心,提高了全区医疗基础建设和设备配套水平。

下岗职工就业率100%。社会最低生活保障金城镇支出16.5万元,农村支出24.3万元。收缴各项保险基金2.14亿元,企业和机关事业单位离退休职工养老金支出5820万元。职工年人均工资9500元,增长18.6%。城区人均住房使用面积15平方米。

·街道办事处概况·

黄岛街道办事处 位于胶州湾西岸,紧靠青岛保税区、前湾港,毗邻胶黄铁路、胶州湾高速公路。辖17个行政村、10个居委会,总面积35平方公里,总人口2.8万人。全年引进外资项目21个,合同外资2427万美元,实际外资1113万美元;引进内资项目95个,合同内资5.8亿元,到位内资3亿元。全年旧村改造投资5413万元,开工面积12.5万平方米,竣工6.6万平方米。连续8年被评为省级文明单位。党委书记庄贵相,主任朱华。

薛家岛街道办事处 地处胶州湾入海口西岸,三面环海,海岸线长54公里。办事处驻地是青岛经济技术开发区行政、商务中心区。全处辖33个行政村,总面积42平方公里,人口3万人。投资1300万元实施了薛后路、北甘路、薛辛路等共14.45公里长的道路建设工程,完成了环岛路西段9.39公里长的路基工程。实施金沙滩旅游综合开发工程,初步完成了烟台前村庄改造前期工作,完成了环岛路和整个旅游区退耕还林、还绿工程。党委书记孙茂廉,主任吴志成。

辛安街道办事处 位于青岛经济技术开发区中心地带。辖44个行政村,总面积57平方公里,其中耕地面积1544.6公顷;总人口3.8万人。南邻保税区,东靠前湾港,北与胶州湾高速公路相接,胶黄铁路横穿境内。有企业170余家,已形成以建筑安装、机械制造、服装加工、橡胶制品、电子、摩托车、玻璃、建材等为支柱的工业体系。青岛轻骑集团、澳柯玛工业园、嘉里植物油有限公司、高合化纤股份有限公司、颐中汽车城、海尔工业园等内外资大项目落户于境内;拥有产值过亿元的建筑二级企业辛安建筑工程有限公司和一批为轻骑、澳柯玛、海尔等大项目配套的高科技企业。开发了集示范推广、旅游观光、出口创汇三个功能于一体的高效农业示范园。该园规划总面积200公顷,一期开发66.7公顷。党委书记宋森,主任刘喜高。

柳花泊街道办事处 位于青岛经济技术开发区西部。管区内珠山国家森林公园于12月28日获准设立。园内有明朝白云寺、齐长城、捻军校兵场等历史遗迹。建成了齐长城西峰关、杜鹃谷、珠山湖、影视城等20多处景点,"一切智园"摩崖石刻、古风一条街等旅游文化项目正在进行开发建设。管区内建有杜鹃谷花卉观赏园、珠山生态农业园、百果采摘园和中草药种植基地、山农大无公害蔬菜种植基地;洽谈引进了400公顷的"观海山庄"玫瑰园和占地133.3公顷的野生动物园。年内引进过千万美元的大项目2个,过3000万元人民币的内资项目12个,兴建了石油化工、生物工程、装饰材料、机械电子等内外资企业。党委书记孙明刚,主任薛暖新。

长江路街道办事处 位于青岛经济技术开发区行政、商贸、文化中心区。辖30个居委会和行政村,总面积39.4平方公里,总人口6.8万人。年内,实现人均经济纯收入4542元,跨入了青岛市人均收入70强先进乡镇行列;引进内资4.1亿元,合同引进外资额达2897.8万美元,外资项目12个,私营企业980家。办事处开发建设的工业园区占地30公顷,正在建设建筑面积22000平方米的紫金山商业一条街和建筑面积25000平方米的武夷山商贸市场三期工程。党委书记于东明,主任孙宗子。

(吴 锋)

即墨市

·经济和社会发展概况·

2000年，全市辖田横岛省级旅游度假区、山东省即墨经济开发区、青岛即墨农业高新技术开发区、青岛服装工业园、青岛即墨工业园和3个乡、23个镇、4个街道办事处；总人口106.62万人，其中非农业人口11.98万人；总面积1727平方公里，其中耕地面积8.7万公顷。国内生产总值109.81亿元，其中第一、二、三产业增加值分别为22.70亿元、47.30亿元和39.82亿元，分别比上年(下同)增长20.2%、15%、20.3%和25%。地方财政收入3.86亿元，增长27.8%。社会固定资产投资27亿元，增长47.7%。

农 业

全市粮食总产量48.12万吨，下降22.3%；花生总产量12.05万吨，下降8.8%；全市农业总产值完成41.63亿元，增长10.10%。其中，农业产值15.75亿元，林业0.28亿元，牧业10.28亿元，渔业15.3亿元，分别占农业总产值的37.9%、0.6%、24.7%和36.8%。农业人均纯收入3426元。

农业结构战略性调整取得突破性进展。引导和帮助农民实现由主要依靠政策增收向主要依靠科技和市场增收的转变。全市采取政府引导、金融扶持、农民投入为主的办法，在大沽河沿岸实施了十公里蔬菜长廊、百亩批发市场、千家大棚种植户、万亩示范区的“十百千万”工程；投入资金4000多万元，其中市财政投入1100万元，建设了在国内具有先进水平的农业高新技术开发区；建成了4000多平方米的一流种苗繁育中心、组培中心及123个高档日光温室、80多公顷普通日光温室和200多公顷大拱棚。规划建设了占地7公顷的移风蔬菜批发市场，日均上市交易蔬菜100多吨，解决了农产品销售难的问题。设施化农业发展加快。全市年内共发展冬暖棚5399个、大拱棚1.22万个。全市压缩粮田面积1.05万公顷，扩大了蔬菜、瓜果、茶叶、药材、花卉等经济作物面积。

畜牧业突出抓好肉鸡和奶牛生产，肉鸡存栏577.3万只，增长95.5%；奶牛存栏7680头，增长29.6%；完成肉、蛋、奶总产量18.3万吨，增长14.4%。

渔业实施“二次创业”，投资7000万元修建了30公里的环海公路，投资430万元建设了周戈庄渔港码头，拉动了东部沿海乡镇的经济发展。全年近远海捕捞完成12.5万元，滩涂养殖面积达4623公顷。海、淡水养殖面积1.37万公顷。渔业在农业总产值中比重由1999年的37.5%提高到39%。

全市有经济林5600公顷、用材林1666公顷；年内重点引进和培育的林果品种20余个、4333公顷，共获收益5000万元。

市委常委、组织部部长张若飞(右二)考察即墨市即发集团 (市委组织部供稿)

工 业

工业经济效益明显提高。全市共有工业企业12249个，完成工业总产值166.12亿元，增长7.2%；实现税金4.5亿元，增长36%；实现利润6.3亿元，增长33.8%。国有工业产值2.12亿元，占全市工业总产值的1.3%；集体工业产值11.89亿元，占7.2%；股份制工业产值23.9亿元，占14.4%；“三资”工业总产值33.5亿元，占20.1%；个体私营经济工业产值94.65亿元，占57%。

通过兼并、股份制等形式对170多家市属企业成功地进行了改制，乡镇企业和村办企业改制基本完成。工业产业调整步伐加快，突出发展传统优势产业，重点扶持骨干企业及个体私营经济的发展，主要从资金、技术、人才等方面予以倾斜。

加速工业技术改造、产品创新，积极实施名牌战略。全市完成技改项目170个，完成技改投入7.8亿元，名列青岛各市、区之首；年内开发新产品52个；新创青岛市级以上名牌产品4个，全市累计共有省级名牌产品5个，有青岛市级名牌产品8个，全年的名牌创立和累计名牌占有量均居青岛各市、区之首。

加大工业园区建设步伐，创造良好的对外开放环境。巩固扩大即墨市经济技术开发区、城南工业园，新建青岛服装工业园和青岛即墨工业园，其中青岛服装工业园被定为青岛市十大重点工业园区之一。年内,4处园区共投入建设资金1.87亿元,完善了基础设施配套;共计合同利用外资1.06亿美元,实际利用外资2584万美元,实际利用内资1.8亿元;鼓励企业、村庄到工业园区兴建自己的“园中园”,相继有华山镇、红领集团公司等部分乡镇、企业和村庄建起了工业园区。全市各工业园区年内共引进外资项目103个,占全市总项目的71.5%;合同利用外资2.4亿美元,占全市总额的65.2%;实际利用外资1.04亿美元,占全市总额的94.5%;引进内资项目80个,占全市总项目的26%;实际利用内资3.5亿元,占全市总额的35%。

吴官正考察即发工业园　10月20日,中共中央政治局委员、山东省委书记吴官正在省委常委、青岛市委书记张惠来,副省长、青岛市代理市长杜世成,副省长林书香等陪同下,考察了即发工业园。即墨市委书记张洪训、市长孙立杰等陪同考察。该工业园占地66.7公顷,计划总投资10亿元。吴官正对该集团的生产规模、销售收入、出口创汇均位居全国同行业前列表示赞赏,并对企业发展提出要求。

新加坡创新龙源智讯工业园　在即墨华山镇奠基。10月20日举行奠基仪式。山东省、青岛市领导吴官正、张惠来、杜世成、林书香等,新加坡龙置地集团公司主席兼总裁白振华、新加坡创新科技集团公司主席兼总裁沈望傅,即墨市委书记张洪训、市长孙立杰等中外贵宾50多人出席奠基仪式。该工业园是新加坡创新科技集团公司与新加坡龙置地集团公司两家跨国公司合资兴建的集科研、生产、销售于一体、以现代电脑资讯技术为主的高科技工业园,规划总面积24.9平方公里,其中一期工程占地254公顷。一期工程拟先行投资6000万美元,开发53.36公顷土地,建设10万平方米的智讯大厦、创新科技大厦和20万平方米的标准厂房。该工业园被山东省政府确定为省级高新技术产业开发区,列入山东省、青岛市重点建设项目。

国内贸易

市场建设快速发展,投资8000万元的小商品城等7处新建市场相继开业,全市各类市场达到135处,年内成交额达170亿元,增长18.1%。年末全市有个体工商户5.6万户,注册资金总额4.55亿元。个私经济实现销售收入77.7亿元,增长20.7%。社会消费品零售总额30.8亿元,增长16.3%。通过引进利群、百盛等大型商业企业,与各专业市场相互补充,形成了布局合理,相互连接的市场群,初步构筑起商贸、大流通的发展格局。

对外经贸与国际交流合作

全市新批外资项目144个,增长80%,其中投资1000万美元以上的项目3个;合同利用外资3.1亿美元,增长1.63倍;实际利用外资1.1亿美元,增长56.1%;完成出口创汇5.75亿美元,增长25%。引进内资项目313个,实际利用内资10亿元,比上年翻一番。大项目储备创历年之最,全市在谈外资项目73个,合同协议金额4亿美元,其中1000万美元以上的大项目11个。年内引进的由新加坡两家跨国公司共同投资兴建的高科技项目——创新龙源智讯园,规划总面积24.9平方公里,9家来自新加坡、台湾的高新技术企业签订了入园投资合同,涉及10个项目和1亿美元的启动资金。不断加强国际交流与合作,与日本观音寺市缔结为友好城市。

组团赴新、澳招商引资　应新西兰、澳大利亚乔治威斯顿食品有限公司等3家公司邀请,10月30日～11月10日,由即墨市委书记张洪训任团长的即墨市经贸考察团一行4人,赴新西兰、澳大利亚考察。先后拜会了20多家经济管理部门、商业机构、大型企业,就即墨市的投资环境和投资优惠政策作了详细介绍,特别是对即墨重点招商引资项目作了推介;与澳大利亚南太资源开发公司、澳大利亚乔治威斯顿食品有限公司、澳大利亚戴尔奎普有限公司、澳大利亚猎人谷葡萄酒有限公司等4家公司分别达成初步合作意向,意向利用外资近1亿美元。

城乡建设

全市各类基础设施建设共投入资金5.2亿元,其中市财政投入1.74亿元,是历史上投入最大的年份之一。年内,修建了城东二路、城东三路、城西四路、南外环路等6条城区道路;开通了青银公路、即威公路;完成了王大路、蓝王路、王阎路、移康路的建设任务。全市公路密度达到每百平方公里61.3公里,城乡交通网络更加完善。实施城市绿化、美化、亮化工程。扩大城市公共绿地面积35.7平方米,亮化城区主街道9条;投资1200万元,完成了即墨形象性、标志性迎宾路——鹤山路综合一期工程。努力改善群众生活居住条件,新增供热面积9.86万平方米,全市供热总量32万吨。铺设雨污水管道15公里。建成了胶东第一的500千伏变电站,全市供电总量6.43亿千瓦时,增长24.3%。日供水最高达到5.7万吨,平均增长23%。新增电话容量20万门,总容量达36.5万门。全市27处乡镇总体规划全面完成,13处重点小城镇详细规划覆盖率达40%。

社会各项事业

全市组织实施科技项目125项,申请专利30项。全市高考本科达线1995人,创历史最高记录。推行乡村卫生组织一体化管理,新建社区卫生服务站507处;配套完善了“120”急救中心和肿瘤治疗中心;投资1500万元完成建筑面积6500平方米的中医院病房大楼并投入使用。建成了全省县级市中唯一的400米塑胶跑道和草坪足球场,承接了山东省传统项目运动会,被评为全国体育运动先进县(市)。成功地举办了“火红的五月”、“开发区之夜”和“新的跨越”大型文艺晚会,丰富了城乡居民文化生活。广播电视事业迅速发展,有线电视入户达到10.8万户。全市旅游共接待游客190万人次,旅游收入7200万元,增长38%和1.19倍。全市各项存款余额63.1亿元,增长5.9%。初步建立了以养老、失业、医疗为主要内容的社会保障体系,发放养老金4589万元、下岗职工基本生活保障费150万元。年内全市没有发生一起集体进京和到省上访案件,信访工作在青岛市12个市、区中名列第2位。档案工作在青岛市12个市、区考评中名列第2位。被评为山东省社会治安综合治理先进单位。

王忠禹等来即视察计生工作　即墨市计划生育优质服务工作通过了国家和省计生委的考核评估,处于全国和全省先进行列。9月5日,国务委员、国务院秘书长王忠禹,国家计生委主任张维庆等就计划生育优质服务工作来即视察。山东省省长李春亭、副省长邵桂芳、副省长兼秘书长林廷生、省计生委主任班开庆,青岛市市长王家瑞、市政府秘书长姜俊山及即墨市委、市政府领导张洪训、孙立杰等陪同视察了环秀街道办事处计划生育服务站、通济街道办事处西北关村老年公寓、幼儿园等;孙立杰汇报了即墨市计划生育工作情况。30年来,即墨市累计少生52.8万人,连续多年被评为全国计划生育先进集体。

为白内障患者进行康复治疗 根据“视觉第一中国行动”有关方案,组织实施了“民心工程”——为白内障患者解除痛苦的“光明行动”,并将其列为2000年即墨市政府要办的12件实事之一。年内,即墨市人民医院为804名患者进行康复治疗,成功率达100%;并为其中595名白内障患者免除了手术费。

(王兆纯 张方敏)

·乡镇、街道办事处概况·

环秀街道办事处 位于即墨市城区南部,与城阳区接壤。辖区内工业发达、商业繁荣。拥有工业企业532家,“红领西服”、“翠利人造棉”、景钢TJ烫金机、利中甲壳铵、青宝木工机械等一批产品被国家、省评为金奖、银奖和优秀产品奖,形成以针织服装、橡胶化工、机械加工制造、电子、工艺品为主导的工业体系,培植出新国际集团、东豪集团、胡氏集团、金王工业、华龙包装等骨干企业集团。拥有1.2平方公里的城南工业园和3.6平方公里的即墨市工业园,引进美、日、韩等国家和地区外资企业53家,合同利用外资达1亿美元。即墨市蔬菜批发市场位于区内。市人大常委会、市政协、市委统战部、市地税局、市电业公司、市人民医院、墨河公园、即墨第一中学、即墨第一职业中专、即墨实验学校等单位位于其中。党委书记焦升志,主任杨乃君。

潮海街道办事处 地处即墨市城区东部,辖21个行政村。工业发达、商贸繁荣。有青岛大华机械厂、即墨黄酒厂等十几家大中型企业;村办以上企业及“三资”企业300余家;有即墨第一百货公司、新世界大厦、即墨副食品批发市场、即墨精品市场等大型综合商场和购物中心;有胶东最大的农机市场。党委书记江崇发(9月2日离职)、于钦福(9月2日任职),主任殷树人。

通济街道办事处 地处即墨市城区西部。即墨市委、市政府及绝大多数市级机关分布在辖区内。青烟、鳌蓝公路纵横贯通。商业繁华,其间有“炉具销售一条街”、“美食一条街”、“商业一条街”、“摩托销售一条街”,以及利群即墨商厦、百盛即墨爱客家、即墨服装批发市场、小百货商品城、家电批发市场、木材批发市场、钢材批发市场等诸多大型商贸单位。5个村级工业园初具规模。个体私营经济蓬勃发展。被评为“山东省社会治安综合治理先进办事处”。党委书记肖世书,主任李永瑞。

留村镇 地处即墨市东郊。工业是该镇的主要产业,全镇有内资企业105家、外资企业9家,已形成针织、服装、皮革、运输、铸造、木器加工、蔬菜、花卉等为主的产业格局。年内实际利用外资512.3万美元。镇党委书记梁孝平,镇长黄克清。

营上镇 位于即墨市北郊,素有“即墨北大门”之称,北依灵山,西拥马山,青威、青烟及济青高速公路纵横其间。全镇个体私营经济发展迅速,已形成了皮鞋、机械、家电、针织、服装、印刷、塑制、包装、建材、建筑10大支柱产业。年内完成工业总产值4.81亿元,增长40.8%;利用内资4 024.5万元,增长57%。区内亨达集团生产的亨达牌皮鞋获“中国真皮鞋王”称号。镇党委书记郭玉娟,镇长蓝孝万。

段村镇 地处即墨市东郊,辖33个行政村,烟青一级公路和青威高速公路交叉穿越境内。有“县脉自此出”之称的盟旺山系。工业全面发展,有镇村企业50家,形成了电子、木器、食品加工、工艺品制作、精密机械配件等门类的工业体系。先后与美国、日本、英国、泰国、韩国、香港、台湾等国家和地区建立了经贸协作关系。有外商独资企业8家,合资企业7家,60多种产品远销海内外。其中,投资4亿元人民币的青岛正大有限公司和投资2 200万美元的六和食品有限公司成为青岛市颇有影响的外资企业。镇党委书记胡思荣,镇长傅正会。

石门乡 地处即墨市区以东15公里处、四舍山北麓,辖区内莲花山有王圈水库源头。全乡经济以农业为主,全年粮食总产1.27亿吨;花生总产5 910吨,是即墨花生主产区。畜牧养殖、林果生产、淡水养殖渐成规模。大牲畜存栏4 326头,羊出栏6 425只,家禽存栏50万只,畜牧总产值3 100万元;全乡经济林面积90.04公顷,年果品产量1 300吨;水面养殖110.72公顷,水产品产量320吨,产值1 000万元,大小拱棚443个约17.34公顷。乡党委书记乔培松,乡长侯方典。

鳌山卫镇 地处即墨市东部,全镇海岸线长19.8公里,浅海养殖面积1 200公顷,海产品主要有扇贝、对虾、海参、鲍鱼及各种鱼类。全年水产品总值4.15亿元,连续3年被评为“青岛市水产先进镇”。旅游业自然资源丰富,开发潜力大,主要有鹤山风景区,东京山民俗游览区,大、小管岛,鳌山港码头及海水浴场等旅游景点。年内全镇接待中外游客80万人次,旅游收入1 600万元。小城镇建设日新月异,滨海旅游度假小城镇初具规模,被确定为青岛市16处重点小城镇之一。镇党委书记高洪钢,镇长王志刚。

温泉镇 地处即墨市区以东20公里。境内依山傍海,有大小山头48座,海岸线长18公里,拥有地热资源和皋虞古城、丁戈庄大汶口文化遗址等多处人文古迹。全镇经济以农业为主,全年畜牧业产值1.10亿元,占农业总产值的40%;水产品养殖主要有对虾、海参、梭子蟹等,水产品总量9 877吨,其中海水养殖产品5 575吨。旅游业发展潜力较大,温泉度假村年内接待游客2.6万人次,旅游收入276万元。镇党委书记李辉,镇长孙良勇。

王村镇 地处即墨市东部,是进出田横岛省级旅游度假区的必经之地,海岸线长8公里,海滩面积1 133.9公顷。该镇经济发展呈现出多元化、各业并举的特点,工业有针织、海产品冷藏加工、机械制造、建筑建材等20多个门类近百个品种,产品远销韩国、日本、香港和台湾等10余个国家和地区。农产品主要有小麦、玉米、花生、苹果、桃等,海产品有对虾、鱼、贝类等。镇党委书记李祖仕,镇长毛元宏。

田横镇 位于即墨市东部,东西两面环海,海岸线长26公里,风景秀丽,气候宜人,交通便利。是青岛市重点渔业乡镇之一,滩涂养殖面积1 334公顷,其中对虾养殖面积333.5公顷,全年全镇水产品总产值3.1亿元。虾贝蟹混养、梭子蟹养殖、潮间带鲍鱼养殖、海参养殖、海水网箱养鱼等项目已普及推广。该镇位于青岛—崂山—即墨海上旅游线上,镇内有黄山风景区、周戈庄渔业民俗村等旅游资源，东部沿海的水岛、小青岛、涨岛正在开发中，投资400万元的周戈庄渔货码头年内竣工。镇党委书记董良省，镇长于晓明。

丰城镇 地处即墨市东北端，著名的丁字湾环抱西、北、东三面，属沿海山丘区乡镇，辖42个行政村，耕地2801.4公顷，山丘128个。海岸线长36.5公里，滩涂养殖面积2 801.4公顷。渔业是镇经济的主导产业，域内盛产对虾、缢蛏、杂色蛤、文蛤、牡蛎、梭子蟹等品种，全年海产品总值4.9亿元，连续4年被评为“青岛市水产先进乡镇”。千亩工厂化海水养殖示范园区的建立和千亩生态茶园国家立项项目的确立、建设，成为全镇山海经济发展的新的增长点。长14.7公里省二级环海柏油路全面贯通。镇党委书记姜正军，镇长巩志良。

金口镇 位于即墨市东北部，北接莱阳，东临黄海丁字湾，海岸线长15公里。滩涂养殖面积1 675公顷，海产品主要以对虾、缢蛏为主，全年水产品总值1.04亿元。该镇工业发达，有金华粮油、金盛机械、韩青制衣、金达发制品厂等中外企业20余个，年工业产值3.39亿元，出口创汇1 000余万美元。旅游景点有金口古港、天后宫和李秉和庄园。镇党委书记华方廷，镇长王和刚。

店集镇 位于即墨市东北，莱阳、莱西、即墨3市交界处。全镇经济以农业和个体私营经济为主。年内，共有温室大棚1 000多个，大田菜400.20公顷，收入2 000多万元。全镇个体工商户833户，私营企业30家，从商人员3 000多人；有粉条、地瓜枣、香油加工专业村3个，从业人员3 000多人。即墨第二中学、即墨市第二人民医院坐落于该镇。镇党委书记李同普，镇长万发启。

大官庄镇 地处即墨市东北部，青威一级路纵贯境内，西靠青烟一级路，镇内拥有蓄水量2 000多万立方米的即墨第一大水库——王圈水库。全镇经济以农业为主。年内，冬暖式大棚面积66.7公顷；畜牧养殖小区8处，养殖场21处，其中有3处年出栏100万只的肉食鸡养殖场和规模较大的黄牛交易市场。全镇年内引进工农业项目23个，实际利用内资3 960万元，其中投资1 000万元以上的项目5个。镇党委书记陈维本，镇长逄凌洲。

华山镇 地处即墨北部、青烟一级公路和青威公路交汇此地，两条市级公路穿境而过。外向型经济是全镇的支柱产业。全镇共有企业近100家，个体私营业户700多家，形成了机械制造加工、服装加工、食品饮料、建筑建材、金属制品、房地产开发和饮食服务等8大骨干门类，有100多个产品、300多个品种，其中五金、电镀、锉刀等产品畅销日本、东南亚及全国各地。年内，合同利用外资2 985.5万美元。投资1.2亿美元的新加坡创新龙源智讯工业园落户于镇内，小城镇建设格局已初步形成。镇党委书记徐振清，镇长吕典勤。

灵山镇 地处即墨市北部，204国道从中穿过，是青岛市蔬菜生产基地、青岛市秸杆养畜示范镇及青岛市首批小城镇试点镇。灵山牌韭菜年产万吨以上，获2000年青岛市农产品展评会品牌金奖，“灵韭王”获农业新品种金奖，畅销大江南北。黄牛存栏万余头，灵山黄牛市场是即墨市24处专业市场之一。年加工出口花生万吨以上，鲁灵牌花生增产剂获国家教育部科技成果二等奖。年接待游客20万人次，收入40万元。经青岛市批准，集旅游观光、休闲娱乐、民俗节庆于一体的“森林公园”正在建设。个体私营企业发达，形成了商标、服装、五金等10几个门类数百种产品。青纺联及数家韩资企业落户该镇。镇党委书记谭百鸣，镇长张吉耀。

长直镇 地处即墨市西北部。全镇经济农业、工业并重，年内被评为青岛市水利工作先进乡镇。发展中药材种植和畜牧养殖业，已种植丹参、黄芩、板兰根等药材106.72公顷；畜牧养殖收入占农业总收入的40%以上，年可提供鲜奶3000多吨、生猪3万余头、肉食鸡50余万只。有工业企业106家、外资企业3家、外贸出口企业8家，主要有机械铸造、橡胶化工、五金工具等门类，产品主要销往美国、韩国、日本、马来西亚等十几个国家和地区。镇党委书记王德高，镇长董仲平。

段泊岚镇 地处即墨市西北部，东接烟青一级公路，西连姜家坡火车站。该镇高效设施农业、畜牧养殖业、大田蔬菜种植业发展势头良好。全年农业总产值9 290万元，畜牧业总产值3 716万元。个体私营企业120家，从业人员3 400余人，形成了印刷、包装、塑料、纺织、机械制造、日用金属制造、农产品加工等门类为主的体系。开发建设了占地面积0.6平方公里的青岛即墨印刷包装工业园，达到乡镇一类园区标准。年内工业总产值1.81亿元。镇党委书记刘守君，镇长管叙训。

瓦戈庄镇 地处即墨市西北部、五沽河南岸。工业是该镇的支柱产业，全镇共有内资企业60家、“三资”企业6家，已形成家电、印染、针织、服装、化工、搪瓷、包装、建筑模板、发制品、皮革制品、耐火材料、辣椒制品等十几个门类、上百个品种的产业格局。镇党委书记任月宾，镇长隋松志。

刘家庄镇 地处即墨市西北部，西以大沽河与平度市分界，北临五沽河与莱西市相望，辖28个行政村。全镇拥有耕地面积3 801.9公顷，土质肥沃，水资源充足。该镇大力发展高效农业和个体私营经济。建起了环沽河万亩大棚瓜菜种植示范园区、方戈庄个体私营工业园区、肉食鸡养殖园区、食用菌生产园区。全年农业总产值1.62亿元，个私经济总收入1.03亿元。镇党委书记衣服坡，镇长宋清涛。

移风店镇 地处即墨市西北部、大沽河西岸。全镇经济以农业为主。全年农业总产值4.20亿元。规划了占地667公顷的高科技农业示范区，发展以日光温室大棚为主的高效设施农业。镇内有占地3.47公顷的蔬菜批发市场，日交易蔬菜250吨。镇党委书记玄相辉，镇长江志学。

七级镇 地处即墨市西北部，大沽河沿岸。高效农业发达，有大棚蔬菜近267公顷，是青岛市菜篮子工程基地，生产蔬菜远销上海、浙江、南京等地；拥有中国江北最大的生猪批发市场，生猪交易及屠宰辐射面达江苏、安徽等11个省、140多个县、市，被农业部确定为“全国菜篮子工程鲜活农产品中心批发市场”；建有青岛市最大的名贵鱼繁育基地，主要繁育养殖俄罗斯鲟等5种鲟鱼以及美国大口胭脂、淞浦银鲫等名优特新淡水鱼品种。镇党委书记于波，镇长彭川松。

蓝村镇 地处即墨市西部，胶济、蓝烟铁路在该镇交汇，济青高速公路、青沙公路穿过镇区中心，小城镇建设初具规模。全镇共有外资企业5家、内资企业28家，年内实际利用外资828万美元；已形成了以皮鞋加工业为主，包括机械制造、刺绣、石材加工、金属加工、异型管材、橡胶等门类的工业格局。镇党委书记宋波,镇长谭春。

南泉镇 地处即墨市西部。全镇经济以工业为主,拥有乡镇企业90家,外资企业16家,个体工商户946家,从业人员8200人。已形成针织、服装、五金、铸造、机械、橡胶化工等十几个门类、上千个品种的产业格局。畜牧业是该镇的新兴产业,蛋鸡存栏60万只,奶牛存栏1200头,成为青岛近郊最大的鸡蛋和奶牛集散地。镇党委书记鲁本胜,镇长黄聿兆。

普东镇 地处即墨市西北部。该镇大力发展花卉和蔬菜种植,淡水和鸽子养殖为主导产业的高效农业。全镇蔬菜面积达到667公顷,年产量4.53万吨,产值3647万元;13.34公顷睡莲生产基地初具规模,为亚洲之最;建成了存栏1万对的美国落地王鸽养殖场,是山东省畜牧局命名的青岛地区唯一的种鸽繁育养殖基地。全镇拥有外资企业12家,横联企业15家,总固定资产达2亿元。全年实际利用外资100万美元,形成了机械、化工、造纸、纸箱、包装、特钢铸造、橡胶、玩具、建材、制药、建筑、食品、安装等多种门类并举、共同发展的工业格局。连续多年被即墨市委、市政府评为外引内联工作先进乡镇。镇党委书记刘学谦,镇长于涛。

大信镇 地处即墨市西郊。工业是该镇的支柱产业,全镇有内资企业26家、外资企业16家,年内实际利用外资863万美元。已形成食品加工业、机械制造业、服装加工业、橡胶塑料制品业等14大类、上千个品种的产业格局。全年工业产值14.34亿元。镇党委书记孙吉学,镇长徐永军。

马山镇 位于即墨市区西郊,南与青岛市城阳区毗邻,镇内的旅游景区——马山,是国务院批准的"国家级地质资源保护区"。工业是该镇支柱产业,年内全镇有工业企业432个,工业总产值(现价)9.8亿元。有"三资"企业18个,出口创汇3300万元。镇党委书记徐世臣,镇长陈德瑞。

太祉庄乡 位于即墨市西北部,蓝烟铁路纵贯南北。乡辖20个行政村,耕地面积2715.56公顷,人均耕地0.17公顷。全乡经济以农业为主,以蔬菜、干鲜果品类为主的高效农业发展迅速。出产的太丰西瓜、紫皮大蒜、萝卜、大白菜、苹果等远近闻名。乡党委书记孙红松,乡长郭广华。

乔家屯乡 地处即墨市北郊,辖20个行政村,内有大型辛庄瓜果菜粮油批发市场。全乡经济以农业为主,大棚西瓜、果品和畜牧业发展迅速,素有"西瓜之乡"美称,坤源牌西瓜畅销全国10多个省、市。乡党委书记乔宪君,乡长李知臻。

田横岛省级旅游度假区 地处即墨市东南部,三面环海,由海域、陆域及海岛三部分组成,辖18个渔村,系综合性大型旅游度假胜地。由三联集团开发的田横岛景区年内接待中外游客18万多人次,旅游收入800余万元。全区海岸线长25公里,浅海养殖面积6700公顷,海产品主要有扇贝、对虾、海参、鲍鱼、梭子蟹、杂色蛤等。全年水产品总量达到5万吨。党委书记李乐生,主任代庆旭。

(张潇玲)

胶 州 市

·经济和社会发展概况·

2000年,全市辖4个乡、13个镇、5个街道办事处。总人口75.79万人,其中非农业人口14.26万人。总面积1210平方公里,其中耕地面积61456公顷。国内生产总值103.3亿元,其中第一、二、三产业增加值分别为18.6亿元、51.9亿元、32.8亿元,分别比上年(下同)增长22.4%、7.1%、31.2%、15.9%。地方财政收入3.1亿元。

农 业

全年完成农业总产值33.5亿元,增长3.8%。其中,粮食总产量35.5万吨;油料总产量4.3万吨,增长7.2%;蔬菜总产量170.4万吨,增长51.8%;果品总产量4.99万吨,增长13.3%;畜牧业、渔业生产稳定增长。肉类总产量8.04万吨,蛋类总产量6.02万吨,奶类总产量4.05万吨;水产品总产量9.54万吨,增长10.3%。

工 业

全年完成工业增加值47.7亿元,增长30.8%,国有及销售收入500万元以上的非国有工业企业(简称限额以上企业)完成增加值28亿元,增长23.6%。其中,市属工业完成3.4亿元,增长3.8%;乡镇办工业完成15.2亿元,增长18.8%;外商独资工业完成9.3亿元,增长40.8%。全市实现工业产品销售收入184.8亿元,增长18.7%,其中限额以上企业101.1亿元,增长26.4%;实现利税11.37亿元,增长59.8%,其中限额以上企业7.6亿元,增长90.4%;实现利润4.99亿元,增长110.9%,产品销售率98.4%,提高0.2个百分点。

第三产业

全市实现社会消费品零售额35.1亿元,增长15.2%。其中,批发零售贸易业零售额22.3亿元,增长15.2%;餐饮业零售额2.99亿元,增长19.1%;农业生产者零售额3.86亿元,增长3.1%。年内投资3.6亿元,新扩建世纪广场、向阳新市场等11处重点市场。全市商品交易市场已发展到97处,其中过亿元市场6处;全年成交额达29.8亿元。城市居民人均可支配收入5796元,增长8.1%;农民年人均纯收入3640元,增长6.3%。年末城乡居民储蓄存款余额36.5亿元,增长3.4%。

对外经贸

全市新签外经项目145个,合同利用外资3.04亿美元,实际利用外资1.3亿美元。引进内资项目339个,合同利

成立于1985年5月。2000年9月经李沧区人民政府批准改制成股份合作制企业。注册资金2000万元，是国家二级房地产开发企业；专职技术工作人员占公司总人数的85%，其中具有中、高级职称和大专以上学历者占75%。下设7个全资子公司。

自成立以来，先后开发建设了洛阳路居住小区、四流中路旧城改造工程及为政府代建区医院病房楼等项目，累计完成开发面积120万平方米。正在开发建设的位于李沧区的“振华苑”、“兴华苑”等居住小区共36万平方米；位于四方区的“海滨广场”商业网点和商住小区4万平方米，已进入了实施建设阶段。

公司坚持“质量第一、信誉至上”的经营宗旨，坚持社会效益与经营效益相结合的发展战略，曾连续多年被市、区评为先进单位、质量管理先进单位、先进集体、纳税先进单位等荣誉称号。

地址：青岛市兴华路38号
邮编：266041
电话：(0532)4633119
传真：(0532)4634283
董事长兼总经理：李云保

该公司承建的“李沧区升平路二小区”住宅工程

雕塑：世纪之门

青岛经济技术开发区

跨入新世纪的青岛经济技术开发区

开发区工委书记迟华东（中）到基层指导工作

开发区管委主任姜杰（左一）陪同台湾客商视察油港

是1984年10月经国务院批准成立，于1985年3月28日正式动工兴建的国家级经济技术开发区。区内设有青岛保税区和高新技术产业开发试验区以及薛家岛旅游度假区，是中国开放政策最集中的地区之一。坐落在胶州湾西岸，与青岛市区隔海相望。全区总面积220平方公里，人口23万。

目前，全社会基础设施投资已达140亿元，建成了前湾港、胶黄铁路、环胶州湾高速公路等一批重大基础设施工程，形成了开发区陆路、海路交通便利，基础设施完善，电力供应充足，并拥有210吨/小时的热力设施，对工业和居民集中供热的格局。良好的投资环境吸引了众多的客商，已有50多个国家和地区的客商来区投资。全区累计批准三资项目1190个，总投资39亿美元，合同利用外资27亿美元，实际利用外资15.1亿美元。投资额在1000万美元以上的大项目达100个，总投资过亿美元的三资企业已有3家，世界500强投资企业17家。

2000年，全区国内生产总值达到85.7亿元，人均国内生产总值4.3万元，地方财政收入达到6亿元，工业总产值218亿元。城市居民人均可支配收入达到7700元，农民人均纯收入达到4159元，人均储蓄额8000元，城区人均住房使用面积15平方米。

目前，总投资1.7675亿美元的合资项目前湾港第三期集装箱码头工程开始启动。横跨胶州湾东西的海湾大桥项目已经国务院批复立项，目前开工建设在即。在不久的将来，海湾大桥的建成将把开发区与市区连成一体，并将成为胶州湾一道美丽的风景。

地址：青岛经济技术开发区长江中路369号
邮编：266555
电话：（0532）6988933　6988981
传真：（0532）6988989
http://www.Qdinvestment.gov.cn
E-mail:Qdkfqgw@public.qd.sd.cn
工委书记：迟华东
委管主任：姜杰

管委办公楼

港口

交通

教育

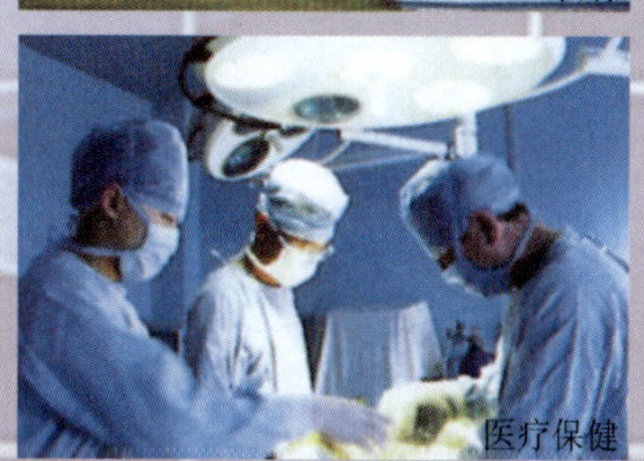
医疗保健

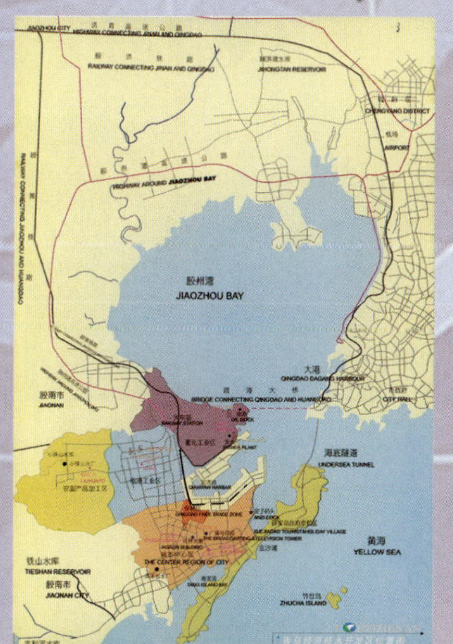

青岛经济技术开发区位置图

青岛经济技术开发区黄岛街道办事处

党委书记：庄贵相

主任：朱华

该办事处辖17个村，10个居委会，总人口2.8万，总面积35平方公里，是开发区先期建设的2个建成区之一。办事处招商政策优惠，并制定出台了一系列兴办、引进项目激励政策，对项目引进机构和引介人实施重奖。

2000年，办事处完成企业总产值15.2亿元，农村经济总收入15.87亿元，入库税金4376.4万元，同比分别增长21%、20%、19%，实现居民人均纯收入4595元，人均增加380元。办事处连续8年被评为省级文明单位，区级以上文明单位达80%以上。

地址：开发区大公岛路5号
邮编：266500
电话：(0532)6852526
传真：(0532)6851137

领导班子全体成员

图为市、区领导参加世界五百强项目——SK chemicals（青岛）有限公司奠基仪式。

社区文化生活丰富多彩

青岛经济技术开发区薛家岛街道办事处

地址：开发区长江中路1号
邮编：266520
电话：(0532)6878169
传真：(0532)6876379

党委书记：孙茂廉

主任：陈国良

金沙滩晨光渔影

办事处发挥沿海优势，带领群众科技致富，投资100多万元，引进深海抗风浪养鱼网箱，发展深海养殖。图为中外技术人员正在进行网箱安装。

青岛经济技术开发区辛安街道办事处

该办事处位于开发区中心地带，总面积为57平方公里，辖44个行政村，4.5万人口。2000年，共完成农村经济总收入11.84亿元，集体经济总收入4.9亿元，企业总产值9.05亿元，企业收入8.89亿元，合同利用外资1363万美元，实际到位资金753万美元，引进内资项目32个，实际利用内资9522万元，实现入库税金3601万元。

2001年，办事处将积极组织实施5项工程：以建设8～10万平方米通用厂房的招商工程；以旧村改造开工建设11万平方米的城市化建设工程；以投资2.5亿元建造建筑装饰材料城的富民工程；以解决无房机关干部、教师、医生的安居工程；以抓好社会治安综合治理工作的安民工程。

党委书记：刘喜高

主任：周传杰

办事处党委领导班子成员在研究辖内旅游工作

办事处办公楼

地址：开发区黄河中路351号
邮编：266510
电话：(0532)6811049
传真：(0532)6811856

青岛经济技术开发区计划生育卫生局

局党委班子成员

开发区第一人民医院位于该区黄浦江路9号。占地面积3.6万平方米，建筑面积1.89万平方米，固定资产3700万元，有职工349人，其中主任医师4名，副主任医师31名，主治医师87名。图为医院病房楼与急救中心。

开发区第一人民医院紧紧围绕“以病人为中心，以质量为核心”来开展工作，并根据医院工作实际情况，不断加大设备配套，完善科室设置，加快人才引进与培训，拓宽就医渠道，提高专业化诊疗水平。图为医务人员正在查房。

黄岛区中医院最新引进的投资198万元的日立717全自动生化分析仪

总经理：张绪明

成立于1969年，现拥有固定资产9000余万元，在编职工288人。下设3个供水水厂及15处供水水井，日综合供水能力达8.2万立方米，2000年供水总量为1460万立方米，担负着该市21万人口的生产和生活用水供应任务。

水质检测中心取得省级资质认证；设计室取得丙级资质认证；水表检测站为即墨市唯一具备资质的合法的水表检测机构；安装取得市政建设三级资质，可承接安装城镇供水各种管道。公司党支部连续7年被评为即墨市“先进党支部”，公司先后荣获山东省“文明示范窗口”、“绿化先进单位”和青岛市“文明单位标兵”等荣誉称号。

即墨市自来水公司

地址：即墨市新兴路63号

邮编：266200

电话：(0532)8513511

传真：(0532)8526704

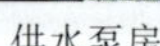

供水泵房

水处理车间

水厂厂貌

即墨市电业公司

该公司是一个集发、供电生产经营与管理合一的社会公益性企业。多年来，经过上下共同努力，使该市已拥有500千伏和220千伏变电站各1座；拥有110千伏变电站4座，主变容量21.75万千伏安；35千伏变电站15座，主变容量14.96万千伏安；35千伏以上输电线路29条、341.91公里，10千伏配电线路107条、1632.3公里，380/220伏输电线路4711.2公里。有装机容量3.3万千瓦的热电厂1座。5条110千伏线路与青岛电网连接，3座110千伏变电站实现了双电源，15座35千伏变电站全部实现无人值班，电网调度自动化达到了部级实用化标准，初步形成了“110千伏环网供电网架”，电网建设走在了全国同行业前列。

该公司已连续13年保持省级“文明单位”称号，连续12年保持省级“先进企业”称号，连续7年保持国家电力部电力“三为”服务达标单位称号，连续5年保持国家“农村电气化县”和青岛市“先进党委”称号，1996年创建成为国家“节电先进县”，1997年被省电力工业局授予“一流管理县级供电企业”称号，公司连年保持即墨市“十佳”文明单位称号。

“富民兴鲁”劳动奖章获得者、经理、党委书记：孙立山

地址：即墨市青石路3号
邮编：266200
电话：（0532）8515750
传真：（0532）8515280

国家电力公司农电工作部主任李振生（左一）来即墨视察，对该市的网改工作给予高度评价。

客户中心电力服务热线

公司办公楼夜景

优质服务博得客户称赞

金胶州

市委书记：张元福

市长：李皓

胶州，以胶水命名。秦属琅琊郡，隋设胶西县，唐设板桥镇，明洪武二年（公元1369年）改为胶州。1931年改为胶县。1987年2月撤县设市。

2000年辖4个乡、13个镇、5个街道办事处、813个行政村；总人口75.8万人；总面积1210平方公里，耕地面积6.1万公顷。主要河流27条；海岸线长25公里。

年内，完成国内生产总值103.3亿元，社会固定资产投资27.1亿元。财政收入3.1亿元。农业总产值33.5亿元，粮食总产量35.5万吨；油料总产量4.3万吨，蔬菜瓜果类总产量175.4万吨。工业增加值47.7亿元，实现工业产品销售收入184.8亿元，实现利税11.37亿元。实现社会消费品零售额35.1亿元。全市新签外经项目145个，合同利用外资3.04亿美元，实际利用外资1.3亿美元。年内，完成基本建设投资4.7亿元。商品交易市场97处，全年成交额达29.8亿元。城市居民人均可支配收入5796元，农民人均纯收入3640元。年末城乡居民储蓄存款余额36.5亿元。年内，完成重大科研成果10项。拥有各类学校181所，科研机构46个，卫生机构33处，文化体育场92处。

胶州市行政文化新区控制性规划
用地规划总图

胶州市对外经济贸易委员会

该单位是胶州市外经贸工作的主管部门。下设外商投资服务中心、招商办、外资企业管理办公室等3个单位，拥有工作人员60名。

近年来，该单位努力发挥外经贸主管部门的作用，不断加大对全市外经贸工作的指导、协调和服务力度，狠抓招商引资和外贸出口工作，全面推进胶州市的对外开放事业，取得了明显的成果。胶州市外经贸工作连续多年在青岛市乃至全省同类城市中保持领先水平。截止目前，全市累计合同外资已达14亿美元，实际利用外资7亿美元，开工投产的外商投资企业已达293家，对外开放工作向着健康的道路发展。

党委书记、主任：王忠效

'2000中国·胶州经济贸易洽谈会开幕式

委员会办公楼

地址：胶州市泉州南路16号
邮编：266300
电话：(0532)7212729
传真：(0532)7213391

胶州市城乡建设委员会

主任：宋同丰（左）

该单位作为负责胶州市城市规划建设管理的职能部门，近年来，加强了城乡规划、建设、管理工作。城市总体规划高起点，确定了城市发展东进南移战略，并规划了10平方公里的新城区，绘制了跨世纪的发展蓝图。城市基础设施容量和承载水平不断提高。城市日供水能力达8.5万立方米，已建成日处理污水3万吨的氧化塘污水处理池，城市污水处理厂一期工程正在建设中；城市供热面积达到150万平方米，普及率65%；已建成的市区主次干道28条、33公里的环城公路，形成了内部棋盘式网络结构、外部环线贯通的大交通格局，东西南北四条主干道呈外辐射状，架起了对外联系的桥梁。

日新月异的胶州市区

流彩纷呈的城市夜景

贯穿市区的滨河绿带

地址：胶州市太平路11号
邮编：266300
电话：(0532)7212224
传真：(0532)7217054

胶州市优秀乡镇
胶州市对外开放龙头

胶东镇

该镇位于胶州湾西北岸，胶州市东郊。全镇面积90平方公里，辖53个行政村，人口5.5万人。是胶州市经济重镇之一。2000年全市乡镇两个文明考核获第1名。

该镇北依济青高速公路，南有环胶州湾高速公路，东临青岛流亭国际机场，西靠胶黄铁路，胶济铁路、204国道横穿该镇，交通条件十分便利；设在该镇的青岛胶州大椒加工贸易区是全国最大的大椒产品集散地之一，年交易额4亿多元，产品畅销国内外；该镇积极实施“三园一带一长廊”的对外开放战略，提高硬件建设水平，截止目前，已有32家外资企业、310家内资企业在镇内落户；该镇还建立了专业招商与服务队伍，对外来投资者提供“一条龙”专业化服务。

电话：0086-532-8260086
0086-532-8260988
传真：0086-532-8260988
http://www.jiaodonggov.com
E-mail:jdjmw@public.qd.sd.cn

党委书记：牛润之

镇长：徐志红

镇政府办公楼夜景

胶东镇工业园总体规划图

落户该镇的青岛海尔金属成型有限公司扳金车间一角

胶州湾畔金项链
营 海 镇

畜牧养殖示范园区一瞥

营海工业园一角

丰富的海产品

该镇坐落于胶州湾畔，是胶州市唯一的沿海乡镇，海陆交通发达，地理位置优越，是胶东半岛地区的重要交通枢纽。全镇共47个行政村，总面积121平方公里，总人口3.4万人。2000年全镇实现国内生产总值8亿元，实现财政收入1800万元，农民人均纯收入达到4830元，在全市两个文明建设考核中名列第2名。

截止目前，全镇累计引进内外资企业70多家，合同利用外资1.4亿美元，实际利用外资1亿美元，合同利用内资2.8亿元，实际利用内资2亿元

近年来，营海镇一、二、三产业全面发展，小城镇建设日新月异，通讯、供电、供水等配套服务设施日臻完善，还处于发展建设中的营海镇，已经描绘出一幅大发展、大开放的雄伟蓝图。

营海养海园

邮编：266318
电话：(0532)5260012
传真：(0532)5260046

改革开放的新型村庄河头源村

该村地处胶州市区西南部，现有村民220户，人口753人，党员45名。全村个体、私营企业50多家，从业人员2000多人，总资产4000多万元，第三产业增加值1000多万元，实现利税1500万元，上交税金463万元。2000年全村经济总收入1..1亿元，工业总产值9000万元，人均收入5800元。

截止目前，已有5家外资企业落户该村，村里投资1000多万元改善环境，为这些企业创造了良好的发展空间。现全村年收租金达300多万元，集体积累由前几年的几万元增加到了现在的4000多万元。 2001年河头源村在中云工业园内新建厂房约计6000平方米用于对外招商，热情欢迎国内外企业到此致富经商。

青岛市优秀党支部书记
胶州市人大代表 张敬业
村党支部书记

两委领导班子成员

中云河头源工业园一角

河头源小区

外商独资企业车间一角

地址：胶州市泸州路8号
邮编：266300
电话：86-532-7266079
86-532-7266673
86-532-7266065

前进中的胶南市劳动和社会保障局

该局下设劳动服务公司、机关事业单位社会保险办公室等部门，担负着全市劳动就业、社会保险等重要职责。近年来，胶南市实现了企业、机关、农村保险和医疗保险四位一体，养老、医疗、失业、工伤、生育五险合一的社会保险体系；劳动力市场实行求职登记、职业介绍、就业培训、招工手续办理、档案托管一条龙服务；技工学校目前在校生1000余人，开设了车工、钳工等十几个专业，每年可向企业输送各类技术工人300余名。

2

3

1

4

5

1.局办公楼

2.技工学校微机教研室

3.国家机关事业单位社会事业保险办公室服务大厅一角

4.社会劳动保险事业处服务大厅一角

5.劳动力市场一角

地址：胶南市珠海路71号

邮编：266400

电话：(0532)6162504

青岛市卫星城市——胶南市

2000年11月，山东省副省长、青岛市代理市长杜世成（右二）在胶南市委书记刘泳（左二）、市长于睿（左一）的陪同下视察胶南工作。

山东省副省长、青岛市市长杜世成在胶南市市长于睿的陪同下视察一站式服务中心。

市领导向外商投资者颁发“绿色通道证”。

胶南市地处青岛西海岸，总面积1894平方公里，海岸线长138公里。距青岛飞机场90公里，距青岛前湾港20公里。是我国首批沿海对外开放县（市）之一，是青岛市卫星城市。

为不断增创对外开放新优势，该市全面清理、整顿了行政事业性收费；“一站式”服务中心对审批项目实行开放式办公、一站式办结；绿色通道证制度使投资者在交通、医疗、观光旅游等方面享有优先权和优惠待遇；广泛开展的优质服务年活动进一步转变了部门和行业作风，提高了服务质量和水平。全市上下营造了一个让投资者投资放心、工作安心、生活舒心的良好环境。截止2000年底，全市批办利用外资项目596个，合同利用外资12亿美元，实际利用外资5.9亿美元，已与100多个国家和地区建立了经贸合作关系。

胶南市经济技术开发区、琅琊台省级旅游度假区、海滨工业园和重点乡镇工业园基础设施完备，服务功能齐全，入园政策优惠，是投资者实现理想的优良境地。

胶南市委、市政府及全市84万人民愿与海内外朋友共谋发展，共创伟业！

邮编：266400
电话：(0532) 6163592
传真：(0532) 6162101
电子信箱：jiaonan @ public.qd.sd.cn

市经济技术开发区医院外景

市区北京路一隅

市实验中学一隅

医院门诊楼

该院是一所集医疗、急救、科研、教学、预防、保健、康复于一体的现代化二级综合性医院，占地面积约7.13公顷，规划床位499张，一期工程建设面积1.51万平方米，开放床位200张。医院全部安装了中央空调、中心吸引、中心供氧、中央呼叫等设施；拥有美国产高级全身螺旋CT机、彩超，日本数字化胃肠X光机，芬兰全自动生化分析仪、血气分析仪、ICU多参数监护仪、高级多功能麻醉机等先进大型医疗设备100余件。医院骨科、神经内科、泌尿外科、妇产科、五官科和中医科是医院重点特色科室。

胶南市经济技术开发区医院

地址：胶南市珠海路东端（乘2、7、8路公交车直达）

邮编：266400

急救电话：(0532)6111999

办公电话：(0532)6115306　6118110

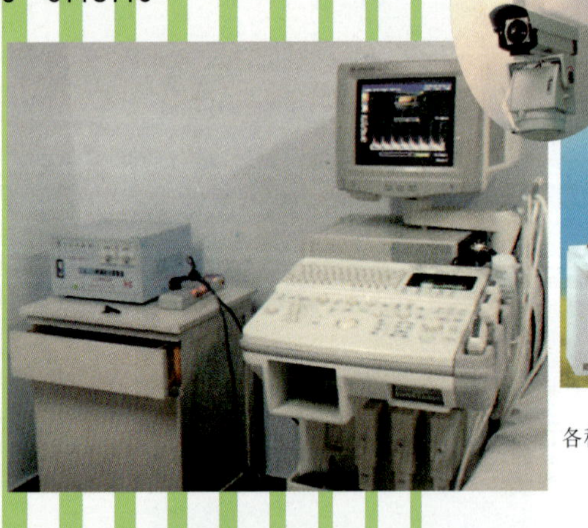

各种先进医疗设备

医院全景

山东省胶南市第一中学

校长、党总支书记：徐全祥

始建于1952年，山东省规范化学校。在多年的办学实践中，形成了“竞争、合作、求实、创新”的优良校风和“身正业精、求真创新”的优良教风及“求实求是、博学力行”的优良学风，积淀了深厚的文化底蕴，具有鲜明的办学特色，素以治校严谨、求知活泼、教育高质而享有盛誉。

1999年，学校实行“国有民办”办学体制后。始终遵循“一切为人的终生奠基”这一校训，大力实施“主体性”教育，稳步提高教育教学质量，已成为全省教育改革的“希望之星”。

地址：胶南市珠山路97号
邮编：266400
电话：(0532)8182176
传真：(0532)8192752
E—mail：jnsdyzx@public.qd.sd.cn

1、2000年8月13日，中国驻美大使李肇星（右三）在省、市有关领导的陪同下回访母校。

2、青岛市委副书记张旭升（左二）为学校题词，题词内容为：“新的起点，新的里程”。

3、胶南一中组织部分学生赴沂源革命老区体验生活

4、胶南一中教学楼及运动场一隅

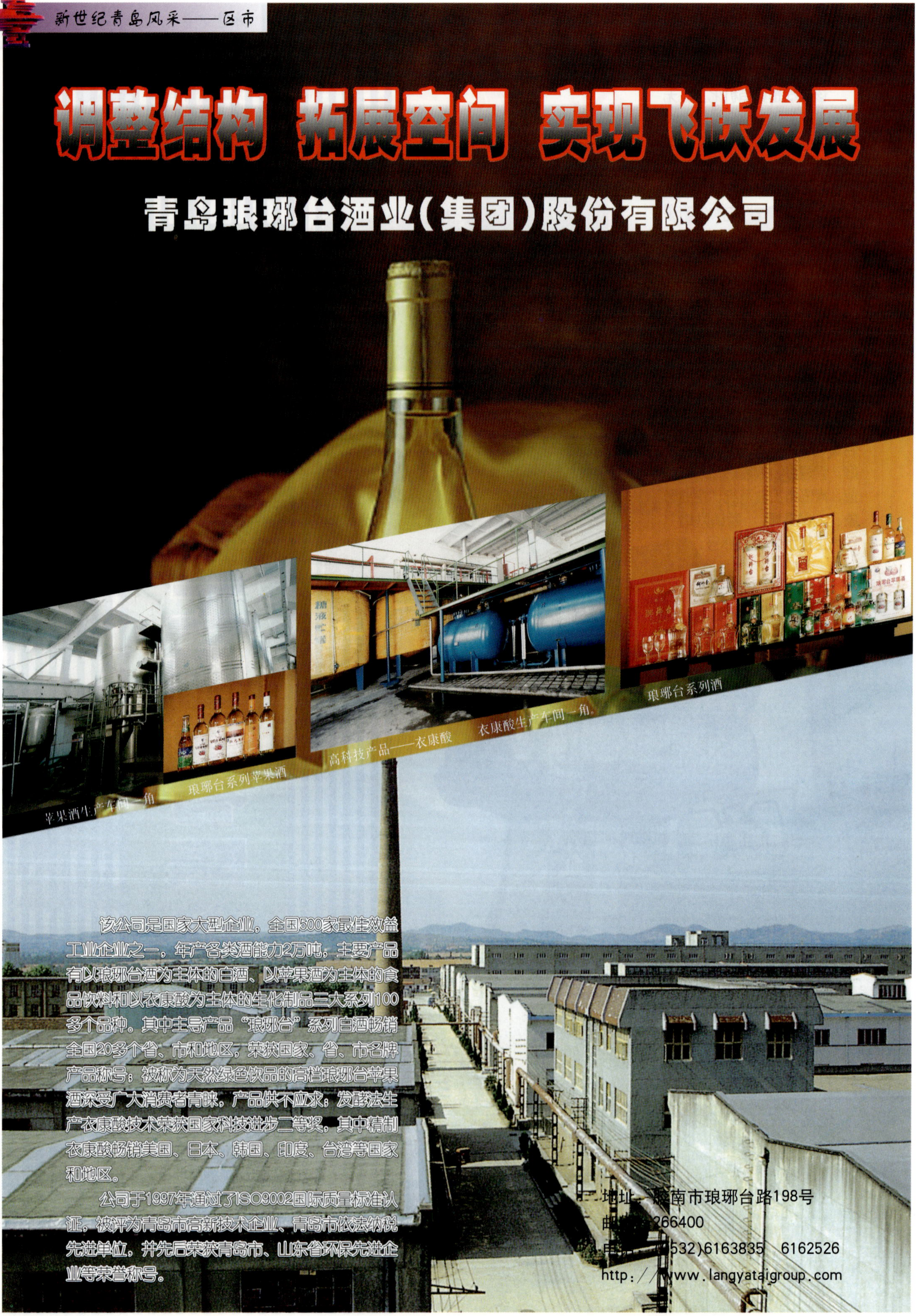

调整结构 拓展空间 实现飞跃发展

青岛琅琊台酒业（集团）股份有限公司

苹果酒生产车间一角

琅琊台系列苹果酒

高科技产品——衣康酸

衣康酸生产车间一角

琅琊台系列酒

该公司是国家大型企业，全国500家最佳效益工业企业之一，年产各类酒能力2万吨。主要产品有以琅琊台酒为主体的白酒、以苹果酒为主体的食品饮料和以衣康酸为主体的生化制品三大系列100多个品种。其中主导产品“琅琊台”系列白酒畅销全国20多个省、市和地区，荣获国家、省、市名牌产品称号；被称为天然绿色饮品的高档琅琊台苹果酒深受广大消费者青睐，产品供不应求；发酵法生产衣康酸技术荣获国家科技进步二等奖，其中精制衣康酸畅销美国、日本、韩国、印度、台湾等国家和地区。

公司于1997年通过了ISO9002国际质量标准认证，被评为青岛市高新技术企业、青岛市依法纳税先进单位，并先后荣获青岛市、山东省环保先进企业等荣誉称号。

地址：胶南市琅琊台路198号
邮编：266400
电话：(0532)6163835　6162526
http://www.langyataigroup.com

局长：郑吉恩

近年来，该局组织和带领干部职工紧紧围绕经济建设这个中心，狠抓各项工作措施的落实，全市环境质量明显改善，生态环境保护得到加强，城市环境综合整治取得较大成效。在连续6年保持“青岛市文明单位标兵”的基础上，2000年又获得国家、省、青岛市及平度市委、市政府授予的各种荣誉称号28项，主要有：“省级花园式单位”、“省级机关规范性档案二级先进单位”、“青岛市创建国家环保模范城市先进单位”、“青岛市环保系统先进集体”和“平度市市直部门综合考核先进单位”等。

局领导班子全体成员

平度市环保局

投资1200万元的平度市污水处理工程

小学生在阅读环保宣传材料

局办公楼

平度市电业局

始建于1976年，现拥有固定资产4.7亿元，干部职工1719名；年供电量8.27亿千瓦时，年销售收入4.7亿元，产值5957.3万元，利税5251万元；是集电力供应、电子、建材、建筑、铁件加工、化工等为一体的跨行业、跨所有制的现代化企业集团。

近年来，该局先后荣获"电力部'三为'服务达标单位"、"全国农村电气化县"、"省级文明单位"、"山东省农电先进企业"和"青岛市思想政治工作先进单位"等20余个荣誉称号。

地址：平度市青岛路215号
邮编：266700
电话：(0532)7362202
7364761（总机）
传真：(0532)7364761—2010

1. 2000年6月，省委常委、青岛市委书记张惠来（右一）在平度市委书记张相逢（右二）等领导陪同下，视察青岛圣达电力工业园。

2. 平度市政协副主席、局长：刘华

3. 2000年7月，山东省副省长陈延明（左二）在青岛市政府副秘书长孙百刚（右二）及平度市有关领导陪同下，视察青岛圣达电力工业园。

4. 平度市电业局外景

农村電氣化縣

中华人民共和国电力工业部

一九九五年一月

山东省企业经营管理科学

创新成果奖

山东省企业经营管理优秀成果评选委员会

山东省企业经营管理学会

一九九八年十一月

山东省农电

先进集体

山东省电力工业局

一九九八年四月

各类荣誉证书

圣达

电力工业园

青岛圣达电力工业园远眺

平度市城市建设综合开发公司

经理：单吉宝

该公司是集房地产开发及销售、民用建筑设计、城建配套、物资供应、物业管理等行业于一体，具有国家三级资质的房地产综合开发企业。先后开发建设了8个住宅小区，其中新安苑小区被评为青岛市优秀小区和省级花园式小区；建设中的福安花苑规划面积30万平方米，计划总投资3亿元。1996年以来，公司连续多次被评为平度市文明单位和重合同守信用企业、平度市经济效益和纳税先进单位。

公司经理单吉宝携全体员工愿与各界有识之士真诚合作，共建温馨花园。

地址：平度市人民路163号
邮编：266700
电话：(0532)7362640
传真：(0532)7362640

新安苑小区剪影

总规模26万平方米的新安苑和安居苑小区

优雅的别墅区

"省级花园式"小区

平度市城关街道办事处

1.老龙湾、豹竹涧、千佛飞阁等旅游景点远眺

2.该办事处区域内住宅建设以每年6万平方米的速度递增。图为建设中的居民小区。

3.平度市畜牧业的龙头企业——大世界奶业奶牛养殖场一角。

[illegible]北[illegible]路[illegible]村被国家命名为“中国大姜之乡”，每年有上万吨大姜出口到十多个国家和地区。图为村民[illegible]在[illegible]获[illegible]姜

位于平度市区，是全市政治、经济、文化中心，也是人流、物流、住处流的枢纽。办事处坚持“三产推动、工业拉动、城建带动”的经济发展思路，使办事处经济工作走在了全市前列。

现有在册个体工商户1417家，是办事处全面发展的重要经济支柱；处、村两级工业园发展前景广阔；拥有胶东地区面积最大的综合商贸市场——平度贸易城，营业面积14万平方米，年交易额超过10亿元。为办事处工作的全面发展奠定了基础。

辖内基础教育条件优越，师资力量雄厚，职业教[illegible]方兴未艾

党委书记：许锡友　主任：孙健　地址：平度市杭州路34号　邮编：266700　电话：(0532)7363692　传真：(0532)7363040

平度市卫生系统掠影

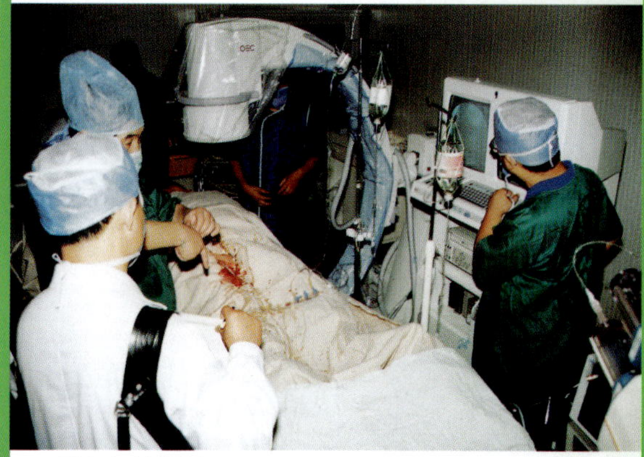

平度市人民医院

1999年12月，该院胸外科成功开展了体外循环心脏直视手术，成为青岛市县级市医院首家开展此类手术的医院。图为该院心脏介入手术现场。

地址：平度市扬州路112号

邮编：266700

电话：(0532)7364500　7362016

传真：(0532)7362016

院长：姜秀英

平度市中医院

该院系综合性二级甲等中医医院，也是荷兰王国青白中医学院的教学医院，该院烧伤科为“青岛市十大中医特色专科”，骨伤科为“青岛市国医示范门诊”。图为该院住院楼外景。

地址：平度市杭州路38号

邮编：266700

电话：(0532)7363699　8322222

传真：(0532)8322018

院长：张绍初

平度市第二人民医院

该院开展的经皮椎间盘切吸术被青岛市卫生局确定为重点发展学科，达到了国内先进水平；该院内科通过静脉点滴尿激酶治疗变异性心绞痛，效果极佳；利用自方中药配制药枕治疗脑出血，取得了较大突破。图为该院门诊楼外景。

地址：平度市蓼兰镇驻地

邮编：266731

电话：(0532)2301050（总机）

院长：高明祥

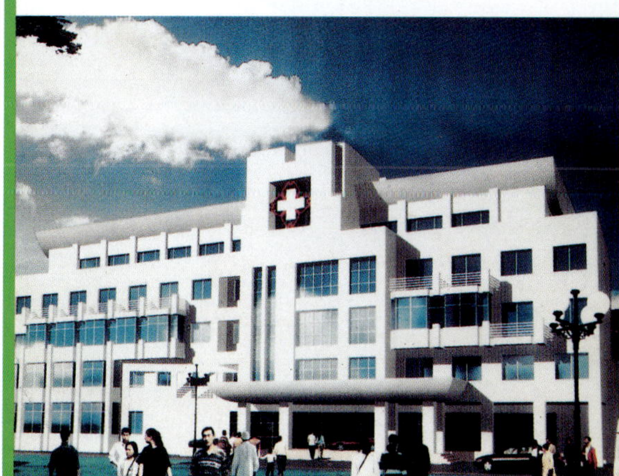

平度市第三人民医院

该院就医、住院、职工工作条件优越。院长邓启义被授予“全国乡镇卫生院优秀院长”荣誉称号。图为该院综合住院楼外景。

地址：平度市店子镇驻地

邮编：266753

电话：(0532)5312279　4328100

院长：邓启义

领导班子全体成员

平度大药房永康药店一角

2000年7月15日，青岛国风集团在青岛第一体育场举行第一届职工运动会。图为平度医药有限责任公司代表队。

省级
文明单位
山东省精神文明建设委员会
全国医药系统
先进集体

获得的荣誉

公司办公楼及仓库

该公司是隶属于青岛国风集团的医药商业企业，担负着平度市的药品供应工作。公司在平度市城乡设批发零售网点50余处，年销售额8000余万元。自1991年起，连续10年被评为山东省省级文明单位，还先后荣获全国医药系统先进单位、全省医药行业先进集体等荣誉称号。

地址：平度市青岛路288号
邮编：266700
电话：(0532)8372286
传真：(0532)8373287

青岛国风集团
平度医药有限责任公司

用内资20.3亿元,实际利用内资7.19亿元。出口商品交货值116亿元,增长41.8%;出口创汇8亿美元,增长48.8%。全市实现涉外税收达到2.3亿元,占全市税收总额的42.3%。

城乡建设

全社会完成固定资产投资27.1亿元,增长53.1%。其中,市及市以上投资中,基本建设投资4.69亿元,增长49.8%;更新改造投资9 036万元。房地产开发投资4.49亿元,增长91.4%。商品房屋施工面积110万平方米,增长82.4%。全年销售面积28.4万平方米,增长53.8%;商品房销售额2.8亿元,增长50.5%。交通运输业全年完成货运量624万吨,增长8.3%。完成邮电业务总量1.26亿元。全市交换机总容量2.11万门,增长46.4%。全市用电量6.77亿千瓦时;日供水能力8.5万吨。

社会各项事业

全年完成重大科技成果10项。全市拥有普通中学31所,在校学生37 605人;拥有小学144所,在校学生63 941人。为大中专院校输送新生2 104名,其中本科生1 080名。全市现有各类卫生机构33处,卫生技术人员2 221人。

·乡镇、街道办事处概况·

阜安街道办事处 地处胶州市区中心。辖38个行政村(居委会)。已形成集刺绣、电缆、服装、染织、玩具、建材、机械、食品等多种产业的工业体系。第三产业合同利用外资2 726万美元,增长28.3%;实际利用外资1 605万美元,增长27.9%;合同利用内资1.3亿元,实际利用内资5 016万元。党委书记于良法,主任刘爱霞。

中云街道办事处 地处胶州市区西部。辖32个行政村(居委会)。共有企业100多家,主要产品有水泥、化工、橡塑、化纤等。已与韩国、俄罗斯等10多个国家和地区建立经济合作关系。党委书记王忠效,主任李延堂。

北关街道办事处 地处胶州市区北部。辖36个行政村(居委会)。工业基础雄厚,规模、效益同步增长,已形成以船用锅炉、精细化工、铁塔制造、医疗器械、石棉制品、食品加工、服装鞋业等十几个行业和门类的工业体系;是胶州市农副产品出口创汇的重要基地。个体私营经济成为第三产业的重要支柱。有外资企业27家。有砚水湖、濯砚泉、庸生祠等名胜古迹。党委书记张吉来,主任张效勇。

南关街道办事处 地处胶州市区南部。辖32个行政村(居委会)。有以青岛骄凤集团公司为龙头的企业和胶州商埠、胶州蔬菜果品批发市场。青岛大明皮革有限公司、青岛正得铁塑制品有限公司位于辖区。盛产小麦、玉米、蔬菜,是"胶州大白菜"出产地。清代大书画家高凤翰故乡南三里河村位于辖区,建有"高凤翰故居纪念馆",与著名的"三里河原始文化遗址"隔河相望。党委书记远卫民,主任马振亮。

云溪街道办事处 地处胶州市区东侧,辖10个行政村(居委会)。与胶州市经济技术开发区合署办公。党委书记马苏健,主任许堂芳。

胶东镇 地处胶州市东部。辖32个行政村。经济以民营经济和第三产业为主。有企业202家,其中外资企业18余家,产品涉及建材、轻工、造纸、发电、塑料制品、服装、制鞋等10多个行业。农业以农机、良种、养殖、水利为发展重点。镇党委书记张凤杰,镇长牛润之。

前店口乡 地处胶州市东北部。辖21个行政村。经济以农业为主。"胶州市于家村大椒城"是全国最大的辣椒交易市场。乡党委书记逄增琪,乡长杨波(7月离任)、徐佳德(7月到任)。

李哥庄镇 地处胶州市东部。东与即墨市、城阳区接壤。辖44个行政村(居委会)。共有企业419家,外资企业93家,形成以工艺品、食品、机械、电子、纺织、服装、轻工、建材、农副产品加工等为主的工业体系。农业建立蔬菜种植、水产养殖、畜牧果品、农产品加工等5大生产基地。先后被评为"全国百强乡镇"、"山东名星乡镇"、"中国二十世纪农村经济发展碑"入碑单位。镇党委书记王进,镇长孙立春。

北王珠镇 地处胶州市东北部。与平度、即墨、高密3市交界。辖69个行政村。农业产业化初具规模。工业主要产品有铁塔、除尘器、UPS电源、塑料、针织、制鞋、鞋楦、花生食品等。镇党委书记范继锡,镇长王树芳。

马店镇 地处胶州市北部。辖49个行政村。被山东省和青岛市确定为羊角辣椒生产和出口重要基地。工业形成以农副产品加工、制鞋、皮革、服装、包装为主的工业体系。全镇共有企业75家,其中外资企业28家。镇党委书记宋发清(2月离任)、管元江(2月到任),镇长付廷和。

后屯乡 地处胶州市西北部。西与高密市接壤,北与平度市相邻。辖46个行政村。经济以农业为主,蔬菜产业为支柱产业。是引进美国"红提葡萄"第一乡。有企业近200家,形成以化工、印刷、地板、橡胶、建筑等生产体系。乡党委书记刘学东(7月离任)、杨波(7月到任),乡长王修吉。

胶西镇 地处胶州市西部。辖47个行政村。经济以农业为主。全镇共有企业56家,外资企业11家,初步形成涉及成材、锯材、企口地板、轮胎、自行车零件、铁制橱柜、服装、皮革、食品、油料等产品的工业体系。镇党委书记王振照,镇长宋业敏。

苑戈庄镇 地处胶州市西部,墨水河畔,西北与高密市接壤。辖26个行政村。经济以种植业为主。被青岛市列为高产优质高效创汇农业示范乡镇和蔬菜生产三大基地之一。工业以农副产品加工为主,形成粮油、淀粉、蔬菜、酱菜四大系列40多个品种,并兼有印染、纺织、皮革、铁制品加工等个体、集体生产经营项目。镇党委书记刘明县,镇长胡志平。

南杜村乡 地处胶州市西南部。辖41个行政村。经济以农业为主。工业以青岛飞达集团(原胶州市日用玻璃厂)为骨干企业,形成生产玻璃、机械、化工为主的工业体系。乡党委书记马汝思,乡长刘金升(7月离任)、高红日(7月到任)。

张应镇 地处胶州市西南部。辖48个行政村。有大小企业37家,其中外资企业2家,形成以制鞋、纺织、机械、饮料为支柱行业的企业群体。农业建有辣椒、果品、瓜菜、畜禽四大高效商品基地。镇党委书记孙凤孝(8月离任)、李储程(8月到任),镇长李储程(8月离任)、赵德新(8月到任)。

铺集镇 地处胶州市西南部。辖44个行政村。工业以集益化工集团公司为骨干,形成以无机化工、机械制造、轻工服装为主体的生产体系。农业以种植小麦、玉米、苹果、蔬菜为主。被确定为"全国小城镇建设示范乡镇”。镇党委书记杨宝鑫,镇长冷建云。

张家屯镇 地处胶州市西南部。辖25个行政村。经济以农业为主,银杏、黄烟生产是其特色。企业以胶州市阀门厂、青岛第二减速机厂、镇建筑安装公司为骨干,初步形成以铸造机械加工、阀门管件、建筑安装为主的生产格局。镇党委书记张义山,镇长杨升海。

里岔镇 地处胶州市西南部。辖53个行政村。有镇村企业14家,外资企业3家。形成以机械、化工、食品、建材、轻工为主的工业体系。畜牧、养殖业较发达,是全国奶山羊生产基地。其中“里岔黑”瘦肉型猪素有“国宝”之称。辖区有西汉文化遗址“牧马城”、新石器时代赵家庄文化遗址。镇党委书记丁继恕,镇长姜海涛。

洋河镇 地处胶州市西南部。辖43个行政村。经济以农业为主,有小麦、玉米育种基地、鲜奶基地和水果生产基地。工业企业有14家,形成以服装、化工、机械为支柱的工业企业群体,年产羽绒服12.92万件、皮衣15万件。各类化工材料3500多吨。镇党委书记林洪(8月离任)、刘金升(8月到任),镇长王书敬。

董城乡 地处胶州市南部,与胶南市接壤。辖41个行政村。经济以农业为主,是胶州市苹果生产基地之一。大小企业近30家,形成橡胶制品、兽药、矿产等生产体系。艾山风景区位于境内,于1995年建成并对外开放。乡党委书记周义召,乡长陈卫东(7月离任)、孙殿伦(7月到任)。

九龙镇 地处胶州市南部。辖50个行政村。经济以农业为主,是山东省花生生产重点乡镇之一。引进外资项目5个。亚洲最大的氨基酸生产基地、胶州市最大的建安企业位于辖区。镇党委书记刘增春,镇长徐法平。

营海镇 地处胶州市东南部,胶州湾西北岸,是胶州市唯一临海乡镇。辖47个行政村。渔业生产是经济支柱,渔港码头年吞吐量10万吨。累计引进外资企业36家。镇党委书记崔金波(8月离任)、王光金(8月到任),镇长王光金(8月离任)、荆振亮(8月到任)。

(李进玉 高 巍 韩 伟)

胶 南 市

·经济和社会发展概况·

2000年,全市辖19个镇、4个乡、3个街道办事处、1个港区。总人口83.61万人,其中非农业人口12.69万人。总面积1927平方公里,其中耕地面积6.82万公顷。国内生产总值109.1亿元,比上年(下同)增长20.2%。其中第一、二、三产业增加值分别为23.8亿元、54.3亿元和31亿元,增长7.3%、28.5%和18%。地方财政收入3.6亿元,增长33.9%。

农 业

全年现价农业总产值43.3亿元,增长11%。其中,粮食总产量42.8万吨,油料总产量10.3万吨,分别下降15.0%、5.1%;果品总产量21.6万吨,肉类总产量9.8万吨,蛋类总产量5.0万吨,奶类总产量5.2万吨,水产品总产量30.9万吨,分别增长12%、15.5%、−1.1%、1.6%和7.3%。农、林、牧、渔产值分别占农业总产值的38.6%、1.7%、24.5%和35.2%。农业特色鲜明,高效经济作物面积67万亩,新发展封闭式虾池1500亩,养鱼网箱5700个,畜牧养殖小区298个。建成乡镇级以上农业精品园23个。订单农业发展较快,合同种植面积9533公顷。农业机械化、水利化进程加快,水利建设投入达8720万元。

工 业

全市完成工业销售收入165亿元,增长26.9%;上缴税金5.19亿元,增长48.4%;实现利润2.91亿元,增长48.6%。销售收入500万元以上工业中,轻、重工业占工业增加值比重分别为36.6%、63.4%。市属工业增加值16.2亿元,占工业总产值的29.45%;乡镇企业工业增加值34亿元,占工业总产值的30.9%。销售收入过亿元的企业30家,其中过10亿元的2家,利税过千万元的14家。华青、海王、恒昌三大工业园共实现销售收入24.2亿元、利税1.88亿元,分别增长59.6%和33.1%。泰发集团、星火集团、振华工业集团分别实现销售收入12亿元、8亿元和3.5亿元,分别增长45.8%、64.3%和34.4%。年内新增私营企业880家,销售过千万元的私营企业50家,获自营进出口权的14家,通过ISO9000质量体系认证的10家。轮胎、纺织机械、铸造机械、制鞋机械、纸制品机械、手推车、机制纸、两钠、玻璃等主导产品均实现了满负荷生产。

国内贸易

全市社会消费品零售额22.2亿元,增长16.2%。各类市场实现交易额31.32亿元,增长11.32%。其中,藏南生猪、王台蔬菜、泊里果品、琅琊水产四大专业批发市场实现交易额6.09亿元,增长38.12%。私营企业2495户,完成税收1.03亿元。全市新建市场7处,吸引民间资金7280万元。

对外经贸

全年新批外资项目131个,合同利用外资3.04亿美元,实际利用外资1.4亿美元,分别增长23.6%、43.9%和52.4%。合同外资额过1000万美元的企业8个。内资引进实际到位14.8亿元,增长48%。海滨工业园成为胶南市对外开放的龙头和招商引资的重要载体,入园项目128个,总投资额15亿元,46家企业开工建设。自营进出口企业达40家,新增16家,完成出口创汇3.4亿美元,增长44.8%。“三资”企业运行良好,上缴税金1.2亿元,增长30.4%,占全市税收总额的19.9%。

城镇建设

全市完成固定资产投资26亿元,增

长31.9%。全年新开工大项目43个，施工33个，竣工20个。投入3900万元，改建农村供配电线路141公里，建35千伏降压站1座。投入300万元，新增供水管道2.5公里，全市供水管道达到139公里。新增供热管线1万米，面积6万平方米。新增市内公共汽车32辆，市内公共汽车线路达到8条，运行线路107.8公里。投入780万元进行污染治理，使城区空气环境质量达国家2级标准，饮用水水质达标率保持100%。投资5.3亿元，开工建设了经济适用房二期工程、行政中心等。7处重点小城镇共投入4.1亿元，新增建城区面积4.85平方公里，新增城镇人口2.7万人。全市实施了"一路、一园、一河、一林、一城"的"五个一"重点工程，拉开了现代化中等海滨城市的发展框架。沿海防护林工程、风河二期工程、洋河治理工程、城区绿化工程、西干沟治污工程和10条市乡道路铺筑沥青路面工程等，提升了城市品位，拉动了经济的快速增长。

社会各项事业

全年共组织实施各级各类科技计划99项，开发研制新产品55种，推广应用新技术40项，引进农业新品种23个。教育投入2.3亿，为大中专院校输送新生2996名，其中本科生1709人，高考本科达线人数、省重点院校达线人数和达线人数万人比均居青岛各市区之首。获"全国体育先进市"称号。全市医院病床数达到1598个。人口自然增长率为1.9‰。连续4年保持省"社会治安综合治理模范市"称号。连续4届获省"精神文明建设工作先进市"称号。农民人均纯收入3591元，城镇居民人均可支配性收入6330元，分别增长6.1%和13.1%。制定落实了医疗、失业、养老保险、劳动与社会保障机制等社会保障制度。

·乡镇、街道办事处概况·

隐珠镇 西靠城区，东临青岛经济技术开发区，南倚胶南市经济技术开发区，为"全国小城镇建设示范镇"之一。已形成以手推车为主要产品的机械加工和橡胶、塑料等工业群体。青岛泰发集团股份有限公司、青岛振华工业集团有限公司为该镇龙头企业。泰发集团年实现销售额12亿元，其生产的手推车销往110个国家和地区；振华工业集团为该镇北高家庄村村办企业，年销售额3.54亿元，年投资1500万元为村民建成70栋别墅、8栋公寓。镇党委书记封洪海，镇长刘宗爱。

大珠山镇 地处胶南市南郊，海岸线长35公里。境内有珠山秀谷、石门寺等旅游景点数十处。经济基础雄厚，已初步形成机械、服装、化工、建筑和汽车修理等20个主要行业。龙头企业万德集团年销售额1.49亿元，出口交货值10亿元。有海水养殖企业30家。有青岛市最大的网箱养鱼基地，年养鱼3百万尾，销售收入5600余万元。镇党委书记崔德福，镇长毕维准。

张家楼镇 地处胶南南部，背依藏马山、铁橛山。204国道经镇驻地横贯境内。主要农作物有小麦、玉米、大豆、甘薯；主要经济作物有柿子、花生、苹果、板栗、葡萄、山楂等，建有甜柿精品园667公顷、板栗园667公顷。工业主要有机械加工制造、冶金、农副产品加工等。镇党委书记崔桂祥，镇长杨文。

寨里镇 地处胶南西南部黄海沿岸。204国道、张泊公路纵横穿越镇内，水陆交通方便。海岸线长11.3公里，扇贝、杂色蛤、海蜊、对虾、蟹等水产品丰富。现有企业12个。德国独资企业青岛明月甲壳素有限公司，年实现销售额1600余万元。该镇被农业部命名为国家级优质苹果生产基地，红富士苹果是该镇的支柱产业。镇党委书记董升禹，镇长王福生。

琅琊镇 地处胶南西南部，濒临黄海，海岸线长45公里。经济以农业和水产业为主。有捕捞船只1200条，浅海养殖面积1333公顷，滩涂养殖面积300公顷。国家投资建设了扇贝精品繁育基地。封闭式对虾养殖精品园通过国家农业部验收。海珍品养殖基地达133公顷。建成10家育苗基地，育苗水体达到22000立方米。著名的名胜古迹"琅琊台"地处该镇境内，现已建成省级旅游度假区。镇党委书记赵洪发，镇长赵钧荣。

藏南镇 地处胶南西南部，204国道北侧。淡水资源丰富。现有工业企业25家，以机械、电子、橡胶、工艺品生产为主。滨鹰包装机械集团公司为镇骨干企业，其产品畅销全国。盛产梨、苹果，有"青岛梨乡"之称；"藏南枝豆"远销日本。畜牧业发达，其生猪批发市场年交易能力30万头，被青岛市评为十大专业批发市场之一。镇党委书记赵维新，镇长葛为民。

泊里镇 地处黄海之滨，东距市区30公里，西距日照市45公里。镇驻地为原山东藏马县政府所在地，是远近闻名的商贸集散地。南部三面环海，海岸线长22公里，境内董家口港湾是一天然渔港。现有个体私营企业2726家。年投入3051万元，建设房屋3500平方米，驻地实现了统一供水。镇党委书记李学聚，镇长徐俭军。

信阳镇 地处黄海黄家塘湾畔。海洋资源丰富，盛产驰名中外的"西施舌"、"竹蛏"等海产品。现有企业7家，主要生产机械、化工、建材等。信昌风机有限公司年销售额达1600万元，利税90万元。新建紫菜养殖基地667公顷，产值350万元；梭子蟹养殖基地267公顷，产值1200万元。镇党委书记刘建锡，镇长王军。

大场镇 地处胶南西南部，与日照市接壤。204国道及三条省、市主要公路纵横全镇。是国务院确定的农业综合开发乡镇之一和全国瘦肉猪繁育基地。全镇种母猪年存养量达到1万头以上，仔猪销售收入3600万元。龙头企业青岛华池包装机械有限公司生产国内先进的新型包装机械，年销售收入6120万元，利润106万元。镇党委书记苗强，镇长殷式方。

海青镇 地处胶南西南角，与日照、诸城接壤。农业经济优势突出，盛产茶叶、苹果、板栗、雪枣等。有茶厂11家，"青岛海青绿洲茶叶精品园"是青岛市20家农业精品园之一，名贵的"海青锋"茶在第二届全国农业博览会上获金奖。工业发展快，有镇办企业46家，青岛海滨服装机械厂是江北最大的服装机械系列化生产厂家，主要生产干洗机、熨烫机、粘合机、领布机和人像机等服装机械系列化产品。镇党委书记赵吉斌，镇长宋云江。

理务关乡 地处胶南西南部，与诸城接壤。该乡水资源十分丰富，全市最大的水库——吉利河水库地处境内，库容量达7400万立方米，吉利河、桃林河、杨家河贯穿境内。有环库、环山经济林200公顷，主要种植桃树、板栗；有桑园精品园40公顷；用材林667公顷。畜牧养殖业形成规模，有全省最大的宝龙特种动物养殖厂。乡党委书记赵伟宏,乡长唐洪爱。

塔山乡 地处胶南西南部。农作物以花生、地瓜、小麦、玉米等为主,主要经济作物有板栗、苹果、桑蚕等。全乡形成了万亩桑园基地框架,有桑园精品园43公顷。新建板栗、苹果园120公顷。畜牧、养鸡大棚250个,年出栏肉食鸡250万只,仔猪5万头。乡党委书记董金武,乡长邓焕福。

大村镇 地处胶南西部。主要生产黄烟、桑、葡萄、板栗等经济作物。畜牧业较发达,有肉食鸡大棚160个,年出栏128万只。海龙福利板纸有限公司为全市"十强"镇办企业之一;胶威机械有限公司生产的剪板机、折弯机等系列产品畅销美国、德国、香港等国家和地区。镇党委书记刘建杰,镇长徐桂邦。

市美乡 地处胶南西部、铁橛山西麓,与诸城市接壤,属山区丘陵地带。饲草丰富,发展林果业和畜牧业是本地经济发展的优势。引进了波尔山羊,建立了良种繁育中心。黄烟是全乡农业结构调整重点,共267公顷,产值250万元。发展了万亩冬枣生产基地。乡党委书记王本剑,乡长邵立平。

六汪镇 地处胶南西北部,与诸城市接壤。粮油、林果、畜牧、黄烟是农业经济的四大重点。经济作物面积达2667公顷。黄烟面积433公顷,总收入544万元;香菇、蔬菜大棚1700个。畜牧业发达,畜牧养殖小区16个,养殖大户260个,年肉蛋奶总量达1.20万吨。镇党委书记逄增志,镇长马明。

胶河镇 地处胶南西北部。泰薛公路(泰安至薛家岛)北侧。突出发展黄烟、辣椒、万寿菊、大根萝卜、生菜等"订单"农业,面积达1567公顷,占总耕地面积的47%;饲草资源丰富,是黄牛、瘦肉型猪、奶山羊生产基地。镇办企业主要生产减速机、胱氨酸等产品,全年实现销售收入1.08亿元。招商引资进展快,实际利用外资92万美元,利用内资1618万元。镇党委书记李富源,镇长刘世明。

宝山镇 地处胶南西北部,北依胶州市。距胶州火车站30公里。地下矿藏资源丰富,铁矿石、石灰石、石墨等分布广、储量大。水资源丰富,拥有大小水库、塘坝120座,蓄水量1500万立方米。农业及畜牧业发达,主要经济作物有黄烟、苹果、板栗等,建有中华寿桃园37公顷。年出栏肉牛1万头,肉鸡60万只。现有韩国独资经营企业3家,镇集体企业8家。镇党委书记崔锡业,镇长李晖。

铁山镇 地处胶南西城郊。境内自然环境优美,有铁橛悬泉、齐长城遗址、铁山水库、樱桃沟等名胜古迹和旅游景点,林木覆盖率达47%。物产丰富,果品众多,有冬雪蜜桃、猕猴桃、大樱桃等名优稀特品种。建有青岛生态水利示范园、千亩板栗园、农业观光示范园各一处。全年引进内资企业30余家,到位资金7000万元,形成机械、纺织、苗木花卉为主的经济发展体系。镇党委书记李彩元,镇长张培敏。

黄山镇 地处胶南北部,与青岛经济技术开发区毗邻。204国道贯穿境内。属青岛沿三线开发工业园区乡镇之一。有日本、韩国、香港、泰国等外资企业17家,私营企业48家,主要生产橡胶制品、建材、箱包、服装等。盛产苹果、西瓜、芋头等,有"瓜果之乡"的美誉。镇党委书记逄坤臣,镇长孙丕杰。

王台镇 地处胶州、胶南、青岛经济技术开发区结合部。204国道、王黄公路和青黄高速公路纵贯镇境。共有乡镇企业140余家,主要有纺织机械、电子、食品等产业。星火集团是该镇的龙头企业,年销售收入8亿元。高效农业示范园建设面积达467公顷,成为集育苗、生产、加工、销售、观光旅游于一体的青岛市级现代化农业示范园。镇党委书记邵先平,镇长单体军。

红石崖镇 地处胶州湾西岸,东与青岛市隔海相望,南接青岛经济技术开发区。拥有11公里长的海岸线,浅海滩涂水面4.2万亩,海洋资源丰富,盛产贝、虾、鱼及其他海珍品。有镇村企业100余家,主要有木工机械、建筑建材、水产品养殖等二十多个行业,与日、美、韩、俄、加拿大和香港、台湾等国家和地区有合资、合作项目。小城镇建设快,"十里经济长廊"初具规模。镇党委书记林兆德,镇长吕利民。

灵山卫镇 东靠青岛经济技术开发区,西接胶南市开发区,南邻黄海,海岸线长12公里。有镇村企业200余家,形成了机械、针织、船舶、建筑等行业。招商引资力度大,全年实际利用外资1223.3万美元,实际利用内资1.01亿元。农业以水产、毛皮动物养殖为主,年完成水产品总量2.7万吨,特种动物养殖小区7个,狐狸、水貂存养5.5万只。镇党委书记陈相培,镇长韦建军。

灵山岛乡 地处灵山湾海中,是青岛地区著名旅游区之一。岛上有生态旅游、渔俗观光、海上运动、疗养度假等多种旅游功能;周围有可供发展高效水产养殖的浅海海区近万亩、岩礁滩涂333公顷。盛产黑鲷、刺参、皱纹盘鲍等名贵海产品,于11月通过了青岛市级灵山岛海珍品种质资源保护区认定。乡党委书记张清泉,乡长于学东。

珠山街道办事处 位于胶南市区北部。该市中医院、供电公司、自来水公司等单位位于管区内。工业基础雄厚,有私营企业413家,主要从事皮鞋、服装、造纸、大理石、石料等行业;外资企业12家,其中青岛心和服装有限公司投资总额470万美元,年内增资300万美元,出口创汇760万美元。农业以大棚菜为主,共108个,保证了城区居民日常蔬菜供应。党委书记李敬云,主任潘光进。

珠海街道办事处 位于胶南市区南部,依山傍海,自然环境优美。管区内有利群商厦、大世界、大众商场等大型商贸单位,以及该市市委、市政府、市地税局、市土矿局及其他机关事业单位。有各类企业460余家,其中私营企业433家。有机械、电子、轻工、轻纺、建材、皮革等10多个行业、600多种产品。全年私营企业上交税金2084万元。外资企业保赫曼医用器材有限公司,年实现销售收入7291.3万元,上交税金1830万元。开辟民营精品园1处,主要出产杏、草莓、葡萄等。党委书记张忠,主任刘建池。

灵海街道办事处 与胶南市经济技术开发区合署办公,是胶南市规划建设的新城区。胶南市开发区医院、广播电视大学、实验中学位于管区内。有各类企业216家,其中外资企业60家。全年实际利用外资2143万美元,内资到位8033万元。建成的广城工业园,入住企业80家,到位资金1.7亿元。基本形成了以外向型工业为主、第三产业为补充的经济发展格局。党委书记薛学勇,主任丁学高。

积米崖港区 地处唐岛湾北岸,东邻青岛经济技术开发区。交通条件便利,地理位置十分优越,区内拥有渔、商通用港口,该港三面环山,避风条件良好,是天然良港,现已建成国家二类开放口岸。已开通国内航线59条,国际航线

4条。全年完成港口吞吐量20万吨。

党委书记佟海燕，主任朱能虎。

（胡　英）

平　度　市

·经济和社会发展概况·

2000年，全市辖28个镇、4个街道办事处、1个经济开发区，面积3166平方公里，人口133.46万人，其中非农业人口15.26万人。全年实现国内生产总值118.48亿元，比上年（下同）增长15.6%。其中第一、二、三产业增加值分别为35.06亿元、45.3亿元、38.12亿元，分别增长5.7%、24.5%、14.5%。实现地方财政收入3.74亿元，增长18.1%。城镇职工年平均工资7012元，农民人均纯收入3529元，分别增加892元和190元。

农　业

实现农业总产值38.35亿元，增长4.7%。粮食总产量达到97.26万吨，花生总产17.04万吨，蔬菜总产149.47万吨，果品总产15.92万吨；肉类总产达到22.93万吨，年末生猪存栏47.10万头；水产品产量为9228吨。葡萄、种子、瓜菜、桑蚕、果品五大主导产业规模进一步膨胀，经济作物面积达到8233公顷，新建冬暖式大棚1.5万个，粮经比达到44:56。农业生产条件不断改善，农机总动力达到166.3万千瓦，增长10.2%。农业示范园区建设进展良好，南村无公害蔬菜、蓼兰优质粮油良种繁育、大泽山—店子优质葡萄和青岛益丰优质种苗等4个重点示范园区初具规模，并取得较好的经济效益。银河茧丝绸、华丽肉鸡等一批农产品加工龙头企业的崛起，促进了农业产业化进程。

工　业

全年完成工业总产值165.05亿元，增长20.2%。其中，限额以上工业企业完成产值86.12亿元，限额以下工业企业完成产值78.93亿元，分别增长44.8%和1.4%。工业实现利税13.47亿元，增长24.6%；实现工业利润8.38亿元，增长30.2%；工业产品销售收入182.8亿元，增长33.0%；限额以上工业企业产销衔接状况较好，全年产销率为96.04%。加快了以明晰产权为重点、以建立现代企业制度为目标的企业改革步伐，基本实现了由工厂制向公司制的转变。建成了天柱集团大颗粒尿素工程等37个重点工业项目，重点培植的同和、宏泰等45户乡镇企业及16户市属工业企业实现较大发展。

对外经贸

全年共批准利用外资项目92个，合同外资额1.40亿美元，实际利用外资6127.9万美元，分别增长109.1%、31.6%和10.8%。合同利用内资13.1亿元，实际利用内资8.78亿元，增长100.8%。全市累计注册登记“三资”企业431家，已投产开业的164家，其中中外合资88家，中外合作10家，外商独资66家。全市投产开业的“三资”企业全年实现销售（营业）收入41.65亿元，增长66.4%；实缴税金1.13亿元，增长47.0%；为全市提供了1.5万个就业机会。全年实现出口创汇额2.29亿美元，增长34.5%。其中，“三资”企业出口创汇额2.07亿美元，增长35.1%，占全市创汇总额的90.2%。

个体私营经济

全年新发展个体工商户9070户、私营企业293家。全市个体私营业户达到27983户，其中个体工商户26500户、私营企业1483户。个体私营经济从业人员达到60038人，注册资本11.10亿元。全年上缴税金1.5亿元，增长31.5%。个体私营经济上缴税金占全市工商企业税收总额的62.9%，成为全市经济发展的重要增长点。

城乡市场

全年社会消费品零售总额39.1亿元，增长16.1%。其中城市消费品零售额20.2亿元，增长19.1%；县以下消费品零售额18.9亿元，增长13.0%。集市贸易市场成交活跃。全市商品交易市场171处，成交额84.3亿元。其中，消费品市场167处，成交额71.9亿元；生产资料市场3处，成交额12.4亿元；生产要素市场1处。

财政金融

全市共实现地方财政收入3.74亿元，增长18.1%，全年财政总支出4.85亿元，增长16.5%。金融系统存款余额55.27亿元，比年初增加3.54亿元，增长6.9%。其中，企业存款余额5.62亿元，城乡居民储蓄存款余额47.45亿元。各项贷款余额44.30亿元，比年初增加4.85亿元，增长12.3%。全年全市承保金额47.48亿元，保费收入1.28亿元。

基础设施建设

实施了城区道路建设、供水、供热、供气、绿化工程，开建了怡河苑、安居苑北区、世纪花园、福乐花苑等住宅小区，完成建筑面积25万平方米，城市建成区面积达到17.25平方公里。建成区绿化覆盖率达到38.2%，公共绿地125.77公顷；全市园林绿地面积595公顷，人均占有公共绿地面积8.24平方米。小城镇建设投入2.86亿元，建设面积28.46万平方米。实施了干线道路和市乡道路建设工程，全市柏油路通车总里程达到960公里，柏油公路覆盖密度达到30.3公里/百平方公里。以创建“电话市”为契机，进一步改善了通信条件，全市固定电话普及率达到15.26部/百人，其中市话普及率达到29.48部/百人，农话普及率达到13.5部/百人。全年新增电话用户79259户，达到203248户；移动电话新增用户16851户，累计达到38421户。

精神文明和社会事业

全面推行了政务公开和村务公开制度。强化社会治安综合治理，保持了社会稳定。科技进步对经济增长的贡献率达到了50%。全年共鉴定科技成果6

项,其中达到国内领先水平的4项、国内先进水平1项、省内领先水平1项;共申报青岛市科技进步奖和星火奖14项,其中获青岛市科技进步三等奖2项、星火二等奖2项、星火三等奖3项。成功地举办了,2000中国青岛农业科技博览会。通过学校布局调整,促进了教育资源优化配置,普通教育和职业教育实现新的发展,适龄儿童入学率100%。体育事业取得较好成绩。平度籍运动员李淑芳在悉尼奥运会女子柔道赛上夺得银牌,实现了平度市运动员在奥运会上获得奖牌零的突破。

·镇、街道办事处概况·

古岘镇 地处平度市东南部、小沽河西岸。全镇经济以农业为主,蔬菜种植面积达4 000公顷,其中“三辣”蔬菜(大蒜、大姜、圆葱)面积达3 333公顷。蔬菜加工企业近10家,年加工能力5万吨,产品远销西欧、日本、新加坡、韩国等20多个国家和地区。镇党委书记刘金文,镇长倪平。

崔召镇 地处平度市东部,309国道、潍莱高速公路横贯东西,平旧路纵穿南北。共有耕地4 133公顷。全镇经济以农业为主,形成了以优质果品、花生、大姜、肉鸡为主的支柱产业。果品面积800公顷,该镇“红富士”苹果获第三届中国农业博览会金奖,桃花涧被列为市重点旅游开发景点,而且桃花涧樱桃以其色纯、果正、味美闻名遐迩。镇党委书记史洪杰,镇长郭秀凯。

新河镇 地处青岛市西北部,是烟台、潍坊、青岛三市交界处,北靠渤海湾,西临胶莱河,辖32个行政村,是全省有名的侨乡。经济以农业为主,畜牧和水产养殖较为发达。肉鸡养殖专业户达2000个,年出栏肉鸡850万只。年内被评为青岛市水产生产先进单位。14家草制品工艺企业是全镇的工业支柱,产品主要销往日本、美国、德国等十几个国家和地区。镇党委书记王福考,镇长李钢。

旧店镇 位于平度市东北山区,辖61个行政村,该镇交通便利,距潍莱高速公路10公里、火车站30公里、海港码头35公里、青岛国际机场80公里。纵贯山东半岛的省道——朱诸路与平南路在此交汇。该镇组建黄金、透辉岩两大矿业集团,年产黄金2万两、出口透辉岩20万吨;种植优质红富士等名特优果品,年产量达5万吨,先后被国家和山东省命名为“优质果品基地”。镇党委书记刘安平,镇长郭万东。

灰埠镇 地处莱州湾畔,是206国道、烟潍高速公路和德龙烟铁路的交通枢纽。该镇有优质瓜果、蔬菜面积2 666公顷,建有万亩桑蚕基地和杜仲、银杏经济绿化林;已有各类企业100余处,特别是环保地膜、涂料橡胶、医疗器材、工艺品、农副产品加工等颇具特色。年内被青岛市列入小城镇建设重点镇。镇党委书记胡建安,镇长郝利栋。

张戈庄镇 位于平度城南12公里处。全镇经济以农业为主,现有耕地6 666公顷,其中粮田2 000公顷、花生1 600公顷、蔬菜等高效作物3 333公顷,素有“粮油第一镇”之称。全镇现有外商独资企业7处,私营企业25家,个体工商户1 788户。年内该镇被确定为“海峡农业合作区建设的中心区和启动区”。镇党委书记刘作文,镇长肖洪亮。

马戈庄镇 地处平度市西部,胶莱河东岸。昌平路、新朱路、潍莱高速公路纵横贯穿。经济以农业为主,初步形成葡萄、花卉、蔬菜制种四大主导产业。工业主要有石墨、蜡烛、纺织、玩具、宝石嵌银画、畜禽加工等企业,有“石墨之乡”之称。镇党委书记江洪涛,镇长张炳伟。

兰底镇 地处平度市区南部20公里处。该镇土地肥沃,人均拥有耕地面积0.25公顷,为“青岛市之最”,素有“平度大粮仓”的美誉。全镇辣椒种植面积达2 333公顷,辣椒加工企业8家,年加工辣椒制品2万余吨,产品远销韩国、日本、东南亚等十几个国家和地区;畜牧业发达,其生猪、蛋鸡、肉鸡、牛、兔的存养量和出栏量都名列全市前茅。工业已形成了以辣椒加工、汽车配件、服装加工、蔬菜冷藏、电镀等为主的五大支柱产业。镇党委书记马明先,镇长王百亭。

郭庄镇 地处平度市南部。全镇经济以农业为主,素有“平南粮仓”之称,重点培植蔬菜、辣椒、名优果品、畜牧养殖四大农业主导产业。蔬菜、辣椒年种植面积达4 000多公顷,现有农副产品加工企业15家,年加工能力13万吨,辣椒干制品远销日本、韩国及欧美市场。镇党委书记葛学斋,镇长张明文。

店子镇 地处平度市西北部,大泽山南麓。属青岛市小城镇建设试点镇,山东省小城镇建设中心镇。该镇东部果品种植面积达1 666公顷,年产优质果品2万多吨,年储存保鲜能力500多万斤;西部拥有桑园533公顷,蔬菜400公顷,全镇“东果西桑”的农业经济格局已经形成。全镇有内资企业66家,已形成石材、食品、精铸、香业等十几个门类、上百个品种的产业格局。镇党委书记邢福栋,镇长孙显辉。

万家镇 地处平度市南部。高效农业发展渐成规模,全镇共有草莓、油桃等高效大棚1 500个,桑园面积533公顷;畜牧业已发展成为农民增收的支柱产业,年出栏生猪6万头,肉鸡730万只,肉牛1万头,畜牧业收入1.7亿元,占农村经济总收入的49.6%。镇党委书记徐明堂,镇长张铭荣。

长乐镇 地处平度市北部。工业主要以石材为主,铸造、造纸、透辉岩加工、手工艺品制作及皮件加工等已初具规模;农业形成养殖、冬枣、桑蚕、蔬菜大棚、苗木等五大主导产业。该镇冬枣在2000年的全国红枣交易会上被评为“优质产品”。镇党委书记毛永强、镇长何锡杰。

麻兰镇 地处平度市东南,距莱潍高速公路1公里。地下蕴藏丰富的滑石、石墨、水泥石、石灰石等资源。农业以粮油、蔬菜、果品为主,年产红富士等优质果品4 000万公斤,以油桃、大樱桃、草莓、杏、李子为特色的名优果品保护栽培总面积达3 333公顷。年出栏生猪3.4万头,肉鸡200万只。现有镇、村企业42处,其中年销售收入过亿元、利税过千万的企业2家。镇工业园规划面积1.5平方公里,现入驻企业12家,合同利用外资额达到3 000万美元。镇党委书记丁明义,镇长李显松。

蓼兰镇 地处平度市南10公里,总面积102.4平方公里。是平度市桑蚕生产重镇,青岛市最大的草莓生产基地,山东省著名的良种之乡,拥有全省首家镇级小麦研究所,所产青丰牌农作物良种畅销全国8省、100多个县市。镇内国家农业现代化示范区占地1 333公顷,相继建成了一批高科技、高效益的农业项目。该镇还是全国著名的“锅炉之乡”,拥有锅炉及辅机企业90多处。先后获山东省双文明建设“明星镇”、“青岛市沿三线工业开发乡镇”、“平度市经济强镇”称号。镇党委书记窦宗君,镇长苗福涛。

云山镇 地处平度市东部、小沽河西岸。全镇经济以农业为主,果品、蔬菜种植面积达2533公顷,其中大樱桃、冬枣为该镇新兴特色主导产业,种植面积已突破866公顷。工业发展较快,全镇现有内资企业10家、外资企业6家,年内实际利用外资560万美元,已形成石墨、化工、纺织、皮革、养殖等十几个门类、上百个品种的产业格局。年内被评为"平度市利用外资先进镇"。镇党委书记毛德学,镇长刘培良。

大田镇 地处平度市东北部、大泽山东麓,距潍莱高速公路15公里。全镇经济以农业为主,果品生产处于主导地位,面积1666公顷,是青岛市著名的"苹果之乡",在苹果评优工作中,被农业部评为"银奖"和"铜奖"。拥有石材加工企业72家,年加工能力100万平方米,产品畅销北京、上海、哈尔滨等大中城市。连续三年被评为"平度市经济发展先进镇",获"2000年利用外资先进单位"、"2000年引进内外资单项突破奖"称号。镇党委书记吕宝平、镇长张娴君。

崔家集镇 地处平度市西南部。平日路、朱明路纵横贯通,南距济青高速公路16公里。该镇以畜牧养殖业为主,主要是肉鸡、生猪、大牲畜饲养。年内,畜牧业总收入37833万元,占农村经济总收入的53.8%。拥有畜禽加工、冷藏企业4家,年生产加工能力8万吨,产品畅销全国各地及澳、日等10余个国家和地区。镇党委书记于京勤,镇长兰彬良。

张舍镇 地处平度市西部,南临309国道和潍莱高速公路,北靠206国道。辖60个村。该镇石墨具有埋藏浅、易开采、品位高等特点,经初步探明储量在4亿吨以上,占全国石墨总储量的30%以上。共有个体私营企业39家,以从事石墨开采加工业为主,年产石墨和高纯石墨8万余吨,产品畅销世界100多个国家和地区。被誉为"中国石墨第一镇"。镇党委书记葛智太,镇长马元洪。

田庄镇 位于平度市区以西20公里处。是青岛市文明镇、社会综合治理先进镇、沿"三线"开发工业区、平度市经济强镇之一。是重要的商品粮基地、山东省黄牛改良先进镇;全镇有晚熟桃466公顷,是胶东最大的晚熟桃基地。共有工业企业47处,涉及石墨制品、精密铸钢、砂型铸钢、铸造机械、粮油加工、复合肥、工业用布、木器、调味品、低压电器、纸箱、木材加工、冷饮食品等十几个行业。镇内有永盛街工业园区、幸福庄工业园区、温家私营企业一条街。镇党委书记邹学新,镇长赵延明。

明村镇 地处胶莱河东岸,是平度市的"西大门",309国道和潍莱高速公路横贯东西。全镇农业发达,设施栽培形成规模,面积达1333公顷;酿酒葡萄种植面积1000公顷;西瓜面积2333公顷,建有胶东半岛最大的西瓜批发交易市场;有私营企业105家,形成精密铸造和橡胶制品两大主导产业;建有占地1.2平方公里的工业园1处,进驻企业已达22家;橡胶产业生产30余种不同型号、规格的轮胎,年产量达50万条,产品远销全国20多个省、市和中东、东南亚等10多个国家和地区。镇党委书记王礼鸿,镇长王兆吉。

仁兆镇 位于平度市东南部。农业主要产品有小麦、蔬菜,年内蔬菜总产19.93万吨,是平度市"蔬菜总产第一镇"。镇村工业60家,工业主要从事五金加工、机械加工、粮食加工、服装加工、农副产品加工,年内产值5.16亿元。镇党委书记刘忠锐,镇长李炳光。

白埠镇 地处平度市西部。全镇经济以农业为主,瓜菜种植面积666公顷、桑园面积200公顷。农产品加工龙头企业主要有青平淀粉公司、汇丰农业开发公司等大型企业,产品远销美国、日本和东南亚。年内被评为山东省畜牧生产先进镇。镇党委书记张建东、镇长白世杰。

中庄镇 地处平度市西南。全镇经济以农业为主,桑园面积达到666公顷;枣粮间作面积5333公顷,栽植优质金丝枣70多万株,年产鲜枣300万斤;引进德国工艺研制的早丰牌干饴枣酒倍受青睐。镇党委书记徐文松,镇长傅洪文。

门村镇 位于平度城西9公里处,潍莱高速公路、309国道、昌平路、三城路纵横境内。拥有建筑建材、棉纺织、石墨加工、机械加工四大主导产业,42个企业,80多种产品。规划两个工业园区,其中工业南区占地面积20公顷,位于309国道北侧,北区占地面积36公顷,位于三城路两侧。该镇是胶东著名的"水果之乡","红富士"苹果被评为农业部优质产品。花生1333公顷,总产3500万公斤,设有"石河"、"河北"两个花生加工交易市场。镇党委书记邓乾玉,镇长王永佐。

蟠桃镇 地处平度市区北郊,距市中心3公里。经济以农业为主,大姜种植面积666公顷,所产蟠桃牌、蟠松牌、蟠桃山牌大姜和大姜系列产品,远销美国、加拿大、日本、韩国、澳大利亚等10多个国家和地区,被誉为"青岛大姜之乡"和"中国蟠桃大姜之乡"。镇党委书记王守太,镇长张志忠。

南村镇 地处平度、即墨、胶州三市交界处。工业是该镇的支柱产业,全镇有青岛海信集团、青岛华金集团、四川希望集团、泰国正大集团、韩国庆南集团等国内外知名企业的投资厂家40多个,合同利用外资1.3亿美元,实际利用外资9000万美元;合同利用内资5.5亿元,实际利用内资4.2亿元。已形成空调、纺织、仪表、饲料、皮革、发制品等二十几个门类、上百个品种的产业格局。连续多年被评为"平度市利用外资先进镇"。镇党委书记杨锡祥,镇长王淑平。

大泽山镇 地处平度市最北端,是山东省风景名胜区,农业部命名的首家"中国葡萄之乡",是"中国北方石材基地",连续8年被评为山东省文明镇。全镇农业以葡萄生产为主,年产葡萄5000万公斤。石材资源丰富,年加工板材100万平方米;外资企业13家,产品远销20多个国家和地区。大泽山有"鲁东明珠"之称,旅游业初具规模,年接待中外游客20多万人次。镇党委书记盛希寿,镇长陈乃乐。

祝沟镇 位于平度东北部、小沽河畔,是胶东半岛闻名的集贸重镇,是花生、木材等贸易集散地。该镇东北有黄同水库,西北有大洪卜水库,灌溉全镇4333公顷耕地,是著名的山区小平原,初步形成了以草莓、花生、林果、蔬菜、黄烟为主的五大产业;工业已形成制药、铸造、机械、塑料、食品、工艺品及建筑建材等骨干行业。镇党委书记杜宗尧,镇长刘志良。

城关街道办事处 位于平度市区,是平度市政治、经济、文化中心,也是人流、物流、信息流枢纽。第三产业发达,拥有胶东面积最大的综合商贸市场——平度贸易城,营业面积14万平方米,年交易额逾10亿元,服装、五金、水产、蔬菜等十余个专业市场交易活跃。该处在册个体工商户有1417户,私营企业330多家;建有民营经营工业园。党委书记许锡友,主任孙健。

同和街道办事处 位于平度市南

郊,是平度市工业和开放型经济发展的重点区域,全国17个小城镇建设示范镇之一,全国青年文明社区。工业是全处经济发展的重要支柱,拥有同和、宏泰和银河集团等企业98家,形成了以中央空调、印刷、建材、缫丝、电子等为支柱的高新科技工业体系。该办事处工业园区内建有青岛华侨科技园、圣达电力工业园和民营工业园,形成了"四园合一"的园区经济发展体系;已引进各类外资企业30余家,实际利用外资6000余万美元。党委书记张健,主任朱春雷。

香店街道办事处 地处平度市近郊。工业为支柱产业,全处现有企业85家,初步形成五金制造、机械铸造、建筑建材、化工制品、农副产品加工等五大门类为主导的工业体系。出口生产企业10家,其中蜡制品、木制衣架系列产品出口量在全国同行业中位居前列。党委书记刘书伟,主任周新民。

李园街道办事处 位于平度市区西部,交通方便,境内潍莱高速路、三城路、昌平路、309国道纵横成网。商贸流通业繁荣,市区主要市场座落该办事处辖地。工业发达,已形成橡胶、木器、机械等20多个门类、800多个品种。农业方面主要以种植李子、草莓、花卉等为主。党委书记党作柱,主任张忠文。

(王彬堂)

莱 西 市

·经济和社会发展概况·

2000年,全市辖20个镇、3个街道办事处、861个村。总人口72.57万人,其中非农业人口9.45万人。总面积1522平方公里,其中耕地面积7.07万公顷。国内生产总值80.5亿元,其中第一、二、三产业增加值分别为19亿元、36亿元、25.5亿元,分别比上年(下同)增长15.5%、5.5%、19.5%和16.9%。财政总收入4.58亿元,增长25.6%;其中地方财政收入2.5亿元,增长25%。

农 业

全市粮田面积7.58万公顷,经济作物面积4.35万公顷,粮食总产45.78万吨,下降9.2%;花生总产8.98万吨,下降14%;蔬菜总产102.5万吨,下降3%;果品总产16.25万吨,增长6.9%。实有林地面积27994公顷,森林覆盖率18.2%。畜牧业增加值5.8亿元,增长11.9%,占第一产业增加值的31%。肉、蛋、奶产量分别达到9.3万吨、8.6万吨、5.8万吨,分别增长14.2%、-0.04%、45.8%。水产品总产量10319吨,增长23.4%。

工 业

全市完成工业增加值33.3亿元,增长19.6%,其中镇及镇以上完成增加值20.22亿元,增长15.8%。全市工业企业增加值中内资企业完成22.8亿元,增长24.4%,独资企业完成10.5亿元,增长24.5%。镇及镇以上工业产品销售收入71.9亿元,增长9.6%。实现利润1.95亿元,增长28.2%;工业税金2.71亿元,增长42.6%。全年建筑业增加值2.93亿元,增长18.6%。

国内贸易

全年社会消费品零售额19.1亿元,增长16.2%。其中,批发零售贸易业14.9亿元,增长16.6%;餐饮业1.2亿元,增长16.2%。各类市场109处,年成交额1.24亿元,增长34.3%。城乡居民储蓄存款余额30.7亿元,增长10%。个体工商户6634户,新发展2233户;私营企业792户,新发展183户;个体私营经济从业人员21387人,新增5742人。个体私营经济完成税收1.14亿元,增长57.6%。

招商引资

全年批准利用外资项目87个,增长58.2%;合同利用外资2.03亿美元,增长56.1%;实际利用外资10050万美元,增长56.2%。出口总额完成4.36亿美元,增长18.6%。其中,自营出口完成2300万美元,增长64.9%;"三资"企业出口4.12亿美元,增长16.7%。

引进内资项目217个,合同利用资金11亿元,实际到位资金7.2亿元。

城乡建设

全市固定资产投资总额16.2亿元,增长29.3%。其中,市以上固定资产投资额9.07亿元,增长8.7%。主要用于城市集中供热、煤制气、基础设施建设、公路建设、农村电网改造、以水利为重点的农业设施建设。全市实际用电量69610万千瓦时,增长15.4%;供水能力达到1610万吨;城市供热面积达75万平方米;城市煤制气用户达6880户,增加1480户。全年商品房施工面积33.23万平方米,竣工面积29.36万平方米,销售面积24.02万平方米。投资7540万元,完成各类水利工程2230项,扩大、改善灌溉面积8533公顷。新修、拓宽、改建公路78公里,全市公路密度达每百平方公里62.8公里。城市道路长度129公里,面积196平方公里。绿化覆盖面积达583公顷,园林绿地面积达524公顷,公共绿地面积10.25公顷。

社会各项事业

全市组织实施科技计划项目61个,其中国家级10项、青岛市级12项;取得科技成果20项,其中获青岛市级科技进步奖和科技星火奖9项。引进农业新品种19个、工业新技术项目24个,科技在经济增长中的贡献率达到55%。

全市共有各类学校195处,在校学生10.56万人,年内共为大中专院校输送新生3069名,其中本科生1268名;向青岛市级以上体校和体育专业队伍输送体育人才23名。全市在地市级以上报刊杂志发表各类文艺、文学作品275篇,其中获奖作品28篇。共有各级各类医院38处,卫生技术人员1475人,医疗床位1308张。

全市电话交换机总容量23.44万

门,实现村村通程控电话。电话机达到10.15万部,增长4.23%,其中住宅电话92849部,增长46.2%;移动电话用户3.1万户。23处镇、街道办事处全部开通有线电视,有线电视通村率97%,用户12.5万户,入户率62.5%。

全市晚婚率97.81%,晚育率99.31%,计划生育率99.31%,人口自然增长率3.1‰。城镇职工年人均工资7757元,增长24%;农民人均纯收入3422元,增长5.9%。城区人均住房面积14平方米,农村农民人均住房面积达到24平方米。

·镇、街道办事处概况·

水集街道办事处 地处莱西市行政、商贸中心,辖31个村、24个居委会。以农副产品加工、建筑建材、机械铸造、塑料制品和玩具服装等为支柱产业的工业结构独具特色。处办企业7户、民营企业352户、个体工商户6500户。累计引进外资项目56个,合同利用外资8782万美元,实际利用外资5316万美元。党委书记张中东,主任李信斋。

望城街道办事处 地处城区南部,是莱西市工业区之一,辖39个村、7个居委会。驻有山东省花生研究所、核工业部二四八大队、莱西火车站以及市属纺织、化工、建材等企事业单位。管区内有望城观、滕显墓等古文化遗址和莱西市烈士陵园。外向型经济已成为经济发展新的增长点,累计引进外资项目38个,合同利用外资1.5亿美元,实际利用外资8200万美元。党委书记程全谟,主任于乐彬。

滨河路街道办事处 地处莱西城区东南部,辖7个村、4个居委会。烟青一级公路、龙水公路、蓝烟铁路穿境而过。莱西市经济技术开发区、木材批发市场、机动车交易市场坐落于境内。管区内有外商投资企业56户,合同利用外资8100万美元。党委书记邴国裔,主任程宏谟。

绕岭镇 烟青一级公路穿境而过,是青岛市重点开放乡镇之一,辖24个村。以农业为主,盛产小麦、玉米、花生、果品、桑蚕等。开发建设的200公顷万紫花卉庄园种植品种达530多个,年产鲜切花达3000万支。万紫花卉市场建起了1200平方米的花卉展厅、200平方米的冷风库。年内引进外资项目1个、内资项目17个、增资项目4个,总投资额5869万元人民币、100万美元。镇党委书记姜洪海,镇长于乃江。

姜山镇 地处莱西市南部,与即墨市接壤,辖39个村,是青岛市对外开放乡镇之一。以农业为主,盛产小麦、玉米、花生、果品等。外向型经济是该镇经济发展新的增长点。累计引进外资项目49个,合同利用外资1.25亿美元,实际利用外资8900万美元,外资企业出口创汇7000万美元。镇党委书记王仁臣,镇长许培高。

李权庄镇 地处莱西市东南部,与即墨、莱阳2市接壤,辖37个村,是青岛市对外开放乡镇之一。已引进泰光制鞋等外商投资企业29个,实际利用外资9900万美元,出口创汇1.4亿美元,上缴税金8000多万元。优质葡萄、优质蔬菜、大棚西瓜、大白菜、秋黄瓜等种植已成规模。小城镇建设框架基本形成,各种设施配套齐全。镇党委书记陈玉国,镇长于洋。

孙受镇 地处大沽河东岸,辖50个村。土地肥沃,有多年的蔬菜种植历史,蔬菜种植面积2106公顷,总产量10.7万吨。是著名的"水果之乡",年水果产量达到5600吨,其中果品套袋达到6000万个。年内引进外资项目2个,合同利用外资50万美元,实际利用外资52万美元。镇党委书记徐志纯,镇长尹德胜。

夏格庄镇 地处莱西市南部,与即墨市接壤,辖54个村。以农业为主,盛产小麦、玉米、花生、果品等,粮食总产39094吨,花生总产5888吨。畜牧业是该镇的支柱产业,畜牧业总收入1.51亿元。年出栏肉食鸡510万只,奶牛存栏2060头。国营青岛五四农场位于该镇南部。镇党委书记张为才,镇长王平令。

店埠镇 地处莱西市西南25公里,辖38个村。是青岛市的农副产品基地和"菜篮子"工程基地。蔬菜种植面积2000公顷,蔬菜产量13.12万吨,拥有蔬菜加工企业2户,年加工出口蔬菜2万吨。有全国较大的蔬菜产地批发市场——青岛东庄头蔬菜批发市场,市场交易量达6.5亿公斤,交易额达6.8亿元。镇党委书记赵彦军,镇长张立。

朴木镇 地处莱西西南部,与即墨、平度2市接壤,大沽河、小沽河、五沽河在此交汇,辖28个村。土地肥沃,适宜于种植各种蔬菜,主要蔬菜品种有大姜、芋头、大蒜等。蔬菜种植面积达2530公顷,蔬菜总产量20.6万吨。镇党委书记王志和,镇长高瑞波。

院上镇 地处莱西市西南,东临大沽河,西邻小沽河,辖56个村。以农业为主,盛产小麦、玉米、花生、苹果、山楂、板栗及各种蔬菜。粮食总产23649吨,花生总产4875吨。全镇蔬菜种植面积2333公顷,蔬菜总收入1.38亿元,畜牧业收入9924万元。镇党委书记崔学南,镇长周厚勋。

牛溪埠镇 地处莱西市西部,辖49个村。是全国商品粮基地镇和青岛市畜牧强镇,粮食产量居莱西市第一。粮食总产3.1万吨,花生总产6780吨,畜牧业总产值1.6亿元。外商独资企业—青岛雀巢有限公司建于该镇。镇办企业—青岛九联集团已成为集肉食鸡、生猪繁殖、饲养、加工于一体的大型"农字号"龙头企业。镇党委书记杨东亮,镇长李波。

武备镇 地处莱西市西部,西隔小沽河与平度市相邻,辖35个村。是莱西市重要的粮油、果品、蔬菜和畜牧业生产基地。是农业部授予的"中国油桃之乡"。粮食总产25877吨,花生总产4272吨;果品总产9028吨;蔬菜总产1.53万吨;畜牧业总产值9588万元。镇党委书记张维明,镇长卢云军。

南墅镇 地处莱西市西北部,辖39个村。境内石墨、黄金、铁、透辉岩等矿藏资源丰富,其中石墨储量全国第一。青岛石墨股份有限公司、山东北墅生建石墨矿、北墅监狱等设在该镇。粮食总产1.65万吨,花生总产3324吨。盛产苹果、冬桃、葡萄等优质果品,总产达到2.25万吨。镇党委书记崔明耀,镇长刘吉英。

日庄镇 地处莱西市北部,东靠胶东第一大水库——产芝水库,辖65个村。矿产资源储量大、品位高,已探明的品种达20多种,尤以澎润土、沸石和珍珠岩的开发著名,是青岛地区重要的矿产品开发基地。该镇发挥粮多、草多的优势大力发展畜牧养殖业,畜牧业总收入达到1.28亿元。镇党委书记李兆文,镇长于翠成。

马连庄镇 地处莱西市北部,辖44个村。属丘陵乡镇,盛产小麦、玉米、花生、果品等。万亩优质果园被农业部确定为优质果品示范基地,果品总收入225万元。畜牧养殖业有较大发展,到2000

年末,全镇肉食鸡、蛋鸡存栏80万只,生猪存栏2.1万头,存养奶牛2720头,畜牧业总收入9236万元。镇村工业形成机械制造、粮油加工、建筑建材、皮件加工等主导产业,产品畅销海内外。镇党委书记潘海平,镇长孙红日。

河头店镇 地处莱西市东北部,辖39个村。地处丘陵,地下矿藏资源丰富,有铁矿石、沸石、云母石、澎润土等8个品种。粮食总产2.22万吨,花生总产3567吨,畜牧业总收入5568万元。生产的大樱桃以其个大、上市早、色泽好著名。镇内有库容为1400万立方米的中型水库——高格庄水库。镇党委书记王封竹,镇长郭作文。

院里镇 地处莱西市西北部,辖34个村。以农业为主,盛产小麦、玉米、花生、果菜等,粮食总产2.09万吨;果品总产1209吨,蔬菜面积852公顷,总产3.96万吨。镇办工业已形成汽车架、灯饰、石墨模具、塑料制品、电热管等5个主导产业。青岛威特灯饰有限公司开发生产的室内、外高档铜灯20万只,全部出口美国、加拿大及西欧等国家。镇党委书记戴向明,镇长程汉信。

河里吴家镇 地处莱西市西北端,属莱西唯一的山区镇,辖19个村。矿产资源丰富,黄金含量较高,药材种类繁多。2000年末大牲畜存栏达9000头。被正大集团确定为"肉食鸡定点养殖区"。"中华寿桃"曾在北京国际农产品展博会上获金奖,产量达到4000吨。镇党委书记王洪珍,镇长曹杰军。

唐家庄镇 地处莱西市北部,北与招远市接壤,辖50个村。矿产资源丰富,石墨蕴藏量达2000万吨以上。地处莱西市小挍路、黄水路经济开发带,高效农业发展较快,大棚蔬菜、大棚西瓜、优质果品初具规模,并已成为该镇的一大特色和经济优势。镇党委书记孟宪凌,镇长程显玉。

南岚镇 地处莱西市北部,西靠产芝水库,辖31个村。矿产资源有铁、铜、钾长石、石英石、蛇纹石、沸石、重晶石等品种。地处莱西市龙水路、小挍路经济开发带,特色高效农业发展较快,其中大棚西瓜、大棚草莓以上市早、口感好而闻名。镇党委书记逄宝宽,镇长田树梅。

周格庄镇 地处莱西市东北,地处莱西、莱阳两市交界处,辖27个村。烟青一级公路、水蓬路、204国道、莱潍高速公路在此交汇,是连接青岛、烟台、潍坊3地的重要交通枢纽。地处高格庄水库下游、洙河中游,水资源丰富,土地肥沃,高效农业发展较快。镇党委书记仇维祺,镇长吴昊。

韶存庄镇 地处城区北,辖27个村。龙水公路、黄水公路、潍石公路、莱潍高速公路在境内纵横交错。占地53公顷的莱西市工贸开发区地处该镇的莱潍高速公路莱西出口处。有胶东第一大水库—产芝水库,设计库容4.02亿立方米,是青岛地区旅游景点之一。高效农业发展较快,尤以斜岚大樱桃著名。镇党委书记赵克君,镇长柳青松。

(傅建族)

12区市及其街道办事处、乡镇通讯录及有关指标

12区、市政府通讯录

单位	驻址	邮编	电话	传真
市南区政府	香港中路19号	266071	5838001	5838003
市北区政府	顺兴路24号	266021	3831888	3844411
四方区政府	鞍山二路48号	266033	3720816	3720816
李沧区政府	夏庄路68号	266100	7610858	7610858
崂山区政府	区政府行政大厦	266101	8996576	8996172
城阳区政府	正阳路201号	266100	7868500	7868531
黄岛区政府	长江中路369号	266555	6988981	6988989
即墨市政府	振华路140号	266200	8551012	8551022
胶州市政府	常州路10号	266300	7212616	7212303
胶南市政府	珠海路15号	266400	6163592	6162101
平度市政府	红旗路85号	266700	7362758	7362011
莱西市政府	黄海路5号	266600	8483520	8483161

12区、市国民经济及社会发展主要指标

单位	人口(万人)	面积(平方公里)	国内生产总值(亿元)	财政收入(亿元)	居民人均纯收入(元)
市南区	42.69	——	14.79	2.17	——
市北区	46.8	——	14.8	2.1	——
四方区	35.7	——	8.34	1.20	——
李沧区	27.9	——	20.3	1.71	4836(农民)
崂山区	19.15	——	83.2	5.11	10975(职工) 4318(农民)
城阳区	42.8	——	104.6	3.89	10722(职工) 4012(农民)
黄岛区	19.42	——	85.7	6	9500(职工) 4159(农民)
即墨市	106.62	1727	109.81	3.86	8102(职工) 3426(农民)
胶州市	75.79	1210	103.3	3.1	5796(职工) 3640(农民)
胶南市	83.61	1927	109.1	3.62	6330(职工) 3591(农民)
平度市	133.46	3166	118.5	3.74	7012(职工) 3529(农民)
莱西市	72.57	1522	80.5	2.5	7757(职工) 3422(农民)

市南区所属各街道办事处通讯录

单位	驻址	邮编	电话
八大峡街道办事处	瞿塘峡路74号	266002	2678343
台西街道办事处	台西纬四路28号	266002	2688703
云南路街道办事处	云南路22号	266002	2629700

单位	驻址	邮编	电话
中山路街道办事处	河南路20号	266001	2868389
观海路街道办事处	湖北路2号	266001	2869010
江苏路街道办事处	齐东路19号	266003	2799549
金口路街道办事处	龙口路5号	266003	2966197
八大关街道办事处	文登路3号	266003	2879409
湛山街道办事处	秀湛路9号	266071	3869880
浮山街道办事处	江西路97号	266071	5762495
八大湖街道办事处	巢湖路2号	266071	5718106
金湖路街道办事处	金坛支路25号	266071	5013099
珠海路街道办事处	珠海一路4号	266071	5895764
金门路街道办事处	仙游路2号	266071	5883768

市北区所属各街道办事处通讯录

单位	驻址	邮编	电话
冠县路街道办事处	长安路13号	266011	2840141
泰山路街道办事处	泰山路72号	266012	3833470
胶州路街道办事处	招远路1号	266011	2829235
热河路街道办事处	热河路55号	266011	2726505
辽宁路街道办事处	铁山路21号	266012	3805001
黄台路街道办事处	合江路1号	266012	2736709
华阳路街道办事处	华阳路54号	266021	3026264
登州路街道办事处	登州路59号	266023	2733644
利津路街道办事处	郭口路12号	266021	3833268
延安路街道办事处	标山路60号	266023	3634281
威海路街道办事处	台东六路36号	266021	3834731
北仲路街道办事处	镇江路29号	266021	3610452
宁夏路街道办事处	宝应路10号	266021	3642776
敦化路街道办事处	台柳路564号	266023	5625346
辽源路街道办事处	通榆路1号	266034	5621996
合肥路街道办事处	浮山后村	266101	8896684

四方区所属各街道办事处通讯录

单位	驻址	邮编	电话
阜新路街道办事处	鞍山一路33号—3	266032	3791070
鞍山路街道办事处	南宁路5号	266033	3742103
海伦路街道办事处	海伦路68号	266034	5650202
嘉兴路街道办事处	嘉兴路32号	266032	3717740
瑞昌路街道办事处	顺昌路15号	266032	4852031
杭州路街道办事处	居仁路5号	266031	3736793
平安路街道办事处	遵化路3号	266031	3720735
兴隆路街道办事处	兴隆路47号	266031	3725566
水清沟街道办事处	武宁路31号	266042	4851673
开平路街道办事处	四流南路209号	266042	4852932
洛阳路街道办事处	商邱路20号	266045	4861136
河西街道办事处	台柳路291号	266100	5035150

李沧区所属各街道办事处通讯录

单位	驻址	邮编	电话
李村街道办事处	大崂路1011号	266100	7895469
虎山路街道办事处	大崂路1011号	266100	7895713
浮山路街道办事处	向阳路6号	266100	7895220
永清路街道办事处	永年路1号	266041	4632556
振华路街道办事处	四流中路7号	266041	4653677
永安路街道办事处	永安路53号	266041	4632671
兴华路街道办事处	兴华路30号	266041	4633482
兴城路街道办事处	兴城路9号	266041	4683269
楼山街道办事处	楼山路9号	266043	4816711
湘潭路街道办事处	十梅庵路48号	266043	4683057
九水路街道办事处	九水东路188号	266100	7603728

崂山区所属各街道办事处通讯录

单位	驻址	邮编	电话
中韩街道办事处	中韩村	266101	8701631
沙子口街道办事处	沙子口村	266102	8807626
王哥庄街道办事处	王哥庄村	266105	7841022
北宅街道办事处	北宅村	266104	7851026

崂山区所属各街道办事处国民经济及社会发展主要指标

单位	人口(万人)	面积(平方公里)	国内生产总值(亿元)	财政收入(万元)	居(农)民人均收入(元)
中韩街道办事处	5.6	58.8	6.7	2847	4567
沙子口街道办事处	5.3	108.3	10.0	3475	4487
王哥庄街道办事处	4.5	131.4	7.91	1341	4239
北宅街道办事处	2.6	81.3	1.3	639	3780

城阳区所属各镇通讯录

单位	驻址	邮编	电话
城阳镇	城阳村东	266109	7869589
流亭镇	仙家寨村	266108	4816819
夏庄镇	夏庄村	266107	7871022
惜福镇	惜福镇村	266106	7811035
棘洪滩镇	棘洪滩村	266111	7801143
上马镇	上马村	266112	7811330
河套镇	西河套村北	266113	7821058
红岛镇	千佛山	266114	7831022

城阳区所属各镇国民经济及社会发展主要指标

单位	人口(万人)	面积(平方公里)	国内生产总值(亿元)	财政收入(万元)	居民人均纯收入(元)
城阳镇	9.8	48.7	22.3	18311	4260
流亭镇	6.2	44.2	21.6	10353	4316
夏庄镇	6.5	84.0	9.0	5740	4100
惜福镇	3.8	53.9	6.4	2700	3830
棘洪滩镇	4.5	70.6	7.2	2850	3991
上马镇	4.2	47.8	6.55	1942	3980
河套镇	4.1	44	7.1	1436	3821
红岛镇	3.7	28.7	6.3	1033	3822

青岛经济技术开发区(黄岛区)所属各街道办事处通讯录

单位	驻址	邮编	电话
黄岛街道办事处	大公岛路5号	266500	6852526
薛家岛街道办事处	长江中路1号	266520	6878169
辛安街道办事处	黄河中路351号	266510	6811049
柳花泊街道办事处	黄河西路689号	266515	6803240
长江路街道办事处	长江路360号	266555	6897089

青岛经济技术开发区(黄岛区)所各属街道办事处国民经济及社会发展主要指标

单 位	人口(万人)	面积(平方公里)	国内生产总值(亿元)	财政收入(万元)	农民人均纯收入(元)
黄岛街道办事处	2.8	35	15.87	1954	4595
薛家岛街道办事处	3	42	17.30	1478	4183
辛安街道办事处	3.8	57	16.43	1800	4007
柳花泊街道办事处	1.1	40	10.04	745	3490
长江路街道办事处	6.8	39.4	15.61	2185	4542

即墨市所属各乡镇、街道办事处通讯录

单 位	驻 地	邮编	电 话	传 真
环秀街道办事处	青烟路南首12号	266200	8513276	8512032
潮海街道办事处	鹤山路565号	266200	8513680	8613080
通济街道办事处	鳌蓝路1036号	266200	8586702	8586760
留村镇政府	大留村	266205	6581001	6581088
营上镇政府	烟青路638号	266221	7501002	7505656
段村镇政府	范家街南	266217	5589002	5589709
石门乡政府	石门村	266206	5591002	5591002
鳌山卫镇政府	西里村	266237	6551001	6551001
温泉镇政府	东温泉村	266207	6561002	6561001
王村镇政府	西王村	266211	6503027	6503066
田横镇政府	洼里村	266209	5561001	5561005
丰城镇政府	时家村	266212	6631002	5531032
金口镇政府	南阡四里村	266213	5521002	5521203
店集镇政府	西里村西	266214	5501001	5502324
大官庄镇政府	北官庄东	266215	4581002	4581463
华山镇政府	万华埠村南	266216	4561018	4561016
灵山镇政府	灵山一村南	266219	4531002	4531001
长直镇政府	王家村东	266227	3530002	3531810
段泊岚镇政府	府前街22号	266225	3561003	3561233
瓦戈庄镇政府	东瓦戈庄二村	266222	3571166	3571128
刘家庄镇政府	刘家庄三村	266223	3587221	3587222
移风店镇政府	马军寨东南	266224	3591002	3591002
七级镇政府	七级西南村	266233	3523012	3522163
蓝村镇政府	府前街10号	266232	2595999	2596246
南泉镇政府	南泉村北	266231	2571001	2571001
普东镇政府	常家街	266234	2561002	2561001
大信镇政府	乔家村东	266229	2531067	2533705
马山镇政府	马山前	266228	2529802	2529899
太祉庄乡政府	西太祉庄	266226	3550003	355002
乔家屯政府	乔家屯村	266218	4551002	4551515
田横岛省级旅游度假区党政办	山南村	266209	5569922	5569790
山东省经济开发区管理委员会	鹤山路36号	266200	7552954	7552841

即墨市所属各乡镇、街道办事处国民经济及社会发展主要指标

单 位	人口(万人)	面积(平方公里)	国内生产总值(亿元)	财政收入(万元)	农民人均纯收入(元)
环秀街道办事处	7.01	——	15.49	2660	4109
潮海街道办事处	3.98	——	6.19	1424	4353
通济街道办事处	7.33	——	9.25	2479	4208
留村镇	3.66	——	3.40	424	3597
营上镇	3.6	——	2.91	719	3511
段村镇	2.8	——	1.78	484	3617
石门乡	2	——	1.22	170	3252
鳌山卫镇	5.11	——	6.76	673	3500
温泉镇	4.92	——	2.48	390	3566
王村镇	4.04	——	2.57	269	3486
田横镇	3.18	——	2.79	235	3489
丰城镇	5.2	——	3.88	244	3228
金口镇	3.4	——	2.35	386	3477
店集镇	3.1	——	2.02	238	3376
大官庄镇	2.5	——	1.39	175	3377
华山镇	3.4	——	3.62	1109	3598
灵山镇	2.63	——	1.79	303	3526
长直镇	2.87	——	1.99	433	3200
段泊岚镇	1.76	——	1.21	291	3351
瓦戈庄镇	1.65	——	2.24	405	3605
刘家庄镇	3.1	——	1.77	348	3351
移风店镇	4.3	——	3.51	206	3434
七级镇	3.6	——	3.24	456	3638
蓝村镇	3.6	——	5.55	1103	4045
南泉镇	3.6	——	4.41	772	3487
普东镇	2.5	——	1.90	307	3500
大信镇	2.72	——	4.13	1101	3492
马山镇	4.44	——	4.18	986	3436
太祉庄乡	1.65	——	1.01	192	3461
乔家屯乡	1.18	——	0.80	166	3326
田横岛省级旅游度假区	1.56	——	1.03	132	3527
山东省经济开发区管理委员会	5.08	——	1.93	1010	4031

胶州市所属各乡、镇、街道办事处通讯录

单 位	驻 地	邮编	电 话
阜安街道办事处	寺门首街29号	266300	7212783
中云街道办事处	兰州西路48号	266300	7290714
南关街道办事处	扬州路中段	266300	2210132
北关街道办事处	莱州路1号	266300	2290568
云溪街道办事处	兰州东路285号	266300	7211045
胶东镇	小麻湾西村	266317	8260036
前店口乡	前店口村	266312	3280019
李哥庄镇	李哥庄村	266316	8288711
马店镇	马店村	266314	3220016
北王珠镇	北王珠村	266315	8220148
后屯乡	前屯村	266313	3240012
胶西镇	西祝村	266329	5200016
苑戈庄镇	苑戈庄村	266328	5220012
南杜村乡	南杜村	266327	5230012
张应镇	东张应村	266323	6230012
铺集镇	铺集村	266326	6250012
张家屯镇	张家屯村	266325	6270016
里岔镇	里岔村	266324	6280016
洋河镇	冷家村	266321	6200012
董城乡	董城村	266322	6220012
九龙镇	爱国村	266319	5250012
营海镇	营房村	266318	5260052

胶州市所属各乡、镇、街道办事处国民经济及社会发展主要指标

单　位	人口（万人）	面积（平方公里）	国内生产总值（亿元）	财政收入（万元）	农民人均纯收入（元）
阜安街道办事处	6.73	——	7.63	2523	4996
中云街道办事处	5.85	——	7.24	2040	5381
南关街道办事处	3.41	——	5.28	1279	4796
北关街道办事处	2.91	——	4.99	2090	4780
云溪街道办事处	1.54	——	4.32	2452	4993
胶东镇	2.99	——	5.51	1516	4901
前店口乡	2.52	——	3.95	492	4533
李哥庄镇	5.33	——	12.11	2214	4875
北王珠镇	4.26	——	5.27	410	4330
马店镇	3.78	——	3.37	661	4270
后屯乡	3.21	——	3.12	233	4270
胶西镇	4.13	——	3.13	433	4270
苑戈庄镇	1.97	——	2.17	190	4188
南杜村乡	2.33	——	1.68	255	3760
张应镇	3.21	——	4.48	906	4090
铺集镇	3.95	——	5.03	926	4300
张家屯镇	2.32	——	2.24	203	3846
里岔镇	3.23	——	2.91	494	4278
洋河镇	3.64	——	2.43	261	3875
董城乡	2.14	——	2.36	157	3713
九龙镇	2.96	——	1.72	259	3871
营海镇	3.38	——	5.92	1092	4832

胶南市所属各乡、镇、街道办事处、开发区通讯录

单　位	驻　地	邮　编	电　话
隐珠镇	大卢家疃	266431	3191039
大珠山镇	朱家小庄	266404	4121008
张家楼镇	张家楼村	266406	4131037
琅琊镇	夏河城村	266408	4111017
藏南镇	小马家疃	266411	4176103
泊里镇	泊里村	266409	4181075
大场镇	大场村	266414	7141007
海青镇	海青村	266415	7181078
理务关乡	理务关村	266416	5141038
大村镇	大村中村	266417	5111036
六汪镇	六汪	266419	2151007
胶河镇	柏乡三村	266421	2191037
宝山镇	尚庄	266422	2131017
铁山镇	张仓	266423	2121020
黄山镇	薛家庄	266424	3121011
王台镇	王台村	266425	3131313
红石崖镇	红石崖村	266426	3161023
市美乡	市美村	266418	3181066
灵山卫镇	灵山卫村	266427	3181066
塔山乡	立新村	266412	7127069
信阳镇	信阳一村	266413	7161006
灵山岛乡	城口子村	266429	2111017
寨里镇	潘家庄	266407	4151002
珠山街道办事处	铁山路147号	266400	8183718
珠海街道办事处	向阳路东端	266400	6168355
灵海街道办事处	厦门路1号	266400	6167420
积米崖港区	积米崖	266428	3181648

胶南市所属各乡镇、街道办事处国民经济及社会发展主要指标

单　位	人口（万人）	面积（平方公里）	国内生产总值（亿元）	财政收入（万元）	农民人均纯收入（元）
珠山街道办事处	7.06	32.7	5.13	785	3385
珠海街道办事处	7.43	56	6.72	1739	4001
灵海街道办事处	2.15	23.42	4.64	1713	4289
隐珠镇	3.29	97	9.12	3018	4080
大珠山镇	3.68	108	4.67	789	3931
张家楼镇	2.61	96	1.78	323	3380
寨里镇	2.68	65.8	1.76	298	3536
琅琊镇	3.70	82	4.46	647	3928
藏南镇	2.93	90	2.78	653	3491
泊里镇	5.28	93	4.44	716	3635
信阳镇	2.03	49	1.64	233	3413
大场镇	3.76	76	2.40	317	3540
海青镇	4.48	100	3.03	461	3602
理务关乡	2.05	64	1.29	271	3252
塔山乡	1.88	51	1.07	185	3300
大村镇	3.59	113	3.07	471	3593
市美乡	1.87	71.4	1.08	224	3348
六汪镇	2.57	88.13	2.06	515	3383
胶河镇	2.41	56	1.80	438	3369
宝山镇	3.24	117	2.10	515	3359
铁山镇	2.40	101	1.79	358	3433
黄山镇	2.14	76	2.47	701	3797
王台镇	45197	85	8.69	2392	4198
红石崖镇	31241	58.5	4.94	1299	3962
灵山卫镇	24586	36	5.03	1095	4118
灵山岛乡	2700	7.66	0.70	136	4165
积米崖港区		2.6	0.22	178	3961

平度市所属各镇、街道办事处、开发区管委通讯录

单　位	驻　地	邮　编	电　话
旧店镇	旧店村	266748	5359022
长乐镇	东高家村	266714	5381097
崔召镇	崔召村	266752	3311001
蟠桃镇	库屯	266704	5391001
大泽山镇	北昌村	266713	5371002
崔家集镇	崔家集村	266727	2381028
马戈庄镇	马戈庄村	266722	6331001
门村镇	门村	266708	7321001
中庄镇	团结村	266726	2391001
大田镇	北大田村	266749	5361001
白埠镇	白埠三村	266725	6301198
新河镇	北镇村	266717	6351001
张舍镇	张舍村	266719	6371001
云山镇	郭家寨村	266745	3341189
仁兆镇	西仁兆村	266739	3381108
蓼兰镇	幸福村	266731	2301001
张戈庄镇	张戈庄南村	266738	2311076
南村镇	西北街村	266736	3391168
灰埠镇	灰埠村	266715	6391001
麻兰镇	后麻兰村	266743	3351001
店子镇	马家村	266753	5311087
兰底镇	河北村	266734	2341108

单 位	驻 地	邮 编	电 话
明村镇	明村	266723	6321008
祝沟镇	祝沟村	266746	3321001
万家镇	大万家村	266729	2361111
田庄镇	田庄村	266721	6383016
郭庄镇	郭庄镇	266737	2321108
古岘镇	古岘二里村	266742	3361001
城关街道办事处	杭州路34号	266700	7363692
同和街道办事处	文化广场北侧	266706	7311026
香店街道办事处	烟台路北	266705	3301001
李园街道办事处	文王路1号	266707	8357580
开发区管委	长江路1号	266700	8383297

平度市所属各镇、街道办事处、开发区国民经济及社会发展主要指标

单 位	人口（万人）	面积（平方公里）	国内生产总值（亿元）	财政收入（万元）	农民人均纯收入（元）
古岘镇	4.6	80.5	2.16	507	3968
崔召镇	3.1	108	2.89	332	3689
新河镇	2.3	76	1.84	320	3612
旧店镇	3.5	145.9	3.36	907	3519
灰埠镇	4.9	118	4.97	1097	3656
张戈庄镇	4.7	101.8	3.61	619	3662
马戈庄镇	3.2	67	2.31	416	3608
仁兆镇	6.9	114.6	5.26	834	3808
兰底镇	3.7	108	2.48	500	3450
郭庄镇	3.1	74.5	3.10	374	3669
店子镇	5.8	137.9	4.29	625	3606
万家镇	4.2	139.1	2.77	524	3810
长乐镇	3.1	67	4.17	735	3411
麻兰镇	4.1	89.4	4.40	558	3560
蓼兰镇	4.2	102.4	5.28	820	4146
云山镇	5.5	148.6	4.21	539	3500
大田镇	3.4	148.7	1.86	407	3156
崔家集镇	5.0	130.7	3.43	465	3500
张舍镇	4.3	130	5.02	910	3802
田庄镇	3.2	78	3.74	798	3976
明村镇	5.5	173.8	5.62	993	3785
白埠镇	2.8	81	2.39	255	3600
中庄镇	2.8	84	2.35	292	3856
蟠桃镇	2.3	73.2	1.22	268	3620
南村镇	5.8	109.4	9.98	2200	4280
大泽山镇	3.2	94	4.06	662	4680
祝沟镇	3.5	87	1.49	292	3300
门村镇	4.1	90	3.22	649	3553
城关街道办事处	6.8	32.3	3.67	1144	4072
香店街道办事处	3.3	49	2.16	525	3791
同和街道办事处	3.2	66	3.44	1281	3765
李园街道办事处	5.3	42	4.35	1056	3957
经济开发区	1.25	10.2	3.30	2064	3758

莱西市所属各镇、街道办事处通讯录

单 位	驻 地	邮编	电 话
水集街道办事处	水集三村	266600	8483351
望城街道办事处	大望城村	266601	8411626
滨河路街道办事处	滨河路	266600	8462681
绕岭镇	绕岭村	266602	6411107
姜山镇	姜山村	266603	6461088
李权庄镇	西李权庄村	266604	6491039
孙受镇	孙受村	266605	7481011
夏格庄镇	夏格庄村	266606	6431039
店埠镇	店埠村	266607	2461017
朴木镇	前朴木村	266608	2481171
院上镇	院上村	266609	2431299
牛溪埠镇	牛溪埠村	266611	7451108
武备镇	武备村	266612	2411098
南墅镇	南墅村	266613	3431065
日庄镇	日庄村	266614	3481088
院里镇	院里村	266615	3461029
河里吴家镇	河里吴家村	266616	3411068
马连庄镇	马连庄村	266617	5431036
唐家庄镇	唐家庄村	266618	5411056
南岚镇	南岚村	266619	5451109
河头店镇	河头店村	266621	5481038
周格庄镇	前周格庄村	266622	7421088
韶存庄镇	韶存庄村	266623	7431088

莱西市所属各镇、街道办事处国民经济及社会发展主要指标

单 位	人口（人）	面积（平方公里）	国内生产总值（亿元）	财政收入（万元）	农民人均纯收入（元）
水集街道办事处	88062	49	7.02	3456.7	4020
望城街道办事处	45514	66.5	4.63	855.7	3653
滨河路街道办事处	9773	10.28	1.60	1138.3	3810
周格庄镇	20406	42	1.12	104.7	3174
河头店镇	25730	65	2.16	378.3	3280
马连庄镇	30803	85	2.17	217.1	3346
南岚镇	18702	53	1.44	185.5	3293
唐家庄镇	27677	80	1.71	196.3	3158
河里吴家镇	13887	70	0.75	81.0	2790
南墅镇	33966	64	3.22	389.7	3389
院里镇	26087	56	2.15	194.3	3375
日庄镇	33434	70	2.12	314.4	3103
韶存庄镇	23780	58	1.46	372.9	2900
牛溪埠镇	40211	95	4.38	646.4	3552
武备镇	31720	62	2.41	220.9	3316
院上镇	42501	78	3.55	338.3	3396
店埠镇	31641	50	2.49	327.9	3649
朴木镇	26557	51	2.24	184.0	3630
夏格庄镇	33904	104	3.30	278.4	3451
李权庄镇	35235	87	6.89	3355.7	3653
姜山镇	30258	82	3.93	783.7	3497
绕岭镇	20211	52	1.81	204.6	3341
孙受镇	35648	68	2.69	222.8	3640

（以上数据由各区、市政府办公室提供，仅供参考。）

旅游·风景名胜

旅　　游

·概　　况·

2000年,全市接待海外游客26.8万人次,旅游创汇1.42亿美元,接待国内游客1385万人次;旅游业总收入突破100亿元,达到100.5亿元人民币,比上年(下同)增长23.9%。年内,市旅游局被评为全市创建文明行业先进部门。

旅游环境优化

市政府出台了《关于加快我市旅游业发展的通知》,制定了一系列扶持旅游业发展的政策措施。市旅游局会同有关部门拟定提出了事关旅游发展全局的30多个旅游建设项目,并经市长办公会原则同意,分解落实到各责任部门。市旅游局成立了旅游建设项目协调小组,加强与建设、规划、财政等部门和驻青部队的联系与协调,推动重点项目的实施。第一海水浴场改造,太平山公园、八大峡公园建设等项目列入市政府重点工作目标;国际会展中心、城市夜景工程、旅游公厕整修、大黑岚海滨公园、世纪广场、康有为故居、太平角绿化美化、崂山北九水游览区深度开发等10个项目基本完成。

贯彻省委书记吴官正关于旅游大项目带动战略的指示精神,多次召集有关专家研讨,争取山东省旅游局,将确定的全省2个“在全国一流,在世界有影响”的重点旅游项目放在了本市1个。

面向国内外征集方案,组织有关专家充分论证,提出了奥林匹克运动中心、海洋世界等3个大项目的初步方案。完成了全市旅游业“十五”计划及到2020年发展规划文本的起草,组织开展了旅游景区(点)质量等级评定,崂山风景区、海滨风景区通过了国家AAAA级评定。组织市旅行社协会和十几家旅行社及新闻单位对新开发的海滨雕塑园和工业旅游项目进行了考察推介,纳入全市一日游、二日游线路。会同市公安部门将市区主要干道和旅游区道路的中文标识全部更新为中英文双语标识;在市区干道旅游区附近增设了30块旅游区旅游点指向牌和图案标识,进一步改善了全市旅游交通环境。会同市政部门在旅游交通要道设置了18块“青岛市区旅游导向图”,方便了海内外游客。在有关单位配合下,在全市主要旅游景区景点、机场、车站、码头等地增设了30块中英文双语导游牌。挖掘全市欧陆建筑风情文化内涵,会同市文物局在老市区20多座近代优秀建筑加挂介绍其建筑特色、文化价值的中英文铭牌,推介青岛市“建筑博览游”产品。

旅游市场促销

元旦过后,副市长周嘉宾、臧爱民分别带领60多个旅游企业参加的青岛旅游“大篷车”促销团在山东省内9城市巡回促销,引起轰动。3、4月份,组织旅游企业并邀请新闻记者分四路赴闽浙、西北、湘赣、珠江三角洲地区的主要客源市场,大规模进行旅游促销,促销活动跨8个省(自治区)近20个城市。组织参加了全国旅游渡假区、风景区博览会、北方旅游交易会、2000国内旅游交易会。12月,组织80多家旅游企业赴河南、河北等山东省周边7个城市开展“大篷车”促销,全年国内促销城市达30多个。

组织旅游企业赴俄罗斯、东南亚、欧洲等10多个国家和地区开展促销。组织参加了市政府在深圳、韩国、日本举办的“青岛日”活动,与韩国釜山广域市观光协会签署了友好合作意向书。全年接待海内外记者26批、140人次。市政府投资800万元,在中央级媒体和香港媒体作城市形象宣传,反响强烈。

建立了青岛旅游信息网站,制作网页7000多页,开展网上促销,访问量达到2.6万人次。围绕2000年神州世纪游,设计推出了五大季节性系列旅游活动。第二届青岛海洋节3个分会场、7大板块50多项活动丰富多彩,市场化运作程度明显提高,参节人数达200万人次;青岛国际啤酒节彩车艺术巡游的设计、制作在材料工艺、技术含量和动感表现形式等方面都有新的提高;参与配合组织了2000年世界华人论坛,取得成功。配合旅游市场开发和节会活动,市旅游局负责制作了新的旅游宣传品,制定了《青岛旅游新闻宣传奖励试行办法》。在中央电视台、《人民日报》、《中国旅游报》等中央级新闻媒体作旅游宣传，扩大了青岛的影响。

适应假日旅游的迅速发展，市政府下发了《关于进一步促进假日旅游健康发展的通知》，成立了由市长任组长、32个部门参加的假日旅游领导协调小组。市旅游局在元旦期间参与举办了千禧庆典暨2000神州世纪游首游式，在春节期间组织开展了"青岛人游青岛、山东人游青岛"新春民俗旅游系列活动，来青国内外游客达到35万人次，国内旅游收入2.8亿元。"五一"、"十一"两个黄金周期间，市旅游局会同有关部门开展了黄金旅游月活动，加强假日旅游的组织协调和市场引导，及时提供市场预测和旅游信息，保证了假日旅游的健康发展，受到国家旅游局的表扬。期间，全市共接待国内外旅游者145万人次，旅游业总收入13.1亿元。

旅游市场管理

在全行业开展了"旅游质量推行年"活动和"天马杯"优质服务竞赛，举办了第三届酒吧文化节及全省星级饭店酒吧经营休闲文化研讨会；开展了青岛旅游文化月活动；举办了旅游企业精神文明建设展览、旅游企业理念演讲、行业文艺汇演等系列活动；在景区景点严厉打击封建迷信活动，在星级饭店开展了打击"黄、赌、毒"专项治理，新出台了4个关于对旅行社和导游员进行管理的办法，加快了星评步伐，新批和升级星级饭店17个。

会同有关部门多次对旅游市场秩序、服务质量、安全保障等进行检查，加大投诉查处力度，对崂山定点导游进行强化培训和年检考核。开展了治理黑(旅)社、违规广告、旅行社非法门市三个专项治理，取缔了5家黑门市。市旅游投诉中心由自收自支事业单位改为差额拨款事业单位，新增6个人员编制。开展了"旅游服务咨询宣传日"活动，围绕假日旅游为游客提供旅游法规、旅游线路、交通、住宿、购物等知识服务。全年共受理投诉251件，处结率为98.4%，处结满意率达97.9%，为游客挽回经济损失近7万元。

"五一"和国庆旅游黄金周到来之前，召开了全市假日旅游领导协调小组座谈会和旅游行业动员大会，成立了假日旅游指挥部，制定了工作预案，排出了旅游高峰期全市重点监测的30个旅游区域，对旅游市场进行了全面检查。节日期间，市旅游投诉电话24小时值班。市旅游局干部分成三路，在崂山、市内主要景点和旅游投诉中心现场办公，及时协调解决问题。派出旅游投诉服务车辆和执法检查人员，在主要景区景点明察暗访，维护旅游秩序。市委书记张惠来、市长王家瑞等也对假日旅游进行了视察和指导。市旅游局联合有关部门联手对旅游安全作了全面检查和部署，推出了大众餐饮，组织了假日广场演出活动等。根据市委、市政府关于"两节一会"(海洋节、啤酒节、青洽会)和2000年世界华人论坛的有关部署，积极开展旅游环境服务质量综合治理，对全市的重点旅游企业、景区景点进行了拉网式检查和市场整顿。

从海上眺望岛城东部市区 (隋以进/摄)

加强业务培训,组织了3次共2000多人参加的英语考试;举办了旅游饭店、旅行社管理人员岗位培训班6期、35人次;组织1900多人参加了导游培训和实习考察;承办了全省768名旅行社经理资格考试;编印了全市统一导游员通用教材。

在全行业实行了"旅游质量世纪行"活动,制定了世纪行5年计划,全面推行国家和行业标准,开展ISO9000质量认证活动,建立以质量为中心的经营管理制度和质量监控体系。制定实施了《旅行社经营业绩考核奖惩暂行办法》、《优秀旅行社创建评选暂行办法》和《导游人员量化管理暂行办法》,进一步完善了行业激励约束机制。国家旅游局专程来青调研本市导游人员管理办法,并在全国推广。

通过首批中国优秀旅游城市复核

为保持首批中国优秀旅游城市的荣誉,本市对创优工作做到"班子不散、工作不断、力度不减",认真贯彻落实国家创优新标准在全市掀起了二次创优新高潮。市委、市政府专门下发了"关于做好迎接创优复核的通知",召开了全市迎接创优复核动员大会;市创优办对创优目标责任分解落实到40多个成员单位,开展了多次专项督导检查;各成员单位充分发挥各自职能作用,齐抓互促,狠抓落实。在创优复核期间,本市创优工作成果得到了复核检查组的好评,顺利通过了国家复核。帮助指导胶南市创建第二批优秀旅游城市,并获成功。

(李　春)

风景名胜

·崂山风景名胜区·

工作概况

全年景区接待海内外游客228万人次,旅游总收入2.3亿元。其中,非贸易收入6200余万元,分别比上年(下同)增长4%、21%和17%。被中央文明办、国家建设部、国家旅游总局联合命名为"全国文明风景旅游区示范点",被建设部授予"全国风景名胜区先进单位"称号,并通过了国家旅游总局"4A级旅游区"评定。

资源保护　风景名胜资源普查工作全面完成,调查景源基本类型1153处,形成了约18万字的普查报告。继续开展招鸟引鸟工作,灰喜鹊、八哥人工驯化和松鼠、猕猴等野生动物异地引进保护试验初获成功。关停了沙子口、北宅旅游沿线、晓望水库南岸、大河东迷魂涧等80余处采石场点。制定了太清游

崂山雄姿　(隋以进/摄)

览区的污水处理工程建设方案。配合市有关部门编制完成了《沿海岸带控制性详细规划》,清理了31处共640平方米的违章、违规建筑设施。崂山风景区已建为山东省自然保护区。

林业工作 崂山森林植被调查和省二类森林资源调查初步完成,调查总面积7518公顷,采集标本8525份。以"七线五林"为主要内容的风景林规划得以初步实施,完成了明霞洞樱花林建设,制定了华楼红叶林和竹林建设的详细规划,对蔚竹庵等5处庙宇周围的210亩竹林进行了抚育管理。加强对松毛虫害的测报和防治,开展了防治松干蚧虫害的课题研究。护林防火工作得到加强,景区护林防火指挥部被评为青岛市护林防火先进单位。

基础设施与开发建设 全年完成建设投资4200余万元。完成了北九水和华楼生态旅游循环线、太清垭口—明霞洞步行路整修,大通卡脖子路段、垭口—仰口、大崂——水公路改造,流清检票口拓宽,大河东、垭口、北九水停车场和流清河拦海坝建设等工程。巨峰游览区开发工作最终与有关方面达成一致意见,委托中国城市规划设计院风景所修订完成了开发规划设计,施工前的准备工作已就绪。华严寺、华楼宫、蔚竹庵修复主体工程也已完成,预计2001年5月1日前正式对外开放。加大招商引资力度,先后与20余家客户进行洽谈,并就仰口高尔夫球场、国际游艇俱乐部等项目达成初步意向。

管理服务 开展了争创全国文明风景旅游区示范点和国家4A级旅游区活动。细化各窗口单位的规范化服务标准,启动了优质服务窗口工程。配合CI要素的实施,规范文明服务用语,改新、增设182块仿生导向牌、形象导视牌和交通标志牌,增强了自助旅游功能。按照"控制总量,适当集中,提高档次,规范管理"的原则,拆除门头、摊位102处,改造40余处,景区市场摊位总量减少12%。规范市场建设、管理审批手续,建立了建与管协调发展的良性机制。全年查处非法营运、无证导游、游摊浮贩等扰乱秩序的行为560余人次。配合生态循环线建设在景区内更换了150余个仿生果皮箱,增设了2座免冲式公厕。安全工作得到重视和加强,先后7次组织全面安全检查,整改安全隐患40余起。景区全年仅发生治安案件1起,未发生任何重大刑事案件和安全责任事故。景区管委会被评为山东省安全工作先进单位。

市场促销 全年投入400余万元开展宣传促销工作,开拓新客源市场。拍摄并播出了8集电视系列片《崂山》和崂山林场成立50周年纪实片《谱写崂山绿色诗篇》;在各级新闻媒体发稿200余篇,播出专题新闻300余条。与邮政部门协同完成了崂山特种邮票的发行工作,编辑出版了大型邮品图书——青岛崂山《文化图鉴》,开展了"崂山杯"集邮知识大奖赛、"我心中的崂山邮票"征文等活动。积极参加"省内旅游大蓬车"、"北方旅游交易会"、"大连旅游风景区度假区博览会"、"青岛市湘赣、西北促销团"等促销活动;在景区开展了"迎新千年日出"、"国际风筝邀请赛"、"北九水循环线开通仪式"、"第二届崂山登山活动"、"陕西乾陵出土文物展"、"啤酒节崂山主题日"等活动;召开了20余次旅游推介会和新闻发布会;推出了青岛市民进山年卡;在国际互联网建立了崂山风景区网站。

改革创新 在人事制度改革方面,实行了科级以下干部聘用制,取消了农民合同制用工制度,调整了城镇合同制合同期限和临时工用工办法。加大年轻后备干部的培养力度,制定实施了《景区后备干部选拔培养管理办法》,先后选派9名科级以上干部进修学习,6名后备干部赴外景区挂职锻炼。企业改革方面,完成了仰口房地产公司、海游公司的改制工作;改革太清、仰口索道站等企业性单位的承包经营办法;依法完成了仰口滑道站、康和包装有限公司、海底玉公司等停业和解散清理工作。

游客们在繁花似锦的中山公园留连忘返 (隋以进/摄)

获"全国文明风景旅游区示范点"称号

1998年,中央文明办会同国家建设部、国家旅游局联合开展了以倡导文明开发、文明经营、文明服务、文明管理为基本要求的创建全国文明风景旅游区活动。崂山风景区接到活动通知后,及时确立了争创"全国文明旅游区示范点"的工作目标,组织创建活动。2000年9月15日,景区正式被确定为"全国文明旅游区示范点"。

通过国家首批4A级旅游区评定

2000年初,国家旅游局下发关于评定4A级旅游区的通知后,崂山风景区管委成立了创建工作领导小组,组织开展了创建活动。11月30日至12月1日,国家旅游局4A级旅游区质量等级评定检查组对崂山风景区创建情况进行了检查评审。2001月1月,国家旅游局宣布崂山风景区通过了4A级旅游区质量等级评定。

(张仲伟)

节庆活动辑要

第十届青岛国际啤酒节

8月26日～9月10日举行。由国家旅游局、国家轻工业局、国家国内贸易局、中国国际贸易促进委员会、中国国际商会、中国人民对外友好协会、国务院侨务办公室、人民日报社、青岛市政府联合主办。吉祥物为金龙“腾腾”。

8月26日在位于石老人国家旅游度假区的世纪广场开幕，市长王家瑞致开幕词。开幕式大型文艺晚会主题为“不同的肤色，共同的青岛”，并由山东卫视、凤凰卫视对外播出。

本届啤酒节的活动分为开幕式、大型文艺晚会、彩车艺术

每年一度的青岛国际啤酒节开幕式一瞬 （隋以进/摄）

巡游和品酒、饮酒活动等七大板块，设立了国际啤酒城主会场和市南、市北、四方、李沧等12处市、区分会场。参节人数累计超过200万人(次)，其中境外游客20万人(次)，啤酒销售量超过400吨，有40多个啤酒饮料厂商、180多个啤酒品牌参节，举办各类专业和群众文艺演出场次近百场，接待国家和省有关领导及国际重要宾客8000人。本届啤酒节实现各项经济指标数字均超过历届啤酒节。

期间，举办了21世纪企业发展战略国际论坛暨中外企业投资贸易洽谈会、"韩国日"、2000中国青岛国际啤酒饮料博览会及中国(青岛)国际武术锦标赛等系列活动。其中，21世纪企业发展战略国际论坛暨中外企业投资贸易洽谈会共达成银企合作协议和意向100余项，总投资额近100亿元；达成中外合作协议和意向60多项，总投资近8.7亿美元。来自美国、比利时等11国驻华使馆代表、33个世界500强企业和跨国公司代表，以及巴黎银行、德意志银行等19个国际金融机构和800多个中外企业和机构，近3000人参加了洽谈会。

(啤酒节办公室)

第二届中国青岛海洋节

·概　　况·

7月12～31日举行。由市政府主办。此次海洋节以建设现代化国际海洋城为目标，坚持高起点、高水平、高品位，全面展示青岛海洋资源、海洋科技、海洋产业的雄厚实力和地区海洋文化的丰富内涵，突出国际性、群众性、增强全社会的海洋环境保护、海洋资源开发利用、海洋现代科技应用意识，加快海洋科技向海洋产业转化，促进海洋经济发展。同时，进一步提升青岛在海内外的知名度，促进青岛旅游业向更高水平发展。主题口号是"拥抱海洋世纪，共铸蓝色辉煌"；节徽是龙；吉祥物为斑海豹"洋洋"。 设开幕式、海洋科技与产业、海洋文化、海洋体育、海洋美食与购物、海之情旅游节与海滨旅游、闭幕式七大板块，设中山公园中心会场和中苑海上广场、电视观光塔及田横岛度假村3个分会场，主要活动50多项，具体项目120多个。海洋科技与产业系列活动是本届海洋节的重点与亮点，其

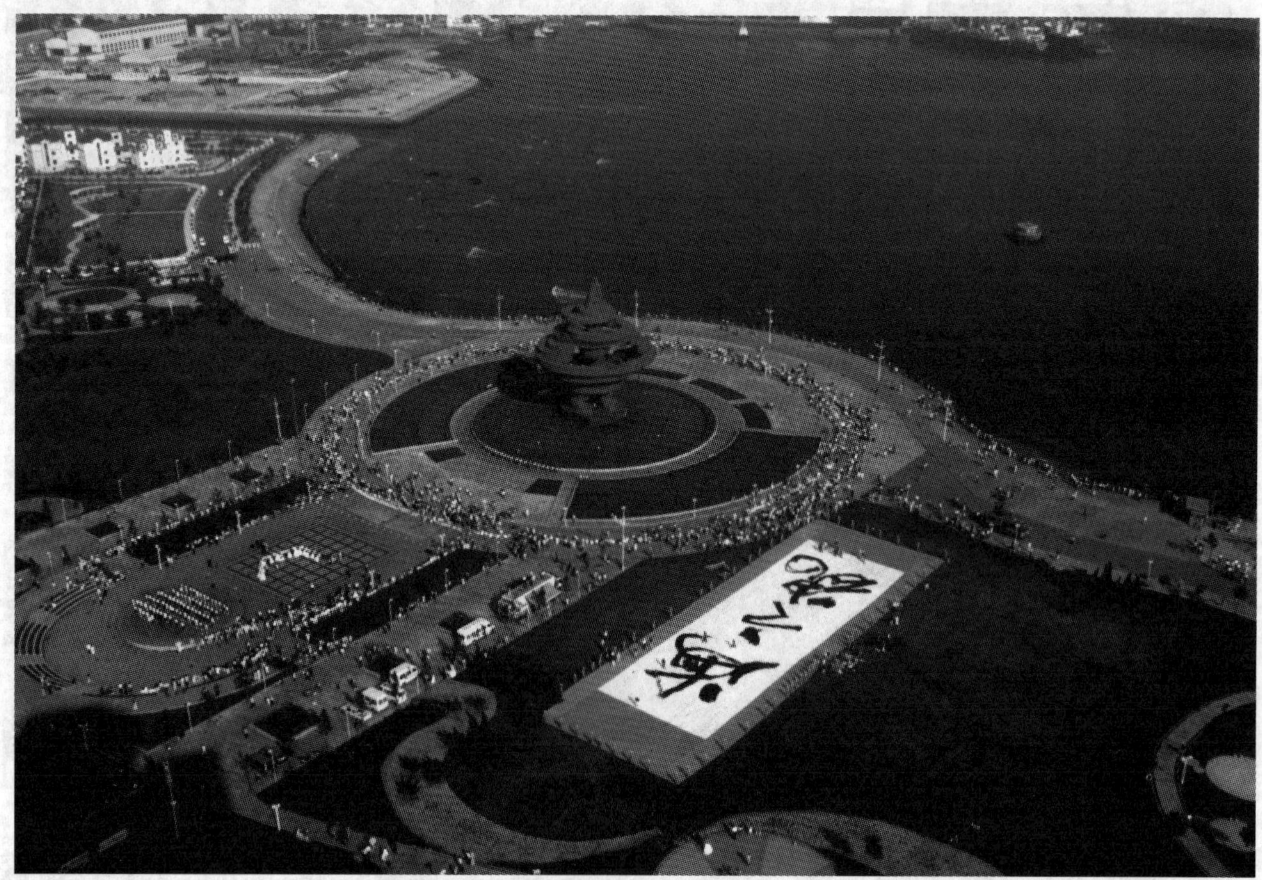

中国青岛海洋节活动之一——"海之魂"巨笔书法表演　(周光辉/摄)

中首次举办的“海洋科技与经济发展国际论坛”系本届海洋节的灵魂。期间，共接待参节市民及海内外游客总数达200万人次，其中来青国内游客近100万人次，海外游客3万多人次。节日期间，吸引100多家新闻媒体的300多名中外记者前来采访报道，山东卫视对开幕当天进行了“瞩目青岛12小时直播”。

2000年海洋科技与·经济发展国际论坛·

7月30～31日，在青岛海天大酒店举行。由国务院发展研究中心、国土资源部、国家环保总局、国家海洋局、中国科学技术协会、中国科学院、中国海洋学会和青岛市人民政府共同主办，青岛市人民政府调查研究室等单位承办。论坛是本届海洋节的灵魂，主题是近海资源保护与可持续发展。

中共中央政治局委员、全国人大常委会副委员长姜春云为论坛发来贺信。全国人大常委会副委员长、中国科协主席周光召，国务院发展研究中心副主任、党组书记陈清泰，国土资源部副部长蒋承崧，国家环保总局副局长汪纪戎，国家海洋局局长王曙光，中国科学院副院士、北京大学校长许智宏，中国科学院副院长陈宜喻和中国科学院、工程院27位院士，联合国教科文组织、联合国环境规划署的官员，美国、韩国等国家的海洋专家，中国各沿海城市海洋科研单位及香港等地的代表共250多人参加了论坛。

全国人大常委会副委员长、中国科协主席周光召任论坛主席，山东省政协副主席、青岛海洋大学校长、中国工程院院士管华诗，国家海洋局第二海洋研究所名誉所长、联合国政府间海洋学委员会(IOC)主席、中国科学院院士苏纪兰任副主席，中共山东省委常委、青岛市委书记张惠来到会致词。论坛先后举办了主题报告会、院士圆桌会、论文交流会以及海洋新纪元特别对话电话直播等。论坛共收到国家有关部委的主题报告7篇，院士及国内外海洋专家论文41篇。中央电视台、山东卫视和青岛电视台及国内主要报刊向国内外报道了论坛的盛况。

(海洋节办公室)

我国的七大风俗文化圈

东北风俗文化圈——包括黑龙江、吉林、辽宁北部及内蒙古东部。其特点是：满汉民族风俗的大融合。

游牧风俗文化圈——包括内蒙古大部，辽宁、河北、陕西三省的北部，宁夏北部及新疆。其特点是：强悍勇武的民族。

黄河流域风俗文化圈——北起长城，南至秦岭、淮河，西抵青海湖东，东及黄海，是我国传统文化发祥地。

长江流域风俗文化圈——位于秦岭、淮河以南，西藏、青海高原东侧。

青海风俗文化圈——特点是藏族风俗与藏传佛教结下不解之缘。

云贵风俗文化圈——为少数民族聚居的地方，其风俗文化千姿百态。

闽台风俗文化圈——特点是：保留中原古代风俗文化现象。

2000 年世界华人论坛

概　　况

2000 年 9 月 20～21 日在青举行。该论坛由国务院侨务办公室、外经贸部、国务院发展研究中心和山东省政府联合举办，青岛市政府承办；是中国政府首次正式举行的世界性华人高层论坛，也是中国侨务史和青岛历史上规模最大、层次最高的大型国际交流活动。

论坛以“亲情合作发展”为宗旨，以“21 世纪：中国经济科技展望”为主题，并分“21 世纪国际经济发展趋势及对中国经济影响与展望”、“21 世纪国际科技发展趋势对中国科技影响与展望”、“中国加入 WTO 对中国经济和华人经济的影响与展望”等 3 个专题。

2000 年世界华人论坛在青举行　（段智勇/摄）

来自26个国家、地区的200多位知名华人社会活动家、科学家和企业家,国内30多个省、市、区和中央部委的50多位省部级领导以及300多位知名企业家、经济科技专家,出席了"论坛"。

"论坛"收到论文40篇,50多人发表演讲,提出了许多建设性观点和建议,对中央和地方政府实施科学决策具有重要的参考价值。期间,本市授予100位海外知名人士"青岛市友好使者"称号,与之建立直接联系,初步构建了高层次的世界性华人交流合作网络;与众多海外知名财团洽谈了合作项目,部分项目还举行了签约仪式。

海内外60多家新闻媒体派出100多名记者从不同角度对"论坛"和青岛进行全方位的连续报道,播发各类新闻稿件、图片2000多件(幅),引起广泛关注。该"论坛"被《青岛日报》评选为2000年青岛市十大新闻。

发起与筹备

·发　　起·

2000年初,市侨办提出在世纪之交举办"2000年世界华人论坛"的创意策划,被国务院列入全国侨务工作计划。4月,经国务院领导批准,由国务院侨办、外经贸部、国务院发展研究中心、山东省人民政府和青岛市人民政府领导同志组成"2000年世界华人论坛"组委会(下称组委会),国务院侨办主任郭东坡、山东省省长李春亭任组委会主任;国务院侨办副主任李海峰、对外贸易经济合作部副部长张祥、国务院发展研究中心副主任孙晓郁、山东省副省长杜世成、青岛市市长王家瑞任组委会副主任。组委会下设办公室,国务院侨办副主任李海峰、青岛市市长王家瑞任办公室主任;山东省政府副秘书长朱茂民、青岛市副市长周嘉宾任办公室常务副主任。

·筹　　备·

青岛市筹备"论坛"活动领导小组成立

4月20日,"论坛"组委会召开工作会议,研究部署了各项筹备工作。根据会议精神,按照省委、省政府,市委、市政府的指示要求,青岛市论坛筹备工作迅速全面展开。省委书记吴官正对这次论坛的举行高度重视,专门作出重要批示:"此事重大,万望准备好"。为了协助国家主办部门筹备组织好这次活动,青岛市委常委会议研究决定,成立青岛市筹备"2000年世界华人论坛"活动领导小组(下称领导小组)。组成人员如下:

组　长:王家瑞　市政府市长
副组长:周嘉宾　市政府副市长
马论业　市政府副市长
宗　和　市政府副市长
姜俊山　市政府秘书长
成　员:贾玉民　市政府副秘书长
矫胜法　市政府副秘书长
马元培　市政府办公厅副主任
王鲁明　市政府调研室副主任
贾　森　市外经贸委主任
孙亚非　市政府侨办主任
乔立杭　市政府外办主任
王广尧　市政府台办主任
周　毅　市政府新闻办主任
于兴舟　市政府口岸办副主任
王宇礼　市经委副主任
姜华山　市科委主任
崔　慰　市财政局副局长
万国忠　市公安局局长
王永利　市安全局局长
阎立芬　市贸促会会长
王永章　市文化局局长
王兴铎　市机关事务局局长
刘德胜　市园林局局长
赵传康　市规划局副局长
赵振祯　市旅游局副局长
高泗宝　市城管办主任
曹　勇　市卫生局副局长
金志华　青岛港务局副局长
胡　滨　市广播电视局副总编辑
余钦伟　青岛日报社副总编辑
刘慧晏　团市委书记
姚宝德　青岛海关副关长
刘正金　民航青岛站站长
王孔秀　青岛铁路分局党委书记
王玉华　崂山风管委副主任

领导小组下设办公室,办公地点在青岛华侨国际饭店,办公室主任由副市长周嘉宾兼任。办公室内设7个部,分别由我市有关单位抽调专人组成,并由国家主办部门派联络员指导。各工作部主要职责是:会务部,负责论坛活动的会务、文字、协调工作,统筹各板块的活动;联络部,负责与国家主办部门、海外来宾、国内代表的联络与邀请等工作;接待部,负责外宾、内宾的接待工作和礼宾工作;宣传部,负责新闻发布会的组织实施,"论坛"宣传的形象策划,会前宣传,会议期间电视、网上播出,新闻机构的接待工作;大型活动部,负责经贸、科技、文化和参观活动的组织安排工作;环境保障部,负责活动保障工作和完善城市综合整治大环境;安全保卫部,负责代表及有关场所的安全保卫工作,围绕活动推进社会治安综合治理工作。

青岛市"论坛"筹备工作正式启动

5月16日,由领导小组副组长周嘉宾主持召开了领导小组第一次工作会议。领导小组副组长、市政府秘书长姜俊山向各领导小组成员及新闻界通报了"论坛"的基本情况,对全市的筹备工作作了动员和部署,标志着本市"论坛"筹备工作正式启动。

随后,组织人员对青岛市的所有三星级以上的涉外宾馆进行了全面考察、摸底,初步确定了香格里拉大饭店、海天大酒店等10家宾馆酒店及青岛中国旅行社等5家旅行社为论坛的指定接待单位;组织各部门、各区成立了工作班子,列出应综合整治环境方面的47条措施,就市容、市貌等方面进行了三次检查;组织在中央电视台、美国《侨报》等海内外媒体上开展形象广告宣传,在青岛之窗、青岛信息港等网站开设"论坛"专页,在《人民日报》海外版、加拿大《今日中国》等媒体陆续开展"论坛"专题宣传,在《青岛日报》上做世界知名华人专门介绍。

从6月12日起,领导小组办公室各工作部人员集中办公。

举办新闻发布会

5月23日,"论坛"组委会在北京人民大会堂举行了新闻发布会,向海内外正式发布了举办"论坛"的消息。国务院侨办主任郭东坡、副主任李海峰,国务院发展研究中心副主任孙晓郁,山东省副省长杜世程,青岛市副市长周嘉宾出席了发布会;30多家新闻单位参加了新闻发布会。会后,《人民日报》,新华社,香港《文汇报》、《大公报》等均发了消息。

组委会第三次筹备工作会召开

7月27日,"2000年世界华人论坛"组委会第三次筹备工作会在青岛市香格里拉大饭店召开。国务院侨办、国务院发展研究中心、国家外经贸部、山东省政府等主办单位的领导同志以及青岛市筹备"2000年世界华人论坛"活动领导小组有关人员参加了筹备会。会上,国家主办单位介绍了近期筹备情况;青岛市副市长周嘉宾向国家主办部门和省政府领导汇报了青岛市"论坛"筹备工作的总体情况;领导小组办公室会务部汇报了"论坛"主(分)会场的组织方案并演示了设计效果图,接待部汇报了境内外来宾接待和礼宾方案;市土地规划局汇报了世界华人诺贝尔奖获得者雕塑园的设计方案;国家、山东省主办部门与本市就"论坛"筹备工作的有关问题和细节进行了协商,并交换了意见。

主 要 活 动

"论坛"期间活动包括主题活动和地方活动两大板块。

·主题活动·

9月20日主要活动

上午9时,"论坛"开幕式在香格里拉大饭店开始举行。开幕式上,国务委员司马义·艾买提发表讲话,代表中国政府向入会的海外各界人士表示欢迎,并介绍了中国改革开放20年的发展情况及未来发展趋势;国务院侨办主任郭东坡代表论坛组委会致开幕辞,山东省政府省长李春亭致欢迎辞。

9时30分,论坛演讲开始。对外贸易经济合作部部长石广生,著名社会活动家、美国国际合作委员会主席陈香梅,国家统计局副局长邱晓华,印尼林氏集团董事长林文镜,泰国正大集团董事长谢国民等分别进行了论坛演讲。

下午,分别在海天大酒店、香格里拉大饭店分3个组,进行了专题研讨。讨论议题分别是"21世纪世界科技发展趋势及对中国科技影响展望"、"21世纪世界经济发展趋势及对中国经济影响与展望"、"中国加入WTO对中国经济和华人经济的影响和展望"。郭景坤、秦蕴珊、王国立、徐晓白、高中、沈学楚、黄天中、李玉玲、陈国忠、成甦、李政、吴鹰、薛荣久、苏潘慕杰、苏华杰、陈振东、马利民等分别发表了演讲。

9月21日主要活动

上午,在海天大酒店分组举行了省、部长与知名人士恳谈会。国务院侨务办公室主任郭东坡、山东省省长李春亭等出席了恳谈会;来自海外的90余位华人代表和国内30多个省、市、自治区的政界、企业界和科技界代表进行了倾心交谈。

下午,14时至16时,在香格里拉大饭店举行论坛演讲。李文正、赵浩生、张晓卿、张新时、陈朝晖等分别发表了演讲。

14时20分论坛闭幕式开始举行。国务院侨务办公室主任郭东坡致闭幕词;青岛市市长王家瑞作了讲话。

晚上,论坛组委会在海天大酒店举行论坛闭幕酒会。

·地方主要活动·

世界华人雕塑园揭幕式

9月19日上午,青岛市政府在青岛雕塑艺术馆广场举行了世界华人雕塑园揭幕式。市政府决定建立该园,是为了展示世界华人科学家的风采,并纪念"论坛"在青举办。该园位于青岛雕塑园西侧,占地1.5万平方米,将建立21位杰出华人科学家的雕塑及表现其成就的抽象雕塑。国务院侨务办公室主任郭东坡,著名社会活动家、美国国际合作委员会主席陈香梅,美国布鲁克海文国家实验室高级研究员、著名物理学家袁家骝,青岛市政府市长王家瑞共同为世界华人雕塑园揭幕。

欢迎招待会

9月19日晚上,山东省政府、青岛市政府在丽晶大酒店举行隆重的欢迎招待会。中共中央政治局委员、山东省委书记吴官正，国务委员司马义·艾买提，国务院侨务办公室主任郭东坡，对外贸易经济合作部部长石广生，国务院发展研究中心主任王梦奎、副主任孙晓郁，山东省委常委、青岛市委书记张惠来，山东省委常委、秘书长王修智，副省长杜世成，国家统计局副局长邱晓华等出席了招待会；郭鹤年、陈香梅、郝福满、林文镜、谢国民、袁家骝等400余位论坛代表，应邀参加了欢迎招待会。山东省省长李春亭致辞，青岛市政府市长王家瑞主持了欢迎招待会。

9月20日主要活动

上午，在香格里拉大饭店举行"墨宝凝香，青史留名"签字活动，参加"论坛"的500多名代表在长卷上留名。长卷将作为珍品长期保留，并制成复制品赠送出席"论坛"的代表。

晚上，在丽晶大酒店举行了"贺2000年世界华人论坛音乐会"。

9月21日主要活动

下午，在闭幕式举行完毕后，青岛市政府举行仪式，授予陈香梅、林文镜、谢国民、赵浩生等100位境外华人代表"友好使者"证书。

晚上8时30分至9时，在浮山湾燃放高空礼花弹30多个品种、1300枚，升空高度为200米。

与会代表名录

·境外代表·

序号	国家/地区	姓名	姓别	单位、职务
1	美国	邓喜红	女	美国JP摩根银行副总裁
2	印尼	黄柏年	男	印尼金光集团董事、总经理
3	印尼	李文正	男	印尼力宝集团董事长
4	泰国	谢国民	男	泰国正大集团董事长
5	泰国	谢　焕	男	泰国正大集团中国企业有限公司董事、总经理
6	澳大利亚	李桂平	男	澳大利亚纵横国际货运集团总裁
7	澳大利亚	黄小勇	男	澳大利亚王朝投资集团董事长
8	加拿大	陈国忠	男	加拿大新创电脑集团公司董事局主席
9	新西兰	黄炜璋	男	新西兰FRESHER食品有限公司董事长
10	哈萨克斯坦	吐尔克亚阿依古丽	女	哈萨克斯坦特瑞丽斯公司副总经理
11	日本	李　坚	男	日本太阳株式会社社长
12	美国	李玉玲	女	美国成功集团董事长
13	马来西亚	李深静	男	马亚西亚凯业集团主席
14	英国	高　中	男	法国苏伊士里昂水电集团中国首席代表
15	南非	苏华杰	男	南非华金国际集团董事长、南中贸易促进会会长
16	印尼	许己斌	男	C印尼合成发集团董事长
17	澳大利亚	马利民	男	澳大利亚中国公民公会主席、奥西诺集团主席
18	印尼	黄世伟	男	印尼实嘉集团董事长
19	澳门	王孝行	男	澳门保利企业有限公司董事长
20	加拿大	苏潘慕杰	女	加拿大皇家银行多美年证券副总裁
21	美国	陈朝晖	男	美国大通证券公司副总裁
22	裴济	余鼎新	男	裴济国家银行主席
23	马耳他	李　政	男	马耳他地中海国际贸易集团总裁
24	新加坡	黄鸿年	男	新加坡中策集团董事长
25	菲律宾	施嘉骅	男	菲律宾白金行(集团)董事长
26	菲律宾	陈觉中	男	菲律宾快乐蜂食品有限公司董事长
27	马来西亚	杨忠礼	男	马来西亚杨忠礼机构董事长
28	马来西亚	林玉静	男	马来西亚林氏集团董事长
29	美国	牛满江	男	美国坦普尔大学教授
30	美国	赵浩生	男	美国著名学者、赵氏公司董事长
31	美国	袁家骝	男	美国布鲁克海文国家实验室高级研究员
32	美国	顾衍时	男	美国克勒国际企业集团总裁
33	美国	田长霖	男	美国加州大学(柏克利)前任校长
34	日本	涂照彦	男	日本名古屋大学经济学教授
35	澳门	李怡平	男	澳门大学科技学院院长
36	美国	黄天中	男	美国阿姆斯壮大学校长
37	香港	蒋丽芸	女	全国华联丽东(香港)有限公司董事长
38	英国	林立芳	男	华人汇利集团主席
39	巴西	屈凡尧	男	巴西乌贝兰蒂亚联邦大学教授
40	美国	陈香梅	女	美国国际合作委员会主席
41	美国	莫天成	男	美国前财政审计长
42	美国	陈李琬若	女	美国国务院东西方中心董事
43	泰国	陈保	男	泰国广泰集团总经理
44	英国	王灵智	男	美国加州大学教授、系主任
45	美国	李学海	男	美国亚裔企业家协会主席、威特国际有限公司董事长
46	香港	林国文	男	香港华宝集团董事局主席
47	澳门	刘本立	男	澳门经济学会理事长
48	澳门	杨允中	男	澳门发展策略研究中心监事长
49	澳门	梁维特	男	澳门胜生企业有限公司总裁
50	马来西亚	颜清文	男	马来西亚中国经济贸易总商会会长
51	新加坡	郑民川	男	新加坡中华总商会会长、联洋海运集团主席
52	巴西	唐凯千	男	巴西巴中工商总会会长、海洋集团董事长
53	新西兰	刘必义	男	新西兰华商协会会长、首泰有限公司董事长

序号	国家/地区	姓名	性别	单位、职务
54	丹麦	曾燕灵	女	丹麦中华工商联合会会长、挪迪斯克集团董事长
55	澳大利亚	李庭安	男	澳大利亚 TRANISO PTY LTD.总经理
56	香港	藏健和	女	美国品食乐(亚洲)有限公司董事长
57	印尼	郑年锦	男	印尼马龙佳尔集团董事长
58	美国	石丰荣	男	美国锦绣中华图片网络有限公司主席
59	美国	杨雪兰	女	美国通用汽车公司副总裁
60	新加坡	陈德熏	男	新加坡中央包装集团董事长
61	印尼	陈大江	男	印尼 PT SINAR SAHABAT 集团总裁
62	澳大利亚	陈锡恩	男	澳大利亚 DANCHEN 集团公司董事局主席
63	澳大利亚	邱维廉	男	澳大利亚金辉集团董事长
64	意大利	朱裕华	男	意中国际贸易集团董事长、意中交流中心主席
65	美国	李山泉	男	美国奥本海默基金会副总裁
66	香港	陈振东	男	香港预发集团主席
67	加拿大	幸公杰	男	加拿大蒙特利尔银行中国区总经理
68	美国	徐正广	男	美国友邦保险有限公司上海分公司总经理
69	马来西亚	郭鹤年	男	马来西亚嘉里集团主席
70	马来西亚	郭孔丞	男	马来西亚嘉里集团董事长
71	马来西亚	张晓卿	男	马来西亚常青集团主席
72	法国	陈克光	男	法国陈氏兄弟公司董事长
73	香港	古宣辉	男	香港华侨华人总会会长、华龙集团董事长
74	香港	李晓华	男	香港华达国际投资集团董事局主席
75	澳门	高开贤	男	澳门中华总商会副理事长、中国国货公司副董事长
76	柬埔寨	许锐腾	男	柬埔寨金边总商会会长、泰文隆集团董事长
77	美国	赖炳荣	男	摩托罗拉(中国)电子有限公司总裁
78	文莱	许和杰	男	文莱斯市中华总商会理事长
79	印尼	林文镜	男	印尼林氏集团董事长
80	菲律宾	吴奕辉	男	菲律宾颠峰控股公司董事长
81	泰国	陈汉士	男	泰国万发工业集团董事长
82	马来西亚	钟延森	男	马来西亚金狮集团董事长
83	巴西	林训明	男	巴西 PETROPAR 公司董事长
84	印尼	黄双安	男	印尼材源帝集团主席
85	日本	严　浩	男	日本 EPS 株式会社社长
86	日本	贺乃和	男	日本 PSB 株式会社社长
87	老挝	张贵龙	男	老挝辉龙实业公司董事长
88	泰国	张锦程	男	泰国顺和成集团总裁
89	菲律宾	黄呈辉	男	菲律宾国泰钢铁集团董事长
90	美国	周贞宏	男	美国朗讯科技(中国)有限公司董事、总经理

·境内正式代表·

省部级领导干部

序号	省份	姓名	性别	单位、职务
1	浙江	王永明	男	浙江省副省长
2	江苏	柏苏宁	女	江苏省人大常委会副主任
3	上海	周慕尧	男	上海市副市长
4	湖北	张洪祥	男	湖北省副省长
5	湖南	贺同新	男	湖南省副省长
6	四川	李达昌	男	四川省副省长
7	重庆	陈际瓦	女	重庆市副市长
8	云南	邵琪伟	男	云南省副省长
9	宁夏	刘　仲	男	宁夏回族自治区副主席
10	新疆	张庆黎	男	新疆建设兵团司令员
11	青海	白　玛	男	青海省副省长
12	贵州	王寿亭	男	贵州省委副书记、常务副省长
13	天津	王述祖	男	天津市副市长
14	河北	何少存	男	河北省副省长
15	黑龙江	王先民	男	黑龙江省委常委、副省长
16	辽宁	高国珠	男	辽宁省副省长
17	吉林	魏敏学	男	吉林省副省长
18	广西	张文学	男	广西壮族自治区副主席
19	海南	李东生	男	海南省副省长
20	甘肃	郭　琨	男	甘肃省副省长
21	江西	朱英培	男	江西省副省长
22	山西	薛荣哲	男	山西省副省长
23	国家统计局	邱晓华	男	国家统计局副局长
24	全国政协	索世晖	男	全国政协港澳台侨委员会副局长

科学家、学者代表

序号	姓名	性别	单位、职务
1	戴汝为	男	中国科学院院士、北京师范大学信息学院院长
2	曾呈奎	男	中国科学院院士、中科院海洋研究所名誉所长
3	管华诗	男	中国工程院院士、青岛海洋大学校长
4	秦蕴珊	男	中国科学院院士、中科院海洋研究所研究员
5	孙义燧	男	中国科学院院士、南京大学天文系教授
6	沈学础	男	中国科学院院士、中科院上海技术物理研究所研究员
7	林尚安	男	中国科学院院士、中山大学教授
8	徐晓白	女	中国科学院院士、中科院生态研究中心研究员
9	郭景坤	男	中国科学院院士、上海新材料研究中心主任
10	黄志镗	男	中国科学院院士、中科院化学研究所研究员
11	刘新垣	男	中国科学院院士、上海生物工程学会理事长
12	张新时	男	中国科学院院士、中科院植物研究所研究员
13	修瑞娟	女	亚洲微循环联盟主席
14	薛荣久	男	对外经贸大学 WTO 研究会会长
15	李善同	男	国务院发展研究中心发展战略和区域经济研究部部长
16	蒋民华	男	中国科学院院士、山东大学教授
17	艾　兴	男	中国工程院院士、山东工业大学教授
18	董世忠	男	复旦大学教授
19	王子先	男	对外贸易经济合作部政策研究室副司长
20	方　生	男	中国人民大学教授
21	柴泽民	男	中国黄河经济研究会会长
22	尚　明	女	对外贸易经济合作部条约法律司副司长

大企业代表

序号	姓名	性别	单位、职务
1	王国立	男	中国医药集团总公司董事长
2	刘松金	男	中国招商局集团董事长

序号	姓名	性别	单位、职务
3	车书剑	男	香港中旅集团董事长
4	李汉华	男	江苏常柴股份有限公司董事长
5	冯子昌	男	华侨城集团公司副总裁
6	吉群力	男	中国纺织品进出口总公司总裁
7	吴　鹰	男	UT斯达康总裁 8 宋培凯 男 中国长城铝业公司总经理
9	陈国辉	男	中商企业集团公司副总裁
10	周家琮	男	四川攀钢(集团)公司副总经理
11	成　甦	男	四川华侨凤凰集团股份有限公司董事长
12	李葆琳	男	中国中旅集团董事长
13	柴永森	男	海尔集团常务副总裁
14	李桂荣	男	青岛啤酒股份有限公司董事长
15	竺延风	男	中国第一汽车集团公司总经理
16	朝文彬	男	天津劝业华联集团公司董事长
17	李秀林	男	吉林敖东药业集团股份有限公司董事长
18	梁亮胜	男	湖北丝宝集团董事长
19	陈　峰	男	海南航空股份有限公司董事长
20	吕渭川	男	河北华北制药集团董事长兼总经理
21	张建平	男	河北邯钢集团董事
22	张宏东	男	辽宁辽阳石化集团董事长
23	袁仁国	男	中国贵州茅台酒厂总经理
24	黄树蕃	男	安徽美菱集团控股有限公司总经理
25	周厚松	男	江苏金陵石化有限公司党委书记
26	刘会疆	男	云南红塔烟草有限公司副总经理
27	黄立平	男	湖北红桃K集团股份有限公司执行总裁
28	王林祥	男	内蒙古鄂尔多斯羊绒集团公司总裁
29	牛根生	男	内蒙古乳业股份有限公司董事长
30	宗庆后	男	浙江杭州娃哈哈集团有限公司总经理
31	孙　敏	男	江西江铃汽车集团公司董事长
32	杨金槐	男	江西昌河飞机工业集团公司董事长
33	王奇邦	男	浙江东方通信股份有限公司监事会主席
34	陈成秀	男	福建厦顺铝箔有限公司董事长
35	张家岭	男	中国轻骑集团有限公司董事长
36	周有志	男	山东小鸭集团有限公司总经理
37	宋万超	男	中国石化胜利油田有限公司董事长
38	贺仁超	男	河南洛阳铜加工集团有限公司副董事长
39	赵序宏	男	海南新大洲摩托车股份有限公司总裁
40	曾清荣	男	四川蓝剑(集团)有限公司董事长

·境内列席代表·

序号	省份	姓名	性别	单位、职务
1	浙江	陈钦雄	男	温州侨信皮革有限公司董事长
2	浙江	黄巧灵	男	杭州宁城集团有限公司董事长
3	浙江	南存辉	男	中国正泰集团公司董事长
4	浙江	胡成中	男	德力西集团公司董事局主席兼总裁
5	浙江	刘时正	男	浙江东方集团公司党委副书记
6	浙江	史美斌	男	中国金可达集团有限公司董事长
7	浙江	曾旭光	男	浙江华士服装(中国)有限公司董事长
8	浙江	沈法良	男	浙江石顺集团有限公司董事长
9	江苏	张国良	男	连云港纺织机械厂厂长
10	江苏	于在青	男	江苏珠花集团董事长兼总经理
11	江苏	杨宗义	男	江苏南京福中(集团)电子表设备有限公司董事长
12	江苏	马浩熙	男	常州国光富士通金融电子系统有限公司董事长
13	江苏	宋勤华	男	江苏荣普(集团)有限公司董事长
14	江苏	孙福林	男	吴江市长江通信电缆厂董事长
15	江苏	张振国	男	苏州工业园区亚太纸品有限公司董事
16	江苏	昝圣达	男	江苏综艺股份有限公司董事长
17	江苏	谈学明	男	江苏省锡山市副市长
18	上海	王克平	男	美国金海湾国际集团董事长
19	上海	江静枝	男	上海锦秋房地产有限公司执行董事
20	上海	王明伟	男	上海东浩医药生物企业有限公司总经理
21	上海	柯镇洪	男	安达信(上海)企业咨询有限公司董事
22	上海	杜志勇	男	香港中华电力有限公司上海代表处副代表
23	上海	谈惠法	男	香港中信泰富(中国)投资有限公司副总经理
24	山东	刘振亚	男	山东电力集团公司董事长、总经理
25	山东	马立强	男	三联集团公司副总裁
26	山东	赵经彻	男	兖州矿业(集团)有限公司董事长
27	山东	隋元柏	男	烟台东方电子信息产业集团有限公司董事长总经理
28	山东	李长顺	男	济南钢铁集团有限公司董事长
29	山东	姜开文	男	莱芜钢铁集团公司董事长
30	山东	陈华森	男	潍坊亚星集团有限公司董事长、总经理
31	山东	张凤云	男	山东海化集团有限公司总经理
32	山东	章建辉	男	山东鲁抗医药集团有限公司董事长
33	山东	冯怡生	男	山东鲁北企业集团总公司董事长
34	山东	秦贵昌	男	济南齐鲁化纤集团有限责任公司总经理
35	山东	常万存	男	山东省农科院生物中心研究室主任
36	山东	韩金祥	男	山东省医药生物技术研究中心主任
37	山东	尤芳湖	男	山东省科学院原院长、名誉院长
38	山东	赵建刚	男	山东省科学院学术委员会副主任、总工程师
39	山东	常德传	男	青岛港务局局长
40	山东	周厚健	男	青岛海信集团董事长
41	山东	汪　海	男	青岛双星集团董事长
42	山东	鲁群生	男	青岛澳珂码股份有限公司董事长
43	山东	相建海	男	中国科学院海洋研究所所长
44	山东	刘青文	男	颐中烟草公司总裁
45	山东	陈家金	男	淄博市副市长
46	山东	蒋文彩	男	潍坊市副市长
47	山东	赵　健	男	烟台市副市长
48	山东	陈　胜	男	东营市副市长
49	山东	夏　耕	男	日照市市长
50	山东	周清利	男	滨州地区副专员
51	山东	白志刚	男	聊城市副市长
52	山东	王晓霞	男	济南市侨办主任
53	山东	车　明	男	威海市侨办主任
54	山东	苏金兰	男	济宁市侨办主任
55	山东	林华勇	男	泰安市市长助理
56	山东	奚　霞	女	临沂市人大常委会副主任
57	山东	梅京阳	男	枣庄市侨办主任
58	山东	王彦善	男	山东省人大民侨外委副主任

序号	省份	姓名	性别	单位、职务
59	山东	张明鲁	男	山东省政协台港澳侨外委副主任
60	安徽	华冠雄	男	安徽华茂集团有限公司董事长兼总经理
61	安徽	肖正海	男	安徽全柴集团有限公司董事长
62	安徽	左延安	男	合肥江淮汽车有限公司董事长
63	安徽	郭文叁	男	安徽海螺集团公司董事长
64	安徽	王金镕	男	安徽淮南矿业集团董事长
65	湖北	刘行念	男	武汉东湖高新集团总裁
66	湖北	王延觉	男	华工科技产业股份有限公司董事长
67	湖北	高庆寿	男	湖北通发科技开发有限公司总经理
68	湖北	赵家新	男	东湖新技术开发区发展总公司总经理
69	湖北	刘行琪	男	武汉东西湖啤酒集团股份有限公司董事长
70	四川	何绍华	男	成都市副市长
71	四川	安国胜	男	中国四川国际合作股份有限公司总经理
72	四川	朱天虎	男	四川天泰食品集团有限公司董事长
73	重庆	周夏英	女	重庆长安(集团)公司党委副书记
74	重庆	张建中	男	重庆庆铃汽车股份有限公司副总经理
75	重庆	邓丽达	男	重庆啤酒(集团)有限公司党委副书记
76	重庆	郑敬凯	男	香港冠忠巴士集团有限公司执行董事
77	重庆	朱服兵	男	重庆新原兴企业集团有限公司董事长
78	重庆	曾维才	男	重庆中渝物业发展有限公司总经理
79	重庆	王明瑛	女	重庆经济技术开发区贸易发展局局长
80	重庆	杜长春	男	英国DUC国际(集团)有限公司董事长
81	云南	林克旭	男	云南昆岭薄膜工业有限公司董事、总经理
82	云南	田　永	男	云南铝业股份有限公司副董事长
83	云南	李　践	男	昆明风驰明星信息产业(集团)股份有限公司总裁
84	云南	刘友波	男	昆明积大制药有限公司董事长兼总经理
85	内蒙古	张双胜	男	伊盟煤炭集团公司总裁
86	内蒙古	葛　健	男	内蒙古仕奇集团有限责任公司总经理
87	内蒙古	肖建华	男	内蒙古包头市单原糖业集团董事长
88	宁夏	刘金虎	男	宁夏金龙集团董事局主席
89	宁夏	丁海玉	男	宁夏金丰集团实业有限公司董事长
90	宁夏	刘　平	男	银川高新技术产业开发区党工委书记
91	新疆	岳志莱	男	新天国际经贸股份有限公司董事长
92	新疆	王成城	男	新疆玛纳斯发电有限责任公司总经理
93	新疆	张　新	男	新疆特变电工股份有限公司董事长
94	新疆	艾克拉木艾沙由夫	男	新疆啤酒花股份有限公司董事长
95	新疆	郭志勤	男	新疆畜牧科学院重点开发实验室主任
96	新疆	吾买尔江阿不都热依示	男	乌鲁木齐市果农科技开发有限公司董事长
97	青海	冯全忠	女	青海杰森房地产开发有限公司董事长
98	青海	尚凤和	男	长青铝业有限公司董事长
99	青海	郭振宇	男	青海侨珠碳化硅有限公司总经理
100	贵州	陈清洁	男	中国振华电子集团有限公司董事局主席
101	贵州	刘宗文	男	中国江南航天工业集团公司科技委副主任
102	天津	赵尚武	男	天津市外经贸委副主任
103	天津	张云年	男	天津北方国际集团有限公司董事长
104	天津	委肃敌	男	天津环球磁卡股份有限公司总经理
105	天津	柴宝成	男	天津宝成集团总裁
106	天津	刘云生	男	天津钢管公司总经理
107	黑龙江	白俊华	男	哈尔滨市白桦林集团总裁
108	黑龙江	张举彦	男	黑龙江雄鹰(集团)股份有限公司董事长
109	黑龙江	孙玉生	男	黑龙江省牡丹江市桦林集团有限公司董事长
110	黑龙江	蔡云龙	男	黑龙江固大经贸公司董事长
111	辽宁	吴廷辉	男	亚洲红酿酒有限公司董事长
112	辽宁	纪　颖	女	沈阳纪颖企业集团董事长兼总裁
113	辽宁	杨新华	男	辽宁北台钢铁公司总经理
114	辽宁	张敬华	男	辽宁BECKBURY国际有限公司总经理
115	辽宁	黄聚发	男	辽宁兴业集团董事长
116	辽宁	孙凤祥	男	辽宁沈阳凤祥集团董事长
117	吉林	卢志民	男	吉林四平红嘴集团总裁
118	吉林	王秀林	男	德惠市市委副书记
119	吉林	焦海坤	男	中国石油吉林石化总公司总经理
120	吉林	马振东	男	中国一汽集团公司党委副书记
121	北京	金莉娅	女	印尼材源帝集团驻京办首席代表
122	北京	宋正中	男	北京炎黄机构执行总裁
123	北京	白若冰	男	中华民族园有限公司董事长
124	北京	李　农	男	北京赛高建信科技有限公司总经理
125	北京	叶明钦	男	北京志港集团董事长
126	河北	张景涛	男	北耀华玻璃集团党委书记、副董事长
127	河北	王宝银	男	河北八大集团董事长兼总经理
128	河北	刑荣利	男	河北衡水远大集团董事长
129	海南	李　维	男	海南黄金海岸集团董事长
130	海南	张　辉	男	三亚南山实业发展有限公司总裁
131	福建	郭文雨	男	香江集团董事局主席
132	福建	刘捷明	男	福建省电子信息集团董事长
133	福建	黄国英	男	福建轻纺工业总公司副总经理
134	福建	唐金海	男	福建纺织化纤集团有限公司副董事长
135	广西	曾繁耀	男	南宁华侨投资区管理委员会主任
136	广西	李德伟	男	柳州市副市长
137	广西	王佳中	男	桂林市常务副市长
138	广西	覃本乐	男	南宁百货大楼股份有限公司总经理
139	广西	唐恒华	男	广西柳州钢铁集团公司党委副书记
140	广东	杨韵洪	男	广州华侨投资企业集团有限公司董事长
141	广东	林立方	男	深圳市侨商会会长
142	广东	温惜今	男	富之光国际集团董事长
143	广东	佘延河	男	汕头市政府侨办党组成员
144	广东	吴纬国	男	台商
145	广东	钟立强	男	香港泽昊集团有限公司董事局主席
146	广东	苏润发	男	东升电梯厂总经理
147	广东	杨贺尧	男	东莞市长鸿实业发展有限公司总经理
148	广东	徐　闻	男	中山市劲力厨具冷冻设备有限公司董事长
149	广东	张蓝助耕	男	台商
150	广东	钟信才	男	佛山电器照明股份有限公司董事长
151	广东	何业成	男	肇庆侨粉实业发展有限公司董事长
152	广东	刘思荣	男	广东金潮集团有限公司董事长
153	广东	杨启昭	男	广东省榕泰实业股份有限公司董事长
154	甘肃	王继浩	男	甘肃民族科技研究院院长

序号	省份	姓名	性别	单位、职务
155	甘肃	王永祥	男	甘肃兰港石化有限公司副总经理
156	甘肃	崔厚佳	男	西北永新涂料集团公司董事长
157	江西	何昌明	男	江西铜业股份有限公司董事长
158	江西	张文标	男	中国石化集团九江石化总厂厂长
159	江西	住　捷	女	江西凤凰光学仪器集团总经理
160	河南	余留柱	男	金雀电气股份有限公司董事长
161	河南	薛景霞	女	康利达科技发展有限公司董事长
162	河南	赵　磊	男	兴亚集团董事长
163	河南	李忠阳	男	洛阳市第一汽车运输公司董事长
164	山西	徐文龙	男	山西飞达出租汽车有限公司董事长
165	山西	王超平	男	太原诚达房地产开发有限公司总裁
166	山西	孔春明	男	山西省步步高有限公司董事长
167	山西	李太山	男	山西省朔州市政协常委
168	山西	杜运生	男	山西韦达特钢集团有限公司总经理
169	湖南	李强民	男	湖南省对外经济贸易合作厅副厅长
170	湖南	卢　平	女	长沙卷烟厂厂长
171	湖南	李秋林	男	曙光电子集团董事长
172	湖南	张　健	男	长沙远大空调公司董事长
173	湖南	赵小刚	男	株洲电力机车厂厂长
174	湖南	詹光礼	男	涟源钢铁股份有限公司总经理

提交论文选目

《我看新中国》

——陈香梅　著名社会活动家、美国国际合作委员会主席

《高科技时代来临与西方管理模式的蜕变》

——黄天中　美国加州阿姆斯壮大学校长、博士

《二十一世纪初中国所面临经济上的挑战》

——顾衍时　美国克勤国际企业集团总裁、博士

《什么是外基因》

——牛满江　美国著名生物学家

《高科技发展与华资企业的机会》

——李玉玲　美国成功集团董事长

《权衡中国“入世”对金融业的利与弊》

——苏潘慕洁　加拿大皇家银行多美年证券副总裁

《中国 B2B 之战略思考》

——陈国忠　加拿大新创电脑集团公司董事局主席

《新千年中国与信息技术的挑战》

——唐凯千　巴西巴中工商总会会长、海洋集团董事长

《神州与水环境》

——高　中　法国苏伊士里昂水务集团中国首席代表

《中意经贸展望》

——朱玉华　意大利意中文化交流中心主席、意中国际贸易集团董事长

《浅谈我国农村消费市场》

——李　政　马耳他地中海国际贸易集团总裁

《我看中国入世》

——马利民　澳大利亚奥西诺国际股份有限公司董事长

《加入 WTO 对中国经济的影响》

——苏华杰　南非南中贸易促进会会长、南非华金国际集团董事长、教授

《从世界华商大会谈判到新加坡与中国经贸合作的展望》

——郑民川　新加坡中华总商会会长暨国会官委议员

《新世纪兴农之道》

——谢国民　泰国正大集团董事长

《21 世纪国际科技发展趋势及对中国科技的影响与展望》

——陈振东　中国香港预发控股集团主席、博士

《经济全球化，世界华人企业联盟协作的发展趋势》

——古宣辉　中国香港华侨华人总会会长、香港华龙集团董事长、博士

《进入 21 世纪的澳门经济》

——杨允中　全国人大代表、澳门经济学会第一副会长、教授

《走向世界，中国面向 21 世纪的重大战略》

——方　生　中国人民大学教授

《塑料燃烧与环境污染》

——王东利　中国科学院生态环境研究中心

徐晓白　中国科学院院士

储少岗　中国科学院生态环境研究中心

《固体光谱——光电子产业的先声和前奏》

——沈学楚　中国科学院院士、中国科学院数理学部研究员、中国科学院上海技术物理研究所研究员

《中国加入世贸组织(WTO)与中国市场经济文化的形成》

——薛荣久　中国对外经济贸易大学教授、世贸组织研究会会长

《海底矿产资源及其应用前景》

——秦蕴珊　中国科学院院士、中国科学院海洋研究所研究员

栾锡武　中国科学院海洋研究所

《21 世纪材料研究的新趋向——多相材料》

——郭景坤　中国科学院院士、中国科学院上海硅酸盐研究所学术委员会主任、上海新材料研究中心主任

《面向 21 世纪的中国医药》

——王国立　中国医药集团公司董事长

《中国传统运输业与高新技术发展》

——刘松金　全国政协委员、中国招商局集团董事长

《风险投资催生信息企业，中国莫错新经济良机》

——吴　鹰　UT 斯达康(中国)有限公司总裁

《中国加入 WTO 对中国经济和华人经济的影响》

——华晓红　中国对外经济贸易大学教授、国际贸易研究所所长

《加强基础科学研究，振兴中华民族》

——张新时　中国科学院植物研究所、北京师范大学资源科学研究所

《海尔的竞争优势在于创新》

——张瑞敏　中国海尔集团董事局主席、首席执行官

(鉴　成)

人　　物

2000 年新当选的副市级(实职)以上领导简历

杜世成　1950 年 3 月生,山东龙口人。1970 年 3 月参加工作,1972 年 12 月入党,文化程度大专。1970 年 3 月～1974 年 10 月,山东省黄县大陈家公社河张学校教师、黄县"五七"干校学员、黄县新加公社团委副书记、县委组织部干事;1974 年 10 月～1987 年 8 月,中共黄县县委常委、县委副书记、县政府副县长、县委书记;1987 年 8 月～1995 年 6 月,中共烟台市委副书记、市政府副市长、市长、市委书记;1995 年 6 月～2000 年 10 月,山东省政府副省长;2000 年 10～12 月,山东省政府副省长,中共青岛市委副书记、市政府代理市长。

刘建华　1952 年 11 月生,山东招远人。1972 年 1 月参加工作,1975 年 10 月加入中国共产党,中央党校函授本科学历。1972 年 1～12 月,青岛电信局工人;1972 年 12 月～1976 年 4 月,解放军 490 部队战士、班长;1976 年 4 月～1981 年 12 月,青岛电信局工人、团委副书记、组织科干事;1981 年 12 月～1987 年 3 月,中共青岛市委调研室综合科秘书、副科长、科长;1987 年 3 月～1993 年 3 月,中共青岛市委政策研究室综合处处长,政策研究室副主任(1992 年 8 月～1994 年 12 月,中共中央党校函授学院政治专业学员);1993 年 3 月～1994 年 9 月,中共青岛市委副秘书长、政策研究室主任;1994 年 9 月～2000 年 2 月,青岛经济技术开发区管委会主任(副市级)、工委书记、黄岛区委书记、区长、青岛保税区党组书记;2000 年 2～12 月,青岛市政府副市长、党组成员。

张　锐　1954 年 12 月生,山东临邑人。1972 年 1 月参加工作,1976 年 9 月加入中国共产党,省委党校函授本科学历。1972 年 1 月～1984 年 5 月,青岛市财政局市北分局办事员,财政局组织科干事、团委副书记、办公室秘书;1984 年 5 月～1986 年 9 月,青岛市税务局副局长;1986 年 9 月～1988 年 5 月,青岛税务局副局长兼青岛经济技术开发区税务分局局长;1988 年 5 月～1994 年 8 月青岛市政府副秘书长,市财办副主任、党组副书记;1994 年 8 月～2000 年 6 月,青岛市地方税务局党委书记、局长;2000 年 6～2001 年 1 月,青岛市政府市长助理、党组成员;2001 年 1 月以后,青岛市政府副市长、党组成员。

在青的中国科学院院士和中国工程院院士简历

刘瑞玉　中国科学院院士，著名海洋生物学家、甲壳动物学家。1945年毕业于辅仁大学生物系。现为中国科学院海洋研究所研究员、中国海洋湖沼学会名誉理事长、国际“黄海研究”杂志联合主编及国内外多种专业刊物正副主编或编委。

长期从事海洋生物、甲壳动物学研究，组织、负责完成多项国家、国际重大海洋学及生物资源调查研究和甲壳类研究，为推动中国海洋生态学以及甲壳动物分类、生物学研究和虾类资源增殖生产的发展，做出了显著贡献，并推动了该领域的国际学术交流与合作。为国内外培养了一大批高级专业人才。

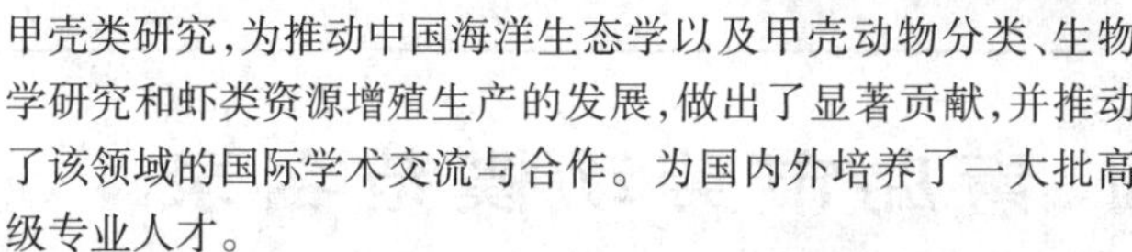

张福绥　中国工程院院士。1958年毕业于山东大学。现任中科院海洋研究所研究员、中国贝类学会副理事长兼秘书长、中国水产学会海水养殖专业委员会委员、全国科技兴海专家咨询委员会专家、山东水产学会海水养殖专业委员会副主任。

长期从事海洋贝类生物学研究，创建了中国贝类增养殖生物学，丰富了贝类繁殖生物学理论，提出了贝类人工繁育与浅海贝类增养殖技术体系。运用动物地理学和生态学理论，实现了国际贝类学界最成功的海湾扇贝跨海引种，掀起了中国海水养殖业的第三次产业浪潮。

冯士筰　中国科学院院士。1962年毕业于清华大学。现任青岛海洋大学教授，国务院学位委员会海洋科学评议组组长，中国博士后管委会、科学基金会学科专家组成员，国家教育部科学技术委员会地学部副组长、高等学校理科海洋科学教学指导委员会主任委员，中国风暴潮及海啸研究会理事长，全国政协委员、青岛市政协副主席，民建中央委员会常委、山东省委副主委、青岛市委主委等。

长期从事物理海洋学方面的研究，在浅海动力学方面成绩突出。创建了超浅海风暴模式，并将风暴潮动力学和预报方法系统化；主持完成了中国第一代风暴数值预报产品的研制，促进了风暴潮学科的发展和预报的进步；主持的“七五”攻关专题，获“国家七五科技攻关重大成果奖”；深入浅海环流和物质输运方面的研究，给出的拉格朗日余环流和输运方程，对长期物质输运的计算提供了非常节省的计算模式，受到国际重视。

唐启升　中国工程院院士，研究员、博士生导师。1961年毕业于黄海水产学院。现任中国水产科学研究院黄海水产研究所所长。先后被评为山东省专业技术拔尖人才，国家级有突出贡献中青年专家，享受国务院特殊津贴。

长期从事海洋渔业生态学、资源增殖与管理和远洋渔业研究，开拓了中国大海洋生态系和海洋生态系统动力学研究，在海洋生物资源可持续开发利用研究方面取得显著成效。成功地揭示了鲱鱼洄游分布和种群数量变动规律，填补世界鲱鱼科学研究在黄海区的空白；运用先进的声学技术评估北太平洋狭鳕资源，取得了国际公认的重要成果，为维护国家远洋渔业重大利益和公海捕鱼合法权益发挥了重要作用。系国家“973”重点基础研究项目首席科学家。

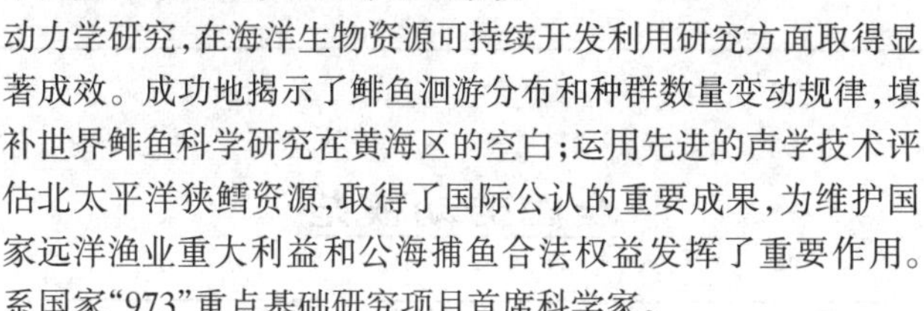

陈秉聪　中国工程院院士。1948年毕业于美国依利诺州立大学。现任青岛大学教授。

长期从事工程科技方面的研究，成绩显著。主持建立了中国“农业机械设计制造”第一个国家级重点学科和博士后流动站；开辟了“软地面行走机械”新技术领域；为提高中国在该领域的学术地位做出了重大贡献。

张嗣瀛　中国科学院院士。1948年毕业于武汉大学。现为青岛大学电器自动化学院复杂性科学研究所所长、教授。享受国务院特殊津贴。

在自动控制领域取得一系列系统性理论成果；对于微分对策理论，提出了定性极大值原理，建立了一整套关于定量与定性两类基本问题的新理论和方法，形成新体系，并给出一系列应用；提出并开辟一全新方向，即复杂控制系统对称性和相似性结构与控制规律的研究；对非线性系统及组组合大系统已取得系统性的结果。

1978年获全国科学大会“作出重大贡献的先进工作者”

奖,历任国务院学位委员会学科评议组成员,国家自然科学基金委员会学科评审组成员,中国大百科全书《自动控制及系统工程卷》编委及控制理论分支主编,《自动化学报》等6种学报编委、副主编、主编,中国自动化学会常务理事。1990年被国家教委、国家科委授予"全国高校先进科技工作者"称号。1998年获全国"五一"劳动奖章。

张明高 中国工程院院士。1962年毕业于武汉大学。现任信息产业部电子第二十二研究所(中国电波传播研究所)研究员、副总工程师、ITU—R第三研究组国内组长。系部级有突出贡献专家,享受国务院特殊津贴。

致力于电波传播研究,先后主持完成了十几项重大科研课题和国防重点工程,达到国际水平和国际领先水平,先后刷新了5项国际电信领域研究的最高成就,对国际电信事业的发展有重大建树。

宋湛谦 中国工程院院士。1964年毕业于中国科学技术大学。现为国务院学位委员会学科评议组成员,林业部林产化工专业指导委员会委员,中国化工学会理事,林产化学化工学会常务理事,《林产化学与工业》副主编,青岛化工学院学术委员会主任、教授、博士生导师。

长期从事天然资源化学利用,尤其是松脂化学和深加工利用研究工作,成绩卓著。主持完成国家、部、省级科研项目30项,7项专利获国家发明奖。

(注:截止2000年12月底,在青两院院士共有14位。曾呈奎、文圣常、管华诗、袁业立、赵法箴、秦蕴珊等6位院士简历,见《青岛年鉴》(1996)"人物"栏目。)

2000年青岛市当选的全国、青岛市劳动模范名录

·全国劳动模范·

姓名	出生年月	单位及职务
苏学芬(女)	1963.2	青岛交运集团公司青岛长途汽车站班长
王守纯	1946.5	青岛五线电三厂工人
于素芹(女)	1953.12	青岛市排水管理处第二工区四方下水组组长
王友青	1947.3	中国人民解放军第四八零八工厂生产班组长
张丽霞(女)	1956.9	青岛公交集团第三汽车有限责任公司六路队驾驶员
杨绵绵(女)	1941.8	海尔集团总裁、总工程师
杨伟程	1946.11	山东琴岛律师事务所主任
高延成	1946.10	山东省平度市计划生育委员会主任
徐克惠	1933.3	青岛市市立医院主任医师
彭作义	1945.11	青岛啤酒集团有限公司副董事长、总经理
胡谅伦	1959.10	青岛广源发集团公司总经理
盛桂兰(女)	1959.8	青岛纺联集团六绵有限公司细纱车间郝建秀小组生产组长
周厚健	1957.8	海信集团董事长、总裁
胡崇进	1945.10	山东省青岛市即墨道济街道办事处西北关村党支部书记
刘伦学	1948.9	青岛市崂山区王哥庄街道办事处双台中学校长兼党支部书记

·青岛市劳动模范·

姓名	单位
钟文芳(女)	青岛基珀密封工业有限公司
于才恒	青岛捷能汽轮机股份有限公司辅机分厂
李志刚	青岛锻压机械集团公司研究所
周刚	青岛铸造机械集团公司
苗华让	青岛捷能汽轮机股份有限公司大件分厂
张守勇	青岛锻压机械集团公司
宋清华	青岛钢球厂
倪维众(女)	青岛造船厂
李显明	青岛电度表厂
李国贤	中国第一汽车集团青岛汽车厂
周衍胜	青岛造船厂
岳润安	青岛无线电三厂
徐美芹(女)	青岛毛巾厂
马欣彬	青岛市纺织总公司
陈世聪(女)	青岛鑫天集团股份有限公司
马庭蒲	青岛第三棉纺织厂
李孝勤	青岛纺联集团五棉有限公司
郭应选	青岛纺联集团六棉有限公司
范少杰	青岛纺联集团有限公司
池建成	青岛中大集团康贝尔电池有限公司
王秀珍(女)	青岛海珊集团进出口有限责任公司
逄金凤(女)	青岛毛纺织股份有限公司
孙爱华(女)	青岛纺织器材厂
生克忠	青岛纺联集团八棉有限公司
杨素娟(女)	青岛金坛纺织有限公司
林洪志	青岛纺织机械厂
董朝红(女)	青岛市印染科学研究所
韩爱民	青岛联创实业有限公司
魏秀华(女)	青岛装饰布总厂
郑士华	青岛印染厂
郭素爱(女)	青岛毛纺织股份有限公司
盛锡义	青岛印刷股份有限公司

姓名	单 位
曲 健	青岛光华玻璃厂
冯金茂	青岛晶华玻璃厂
房建设	青岛食品股份有限公司
孙秀萍(女)	青岛益青工艺制品厂
聂庆松	青岛益青国有资产控股公司
韩嘉成	青岛益青药用胶囊有限公司
曲建德	青岛造纸厂
杨卫胜	青岛益青印刷包装股份有限公司
傅惠珍(女)	青岛晶华玻璃厂
臧家兴	青岛木工机械制造总公司
郑方辉	青岛机绣花边总厂
宋国华	青岛钢木家具总公司
于存功	青岛地毯厂
刘林生	青岛沙发厂
盖永年	青岛琴和实业公司砂布厂
景慎光	青岛宏达塑胶总公司挤出板材厂
傅守宾	青岛冀鲁制针股份合作总公司
曹世葵	青岛孚德鞋业总公司
王 尧	青岛橡胶集团有限责任公司
王钜善	青岛橡胶集团有限责任公司
吴福民	青岛化工研究院
陈玉春	青岛双桃精细化工(集团)有限公司
程文忠	青岛海达制盐有限责任公司
葛绍峰	青岛碱业股份有限公司
孙洪正	青岛东风盐场
朱积极	青岛红星化工集团有限责任公司
王一炜	青岛胶带(集团)有限责任公司
方 雪	青岛碱业公司
成群善	青岛海洋化工有限公司
崔志欣	青岛石油化工厂
许志刚	青岛海信模具有限公司
李小明	青岛海信电气股份有限公司
于淑珉(女)	青岛海信集团公司
王泰宇	青岛海信空调有限公司
张以勤(女)	青岛宏仁堂连锁有限公司宏仁堂药店
杨清森	青岛建材一厂
姜候栋	青岛第二石棉制品厂
金导谟	青岛家电工艺装备研究所
王召兴	海尔集团空调产品本部
安桂珍(女)	海尔集团公司
赵福军	海尔集团进出口公司
陈宾华	青岛双星集团公司
韩俊芝(女)	青岛双星集团公司
张学举	青岛啤酒集团有限公司
王学新	青岛啤酒集团有限公司
张 雷	青岛钢铁集团公司第一线材厂
王爱良	青岛钢铁集团公司第一炼钢厂
谢 军	青岛钢铁集团公司银钢炼铁公司
张思广	青岛钢铁集团公司第二线材厂
胡成功	青岛澳柯玛股份有限公司
刘乃山	青岛中泰化纤实业总公司
杜明春	青岛交运集团公司物流中心
李英建(女)	青岛交运集团公司第八分公司
李茂颖	青岛交运大型起重运输公司
赵迎春	青岛交运集团公司

姓名	单 位
刘青文	颐中烟草(集团)有限公司
王 彬	颐中公司青岛卷烟厂
朱建美(女)	颐中公司青岛卷烟厂
王增新	青岛轮渡有限责任公司
刘瑞歧	青岛电业局线路一工区
刘建旬	青岛市电业局
单文昆	青岛市邮政局
王智礼	青岛市电信局
雒兴滨	青岛港务局
田广文	青岛港务局
宋汉臣	青岛港务局
张修盛	山东移动通信公司青岛分公司
王美霞(女)	青岛丝织厂
姜立民	青岛中远国际货运有限公司
姜兆军	青岛远洋运输公司
曹志伟	铁道部四方机车车辆工厂
孙维聪(女)	铁道部四方机车车辆工厂
尹世义	铁道部四方机车车辆工厂
刘清华	中国人民解放军第四八〇八工厂
杨先凯	中国人民解放军第四三〇八工厂
王正杰	中国人民解放军第七八一一工厂
李 真	青岛北海船厂
栾世君	青岛北海船厂
周海萍(女)	青岛国货股份有限公司
张锡香(女)	青岛三百惠商厦股份有限公司
王长华(女)	青岛东方饭店有限公司
张艳青(女)	青岛饮食服务集团股份有限公司玉生池沐浴城
徐恭藻	青岛利群集团股份有限公司
孙 洁(女)	青岛华联商厦股份有限公司
鞠秋霞(女)	青岛市肉类食品集团公司
任秀美(女)	青岛市商业总公司
矫恒伟	青岛长生集团公司
臧永红(女)	青岛市粮油供应总公司碱厂宿舍粮油食品店
陆 红(女)	青岛市粮油供应总公司洪泽湖路粮油食品店
殷青华(女)	青岛物华集团股份有限公司
谭京信	青岛市供销合作社联合社
陈洪亮	青岛东方集团股份有限公司
杨元宗	青岛市燃料总公司
周志伟	青岛金属集团有限公司分公司
张翠华(女)	青岛市汽车贸易中心
周 辉	青岛市工商行政管理局
张显珍	青岛市地方税务局
李清业	平度市国家税务局张戈庄征收分局
彦红玉(女)	中国农业银行青岛市市南区支行市府分理处
李海梅(女)	中国工商银行青岛市开封路分理处
邓 毅	青岛万通证券有限责任公司
江崇堂	青岛市商业银行热河路支行
郭公银	中国人民银行青岛市中心支行
薄雁鸣(女)	中国人寿保险公司青岛分公司
杨海红(女)	中国建设银行青岛市分行营业部
李光竹	青岛第二住宅建筑公司
陈进华(女)	青岛市房产工程公司
陈伯阳	青岛华侨房地产开发有限公司
纪永志	青岛市万通城市绿化公司
徐子林	青岛市城肥管理处

姓名	单位
姜吉果	青岛市中山公园管理处
刘克清	青岛市海滨风景区管理处鲁迅公园
陈卫华	青岛市第一市政工程公司
王忠华	青岛市第二市政工程公司
徐连生(女)	青岛市市政建设综合开发公司
李　平	青岛市市政工程设计研究院
王红莉(女)	青岛公交集团第一汽车有限责任公司
刘　艺(女)	青岛公交集团巴士股份有限公司
赵　阳	青岛热电集团有限公司
杜秀君	青岛市煤气公司
史京斌	青岛市自来水集团有限公司
陈玉峰	青岛市燃气集团公司
毕无燃	青岛市出租汽车股份有限公司
张　锋(女)	青岛公交集团第一汽车有限责任公司
刘思禄	青岛市第一建筑工程公司
张成德	青岛市第二建筑工程公司
王纪文	青岛建筑构件厂
邱兆广	青岛安装建设股份有限公司
陈秀琴(女)	青岛市城市建设综合开发总公司
兰小军	中房集团青岛市房地产开发公司
赵海静(女)	青岛市农业局
曾兆义	青岛市城阳区水利局
袁贵忠	青岛市林木种苗站
李长春	青岛海丰集团股份有限公司养殖分公司
蒋慧忠	青岛市水产实业总公司“八大峡商城”
安　征	青岛市渔港管理站
朱建世	青岛崂发包装制品集团公司
刘　杰(女)	青岛市畜牧局
姜　强	青岛海裕渔业有限公司
冯宝顺	青岛海裕渔业有限公司
刘瑞华	青岛市计划委员会
宋立建	中共青岛市委宣传部
张祖渊	青岛市人事局
于建国	青岛市人民会堂
高晓传	青岛市国家安全局
牛增元	青岛出入境检验检疫局
王　伟	青岛市经济委员会
王　镭	青岛市人民政府经济技术协作办公室
马　远	青岛华夏职教中心
刘　敏(女)	青岛第二中学
孙瑞娟(女)	青岛第五中学
邓邦琨	青岛第十五中学
赵秀芳	青岛第二十一中学
于桂珍(女)	青岛第四十七中学
于肇庆	青岛第五十八中学
袁兴伟	青岛益佳集团有限公司
陈贵夫	青岛市进出口公司
祁光霞(女)	青岛纺织服装实业集团润纺公司
王庆兰(女)	青岛市四方区计划生育委员会
程远玉	青岛市体育运动学校
任国琴(女)	青岛市市级机关服务中心
王长军	青岛黄海饭店物业管理中心
谢光静(女)	青岛艳丽服装厂
张天林	青岛市公安局刑事警察支队
庄济明	青岛市公安局市北分局黄台路派出所
张爱华(女)	青岛市公安局市南分局八大峡派出所
谢金福	青岛市公安局四方分局刑警大队
高建国	青岛市殡葬管理处
孟宪璞	青岛冠海盐化有限公司
孙玉安	青岛市市立医院
李奠基	青岛市第二人民医院
张玉华(女)	青岛市妇女儿童医疗保健中心
李欣荣(女)	青岛市药品检验所
陈鸣皋	青岛市话剧院
丁千贺(女)	青岛人民广播电台文艺台
矫利贵	青岛人民印刷厂
温海英(女)	青岛日报社
盛永安	中共青岛市委员会党校
费焕彩	青岛教育学院
钟玉麟	青岛广播电视大学
白仲山	青岛正大有限公司
李福东	青岛同辉丽光腊制品有限公司
于殿香(女)	青岛市市南区蔬菜公司
丁玉新(女)	青岛嘉峪关学校
林桂珍(女)	青岛市市南区明水路房管所
李歧宗	青岛市市南区市政建设总公司
陈美英(女)	青岛市市南区浮山医院
于吉甫	青岛上清路小学
赵洪祥	青岛国人集团公司
王义贤	青岛浮山钢管防腐保温厂
李秀珍(女)	青岛小红楼餐饮中心
娄　英(女)	青岛台东房地产集团公司
徐万刚	青岛华东彩印厂
蔡相敏(女)	青岛四方天府酒店
孙　华	青岛市大山实业公司
于容光	青岛东方针织服装公司
刘　青(女)	青岛四方实验小学
刘苏茂(女)	青岛市雄海商业公司
王玮增	青岛市李沧区东大村东大工贸总公司
陈锦美	青岛市李沧区总工会
王丽萍(女)	青岛市李沧区医院
王玉珍(女)	青岛北方国贸大厦股份有限公司
郭绍仁	青岛市李沧区园林绿化总公司
李少恩	青岛市李沧区文昌阁村
徐修太	青岛郑庄实业总公司
刘志河	青岛市泽惠建筑安装工程有限公司
原志方	青岛市城阳区园林绿化管理处
王敦顺	青岛市城阳区第一运输有限公司
傅振瑞	青岛泰旭木业有限公司
纪家新	青岛市城阳区城阳镇北曲前村
郝代海	青岛市城阳区流亭镇水利站
纪胜师	青岛市城阳区城阳镇小北曲村
刘宏本	青岛宏丰集团股份有限公司
于忠德	青岛市城阳区夏庄镇中黄埠村
苟文第	青岛大农纺织有限公司
纪明传	青岛市城阳区城阳镇南疃村
牛霞光	青岛市城阳区流亭镇苇芦村
赵振勋	青岛港城制桶有限公司
孟凡明	青岛崂山拖拉机厂
曲新强	青岛市崂山区中汉街道石老人村

姓名	单　位
顾少民	青岛高科技工业园房地产建设开发总公司
毛德周	青岛市崂山区兴旺养殖场
曲知良	青岛崂塑建材集团公司
刘从坚	青岛市崂山区中韩街道办事处西韩预制厂
高维寿	青岛万年集团有限公司
朱世利	青岛市崂山区沙子口供销合作社
王秀芬(女)	青岛经济技术开发区第一人民医院
吴显国	青岛经济技术开发区公共交通总公司
王德志	青岛经济技术开发区地方税务局
殷兴军	青岛经济技术开发区邮政局辛安支局
毕世玉	青岛经济技术开发区公安局
赵德英(女)	青岛市黄岛区辛安街道办事处农林水利站
张书华	青岛市黄岛区长江路街道办事处居委会
曹友昌	青岛经济技术开发区热电燃气总公司
尹海伦	青岛锚链厂
杜世纲	即墨市新世界大厦
于钦福	即墨经济开发区工作委员会
江志恩	即墨市市北中学一中分校
李延森	即墨市营上建筑工程有限公司
马克志	即墨市通济街道办事处南龙湾头村
江守美(女)	即墨市社会福利总公司
陈呈立	即墨市海洋与水产局海洋综合管理站
栾正聚	青岛即发集团股份有限公司
刘学峰	即墨市石棚水库管理所
房福光	即墨市包装材料厂
张彦文	即墨市华泉铸造有限公司
管吉明	青岛东方宏业金属有限公司
于为贵	青岛琴岛电器有限公司
王文化(女)	即墨市总工会职业介绍所
李宗勤	即墨市电信局
于教国	莱西市人民医院
李海军	莱西市滨河路街道办事处南龙湾庄村
董焕文	青岛星华金属制品有限公司
张信永	莱西市第一中学
李新开	莱西市城市建设开发公司
张翠英(女)	青岛昌华集团公司
姜殿平	莱西市水集二村
张岱嵩	莱西市公安局
王美芳(女)	莱西市电信局
张代宁	莱西市殡仪馆
高存法	莱西市电力工业公司
任国廷	青岛东方化工集团股份有限公司
孙建桦	青岛石墨股份有限公司
柏秀华(女)	莱西市公共交通事业公司
张　磊(女)	平度市人民医院
刘俊良	青岛啤酒第三有限公司
王玉波	青岛长江陶瓷原料有限公司
王克广	平度市公共交通事业公司
刘　华	平度市电业公司
于汉信	青岛天祥食品有限公司
尹行刚	平度市大泽山镇尹家村
孙书香(女)	平度市供销合作社
刘思杰	平度市粮食局南村粮食管理所
傅鸿云	平度市公路管理段
盛希华	平度市电子职业中专
潘星瑞	工贸联营青岛包装印刷厂
姜林涛	平度市经济技术开发区环卫园林处
车洪周	平度市第一殡仪馆
窦典梓	青岛宏伟建筑工程有限公司
张吉敏	平度市农村信用联社
孙淑香(女)	平度市妇女联合会

姓名	单　位
戴秀梅(女)	平度市供销社柯达彩印服务中心
宋成泰	胶南市农村信用合作社联合社
张淑芳(女)	中国工商银行胶南市支行
刘宗良	青岛华青工业集团股份有限公司
张泽玉	胶南市饮食服务公司
宫学豪	胶南市汽车运输总公司
韩胜彬	青岛恒昌化工股份有限公司
许崇轩	胶南市地税局
刘淑清(女)	胶南市职业中专学校
潘春梓	青岛灵山船业股份有限公司
王本德	胶南市冷藏联合加工厂
谢培芝	胶南市烟草公司
张世义	青岛泰发集团股份有限公司
王　俭	青岛德维集团公司
赵守平	青岛金华塑料有限公司
臧义好	青岛金星机械有限公司
张培三	胶州市李哥庄镇李哥庄村
王法精	青岛市胶州建设集团股份有限公司
王学全	胶州市环卫处
孙淑芳(女)	胶州市粮油食品供应公司
高义贵	青岛船用锅炉厂
张家绪	胶州市阜安街道办事处胜利村
臧　健	胶州市第一中学
乔昌恩	青岛双收集团公司
修先敏	青岛三联金属结构集团公司
高祀亮	胶州市南关办事处北三里河村
韩锡海	胶州市金州贸易大厦
于敬军	胶州市广播电视局新闻中心
王　蕴(女)	青岛环球服装有限公司
钟玉华	青岛福生食品有限公司
郑　锴	青岛白玉化工有限公司
张立英(女)	青岛酒厂
于万春	青岛市水文局
孙光普	中国石油天然气第七建设公司工程公司
于文川	中港第一航务工程局第二工程公司
栾世华	中港第一航务工程局第二工程公司
孙永光	山东省青岛海运总公司
王秀言	山东省国际海运公司
刘志全	青岛发电厂
解赞平	山东黄岛发电厂
侯成智	青岛博信铝业有限公司
宋少峰	青岛前哨精密机械公司
董双林	青岛海洋大学水产学院
管长龙	青岛海洋大学海洋环境学院
刘增人	青岛大学文学院
夏延致	青岛大学阻燃纤维研究所
孙玉洁(女)	青岛建筑工程学院
崔作林	青岛化工学院
高玉德	青岛远洋船员学院
于善良	山东省青岛疗养院
李鹏程	中国科学院海洋研究所
赵云生	铁道部四方车辆研究所
业渝光	中国地质矿产部海洋地质研究所
李修良	山东省科学院海水养殖研究所
王清印	中国水产科学院黄海水产研究所
张　杰	国家海洋局第一海洋研究所
徐海荣	中铁第十七工程局青岛铧琴总公司

特　　载

市委书记张惠来在市委八届四次全委会议上的讲话

(2000年11月8日)

同志们：

我们这次全委会议，大家进一步学习了江泽民同志的重要讲话，学习了朱镕基同志关于"十五"计划建议的说明和中央的《建议》，学习了省委全委会议文件，与会同志进一步加深了理解，提高了认识，统一了思想，明确了"十五"经济和社会发展的任务目标、指导思想和方针政策。会议认真讨论并通过了《中共青岛市委关于贯彻党的十五届五中全会精神、制定"十五"计划的意见》。这次全委会议，是一次动员全市干部群众加快推进现代化建设的重要会议。会议开得很好，圆满完成了任务。一定要抓好会议精神的贯彻落实，用五中全会精神凝聚全市广大干部群众的思想和力量，坚定信心，团结一致，开拓进取，不断开创我市改革发展和各项工作的新局面。下面，我代表市委常委讲几点意见。

一定要牢固坚持以经济建设为中心，以发展为主题，抓住机遇，加快发展。邓小平同志一再强调：发展是硬道理，解决中国所有问题的关键必须靠自己的发展。江泽民同志指出：发展是硬道理，这是我们必须始终坚持的一个战略思想。"九五"，是现代化建设很不平凡的时期。经济和社会生活深层次的矛盾日益显现，面对改革不断深化、亚洲金融危机严重影响、买方市场出现等一系列新的情况和问题，全市人民高举邓小平理论伟大旗帜，坚定不移地与以江泽民同志为核心的党中央保持高度一致，努力做好中央指示与青岛实际相结合的文章，始终坚持以经济建设为中心，齐心协力，艰苦奋斗，开拓进取，克服了重重困难，全市经济持续快速健康发展，经济实力和人民生活水平有了很大提高，改革开放和各项事业都取得了巨大成就。当前，我们面临加快发展的大好机遇，同时也面临严峻挑战，经济发展中存在一些不可忽视的困难和制约因素。要看到，与先进地区相比，我们的发展水平还不够高；与上级的要求、人民群众的期望和青岛的地位作用相比，我们还有不小差距。进入新世纪，必须坚持以经济建设为中心不动摇，把加快发展生产力作为根本任务放在各项工作的首位，千方百计保持经济较快的增长速度，确保"十五"奋斗目标的实现。在即将跨入新世纪的历史性时刻，党中央正确估量国际国内形势，把发展放在更加突出的地位，作为"十五"的主题。这是党中央高瞻远瞩做出的具有深远意义的重大决策。贯彻落实五中全会精神，首要的是坚持以经济建设为中心不动摇，紧紧把握发展的主题。世纪之交，发展的潮流浩浩荡荡，势不可挡。以信息科学和生命科学为代表的现代科技突飞猛进，为生产力的发展开辟了更加广阔的空间。只有加快发展，才能为缩短与发达国家的差距做出我们青岛应有的贡献，赢得青岛应有的地位。从新世纪开始，我们将进入全面建设小康社会，加快推进现代化的新的阶段。今后五到十年，对我市来说，非常关键，至关重要。现在全国各地都在谋划新世纪加快发展的目标和政策措施，形势逼人，竞争更加激烈。我们发展慢了，就会落后，就要落伍，一定要增强紧迫感和危机感。只有抓住机遇，抓紧时间，乘势而上，加快发展，才能在激烈的竞争中把握主动，才能让人民群众享受到更多实惠，才能有效地解决当前面临的种种矛盾和问题，才能不辜负党和人民的重托。因此，我们一定要充分认识到加快发展的重要性和紧迫性，始终紧紧扭住经济建设这个中心，始终把代表先进生产力发展要求的任务紧紧抓在手上，争取更好更快的发展速度。在新的发展阶段，我市经济保持一个较快的发展速度，不仅必要而且完全可能。必须坚定信心，真抓实干，开拓创新。

经济结构战略性调整，这是"十五"计划的主线。江总书记指出，进入新世纪，面临新阶段，发展要有新思路，核心就是进行经济结构的战略性调整。在这个问题上，我们必须进一步统一思想认识。我们在结构调整上取得了较大成绩,但是,经济发展中的突出矛盾和问题,是产业结构层次不高,城镇化水平较低,创新能力不强,阻碍生产力发展的体制性因素仍很突出,高层次人才不足,重点区域的作用发挥不明显,就业压力增大。实行经济结构战略性调整,是加快发展的大思路。在"十五"期间,我们一定要集中力量,加大工作力度,把结构调整这件大事抓紧抓好,在发展中推进经济结构调整,在经济结构调整中加速发展。要深刻认识到,这种调整,不是一般意义上的适应性调整,而是新技术革命带动的、对经济的全局和长远发展具有重大影响的战略性调整,不是局部的调整,而是包括产品结构、产业结构、企业组织结构、布局结构、城乡结构、所有制结构等在内的、以提高经济的整体素质和竞争能力为目标的全面调整。实行经济结构战略性调整,不会轻而易举,不能毕其功于一役,而是全市上下、各行各业必须付出艰苦努力,锲而不舍。从我市实际出发,实行经济结构的战略性调整,必须加快实施经济国际化战略,提高开放水平,以开放促调整促发展;必须大力发展高新技术产业,用高新技术改造传统产业,加快工业改组改造和结构优化升级,培植发展主导产业,提高经济的整体素质和竞争能力,提高农业、工业、服务业的水平和效益;必须加快城市化进程,按照建设现代化国际城市的目标,完善城市功能,加强城市规划、设计、建设和管理,提高城市素质,形成国民经济发展的合理布局,壮大城市经济实力,推动全市经济快速协调发展;必须进一步调整和完善所有制结构,促进个体私营等非公有制经济健康快速发展;必须大力推进农业和农村经济结构调整,加快县域经济发展,千方百计促进农民增收和财政增收;必须大力推进国民经济和社会信息化,以信息化带动工业化;必须加快发展服务业,增加第三产业在国民经济中的比重;必须进一步改善基础设施和生态环境。要下决心办好高新区、开发区和保税区,充分发挥其应有作用,成为新世纪青岛经济加快发展的增长极。市内四区要充分发挥自身优势,加快发展,增强经济实力。

完成"十五"计划,实现经济快速健康发展,要突出深化改革。经济发展和结构调整归根到底要靠改革,必须把体制创新摆在突出位置,完善市场经济体制,加快体制创新、科技创新和管理创新,为战略重组、为技术进步营造优良的体制机制环境,为加快发展提供根本途径和动力。要突出扩大对外开放。加快发展,就必须进一步推动全方位、多层次、宽领域的对外开放,要制定和落实吸引外资新举措,充分做好加入 WTO 的各项准备,强化招商引资工作,实现大进大出,加快发展开放型经济。要突出科技进步和创新。科技进步和创新是加快发展的决定性因素,要努力形成符合市场经济要求和科技发展规律的企业技术创新体系和城市技术创新体系,实现高新技术产业的突破性发展。要有具体的、明确的目标,把加快发展和战略调整落实到项目、企业和产品上来,下大力抓好一批重大骨干项目,引进一批跨国大集团大公司,发展一批具有较强创新能力和较高市场占有率的高新技术企业和产品,培育一批竞争力强的企业集团,建设好一批经济园区。

一定要把提高人民群众生活水平作为根本出发点。实现"十五"奋斗目标与人民群众的利益息息相关,要让人民群众充分享受到改革开放和发展的成果。党员干部都要感情贴近群众,心里想着群众,办事立足群众,工作依靠群众,时刻关心群众疾苦,解决好群众"急、难、愁"的问题,扩大就业,增加居民收入,建立健全社会保障制度,发展社会公益事业,多办好事实事,建设文明社区,千方百计多为群众谋利益,保证全市人民群众向更加富裕的小康生活迈进。

必须把用好人才、吸引和培养人才作为重大战略任务切实抓好。经济的竞争说到底是人才的竞争。人才是最宝贵的资源。要全面实施"科教兴市"战略,普遍提高劳动者素质,努力实现科技教育发展的新跨越,切实把经济建设转移到依靠科技进步和提高劳动者素质的轨道上来。要抓紧建设宏大的、高素质的人才队伍,特别是急需的信息、金融、外经贸和现代化管理等专业人才。加快建设人才队伍,关键是努力营造用好人才、留住人才、吸引人才的优良环境,形成尊重知识、尊重人才、鼓励创新创业的社会氛围,加快建立使优秀人才脱颖而出、人尽其才的机制,全面落实好有关人才的各项政策措施。发达国家正在全球范围争夺人才,国内各地都在积极实施人才战略。在这个问题上,我们一定要有紧迫感,要有战略眼光和气魄,多做识才、用才、留才、聚才的工作。

要切实加强党的建设。我们即将进入新世纪,发展进入新阶段,开始实施新的宏伟目标。切实加强党的建设,是实现"十五"宏伟目标的根本保证。江总书记"三个代表"的重要思想,是立党之本、执政之基、力量之源,是新时期加强党的建设的基本方针。全市各级党组织一定要按照"三个代表"的要求,坚持党要管党、从严治党的方针,全面加强党的思想、组织和作风建设,不断提高领导水平和执政水平,增强拒腐防变和抵御风险的能力。教育党员干部特别是领导干部经常思考入党为什么,当干部干什么,身后留什么,自觉树立正确的世界观、人生观、价值观,破除"官本位"意识。正确行使手中权力,珍惜肩上责任,做到自重、自省、自警、自励,增强大局意识、政治责任感和历史使命感,忠实地履行好自己的职责。深化干部人事制度改革,完善干部考察考核和选拔制度,建立能上能下、使优秀人才脱颖而出的机制。要大力选拔培养优秀年轻干部,优化班子和干部队伍结构,这要作为一件大事认真抓紧抓好。对领导干部要严格教育、严格要求、严格管理、严格监督,不断提高素质水平,增强领导班子的凝聚力和战斗力。要加大反腐倡廉工作力度,坚持从改革入手,逐步铲除滋生腐败的土壤,从源头上预防和治理腐败。要加强学习,着眼于马克思主义基本原理的应用,着眼于新的实践和新的发展,坚持实践标准和"三个有利于"标准,增强处理复杂问题的能力,创造性地做好工作。坚持一切从实际出发,实事求是,在全市再来一次思想大解放,鼓励大胆探索创新,不断开创工作新局面。解放思想要体现在推进深化改革和扩大开放上,体现在抓住机遇、加快发展上,体现在克服困难、狠抓落实上,体现在实现两个文明更快发展上。决不能安于现状,不能回避矛盾,不乱提口号,避免简单化和片面性。坚持求真务实、真抓实干的工作作风,坚决克服形式主义、官僚主义。切实把会议和文件精减下来,尽量减少公务应酬,不搞任何形式的达标升级活动,集中精力抓落实。事事处处坚持重实际、说实话、务实事、求实效,脚踏实地、埋头苦干。部署的每一件工作都要责任到人、落实到位,以时不我待的精神集中精力落实、落实、再落实。继续落实"三讲"教育整改方案,巩固发展"三讲"教育成果。改革不断深化,经济社会生活多样化,必须坚持两手抓、两手都要硬,抓好社区建设,创建文明城市。发挥政治优势,化解各种矛盾,进一步做好稳定工作,建立使群众安居乐业的工作机制,为改革和发展创造良好环境。要始终坚持经济与社会协调发展,坚持正确处理改革、发展与稳定的关系。要着眼于调动一切积极因素,进一步加强和改进党的思想政治工作和群众工作。要加强基层基础建设,为实现“十五”奋斗目标提供坚强的保证。

“唯有增创新优势,方能更上一层楼”。必须开拓创新,决不能因循守旧,丧失大好发展机遇。资本、技术、人才、智力总是向着能够发挥更大效能的环境转移。因此要加快发展,就必须重视环境建设,努力营造优良的发展环境。要从服务功能、创新能力、管理水平、环境体系、社区建设、市民素质等方面,不断增强城市综合竞争力。“十五”期间,我们要紧紧抓住新世纪给我们带来的机遇,以更大的成就创造出两个文明的辉煌,推动青岛向着建设现代化国际城市的目标迈进,向党和人民交出一份满意的答卷。

要根据五中全会、省委全委会和这次通过的《意见》,进一步做好“十五”计划纲要的深化和细化工作,使我市的“十五”计划能充分体现中央和省委的精神,符合青岛市的实际,更具科学性、指导性和操作性。同时要抓紧制定有关专业计划、行业计划和各区市的计划。要充分走群众路线,让全市人民都来参与“十五”计划的制定,集思广益,群策群力,动员社会各界献计献策。要认真总结、宣传“九五”成就和经验,深入宣传五中全会精神和“十五”发展计划,形成共识,团结一心,凝聚力量,为实施“十五”计划打下坚实的思想基础和群众基础。

做好今年最后两个月的工作,非常重要。要进一步抓紧抓实各项工作,确保年初确定的各项任务目标的圆满完成,巩固发展经济发展的良好势头,切实维护好稳定的社会环境秩序,进一步加强领导班子和干部队伍建设,加强精神文明建设和民主法制建设。当前,改革、开放、发展和稳定的任务很重,工作头绪很多,要再接再厉,艰苦奋斗,扎实工作,把各项工作做得更好。要抓紧做好明年开好局的各项准备工作,早安排,早行动,争主动,以崭新风貌跨入新世纪。

关于青岛市国民经济和社会发展第十个五年计划纲要的报告

——2001年2月22日在青岛市第十二届人民代表大会第四次会议上

青岛市代理市长 杜世成

各位代表:

现在,我代表市人民政府,向大会作关于青岛市国民经济和社会发展第十个五年计划纲要的报告,请连同“十五”计划纲要(草案)一并审议,并请各位政协委员和其他列席会议人员提出意见。

一、“九五”时期我市经济和社会发展实现了新的跨越

“九五”是极不平凡的五年。全市人民在以江泽民同志为核心的党中央的正确领导下,高举邓小平理论伟大旗帜,深入贯彻中央、省各项方针政策和战略部署,认真落实中共青岛市第八次代表大会精神和市十二届人大会议各项决议,解放思想,团结拼搏,胜利完成了“九五”计划确定的各项任务,提前实现了现代化建设的第二步战略目标,开创了青岛市改革和发展的新局面。

国民经济持续快速健康发展,综合实力上了新台阶,人民生活基本达到小康水平。2000年,全市国内生产总值达到1151.2亿元,五年平均增长12.3%。人均国内生产总值达到1.5万元。地方财政收入达到80亿元,五年平均增长22.1%。县域经济发展实现新突破,五市和城阳区国内生产总值已占全市的54.4%。工业结构优化升级效果显著,高新技术产业化进程加快,在新型家电、电子信息等领域涌现出一批优势企业和名牌产品。第三产业占国内生产总值比重提高到39.2%。城市居民人均可支配收入达到8016元,农民人均纯收入达到3637元。消费结构显著改善,生活质量进一步提高。城区人均住房使用面积达到14.5平方米,五年增加了2.8平方米。

改革开放不断深入,社会主义市场经济体制初步建立,开放型经济格局正在形成。国有企业公司制改造不断规范,国有经济战略性调整全面推进,地方国有及国有控股大中型企业亏损面降到18%以下,“三年两个目标”基本实现。个体私营经济迅速发展,成为我市经济的重要组成部分。各项配套改革继续深入。城镇登记失业率控制在3.05%。资本、技术、信息、人才、房地产等要素市场和商品市场快速发展,市场体系初步形成。2000年,全市进出口贸易总额达到108.3亿美元,其中出口61.1亿美元;实际利用外资12.8亿美元。对内招商取得突破,一批国内名牌大企业和高校院所来青投资落户。

城市化进程不断加快,现代化基础设施框架初步显现,综合服务功能有了显著提高。五年累计完成固定资产投资1263.5亿元,先后完成了交通、能源、环境保护、市政公用等一批重点项目,大大改善了基础设施条件。已确定的剩余棚户区改造任务基本完成,一批新建居民小区拔地而起,小城镇建设步伐明显加快,显示出城市发展的勃勃生机。特别是以东海路、香港路改造为重点,强化了城市绿化、美化、亮化、净化及文化景观建设,使花园绿地、雕塑喷泉、广场大厦相映生辉,更加鲜明地展现了红瓦绿树、碧海蓝天和谐统一的城市风格和浓郁的现代气息。我市先后成为全国创建文明城市工作先进城市、

国家卫生城市、国家园林城市、国家环境保护模范城市和中国优秀旅游城市。

精神文明建设和民主法制建设成绩显著，各项事业发展水平不断提高，整个社会繁荣稳定。坚持以邓小平理论和江泽民同志“三个代表”的重要思想教育广大干部群众，在县以上单位深入开展了“三讲”教育，广泛开展了各种形式的精神文明创建活动，提高了干部群众的思想道德水平和文化素养。科技、教育、卫生、体育、新闻出版、广播电视、档案、民族宗教、老龄、侨务、仲裁、公证、史志等事业都取得了新的成就。人口增长得到有效控制。“双拥”工作继续加强，国防教育和民兵预备役建设不断深入，我市第四次获得全国“双拥模范城”称号。坚持依法治市，加强了社会治安综合治理，保持了社会稳定。政府法制工作取得新的进展，五年共向市人大常委会提请审议制定地方性法规44件，制定颁布政府规章158件。廉政建设和反腐败斗争取得阶段性成果。

“九五”时期的成就，是在极其复杂的国内外经济环境下克服种种困难取得的。从面对通货膨胀、经济过热的严峻局面，到面对亚洲金融危机的严重冲击和国内有效需求不足的新形势，我们始终坚持发展是硬道理，始终坚持以加快发展来解决发展中遇到的各种问题，不断调整优化经济结构，大力推进体制创新和科技创新，努力扩大对外对内开放，加强社会主义精神文明和民主法制建设，维护社会稳定，确保了经济快速发展和社会全面进步，使青岛经济进入了持续稳定发展的新阶段。实践说明，无论面临的环境多么复杂、条件多么艰苦，只要我们坚定不移地高举邓小平理论伟大旗帜，紧跟中央和省的战略部署，坚持以经济建设为中心，以加快发展为主题，解放思想，抢抓机遇，团结一致，开拓进取，我们的事业就一定会兴旺发达。“九五”的实践，坚定了我们在复杂局势下抓住机遇、加快发展的决心和信心，为我们加快现代化建设积累了新鲜经验。

我市现代化建设虽然取得了令人鼓舞的成就，但发展中仍面临许多困难和问题。阻碍生产力发展的体制因素仍很突出，经济发展环境并不宽松，人才的使用和激励机制不够完善，高层次人才短缺。经济整体素质不高，部分企业市场竞争能力不强，具有青岛特色的产业结构尚待完善，就业压力仍然较大，社会保障体系不够健全。农民和城镇部分居民收入增长仍显缓慢，少数群众生活比较困难。改善城市生态环境、加强城市建设和管理的任务还相当艰巨。社会治安综合治理还有不少薄弱环节。金融风险、财政收支和偿债压力相当大。有些地方和部分政府部门的工作人员群众观念、法制观念淡薄，思想工作作风不正，存在着比较严重的官僚主义、形式主义、奢侈浪费等不良现象，有的甚至以权谋私、贪污腐化。对这些问题，我们一定要高度重视，并在今后的工作中采取有针对性的措施，认真加以解决。

各位代表，“九五”时期经济和社会发展所取得的伟大成就，谱写了青岛发展历史上辉煌的篇章，也为青岛今后的发展奠定了坚实基础。在这里，我代表市人民政府，向为青岛的发展做出贡献的革命先辈，向各位老同志致以深深的敬意！向全市各条战线、各行各业的广大干部群众，向给予我市大力支持和帮助的中央、省驻青单位，向为我市经济和社会发展做出重要贡献的人民解放军和武警驻青部队广大指战员，向所有关心支持青岛建设的同志们、朋友们、港澳台同胞、华侨和国际友好人士表示衷心感谢！

二、以发展为主题，推动我市现代化建设再上新台阶

“十五”时期是青岛加快建设区域性贸易中心、金融中心、信息中心、高新技术产业中心和北方国际航运中心，率先基本实现现代化、向建设社会主义现代化国际城市迈进的关键时期。当今世界，科学技术突飞猛进，经济全球化进一步加快，改革进入攻坚阶段，我国即将加入世界贸易组织，巨大机遇与严峻挑战并存。我们要时刻保持清醒头脑，不断解放思想，不断乘势而上，不断实现青岛的新发展。要按照江泽民总书记“三个代表”的要求，全面贯彻党的十五届五中全会精神，始终坚持以发展为主题，以结构调整为主线，以改革开放和科技进步为动力，以提高人民生活水平为根本出发点，全力推进经济发展和社会进步，推动我市社会主义现代化建设不断迈上新的台阶。主要任务和目标是：

实现国民经济持续快速健康发展，经济总量争取进入全国城市前十名。国内生产总值年均增长12%，人均国内生产总值“十五”末达到27000元。地方财政收入与国民经济保持同步增长。产业结构优化升级，第三产业比重提高到44%，高新技术产品产值占工业产值的比重达到40～50%。基础设施进一步充实完善，城镇人口占全市人口的比重提高到50%。

城乡居民收入持续增加，人民生活水平由小康进入到宽裕。就业机会进一步增加，城镇登记失业率控制在4%左右。城市居民人均可支配收入和农村居民人均可支配收入年均都增长7%。城镇居民人均住房使用面积增加到17平方米。科技教育加快发展，市民素质不断提高。医疗卫生、文化、体育等服务设施增加，服务水平和覆盖面提高。

建立比较完善的社会主义市场经济体制，开放型经济得到全方位、高水平发展。国有经济布局战略性调整和国有企业公司制改造取得明显成效，非公有制经济发展水平得到提高。社会保障制度基本健全。政府职能更加适应市场经济发展的要求。在更大范围和更高程度上参与国际经济合作与竞争，“十五”末全市进出口贸易总额达到180亿美元以上。其中，出口达到100亿美元以上，实际利用外资达到25亿美元。

社会实现全面进步和可持续发展，精神文明和民主法制建设取得新成就。社会风气、社会信用和社会秩序好转。人口、资源、环境与经济发展相互协调。全市总人口控制在735万以内。全市森林覆盖率达到23%，城区绿化覆盖率达到40%。城市生活垃圾无害化处理率和污水集中处理率分别达到100%和70%。

各位代表，实现我市“十五”计划的各项目标和任务，在工作指导上要始终把加快发展置于各项工作的首位。“十五”期间我市国内生产总值年均增长12%的目标，是在经济体制和市场环境发生重大变化、我市经济总量基数达到相当规模的情况下提出的，充分体现了需求与可能、速度与效益、规模与质量的统一，是积极可行、留有余地的。要立足于发挥青岛优势，不断加快发展步伐。要全面落实中央扩大内需的各项方针政策，大力实施经济国际化、高新技术产业化、城市化、发展非公有制经济等战略，推进科教兴市，实现可持续发展。坚持以人为本，不断提高人民群众生活水平和整体素质，尊重知识、尊重人才，

极大地调动人民群众参与现代化建设的积极性、主动性和创造性。坚持两手抓、两手都要硬,大力推进精神文明建设和民主法制建设,坚持依法治市、以德治市,推动社会全面进步。

三、加快经济结构调整步伐,提高经济整体素质和竞争力

坚持以市场为导向,优化资源配置和整合,构建以品牌企业为基础、以名牌产品为龙头、具有巨大创新能力的可持续发展的经济框架,不断增强竞争能力。

加快工业结构优化升级,以信息化推动工业化。以大企业集团和名牌产品为依托,突出发展以纳米材料、新型合金、高分子复合材料为主的新材料产业,以海洋药物、海洋生物、海洋食品为主的海洋与生物工程产业,以应用软件开发、网络部件、通信产品为主的电子与信息产业,以海洋保护、淡水资源、新型生态农业为主的环保产业,形成新的优势,推动高新技术产业实现跨越式发展。积极采用CAD、CAM、CAPP、CIMS技术和纳米技术等现代技术改造家电、橡胶、轻工、纺织、服装等传统行业,加快更新换代步伐。大力振兴石化、钢铁、机车、造船、汽车、机械等装备制造业,推进光机电一体化产品发展,尽快形成规模和品牌优势。为此,要继续抓好一批重大骨干项目、发展一批高新技术企业和产品、引进一批有水平的外资企业、建设好一批工业园区、培育一批有优势有竞争力的名牌企业和企业集团,把工业结构升级落实到企业、项目和产品上。

积极推进以港兴市。以深水港、航空港、信息港为核心,大力推进港区联合。要进一步加快港口建设步伐,形成合资、合作、业主码头组合的港口格局。要大力吸引国内外知名的船运、航运公司及物流企业来青开展业务,设立总部或分支机构。要大力发展临港保税仓储加工、船舶和集装箱修造业。要加快口岸金融保险、网络信息等港航相关的临港产业的发展。发挥口岸辐射作用,带动城市经济发展。

大力发展现代服务业。进一步扩大金融对内对外开放,吸引国内外大的银行、证券、保险机构来青落户。把旅游业作为重要支柱产业,创建青岛旅游知名品牌。发展服务业要面向城乡居民消费,扩大住房、娱乐、保健等服务,满足服务性消费需求。加快服务业市场化、社会化步伐,进一步放宽市场准入范围,鼓励竞争。

加快调整农村经济结构,大力发展县域经济。切实加强农业基础地位,高度重视保护和提高粮食生产能力。以农民增收为根本出发点,大力调整农村经济结构,重点是调整好农村劳动力结构,通过加快农村二、三产业发展、培植龙头企业、加快园区建设等,促进农民知识化、农业现代化和农村城市化进程。坚持科技兴农,大力发展高效创汇农业,积极引进新品种、新技术,创造农产品知名品牌,促进农产品由量向质的转变。增加农业投入,加强农田水利基本建设,增强抗御自然灾害的能力。继续深化农村经济体制改革,加快推进农村税费改革,全面落实各项政策,做好减轻农民负担工作。

积极推进经济和社会信息化。加快建设覆盖全市的高速、大容量、多媒体信息传输主干网和具有多种接入方式的宽带接入网。加大信息资源开发力度,建成一批有青岛特色、国内外知名的网站。加快实施电子政府、电子商务、金农工程、金卡工程、智能交通、信息化实验小区等各项工程,推进企业上网,加速信息技术在政府管理、社会公共服务、企业经营和居民家庭等领域的推广应用。大力发展信息制造业,积极推进软件产业发展。强化计算机和网络技术应用教育。

四、全面实施经济国际化战略,大力发展开放型经济

我国加入世界贸易组织,使对外开放面临着前所未有的难得机遇和严峻挑战。各级政府、各部门要尽快熟悉和掌握世界贸易组织的规则,规范行为,搞好服务,率先实现自身转变,适应参与全球化的要求。抓紧修改和调整现有不符合世界贸易组织规则的政策法规,加快经济管理体制、企业制度与国际惯例的接轨,增强在全球竞争中的吸引力和竞争力,进一步推行对外开放向全方位、多层次、宽领域的方向发展,加快经济国际化进程。

全力构筑大外经贸的格局,实现大进大出。实施以质取胜和多元化战略,通过改革、改组、改造、调整和提高,实现贸易主体、出口市场、出口商品和贸易方式多元化。大力发展加工贸易,充分发挥我市家用电器的现有优势,提高成套设备竞争力,增加机电产品出口。加快发展国际服务贸易,推进信息服务、物流、广告会展等服务贸易的发展。加大对传统市场的深度开发,努力开拓非洲、南美等新的市场,提高市场占有率。支持更多企业和产品进入跨国公司全球销售网络。

积极实施“引进来”、“走出去”战略,更好地利用国内外资本。以我市大企业集团、上市公司、民营企业和工业园区为主要载体,加强与跨国公司的战略合作,争取更多的跨国公司来我市投资,设立研发机构或地区总部。加速发展股权融资、投资基金、证券基金、企业并购等方式利用外资。大力吸引国内知名企业集团、私营企业、外贸公司、大院大所来青投资合作,在青设立研发中心或将总部迁至青岛。加快青岛口岸的“大通关”建设,提高通关效率,创造便利的商品进出口通道。鼓励有条件的企业跨国、跨地区经营。积极参与西部大开发,做好对口支援工作,推进青岛与黄河流域、环黄海等区域的基础设施衔接与产业互补。

建设一流重点园区,营造一流创业环境。经济技术开发区、高科技工业园要以引进跨国大公司、工业大项目、国内外高层次研发机构、高科技项目为重点,形成大项目、高科技项目的聚集区。保税区要积极推进港区联动,加快建成现代物流基地。海峡两岸农业合作试验区和其他农业园区着重建好一批上规模、上档次的特色农业项目。环胶州湾经济带要培植一批能够承接跨国公司投资和中心城区工业转移的高标准工业园,逐步建成具有可持续发展能力的现代工业走廊。各园区都要加快体制创新,形成良好的人才、管理、分配、投融资机制,增强对外吸引力。

五、加大改革力度,完善社会主义市场经济运行机制

国有企业改革是经济体制改革的中心环节。要按照建立现代企业制度的要求,加快国有企业的股份制改造。特别是大力推进股权多元化,通过规范上市、中外合资、企业相互参股以及股份合作制、托管、租赁、员工持股等多种方式,加快产权制度改革。鼓励非国有企业、机构投资者等参与国有企业改制。

进一步完善国有资产管理运营监督机制,积极稳妥地推进资产经营公司改革,保证国有资产保值增值。引入现代企业管理模式,逐步推行企业家职业化,在具备条件的企业推行年薪制、期股期权等新的分配方式,建立企业经营者业绩考核和决策失误追究制度,实行企业领导人任期经济责任审计。

加快国有经济布局和所有制结构调整,推进经济多元化。继续贯彻"抓大放小"、有进有退的方针,在推动大公司、大集团发展的同时,加快"退"的步伐,通过出售、减持上市公司国有股等形式,推动国有资本从一般竞争性行业中规范、有序地退出。支持、鼓励和引导私营个体企业尤其是科技型中小企业健康发展。积极扶持骨干名牌私营企业大户,培植一批私营个体企业产品进入全国驰名商标行列。吸引国内私营企业特别是规模大、外向型和高新技术型的企业来青岛落户。引导私营个体企业按照现代企业制度的要求,进行企业制度规范和创新,实现长期稳定健康发展。

建立和完善社会保障体系。进一步规范失业保险制度、城镇居民最低生活保障制度和城镇最低收入家庭住房保障制度,扩大养老保险覆盖面,实行退休人员社区化管理,全面实施并完善城镇职工基本医疗保险制度,逐步建立农村合作医疗体系。到2005年,城市从业人员基本纳入养老、医疗、失业、工伤、生育五项保险范围。建立财政、税收、国有资产变现、社会筹集等多渠道的筹资机制,扩大社会保障资金的来源。健全社会保障基金的监管,实现保值增值。

建立健全市场体系,完善经济调控功能。打破行政性壁垒,着力培育和发展资本、技术、人才、信息、物业和房地产以及城市经营市场,大力发展各类商品批发市场,促进生产要素合理流动。积极发展连锁、代理、物流配送中心等现代流通组织形式,加快调整零售业态结构,发展现代化商品零售企业集团,努力把青岛建设成为区域性商品交易中心。制定和完善市场规划,促进市场健康发展。深化财税、金融、物价、粮棉流通体制等改革,完善经济调控功能,更加有效地运用经济杠杆,优化经济发展环境,努力培植财源,壮大发展实力。

六、加快科技创新,优先发展教育,为经济发展提供技术智力支撑

大力推进科技进步,努力提高科技创新能力。要集中力量,突出重点,依托骨干院所,建立一批重点实验室、中试基地和技术开发中心,加大电子信息技术、海洋与生物工程技术、纳米技术等技术的研究。大中型企业要普遍建立起技术开发中心,绝大多数大中型企业要通过共建技术开发实体等形式与高校、科研院所建立稳定的合作关系。鼓励和支持民营科技企业建设技术创新体系。推动科研机构转制成为科技型企业、中介服务机构或进入生产经营性企业。各级财政每年要以高于同级财政收入增长的速度增加科技投入,鼓励和支持企业增加技术创新投入,使企业技术开发费用在销售收入中的比例不断提高。充分利用国内"二板市场",促进我市高科技企业快速发展。探讨建立高新技术风险投资机制,吸收金融资本投入中小企业担保基金。

教育影响和决定着青岛的现在和未来,必须优先发展,适度超前。要努力提高各级财政支出中教育经费支出所占比重,多渠道筹集资金,不断增加对教育的投入。教育事业的发展要走改革与创新之路,不断完善终身教育体系,形成多层次、开放式的发展格局,努力构建学习型城市。建立和完善以社区为主体的托幼一体化学前教育体系。全面推进素质教育,努力培养学生创新精神和实践能力。调整和优化教育结构,鼓励和规范民办教育事业的发展,到2002年全市基本普及高中阶段教育,到2005年力争率先基本实现高等教育大众化目标。加快发展职业教育和继续教育,加强在职劳动者的专业技术和岗位技能教育。充分发挥青岛高校和科研单位的作用,积极吸引国内外著名高校、科研院所来青设立分支机构。加快青岛高校后勤社会化改革步伐,促进全市高等教育发展。

实施人才战略,加快优秀人才集聚,构筑新世纪人才高地。要建设与21世纪青岛发展相适应的富有创造性、开拓性的高层次复合型人才队伍,重点培养信息网络、金融证券、经贸、法律、规划建设、工商管理、中介服务等专业人才。完善人才引进、留住、发挥作用的环境条件,继续推进人事制度和分配制度改革,鼓励技术、管理等生产要素参与分配,推进知识产权资本化,健全人才市场体系。积极采用各种方式,进一步为海外留学人员到青岛发展创造良好环境。

七、加快推进城市化进程

构建功能完善、特色突出、优势互补、协调发展的城镇体系。中心城区,要在保护好城市风貌特色的前提下,抓紧旧城改造与维修,加快新区建设,逐步缩小"南北差距",提高公用设施的现代化水平。要规划建设好中央商务区,突出发展高新技术产业,着力发展第三产业特别是高层次高水平的服务业。特别要优化环境,吸引国内外大企业集团、贸易公司、金融机构等来青设立总部或分支机构。五个县级市城区要发挥区域优势,增强综合实力,向现代化中等城市的方向发展。大力促进中心城区与县级市之间的快速交通建设,努力形成"一小时"经济圈。加快小城镇建设,突出特色,繁荣经济,向小城市目标发展。加快户籍管理制度改革,建立促进城乡人口合理流动的有效机制。

加强城市规划、建设和管理。认真落实城市总体规划,加快编制实施分区规划、专项规划和详细规划,提高规划的前瞻性和可操作性。注重城市的生态环境、文化品位和建筑风格,保护好特色建筑和历史街区,运用城市设计提高空间环境质量和整体艺术水平。加强城市规划的法律建设,增强透明度,防止随意性。大力推进重大基础设施建设,加快机场扩建、前湾港扩建、海湾大桥、地铁、机场港口快速路、同三公路青岛段、308国道整体改造等重大项目建设。增强全社会节水意识,推进供水设施改造。加快地表水拦截工程建设,实施中水回用工程,积极参与国家南水北调东线工程,加快海水利用步伐。狠抓工程建设管理,确保建设质量与安全。进一步理顺城市管理体制,完善城市管理法规体系,强化综合执法检查。积极推进园林、环卫、市政、房管、公用事业管理和运营体制改革,提高城市管理水平。

强化经营城市理念。要十分注意加强城市资源的优化和整合,引入市场化、社会化机制和竞争机制,盘活存量,优化增量,实现滚动发展。对于城市基础设施建设项目,按照政企分开、引进竞争、多元融资的原则搞好项目运作,政府主要负责对纯公益性项目的投入,其他项目要通过实行特许权经营和开放

投资领域等措施吸引外资和民间资金参与建设和经营。深化城市用地制度改革,完善土地储备制度,规范土地市场。

加强人口和资源管理,重视环境保护,建设生态城市。稳定计划生育政策,坚持优生优育,保持低生育水平。依法保护并合理开发利用自然资源,严禁无证开采,保护好基本农田、饮用水源、山体和近海海域,特别是要实施"碧海行动"计划,搞好胶州湾的生态环境保护。坚持污染防治与生态建设并重,走可持续发展之路。"十五"期间要确保全市主要污染物排放浓度与总量全面稳定达标,社会生活面源污染得到有效控制。严格控制燃煤、机动车尾气和噪声污染。重点燃煤锅炉要实施除尘脱硫。加快引进天然气,改善能源结构。积极开展全民义务植树活动,加快绿化步伐,改善人居环境,积极争取联合国人居奖。坚持经济建设与防灾减灾一起抓,最大限度地减少自然灾害损失。

八、努力提高人民群众生活水平和整体素质

进一步增加城乡居民收入特别是低收入者的收入。企业要建立与现代企业制度相适应的工资收入制度,机关事业单位要建立科学的工资正常增长机制。适时提高最低工资标准。要把促进就业作为各级政府的主要职责,高度重视扩大就业,增加劳动岗位,调整就业结构,实行灵活的就业方式,完善就业服务网络,落实优惠政策扶持失业人员再就业。要继续加大农村扶贫力度,多方面促进农民收入的增长,不断完善农村社会保障体系,切实保障农民生活。

提高公共服务水平,满足市民多层次的社会公共服务需求。实施区域卫生规划,完善医疗服务、预防保健、卫生监督服务体系,规范医疗行为,保证居民基本卫生需求。加大执行《食品卫生法》力度,严厉打击制售假冒伪劣和有毒有害食品的行为。重视安全生产,加强劳动保护。加快公共体育设施建设,发展竞技体育,开展全民健身运动,增强市民体质。大力发展各项社会福利事业和慈善事业,加大社会救济力度,维护妇女、未成年人、老年人、残疾人等社会群体的合法权益。进一步深化住房制度改革,搞好危陋住房的改造和维修,加快经济适用住房建设,改善居民居住条件。加快电网改造,发展集中供热,提高燃气普及率。到2005年,市区热化率达到26%以上,居民生活用燃气普及率争取达到100%。大力发展城市公共交通。积极推进社区建设,培育和完善居民自治组织,强化社区服务和管理,努力建设设施齐全、功能完善、环境优美、管理规范的新型文明社区。建立社区人民调解机制,切实提高基层组织化解人民内部矛盾的能力和水平。加强社会治安综合治理,依法严厉打击各类刑事和经济犯罪活动,继续坚决打击"法轮功"邪教组织和境内外敌对势力、敌对分子的破坏活动,有针对性地开展专项斗争,切实保护人民生命财产安全,保持社会稳定。

大力推进社会主义思想道德和文化建设,繁荣各项社会事业。深入持久地开展爱国主义、集体主义、社会主义教育和社会公德、职业道德、家庭美德教育,在全社会大力宣传和弘扬为实现社会主义现代化而不懈奋斗的"五种精神",提高全体市民的思想道德水平,增强凝聚力和战斗力。扎扎实实、富有成效地开展群众性精神文明建设活动,抵制不良文化现象,着力培育开放、开明、友善、诚信的社会文化氛围,增强城市的包容性和凝聚力,争创国家文明城市。加快文化事业发展,创建国内外知名的文化艺术品牌,办好具有青岛特色和国际影响的文化活动,培育知名的文化市场,建设文化强市。进一步发展新闻出版、广播电视、互联网络、档案史志等事业。搞好科普工作,弘扬科学精神,反对封建迷信和伪科学。加强民族宗教工作,搞好民族团结。深入开展"双拥共建"活动,加强国防教育,搞好民兵预备役工作,密切军政军民关系。贯彻《人民防空法》,加强人防建设,提高市民人防意识,增强城市防空能力。

九、坚持依法行政,推进政府自身建设

无论加快经济发展、应对加入世贸组织,还是实施更有效的社会管理,首先要加快政府自身的转变和提高。各级政府要认真实践"三个代表"的思想,勇于改革创新,转变行政方式,提高工作效率,努力塑造创新务实、廉洁高效、团结协调的政府形象。

坚持依法行政,提高行政水平。认真执行同级人民代表大会及其常委会的决议、决定,接受法律监督、工作监督。充分发挥人民政协政治协商、民主监督、参政议政的作用。认真办理人大代表、政协委员的建议和提案。严格落实执法责任制,提高政府工作法制化程度。深入开展法制教育,增强全体政府工作人员特别是领导干部的法制观念,自觉依法办事,纠正有法不依、执法不严、违法不究、滥用职权的现象。加强城乡基层政权机关和群众性自治组织建设,扩大公民有序的政治参与,进一步扩大基层民主。加快重大决策的民主化、科学化进程,形成了解民情、反映民意、集中民智的良好机制。

大力推进行政管理体制创新,切实转变职能,提高行政效率。要压缩机构,精简人员,理顺关系,完善承诺制,建立运转协调、办事高效、行为规范的政府机构。要改革行政审批制度,减少审批,规范审批行为,政府部门不再直接干预企业经营活动。要规范行政处罚的范围、标准和方式方法,增加行政处罚的统一程度。要实行政务公开,建立决策听证公示、结果公开制度。要加强评议监督,建立健全政府工作效能和业绩的评议机制,强化外部监督特别是来自基层和民众的监督。

进一步加强思想作风建设,推进廉洁勤政。坚持用邓小平理论和江泽民同志"三个代表"的重要思想武装全体政府工作人员特别是各级领导干部,增强贯彻执行党的路线、方针、政策的自觉性和坚定性,努力学习现代经济、贸易、金融、法律等知识,提高驾驭经济社会发展全局和依法行政的能力。切实加强作风建设,坚决杜绝形式主义、官僚主义,关注群众冷暖,体察群众意愿,理顺群众情绪,尽心竭力地为人民群众办好事、办实事,做人民满意的公务员。毫不放松地搞好廉政建设和反腐败斗争,加强领导干部廉洁自律,加大查办违纪违法案件力度,抓好"纠风"工作。特别要加强制度建设,完善领导干部经济责任审计、政绩复核、责任追究制度,从源头上预防和治理腐败。

今年是实施"十五"计划的第一年。做好今年的各项工作,对于开创新世纪青岛改革开放和现代化建设的新局面,具有十分重要的意义。今年全市经济和社会发展的主要预期目标是:国内生产总值增长12%;地方财政收入增长12.5%;全社会固定资产投资增长15%。为了实现今年各项目标,我们要进一步解放思想,开拓创新,乘势而上,加快发展。要大力推进体制创新和科技创新,继续调整和优化经济结构,在提高经济运行

质量前提下，保持经济快速增长；积极应对我国加入世界贸易组织后的新情况，进一步扩大对内对外开放，主动参与国际竞争，以开放促进发展和结构调整；大力推进经济和社会信息化，提高城市信息化水平，增强整体竞争能力；加快城市的现代化建设，推进农村各市（区）的城市化；动员社会各方面力量和资源，加快社会各项事业的发展；按照中央和省的统一部署，积极稳妥地搞好政府机构改革；切实做好就业工作，搞好“两个确保”，不断提高人民群众生活水平，保持社会稳定，促进经济与社会可持续发展，以优异成绩迎接中国共产党成立80周年。

各位代表！回顾以往，我们已经取得的成绩令人自豪，展望新世纪，任务光荣而艰巨。让我们更加紧密地团结在以江泽民同志为核心的党中央周围，高举邓小平理论伟大旗帜，在市委的领导下，凝聚全市人民的力量，同心同德，艰苦奋斗，为圆满完成“十五”计划、率先基本实现现代化做出不懈努力，为实现中华民族的伟大复兴做出更大的贡献！

青岛市第五次人口普查主要数据

根据国务院决定，我国于2000年11月1日进行了第五次全国人口普查。本市组织了4万多名工作人员进行了普查工作，截止2001年4月底，主要数据快速汇总工作基本结束，现公布如下：

全市总人口　第五次全国人口普查以2000年11月1日0时为标准时间，普查登记对象是具有中华人民共和国国籍并在中华人民共和国境内常住的人，每个人都在常住地进行登记。本市当时（下同）总人口为7494187人（包括外来人口，不包括外出人口，下同），比1990年7月1日0时（第四次人口普查）的6663989人增加830198人，增长12.46%，平均每年增加80342人，年平均增长率1.14%。

全市总人口分布　市南区447531人，市北区504213人，四方区429388人，李沧区352799人，崂山区254626人，城阳区494005人，黄岛区238404人，即墨市1111199人，胶州市783482人，胶南市827771人，平度市1321976人，莱西市728793人。

家庭户人口　全市共有家庭户2329696户，家庭户人口6920190人，占总人口的92.3%，平均家庭户规模为2.97人，比1990年第四次人口普查时的3.49人下降了0.52人。

年龄构成　全市总人口中，0～14岁的人口为1287549人，占17.18%；15～64岁的人口为5505645人，占73.47%；65岁及以上的人口为700993人，占9.35%。同1990年第四次全国人口普查相比，0～14岁人口的比重下降了4.56个百分点，65岁及以上人口的比重上升了2.14个百分点。

性别构成　全市总人口中，男性为3757487人，占50.14%；女性为3736700人，占49.86%。性别比（以女性为100，男性对女性的比例）为100.56。

民族构成　全市总人口中，汉族人口为7461278人，占99.56%；各少数民族人口为32909人，占0.44%。与1990年第四次全国人口普查相比，汉族人口增加了807992人，增长了12.14%；各少数民族人口增加了22206人，增长了207.50%。

各种受教育程度人口　全市6周岁以上人口中，接受大学（指大专以上）教育的416966人，占5.92%；接受高中（含中专）教育的1114213人，占15.83%；接受初中教育的2819166人，占40.05%；接受小学教育的2068149人，占29.38%。（以上各种受教育程度的人包括各类学校的毕业生、肄业生和在校生）。

与1990年第四次全国人口普查相比，每10万人中拥有各种受教育程度的人数有如下变化：具有大学程度的由1859人上升为5564人；具有高中程度的由10267人上升为14868人；具有初中程度的由29277人上升为37618人；具有小学程度的由35465人下降为27597人。

全市总人口中，文盲人口（15岁及15岁以上不识字或识字很少的人）为550300人，与1990年第四次全国人口普查相比，文盲率由13.02%下降为7.34%，下降了5.68个百分点。

（注：1.家庭户人口不包括现役军人，也不包括相互之间没有社会成员关系的集体居住的人；2.本数据由市统计局供稿，为初步汇总的快报数。）

统 计 资 料

2000 年青岛市国民经济和社会发展统计公报

青岛市统计局(2001 年 2 月 14 日)

2000 年,全市人民在市委、市政府的正确领导下,认真贯彻落实党的十五大和十五届五中全会精神,深入贯彻落实中央确定的坚持扩大内需的方针和继续实施积极的财政政策、稳健的货币政策,认真贯彻省委、省政府提出的实施经济国际化、切实加快高新技术产业发展、促进非公有制经济健康发展和大力推动城市化进程四大战略。全市国民经济继续保持了持续、快速、健康发展,社会稳定,人民生活水平提高,城市现代化步伐加快。年初确定的全市国民经济和社会发展的计划全面实现,圆满完成了"九五"规划目标。

一、综　合

国民经济总体运行质量不断提高,改革和发展的各项目标基本实现。初步统计,2000 年全市实现国内生产总值 1151.2 亿元,比上年增长 15.2%。其中第一产业增加值 139.88 亿元,增长6.5%;第二产业增加值 560.32 亿元,增长 17.1%;第三产业增加值 451.00 亿元,增长 15.2%。圆满完成了年初确定的经济增长 12%的目标,国内生产总值首次突破一千亿元。

宏观景气指数逐季攀升,全市经济始终处在景气状态的较高平台上。企业家信心指数达到 140.51;企业景气指数达到 133.28。

在积极财政政策指导下,财政收支继续保持较大幅度增长,较好地保证了全市社会经济发展的需要。全年地方财政收入 80.01 亿元,比上年增长 17.6%,超额完成年度目标;财政总支出 87.87 亿元,增长 17.1%。

市场物价总水平止跌回升。全年居民消费价格指数 103.3%,主要工业产品出厂价格指数 101.89%,主要原材料、燃料、动力购进价格指数 106.81%,均较上年有不同程度的上升。农产品收购价格指数 95.6%,跌幅较上年减缓。

2000 年各区、市国内生产总值完成情况

	国内生产总值(亿元)	比上年 ± %
市南区	14.79	25.4
市北区	14.82	21.3
四方区	8.34	11.4
李沧区	20.32	13.6
黄岛区	85.70	29.0
崂山区	83.24	18.2
城阳区	104.60	26.1
胶州市	103.30	22.4
即墨市	109.81	17.0
平度市	118.48	15.6
胶南市	109.10	19.1
莱西市	80.47	15.5

产业结构调整全面推进。第二产业对经济的拉动力继续增强,第三产业比重稳步上升。一、二、三产业增加值在国内生产总值中的比例关系由上年的13.8:47.6:38.6 调整为 12.1:48.7:39.2。

多种所有制经济共同发展,个体私营经济发展迅速。在限额以上工业产值中,国有经济、集体经济、股份制及三资企业等其他经济类型分别占 21.5%、27.9%和 50.6%;在社会消费品零售额中,国有及国有控股经济、个体经济、私营经济和其它经济所占比重分别达到24.3%、33.9%、15.4%和 26.4%。个体私营经济增长加快,截止 2000 年末,全市经工商注册登记的个体私营工商户达25.79 万户,其中,个体 22.96 万户,私营 2.83 万户,分别比上年增长6.0%和13.4%。个体私营经济从业人员达到64.68万人,实现税收12.3亿元;营业收入过亿元的私营企业达到30家,其中过3亿元的达到5家。

各项体制改革继续深入。国有企业改革与脱困三年两个目标全面完成。经过近三年来坚持不懈的改革攻坚,被列为省、市两级三年建制目标的12家国有大中型骨干企业已全部完成改制,初步建立起现代企业制度;全市重点监控的105家国有及国有控股大中型工业企业亏损面降到12.4%,全面完成省政府要求的亏损面降至20%和市委、市政府提出的力争降至18%以下的责任目标,其中被列入全国6599家重点脱困范围的59家企业的亏损面降至18.6%,全面完成"要有三分之二走出困境"的目标。市属国有大中型企业改制为公司制的累计达152户,股本总额65.97亿股;市属工交、基建、流通企业改为有限责任公司累计303户,上市公司健康发展。采取多种形式加快中小企业改制,全年中小企业完成改制累计达5167户,增强了中小企业发展活力。全市产权制度改革累计达4635户,占改制企业的89%。

各项配套改革同步推进,力度不断加大。社会保障制度改革继续深化,保障水平进一步提高,医疗保险制度改革在全面准备的基础上,新的医疗保险制度已于7月1日起正式实施,养老保险改革、职工分流安置和再就业工作取得新的进展。土地使用制度、企业产权制度和独立科研机构为主的事业单位等多项改革均取得了不同程度的突破。住房制度改革日趋完善,货币化、商品化程度不断提高,住房二级市场逐步走向规范和活跃。

市委、市政府年初确定的积极实施经济国际化、切实加快高新技术产业发展、引导非公有制经济健康发展和大力推进城市化进程的四大战略取得成效。年末我市经济的出口依存度达到59.4%,比上年提高6.8个百分点,充分发挥了在全省的"龙头"带动作用;在限额以上工业中,高新技术产品产值达412.4亿元,增长27.4%,占全市工业总产值的比重29.4%,较上年提高2.9个百分点;非公有制经济不断发展,在工业中非国有经济比重占到78.5%,在商业中非国有经济比重占到75.7%;城市化进程不断向前推进,城市基础设施建设向周边郊区市延伸,城市从规划、设计到建设、管理,更加注重城市整体形象和功能的完善与发挥。

国民经济和社会发展存在的主要问题是:经济转型期中的结构性、机制性矛盾仍需下大力气加以解决;部分产业和产品不适应市场需求,企业生产经营困难;就业与再就业压力较大;收入分配差距有拉大趋势,农民收入增长缓慢,农村市场启动难度较大。

二、农　业

农业稳步增长。各级党委、政府全面落实党在农村的基本政策,积极调整农业结构,增加农业投入,大力发展优质高效农业,加大科技兴农力度,有效地促进了财政收入和农民收入的增加。农、林、牧、渔业全面发展,市场适应能力增强,产业化经营程度提高。

全年种植业生产,因受结构调整和春秋两季旱情影响,全市主要作物品种中的粮食、油料总产减少,其它农作物产量均有不同程度增加。

主要农产品产量如下:

	2000年(万吨)	比上年±%
粮食总产量	278.05	-16.5
其中:小麦	135.34	-9.8
玉米	116.96	-22.0
棉花	0.21	-43.4
花生	53.42	-6.8
蔬菜(不含果用瓜)	664.93	21.8
水果	65.16	7.4

林业生产稳步发展。全年完成造林面积0.45万公顷,森林覆盖率20.51%。全年完成幼林抚育面积1.26万公顷。

畜牧业生产平稳发展。畜牧业规模化生产、集约化经营水平不断提高,畜牧龙头企业、示范区建设进一步加快,畜禽产品产量增加。

主要畜产品产量如下:

	2000年(万吨)	比上年±%
肉类总产量	60.35	10.8
其中:猪肉	21.88	15.5
牛肉	6.53	27.5
羊肉	1.19	10.2
牛、羊奶	23.01	23.2
禽蛋	37.40	5.1

渔业生产发展良好。水产品总产量126.53万吨,比上年增长9.0%,其中,捕捞产量48.18万吨,养殖产量78.35万吨,分别比上年增长-0.81%和16.1%。海、淡水养殖面积5.54万公顷,增长8.34%。

农业生产条件继续改善,物资投入稳步增加,技术装备水平不断提高。全市拥有农业机械总动力459.21万千瓦,比上年增长11.6%。农用拖拉机12.70万台,增长20.1%,农用载重汽车0.96万辆,增长2.7%,农田有效灌溉面积29.52万公顷,增长0.1%,农村用电量18.97亿千瓦小时,增长12.0%,地膜覆盖面积15.26万公顷,增长0.3%。

三、工业与建筑业

工业生产以企业改革和创新为动力,以产品结构调整为主线,以"扭亏脱困"和全力开拓国内外两个市场为主攻方向,全年取得高速发展,工业经济效益创历史新高。全年完成工业增加值500.32亿元,比上年增长17.3%。国有及年产品销售收入500万元以上的非国有工业企业完成增加值366.1亿元,增长21.4%,其中,国有及国有控股企业完成124.9亿元,增长25.1%;集体企业完成89.6亿元,增长18.0%;股份制企业完成83.6亿元,增长25.8%;外资及港澳台企业完成99.7亿元,增长18.3%;其他经济类型企业完成4.8亿元,增长20.9%。大企业、大集团继续发挥对工业经济发展的重要带动作用,大中型工业企业发展优势明显,完成增加值290.0亿元,增长21.8%,占限额以上工业增加值的79.2%。轻、重工业协调发展,轻工业增加值227.0亿元,重工业增加值139.1亿元,分别比上年增长17.6%和30.3%,轻重工业的比例为62:38。

限额以上工业主要产品产量如下：

	2000年	比上年±%
纱	7.0万吨	12.9
布	41782.6万米	7.8
印染布	3525.5万米	-13.5
丝织品	164.2万米	17.1
化学纤维	6.54万吨	29.4
彩色电视机	379.4万台	33.0
家用电冰箱	311.1万台	19.8
冷冻箱	148.7万台	37.2
家用洗衣机	318.5万台	24.3
房间空调器	273.1万台	10.0
卷烟	148.1万箱	-0.6
机制纸及板纸	11.0万吨	13.4
啤酒	206.5万吨	70.9
原盐	41.8万吨	2.1
发电量	90.8亿千瓦时	10.8
钢	101.2万吨	-6.3
钢材	93.4万吨	8.4
汽车	30053辆	50.1
原油加工量	199.5万吨	7.9
硫酸	13.0万吨	3.1
烧碱	10.2万吨	14.3
纯碱	56.2万吨	4.7
化肥	20.0万吨	-0.8
合成氨	24.6万吨	-5.5
染料	9306吨	18.3
轮胎外胎	655.5万条	18.6
水泥	137.5万吨	3.5
平板玻璃	556.6万重量箱	-12.5

工业运行质量显著提高。国有及年产品销售收入500万元以上非国有工业企业实现利税总额116.0亿元，首次突破一百亿元，比上年增长31.0%，其中利润总额49.4亿元，增长42.2%。工业经济效益综合指数为119.87%，比上年提高11.7个百分点。资本保值增值率为115.01%，产品销售率为98.5%。企业产品质量及新产品开发能力有所提高，累计已有100种产品获得青岛市级名牌产品。全年共研制开发新产品1257种，增长10.1%，其中达到或接近国际水平的254种，增长43.5%，达到国内先进水平的724种，增长51.1%，填补国内空白的174种，增长3.6%。

建筑业稳步发展，全年完成建筑业增加值60.00亿元，比上年增长14.2%。实现利税总额5.6亿元，增长24.4%，全员劳动生产率56800元/人，增长4.3%。

四、固定资产投资

2000年，市委、市政府继续采取了加大固定资产投资以促进经济增长的一系列政策措施，使全市固定资产投资继续保持较快增长，特别是国家财政技改贴息政策的积极贯彻实施，使全市更新改造投资迅速增加。全年全社会完成固定资产投资321.1亿元，比上年增长15.1%。城镇以上单位共完成投资242.7亿元，增长10.0%，其中，基本建设投资90.1亿元，增长5.2%，更新改造投资62.0亿元，增长8.6%，房地产开发投资67.5亿元，增长7.2%；县区投资增长加快，全年五市三区投资达到128.8亿元，增长36.0%，较全市平均水平高出了26个百分点。

全年新开工项目805个，比上年增加183个；施工项目1059个，竣工项目675个；在建项目总投资规模610.6亿元。

投资效益有所提高。项目建成投产率63.7%，新增固定资产180.3亿元，固定资产交付使用率74.3%。

房地产业随着住房制度改革和市区东(高科园)西(开发区)两翼建设开发的加快迅速发展。商品房屋竣工面积351.7万平方米。全年销售商品房建筑面积300.7万平方米，比上年增长27.4%。商品房销售额55.7亿元，增长31.5%。

全市固定资产投资新增主要生产能力：

家用空调器	万台/年	20
移动通信基站设备	个/年	284
程控交换机	万线/年	123.3
新建公路	公里	144.5
改建公路	公里	55.9
城市道路扩建长度	公里	28.22
城市道路扩建面积	万平方米	123.31
手机	万部/年	50

五、交通运输和邮电业

交通运输和邮电通信事业迅猛发展。随着改革和建设的双向推进，交通运输和邮电通信业满足市场需求、服务经济发展的能力显著提高，服务手段和质量日臻完善；综合通讯能力扩大，业务量持续大幅上升。

铁路、公路、水运、民航基础设施不断改善，综合运输能力得到进一步加强。截止2000年末，全市高速公路通车里程已达288公里，位居全国副省级城市之首。

各种运输方式完成的运输量：

	2000年	比上年±%
客运周转量	93.85亿人公里	8.4
铁路	53.47亿人公里	9.3
公路	39.76亿人公里	6.9
水运	0.62亿人公里	4.2
货运周转量	3010.44亿吨公里	72.6
铁路	202.53亿吨公里	11.9
公路	51.20亿吨公里	14.5
水运	2756.71亿吨公里	81.6
港口吞吐量	8660.71万吨	18.9

航空事业进一步发展。年末拥有国内航线56条，国际航线8条，港澳地区航线1条，全年旅客吞吐量达到243.15万人次，比上年增长19.7%；货邮吞吐量4.88万吨，增长18.8%。

邮电通信业继续快速发展。全年完成邮电业务总量47.53亿元，比上年增长37.8%。信函5933.7万件，增长18.9%；电报22.0万份，下降24.4%；长途电话15930.9万张，增长12.6%；以计算机应用为代表的网络信息技术不断普及和提高，2000年IP网(互联网)用户使用时长达到4.53亿分钟，增长13.7倍。全市市话交换机总容量达141.6万门，增长9.3%。年末市话达到99.10万部，其中新安装14.47万部。市话普及率达到每百人76.48部，比上年提高18.6个百分点。全市移动电话发展到77.57万户，比上年增长71.9%。无线寻呼发展到57.91万户，增长10%，通讯能力进一步增强。年末城乡家庭电话普及率均已超过60%，在山东省率先建成电话市。

六、国内贸易

增加居民收入、降低银行利率、扩大消费信贷、开征利息税、开放住房二级市场、延长节假日时间等一系列刺激消费政策的实施，宏观调控效应进一步显现，伴随全市市场体系的日益完善和多种经营业态的共同发展，城乡消费品市场由稳步发展趋向活跃。全年社会消费品零售总额307.7亿元，比上年增长13.8%。按城乡分，城市市场消费品零售额236.2亿元，增长14.5%；农村市场消费品零售额71.5亿元，增长11.8%。按营业方式分，批发零售贸易业实现零售额223.9亿元，增长14.8%；餐饮业实现零售额27.9亿元，增长23.0%；制造业及其它行业实现零售额55.9亿元，增长6.3%。

商品交易市场成交活跃。全市商品交易市场(含集市贸易市场)866处，成交额439.7亿元，比上年增长14.4%。其中，消费品市场786处，成交额368.2亿元，增长9.3%；生产资料市场80处，成交额71.5亿元，增长50.8%。

七、对外经济

2000年，市委、市政府切实贯彻国家加大出口扶持力度、提高出口产品退税率等鼓励出口政策，积极实施国际化战略，加大对外开放力度，千方百计扩大外贸出口，提高外资利用的数量和质量，加强国际间的经济技术合作，加快旅游业发展步伐，有力促进了全市对外经贸工作的迅速发展，取得显著成效。

对外贸易大幅增长，跃上新的高度。按在地原则(含省、中央公司)统计，全市各类企业全年实现外贸进出口总额135.32亿美元，增长33.9%；其中，出口额82.69亿美元，增长31.0%，进口额52.63亿美元，增长38.9%。按属地原则(不含省、中央公司)统计，全市各类企业全年实现外贸进出口总额108.31亿美元，首次突破100亿美元，增长39.8%；其中，出口额61.14亿美元，进口额47.17亿美元，分别增长37.3%和43.3%。外商投资企业仍是外贸出口的主体，全年出口额44.38亿美元，比上年增长34.5%，占全部出口额的比重为72.6%，国有企业出口9.68亿美元，增长25.2%，集体企业出口6.70亿美元，增长83.5%。

据青岛海关统计，青岛口岸对外贸易进出口总额252.04亿美元，比上年增长48.5%，其中出口额142.33亿美元，进口额109.71亿美元，分别增长33.7%和73.3%。

利用外资成效继续扩大。全年共批准利用外资项目1132项，合同外资金额26.91亿美元，比上年增长53.5%。实际利用外资12.82亿美元，比上年增长34.5%。实际利用外资绝对额和增长速度均超额完成年初目标。年末实有注册登记的外商投资企业3965家，其中中外合资1382家，中外合作249家，外商独资2332家。截止年末，世界500强企业中已有40家落户青岛，共投资项目66个，合同外资达8.11亿美元。

对外经济技术合作业务继续发展。全年对外承包工程和劳务合作合同金额1.24亿美元，比上年增长37.5%；完成营业额0.80亿美元，增长17.4%；派出劳务人员5994人次，增长16.4%。

旅游事业取得新进展。刺激消费、加快城市基础设施建设等政策极大促进了旅游业的发展，全年全市旅游总收入突破100亿元，其中国内旅游总收入达到88.7亿元，比上年增长23.9%；国际旅游收入1.42亿美元，比上年增长24.5%。全年共接待国内外游客1311.06万人次，比上年增长13.6%；国内游客1285万人次，增长13.6%；海外游客26万人次，增长15.0%，其中接待外国人20.02万人次，增长22.0%；华侨和港澳台胞6.04万人次，增长3.1%。

对内开放成绩显著。全年共引进内资项目985个，实际到位资金47.1亿元。其中实际到位资金千万元以上的大项目89个，到位资金32.7亿元。省内16个地市、国内25个省市的企业在青均有投资。

八、金融和保险业

全市认真贯彻落实中央的稳健货币政策，金融形势平稳，运行秩序良好，防范和化解金融风险的能力进一步增强。年末金融机构各项存款余额1073.13亿元，比年初增加156.61亿元，其中：企业存款余额437.44亿元，比年初增加91.5亿元，比上年多增53.85亿元；城乡居民储蓄存款余额535.32亿元，比年初增加37.51亿元，比上年少增加1.19亿元。各项贷款余额965.64亿元，比年初增加166.55亿元，比上年多增77.64亿元，其中：短期贷款余额740.12亿元，比年初增加132.8亿元，比上年多增72.41亿元；中长期贷款余额129.92亿元，比年初增加12.8亿元，比上年多增11.02亿元。

保险事业发展迅速。全年全市承保金额3865.24亿元。保费收入21.79亿元，其中：财产保费收入8.44亿元；人身保险费收入13.35亿元。赔付金额8.99亿元，其中财产险赔付金额5.84亿元，人身险给付金额3.15亿元。

九、科学技术和教育

科技事业蓬勃发展。初步统计，2000年全市取得科技成果621项，其中，国际领先的76项，国际先进的82项，国内领先的287项，国内先进的176项。

科技市场交易活跃。全年共成交技术合同项目5532项，成交额4.06亿元。全年授权专利1613件，比上年增长13.0%。

教育事业稳步发展。2000年末，全市共有各类大专院校11所，其中普通高校6所，在校学生4.61万人，比上年增长37.0%。中等学校462所，其中，普通中学349所，在校学生39.85万人，增长13.1%。中等专业学校和技工学校113所，在校学生9.89万人，减少7.8%。接受中等职业教育的学生已占高中阶段在校生的54.9%。共有小学1247所，小学教学点68个，在校学生53.49万人，下降8.3%。学龄儿童入学率99.99%，初中入学率达99%以上。

十、文化、卫生和体育

文化事业健康有序发展。全市共有各类文化机构639处。其中,影剧院54处,电影队280个,文化馆(站)211处,博物馆6处,公共图书馆11处,艺术表演团体11个,广播电台1座、11套节目,电视台1座、9套节目,有线电视台1座,全市有线电视用户达到97.15万户。全市出版各类杂志1249.24万册,出版报纸21309万份。共创作长篇小说3部,中短篇小说20部;长篇纪实文学3部。档案事业发展迅速,全市共有档案馆15处,档案管理与改革进一步发展。

卫生事业继续加强。2000年末,全市共有卫生机构(含诊所)2911处,其中,医院、卫生院231处,卫生防疫机构18处,妇幼保健机构9处,门诊部(所)、卫生保健所、医务室2601处。年末各类卫生技术人员3.22万人,其中,医生1.49万人。全市拥有医疗床位2.44万张,其中,医院、卫生院床位2.01万张。

体育事业继续发展。2000年,全市运动员在各项比赛中共获得金牌161.5枚,银牌90枚,铜牌96枚。共打破全省纪录7项,全市纪录12项。全市共有体育专业队8个,队员160人。重点体校5所,学员800人,业余体校13所,学员2000人。

十一、城市建设与环境保护

城市建设与环境保护成绩显著。2000年,我市紧紧抓住国家实施积极的财政政策、扩大投资的机遇,重点抓好城市基础设施建设和城市环境综合整治工程。市容美化亮化、道路环境建设等都取得新成绩。城市供水、供气、供电、供热等能力继续增强,城市功能日臻完善。环境保护工作取得重大进展,被命名为全国环境保护模范城市。

城市供水:城市供水量2.45亿吨,比上年增长1.7%。城市用水量2.33亿吨,增长2.2%,其中生产用水和生活用水分别为1.09亿吨和1.24亿吨。

城市供气:城市使用液化气、煤制气的总户数达到63.8万户,比上年增长10.4%。全年供应液化气总量4.87万吨,比上年下降16.0%,供应煤制气总量9567万立方米,比上年增长30.7%。城市气化率达到98%,比上年提高2个百分点。

城市供电:全年实际用电量106.78亿千瓦时,增长14.1%。其中工业用电71.06亿千瓦时,居民生活用电16.04亿千瓦时,分别增长15.4%和4.8%。

城市供热:全年新增供热面积246.12万平方米,累计供热面积达到1121.67万平方米,比上年增长27.0%。

公共交通:年末市区公共汽、电车线路140条,比上年增加17条,总长度2711公里,比上年增加372公里。共有营运的公交汽、电车3271辆,其中专线车、双层车2137辆。

道路及下水道:市区铺装人行道板57万平方米。新建、翻建道路79万平方米。年末道路总长度1200公里,比上年增加55公里。城市下水道总长度1360公里,增长60.5%。

环境保护及其它:市区噪声达标面积92.93平方公里,覆盖率达到80.20%。全年完成污染企业治理项目35个,完成投资6218万元。市区共植树103.61万株,栽种绿篱7.86万米,铺设草坪61.07万平方米。建成区绿化覆盖率达到37.0%,比上年提高1.1个百分点。新增设公共绿地237.49公顷,全市园林绿地面积7439.56公顷,人均占有公共绿地8.5平方米。全市现有公园、动物园37个。

十二、人口与人民生活

计划生育成绩显著,人口继续低速增长。年末全市总人口为706.65万人,比上年增长0.52%。其中,市区234.60万人,增长1.15%;五市(县级)472.05万人,增长0.22%。全年新出生人口7.31万人,出生率为10.38‰;死亡人口4.95万人,死亡率为7.02‰;全年净增人口2.37万人,人口自然增长率为3.36‰。

城乡居民收支增长较快,生活水平进一步提高。2000年,城镇居民收入在上年有较大增加的基础上继续较快增长,消费水平不断提高,生活质量日益改善。全年城市居民人均可支配收入8016元,比上年增长10.1%,人均消费性支出6677元,增长11.6%。农民人均纯收入3637元,增长6.5%。

城乡居民居住条件继续改善。2000年,新建成住宅381.6万平方米,折迁安置政策在改革中进一步完善。全面完成了在城市建设和改善人民生活方面重点办好的12件实事。年末城区人均住房使用面积14.5平方米,比上年增加0.7平方米。农民人均住房使用面积25.86平方米,比上年增加0.74平方米。

劳动就业基本稳定,工资水平因企业效益的改善得到较快提高。2000年全市职工人数118.3万人,比上年减少0.6%。全年职工工资总额120.4亿元,增长20.3%;职工平均工资10072元,增长19.8%。再就业工程力度加大,有关下岗安置的各项政策得到认真落实。全年城镇共安排就业3.9万人,各类职业介绍所业务得到进一步规范,全年共介绍9.1万人次就业,组织1.8万人次参加就业前培训。全年累计分流安置下岗职工4.0万人。年末全市城镇登记失业率为3.05%。

社会福利事业继续发展。2000年全市各类社会福利院床位达8341张,收养7139人。

注:1. 公报中部分统计数据为初步统计数。

2. 公报中国内生产总值、各产业增加值绝对数按现价计算,增长速度按可比价计算。

3. 公报中限额以上工业增加值的增幅按可比价计算,按经济类型分组的增加值增幅按现价计算。

主要统计数据系列表

青岛市国民经济主要平均指标

表1

指标	单位	1990年	1995年	1997年	1998年	1999年	2000年
人口密度	人/平方公里	626	643	653	657	660	664
每户年平均人口	人	3.57	3.29	3.23	3.2	3.16	3.14
职工年平均工资	元	2 400	6 164	7 030	7 518	8 405	10 072
城市居民人均年可支配收入	元	1 624	5 357	6 222	6 554	7 282	8 016
农民人均年纯收入	元	952	2 225	2 599	3 177	3 415	3 637
每一播亩平均粮食产量	千克	351	409	322	436	439	411
每亩蔬菜平均产量	千克	3 017	3 274	2 936	3 121	2 868	2 735
每亩水果平均产量	千克	352	565	580	690	740	799
每亩茶叶平均产量	千克	35	8	8.7	6.1	8.4	8.1
每亩花生平均产量	千克	244	311	201	335	344	298
每亩棉花平均产量	千克	55	39	40	69	71	83
每台拖拉机负担耕地面积	亩/台	135	129	109	83	68	56
每亩耕地施用化肥量(折纯)	千克	27	43	40	44	45	45
每人平均消费品零售额	元	995	2 494	3 120	3 460	3 855	4 365
城市每天平均生活用水量	万吨	11.7	22.6	27.9	29.61	32.05	33.33
城市每人平均绿化面积	平方米	3.7	5.4	6.0	6.6	7.4	8.5
城市每人平均居住面积	平方米	6.7	8.1	8.7	9.06	9.36	9.82
每万人拥有医疗床位	张	35.3	36.93	36.2	35.6	36.2	34.5
每万人拥有医生数	人	20.6	20.22	20.5.	20.5	20.6	21.0
每万人中高等学校学生数	人	23.2	36.38	39.4	42	48	65
每万人中中等学校学生数	人	527	657.60	666.7	632	654	704
每万人中小学学生数	人	948	870.38	901.2	894	830	757

青岛市平均每天主要社会经济活动

表2

项目	单位	1990年	1995年	1998年	1999年	2000年
国内生产总值(现价)	万元	4 609	17 590	24 339	27 201	31 509
工农业总产值(现价)	万元	11 375	31 844	49 809	52 616	59 977
工业总产值(现价)	万元	9 786	25 788	43 272	46 089	6 803
农业总产值(现价)	万元	1 589	5 271	6 538	6 527	53 174
主要工业产品产量						
发电量	万千瓦时	1 102	1 772	2 182	2 247	2 489
钢	吨	1 495	1 843	2 302	2 962	2 772
钢材	吨	1 042	1 359	1 779	2 373	2 558
纱	吨	275	218	182	155	191
布	万米	93	113	111	108	114
家用电冰箱	辆	751	2 956	6 006	6 648	8 523
家用洗衣机	架	1 256	1 763	5 032	7 022	8 726
彩色电视机	台	507	1 658	2 653	8 156	10 395
固定资产投资完成额	万元	780	4 516	5 232	6 044	6 649
房屋竣工面积	平方米	2 882	7 137	13 147	19 874	16 567
消费品零售额	万元	1 803	4 678	6 631	7 406	84 302

2000 年 1～12 月十五个副省级城市主要经济指标对比资料

表 3　　　　2000 年 12 月份

指标名称	单位	青岛	沈阳	大连	长春	哈尔滨	南京	杭州	宁波	济南	武汉	广州	成都	西安	深圳	厦门	今年位次	去年位次
国内生产总值(季报)	亿元	1151	1116.1	1110.8	824	1002.7	1020	1380	1191.5	952.2	1207	2383.07	1310	689	1665.24	501.15	7	9
比上年同期增长	%	15.2	10.3	11.8	13.1	12.4	12.2	11.8	12.5	12.1	12	13.6	10.8	13.1	14.2	15.1	1	3
第一产业	亿元	139.9	71	109.6	120.9	176.7	54	101	95	95	81	94.42	124	46	17.71	20.98	2	2
比上年同期增长	%	6.5	1.9	6.5	−5.1	2.6	6	5.4	3.2	6.1	4.4	1.7	3.1	3.2	8.5	−5.8	2	10
第二产业	亿元	560.3	494.9	512.9	365	340	494	712	667	418.6	534	1041.11	588	330	874.14	264.12	6	6
比上年同期增长	%	17.1	11.1	12.4	17.4	17	12	12.6	12.7	10.5	12.6	12.4	11.5	15.9	17.3	17.8	4	4
第三产业	亿元	451	550.2	488.3	338.1	486	472	567	429.5	438.6	592	1247.54	598	313	773.39	216.05	10	11
比上年同期增长	%	15.2	10.3	12.5	14	12.4	13.1	11.8	14.8	14.9	12.4	16	11.7	12.5	9.9	12.2	2	2
限额以上工业总产值	亿元	1401	704.2	1047.4	749.7	500.3	1602.9	1543.01	1427.67	680.04	887.3	2557.34	632.42	531.1	2517.85	699.13	6	5
比上年同期增长	%	26.1	18.5	19.8	23.7	21.3	21.8	27.1	25.1	10.6	17.6	18.5	14.2	14.21	22.8	23.5	2	5
限额以上工业销售产值	亿元	1380	687.2	1039	737.9	494.5	1568.1	1500.17	1387.43	667.93	空缺	2476.82	619.79	513.64	2450.7	687.41	6	—
比上年同期增长	%	22.7	17	27.7	25.6	22.5	21.8	23.8	32	12	空缺	19.2	不计算	21.89	14.5	23.05	6	—
工业产品产销率	%	98.5	97.6	99.2	98.4	98.8	97.83	97.2	97.18	98.22	97.4	96.85	98	96.71	97.3	98.3	3	—
比上年同期增长	百分点	0	0.8	1.3	−0.06	0.9	0	−0.5	0.7	1.18	−0.2	0.5	1.98	1.15	−1	不计算	9	—
固定资产投资额	亿元	321.1	262	268.5	235.2	253.7	412.05	514	360.26	305.9	462	924.19	475.9	233.44	616.25	174.51	8	8
比上年同期增长	%	15.1	9.19	20.5	21	25.3	10.4	18	13	13.1	7.1	5.2	13.6	18.32	8.2	−9.3	6	8
社会消费品零售总额	亿元	307.7	566	488.7	311.2	454.8	419.81	403.95	389.29	354.7	606	1120.97	554.21	328.47	538.17	169.64	14	13
比上年同期增长	%	13.8	9.7	9.1	16	10.4	10.9	12.5	12.6	11.7	12.3	12	10.8	10.17	15.1	5.3	3	2
出口总额	亿美元	61.14	12.97	52	7.7	7	17.86	69.66	51.68	5.71	6.37	118.18	8.18	10.61	345.63	58.8	4	4
比上年同期增长	%	37.3	62.3	28.1	27.4	26.1	54.6	37.1	48.6	59	31.9	19.8	10.2	12.24	22.5	32.5	5	6
利用外资新签协议合同	项	1132	646	*697	161	105	313	*315	550	90	198	1445	172	135	1835	259	3	—
比上年同期增长	%	58.1	8	*12.2	8.7	−27.6	−6.6	*48.6	51	不计算	空缺	37.2	61	38	17.8	23.9	2	—
协议利用外资金额	亿美元	26.91	17.68	*23.8	5.1	1.6	20.79	*6.45	*9.52	4.41	8.94	16.35	3.64	5.41	26.4	10.04	1	3
比上年同期增长	%	53.5	59.7	*−3	1.2 倍	−14.6	175.8	*13.8	*45	23.1	空缺	−5.4	−11	34	18.4	−22.0	3	1
实际利用外资金额	亿美元	12.82	10.44	*13.1	3.6	1.7	9.87	*4.31	*6.22	3.2	13	31.15	2.65	1.56	29.68	10.32	5	7
比上年同期增长	%	34.5	0.8	*11.2	10	10.6	13.1	*2.5	*20	6.9	11.5	−1.9	16	14	7.8	−23.1	1	3
地方财政收入	亿元	80.01	60.2	80.9	30.4	53.8	92.6	69.19	64.35	49.05	69.77	200.07	58.76	46.8	221.9	51.85	5	4
比上年同期增长	%	17.6	9.1	12.5	18.2	15.1	39.4	53.9	28.3	10.5	15.4	16	18.1	14.4	21.9	23.8	8	8
地方财政支出	亿元	87.87	87.9	97	35.6	77.1	100.8	73.43	90.93	54.72	88.14	240.52	82.92	52	225.55	59.1	8	5
比上年同期增长	%	17.1	10.5	14.3	9.9	12.4	38	30.3	22.8	10.4	19.7	8	14.8	27.8	7	24.3	7	12
城镇居民人均可支配收	元	8016	5850	6861	5568	5632	8233	9668	10921.3	8471	6763	13966.5	7649	6364	21626	10813	8	7
比上年同期增长	%	10.1	9.1	9.3	9	11.9	7	6.4	15.1	18.3	8	16.2	7.8	6.1	6.8	12.3	6	2
居民消费价格指数	%	103.3	100.1	99.6	98.8	100.2	100	100.8	100.3	100.6	100.5	102.8	100.2	100.2	102.8	106.3	2	2
商品零售价格指数	%	99.7	98	97.8	97.5	98.8	99.2	98.3	98.3	98	空缺	99.4	98.2	98.7	100.6	98.5	2	9

注：大连、杭州、宁波的利用外资数据为外商直接投资数(表中加 * 者数据)。

青岛市主要指标占全国、全省比重

表4

(2000年)

项目	单位	全国	全省	青岛市	青岛市占全国比重(%)	青岛市占全省比重(%)
一、国内生产总值	**亿元**	**89 404**	**8 542**	**1 150.10**	**1.29**	**13.46**
第一产业	亿元	14 212	1 269	139.88	0.98	11.02
第二产业	亿元	45 488	4 227	560.01	1.23	13.25
第三产业	亿元	29 704	3 047	450.18	1.52	14.77
二、主要工业产品产量						
纱	万吨	657	94.43	6.96	1.06	7.37
布	亿米	277	27.60	4.18	1.51	15.14
家用电冰箱	万台	1 279	280.30	280.30	21.92	100
家用洗衣机	万台	–	312.38	266.77	–	85.39
彩色电视机	万部	3 936	254.77	213.64	5.43	83.86
原盐	万吨	–	829.90	41.83	–	5.04
卷烟	万箱	3 397	230.06	148.1	4.36	64.37
发电量	亿千瓦时	13 556	1005.26	90.84	0.67	9.04
钢	万吨	12 850	635.42	101.17	0.78	15.92
钢材	万吨	13 146	681.93	93.35	0.71	13.69
纯碱	万吨	834	154.75	56.19	6.73	36.31
化肥	万吨	3 186	424.16	20.04	0.63	4.72
水泥	万吨	59 700	6 547.08	137.52	0.23	2.10
三、主要农产品产量						
粮食	万吨	46 300	3 837.73	278.05	0.60	7.25
油料	万吨	2 950	356.92	53.42	1.81	14.97
棉花	万吨	435	58.99	0.21	0.05	0.36
肉类产量	万头	6 270	560.15	60.35	0.96	10.77
水产品	万吨	4 290	698.03	126.53	2.95	18.13
四、全社会固定资产投资额	**亿元**	**32 619**	**2 544.68**	**321.13**	**0.98**	**12.62**
五、社会消费品零售总额	**亿元**	**34 153**	**2 545.9**	**307.70**	**0.90**	**12.09**
六、高等学校在校学生	**万人**	**556**	**30.4**	**4.61**	**0.83**	**15.16**

注:本表全国、全省数均为公报数。

分市、区国内生产总值

表5

(2000年)

单位:万元

市、区名称	国内生产总值	第一产业	第二产业	工业	第三产业	人均国内生产总值(元)
总计	11 500 703	1 398 794	5 600 126	5 003 220	4 501 783	15 410
市区	6 289 194	210 063	3 249 308	2 863 111	2 829 823	22 931
胶州市	1 032 988	185 826	519 460	476 972	327 702	13 658
即墨市	1 098 109	226 970	472 900	418 025	398 239	10 266
平度市	1 184 769	350 644	452 966	409 766	381 159	8 888
胶南市	1 090 986	238 134	543 202	502 326	309 650	13 045
莱西市	804 657	187 157	362 290	333 020	255 210	11 097

注:本表按当年价格计算。

按支出法计算的青岛市国内生产总值

表6 (2000年) 单位:亿元

项　　目	2000年	1999年	2000年为1999年%
支出法计算的国内生产总值	**1 150.07**	**992.83**	**115.1**
(一)最终消费	478.64	429.31	109.0
1.居民消费	340.54	307.58	108.5
农村居民	126.21	118.46	105.5
城镇居民	214.33	189.12	110.5
2.政府消费	138.10	121.73	110.1
(二)资本形成总额	421.93	355.18	116.8
1.固定资产形成总额	351.60	300.87	114.8
2.存货增加	70.33	54.31	127.1
(三)货物和服务净流出	249.50	208.34	119.6
1.流　　出	1 211.14	1 009.28	116.2
2.流　　入	961.64	800.94	114.3
统计误差	–	–	–

注:绝对额按当年价格计算,速度按1990年不变价格计算。

青岛市固定资产投资

表7 (2000年) 单位:万元

项　　目	合　计	基本建设	更新改造	其他投资	城镇集体	房地产开发
一、本年施工项目(个)	**1 101**	**416**	**333**	**352**	**77**	**–**
本年新开工(个)	843	277	264	302	59	–
二、本年建成投产项目(个)	**709**	**240**	**238**	**231**	**46**	**–**
三、本年完成投资	**2 426 820**	**900 592**	**619 663**	**231 423**	**46 661**	**675 142**
1.按构成分						
建筑工程	1 259 064	596 829	146 021	80 717	25 364	435 497
安装工程	217 333	111 434	59 203	6 906	2232	39 790
设备工器具购置	652 640	133 718	377 635	130 500	16 948	10 787
用于更新的设备	174 331	–	174 331	–	–	–
2.按建设性质分						
新　　建	556 546	446 470	46 443	63 633	13 088	–
扩　　建	814 929	360 033	363 883	91 013	20 860	–
改　　建	293 312	73 361	197 282	22 669	7 940	–
3.按隶属关系分						
中央单位	354 078	4 195	257 483	–	–	2 400
地方单位	1 930 597	806 397	362 180	231 423	46 661	530 597
市　　属	815 009	316 128	268 806	14 456	13 602	215 619
其　　它	310 070	34 936	4 625	128 364	13 088	142 145
4.按国民经济行业分	2 426 820	900 592	619 663	231 423	46 661	–
(1)农、林、牧、渔业	23 505	15 876	–	7 629	–	–
农　　业	5 434	3 851	–	1 583	–	–
林　　业	–	–	–	–	–	–
畜 牧 业	3 062	3 062	–	–	–	–
渔　　业	6 186	140	–	6 046	–	–
农、林、牧、渔服务业	8 823	8 823	–	–	–	–
(2)采 掘 业	1 176	–	708	468	–	–
有色金属矿采选业	220	–	–	220	–	–
非金属矿采选业	956	–	708	248	–	–

表7续1

项目	合计	基本建设	更新改造	其他投资	城镇集体	房地产开发
(3)制造业	523 888	110 649	238 675	174 564	28 401	–
食品加工业	8 399	3 740	3 177	1 482	–	–
食品制造业	12 938	650	3 200	9 088	–	–
饮料制造业	14 654	148	12 481	2 025	–	–
烟草加工业	9 154	8 550	604	–	–	–
纺织业	11 403	830	6 823	3 750	1 312	–
服装及其他纤维制品制造业	25 365	3 219	2 445	19 701	1 500	–
皮革、毛皮、羽绒及其制品业	12 876	3 308	–	9 568	1 100	–
木材加工及竹、藤、棕、草制品业	5 540	300	3 070	2 170	1 750	–
家具制造业	1 390	–	–	1 390	600	–
造纸及纸制品业	19 486	11 730	2 331	5 425	1 100	–
印刷业	2 189	–	844	1 345	–	–
文教体育用品制造业	3 083	1 000	–	2 083	200	–
石油加工及炼焦业	8 780	–	8 780	–	–	–
化学原料及化学制品制造业	50 154	10 751	35 141	4 262	792	–
医药制造业	5 510	2 026	3 484	–	–	–
化学纤维制造业	2 482	230	–	2 252	–	–
橡胶制品业	16 171	433	10 384	5 354	–	–
塑料制品业	10 870	537	2 854	7 479	2 860	–
非金属矿物制品业	17 556	2 800	3 231	11 525	1 396	–
黑色金属冶炼及压延加工业	6 182	–	6 182	–	–	–
有色金属冶炼及压延加工业	662	–	–	662	579	–
金属制品业	16 621	4 250	119	12 252	1 538	–
普通机械制造业	8 980	1 004	2 382	5 594	–	–
专用设备制造业	22 785	8 490	1 861	12 434	1 070	–
交通运输设备制造业	49 025	21 494	22 499	5 032	–	–
电气机械及器材制造业	90 508	1 277	71 236	17 995	12 492	–
电子及通信设备制造业	70 518	23 682	32 737	14 099	–	–
仪器仪表及文化、办公用机械制造业	803	–	284	519	–	–
其他制造业	19 804	200	2 526	17 078	112	–
(4)电力、煤气及水的生产和供应业	173 071	153 304	19 367	400	–	–
电力、蒸汽、热水的生产和供应业	143 410	132 782	10 628	–	–	–
煤气生产和供应业	11 044	5 620	5 024	400	–	–
自来水的生产和供应业	18 617	14 902	3 715	–	–	–
(5)建筑业	16 997	11 844	202	4 951	560	–
土木工程建筑业	11 929	7 531	202	4 196	560	–
线路、管道和设备安装业	5 068	4 313	–	755	–	–
(6)地质勘查业、水利管理业	10 014	10 014	–	–	–	–
地质勘查业	811	811	–	–	–	–
水利管理业	9 203	9 203	–	–	–	–
(7)交通运输、仓储及邮电通信业	515 380	212 669	301 431	1 280	480	–
公路运输业	6 050	810	4 360	880	480	–
水上运输业	722	–	722	–	–	–
航空运输业	5 000	5 000	–	–	–	–
交通运输辅助业	220 654	158 155	62 499	–	–	–
仓储业	9 009	8 509	100	400	–	–
邮电通信业	273 945	40 195	233 750	–	–	–
(8)批发和零售贸易、餐饮业	47 507	19 613	15 699	12 195	3 530	–
食品、饮料、烟草和家庭用品批发商业	15 026	2 423	7 370	5 233	1 970	–
能源、材料和机械电子设备批发业	1 629	–	501	1 128	190	–
其他批发业	2 485	1 200	–	1 285	40	–
零售业	25 615	15 990	7 226	2 399	1 330	–
餐饮业	2 752	–	602	2 150	–	–
(9)金融、保险业	976	976	–	–	–	–
金融业	976	976	–	–	–	–

表7续2

项　　目	合　计	基本建设	更新改造	其他投资	城镇集体	房地产开发
(10)房地产业	691 854	10 495	3 338	2 879	470	675 142
房地产开发与经营业	15 408	10 005	3 038	2 365	470	—
房地产代理与经纪业	1 304	490	300	514	—	—
(11)社会服务业	217 363	179 712	31 880	5 771	1 160	—
公共设施服务业	169 725	145 672	23 893	160	160	—
居民服务业	140	140	—	—	—	—
旅　馆　业	7 987	—	7 987	—	—	—
旅　游　业	5 083	2 540	—	2 543	—	—
娱乐服务业	24 164	23 410	—	754	—	—
信息、咨询服务业	73	73	—	—	—	—
其他社会服务业	10 191	7 877	—	2 314	1 000	—
(12)卫生、体育和社会福利业	23 711	17 655	1 102	4 954	3 400	—
卫　　生	19 131	13 075	1 102	4 954	3 400	—
体　　育	4 580	4 580	—	—	—	—
(13)教育、文化艺术及广播电影电视业	98 719	90 248	439	8 032	360	—
教　　育	49 010	40 899	439	7 672	—	—
文化艺术业	40 193	39 833	—	360	360	—
广播电影电视业	9 516	9 516	—	—	—	—
(14)科学研究和综合技术服务业	6 716	6 716	—	—	—	—
科学研究业	5 533	5 533	—	—	—	—
综合技术服务业	1 183	1 183	—	—	—	—
(15)国家机关、政党机关和社会团体	64 748	54 030	5 658	5 060	5 060	—
国家机关	39 951	35 588	4 363	—	—	
政党机关	18 942	18 267	675	—	—	—
社会团体	913	175	620	118	118	—
基层群众自治组织	4 942	—	—	4 942	4 942	—
(16)其他行业	11 195	6 791	1 164	3 240	3 240	—
四、本年新增固定资产	**1 824 195**	**789 392**	**464 588**	**182 567**	**32 183**	**387 648**
(1)农、林、牧、渔业	15 221	7 593	—	7 628	—	—
(2)采　掘　业	1 176	—	708	468	—	—
(3)制　造　业	374 572	65 670	175 411	133 491	18 306	—
(4)电力、煤气及水的生产和供应业	108 010	88 554	19 056	400	—	—
(5)建　筑　业	16 470	11 472	158	4 840	250	—
(6)地质勘查业、水利管理业	7 768	7 768	—	—	—	—
(7)交通运输、仓储及邮电通信业	443 485	224 847	217 358	1280	480	—
(8)批发和零售贸易、餐饮业	28 548	4 134	13 978	10 436	4859	—
(9)金融、保险业	961	961	—	—	—	—
(10)房地产业	401 835	8 440	3 338	2 409	—	387 648
(11)社会服务业	228 228	195 892	27 565	4 771	160	—
(12)卫生、体育和社会福利业	17 311	11 512	445	5 354	3 800	—
(13)教育、文化艺术及广播电影电视业	120 666	112 705	439	7 522	360	—
(14)科学研究和综合技术服务业	5 615	5 615	—	—	—	—
(15)国家机关、政党机关和社会团体	49 795	43 789	5 038	968	968	—
(16)其他行业	4 534	440	1 094	3 000	3 000	—
五、本年资金来源合计	**2 722 212**	**854 817**	**623 026**	**233 543**	**45 895**	**1 010 826**
上年末结余资金	179 124	44 598	6 778	2 725	1 058	125 023
本年资金来源小计	2 543 088	810 219	616 248	230 818	44 837	885 803
国家预算内资金	75 978	51 293	15 852	120	—	8 713
国内贷款	489 697	213 969	111 637	20 169	9 091	143 922
债　　券	7 000	7 000	—	—	—	—
利用外资	164 175	40 055	19 045	89 562	—	15 513
自筹资金	1 192 527	448 329	464 270	112 211	31 178	167 717
其他资金来源	613 711	49 573	5 444	8 756	4 568	549 938

青岛市城市环境保护

表 8

项　　目	单　位	2000 年	1999 年	2000 年比 1999 年增(+)减(-)
废水排放量	万吨	22 568.11	19 448.7	3 119.41
工业废水排放量	万吨	9 110.11	8 684.71	425.40
符合排放标准的工业废水量	万吨	8 793.59	7 017.56	1 776.03
工业废水处理量	万吨	21 004.16	17 399.92	3 604.24
废气排放量	亿标立米	-	-	-
工业废气排放量	亿标立米	876.39	697.31	179.08
二氧化硫排放量	吨	137 643	176 968	-39 325
废气处理量	亿标立米	863.02	677.49	185.53
经过消烟除尘的	亿标立米	718.25	617.06	101.19
经过净化处理的	亿标立米	144.77	60.43	84.34
工业粉尘排放量	吨	6 515.25	8 576	-2 060.75
工业粉尘去除量	吨	211 236.3	113 069	98 167.30
工业固体废物产生量	万吨	364.42	322.11	42.31
工业固体废物综合利用量	万吨	352.40	428.50	-76.10
工业固体废物处置量	万吨	0.59	1.69	-1.10
环境噪声达标面积	平方公里	95.93	91.63	4.30

青岛市人民物质文化生活提高情况

表 9

(1990～2000 年)

	单位	1990 年	1 995 年	1998 年	1999 年	2000 年
一、城乡居民收入						
农民年人均纯收入	元	952	2 225	3 177	3 415	3 637
职工年平均工资	元	2 400	6 164	7 518	8 405	10 072
城市居民年人均可支配收入	元	1 624	5 357	6 554	7 282	8 016
二、城乡居民消费						
城镇:粮　食	千克	114.48	75.6	63.60	67.20	69.60
食用植物油	千克	6.96	6.00	6.00	7.20	8.40
鲜　蛋	千克	18.48	24.00	20.40	24.00	25.20
鱼	千克	11.52	13.20	14.40	13.20	15.60
农村:粮　食	千克	248.33	185.01	216.26	213.51	216.45
食 用 油	千克	6.56	7.54	9.35	9.39	9.03
肉　类	千克	9.22	9.62	11.05	11.69	12.36
鱼、虾	千克	4.44	10.77	12.80	12.70	13.54
三、城市居民人均居住面积	**平方米**	**6.73**	**8.12**	**9.06**	**9.36**	**9.82**
农村居民人均居住面积	平方米	19.60	23.03	24.18	25.09	25.88
四、城市每万人拥有公共车辆	**辆**	**6.38**	**13.18**	**14.48**	**16.28**	**19.95**
五、城乡居民储蓄余额	**万元**	**655 895**	**2 687 888**	**4 591 012**	**4 978 045**	**5 353 197**
人均储蓄余额	元	984	3 926	6 563	7 081	7 575
六、学龄儿童入学率	**%**	**99.84**	**99.82**	**99.99**	**99.99**	**99.99**
每万人口中大学在校学生	人	23.15	36.38	42.18	47.91	65.28
七、城市每百户拥有彩色电视机	**台**	**68**	**100**	**110.8**	**117.3**	**120.00**
城市每百户拥有电冰箱	台	62	89	91.8	93.5	94.30
八、每万人口拥有医疗床位	**张**	**35.3**	**36.93**	**35.57**	**36.20**	**34.50**
每万人口拥有医生	人	20.6	20.22	20.48	20.60	21.00
九、城市每一就业者负担人数(包括本人)	**人**	**1.72**	**1.58**	**1.87**	**1.75**	**1.82**
农村每一就业者负担人数(包括本人)	人	1.60	1.41	1.45	1.43	1.33

青岛市居民消费价格分类指数

表10 (2000年) (以上年同期为100)

项目	指数	项目	指数
居民消费价格总指数	**103.3**	3. 鞋袜帽及其他衣着	102.8
一、食品	**100.0**	(1)鞋类	103.2
1. 粮食	92.6	(2)袜子	99.8
(1)细粮	92.1	(3)帽子	100.0
(2)粗粮	100.0	(4)其他衣着	99.7
2. 淀粉及薯类	107.8	**三、家庭设备及用品**	**95.4**
3. 干豆类及豆制品	104.7	1. 耐用消费品	96.5
4. 油脂类	98.3	(1)家具	93.7
5. 肉禽及其制品	101.8	(2)家庭设备	98.0
6. 蛋类	84.1	2. 室内装饰品	98.2
7. 水产品	109.5	3. 床上用品	100.4
8. 菜类	105.5	4. 家庭日用杂品	94.0
(1)鲜菜	105.7	5. 其他日用品	92.6
(2)干菜	99.6	**四、医疗保健**	**98.8**
(3)菜制品	103.2	1. 医疗器具及保健用品	98.0
9. 调味品	98.8	2. 中药	100.5
糖类	105.6	3. 西药	97.8
(1)食糖	111.8	**五、交通和通讯工具**	**64.1**
(2)糖果	104.6	1. 交通工具	96.8
烟草类	88.6	2. 通讯工具	51.9
酒和饮料	99.0	**六、娱乐教育文化用品**	**97.1**
干鲜瓜果类	98.8	1. 文娱用耐用消费品	93.3
(1)鲜果	98.6	2. 教材及参考书	109.4
(2)干果	99.5	3. 文化娱乐用品	99.9
糕点类	101.4	(1)文娱用品	99.8
奶及奶制品	99.9	(2)报纸杂志	100.0
其他食品	95.9	**七、居住**	**113.8**
饮食业	98.0	1. 住房	120.0
(1)主食	99.8	(1)建筑材料	93.6
(2)炒菜	96.6	(2)房租	140.7
(3)地方小吃	100.0	2. 水、电、燃料	108.1
二、衣着类	**108.3**	**八、服务项目**	**112.0**
1. 服装	110.5	1. 电讯费	99.3
2. 衣着材料	108.2	2. 邮费	105.1
(1)棉布	98.8	3. 交通费	110.4
(2)棉花化纤混纺布	97.2	4. 洗理美容费	103.1
(3)化纤布	113.8	5. 文娱费	114.6
(4)呢绒	115.1	6. 学杂保育费	121.2
(5)绸缎	100.2	7. 修理及其他服务费	103.1
(6)毛线	99.0	8. 医疗保健服务	102.9

青岛市农村住户基本情况

表 11 (1990～2000 年)

项目	单位	1990 年	1995 年	1998 年	1999 年	2000 年
调查户数	**户**	**2 300**	**770**	**770**	**770**	**820**
常住人口	**人**	**9 598**	**2 919**	**2 831**	**2 801**	**2 856**
一、平均每户常住人口	**人**	**4.17**	**3.79**	**3.68**	**3.64**	**3.48**
1. 平均每户整半劳动力	人	2.60	2.69	2.53	2.55	2.61
(1)整劳动力	人	1.95	2.11	1.87	1.85	1.78
(2)半劳动力	人	0.65	0.58	0.66	0.70	0.83
整半劳动力占常住人口的比重	%	62.35	71.0	68.8	70.1	75.0
平均每个劳动力负担人口	人	1.60	1.41	1.45	1.42	1.33
2. 每百个常住人口中学龄前人数	人	5	2.91	3	3.43	3.43
3. 每百个常住人口中 6—11 岁人口	人	8	6.30	7	6.68	6.69
在校人口	人	7	5.1	7	6.21	6.30
6—11 岁人口入学率	%	87.5	81.0	92.82	93.05	94.24
4. 每百个常住人口中 12—14 岁人口	人	6	4.62	4	3.96	4.03
在校人口	人	6	4.56	4	3.93	3.96
12—14 岁人口入学率	%	100	98.52	100	99.1	98.26
5. 每百个常住人口中 15—17 岁人口	人	7	4.2	5	4.32	4.31
在校人口	人	5	3.8	4	3.78	3.85
15—17 岁人口入学率	%	71.43	89.52	94.6	87.6	89.43
二、平均每户常住人口中职工人数	**人**	**0.10**	**0.10**	**0.12**	**0.14**	**0.12**
职工人数占常住人口的比重	%	2.49	2.9	3.14	3.75	3.57
平均每户常住人口中乡村企业从业人员	人	0.37	0.32	0.31	0.38	0.31
乡村企业从业人员占常住人口的比重	%	8.91	8.5	8.51	10.32	8.79
三、平均每百个劳动力中						
文盲半文盲人数	人	9	4.7	2.1	2.3	2.99
小学程度人数	人	38	31.5	24.7	24.7	23.03
初中程度人数	人	42	47.2	53.6	52.9	53.90
高中程度人数	人	10	14.4	14.3	15.8	15.83
中专程度人数	人	1	2.0	3.7	3.5	3.22
大专程度人数	人	–	0.2	1.6	0.8	1.03
四、经营耕地面积(人均)	**亩**	**1.62**	**1.45**	**1.61**	**1.52**	**1.49**
承包耕地面积	亩	1.39	1.39	1.46	1.46	1.47
占经营耕地面积的比重	%	85.80	95.9	90.67	95.57	98.95
自留地面积	亩	0.14	0.06	0.06	0.04	0.02
占经营耕地面积的比重	%	8.64	4.0	3.4	2.83	1.05
五、平均每户年末生产性固定资产原值	**元**	**1 081.13**	**3 165.06**	**3 830.05**	**5 594.48**	**5 458.19**
1. 役畜、产品畜	元	207.77	530.02	484.55	524.18	477.47
2. 大中型铁木农具	元	92.77	163.50	190.8	150.71	276.65
3. 农林牧渔业机械	元	410.29	1 105.78	1 836.74	2 056.62	2 370.21
4. 工业机械	元	35.10	265.07	33.38	46.3	244.02
5. 运输机械	元	175.69	662.43	441.08	1 363.68	765.53
6. 生产用房	元	63.31	405.08	786.49	1 384.09	495.78
7. 其他	元	96.21	33.18	57.10	68.9	828.53
六、平均每户年末拥有汽车	**辆**	**–**	**0.01**	**0.01**	**0.02**	**0.03**
大中型拖拉机	台	0.01	0.02	0.02	0.03	0.04
小型和手扶拖拉机	台	0.05	0.11	0.20	0.27	0.25
机动脱粒机	台	0.04	0.06	0.04	0.05	0.04
胶轮大车	辆	0.29	0.19	0.18	0.20	0.20
胶轮手推车	辆	1.14	0.88	0.69	0.68	–
抽水机	台	0.15	0.10	0.15	0.18	–
水泵	台	0.17	0.17	0.26	0.35	0.33
机动船	条	–	0.02	0.01	0.01	–

表11续

项　　目	单位	1990年	1995年	1998年	1999年	2000年
役　畜	头	0.38	0.32	0.35	0.30	0.25
产 品 畜	头	0.19	0.22	0.12	0.28	0.19
七、年内新建房屋户数	**户**	**162**	**–**	**–**	**–**	**–**
平均每户年内新建房屋间数	间	0.25	0.20	0.13	0.18	–
平均每人年内新建房屋面积	平方米	0.78	0.45	0.62	0.80	0.58
砖木结构面积	平方米	0.11	0.33	0.43	0.69	0.48
钢筋混凝土结构面积	平方米	0.11	0.33	0.19	0.07	0.10
新建房屋占耕地面积	亩	–	–	–	–	–
平均每间新建房屋价值	元	1 654.90	3 943.95	5 605.00	3 741.18	–
平均每平方米新建房屋价值	元	107.46	249.48	318.47	227.35	–
平均每人新建房屋中生活用房面积	平方米	0.83	0.75	0.55	0.61	0.58
平均每人新建房屋中楼房面积	平方米	0.05	0.10	0.14	0.20	0.28
八、平均每户年末使用房屋间数	**间**	**5.65**	**5.65**	**5.79**	**5.82**	**–**
平均每人年末使用房屋面积	平方米	19.61	23.03	24.21	25.12	25.86
1.生产用房屋面积	平方米	0.73	–	–	–	–
2.生活用房屋面积	平方米	18.89	23.03	24.21	25.12	25.86
砖木结构面积	平方米	15.85	17.94	20.76	21.08	22.91
钢筋混凝土结构面积	平方米	0.90	4.23	3.20	3.61	2.64
平均每间年末使用房屋价值	元	1 023.56	2 476.53	3 629.94	3 791.73	–

青岛市城市居民家庭消费构成

表12

项　　目	2000年		1999年	
	月人均支出金额（元）	占消费支出的比重（%）	月人均支出金额（元）	占消费支出比重（%）
消 费 支 出	**556.38**	**100.0**	**498.40**	**100.0**
一、食　品	**236.23**	**42.5**	**221.59**	**44.5**
1.粮　食	17.86	3.2	18.24	3.7
2.油　脂	6.83	1.21	5.84	1.2
3.肉禽及其制品	45.26	8.1	42.18	8.5
4.蛋　类	8.47	1.5	9.80	2.0
5.水 产 品	28.54	5.1	24.62	4.9
6.菜　类	17.37	3.1	16.58	3.3
7.烟　草	6.99	1.3	7.02	1.44
8.酒和饮料	16.90	3.0	15.19	3.0
9.干鲜果品	16.75	3.0	17.85	3.6
10.奶及奶制品	11.01	2.0	9.64	1.9
二、衣　着	**54.69**	**9.8**	**56.16**	**11.3**
1.服　装	37.51	6.7	37.27	7.5
2.衣着材料	2.34	0.4	2.94	0.6
三、家庭设备用品及服务	**49.02**	**8.8**	**50.58**	**10.1**
日用耐用消费品	29.10	5.2	32.18	6.5
四、医疗保健	**31.45**	**5.7**	**19.02**	**3.8**
五、交通与通讯	**38.06**	**6.8**	**26.34**	**5.3**
六、娱乐教育文化服务	**73.50**	**13.2**	**61.37**	**12.3**
1.文娱耐用消费品	21.81	3.9	13.92	2.8
2.教　育	37.98	6.8	32.37	6.5
3.文化娱乐	13.71	2.5	15.08	3.0
七、居　住	**50.35**	**9.1**	**43.12**	**8.6**
八、杂项商品与服务	**23.08**	**4.1**	**20.22**	**4.1**

青岛市城市居民家庭基本情况

表 13　　(2000 年)

项目	单位	总计	最低收入户	更低收入户	低收入户
调查户数	户	400	40	20	40
家庭人口数	人	1 190	129.67	68.17	125.50
平均每户人口数	人	2.98	3.24	3.41	3.14
户均有收入者人数	人	2.20	1.84	1.76	2.13
户均就业人口数	人	1.64	1.46	1.35	1.40
国有经济单位职工人数	人	1.05	0.84	0.80	0.94
集体经济单位职工人数	人	0.25	0.34	0.40	0.19
聘留离退休人员数	人	0.04	0	0	0
户均离退休人数	人	0.55	0.30	0.26	0.71
户均其他有收入者人数	人	0.01	0.08	0.15	0.03
户均无收入者人数	人	0.78	1.41	1.65	1.00
平均每人期初手存现金	元	340.90	123.36	75.38	207.47
平均每人每月现金收入	元	807.79	297.96	240.63	433.56
1.平均每人每月实际收入	元	672.60	266.29	220.89	379.94
平均每人每月可支配收入	元	668.03	264.66	219.82	378.15
2.平均每人每月储蓄借贷收入	元	135.19	31.67	19.74	53.63
平均每人每月现金支出	元	764.91	282.43	219.39	412.80
平均每人每月实际支出	元	647.17	262.44	203.57	385.73
1.消费性支出	元	556.38	255.30	199.77	365.74
2.非消费性支出	元	90.80	7.14	3.80	19.99
3.家庭副业生产支出	元	0	0	0	0
平均每人每月储蓄借贷支出	元	117.73	19.99	15.81	27.07
平均每人期末手存现金	元	852.52	309.03	331.10	454.85
平均每一就业者负担人口(包括本人)	人	1.82	2.22	2.52	2.24

青岛市进出口总额

表 14　　(1988～2000 年)　　单位:万美元

年份	进出口总额(含中央、省驻青公司)	出口	进口	市管企业进出口总额	出口	进口
1988	–	–	–	28 097	21 731	6 366
1989	–	–	–	39 327	27 797	11 530
1990	–	–	–	41 649	33 529	8 120
1991	–	–	–	54 624	44 746	9 878
1992	–	–	–	88 600	66 291	22 309
1993	517 643	346 288	171 355	139 048	100 201	38 847
1994	633 213	434 102	199 111	234 978	164 135	70 843
1995	858 560	536 386	322 174	376 372	245 072	131 300
1996	863 521	516 317	347 204	461 950	287 123	174 827
1997	916 269	579 261	337 008	521 967	338 535	183 432
1998	882 042	573 020	309 022	595 826	382 657	213 169
1999	1 009 885	631 072	378 813	775 565	446 260	329 305
2000	1 353 222	826 891	526 331	1 083 133	611 426	471 707

青岛市外贸出口商品构成(市管企业)

表 15 单位:%

项目	2000 年	1999 年	2000 年比 1999 年±%
总值	**100.0**	**100.0**	**37.3**
一、初级产品	**13.2**	**13.2**	**37.2**
食品及活动物	11.0	10.8	40.0
饮料及烟类	0.3	0.4	5.2
非食用原料(燃料除外)	1.5	1.6	29.8
矿物燃料、润滑油及有关原料	0.3	0.3	34.4
动植物油、脂及蜡	–	0.1	−32.0
二、工业制品	**86.8**	**86.8**	**37.2**
机电产品	26.5	22.8	59.2
化学成品及有关产品	3.8	4.2	21.9
按原料分类的制成品	16.4	18.1	23.8
机械及运输设备	22.3	17.0	79.6
杂项制品	44.4	47.4	28.5
未分类的商品	–	–	–

青岛市主要出口商品总值(市管企业)

表 16 单位:万美元

商品名称	2000 年	1999 年	2000 年比 1999 年±%
蔬菜	8 578	8 140	5.4
玩具	15 342	13 068	17.4
水产品	26 887	18 642	44.2
纺织品	36 929	32 318	14.3
服装	82 817	61 072	35.6
鞋类	60 644	54 453	11.4
钢铁及其制品	9 251	8 859	4.4
箱包	22 680	16 997	33.4
化工产品	22 389	18 033	24.2
各类机械	42 999	23 965	79.4

青岛市利用外资情况

表17 (1990～2000年)

	单位	1990年	1995年	1998年	1999年	2000年
利用外资新签协议合同	**个**	**167**	**1 148**	**562**	**719**	**1 132**
一、对外借款	**个**	**2**	**18**	**9**	**1**	**4**
外国政府贷款	个	–	7	5	1	3
国际金融组织贷款	个	1	2	–	–	–
外国银行商业贷款	个	1	9	3	–	1
对外发行债券	个	–	–	1	–	–
二、客商直接投资	**个**	**64**	**718**	**553**	**714**	**1 128**
合资经营	个	40	260	163	206	303
合作经营	个	7	45	39	45	57
外商独资	个	17	412	351	463	767
三、外商其他投资	**个**	**101**	**412**	**–**	**4**	**–**
协议(合同)外资金额	**万美元**	**8 137**	**165 402**	**103 678**	**175 248**	**269 081**
一、对外借款	**万美元**	**862**	**14 738**	**5 230**	**2 398**	**1776**
外国政府贷款	万美元	–	9 913	1 930	2 398	1 287
国际金融组织贷款	万美元	62	2 065	–	–	–
外国银行商业贷款	万美元	800	2 760	1 300	–	489
对外发行债券	个	–	–	2 000	–	–
二、客商直接投资	**万美元**	**6 900**	**73 913**	**98 448**	**172 734**	**266 221**
合资经营	万美元	3 265	52 118	24 230	55 284	69 889
合作经营	万美元	346	14 774	15 150	19 363	26 835
外商独资	万美元	3 289	79 842	59 068	98 087	16 9370
三、外商其他投资	**万美元**	**375**	**3 930**	**–**	**116**	**1 084**
实际利用外资	**万美元**	**7 770**	**86 573**	**84 786**	**95 301**	**128 171**
一、对外借款	**万美元**	**1 583**	**14 537**	**6 465**	**2 069**	**955**
外国政府贷款	万美元	–	11 489	2 632	2 069	955
国际金融组织贷款	万美元	–	288	533	–	–
外国银行商业贷款	万美元	–	2 760	1 300	–	–
对外发行债券	个	1 583	2 000	2 000	–	–
二、客商直接投资	**万美元**	**4 839**	**70 310**	**78 321**	**93 008**	**126 132**
合资经营	万美元	4 161	22 640	28 099	27 072	39 244
合作经营	万美元	19	2 671	2 411	5 748	3 886
外商独资	万美元	659	44 999	47 811	60 080	82 992
外商股份制企业	万美元	–	–	–	108	10
三、外商其他投资	**万美元**	**1 348**	**1 726**	**–**	**224**	**1 084**

外国和港澳台地区在青直接投资

表 18 (2000 年)

	新签协议		客商实际投资(万美元)				期末在册企业(个)
	合同数(个)	客商投资额(万美元)	总计	现金	实物	其他	
总计	**1 128**	**266 221**	**126 132**	**84 102**	**35 977**	**6 053**	**2 965**
按投资方式分组:							
1. 中外合资经营	303	69 889	39 290	32 878	2 704	3 708	1 382
2. 中外合作经营	57	26 835	4 486	4 167	319	–	249
3. 外资企业	767	169 370	82 346	47 047	32 954	2 345	2 332
4. 外商投资股份制企业	1	127	10	10	–	–	2
5. 其他	–	–	–	–	–	–	–
按投资国别、地区分组:							
1. 亚洲	917	162 923	92 682	56 589	33 322	2 771	3 232
香港	132	58 157	32 040	17 076	14 392	572	786
澳门	3	163	101	101	–	–	18
台湾	92	20 105	9 192	5 552	3 396	244	434
印度尼西亚	1	51	20	20	–	–	8
日本	106	15 360	10 055	6 399	2 743	913	398
马来西亚	–	–	63	63	–	–	15
菲律宾	3	42	20	20	–	–	5
新加坡	12	2 266	2 067	1 906	161	–	110
韩国	560	66 478	38 053	24 481	12 530	1 042	1 426
泰国	3	98	988	888	100	–	14
2. 非洲	7	9 572	17	17	–	–	17
3. 欧洲	64	19 958	15 604	10 863	1 461	3 282	199
比利时	4	461	–	–	–	–	5
丹麦	1	114	10	10	–	–	6
英国	11	2 398	3 622	2 401	1 221	–	39
德国	19	7 216	3 414	3 317	7	–	53
法国	4	2 422	780	470	–	310	14
爱尔兰	–	–	55	45	10	–	–
意大利	8	1 498	172	172	–	–	18
荷兰	2	40	65	38	27	–	7
希腊	1	11	615	615	–	–	2
西班牙	1	2 530	764	764	–	–	4
芬兰	–	–	110	110	–	–	2
瑞士	3	204	886	880	6	–	14
4. 拉丁美洲	18	14 836	240	240	–	–	7
5. 北美洲	105	57 605	17 133	15 937	1 196	–	447
加拿大	23	16 430	4 357	4 357	–	–	57
美国	82	41 175	12 776	11 580	1 196	–	363
6. 大洋洲	22	1 327	456	456	–	–	63
澳大利亚	20	1 097	246	246	–	–	57
新西兰	–	–	10	10	–	–	3
7. 其他	–	–	–	–	–	–	–

说明:1. 截止到 2000 年底,累计登记企业 7 351 户。2000 年注销、吊销企业 664 户,现实有企业 3 965 户。

2. 因一个项目由外国和港澳台地区多方投资,故投资国别、地区分组合计大于合同总计。

青岛市各级各类学校基本情况

表 19　(2000 年)

项　　目	学校数(所)	毕业生数(人)	招生数(人)	在校学生数(人)	教职工数(人)	
						专任教师
研究生	–	287	812	1 656	–	770
普通高等学校	6	7 128	18 427	46 131	8 030	3 278
1.国家任务	–	6 710	18 427	46 131	–	–
2.委托培养	–	418	–	–	–	–
3.自费生	–	–	–	–	–	–
4.干部专修科	–	–	–	–	–	–
5.新高职	–	–	–	–	–	–
中等专业学校	19	9 636	8 011	25 192	3 015	1 727
中　师	7	2 373	701	2 898	781	397
技工学校	27	4 195	3 692	9 847	1 109	662
农职业学校	67	23 470	20 700	63 894	7 277	4 348
普通中学	349	104 508	152 647	398 458	33 257	26 285
初　中	285	79 418	123 875	317 307	–	20 852
高　中	64	25 090	28 772	81 151	–	5 433
小　学	1 247	123 679	73 389	534 922	35 152	31 650
特殊教育学校	13	233	222	1 347	531	370
幼儿园	3 262	–	–	154 239	11 939	9 247
成人高等学校	5	12 267	15 584	40 200	2 469	1 182
成人中等学校	79	14 257	11 845	24 466	1 963	1 084
成人初等学校	–	–	–	–	–	–

注:1.研究生栏中专任教师指的是指导教师。

2.成人中等学校仅包括成人中学和成人中专。

青岛市主要年份各级各类学校在校学生数

表 20　单位:人

年　份	普通高等学校	中等学校	中等专业学校	普通中学	农职业中学	技工学校	小　学
1949	1 007	13 804	1 600	12 204	–	–	213 470
1952	2 761	27 951	3 770	24 181	–	–	413 286
1957	3 133	56 689	4 985	51 604	100	–	482 397
1962	4 381	62 646	2 791	58 639	243	973	522 921
1965	2 987	99 605	9 405	88 187	1 490	523	788 485
1970	320	222 521	105	220 262	2 154	–	728 433
1975	1 151	350 309	3 144	346 403	–	762	928 153
1978	3 465	464 594	4 269	457 460	2 000	865	834 905
1980	6 783	325 935	5 195	318 193	1 344	1 203	816 970
1985	10 631	327 446	11 475	279 915	33 945	2 111	691 341
1987	13 325	353 833	8 907	315 157	25 971	3 798	635 688
1988	14 408	352 576	11 819	306 943	28 933	4 881	629 212
1989	15 183	348 367	14 401	296 318	32 283	5 365	634 794
1990	15 433	351 365	15 118	296 163	34 568	5 516	632 314
1991	15 491	353 410	14 618	298 568	34 421	5 803	612 772
1992	16 470	367 480	14 763	307 903	38 242	6 572	585 381
1993	23 858	383 043	16 877	318 179	40 743	7 244	583 585
1994	25 018	420 077	20 582	347 667	43 734	8 094	593 419
1995	24 908	450 212	23 744	372 335	46 044	8 089	595 891
1996	26 076	468 561	26 951	382 760	50 131	8 719	607 284
1997	27 434	463 619	28 543	362 305	61 640	11 131	626 749
1998	29 507	442 525	28 757	336 918	65 989	10 861	625 308
1999	33 681	459 520	26 955	352 238	70 236	10 091	583 594
2000	46 131	497 391	25 192	398 458	63 894	9 847	534 922

青岛市文化、文物事业机构、人员数

表 21

项目	文化机构数(个)		文化人员数(人)	
	2000 年	1999 年	2000 年	1999 年
总计	**284**	**288**	**2 193**	**2 351**
文化事业合计	272	276	2 004	2 159
一、艺术事业	**27**	**27**	**898**	**929**
1. 艺术表演团体	11	11	645	661
2. 艺术表演场所	10	10	219	235
3. 艺术创作机构	4	4	16	15
4. 艺术研究机构	2	2	18	18
5. 艺术展览机构	–	–	–	–
6. 其他	–	–	–	–
二、图书馆事业	**11**	**11**	**231**	**228**
公共图书馆	11	11	231	228
县(区)级图书馆	10	10	130	123
三、群众文化事业	**212**	**215**	**591**	**584**
1. 群众艺术馆	1	1	53	53
2. 文化馆	12	12	196	217
3. 文化站	199	202	342	314
4. 其他	–	–	–	–
四、教育事业	**–**	**–**	**–**	**–**
1. 高等院校	–	–	–	–
2. 中等专业学校	–	–	–	–
3. 其他教育机构	–	–	–	–
五、其他文化事业	**22**	**23**	**284**	**418**
文物事业合计	**12**	**12**	**189**	**192**
1. 文物机构	5	5	38	41
2. 博物馆纪念馆	6	6	126	126
3. 文物商店	1	1	25	25

青岛市商品房屋销售与出租情况

表 22 (2000 年) 单位:万平方米

商品房屋销售与出租情况	实际销售	预售	空置	出租	实际销售额(万元)
房屋面积总计	**300.7**	**165.0**	**126.4**	**9.0**	**550 401**
外销(租)	8.1	0.4	–	1.5	8 802
个人	255.3	129.7	–	1.3	444 333
住宅	240.7	136.9	72.8	2.5	419 676
别墅、高档公寓	8.4	10.8	8.8	0.2	47 625
经济适用房	50.2	23.0	7.2	–	72 626
个人	221.1	120.3	–	0.5	373 967
办公楼	10.3	2.9	8.1	1.1	41 779
商业营业用房	37.0	23.3	34.2	3.4	80 681
其他	12.7	1.9	11.3	1.9	8 265

青岛市主要年份卫生事业基本情况

表23

年份	卫生机构数(个)	医院	医疗床位数(张)	医院	卫生技术人员(人)	医生	每千人口拥有医生数(人)	每千人口拥有床位数(张)
1949	80	26	1 079	970	2 637	1 292	0.32	0.27
1952	260	34	2 943	1 691	3 748	1 559	0.37	0.70
1957	624	45	5 163	2 656	6 941	2 578	0.53	1.07
1962	849	149	7 167	4 526	8 279	2 972	0.64	1.55
1965	912	162	8 428	5 003	9 051	3 586	0.73	1.72
1970	712	170	8 613	6 603	9 591	3 761	0.70	1.60
1975	959	181	10 902	9 078	13 558	4 566	0.80	1.90
1978	1 192	212	13 084	10 709	16 921	5 893	1.01	2.24
1980	1 253	212	14 170	11 345	19 265	6 781	1.14	2.38
1985	1 517	219	18 469	13 214	23 413	9 694	1.55	2.95
1987	1 562	222	21 277	14 999	25 559	10 690	1.67	3.32
1988	1 553	228	21 667	15 463	26 669	11 738	1.81	3.34
1989	1 566	232	22 668	15 670	27 195	13 555	2.06	3.46
1990	1 563	235	23 541	16 586	27 932	13 761	2.08	3.56
1991	1 579	235	23 727	16 796	27 772	13 227	1.98	3.54
1992	1 562	236	24 765	17 269	28 305	13 157	1.95	3.67
1993	1 540	237	24 885	17 469	28 705	13 312	1.97	3.68
1994	1 335	242	24 732	17 882	28 938	13 535	1.99	3.64
1995	1 347	228	25 282	18 126	29 816	13 840	2.02	3.69
1996	2 216	228	24 334	18 344	30 048	13 790	2.00	3.53
1997	2 193	239	25 201	19 046	31 121	14 400	2.07	3.62
1998	2 190	237	24 887	19 083	31 623	14 327	2.05	3.56
1999	2 185	235	25 481	19 798	31 965	14 453	2.06	3.62
2000年	2 911	231	24 392	20 057	32 160	14 860	2.10	3.45

青岛市各类卫生机构、床位、人员数

表24

(2000年底)

项目	机构数(个)	床位数(个)	人员数(人)	卫生技术人员	医生	护师护士
总计	**2 911**	**24 392**	**40 022**	**32 160**	**14 860**	**10 297**
一、医院合计	**231**	**20 057**	**30 250**	**24 348**	**9 794**	**8 926**
1. 县及县以上医院	102	15 986	24 503	19 289	7 620	7 709
综合医院	78	10 355	16 968	13 453	5 408	5 242
中医医院	8	1 916	2 853	2 310	947	858
医学院附属医院	1	1 016	1 586	1 199	452	546
传染病院	–	–	–	–	–	–
精神病院	5	1 120	721	535	138	311
结核病院	2	80	128	105	36	33
妇幼保健院	1	330	593	449	153	216
儿童医院	–	–	–	–	–	–
麻风医院	–	–	–	–	–	–
肿瘤医院	1	336	379	283	98	135
康复医院	–	–	–	–	–	–
其他专科医院	6	833	1 275	955	388	368
2. 农村乡镇卫生院	129	4 071	5 747	5 059	2 174	1 217
二、疗养院、所	**21**	**3 850**	**1 985**	**785**	**271**	**377**
三、门诊部(所)卫生保健所、医务室	**2 601**	**–**	**5 008**	**5 008**	**3 674**	**665**
四、专科防治所、站	**15**	**35**	**282**	**234**	**121**	**37**
五、卫生防疫站	**18**	**320**	**1 495**	**1 158**	**671**	**171**
六、妇幼保健站	**9**	**130**	**398**	**323**	**188**	**58**
七、药品检验所、室	**7**	**–**	**74**	**56**	**6**	**–**
八、高等医药院校	**–**	**–**	**–**	**–**	**–**	**–**
九、中等卫生学校	**5**	**–**	**333**	**131**	**93**	**34**
十、其他卫生机构	**4**	**–**	**197**	**117**	**42**	**29**

青岛市科研机构基本情况

表 25 (1978~2000 年)

年 份	独立自然科研机构（个）	独立自然科研机构中科技人员（人）	完成科研项目（项）	取得科技成果（项）
1978	32	2 701	306	306
1980	–	–	481	297
1982	41	2 345	451	451
1983	48	3 182	530	530
1984	53	3 312	507	507
1985	52	3 673	552	552
1986	63	3 998	577	577
1987	76	4 629	579	579
1988	101	5 199	544	510
1989	111	5 885	544	688
1990	141	6 046	414	931
1991	72	5 665	753	753
1992	71	5 726	659	659
1993	69	5 545	546	546
1994	69	5 540	467	467
1995	59	5 134	441	441
1996	58	4 575	613	613
1997	54	7 148	418	418
1998	52	3 989	517	517
1999	58	3 771	606	606
2000	54	3 637	621	621

注:1991 年以后不包括民办科研机构,下表同。

青岛市独立科学研究机构情况

表 26 (2000 年)

	计量单位	总 计	中央属	省属	地市属	县级市属
机 构 数	个	54	8	8	33	5
职 工 人 数	人	5 829	2 595	779	2 376	79
科 技 人 员	人	3 637	1 705	493	1 397	42
经 费 收 入	万元	56 032	40 101	6 783	8 292	856
经 费 支 出	万元	51 818	35 328	6 314	9 333	843

青岛市主要年份地方财政收支

表 27　　单位:万元

年份	财政收入	财政支出	基本建设	城市维护费	行政管理	文教卫生
1949	1 527	306	–	–	183	113
1952	19 809	2 226	733	272	735	423
1957	29 875	3 556	–	241	1 145	1 665
1962	32 869	4 327	11	11	112	2 064
1965	47 682	6 280	1	573	1 242	2 239
1970	95 778	7 825	1 504	636	1 366	2 495
1975	90 220	11 966	183	746	1 750	4 118
1978	130 749	19 427	548	957	2 392	5 172
1980	124 835	20 064	1 120	2 467	2 888	7 419
1985	165 155	41 996	2 233	3 716	5 245	14 262
1988	201 206	93 931	4 730	8 706	11 401	20 073
1989	221 183	113 585	6 197	12 971	9 440	23 208
1990	242 303	133 875	7 180	13 872	10 576	26 143
1991	259 377	137 716	6 831	14 770	12 206	29 022
1992	275 589	155 696	18 514	16 049	15 662	33 790
1993	182 348	211 938	26 850	20 121	18 370	39 761
1994	227 490	277 331	32 567	20 443	24 509	58 898
1995	294 771	376 982	72 585	30 952	28 673	67 494
1996	379 674	469 569	113 244	35 601	37 035	65 777
1997	476 804	564 787	129 089	44 599	43 061	77 360
1998	580 434	678 575	157 146	62 563	50 324	116 353
1999	680 089	740 937	151 802	60 373	62 701	141 032
2 000	800 120	878 702	134 437	60 566	80 296	186 841

注:1993 年以后实行新制度,财政收入数与历年不可比。

青岛市社会消费品零售总额

表 28　　(1985～2000 年)　　单位:万元

年份	消费品零售总额	批发零售贸易业	餐饮业	制造业	其他行业	农民对非农居民
1985	307 222	231 477	16 996	39 996	18 753	13 543
1986	364 091	269 418	21 384	46 171	27 118	20 420
1987	432 569	310 658	23 319	65 975	32 617	24 259
1988	590 538	434 572	32 304	78 213	45 449	33 104
1989	619 941	450 812	34 083	78 743	56 303	43 329
1990	658 264	484 770	35 568	70 063	67 863	50 522
1991	760 562	566 767	43 320	93 663	56 812	39 664
1992	888 411	666 911	53 045	101 063	67 392	50 753
1993	1 116 195	831 821	64 557	141 811	78 006	69 200
1994	1 397 494	1 004 711	94 605	147 378	150 800	115 026
1995	1 707 582	1 176 345	133 651	177 780	219 806	133 745
1996	1 945 927	1 345 653	158 289	211 131	230 854	153 968
1997	2 161 787	1 512 849	173 812	215 589	259 537	160 421
1998	2 420 251	1 668 379	199 509	256 931	295 432	193 638
1999	2 703 331	1 951 034	226 531	244 575	281 191	174 003
2000	3 077 006	2 239 385	278 716	268 758	290 147	171 706

(以上系列统计表格摘自《青岛统计年鉴》)

附　　录

2000年青岛市地方性法规、规章目录

·地方性法规·

《青岛市人民代表大会常务委员会关于修改〈青岛市环境噪声管理规定〉的决定》(2000年3月23日市十二届人大常委会第十六次会议通过,4月14日山东省九届人大常委会第十四次会议批准施行)

青岛市劳动用工管理条例(2000年5月19日市十二届人大常委会第十七次会议通过,6月30日山东省九届人大常委会第十五次会议批准,8月1日施行)

青岛市城市房屋拆迁管理条例(2000年6月8日市十二届人大常委会第十八次会议修订,2000年6月30日山东省九届人大常委会第十五次会议批准,8月1日施行)

青岛市教育督导条例(2000年7月22日市十二届人大常委会第十九次会议通过,8月25日山东省九届人大常委会第十六次会议批准施行)

青岛市地名管理条例(2000年9月22日市十二届人大常委会第二十一次会议通过,10月26日山东省九届人大常委会第十七次会议批准,2001年1月1日施行)

青岛市城市规划条例(2000年11月17日市十二届人大常委会第二十三次会议通过,12月22日山东省九届人大常委会第十八次会议批准,2001年4月1日施行)

青岛市村镇规划条例(2000年11月17日市十二届人大常委会第二十三次会议通过,12月22日山东省九届人大常委会第十八次会议批准施行)

青岛市全民义务植树条例(2000年11月17日市十二届人大常委会第二十三次会议通过,12月22日山东省九届人大常委会第十八次会议批准施行)

·政府规章·

《青岛市防治一次性塑料餐具和塑料包装袋污染环境管理规定》(2000年1月3日青岛市人民政府令第99号发布)

《青岛市物业管理公共资金收取使用管理办法》(2000年2月22日青政发[2000]32号发布)

《青岛市人民政府关于严厉查处道路交通违章行为的通告》(2000年3月1日青政发[2000]41号发布)

《青岛市停车场管理办法》(2000年3月3日青岛市人民政府令第100号发布)

《青岛市人民政府关于修改〈青岛市环境空气质量功能区划分规定〉的通知》(2000年3月29日青政发[2000]62号发布)

《青岛市防震雷减灾管理规定》(2000年4月2日青岛市人民政府令第101号发布)

《青岛市盐业管理规定》(2000年4月2日青岛市人民政府令第102号发布)

《青岛市人民政府行政复议工作规则》(2000年4月3日青政发[2000]67号发布)

《青岛市高新技术产品认定管理办法》(2000年4月30日青岛市人民政府令第103号发布)

《青岛市城镇职工基本医疗保险暂行规定》(2000年6月5日青岛市人民政府令第104号发布)

《青岛市保健对象医疗补贴暂行办法》(2000年6月8日青政发[2000]98号发布)

《青岛市离休人员医疗待遇管理暂行办法》(2000年6月8日青政发[2000]99号发布)

《青岛市二等乙级以上革命伤残军人医疗待遇管理办法》(2000年6月8日青政发[2000]100号发布)

《青岛市城镇职工大额医疗救助金筹集使用管理办法》

(2000年6月8日青岛市人民政府令第105号发布)

《青岛市人民政府关于进一步治理大气污染的第三号通告》(2000年6月9日青政发[2000]102号发布)

《青岛市机动车维修及配件销售行业管理规定》(2000年6月12日青岛市人民政府令第106号发布)

《青岛市道路交通事故处理规定》(2000年6月14日青岛市人民政府令第107号发布)

《青岛市国家公务员医疗补助暂行办法》(2000年6月26日青政发[2000]107号发布)

《青岛市贫困家庭子女就学费用保障办法》(2000年7月19日青岛市人民政府令第108号发布)

《青岛市禁止非法占用城市道路等公共场地从事经营活动的规定》(2000年8月18日青岛市人民政府令第109号发布)

《青岛市国有企业产权变动档案管理办法》(2000年8月22日青岛市人民政府令第110号发布)

《青岛市信息化建设管理暂行规定》(2000年8月29日青岛市人民政府令第111号发布)

《青岛市行政奖励表彰试行规定》(2000年9月27日青岛市人民政府令第112号发布)

《青岛市个人住房置业贷款担保暂行办法》(2000年12月22日青岛市人民政府令第113号发布)

《青岛市城市二次供水管理办法》(2000年12月22日青岛市人民政府令114号发布)

《青岛市职业介绍管理规定》(2000年12月30日青岛市人民政府令第115号发布)

《青岛市人民政府关于修改〈青岛市劳动合同管理规定〉的决定》(2000年12月30日青岛市人民政府令第116号发布)

调 研 成 果

·实施低成本扩张　走规模经济之路·
——青岛啤酒集团有限公司扩张发展历程

青岛啤酒公司是我国历史最悠久的啤酒生产企业之一,其生产的青岛牌啤酒在国内外市场上畅销不衰,屡获金奖,是国际市场上最具知名度的中国品牌之一。近几年来,为把青岛啤酒这一民族品牌做大、做强,青啤公司充分发掘自身优势,提出并实施了“高起点发展,低成本扩张”的战略决策,取得了显著成效。五年间,先后收购兼并了遍分布在全国15个省、市的30多家啤酒生产企业,其中包括5个外资品牌企业,使企业不断发展、规模不断壮大,同时为国有企业的改革与发展探索出了一条新路,也为国有企业的扭亏脱困积累了一些经验。

一、“低成本扩张”的提出

邓小平同志说过,发展才是硬道理。近几年,青啤公司一直遵循这条原则,把如何将企业做大、做强作为头等大事来抓。青啤公司的发展扩张是由多方面因素决定的。

青啤公司的发展扩张是自身发展的需要,也是外部环境的需要。青岛啤酒拥有近百年的历史,是世界知名品牌,但同美国百威、日本朝日等世界大啤酒集团相比,产量和规模却是“袖珍型”的,这明显与青岛啤酒世界级的品牌知名度不相称。进入90年代后,青岛啤酒仍抱着“皇帝女儿不愁嫁”的贵族心态,产量一直在二、三十万吨徘徊。到1996年,青岛啤酒的市场份额只剩下2%左右,可谓“有品牌、无规模”。面对既成的市场格局,青岛啤酒必须加快发展才能不被市场淘汰。

随着国内啤酒行业的飞速发展和向市场经济体制的转换,市场竞争愈演愈烈。国外洋啤酒大举抢滩中国市场,使国内啤酒竞争逐渐演变为国际啤酒大战;在许多中小啤酒企业纷纷破产、倒闭的同时,国内部分大啤酒集团迅速崛起,全国啤酒行业大集团割据之势已经形成。在此形势下,不发展就要落后,发展慢了也要落后,只有加快发展才能在激烈的市场竞争中立于不败之地。

美国著名经济学家乔治·斯蒂格勒曾经说过:“没有一个美国大公司不是通过某种程度、某种方式的兼并而成长起来的。”1997年,党的十五大胜利召开,各级政府制定了鼓励兼并、促进联合的新政策,同时,一些濒临破产的中小啤酒厂急欲寻找合作伙伴,这些都给青啤公司的改革和发展带来了历史性的机遇。

1996年,青啤公司新一届领导班子上任后,迅速解放思想、转变观念,着手调整发展思路。1997年,党的十五大胜利召开,各级政府制定了鼓励兼并、促进联合的新政策,同时,一些濒临破产的中小啤酒厂急欲寻找合作伙伴,这又给青啤公司的改革和发展带来了历史性的机遇。1998年,青啤公司组织召开了青岛啤酒“大名牌”发展战略研讨会,确立了以“名牌带动”式资产重组为核心的“大名牌”发展战略,充分利用青岛啤酒的品牌、资金、技术、规模、管理等优势,走上了低成本扩张的规模经济之路。

二、“低成本扩张”的做法

青啤公司在发展扩张方面,早在1994年、1995年就有过尝试,先后收购了扬州啤酒厂和西安汉斯啤酒厂,但由于当时经验、管理、技术、外部环境等问题,并没有达到预期的效果。从1997年开始,青啤公司在吸取了前两次并购经验的基础上,加快了低成本扩张的步伐,通过破产收购、政策兼并、控股联合等方式,先后收购兼并了平度、日照、菏泽、芜湖、上海、北京等地的30多家啤酒生产企业,使企业的生产规模迅速扩大到300万吨以上,跃居国内同行业首位。

(一)以科学、客观的分析论证为前提

青啤公司无论是在购并之初,还是在购并之后,都要对目标企业进行深入、细致的分析、论证。对企业的内外环境、购并的可行性、企业的发展潜力进行认真分析和研究,有力地保证了购并企业的质量和公司整体的健康运作。

(二)坚持以啤酒生产为主业

青啤公司虽步入市场经济较晚,但并没有"跟风转",盲目进入自身不熟悉或不相关的领域,一直坚持以啤酒为扩张的主导产品,近几年原则上不涉足其他行业。因为青啤的自身优势在啤酒行业,所以要集中一切财力、人力、物力和技术在啤酒行业创造绝对优势,努力把"蛋糕"做大。

(三)充分遵循扩张的四原则

青啤公司成功购并30多家啤酒厂的过程中,始终遵循扩张的四原则,即市场布局合理、市场拓展能力和市场潜力大、有一定的人才资源、长短期利益兼顾。随着企业发展步伐的加快,企业扩张的四原则也得到了不断的丰富和完善,今后,青啤公司在扩张过程中,还将着重考虑大城市、高消费区、水源地等因素。

(四)加强扩张后的管理

1. 派驻工作组。对于新购并的企业,青啤公司派出三个工作组,推行贯彻青岛啤酒的企业文化和管理思想:一是青岛啤酒管理模式宣传贯彻小组,到子公司推广"一个中心、六个体系、二个支撑"的青岛啤酒管理模式,重点推广应用干部竞争上岗、工人优化组合、大宗原材物料招标议标、营销模式以及成本控制体系等先进有效的管理方法。二是工艺技术提高小组,推广青啤工艺操作法,指导子公司按青啤的工艺生产啤酒。三是贯彻ISO9000标准小组,推广应用以ISO9000标准为指导的质量保证体系,实现严格和规范化的管理。三个小组分别由分管副总经理等领导挂帅,通过"管理输出",在短时间内使各子公司的管理水平上升到一个新高度。

2. 建立事业部。为防范快速扩张产生的失控风险,缩短管理链条,青啤公司实行了事业部制管理。按区域划分,先后成立了华南、华东、淮海、鲁中、北方等事业部,初步形成了总公司—事业部—子公司的三层管理架构,使总公司成为决策中心、投资中心和资本运作中心,事业部成为利润中心和区域管理中心,下属子公司则成为成本中心和质量中心。

(五)保护措施

1. 注册独立法人。目标企业购并后必须成立一级独立法人企业,注册为"青岛啤酒××有限公司",建立自主经营、自负盈亏的子公司,以防给母体企业背上包袱。公司只负有限责任,不仅避免了不必要的风险,同时也使购并企业的生产经营充满了生机和活力。

2. 派驻财务总监。财务总监直接向总公司负责,在协助当地企业总经理做好企业管理的同时,充分发挥指导、监督、协调等作用,加强对企业的财务管理,实现以资产为纽带、以财务为中心、收支两条线。

3. 品牌系列化。在品牌运营和保护上,严格控制"青岛啤酒"主品牌。被兼并企业仍使用在当地有影响的原品牌,由青啤注入工艺、技术、管理等成套模式,提高其产品质量和管理能力,然后加注"青岛啤酒系列产品"和青岛啤酒的图案标识等。这样,变"名牌嫁接"为"名牌带动",将"青岛啤酒"无形资产与地方优势充分的结合,提高了原有产品的市场竞争力。既不损害"青岛啤酒"这一知名品牌,又充分利用了"名牌效应",形成"青岛啤酒"系列的家族产品,全方位地占有市场,迅速提高市场占有率。当购并企业的技术和管理达到足够水平,条件完全成熟时,公司可以考虑在严格的监控下,将主品牌——"青岛啤酒"向外地移植。

三、"低成本扩张"的成效

青啤公司通过实施"低成本扩张",不仅壮大了规模,也救活了一大批国有企业。这些企业在被购并之初,多数为亏损和濒临倒闭的国有企业,购并后,公司通过派驻工作组和实行事业部制等方式加强管理,向企业注入青啤企业文化,灌输青啤管理模式。如今,使进入青啤一年以上的企业,除个别仍在调整外,绝大多数都实现扭亏,走上了健康发展之路。据统计,1999年底以前加盟青啤的企业,其2000年的产销量比1999年增长了57%,利润比1999年增长了154%。例如高起点发展的典型代表,由公司与日本朝日啤酒等公司投资7亿元兴建的深圳青岛啤酒朝日有限公司,在去年1999年7月份投产后的一年时间里即实现盈利;再如以8 000万元控股的西安汉斯啤酒厂,1999年实现利润5 000万元,2000年利润达到7 800万元;扬州啤酒厂从原来每年亏损1000多万元到2000年实现利润400多万元,成为收购企业中扭亏为盈的典范;平度啤酒厂、日照啤酒厂等都已成为当地的利税大户;此外,新购并的企业如三水啤酒厂、珠海啤酒厂在投产后的半年内即实现盈利,成为公司新的经济增长点。

并购中,青啤公司不但使这些国有企业起死回生,还接收企业职工1万多人,新招职工3000余人,为当地政府解决了一大批人的部分就业问题,同时还为当地增加了税收,并带动了纸箱、印刷、玻璃瓶、易拉罐、交通运输等相关产业的发展,推动了区域经济的繁荣。

青啤公司的快速扩张使企业实现了超常规的发展。目前,公司的总资产已经由1996年的32亿元增长到2000年的76亿元,青岛啤酒的品牌价值由1996年的33.42亿元增长到2000年的59.45亿元,产销量从1996年的35万吨猛增到2000年的186万吨,全国市场占有率由1996年的2%提高到2000年的8%以上。企业已经初步实现了规模经济,彻底改变了原来"有品牌、无规模"的局面。今后,青岛啤酒将继续本着"巩固提高,促进健康发展;创新裂变,实施跨世纪战略"的工作方针,不断提高企业的核心竞争力,推进企业的持续、快速、健康发展。到2003年,即青岛啤酒百年大庆之际,争取进入世界啤酒前十强,为弘扬民族工业做出更大贡献。

(王 凯)

青岛市高新技术企业选介

青岛海洋化工有限公司

前身为国营青岛海洋化工厂,成立于1962年,是国内最早生产硅胶的企业。1993年成立了青岛海洋化工集团公司,1999年3月根据现代企业制度的要求改制为青岛海洋化工有限公司,隶属青岛凯联(集团)公司。拥有总资产3.2亿元、职工人数1200余人(其中技术人员260余人),属大型企业,也是亚洲最大的硅胶生产联合企业;1996年在全国同行业中率先通过了ISO9002国际质量体系认证。2000年,销售收入1.57亿元,上缴利税1728万元,创汇近1000万美元;进行了2条硅胶生产线的改造和扩建,年硅胶生产能力可达3万吨。2001年海洋牌硅胶被评为山东省名牌产品,公司被青岛市确认为高新技术企业。

公司主要生产硅胶、硅溶胶系列产品。经过近40年的创业和发展,特别是近几年的新产品开发,公司产品已走向系列化、精细化,目前硅胶产品有30多个品种、200余种规格。近年来,该公司完成6项重点技术创新项目:硅砂、硅铝胶、啤酒硅胶、DL蓝胶、变压吸附硅胶、CSH硅胶,以上产品都填补了国内空白,产品质量达到国外发达国家同类产品先进水平,多次获省、市科技成果奖。其中硅砂、硅铝胶、啤酒硅胶列入国家级新产品试产计划;1998年以来公司申报了3项发明专利。2000年,该公司新产品产值率36%,新产品创造利润率达50%以上。

该公司于1997年成立技术中心,由11个部门组成,包括信息资料、技术开发、应用研究、中试车间、质量检验、工艺设计、推广应用等,人员有100多人,2000年底通过省级技术中心认定。

地址:青岛市河阳路7号
邮编:266041
电话:(0532)4616037
传真:(0532)4613367
E-mail:info@haiyangchem.com
法人代表:成群善

青岛德富电子有限公司

2000年,完成产值1200万;在产品、市场开发和管理方面主要做了以下工作:1.开发了具有停电保护功能、遥控解码式负离子清新功能的空调接收显示器,并批量生产用于海尔变频空调出口产品中。2.开发了具有无人值守双机自动切换功能的电脑控制板,并批量用于三菱海尔QDS型智能空调中。3.开发了有源功率因数控制器,可将功率因数提高到0.99以上,变换器功率达97%以上,输入电流总谐波含量4.4%,输入电压总谐波含量2.7%,它可广泛应用于各种家电控制器、功率型仪器仪表,成为绿色电源功率器件。4.进入了绿色包装行业。自行设计制造了国内一流水平的EPE复合机100毫米厚的复合板材平整度指标达到±3毫米。复合机采用变频控制,自动化程度高,操作简便。5.在传统线束连接器行业中,在通过ISO9000复审的基础上,实施了ERP企业资源管理软件。每月接定单100份左右,生产产品品种超过5000种,采购物料品种达2000种。仓库面积没有增加,生产管理成本降低10%;按订单进料,降低呆滞物60%,库存占压资金减少50%,交货期延误率降至5%,产品售价平均比去年降低5%。经过培训后的员工更加积极熟练,有条不紊,齐心协力,为顾客提供质优、价低、及时的产品,并可根据不同客户提供差异化服务。

地址:青岛市书院路190号
邮编:266100
电话:(0532)7651081
传真:(0532)7651080
E-mail:defu@public.qd.sd.cn
法人代表:曹敬东

黄海橡胶股份有限公司

现有员工638人,固定资产2.5亿。主要经营全钢丝载重子午线轮胎的生产、销售。产品生产线引进意大利皮列里(PIRELLI)公司的设备和技术,并在此基础上改进创新。公司的生产设备、技术工艺和产品质量都处于国内领先、国际先进水平。经过不断努力,公司已发展成为国内大型的全钢丝载重子午线轮胎制造企业,产品已达13个规格、27个品种;生产的黄海牌全钢胎不仅畅销国内市场(国内市场占有率近15%),还远销欧洲、北美、非洲、中东、东南亚、拉丁美洲等国际市场。

该公司在主要从事全钢丝载重子午胎的制造及相应的进出口业务的同时,还兼营橡胶化工产品的开发、生产、销售和高新技术开发、咨询业务及工艺开发、修旧利废等。

2000年是公司的"管理效益年",公司突出"管理、创新",本着"务实、高效、团结、创新"的精神,以A股上市为目标,全面推进管理创新,在各方面均取得良好业绩:全年共生产全钢丝载重子午线轮胎35万套。实现销售收入4.27亿元,主营业利润7116万元,利税1.26亿元,净利润2542万元,创造了公司有史以来的最好成绩。

地址:青岛市沧安路1号
邮编:266041
电话:(0532)4693646
传真:(0532)4693310

E－mail:info@yellow sea rubber.com .cn
法人代表:高巨谦

青岛恒生源生态农业有限公司

原名为青岛恒生源农业开发有限公司,组建于1997年,注册资本1 500万元,规划开发荒滩266.67公顷。公司以生态农业为主体,以科技创新为动力,努力构建集种、养、加一条龙,融贸、工、农于一体的高科技生态农业园。已确立的"十大生态工程"中的10万吨有机发酵配合肥工程、万头良种猪场工程、90万头商品猪工程、万吨秸秆全价饲料工程、生物中心工程等运行良好,已投资2 600余万元。2000年完成销售收入1 290万元,实现利税130万元。是山东省科普示范基地,青岛市高新技术企业、科技示范园。

有机发酵配合肥是国家级火炬计划项目,青岛市高新技术产品,是山东省农业厅推荐的质量信得过肥料,工艺先进,配方科学,具有养分全面、肥效持久、改良土壤、抗病高产、产品品质好等特点,是生产绿色食品首选肥料,深受用户的信赖,年生产能力达5万吨。良种猪场是一个高科技种猪繁育基地,是青岛市畜牧养殖示范场。引进大约克、杜洛克、皮特兰、长白等先进品种,并利用基因技术培育出了高效"生态型猪种";猪场品种优良、管理先进、防疫超前、技术领先、自动监控、养殖模式工厂化,可向社会提供良种母猪6 400头/年,商品仔猪1万头/年;还配有饲料生产线,向养殖户提供优质饲料。生物中心拥有化验室、组培室、菌种室等,具有技术开发、产品研制、信息网络、项目储备能力,保证了公司的科研与技术创新。

公司以"质量是生命,信誉重财富"为经营理念,以良好的投资环境,真诚欢迎国内外各界朋友洽谈合作,共同发展。

地址: 青岛即墨市王村
邮编: 266211
电话:(0532)6508317　8514637
传真:(0532)6508326　8526937
E－mail: wchsya@public.qd.sd.cn
http://www.hengshengyuan.com
法人代表:吴德寿

英维思(青岛)控制器有限公司

原名为青岛西比家电控制器有限公司,成立于1997年11月1日,原系中英合资企业,自2000年10月变更为外方独资,系世界500强企业英维思集团在青岛的全资子公司,投资总额为1 366.25万美元,注册资本为546.5万美元。

主要生产和销售家用电器控制器,面向国内外的制冷设备市场。拥有来自欧洲和美国的全套先进生产技术和设备,产品主要包括RANCO"K"系列温控器及PARAGON技术的化霜定时器,还即将推出E70—E73系列电子温控器及吸尘器速度控制器等新产品。主要客户有海尔、西门子、伊莱克斯、澳柯玛、新飞、荣事达等国内外知名厂家,其中对西门子公司的供货量占100%,海尔的供货量占75%,伊莱克斯的供货量占70%。公司产品40%出口国际市场,其中化霜定时器的出口比例达到92%。

"K"系列温控器是英维思集团欧洲公司的专利产品,其先进的技术、优越的性能享誉国内外市场,更以其符合环保要求的优势,占有55%的国际市场份额。2000/3000系列化霜定时器则源于英维思集团北美的PARAGON公司,也是英维思集团的专利高科技产品,被广泛应用于高档冰箱、冷柜的生产。

英维思(青岛)控制器有限公司已通过ISO9002质量体系认证,同时其所有产品都通过了UL、CSA、CCEE、VDE等安全标准认证。

地址:青岛高科园株洲路190号
邮编:266101
电话:(0532)8704215
传真:(0532)8704243
E－mail:emmazhang@qdsiebeappliance.com
负责人:王钧柱

青岛高科园正日计算机工程有限公司

是集计算机网络系统集成和软件系统开发、生产、服务为一体化的高新技术企业。已通过青岛市高新技术企业认证,并获得青岛市信息产业C级资质认证,现为青岛市高新技术企业协会会员企业。公司拥有一大批技术专家和高水平的科技人员,还拥有一支技术过硬的综合布线工程队。

公司自成立之日起就本着勇于探索,不断创新的宗旨,始终致力于高科技计算机网络和软件的研制与开发。经过公司全体员工不懈的努力,完成了一大批网络工程项目,并在教育教学、金融、信息管理、应用软件等领域取得良好业绩。公司根据客户的特定要求开发和建立局域网、广域网,还投入力量开发通用性的软件产品,如全智能考试系统(EXAM2001)、外贸业务资源管理系统(FTD2001)、儿童计划免疫管理系统、多媒体邮电业务咨询触摸屏系统、青岛市工商行政管理局政务公开触摸屏查询系统、ATM机管理系统、信用卡管理系统、自助银行管理系统、电子商务信息管理系统等。此外,公司还开发出网络数控系统,该系统适用于各行业机械加工机床,工效与精度将成倍提高。公司严谨科学的工作作风与良好的售前售后服务受到了客户的高度赞扬。

"共建大厦,共创辉煌,共享繁荣"是公司的宗旨,"以人为本,培养人、看重人、关心人"是公司的管理理念,"正日服务,领先一步"是公司的行为准则。公司还结合自己的实际情况制定了一整套管理制度,实现了企业管理制度化。

地址:青岛市宁夏路306号软件工业园
邮编:266071
电话:(0532)5888671
传真:(0532)5888673
E－mail:xutantan@china.com
http://www.zrsoft.com
法人代表:鞠绍兵

青岛允春机械有限公司

系青岛动力机厂与台湾允春机械股份有限公司合资组建的企业,1993年成立,为大(二)型企业、青岛市高新技术企业。总投资1700万美元,注册资本1000万美元,占地4.66公顷,建筑面积2.17万平方米,员工550人,固定资产12340万元;拥有各种加工设备250台,其中进口高精密的CNC加工中心21台。主要产品为JW—900系列、JW—2000系列喷水织机,年生产能力1万台;整经机、浆纱机、并轴机,年生产能力24台套。2000年喷水织机产销量7200余台,实现销售收入4.58亿元,出口创汇496万美元,利润2007万元,上交各项税金6556万元。

公司引进台湾允春公司的产品技术和管理方式,设置了从铸造—加工—装配—试机—售后服务—整套生产管理程序。配置22台微机,在全公司实行微机管理,研发部门全部采用计算机CAD设计系统,黄奇进总裁亲任公司董事长兼总经理,并委派10余名台湾高级技术及管理人员参与公司的技术与产销系统的管理、新产品的研制开发及各生产工序的质量监控,还配置10余名调机工程师和技师为用户提供完善的售后服务。

公司主要产品JW—911型平织单喷织机于2000年4月通过国家纺织机械质量监督检验中心的检测,6月通过了青岛市市级鉴定;在负载条件下,以836转/分的织速平稳运转,织物质量良好。综合评价为"在国内同类机型中达到领先水平",被青岛市政府批准为高新技术产品;以其织速高、开机率高、织物范围广、节能等优点,占据了国内领先地位;月产量已由300台设计生产能力突破到1000台。

为适应市场的发展需求,该公司又试制成功具有当代国际先进水平的JW—2011型高速平织单喷嘴喷水织机,填补了国内空白;并以此为基本型,相继开发了8个品种,在新产品开发方面继续保持国内领先地位。

近年来,公司致力于向海外发展,决定在越南胡志明市与越南客商合资组建织布厂,并独资组建喷水织机组装厂,还将以胡志明市为基地,向越南及其周边国家拓展。此2个项目已于2000年经国家经贸委和外经贸部核准,颁发了批准证书,2001年投入实施。同时,还着手在巴西圣堡罗市与巴西客商合资组建喷水织机组装厂,充分利用中、南美国家有利的政策,以圣保罗市为基地,向巴西及其周边国家拓展。

地址:青岛市瑞昌路201号
邮编:266031
电话:(0532)3739046 3739049
传真:(0532)3732056
http://www.qtd.com.cn
董事长、总经理:黄奇进
副董事长、副总经理:张凤林
销售公司总经理:郑延涛

青岛剑湖铁路客车电气设备有限公司

成立于1998年6月,是由青岛四方机车车辆厂、青岛四机工业有限公司和江苏省常州市剑湖铁路客车配件厂共同投资300万元兴建的有限责任公司。主要从事铁路客车各种电气控制箱柜、灯具、电取暖器等各种电气设备及客车风口的研制开发与生产。

公司现有厂房面积1200平方米,有板金冲压、机械加工及焊接设备多台,具有各种适合产品需要的检测仪器、设备及工装,有适应市场需要和新产品开发需要的各类管理和技术人才,生产工艺成熟,工人操作熟练,为适时向用户提供所需产品提供了保证。

1998年成立之初,公司本着"高起点,高标准,高要求"进行企业管理,并把同国际接轨作为公司的目标,1999年公司通过了ISO9002质量体系认证,为确保持续向用户提供优质产品提供了保证,也为公司产品走出国门创造了条件。

近年来,先后研制开发并大批量生产了用于普通铁路客车、提速客车、健康车、公务车等硬座车、软座车、硬卧车、软卧车、行李车、发电车、餐车等各车型的各类灯具、电气箱柜、电加热器、客车风口、线槽等产品。目前已经发展成为具有一定生产规模、雄厚科技开发实力和严密质量保证体系的电气产品生产企业,在国内铁路客车电气设备市场上树立了较高的知名度和良好的企业形象。

公司坚持"以优质产品惠客户,以科技创新兴企业"的宗旨,综合合资各方的经济和技术优势,将开发更多的高新技术产品,以丰厚的利税奉献社会、回报股东。

地址:青岛高科园大麦岛
邮编:266100
电话:(0532)7633364 7631711
传真:(0532)7633364
法人代表:秦 勇

青岛高校软控股份有限公司

是青岛市认定的高新技术企业和软件企业,也是以信息控制软件开发和机电一体化设备制造为主的专业性公司。现有员工112人,其中教授5人、博士后1人、硕士18人,具有本科及以上学历者占72%,技术开发人员占79%。

公司长期从事橡胶、轮胎行业设备与计算机控制系统及软件等高新技术产品的研究和开发,多项产品在国家、省、市立项并获国家、省、市科技进步奖。主导产品"橡胶密炼机上辅机系统"和"粉料自动配料称量系统"均填补了国内空白,达到国际先进水平并完全替代进口产品,国内市场占有率达85%,并出口到法国、日本、泰国、印尼、斯里兰卡、台湾等国家和地区,取得了显著的经济效益和社会效益。"橡胶密炼机上辅机系统"还荣获山东省科技进步一等奖,被国家科委列为国家级火炬计划项目;"小料自动配料称量系统"2000年4月通过国家石油和化学工业局组织的鉴定,获4项国家专利,该产品还可跨行业推广应用到化工、轻工、冶金、医药、食品等行业,目前成功地为上海印钞厂配备了精密油墨配料系统。新开发的"轮胎制造业管理控制网络系统"填补了国内空白,获得2001年科技部创新基金支持,现已进入具体实施阶段。2000年企业主营业务收入1271万元,净利润809万元,资产4281万元。公司先后荣获"山东省优秀民营科技企业"、"青岛市50强"和"十佳民营科技企业”等称号。目前已进入上市辅导期,拟在创业板上市。

地址:青岛市郑州路1号
邮编:266045
电话:(0532)4011481 4011485
传真:(0532)4011804
E-mail:gaoxao@gaoxao.com
http://www.gaoxao.com
法人代表:袁仲雪

青岛德通铝塑管业有限公司

是专门生产春鹏牌铝塑复合管系列产品的企业,公司固定资产400万元,拥有多名高科技专业人才;引进了具备世界先进水平的机电一体化成套设备,工艺先进实用,检测手段完备,是国家“高新技术产业”,2000年被认定为青岛市高新技术企业。生产的春鹏牌铝塑复合管系列产品质量经国家技术质量监督部门定为优质产品;在生产中不产生“三废”,达到了国家环保要求;该产品优点:无毒、防腐、耐温、耐压、阻力小、流量大、重量轻、施工方便快捷、节约工时、降低成本,可广泛应用于公共及民用建筑的上水管、热水管、暖气、地板、墙壁采暖管道及工业设施中的油或腐蚀性液体、煤气管道、热水器、空调系统。2000年度,公司通过不断创新,改进设备工艺,生产的铝塑复合管系列产品合格率达到98%以上,完成了销售额1 600万元。

公司遵奉质量第一、用户至上的原则,用高科技技术保证产品的高质量,为用户提供满意适用的产品和服务。

地址:青岛市重庆路1007号
邮编:266043
电话:(0532)4622000
传真:(0532)4621000
负责人:楚振绪

青岛德意利机械有限公司

于1998年9月成立,是涉足新材料科学的高科技民营股份制企业和建设部重点科技成果推广应用完成单位。公司占地面积2.5公顷,注册资本400万元。经营范围:加工、生产塑料机械、通用机械,批发、零售化工产品(不含危险品)、金属材料等。公司主要产品包括:对接氩弧焊铝塑复合管材生产线、大口径铝塑复合管材生产线、PPR管管材生产线、硅芯管管材生产线、高速挤出PVC门窗异型材生产线、PVC芯层发泡管材生产线等。公司注重技术开发,汇集了一批高分子材料及设备、聚合物加工、铝焊接、工控自动化等专业科研人才。为使企业增加后劲和适应加入WTO后的形势变化,公司成立了技术开发中心,配备了CAD设计系统,引进MRPⅡ型管理软件系统,联接互联网,实现了商务电子化,提高了企业的管理水平,工作效率和应变能力。2000年公司通过新产品开发和加大营销力度,逐渐形成了雄厚的技术力量,具备了生产4大类、10多个品种、30余种规格新型塑料管材、机械设备的生产能力。实现了较好的经济效益,全年累计完成产品销售收入5 391万元,上交税金640万元,税后净利1 359万元,高投入取得了高回报。有相当数量的产品,通过部级专家鉴定畅销全国,以其优越的性能和第一时间的配套服务受到用户赞誉。

公司的经营策略是:高科技,高起点,以市场为导向,锐意创新求发展。经营理念是:开拓创新,协作运行,创建行业内一流企业,为中国的塑机发展事业和新材料科学做出贡献。

德意利诚纳天下英才,积极参与高新技术时代塑机产品的革新,在塑料挤出设备、工程设计、新材料开发等领域与用户紧密合作,不断交流最新技术和信息,分享事业成果,共同追求永恒的发展。

地址:青岛高科园株州路南侧
邮编:266101
电话:(0532)8703885 8703758
传真:(0532)8701232
http://www.deyili.com
E-mail:deyili@public.qd.sd.cn
法人代表:赵培程

青岛电缆股份有限公司

原名为青岛电缆厂,始建于1950年,是专业生产电线电缆的国家二级企业,国家二级计量单位,1989~1992年连续入选国家500家最佳经济效益工业企业。1995年底,根据市政府的决定,原青岛电缆厂将合资企业中方股权转让给外方,然后开始艰难的二次创业。先后完成了一、二期工程,生产能力不断扩大,销售网络持续延伸,销售收入连年翻番。企业先后通过ISO9002质量体系认证和美国UL认证。2001年2月底,青岛电缆厂整体改制为青岛电缆股份有限公司,公司占地2.67公顷,毗邻海尔工业园,在岗职工252人,其中大中专毕业生98人,各类专业技术人员41人。主要产品包括:裸线、布电线、控制电缆、PVC绝缘电力电缆、35千伏及以下交联电缆、10千伏及以下架空绝缘电缆、低烟无卤阻燃电缆、各类阻燃和耐火电缆、信息传输用五类缆,同轴电缆以及光缆,执行标准有GB、IEC及UL标准,同时可按用户要求进行开发生产。

2000年青岛电缆股份有限公司共完成产值7 000多万元,销售收入8 000多万元,利税200多万元。

地址:青岛市308国道243号甲
电话:(0532)8722694
传真:(0532)8722694
E-mail:head@qingdaocable.com
法人代表:傅乐平

青岛美光机械有限公司

是在青岛经济技术开发区注册成立的高新技术企业,公司主营印刷、包装机械的研制开发、制造及销售。现有员工161人,其中具有大专以上学历者48人,有高级工程师、副研究员、副教授、博士、教授、硕士生导师等35人从事产品研制、开发。

公司投入主要力量用于产品的研制、开发,始终沿着“研制一代、开发一代、储备一代、制造一代”的合理发展模式向前迈进。已被认定为青岛市“高新技术产品”的FM系列半自动覆面机,获得4项国家专利,产销量连续3年全国第一,在包装印刷业已有非常高的知名度和美誉度,获得黑龙江黑龙集团、北京宝岛包装彩印厂、天津王朝集团、山东东阿阿胶集团、山西杏花村酒厂、上海人民印刷厂和浙江、广东、青海等地大、中、小企业及外商合资企业用户的青睐;并成功打入国际市场,在FM系列半自动覆面机保持国内领先的同时,公司开发研制出的FM系列全自动高速覆面机,获得9项专利,达到国际先进水平,已被立项为“青岛市2000年度重点技术创新项目”,并已申报了“2001年度国家火炬计划项目”。

公司成立以来,先后获得“青岛经济技术开发区十佳私营企业”、“重合同守信用企业”、“产品质量合格单位”、“消费者满意单位”、“民营企业50强”、“青岛市民营科技企业”、“青岛市高新技术企业”等称号。

地址:青岛经济技术开发区黄河中路436号
邮编:266510
电话:(0532)6816868　6816767
传真:(0532)6816769
http://www.meiguang.com
E-mail: meiguang@Sina.com.cn

青岛中达化纤有限公司

是由青岛中泰集团公司与法国罗纳普朗克集团罗地亚公司合资建设的大型化纤企业,成立于1991年,总投资为4 800万美元,从事民用锦纶丝的生产和销售。公司全部引进国际先进设备和工艺技术,现有1条日产18吨的锦纶6聚合生产线、6条锦纶纺丝生产线、24台加弹机及辅助设备。主要产品有锦纶6半消光民用高速纺切片、锦纶6全牵伸丝、锦纶6弹力丝、锦纶66弹力丝,生产能力1万吨/年民用锦纶丝产品。产品广泛应用于针织、机织领域。2000年实现产品销售收入(不含税)2.58亿元,人均销售收入54万元,实现利润913万元。

公司产品质量、品种、技术性能都处于国内领先地位,先后自主开发了锦纶6弹力丝(16.7dtex/5f、77.8dtex/48f)、锦纶6全牵伸丝、锦纶66弹力丝(17dtex/5f、22dtex/7f、31dtex/10f)等新产品,并通过了青岛市经委组织的新产品鉴定,填补了国内、省内空白,技术水平达到国内领先水平,其中16.7dtex半消光锦纶6弹力丝荣获国家经贸委颁发的国家级新产品证书。1997年由青岛市对外经济贸易委员会颁发了“先进技术企业”证书。2000年被青岛市人民政府认定为“青岛市高新技术企业”。

地址:青岛经济技术开发区香江路108号
邮编:266555
电话:(0532)6897788
传真:(0532)6897751
http://www.zdfibre.com
法人代表:王泰来

青岛文武港橡塑有限公司

建于1985年7月,私营有限责任公司,现有职工116人,注册资金307万元;占地面积0.86公顷,总资产1 860万元,是规范、完整专业的生产橡塑制品的综合性企业。

公司主要产品:“子午胎生产专用PE隔离保鲜膜”,已于1998年通过专家鉴定,属填补省内空白产品;“低熔点橡胶配料袋”,已于2000年通过专家和科委鉴定,属填补国内空白,国际领先水平产品。“子午胎专用高强度聚酯网纹PE复合膜”,正在筹备鉴定;还生产各种PE包装袋、轮胎包装带、PE绳等20多个品种。

公司本着“质量第一,信誉第一,抓管理,重科技创新,全心全意为用户服务”的宗旨,几年来,“开发一代,研制一代,生产一代”,现已具备生产能力300吨/月的生产线,且质量保证体系运转良好。产品销往国内10多家橡胶(集团)厂家,并被知名的外资企业正新(中国)轮胎公司、罗地亚(青岛)白碳黑公司等使用认可;还出口到韩国、泰国等国家。

2000年度完成总产值2 380万元,实现销售收入2 200万元,实现利税638万元,出口创汇60万美元。连年受到上级党委、政府的表彰和嘉奖。

地址:青岛市崂山区王哥庄街道办事处港东码头
邮编:266105
电话:(0532)7912284
http:Http://www.wenwugang.com
E-mail:Liutuanzhi@wenwugang.com

青岛天鹅针织有限公司

是1995年经青岛市人民政府批准成立的中外合资经营企业,注册资本50万美元,占地面积1.2万平方米,拥有西德卡尔·迈耶高速经编机10台,生产替代进口的各类经编产品,并销往国际市场。近几年来,该公司紧紧抓住机遇,奋力开拓,认真实施“科技强企”战略,不断吸收和培养有科技创新意识、懂技术、会管理、善经营、勇于开拓的各类人才,并不断加强新产品、新工艺的研制开发。

目前已拥有纺织、染整、工艺设计、财务管理和企业管理等各类人才26人,已形成开发、生产、管理、质检等一整套科学管理体系,公司的知名度和经济效益不断提高。2000年,公司完成销售收入1053万元,利税140余万元,成为中国北方经编行业的骨干企业,并被认定为青岛市高新技术企业。

公司主要生产圆眼布、网眼布、平布和成品四大系列。其中网眼布系列主要用于加工被套装饰网等床上用品。平布系列有各类高、中、低档鞋内外装饰布及印花窗帘布、过滤布等;成品主要有洗衣袋、涤棉印花服装等,并可随时根据市场要求开发研制新产品。

青岛天鹅针织有限公司全体员工热忱希望与广大国内外客户和外贸公司携手合作,共创美好未来。

地址:青岛高科园沙子口南沙路1号

邮编:266102
电话:(0532)8801446
传真:(0532)8801458
http://www.qd-swan.com
E-mail: info@qd-swan.com
Qd-swan@netease.com
董事长、总经理:王俊罡

青岛昊成树脂有限公司

始建于1985年,占地面积4.8公顷,建筑面积1.85万平方米;现有职工188人,工程技术人员65人,其中有大专以上学历者50人,中专毕业生30人,是省系统级先进企业,获青岛市明星企业称号,连续10年被青岛市评为"重合同、守信用"企业,被中国农业银行青岛市分行定为"AAA"级信用企业,被青岛市认定为高新技术企业,并已顺利通过ISO9002质量体系认证。

主要产品为聚乙烯醇缩丁醛树脂及轻体板门、防盗门系列产品。年生产能力为:普通级(3s～250s)聚乙烯醇缩丁醛树脂500吨,膜片专用聚乙烯醇缩丁醛树脂500吨,其中膜片专用树脂是该公司研制开发的高新技术产品,被青岛市认定为高新技术产品,同时该产品已达到国内领先水平,获得国家重点新产品证书,其主要指标已达到了国际同类产品的先进水平,现已替代国外进口产品用于安全玻璃中间膜片的生产。作为生产轻体板门、防盗门的专业生产厂家,技术力量雄厚,工艺先进,产品质量稳定,在国内同行业中属先进水平,生产能力达20万平方米/年,所产防盗门系列产品经山东省建设机械质量监督检测中心的检验合格,获得山东省公共安全防范产品准产证,具备了生产安全防盗门的资格。该公司生产的轻体板门及防盗门系列产品具有内部结构合理、重量轻、稳定性好、不易下坠、表面硬度高、抗划伤、耐潮湿、易清洗、耐老化、隔音、保温等功能。

公司拥有广泛的营销网络,产品畅销全国各地,在国内同行业中享有较高的信誉和知名度,深受广大用户的信赖。2000年,共完成工业总产值2400万元,上缴利税150万元,实现利润89.6万元,取得了较好的经济效益。

地址:胶南市灵山路73号
邮编:266400
电话:(0532)6132667
传真:(0532)6130023
E-mail:gaosming@public.qd.sd.cn
法人代表:高泗明

青岛国人机械有限公司

始建于1997年,主要从事机电产品的生产和自营出口业务。主导产品包括汽车盘、鼓式制动器、制动摩擦片、水箱等汽车配件及焊接建筑构件等,面向美国、加拿大及欧洲等发达国家的汽车零配件和建筑工具市场,基础起点及技术含量高,产品市场规模庞大,且有相当国际和国内市场的发展潜力。

1998～2000年,公司在对国外汽车配件产品先进的数控加工技术进行消化的基础上,吸收了国外恒线速加工技术,引进国内最先进的数控机床,进行设备重组改造,特别是独创数控车削、磨削一体设备,兼备车床和磨床的特点,可替代同类进口设备。生产的汽车制动器在制动面平行度、平面度、表面粗糙度等关键指标均达到或高于国外名牌产品,为客户提供安全、可靠、经济的制动效果。

公司致力于"精益求精"的质量管理,通过引进国外先进的检测仪器及手段,建立了一整套适应国际汽车零部件产品技术水平且符合国际质量检验规范的品质保证体系,于2000年11月通过德国TüV认证的ISO9002国际质量体系认证。2000年8月,干式汽车制动器被认定为青岛市高新技术产品;11月,企业被认定为青岛市高新技术企业。

2000年,汽车干式制动器出口创汇576万美元,利润总额450万元,比上年同期增长40%以上,显示出良好的经济效益和强劲的市场增长能力。

地址:青岛市吴石支路9号
邮编:266100
电话:(0532)5692814
传真:(0532)5691144
E-mail:gren@qd public.sd.cninfo.net
法人代表:韩剑非

青岛宝依特生物技术研究所

是青岛市畜牧局系统重点扶持的股份制企业,被青岛市政府认定为"高新技术企业"。现有职工60人,其中具有博士、硕士、本科学历者分别为2人、5人、15人;并拥有标准的兽药GMP车间和生物制品GMP车间。

公司实行董事会领导下的总经理负责制,下设:办公室、财务部、兽药生产部、生物制品车间、销售部、质监室、疾病检测中心、企业策划部和技术服务部。公司技术力量雄厚,还聘请了中国农大、南京农大、华南农大、哈尔滨兽医研究所的专家教授为技术顾问,并在产品的开发研究、技术服务等方面进行广泛的交流与合作。

公司现有3大类、60多种产品,主要包括:畜禽预防用生物制品、治疗用药品、饲料添加剂等。公司致力于"绿色药品"的开发和研究,利用生物发酵技术生产生长促进剂、免疫促进剂、微生态制剂等。公司的宗旨:立足高新科技,追求卓越品质。公司的承诺:满足用户的需要是我们最大的效益。公司的目标:建成一家集科研、开发、生产于一体,国际化标准化的高新技术企业。

地址:青岛市吴石支路12号
邮编:266100
电话:(0532)5692732　5691934
传真:(0532)5692842
http://www.boitech.com.cn

青岛产业纺织品有限公司

系原青岛麻纺织厂经市经委批准进行剥离成立的新公司，隶属于市纺织总公司。注册资金400万元，在册职工人数80人，具有大、中专以上学历者占31.76%，具有中、高级技术职务者占5%，工程技术人员占15%。公司具有法人资格，产权清晰，实行独立核算，自主经营，自负盈亏。

主要产品为有纺土工布，该产品各项指标处于国内同行业领先地位，可根据客户要求生产不同规格的有纺土工布。现年产量为400万平方米，产品以优良的品质赢得了广大用户的信赖，取得良好的经济效益和社会效益，产品已广泛在铁路、公路、水利上应用并成为全国土工布重点生产厂家，1999年被国家经贸委确定为第一批下达土工布生产的18家企业之一。2000年9月被市科委认定为高新技术产品，同年12月被青岛市认定为高新技术企业。2000年生产土工布365万平方米，实现工业总产值1 145万元、销售产值1 091万元。

地址：青岛市大港二路6号
邮编：266012
电话：(0532)3835125
传真：(0532)3834567
法人代表：孙国岗

青岛有线电视台

始建于1992年。现已建成ATM、SDH、ISDN、1 550nm、市区860MHz多站点分布式HFC五大网络和模拟、数据两大平台。市区实现了千兆光缆到小区、到大楼；郊区实现了光缆到乡镇和村庄。青岛有线宽带网上与全省、全国广电网互联互通，下与远郊市区及乡镇村相联接，能同时提供图像、语音和数据等多种业务服务。

青岛有线宽带网，目前已发展有线电视用户120万户，其中市区55万多户，入户率逾90%。在传送30套电视节目、8套广播节目的同时，还提供图像、数据、语音等多媒体业务服务。目前已为市委、市政府及工商、税务、劳动、银行、海关、证券、教育、商业等30多个单位，组建了用于传输图像、数据、语音等业务的多媒体专用网；为个人用户推出了Internet高速上网、远程教育、远程医疗、家庭证券大户室、视频点播、网上游戏等多种业务。为智能化小区居民提供家庭安防、三表远传、可视对讲、小区监控等服务。依托有线电视宽带网开发建设的大型新闻信息网站——广通网，实现了广播电视节目网上直播和电影大片点播VOD服务，同时还提供丰富的房产、医疗、旅游、购物等多种信息。

青岛有线电视宽带网，是青岛市的信息骨干传输网络之一，也是本市一条重要信息高速公路。为更好地满足数字高清晰度电视、双向互动电视和宽带上网等业务发展的需要，有线电视宽带网正在不断地升级发展，与社会各界一道携手共创青岛信息化建设的美好明天。

地址：青岛市宁夏路200号
邮编：266071
电话：(0532)5701998
传真：(0532)5701911

青岛有线电视网络有限公司

成立于2000年1月，由青岛有线电视台与青岛东方集团股份有限公司共同出资设立。公司注册资本8 000万元。经营范围为从事青岛市所辖五市二区有线电视传输网络的升级、改造与维护，以及该区域内网上多功能增值业务的开发、经营及其他技术服务。

公司具有先进的网络和技术优势。目前已投入运营的有连接远郊五市二区传输速率为2.5GB/s的SDH同步数字光纤环形骨干网、ISDN数字通讯网、SDH+ATM综合业务骨干传输交换网和860MHz双向混合光纤同轴电缆(HFC)宽带接入网。有线宽带网上与全省、全国广电网互联互通，下与远郊市区乡镇村有线网相联接。除高质量传送广播电视节目外，还向集团和个人用户提供计算机联网、Internet接入、高速数据广播、电视会议、付费电视、家庭证券交易、电子商务、智能化社区服务等多种业务。目前已为市委、市政府及工商、税务、银行、证券、教育、商业等大批单位组建了用于传输图像、数据、语音等业务的多媒体专用网络。

公司具有良好的人才队伍和广阔的市场发展空间，借助于有线电视台先进的网络、技术优势和东方集团成熟的经营经验，建立了良好的市场开发和运营机制，并以推进青岛市的信息化建设为己任，坚持“用户第一，服务至上”的宗旨，各项业务呈现出良好的发展势头。

注册地址：青岛高科技工业园李山东路K34号楼101户
联系地址：青岛市宁夏路200号
邮编：266071
电话：(0532)5701998
传真：(0532)5701911

青岛广通电信技术有限公司

成立于1999年12月，是从事电信领域与计算机领域内高新技术产品软硬件开发、生产、销售的新型民营高科技企业。公司注册资本为人民币380万元，主要经营电信产品、计算机及软硬件开发、生产；批发、零售电信产品、计算机、电子产品、家用电脑、通讯设备(不含卫星接收及广播电讯设备)、办公自动化设备等。现有员工28人，全部为具有大专以上学历的专业技术人员，其中研究生3人、研究员1人，具有本科学历以上计算机和通信专业人员24人。员工队伍在计算机和通信领域的硬件设计与软件开发方面具备了较强的专业技术水平和科研开发能力。公司分别于2000年12月5日、2001年3月23日通过了青岛市科委高新技术企业和青岛市信息软件企业的审定，先后被评为“青岛市高新技术企业”和“青岛市软件企业”。近年来，公司成功开发并推出了GT2000通信协议分析仪、GT2000 V5协议分析仪、GT2000本地网通信协议分析仪、公安用GA01通信系统和GA02无线通信网络系统等产品，产品的性能稳定可靠，功能齐全、使用简便，在用户中拥有良好的声誉。

公司在生产经营中恪守“一切为了客户的需要”、“以质量求生存,以信誉求发展”的服务宗旨,以客户的需要为企业发展的中心,注重员工技术水平的培训和服务意识的提高,注重培养员工主人翁责任感,使其具有忧患意识、创新意识、市场意识、营销管理意识,并采用现代管理制度,注意管理的科学化、规范化,确保产品质量和企业的正常运作。同时大幅度提高公司向多元化、现代化、国际化发展的速度,近年来公司业务规模不断扩大,服务领域逐步拓宽,服务质量逐步提高,经济效益稳步上升,已具有一定的社会影响和知名度。公司在今后的生产经营中不断追求技术革新,不断开发新产品,回报用户,回报社会,为我国电信事业作出贡献。

地址:青岛市香港中路18号福泰广场B座7F
邮编:266071
电话:(0532)5762991　5762771　5762870
传真:(0532)5762770
E-mail:bcc@public.qd.sd.cn
法人代表:王志武

国人橡胶研究院有限公司

是青岛国人集团所属之科研单位,具有独立的法人资格,系著名专家、教授领办的高新技术企业,主要从事与橡胶行业有关的成套设备、工艺、技术等研究开发和推广,对橡胶类高新技术,可实现科研成果产业化。公司以高级工程师赵鸿济先生为董事长及常务院长,特聘北京化工大学博士生导师程源教授为院长,有高、中级工程师等共20多名科研人员。自公司成立至今,已有10个科研项目立项。这些项目的研究与开发成功,不仅为我国的橡胶行业带来了巨大的生机,提高了我国橡胶行业的快速发展和国际竞争力,还倡导并实现了橡胶轮胎行业“黑色轮胎,绿色生产”的新理念。

在公司的科研成果中,载重轮胎罐式胶囊定型硫化机荣获1999年“青岛市科技进步一等奖”、“国际发明专利和新技术产品博览会金奖”及“国家重点新产品”证书,并拥有8项国家专利;RDL3.0*8胶囊定型轮胎罐式热氮硫化生产线经我国橡胶轮胎行业著名专家鉴定为国内外首创,热氮硫化技术处于国际领先水平,该生产线采用热氮作为硫化介质,具有环保节能、成本低、投资少、占地小、工效高的特点,与远红外硫化生产线相结合,可使轮胎生产厂商彻底淘汰锅炉,实现轮胎的无污染生产。

至2000年,公司已向全国各地推广了罐式胶囊定型硫化机100多套,热氮硫化生产线多套,取得了很好的社会、经济效益。公司还立项全钢子午胎编织成型生产线,将填补国内外空白。为进一步扩大科研成果的产业化,实现规模效应,该公司正在筹建博士后工作站,并与同属国人集团的青岛天利达橡塑机械有限公司联合,投巨资在平度筹建了大型中试基地——青岛天利高科开发股份有限公司。

地址:青岛市市北区杨家群
邮编:266100
电话:(0532)8721916
传真:(0532)8721811
http://www.qdgrxjyjy99@sina.com
E-mail:qdgrxjyjy99@sina.com

海尔CCT(青岛)通讯有限公司

是中国大型家用电器制造企业——“海尔集团”与香港CCT中建电讯集团共同出资建立的合资公司。总投资1200万美元,是集研究、开发、生产蜂窝式移动电话的专业化公司,主要生产并销售蜂窝式移动电话。拥有职工304人,其中大中专以上人员300人,主要分布在生产管理及设计开发岗位上,并拥有5位港方蜂窝移动电话专家常驻公司。本公司除具有高新技术产品开发研究的雄厚实力外,还有香港研发中心的强大技术后援。

公司有4条SMT生产线、3条组装线及国际最先进移动电话检测设备,具有年产400万部手机的生产能力,已形成规模生产,可以生产GSM、PDCA、CDMA等多种国际技术领先的移动通讯产品。其中50%出口西欧等地区。为缩小与国外通信技术的差距,已与国外享有声誉的手机设计的有关公司进行技术合作,并投资近180万美元研制开发国际最轻、薄的手机,实现了微型化和轻量封装技术。

该公司从满足用户个性需求出发,开发生产销售了7款20种颜色的手机,2000年实现销售收入2.22亿元、利润531万元、利税1577.7万元。

为了适应手机市场多方面的需求,公司推出国际流行功能的抗摔打、待机时间长、WAP机以及PDA手机一体机来满足国内不同阶层的需求,国内各大媒体对此均分别进行了报道。

地址:青岛高科园海尔路1号(海尔工业园)
邮编:266101
电话:(0532)8939618
传真:(0532)8939583
E-mail:kfzh@haier.com
法人代表:杨绵绵

青岛海尔空调电子有限公司

是中国著名的大型家用电器制造企业——海尔集团所属的国家重点研究、开发、生产商用空调的专业化公司,建筑面积达到6.57万平方米。自成立以来,主要经营无氟空调器、无氟制冷设备,生产经营的产品有MRV变频一拖多空调、嵌入式空调、风管式空调、吊顶落地式空调、卡式暗藏式空调、水冷机组等六大系列300多个规格和品种的商用空调产品,其中有13项产品居国际先进水平、46项填补了国内空白。公司不仅仅具有先进的科研水平,还拥有世界上最先进的商用空调生产线,其柔性生产体系兼容性强,可生产2~20P多个品种的空调器。通过运行SAP系统和实施JIT组织生产,整合全球资源,可在最短的时间内把来自各方的设计信息转化为产品,满足全球用户的个性化需求。

该公司拥有与世界先进水平保持同步的科研开发机构,可凭借海尔集团在全球的10个信息中心和6个设计中心，迅速整合全球的用户信息，并转化为本土化产品。强大的科研开发能力，使商用空调的变频一拖多技术、无氟代替水平、混合涡流变频技术处于国际领先地位，并保持着商用空调平均每天出1种新产品、每2天申请1项专利的骄人成绩。

2000年，公司实现销售收入26亿元，出口创汇1 219万元。商用空调实现了当年动工，当年投产，当年收益；2001年1月30日，第100万台商用空调顺利下线。

地址：青岛经济技术开发区前湾港路海尔工业园
邮编：266500
电话：(0532)6765566
传真：(0532)6761016
E-mail：HDSYZHB
单位负责人：王　莉

青岛精工自动化仪器有限公司

公司占地1公顷，新建专用厂房6000平方米，拥有总资产3000万元。是“青岛市高新技术企业”之一，名列“青岛市民营科技企业50强”。

该公司在自动化仪器制造领域，具有创新精神和竞争能力。既专业生产对温度、流量、液面或压力进行测控的高品质仪器仪表，又大力从事用于智能化、自动化装置的单片机开发项目；并依靠其自动化传感技术优势，长期向海尔和澳柯玛等大企业所属的的冰箱、空调、洗衣机、微波炉和热水器等名牌家电产品，提供各式各样的温度显示仪、限温器、流量控制器、温度指示表、测控仪、温度表、调速模块、主控制屏、电脑主控板、恒温器、电源板和水位开关等配套服务。其中低温温度显示仪和双金属限温器等本公司独家供货的配套仪器，对海尔冰箱的国产化进程做出特殊贡献。该公司除了为海尔集团和澳柯玛集团提供产品配套服务外，还自行开发生产了应用微处理器的传感式自来水表等科技含量更高的产品。

该公司在健全的ISO9002质量体系保证下生产的所有产品，因其性能可靠而深受客户信赖，销路历久不衰。2000年销售额已达1700万元，实现利润280万元。2001年的产品配套总量预计将达到80万件，销售收入预期突破2600万元，企业整个经营规模将扩大50%。

地址：青岛市劲松七路7号
邮编：266101
电话：(0532)8891828
传真：(0532)8890784
http://www.jingongchina.com
E-mail:jgi@public.qd.sd.cn
法人代表：邵洪深

青岛电度表厂

创建于1958年，2000年改制为股份合作制企业。是国家定点生产电度表的专业厂家之一，是国家经贸委推荐的“第二、三批全国城乡电网建设与改革所需主要设备产品及生产企业”，国家二级计量单位。连续15年获国家、部质量监督抽查产品质量合格企业，系获得“中国进出口商品质量认证中心”ISO9002质量体系认证、UKAS英国皇冠质量体系认证企业，并连续4年获“山东省50强企业”、完善计量管理体系先进单位，被青岛市人民政府列为“市级企业技术中心”、“高新技术企业”。近几年先后获得青岛市“机制好、效益好、管理好”单位、“中国行业100强”、“’98中国质量信得过企业”。

该厂具有先进的生产设备和现代化管理体系。技术先进，产品精良。主要产品有：单、二相系列长寿命电度表，单、三相系列电子式电度表，预付费电度，防窃电电度表，单相载波电度表。青表牌电度表被评为“青岛名牌”、“山东名牌”、“最受消费者信赖的产品”、“全国最受消费者信得过产品”、“中国公认名牌”、“产品质量及售后服务监督合格产品”、“国家小康住宅建设推荐产品”、“’98中国质量信得过产品”。

2000年，实现工业总产值（现价）2亿元、产品销售收入2.07亿元、高新产品产值1.43亿元、工业增加值3400万元、利税1311万元、利润617万元；企业总资产达到1.26亿余元。

地址：青岛市雒口路34号
邮编：2666021
电话：(0532)3833975
传真：(0532)3838680
E-mail:zh@qingbian.com
法人代表、董事长：李国生
总经理：李显明

青岛美晶化工有限公司

成立于1995年。由于产品质量不断提高，赢得客户信任，台商主动提出合作意向并成立了合资企业——美高化工有限公司，获得独立的自营进出口权。

公司成立以来，以高素质、高质量、高效率作为企业宗旨，引进国内硅胶行业中高水平的技术、管理和科研人材。1999年，通过了国际权威机构《英国皇家认可委员会》认可的ISO9002质量保证体系，获得尤卡斯(UKAS)国际认证证书，进一步为企业实现高速发展奠定了基础。2000年12月，公司被认定为青岛市高新技术企业。公司生产的永照牌硅胶共20个系列、200余种规格，产品的系列化程度高并以其高质量和高技术含量荣获1999年国家专利技术博览会金质奖。

公司硅胶系列产品自营出口90%以上，主要销往北美、欧洲、阿拉伯、东南亚和日本等国家和地区。在硅胶出口市场竞争剧烈的形势下，赢得了广大客户的赞誉和信赖，产品供不应求，其中绝大部分客户为长期、稳定的顾客。2000年9月，公司新增硅胶2万吨/年生产能力。在科研方面，公司开发部研究所在1998～1999年间，研制和开发了多种硅胶系列的产品，其主要品种有：低钴蓝胶指示剂、桔色硅胶指示剂、无定形猫砂用硅胶、FNG耐水型球形猫砂、FNG耐水型块状猫砂、FNG-AA型耐水硅胶、试剂级柱层析硅胶、高效液相色谱用硅胶、鲜花干燥用硅胶、集装箱用硅胶干燥剂、块状彩色猫砂、低密度硅胶，上述各种产品均属硅胶系列中技术含量高、高附加值产品，推广应用后必将给公司带来更高的经济效益,为公司今后的发展积累更多的资金,为公司的发展迈向更高的目标打下了坚实的基础。

地址:青岛市城阳区流亭镇双元路188号
邮编:266108
电话:(0532)7719687 7719521
传真:(0532)4817723 7719588
http://www.silica-gel.com
E-mail:meijing@public.qd.sd.cn

青岛天利达橡塑机械有限公司

该公司直属青岛国人集团,具有独立的法人资格,是一家集橡塑机械科工贸为一体的高新技术公司。生产、销售国家重点新产品——"罐式胶囊定型硫化机"和高新技术产品——"热氮硫化生产线"为主,在短时间内即向全国多个厂家分别推广了"罐式胶囊定型硫化机"100多套、"热氮硫化生产线"多套,取得了年销售收入1400多万元的好成绩。该公司还积极开展行业科研开发工作,2000年内与国人橡胶研究院联合,攻克了我国多年没有攻克的课题——"热氮硫化生产线"。该生产线经国内橡胶机械专家鉴定为国内外首创、轮胎热硫化技术处于国际领先水平,并拥有6项专利知识产权并作为2001年国家火炬计划、科技部创新基金项目;与传统工艺相比,该生产线在确保轮胎硫化质量的同时,可提高胶囊使用寿命1.5~2倍,降低硫化成本40%以上,具有环保节能、成本低、投资少、占地面积小的特点。该生产线与该公司开发的"远红外硫化生产线"相结合,可使轮胎厂彻底淘汰锅炉实现轮胎的绿色生产。

公司建立了现代企业管理制度,还拥有一大批懂技术、善经营、会管理的高素质专业人才。为进一步扩大公司产学研规模,实现知识经济的高效转化,公司已在平度投巨资筹建了"天利高科技开发股份有限公司"作为科研中试基地。近几年来,公司一直保持着持续、快步、稳定的发展,并已领先成功地实现了轮胎硫化工艺革新的"三步曲",使轮胎生产真正做到了"黑色轮胎,绿色生产",为行业提供了全新的工艺设备。

地址:青岛市吴石支路9号
邮编:266100
电话:(0532)5693066
传真:(0532)5692449
http://www.qdgrxjyjy99@sina.com
E-mail:qdgrxjyj99@sina.com
法人代表:赵鸿济

山东宏发烟草集团有限责任公司

属国有企业,是中国烟草机械集团有限公司成员之一。总资产4408万元,固定资产2204万元,厂房7000平方米;现有职工200人,从事高新技术产品研制的科技人员32人;人均创收入、人均利税在国内同行业名列前茅。2000年被青岛市认定为高新技术企业,并通过中国进出口商品质量认证中心ISO9001质量体系认证。

该公司拥有加工中心及各种数控机床等加工设备102台,采用CAD/CAM辅助设计和工艺操作。主导产品是在90年代初期消化吸收德国FOCKE公司设计与制造技术而研制的YP11型装封箱机(4箱/min),2000年被评为青岛市高新技术产品,产品覆盖国内20几个省市,市场占有率50%以上。新研制的YP12型装封箱机(8箱/min)采用计算机控制技术,实现一机多用,自动化程度高,显示齐全,能够在线检测,填补了国内空白,系替代进口产品。

为拓宽市场领域,又开发研制成功了砌块机及辅联设备,HD1250、HD1650、HD1900型盘纸分切机,可降解餐具的加工模具及设备,已形成规模生产。其产品销售收 入占总收入的2/3以上。

公司将以优质服务,务实创新,承接用户烟机和非烟机设备的设计制造、安装调试,确保为用户提供满意的产品。

地址:青岛市沾化路3号甲
邮编:266021
电话:(0532)3818104
传真:(0532)3839973
E-mail:hfyj2000@sina.com
法人代表:谭振敏

青岛世纪通电子有限公司

是专业开发生产各种高精度微电脑控制板及其他线路板的公司,产品涉及空调、洗衣机、电冰箱、洗碗机、遥控器等各种智能化控制系列控制器,并承接电子器件的来料加工业务。公司地理位置优越,南距流亭国际机场8公里,东至青烟路2公里,濒临青岛港,陆海空交通十分便利。占地面积2公顷,现代化厂房4000多平方米,电控板专业生产线4条,员工200多人,拥有先进的电控板焊接设备和检测设备。

公司采取ISO9002国际质量管理模式,产品质量的控制形成了一整套管理体系。从元器件的入厂到产品的出厂,都有严格的检验措施。在流水线作业过程中设立的多个质量控制点,对各个生产过程进行层层深入的综合检查,确保产品质量在整个生产过程中都得到有效控制。

公司技术力量雄厚,目前有中高级工程技术人员50多名,与清华大学、上海大学等科研单位都有良好的合作基础。公司在青岛高科园凯旋商务大厦设有"科研开发中心",在杭州成立了子公司"易控软件科研开发中心"专门从事技术开发工作,使该公司的产品始终以高科技含量、高性能、高品质赢得用户的信赖!

公司崇尚高科技,追求高品质,愿以先进的技术,一流的服务与各界朋友广泛合作,在知识经济的大潮中携手共进,共创美好未来!

地址:青岛即墨市烟青路43号
邮编:266200
电话:(0532)8562588 8552266
传真:(0532)8561968

E－mail:info@qdsjt.com
http://www.qdsjt.com
法人代表:赵　兵

颐中(青岛)化学建材有限公司

创建于1998年,是山东省规模最大的防水卷材生产企业,被山东省建设厅命名为"山东省化学建材30强"企业,是中国建筑防水材料工业协会常务理事单位。拥有国家"九五"重点新技术推广项目,具有国际90年代先进技术水平、年产500万平方米全国首条改性沥青防水卷材示范线。1999年,该示范线先后通过了省级和国家鉴定。

"质量创造名牌"是公司的一贯宗旨。公司生产经营全过程严格按ISO9002质量管理保证模式运作,生产的灯塔牌弹性体SBS、塑性体APP改性沥青防水卷材系列产品,经国家质量监督部门检测鉴定,均符合国家行业标准,先后被建设部、中国建筑材料工业协会和中国建筑业协会列为全国工程建设及全国住宅小区与智能建筑推荐产品。经建设部及中国建筑材料工业协会、国家建材局审核,公司产品先后入编《中国建筑防水指南》、《中国主要建材企业及知名检测产品概览》一书,成为国内防水材料生产重点推荐企业,被中国建材市场协会、国家建材局批准为具有向全国消费者进行质量信誉承诺资格的生产销售单位。为屋面防水、地下防冒溢、防潮和隧道、机场、码头、水坝、高速公路,以及粮库、冷库、游泳池隔渗漏工程的广大用户,提供了质量可靠的材料保障。产品已销往全国20多个省市,深受广大用户的青睐,先后为青岛市老城区改造解忧工程、青岛即发工业园、澳柯玛科技工业园等大型工程提供产品与施工服务。并且成为山东省唯一的国家粮食储备库和棉花储备库重点工程卷材供货中标企业。

2000年,公司生产卷材130万平方米,实现销售收入2 100万元,利税200万元。

地址:青岛市城阳区流亭镇赵红路(建材工业园)
邮编:266108
电话:(0532)4826249　4813488
传真:(0532)4818227
法人代表:裴建军

青岛经济技术开发区益和高压开关厂

系益和电气设备股份有限公司辖属的企业。地处美丽的胶州湾畔,与市区隔海相望,距轮渡码头1公里,距胶州湾高速公路2公里,面临青岛港西港,交通便利,是青岛经济技术开发区的重点企业、青岛市高新技术企业;专业生产制造12千伏及以上级中高压断路器产品,现已成为高压断路器制造的骨干企业;拥有固定资产500多万元,年工业总产值1 000多万元;现有员工50余人,其中专业技术人员20余人。

企业运用现代化的管理手段和先进的设计及加工设备,在拓展市场的6年中,不仅使断路器与开关类产品保持一贯的优质材料和高技术水准,还积极研究新产品、新工艺,不断推陈出新:在原西安高压电器研究所的技术基础上,先后改造完善了ZN28－12全系列、ZN23－40.5系列、ZW7－40.5系列、GN□－12系列等产品;通过与电力科学研究院联合,研制开发了具有国内领先水平的ZW20－12型户外柱上真空断路器,并取得首批型式试验报告;企业自主设计开发了居于国内先进水平的、适配国产任一形式中置柜的中置式真空断路器,批量投产以来深受客户的广泛赞誉;独立设计的可配西高所最近研制的KYN61A－40.5型开关柜的ZN□－40.5型断路器,是目前国内同电压级中规格最高的优质产品。现在企业的产品已销往国内十几个省市,并享有较高声誉。

地址:青岛经济技术开发区秦皇岛路38号
邮编:266500
电话:(0532)6850641
传真:(0532)6850641
法人代表:王新和

青岛胶南信昌风机有限公司

建立于1982年,拥有职工150人,其中工程技术人员47人;该公司融科研开发、生产制造、销售于一体,被认定为青岛市高新技术企业。2000年,公司完成销售收入1 750万元、利税380万元。

该公司1985年被国家机械部确定为风机定点生产企业。主要产品有风机、除尘器两大类。风机产品主要有:锅炉鼓引风机、排尘风机、铸机风机、纺织风机、化铁炉鼓风机、空调风机、轴流风机等;产品品种齐全、用途广泛。除尘器产品主要有:锅炉旋风除尘器、多管除尘器,布袋除尘器、集尘器、选粉机等,产品销往全国各地和俄罗斯、东南亚等国家及地区,深受广大用户好评。

自1990年起,该公司逐年加大科技投入,先后开发出近30种具有市场效益和社会效益的新产品。其中通过与沈鼓所、西安交大联合开发出新型LG、LY型35T/H、75T/H循环流化床锅炉鼓引风机,其性能、运行都十分可靠稳定,节能降耗指标位居同行业首位,被广大用户誉为经济节能型鼓引风机。与此同时,又引进国家专利技术,研制生产XCDS—D型高压静电收尘器,该产品广泛应用于水泥、矿山、锅炉、化工等行业的除尘,通过几年来的市场应用,深受广大用户好评,一致认为该收尘器除尘效率高、使用范围广、节能节材效果明显,被环保机构指定为推广应用产品。

该公司愿以一流的产品质量、合理的产品价格、及时的交货时间、满意的用户服务诚待广大客户。公司董事长兼总经理孙付贤携全体员工竭诚欢迎与您的合作。

地址:胶南市泊里镇(信阳)
邮编:266413
电话:(0532)7161029
传真:(0532)7161689
E－mail:xcfjyxgs@public.qd.sd.cn
法人代表:孙付贤

青岛崂塑建材集团公司

位于青岛市东部高科技工业园区，是生产塑料建材的专业厂家、我国塑料门窗行业的大型企业、国家建设部建筑金属结构协会常务理事单位、塑料门窗委员会定点生产企业。现拥有总资产6000余万元、固定资产4300万元，现有员工760余人。年销售收入1.3亿元，利税800万元。已发展成集塑料建材、注塑、服装、稀土、保健产品研制开发和生产经营为一体的跨行业、跨地区的集团公司，下属企业11家，参股企业6家，规模与效益位居同行业前列。

主导产品崂塑牌塑料异型材、塑钢门窗，有60、75、77、80、85、92、100等十大系列60余种规格，质量符合国际和部颁行业标准，年产塑料型材2万吨，组装门窗10万平方米。崂塑牌塑料型材在山东、江苏、山西、陕西、四川、甘肃、北京、天津、上海等20多个省、市得到了当地建委、设计部门的认可和推荐使用。在我国塑料门窗行业中享有较高的知名度。

该公司产品先后荣获建设部小康住宅推荐产品、国家重点项目推广产品、用户信得过产品、中国公认名牌产品、山东名牌产品、青岛名牌产品等荣誉称号；企业被评为"山东省化学建材技术产品30强企业"，"青岛市高新技术企业"；1999年7月，企业顺利通过ISO9002国际质量保证体系认证。

在日益激烈的市场竞争中，崂塑人将以"让您满意是崂塑人的追求"为质量方针，以"以质量求生存，向管理要效益"为宗旨；开拓进取，依靠机制创新，科学管理，不断拓宽科技兴企之路；与社会各界携手，依靠民族工业力量，为塑料建材行业在我国的健康发展而努力，为21世纪新型无毒环保建材的发展作出积极贡献。

地址：青岛市崂山区沙子口街道办事处
邮编：266102
电话：(0532)8807679
传真：(0532)8808423
法人代表：曲知良

山东三利给水设备有限公司

该公司集科研开发、工程设计、生产服务为一体，是山东省最大的供水设备专业公司，被省科委和青岛市认定为高新技术企业。公司占地8.67公顷，职工300余名，其中高中级技术人员占60%以上。重点研制生产各种规格型号的变频调速自动化供水设备和消防产品。既有生活、生产单用和合用的自动化供水设备，也有单纯消防或生活、生产、消防合用的供水设备。同时承接消防工程的设计和安装。公司拥有13项国家专利、4项国家金奖。特别是经过多年调查研究和反复实验研制成功的"无负压(无吸程)管网增压稳流供水设备"，与其他供水设备相比具有直接与自来水管网串连对接且节省投资60%以上、节电50～90%以上、节水13%以上、供水安全、供水质量好、设备寿命延长5倍以上、停电不停水、全自动运行等优点，被国家科技部等5部委确定为国家重点新产品，在全国大力推广，彻底解决了二次供水污染问题，实现了二次供水革命。系列产品被评为"全国消费者信得过优质产品"，公司连年被评为"中国企业特级信誉单位"，树立了"三利"的优秀品牌形象，通过了ISO9002国际质量体系认证。

地址：青岛市青大工业园(城阳区)
邮编：266111
电话：(0532)7807902
传真：(0532)7807903
E-mail：qdslgsjs@public.qd.sd.cn
http://www.slgswater.com
法人代表：张明亮

青岛胶带(集团)有限责任公司

原系青岛第六橡胶厂，是国内主要从事输送带产品设计和制造的专业生产厂家，也是全国带管行业大型一类企业。产品注册商标为中华牌、头马牌。2000年被青岛市认定为高新技术企业。

高新技术产品有多种规格的新结构钢丝绳芯输送带、EP输送带、尼龙输送带、钢丝绳芯阻燃输送带和耐高温输送带。产品广泛应用于煤炭、矿山、港口、冶金、电力、化工、铸造等领域。各种输送带都可根据用户需求、根据现场使用情况进行设计制造生产。

现代化的生产设备、完善的ISO9001质量保证体系以及先进的生产检测设备，使中华牌输送带在国内有很高的信誉，在国际上也有一定的知名度。2000年高新技术产品总收入为1.17亿元，出口创汇近500万元。

地址：青岛市华阳路36号
邮编：266021
电话：(0532)3833100
传真：(0532)3826381
E-mail：Lhmzs@bublic.qd.cn
法人代表：赵希贞

网星电子商务有限公司(NetStars.com.cn)

是一家以技术为核心、服务为宗旨、实体为依托的21世纪新型网络技术公司。2000年被认定为青岛市"高新技术企业"。

公司拥有以研发企业级软件及企业信息系统为主的、实力雄厚的技术部、开发部、服务部，有丰富的软件开发、设计经验。为国际企业提供全方位的软件及电子商务解决方案，开发了进销存系统(DRP)、客户关系管理系统(CRM)、决策支持系统等信息化建设应用平台。使企业能够迅速切入网络经济时代，提高效率，真正建立起以信息技术为核心、以客户为中心的商业模式。

该公司以"让客户满意、为客户赢利"为宗旨，在成立后短短的2年内，将各领域的解决方案日趋完善，受到了市场的赞许和信赖。已成功地为青岛啤酒集团、海信计算机、澳柯玛集团，红领服饰、狮王日化、国家计委、经济开发区招商局、青岛日报社等众多著名企业及政府机构提供了基于互联网、内联网、智能信息化管理软件开发等企业智能信息化解决方案。并凭借自身实力吸引到欧洲、日本等客户。提供了“国际贸易供应链解决方案”,“生产企业连锁分销管理系统”、“远程协作引擎”等,受到了国内外IT行业及媒体的广泛关注。公司采用国际化先进的研究开发模式,以客户为中心的高效率运作模式,将开发成果与产品源源不断的输送到世界各地。

该公司“以人为本、以德为先”,吸引了众多优秀人才加入。网星的专业服务队伍,灵活运用最新的行业及管理知识,采用国际上行之有效的管理办法,本着与客户长期合作的原则,为客户实施最佳解决方案。

“倾情创意,锐意进取”,网星电子商务正向国际潮流方向高速发展。

地址:青岛市香港中路6号(世贸中心B座12层)
邮编:266071
电话:(0532)5910288 3899285
传真:(0532)5910565
Http:// www.NetStars.com.cn
E-mail: info@netstars.com.cn
负责人:宋 树

企事业单位选介

青岛港公安局

建局于1970年,其前身为北方区海运公安局青岛港分局。实行双重领导,即行政上由青岛港务局和交通部公安局管理;业务上由交通部公安局、青岛市公安局领导,以市公安局为主。是一支武装性质的国家治安行政队伍和刑事执法队伍。全局在编授予警衔民警239名,现任局长、党委书记赵玉平。

打击刑事犯罪 年内,开展了严打追逃专项斗争、整治盗窃港口运输物资专项行动和夏季港口治安整治等活动。共破获各类刑事案件132起,其中大案46起;查处治安案件332起。抓获违法犯罪嫌疑人员470名,缴获赃款赃物折合人民币26万余元。近年来,先后侦破了影响大、危害大的案件百余起,堵截查获了一批流窜犯罪嫌疑人。年内,出动港警03—296号巡逻艇,会同山东海事局,对青岛港近海锚地、航道违章船只进行清理整顿。全年录入流动人口1853人次,发暂住证1157个。港口连续11年荣获青岛市社会治安综合治理先进单位称号,被中央综治委和山东省综治委评为全国安置帮教先进单位和省“创安”工作先进单位。

消防监督工作 青岛港公安消防是一支水陆两栖、特别能战斗的队伍。先后参加扑救“8.12”黄岛油库、“华海1号”油轮等重特大水陆火灾事故20余次,多次圆满完成海上抢险救灾紧急任务。年内,港区共有防火重点单位、部位126个,消防栓1108个,火灾自动报警系统13套,拥有消防船2艘、消防车23部和固定消防泵站3座。实施了黄岛油港五期罐改等重点工程的消防审核。参加了山东省海上搜救中心青岛分部组织的海上遇险灭火搜救演习活动。扑救了辖外火灾事故18起,实施危险品消防监护146次。已连续13年保持港区无重大火灾事故。

交通管理工作 经过几十年建设,青岛港区道路交通标志和设施日臻完善。年内,港区道路达80余公里,有市政府命名道路16条,港口命名道路22条。2000年11月,青岛市公安局将市区杭州支路和渤海路、普集路段道路交通管理划归青岛港大队管辖。组织开展了百日道路交通秩序整治和打击非法伪造使用机动车号牌证等专项斗争。6月份,在港区实施交通调流,缓解了港区交通运输压力。实行了重大事故处理听证、限时处理事故等制度。受理交通事故248起,查破交通肇事逃逸案件4起。交警大队一号码头岗组连续3年被共青团中央、公安部授予“全国青年文明号”称号。

重大活动安全保卫 全年圆满完成涉港重要警卫任务18次、279人次,还圆满完成了加、美、英三国海军军舰访青等涉港大型安全保卫任务43次。近年来,还圆满地完成了党和国家领导人以及外国元首、政府首脑来港视察参观访问的重要警卫任务。

为喜迎新千年,2000年12月31日至2001年1月1日凌晨,青岛港举办了盛况空前的《昂首挺进新世纪》和《青岛·新世纪起航》为主题的大型庆祝活动,青岛市五大班子主要领导同志及驻军首长出席庆典仪式,社会各界和港口职工近4万人欢聚青岛港。港口公安局本着万无一失的原则,各警种恪尽职守,保证了在港区两次施放焰火的安全,确保整个活动的正常进行。

科技强警工作 经过几年建设,先后引进开发“110”报警指挥系统、心理测试仪、摄录像编辑系统等先进设施,计算机应用普及率达到100%,已形成内部联网,开通了全国百城公安联网,办公自动化水平进一步提高。

召开专业会议 2000年8月29~30日,交通港航公安系统第八届环黄渤海刑侦协作会议在青岛港隆重召开,交通部公安局、公安部刑侦局、山东省公安厅、青岛市公安局、青岛港务局的领导同志出席会议。青岛港公安局等4个单位在会上介绍了工作经验,会议确定了今后一个时期协作区打击流窜犯罪工作思路。

同年8月30~31日,青岛港油港防火防爆专家研讨会召开,公安部消防局、中交一航设计院、中石化北京设计院和公安消防部门的13位专家,围绕油港生产布局、防火防爆预控、消防设施、灭火预案等方面进行了研讨,综合建议53条,为青岛港加强防火防爆工作提供了有益的帮助和借鉴。

公安队伍建设 年内,深入开展“队伍建设管理年”活动,从建立队伍管理长效机制入手,制定出台了关于推行教育、分配、用人机制的实施意见,进一步规范了“三个机制”的九个规章制度,在法律允许的范围内,通过印发《警务公开手册》、设置警务公开栏等方式,广泛接受社会监督。

6～8月,作为全国交通港航公安系统“三项教育”试点单位之一,在全局开展了“三项教育”。期间,交通部公安局“三项教育”领导小组三次来青检查验收,并召开了试点单位座谈会,推广青岛港公安“三项教育”试点工作经验。9～12月,开展了“致富思源,富而思进”和“三个代表”专题教育活动。年内举行两次中层领导干部竞争上岗答辩,17名民警走上中层领导岗位。10月1日零时,按照公安部统一要求,全局民警更换了“九九式”新警服。

年内,连续3年荣获全国交通港航“优秀公安局”,连续10年荣获青岛市“精神文明建设先进单位”称号,连续4年荣获港务局“奋进杯”和“文明服务示范窗口单位”称号,3个单位荣获全国交通港航公安系统“人民满意单位”,2人荣获全国交通港航公安系统“优秀人民警察”称号。

(陈象禄)

国家发展计划委员会国家物资储备局青岛疗养院

该院位于青岛市香港西路43号,占地2.95万平方米,建筑面积近2万平方米。该院拥有高中低档疗养床位350张,配有大、小会议室、游艺室和卡拉OK厅;拥有大型现代化医疗检测设备和技术力量雄厚的医护队伍;逐步形成集疗养、医疗保健、旅游、会议接待为一体的综合性服务体系。

2000年该院深化改革,理顺机构,新成立了接待服务部、医疗服务部、公关部。实行分工负责制,经济上实行一体化管理。全年共接待疗养员1000余人次,床位使用率达70%以上,疗养员满意率达到98%以上,联系对社会健康查体1804人次,取得了客观的经济效益。所属友好医院把服务触角延伸到社区,共接诊2.8万人次、出诊600余人次,并新增添了“家庭静脉输液双向协议书”便民服务项目;经过深入调查论证,开设了科技含量较高的生殖健康与不孕症门诊部。新建的5000平方米综合疗养楼土建工程已竣工。

地址:青岛市香港西路43号
电话:(0532)3876077 3873727
邮编:266071

(滕 青)

国家经贸委青岛培训中心

国家经贸委青岛培训中心系原化工部青岛疗养院,位于青岛市东部旅游度假区和高等教育区,于2000年进入国家经贸委青岛培训中心序列。该中心占地2.93公顷,建筑面积1.6万平方米,依山傍海,风景秀丽,院内环境优美,绿化覆盖率80%,是山东省花园式接待示范单位。

中心现有标准客房200余套,拥有400个餐位的美食城及400人大会议厅一座,另有中小型会议室7个,可同时接待400余人会议、培训团体住宿、就餐。曾经承办经贸委“世界500强与国内500强对话”系列交流活动(青岛站)接待工作、军工办九一零会议等大型团队,具备丰富的接待经验。由于该中心地理条件优越,交通便利,设备设施完善,从而成为举办培训、休闲度假的理想场所。

2001年,国家经贸委青岛培训中心与中国乐凯胶片集团公司、中国乐凯胶片集团第二胶片厂、北京东方化工厂合作共同投资成立青岛森特瑞实业有限责任公司,业务范围有:餐饮、客房、贸易、产业、配餐、旅行社、物业管理等,对中心的产业结构进行调整,使之逐步发展成为综合性接待中心,具备了良好的市场前景。

地址:青岛市彰化路6号
邮编:266071
电话:5894771 5894565
电挂:5001
主任兼党委书记:苗聚才

青岛中大(集团)股份有限公司

该公司主要生产棉针织内衣、免维护蓄电池、健身器械等三大系列产品,企业拥有自营进出口权,是纺织行业首批通过ISO9002质量认证单位之一。

地址:青岛市嘉定路5号
邮编:266031
电话:(0532)3716297
法人代表:张守宴

九七三二工厂

该厂原为军工企业,工商注册名称为“青岛前卫碳黑化工厂”,1998年划归地方管理,2001年初,隶属青岛黄海橡胶集团有限责任公司并成为其紧密层企业,是我国生产橡胶用碳黑的主要厂家。工厂占地面积6公顷有余,总资产1.2亿元;采用干法造粒和湿法造粒两种生产工艺,可生产硬质 N200、N234、N326、N330 及新工艺软质湿法造粒 N539、N550、N660、N762、N774 等多个品种的橡胶用碳黑,年生产碳黑能力为 2.4 万吨。产品畅销国内各大橡胶企业,并出口到东南亚国家和地区。该厂下辖 2 个分厂,分别是青岛琴星橡胶制品有限公司、青岛前卫防水材料厂,生产摩托车内、外胎和屋面防水材料等。该厂碳黑产品先后获得市优、部优和解放军总后勤部优质产品奖。

地址:青岛市滨海路 9 号
邮编:266043
电话:(0532)4816031(总机)
传真:(0532)4811224
法人代表:朱致久

青岛橡胶工业研究所

该所始建于 1975 年,隶属青岛黄海橡胶集团有限责任公司。现有职工 58 人,其中专业技术人员 39 人(含高级职称 11 人、中级职称 20 人)。是集技术开发、技术服务、产品质量监督检验、产品生产、科技贸易为一体的科技单位。主要从事特种胶带、橡胶空气弹簧等减振、密封橡胶制品、海洋橡胶制品、硅胶和氟胶特种橡胶制品及耐高温、耐腐蚀、耐油密封制品以及聚氨酯铺装材料等的技术研究开发和生产。

该所是全国胶带技术归口单位。承担原化工部产品质量监督检验中心、原省化工厅橡胶质量监督检验中心、青岛市橡胶制品质量监督检验站的职能;实施胶带产品生产许可证的检验工作;培训质检人员并同时进行产品的性能测试和仲裁;实施胶带产品生产许可证的检验工作;培训质检人员并同时进行胶带产品的实验方法和手段的研究开发。该所承担化学工业胶带标准化归口管理工作,负责全国输送带、V 带、同步带和平型传动带的国家标准和行业标准的制、修订及实施验收;承担对国际标准化委员会(ISO/TC41)的表态,并负责省内橡胶专用测试仪器计量检定工作;承担全国化工行业胶带信息站的职能和山东省橡胶工业技术信息网的工作并主办《胶带工业》月刊。

建所 20 余年来,共承担部、省、市各级下达的科技任务 260 余项,取得各种科研成果近百项,专利 3 项。该所的双面圆弧齿同步带、齿型多楔双面带等技术居国内领先地位。切边 V 带生产技术、短纤维增强胶管、钢丝铠装短纤维复合吸引胶管、短纤维增强矿工帽、气调保鲜水果膜等技术都处于国内一流水平。2000 年,该所与铁道部合作开发了高速列车及准高速列车用橡胶空气减振弹簧。

地址:青岛市团岛二路 22 号
邮编:266002
电话:(0532)2689721
传真:(0532)2689721
法人代表:周建兴

青岛华青国际旅行社有限公司

是经国家批准、工商注册、隶属于华青发展有限公司的国际旅行社。现有职工 46 名,其中大本毕业生 21 名、大专毕业生 14 名。1997 年度曾被评为山东省十强国际旅行社、青岛市旅游行业"文明窗口"示范单位;2000 年年检综合指标评定名列全市前茅,荣获 2000 年青岛市旅游行业"天马杯"优质服务竞赛活动先进单位。现已成为青岛市乃至山东省大型骨干国际旅行社之一。

地址:青岛市延安三路 129 号(金艺大厦)
邮编:266071
电话:(0532)3872700(总机)
传真:(0532)3873279
http://www.qhits.com.cn
E-mail:qhits@publc.qd.sd.cn
法人代表:张镇安
总经理:杨连成

青岛新时代科技发展公司

是中国新时代集团的全资子公司。公司成立后不断开拓创新,现已发展为以家居(新时代房地产开发公司)、家装(好易居装饰公司)、家政(新时代物业管理公司)"三家"一体的综合公司。新时代房地产开发公司荣获了"2000 年度青岛十佳房地产开发企业"称号,新时代物业管理公司荣获"山东省物业管理优秀住宅小区"称号。

中央军委委员、中国人民解放军总装备部部长曹刚川上将(右二)视察该公司

地址:青岛经济技术开发区北江路 73 号
邮编:266555
售楼电话:(0532)6891848

索　引

说　明

1.本索引主体采取主题分析索引方法，按主题词首字拼音字母顺序排列。2.索引名称后的数字表示内容所在的页码，数字后面的 a、b、c 表示栏别(即指该页码自左至右的版面区域)。3.在主题分析索引中，为便于读者检索，在青岛的企事业单位和在青岛发生的事件名称前的"青岛"两字，除易产生歧义者外一般予以省略。4.附见条目缩后两格放在相关类目、分目和条目下面。类目、分目和条目之后第二个页码，表示该目参见内容所在位置。5.本年鉴的"特载"、"统计资料"、"附录"等，只做类目索引，未作其中内容索引。

A

B

C

D

H

R

T

W

X

版权声明

图书在版编目(CIP)数据

青岛年鉴 · 2001／青岛市史志办公室编。—北京：五洲传播出版社，2001. 6

ISBN 7-80113-895-3

I. 青... II. 青... III. 青岛市－2001－年鉴 IV.Z525.23

中国版本图书馆 CIP 数据核字(2001)第 033401 号

责任编辑：荆孝敏　初立忠

香港、澳门、台湾及海外特约发行商：经济导报社

地址：香港轩尼诗道 342 号 10 字楼

电话：852-25738217 转图书部　传真：852-25738469

HONGKONG, MACAO, TAIWAN & OVERSEAS AUTHORIZED DISTRIBUTOR:

ECONOMIC INFORMATION & AGENCY, BOOKS DEPT

10/G, KUO WAH BLDG, 342 HENNESSY ROAD

HONGKONG　TEL: 852-25738217　FAX: 852-25738469

青 岛 年 鉴

QINGDAO YEARBOOK

(2001)

青岛市人民政府主办

青岛市史志办公室编

*

五洲传播出版社出版发行

达德印刷有限公司激光照排

深圳中华商务联合印刷有限公司印刷

*

889 × 1194 毫米 16 开本　38.25 印张　1010 千字

2001 年 6 月第 1 版　2001 年 6 月第 1 次印刷

印数 1-5000

ISBN 7-80113-895-3/K · 243

定价：人民币 138.00 元

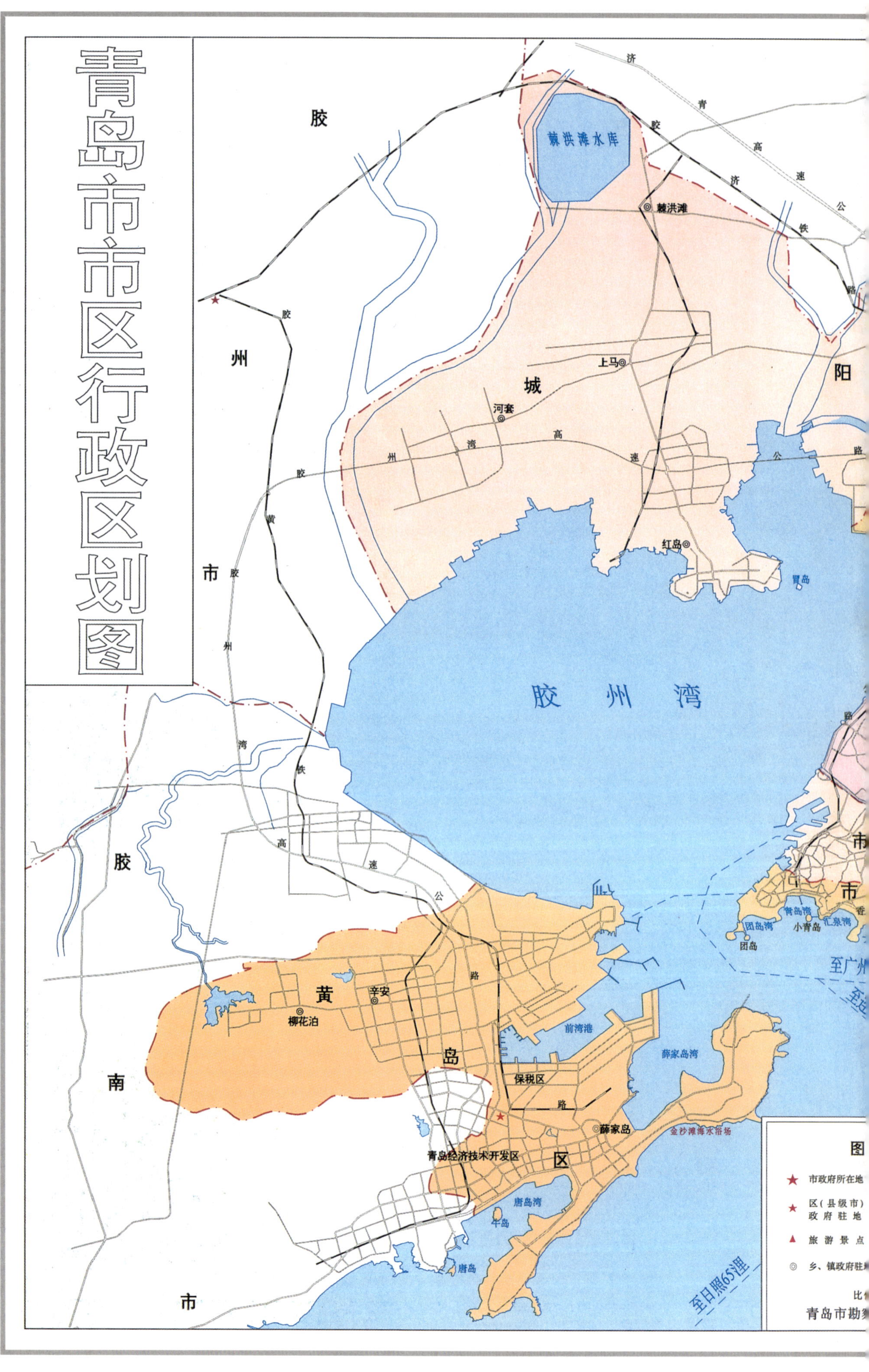

青岛市市区行政区划图
胶州市
胶南市
胶州湾
城阳
黄岛区
棘洪滩水库
棘洪滩
济青高速公路
胶济铁路
上马
河套
胶州湾高速公路
红岛
胶黄铁路
黄岛路
辛安
柳花泊
前湾港
保税区
薛家岛湾
薛家岛
金沙滩海水浴场
青岛经济技术开发区
唐岛湾
牛岛
唐岛
至日照65浬
团岛湾
团岛
青岛湾
小青岛
汇泉湾
图
市政府所在地
区（县级市）政府驻地
旅游景点
乡、镇政府驻地
青岛市勘